普通高等教育医药类"十二五"规划教材
全国高等医药院校教材

医学细胞生物学
第二版

主编 易 静 汤雪明

上海科学技术出版社

图书在版编目(CIP)数据

医学细胞生物学/易静,汤雪明主编. —2版. —上海：
上海科学技术出版社,2013.9(2022.8重印)
普通高等教育医药类"十二五"规划教材
全国高等医药院校教材
ISBN 978-7-5478-1921-0

Ⅰ.①医… Ⅱ.①易…②汤… Ⅲ.①医学-细胞生物学-医学院校-教材 Ⅳ.①R329.2

中国版本图书馆CIP数据核字（2013）第175891号

医学细胞生物学（第2版）
主编 易 静 汤雪明

上海世纪出版（集团）有限公司
上海科学技术出版社 出版、发行
（上海市闵行区号景路159弄A座9F-10F）
邮政编码201101　www.sstp.cn
常熟市兴达印刷有限公司印刷
开本787×1092　1/16　印张26
字数520千字
2009年7月第1版
2013年9月第2版　2022年8月第10次印刷
ISBN 978-7-5478-1921-0/R·633
定价：48.00元

本书如有缺页、错装或坏损等严重质量问题，请向工厂联系调换

内 容 提 要

本书分为四篇十四章。第一篇为概论,简要介绍细胞生物学的概念、与医学的联系以及细胞的基本特征和研究方法;第二篇为细胞的基本结构和功能,系统地、由内而外地介绍各种亚细胞结构或大分子复合物的化学组成、形态结构和功能,包括细胞核、染色体、细胞质中的各种细胞器、大分子复合物和细胞骨架、质膜,以及细胞连接与黏附、细胞外基质;第三篇为细胞的物质运输、信号转导与基因表达调控,介绍细胞与环境以及细胞内部各区室之间的物质和信息交流,特别增加了基因表达调控这一介于细胞生物学与生物化学-分子生物学之间的内容,以凸显各种细胞活动的核心调控事件;第四篇为细胞增殖、分化与死亡,介绍细胞从生长到死亡的生命活动基本规律。

本书主要用作医学本科学生的教材,也可用作生物医药研究生、教师、医生和研究人员的参考书。

编 写 者

主　编 易　静　汤雪明

编写者（以章节先后为序）

汤雪明　上海交通大学医学院
易　静　上海交通大学医学院
赵涵芳　上海交通大学医学院
朱　平　上海交通大学医学院
胡庆沈　上海交通大学医学院
高　飞　上海交通大学医学院
张春斌　佳木斯大学医学院
孙岳平　上海交通大学医学院
杨　洁（讲师）上海交通大学医学院
周　同　上海交通大学医学院
辛　华　山东大学医学院
杨　洁（副研究员）上海交通大学医学院
王毓美　上海交通大学医学院
刘俊岭　上海交通大学医学院
童雪梅　上海交通大学医学院
张　萍　上海交通大学医学院
黄心智　上海交通大学医学院
朱学良　中国科学院生物化学与细胞生物学研究所
丁小燕　中国科学院生物化学与细胞生物学研究所
王　英　上海交通大学医学院

绘　图 朱　莺　上海交通大学医学院
童雪梅　上海交通大学医学院
张　萍　上海交通大学医学院

前　言

生物是地球上最神奇的物体，所有生物体的基本组成单位——细胞也同样神奇而且精妙。细胞如此细小，却有多种更加细微的细胞器和难以计数的生物大分子在其中有条不紊地进行着复杂的活动。在多细胞生物的体内，细胞的代谢、运动、生存、增殖、分化和死亡决定了它们所构成的组织和器官是否健康、是否正常工作，也决定了我们人体的生老病死。因此，对细胞奥秘的探究始于它们被人在显微镜下看到之时，持续至今，愈益深入，并将永无止境。

研究细胞的科学在一二百年前是细胞学(cytology)，其内容主要是观察各种细胞的形态结构和分析细胞的化学成分。分子细胞生物学(molecular cell biology)形成于20世纪50年代，以通过电子显微镜的应用展现细胞超微结构为标志，同时也以DNA双螺旋结构模型的问世揭示遗传信息控制细胞的基础为标志。从此，人们试图用分子细胞生物学来诠释生命活动及其规律。主要研究人体细胞的医学细胞生物学也逐渐成为生物医药研究的基础学科，其知识和技术已经用于人类疾病的研究、诊断，甚至治疗。

医学生在被要求修习医学细胞生物学这一课程时，常常心生困惑："为什么当医生需要知道这么多关于细胞的细节？"而授课者面临的挑战不仅是用细胞生物学知识本身向学生说明，为什么理解细胞将极大地帮助理解人体和疾病，更困难的是，如何在课堂上将创造于一百多年或数十年前的经典概念与最近刚刚诞生的重要成果一并告诉学生，以保证知识的传授既具有系统性和完整性，又能与时俱进。教材的编写同样面临这两方面的挑战。正是基于这样的认识，我们在本书编写中力求做到以下三点：① 比较系统地介绍分子细胞生物学的基本概念、知识和技术；② 尽可能地反映近年来分子细胞生物学的研究进展；③ 尽量密切地联系医学知识。由于本书主要用作医学生的教材，又可作为生物医药研究生、教师、医生和研究人员的参考书，在内容上还兼顾了这两方面的需求。

本书的前一版已被使用四年，本次修订的主要原则是：① 在基本上不增加容量的情况下适当增加与医学和疾病相关的内容；② 根据国际权威教材和近年来的科学文献，对一些经典概念作了修正和更新；③ 修改了在本教材四年使用过程中发现的易于引起误读的描述，尽可能纠正了字句差错，在名词出现时给出更完整的定义，并更多地注意了语句的通俗流畅性。

本书的编写者来自上海交通大学医学院、中国科学院生物化学与细胞生物学研究所以及山东大学医学院和佳木斯大学医学院，都是活跃在细胞生物学教学和科研一线的教师和研究人员。他们在编写中融入了自己对教学难点和重点的讲授方法的思考以及在科研上的积累，力求使本书得到各方面读者特别是医学生的接受。本书修订过程中得到同行专家和编写者单位领导的支持，也得到上海科学技术出版社编校人员的辛勤投入，在此表示衷心的感谢。

由于编写者自身知识水平和修订时间有限，我们深知本书的不足和差错在所难免，诚愿受教于同行和读者的批评指正。

易　静　汤雪明
2013 年 7 月于酷暑中的上海

目　　录

第一篇　医学细胞生物学概论

第一章　细胞生物学与医学 ··· 3
第一节　细胞和细胞生物学 ··· 3
一、从发现细胞到创立细胞学说经过了100多年 ······································· 3
二、细胞学描述细胞形态、结构、活动和化学成分 ······································· 4
三、细胞生物学从细胞整体、显微、亚显微和分子水平诠释细胞生命活动
本质 ·· 5
第二节　细胞的起源与进化 ··· 6
一、膜包围的原生质团成为原始细胞 ·· 6
二、原核细胞进化后出现真核细胞 ·· 8
三、真核细胞集合体演变为由不同特化细胞组成的多细胞生物 ················ 9
第三节　细胞生物学在医学发展中的作用 ·· 10
一、细胞是人体结构与功能的基本单位 ·· 10
二、细胞结构功能的异常与疾病的发生发展密切相关 ···························· 11
三、细胞生物学知识和技术愈来愈多地用于疾病的诊断和治疗 ·············· 11

第二章　细胞的基本特征 ·· 14
第一节　细胞的化学组成 ··· 14
一、水提供了细胞内化学反应的基本环境 ·· 14
二、主要的有机小分子有单糖、脂肪酸、氨基酸和核苷酸 ························· 15

三、主要的生物大分子是多糖、脂质、蛋白质和核酸 ………………………… 19
　第二节　细胞的结构特征 …………………………………………………………… 26
　　一、质膜是由膜脂、膜蛋白和膜糖组成的细胞界膜 ………………………… 26
　　二、细胞质由细胞器、细胞骨架和充满各种分子的水凝胶组成 …………… 27
　　三、细胞核是遗传物质储存和遗传信息开始表达的场所 …………………… 30
　第三节　细胞的功能特征 …………………………………………………………… 31
　　一、所有细胞都具有相同的基本功能 ………………………………………… 31
　　二、所有细胞都能进行基本的生命活动 ……………………………………… 32

第三章　细胞的研究方法 …………………………………………………………… 35
　第一节　观察细胞、细胞器和大分子——显微镜技术 …………………………… 35
　　一、光学显微镜技术始终是细胞研究的主要手段 …………………………… 37
　　二、电子显微镜技术用于观察细胞超微结构 ………………………………… 39
　　三、扫描探针显微镜技术提供原子尺度的分辨率 …………………………… 42
　第二节　观察和分析大分子——细胞化学技术 …………………………………… 43
　　一、免疫细胞化学技术是研究细胞内外蛋白质定位最简便而强大的手段 … 44
　　二、原位杂交技术用于观察特异核酸分子的定位 …………………………… 46
　第三节　分析细胞及其大分子——分析细胞学技术 ……………………………… 48
　　一、流式细胞分析技术能测得单个细胞上特异分子的相对含量和特定的
　　　　细胞亚群 ………………………………………………………………… 48
　　二、图像分析技术常用于大分子的定位和半定量分析 ……………………… 51
　第四节　分析和操作细胞和细胞器——细胞结构成分的离心分离技术 ………… 52
　　一、离心分离技术根据细胞结构组分的大小和密度将它们分开 …………… 52
　　二、选择合适方法获得相对纯净的细胞结构组分 …………………………… 53
　第五节　分析蛋白质——以膜蛋白为例的研究方法以及蛋白组学 ……………… 55
　　一、多种方法用于膜蛋白研究 ………………………………………………… 55
　　二、蛋白组学从整体角度研究在某一特定条件下的细胞内蛋白质特性 …… 59
　第六节　操作细胞及其大分子——细胞培养和细胞工程技术 …………………… 60
　　一、培养细胞存在一定的生命期和不同的生长方式 ………………………… 60
　　二、细胞培养技术包括细胞的分离、培养、传代、冻存和复苏 …………… 61
　　三、细胞工程技术可以操作细胞、细胞器、基因和蛋白质 ………………… 62

第二篇 细胞的基本结构及其功能

第四章 细胞核与染色体 ······ 67
第一节 核被膜 ······ 67
一、核被膜和核孔使细胞核与细胞质之间既有分隔又有沟通 ······ 67
二、核被膜使遗传信息的转录和翻译发生在不同的区室 ······ 70
三、在细胞有丝分裂时核膜解聚并重新形成 ······ 71

第二节 染色质和染色体 ······ 72
一、染色质与染色体具有相近的化学组成和不同的形态 ······ 72
二、DNA 分子上排列着遗传信息表达和遗传物质复制所需要的特殊序列 ······ 74
三、染色体蛋白质负责 DNA 分子的包装和基因表达的调控 ······ 77
四、DNA 分子经历逐级的有序包装 ······ 78
五、DNA 分子的包装形式与基因表达调控有关 ······ 82
六、染色质与染色体的功能是承载细胞的遗传信息 ······ 87

第三节 细胞核的功能 ······ 87
一、遗传物质在细胞分裂之前的特定时段发生复制 ······ 87
二、DNA 损伤修复可以不断进行 ······ 92
三、遗传信息以基因为单位进行表达 ······ 94

第四节 核仁 ······ 98
一、核仁具有独特的化学组成和形态结构 ······ 98
二、核仁的功能是合成、加工核糖体 rRNA 和装配核糖体 ······ 99

第五节 细胞核与疾病 ······ 102
一、染色体畸变造成染色体病 ······ 102
二、许多遗传性疾病是单一基因突变引起的 ······ 102
三、核纤层病是核纤层蛋白的基因突变的结果 ······ 103
四、细胞核的多种异常与肿瘤有关 ······ 103

第五章 细胞质 ······ 106
第一节 核糖体 ······ 106

一、核糖体由两个大小不同的核糖核蛋白复合体亚基组成 ………… 107
　　二、蛋白质的生物合成在核糖体上进行 ………… 108
第二节　蛋白酶体 ………… 112
　　一、泛素-蛋白酶体构成细胞内一个不依赖溶酶体的蛋白质降解系统 …… 113
　　二、蛋白酶体对靶蛋白的识别降解依赖于靶蛋白的多聚泛素化修饰 …… 113
第三节　内质网　115
　　一、内质网由互相连续的囊状、管状和泡状膜结构组成 ………… 115
　　二、糙面内质网参与新生肽链合成、修饰、折叠以及膜脂的合成 ………… 117
　　三、糙面内质网对蛋白质进行质量控制 ………… 121
　　四、光面内质网功能复杂繁多 ………… 122
第四节　高尔基体 ………… 123
　　一、高尔基体是由扁平膜囊、小泡和大泡组成的复合结构 ………… 123
　　二、高尔基体的主要功能是参与蛋白质的修饰、加工和分选 ………… 125
第五节　溶酶体 ………… 129
　　一、溶酶体是富含各种酸性水解酶的囊泡 ………… 129
　　二、溶酶体的主要功能是参与细胞的各种消化作用 ………… 132
　　三、溶酶体功能失调与许多疾病有关 ………… 134
第六节　过氧化物酶体 ………… 135
　　一、过氧化物酶体是富含各种氧化酶的囊泡 ………… 135
　　二、过氧化物酶体利用分子氧参与多种物质的氧化代谢 ………… 136
　　三、过氧化物酶体增殖物激活受体可以调控基因表达 ………… 137
第七节　线粒体 ………… 138
　　一、线粒体是由两层特化单位膜围成的细胞器 ………… 138
　　二、线粒体是动物细胞进行有氧呼吸产生 ATP 的主要场所 ………… 140
　　三、线粒体呼吸链副产品活性氧能调控细胞活动 ………… 146
　　四、线粒体在哺乳动物细胞凋亡过程中起着关键的作用 ………… 147
　　五、线粒体是一种半自主性的细胞器 ………… 148
　　六、线粒体相关的遗传性疾病多由线粒体 DNA 的改变引起 ………… 149
第八节　细胞骨架 ………… 150
　　一、微管是由微管蛋白二聚体和相关蛋白质组装而成的管状结构 ………… 151
　　二、微管的主要功能是维持间期细胞形状和细胞器定位，并在分裂期形成

　　　　纺锤体介导有丝分裂 ·· 154

　　三、微丝是由肌动蛋白和相关蛋白组装而成的细丝状结构 ·································· 156

　　四、微丝的主要功能是维持细胞形状和表面结构并介导细胞运动 ·························· 159

　　五、中间丝是由中间丝蛋白构成的绳状纤维 ·· 161

　　六、中间丝的主要功能是维持细胞形状和强度 ·· 164

第六章　质膜 ·· 168

　第一节　质膜的化学组成和结构 ·· 168

　　一、脂质双层构成膜的骨架 ·· 170

　　二、膜蛋白穿越或联结于脂双层,承担着多种功能角色 ···································· 174

　　三、膜糖类位于膜的非胞质一侧,其功能是识别和保护 ···································· 179

　　四、脂筏是质膜上富含鞘磷脂、胆固醇和特定膜蛋白的斑块 ····························· 182

　第二节　质膜的主要功能 ·· 182

　　一、膜运输蛋白介导小分子穿膜运输,而大分子的运输依赖膜泡形成 ················· 183

　　二、膜受体接收和转导细胞外信号 ··· 184

　　三、黏附分子及其表面糖链提供了细胞识别和细胞黏附的基础 ·························· 185

　　四、连接蛋白介导细胞连接和组织构建 ·· 186

第七章　细胞连接、细胞黏附与细胞外基质 ··· 188

　第一节　细胞连接 ··· 188

　　一、细胞连接可分为紧密连接、锚定连接和通讯连接三大类 ····························· 188

　　二、紧密连接封闭了相邻上皮细胞间隙,并将上皮细胞的质膜分隔为

　　　　顶部和底侧部 ··· 189

　　三、锚定连接将细胞骨架与相邻细胞的骨架成分或细胞外基质锚定在

　　　　一起 ··· 191

　　四、通讯连接是在相邻细胞之间形成信号交流的连接装置 ······························· 193

　第二节　细胞黏附 ··· 196

　　一、细胞黏附基于一对细胞黏附分子之间的相互识别和结合 ····························· 196

　　二、钙黏素家族是一类依赖 Ca^{2+} 的黏附分子,主要介导同型细胞间的

　　　　黏附 ··· 197

　　三、选择素家族也是一类依赖 Ca^{2+} 的黏附分子,主要介导血流中异型

　　　　细胞间的黏附 …………………………………………………………… 199
　　四、免疫球蛋白超家族黏附分子是一类不依赖 Ca^{2+} 的糖蛋白,可介导
　　　　同型或异型细胞黏附 …………………………………………………… 200
　　五、整合素家族是最重要的细胞外基质受体,以异二聚体介导细胞与
　　　　基质或其他细胞的黏附 ………………………………………………… 202
第三节　细胞外基质 …………………………………………………………… 204
　　一、细胞外基质的主要成分是四种纤维蛋白以及多种糖胺聚糖和蛋白
　　　　聚糖 ……………………………………………………………………… 204
　　二、基膜是上皮和其他组织的细胞外基质特化结构 ……………………… 211
　　三、结缔组织中含有特别大量的细胞外基质 ……………………………… 212
　　四、细胞外基质与细胞有着密切的相互关系 ……………………………… 212
第四节　细胞连接、细胞黏附、细胞外基质与疾病 ………………………… 215
　　一、细胞连接蛋白和黏附分子以及细胞外基质异常与多种疾病相关 …… 215
　　二、黏附分子亚型改变反映细胞的分化表型,并与肿瘤细胞行为相关 …… 216

第三篇　细胞的物质运输、信号转导与基因表达调控

第八章　小分子物质的穿膜运输 …………………………………………… 221
第一节　穿膜运输的原理 ……………………………………………………… 221
　　一、绝大多数小分子物质的穿膜运输由膜运输蛋白介导 ………………… 221
　　二、膜运输蛋白分为转运体和通道两类 …………………………………… 222
　　三、膜运输蛋白的活性和数目受到多种因素调控 ………………………… 224
第二节　转运体蛋白介导的运输 ……………………………………………… 224
　　一、转运体介导运输的特点是与所运物质结合并可进行偶联运输 ……… 224
　　二、单一转运体介导全身细胞对葡萄糖等亲水小分子的被动运输 ……… 226
　　三、偶联转运体通过同时运输一对物质实现葡萄糖等亲水小分子的主动
　　　　运输 ……………………………………………………………………… 227
　　四、ATP 驱动泵保障了大多数离子的跨膜浓度差 ………………………… 229
　　五、ABC 运输蛋白超家族成员具有共同的特征和多样的功能 …………… 233
第三节　通道蛋白介导的运输 ………………………………………………… 234
　　一、通道介导运输的特点是快速的、被动的、选择性的和门控的 ……… 235

二、电压和递质门控的离子通道是神经元和肌细胞生理功能的基础 ········· 235
　　三、水通道介导水的穿膜和跨上皮运输 ························ 240

第九章　细胞内蛋白质的分选和运输 ······························ 243
　第一节　蛋白质的分选信号和在细胞内运输的方式 ···················· 243
　　一、蛋白质的定向运输是在人工合成分泌蛋白中发现的 ················ 244
　　二、蛋白质的分选信号可以是信号肽、信号斑，也可以是加工修饰形式 ····· 244
　　三、蛋白质根据分选信号以三种方式在亚细胞区室间运输 ··············· 245
　　四、蛋白质根据分选信号决定在合成完毕后运输还是在合成过程中
　　　　运输 ·· 247
　第二节　蛋白质进出细胞核的门控运输 ···························· 247
　　一、进出细胞核的蛋白质分别具有核输入信号和核输出信号作为分选
　　　　信号 ·· 248
　　二、门控运输需要核输入（出）受体对分选信号的识别和与核孔复合体的
　　　　结合 ·· 248
　　三、门控运输需要 Ran GTP 酶提供能量 ························ 249
　第三节　蛋白质进入细胞器的穿膜运输 ···························· 250
　　一、蛋白质穿膜进入线粒体的不同亚区室 ························ 251
　　二、新生肽链以共翻译转运的形式穿膜运输到内质网腔内或内质
　　　　网膜上 ·· 254
　第四节　细胞内蛋白质的小泡运输 ······························· 257
　　一、运输小泡是高度特异的，因而小泡运输是高度靶向性的 ············· 258
　　二、胞吞途径是从细胞表面经由内体到溶酶体的小泡运输途径 ··········· 261
　　三、生物合成-分泌途径是从内质网经由高尔基体到细胞外的小泡运输
　　　　途径 ·· 265

第十章　细胞通讯与信号转导 ··································· 270
　第一节　细胞通讯与信号转导的原理 ····························· 270
　　一、细胞信号转导是细胞通讯中一方细胞接收信号并对信号作出应答的
　　　　过程 ·· 270
　　二、细胞信号转导系统主要由一系列蛋白质及其复合物构成 ············· 273

第二节　一些主要的细胞信号转导途径 ………………………………………… 279
      一、G蛋白偶联受体信号转导途径可引起广泛的细胞效应 …………………… 279
      二、受体酪氨酸激酶信号途径主要介导生长因子促进细胞存活和增殖的
         过程 ………………………………………………………………………… 284
      三、酪氨酸激酶偶联受体信号途径主要介导细胞因子调控免疫和造血的
         过程 ………………………………………………………………………… 290
      四、有些信号转导途径依赖潜在基因调节蛋白的降解改变 …………………… 292
      五、细胞内受体作为转录因子直接调控基因表达 ……………………………… 295
   第三节　细胞信号转导的特点和调节 …………………………………………… 296
      一、细胞信号转导有一些重要特性 ………………………………………… 296
      二、细胞信号转导需要负性调节 …………………………………………… 298

第十一章　细胞的基因表达调控 ……………………………………………………… 302
   第一节　基因表达概述 …………………………………………………………… 302
      一、相同DNA在不同类型细胞中产生不同蛋白质组 ………………………… 302
      二、从DNA到RNA再到蛋白质过程中基因表达存在多步调控 …………… 303
   第二节　转录调控 ………………………………………………………………… 304
      一、转录调控蛋白通过结合到调节性DNA序列而控制转录 ………………… 304
      二、原核和真核细胞都使用阻抑蛋白和激活蛋白调控基因转录 …………… 305
      三、真核生物中染色质结构参与调控转录的开启与关闭 …………………… 308
   第三节　RNA加工、运输、定位、降解调控 ………………………………… 309
      一、RNA的构象、加工和运输可以成为调控因素 ………………………… 309
      二、RNA降解和RNA干扰可以影响mRNA水平 ………………………… 311
   第四节　翻译和翻译后调控 ……………………………………………………… 313
      一、翻译起始受到蛋白因子调控和非翻译区的影响 ………………………… 313
      二、微小RNA与mRNA结合是真核细胞抑制翻译的重要机制 …………… 314
      三、翻译后的修饰以及折叠和降解可以对蛋白质水平、活性和功能进行
         调控 ………………………………………………………………………… 314
   第五节　产生特异细胞类型的分子机制 ………………………………………… 316
      一、真核细胞对基因表达进行组合调控 ……………………………………… 316
      二、基因表达的稳定模式能够被传递到子代细胞 …………………………… 317

第四篇　细胞增殖、分化与死亡

第十二章　细胞增殖 ·· 323
第一节　细胞周期 ·· 323
一、细胞周期由四个阶段组成 ·· 324
二、细胞分裂包含细胞核分裂和细胞质分裂两个核心事件 ························· 325
第二节　细胞周期的运转和调控 ··· 332
一、细胞周期的驱动力是周期蛋白-周期蛋白依赖性激酶复合物 ················· 332
二、细胞周期运转依靠几种 cyclin-Cdk 复合物依次活化和失活推动 ········· 334
三、细胞周期检查点通过监控细胞状态阻止细胞周期进程 ························ 339
第三节　细胞周期与医学 ·· 341
一、促进细胞增殖有利于组织再生 ·· 341
二、抑制细胞增殖可以治疗肿瘤 ··· 342

第十三章　细胞分化 ·· 345
第一节　细胞的分化能力 ·· 345
一、细胞分化的潜能随分化进程逐渐受限 ··· 345
二、成体中已分化细胞的分化状态仍可以改变 ······································· 346
第二节　细胞分化与个体发育和组织更新 ··· 347
一、胚胎发育是受精卵细胞连续分化的结果 ·· 347
二、成体干细胞的分化是组织更新的基础 ··· 348
第三节　哺乳动物干细胞和祖细胞的特征 ··· 354
一、干细胞具有形态和增殖方面的特征 ·· 354
二、干细胞的标记和分化细胞的抗原标记可用于检测和分析 ····················· 354
三、体内的祖细胞与干细胞相似而又不同 ··· 356
第四节　细胞分化的调控 ·· 356
一、细胞分化是基因差异性表达的结果 ·· 356
二、细胞质成分可影响细胞分化过程中基因组的选择性表达 ····················· 358
三、细胞外的环境因素可调节核内特定基因的表达 ································ 359
第五节　细胞分化与疾病及其治疗 ·· 362

一、细胞分化与肿瘤发生和治疗相关 ……………………………………………… 362

二、干细胞及其分化细胞可被用于治疗 …………………………………………… 364

第十四章 细胞死亡 … 369

第一节 细胞死亡的类型 … 369

一、非程序性细胞死亡是一种被动的细胞死亡形式 ……………………………… 370

二、程序性细胞死亡是细胞主动结束其生命活动的过程 ………………………… 370

第二节 细胞凋亡 … 373

一、细胞凋亡的概念突显了细胞死亡方式的主动性和可控性 …………………… 373

二、细胞凋亡是进化上的普遍现象 ………………………………………………… 374

三、细胞凋亡的生物学意义体现在个体发育、组织更新、损伤修复等过程中 …………………………………………………………………………… 375

四、细胞凋亡具有独特的形态学和生物化学特征 ………………………………… 378

第三节 细胞凋亡的调控信号 … 381

一、死亡受体介导的细胞凋亡受细胞外信号调控 ………………………………… 382

二、线粒体介导的凋亡通路被看作细胞内信号途径，却可被细胞内外多种因素激活 ……………………………………………………………… 382

三、内质网也可以介导细胞凋亡 …………………………………………………… 384

四、溶酶体与细胞凋亡关系复杂 …………………………………………………… 385

第四节 细胞凋亡与疾病 … 386

一、细胞凋亡的抑制与肿瘤发生和肿瘤发展有关，诱导凋亡可用于肿瘤治疗 …………………………………………………………………………… 386

二、细胞凋亡过度可能导致免疫性疾病 …………………………………………… 387

三、细胞凋亡发生于缺血性心血管病变、神经退行性病变等疾病 ……………… 387

索引 … 390

第一篇

医学细胞生物学概论

第一章 细胞生物学与医学

细胞是组成人体的基本结构与功能单位,一个成人大约由100万亿(10^{14})个细胞组成,人体的各种生理和病理过程都与细胞的生命活动有关。细胞生物学是研究细胞基本生命活动规律的科学,必然与医学科学有着密切的联系。19世纪细胞的发现和细胞病理学的形成,使人们对人体和疾病的认识进入细胞水平,从而为现代医学的发展奠定了基础。20世纪细胞生物学和分子生物学的发展,进一步使医学研究深入到分子水平,使人类对人体和疾病的认识也上升到更加本质的层次。一方面,细胞生物学的发展为人类疾病的研究提供了重要的理论基础和技术条件;另一方面,对人体和疾病的研究也大大丰富了细胞生物学的内容。近几十年来,医学细胞生物学已渗透到基础医学和临床医学的各个方面,成为医学科学的重要基础学科。

第一节 细胞和细胞生物学

细胞(cell)是由膜包围的能独立进行繁殖的原生质团,是一切生物体结构和功能的基本单位,也是生命活动的基本单位。最简单的生物体是单细胞的,即单个细胞本身就是一个生物体,如细菌、酵母等微生物都是以单细胞形式存在的。细胞也可形成多细胞生物体,在多细胞生物体中不同细胞特化而具有不同的功能,高等动物、植物是多细胞生物体,由各种细胞组成不同的组织和器官。细胞生物学(cell biology)是以细胞为研究对象,从显微、亚显微和分子各级水平研究细胞的结构与功能及其生命活动规律的学科。细胞的生命活动包括能量的摄取和利用、物质的代谢和运输、生物信息的感知和反应、遗传信息的复制与表达,以及细胞的增殖、分化、衰老、死亡等,对这些细胞生命活动规律的深入研究,是阐明生物体乃至人体生命活动规律的重要基础。科学的发展依赖于研究技术的进步,细胞生物学的建立和发展则与显微学技术和实验技术的进步密切相关,随着技术的进步,细胞生物学的发展也经历了几个不同的阶段。

一、从发现细胞到创立细胞学说经过了100多年

细胞很小,绝大多数细胞的直径小于30 μm,肉眼是看不到的,因为人眼的分辨能力

只有 0.1～0.2 mm。细胞的发现归功于放大工具光学显微镜的出现，光学显微镜的分辨能力大大突破了人眼的分辨极限，其分辨极限为 0.2 μm，使人们可以通过显微镜观察到细胞的存在。1665 年英国物理学家 R. Hooke 发表了《显微图谱》(Micrographia)一书，描述了他利用自己制作的光学显微镜观察到的各种结构。在观察木栓切片时发现木栓的蜂窝状小孔结构，他把这种小孔称为小室(cells)或小孔(pores)。他所用的"cell"一词由拉丁语"cellulae"演变而来，是"小室"的意思。Hooke 看到的"cell"实际上是由植物细胞壁所围成的空腔，因此他当时并没有发现真正的细胞，只是提出了"cell"这个名词。但 Hooke 的发现是具有开创意义的，其后人们就用"cell"这个词来描述细胞的概念。真正发现细胞的是与 R. Hooke 同时代的荷兰科学家 A. Leeuwenhoek，他在 1674 年用自制的光学显微镜观察到池塘水滴中的原生动物细胞，并在以后的观察中发现了哺乳动物和人类的精子、鲑鱼红细胞的细胞核、牙垢中的细菌等。

在发现细胞 100 多年后，随着光学显微镜制作技术的不断改进和切片机的发明，观察细胞的技术有了很大的提高，不少科学家对植物和动物细胞进行了更为深入的观察和研究。在此基础上，三位德国科学家的杰出研究工作，为细胞学说(cell theory)的创立和完善作出了重要贡献：植物学家 M. Schleiden 根据他的大量观察结果，在 1838 年提出了所有植物体都是由细胞及其产物组成的观点；动物学家 T. Schwann 在 1839 年提出了所有动物体也是由细胞组成的观点，并正式提出了细胞学说，肯定了一切生物体都是由细胞组成的；病理学家 R. Virchow 在 1855 年提出一切细胞只能来自原来细胞的观点，他还认为机体的一切病理现象都与细胞的损伤有关。细胞学说的主要观点有：① 所有生物体都是由细胞组成的，细胞是组成多细胞生物体的基本单位，而原生生物本身即是一个细胞；② 细胞是生物体结构与功能的基本单位；③ 细胞来源于已经存在的细胞，即由细胞分裂而来。

二、细胞学描述细胞形态、结构、活动和化学成分

细胞学说的创立有力地推动了细胞的研究，从 19 世纪中叶起随着细胞研究的全面展开，逐渐形成了一门新的学科——细胞学(cytology)。在细胞学的初期，主要应用切片和染色技术在光学显微镜下观察细胞的形态结构和分裂活动，这一时期一般称为经典细胞学时期。在这一时期，细胞学研究的主要成果是提出了原生质学说、发现了受精和细胞分裂现象、观察到细胞中的一些细胞器。根据原生质学说，细胞是由细胞膜包围的一团原生质(protoplasm)，细胞核内的原生质称为核质(karyoplasm)，细胞核外的原生质称为细胞质(cytoplasm)。在细胞分裂研究中，先后发现了无丝分裂、有丝分裂和减数分裂现象，并根据染色体在有丝分裂中的情况把有丝分裂过程分为前期、中期、后期和末期。19 世纪末叶，通过对细胞质的仔细观察，先后发现了中心体、线粒体和高尔基体等细胞器，从而使对细胞结构的认识达到了一个新的水平。细胞学家 E. Wilson 在《细胞与发育和遗传》(The Cell in Development and Heredity)一书中绘制了一张细胞模式图，反映了当时人们在光学显微镜水平上对细胞结构的认识。

从 20 世纪初期到 20 世纪中叶,细胞学的研究逐渐从形态学观察深入到对细胞化学成分和生理功能,以及细胞与胚胎发育和遗传关系的研究,研究手段也从单纯使用显微镜观察发展到多种实验方法,因此这一时期被称为实验细胞学时期。这一时期细胞学研究的主要成果是建立了不少新的实验技术和方法,并与相邻学科密切结合、相互渗透,形成了一些新的分支学科。一些科学家在染色体研究中把染色体的行为与 Mendel 的遗传因子联系起来,认为遗传因子位于染色体上。1909 年 W. Johannsen 把遗传因子命名为基因(gene),1910 年 T. Morgan 建立了基因学说,明确基因是遗传性状的基本单位,直线地排列在染色体上,从而使细胞学与遗传学相结合,逐渐形成了细胞遗传学。这一时期建立了细胞培养技术和细胞成分的离心分离技术,使人们可以在体外研究活细胞的生理功能,以及细胞各种组分的化学组成和其在细胞中的功能,从而把细胞学与生理学联系起来,形成了细胞生理学。这一时期还建立了细胞内大分子的特殊染色方法。1924 年 R. Feulgen 设计了一种细胞内 DNA 特异染色方法,显示了 DNA 位于细胞核的染色体中,这种方法即 Feulgen 反应,至今仍是检测细胞内 DNA 的重要方法。1940 年 J. Brachet 建立了一种检测细胞内 RNA 的特殊染色方法,称为 Unna 染色技术,发现 RNA 可位于细胞核、核仁和细胞质中。与此同时,R. Casperson 设计了紫外光显微分光光度法,并利用这种技术测定细胞中的 DNA 等大分子的含量。这些研究促成了细胞化学和分析细胞学的形成。实验细胞学的进展极大地丰富了细胞学的内容,使细胞学成为生物学中发展最快的领域之一,也为细胞生物学的形成奠定了基础。

三、细胞生物学从细胞整体、显微、亚显微和分子水平诠释细胞生命活动本质

光学显微镜突破了人眼的分辨能力,使人们看到了细胞,但同时又使人受到光学显微镜分辨率的限制,对细胞结构的认识无法获得进一步的发展。20 世纪 30 年代出现了电子显微镜,其分辨率大大地突破了光学显微镜的极限,使人们有可能观察到更为精细的细胞结构,从而使细胞学进入了新的发展时期。1945 年 A. Claude 发表了第一张用电子显微镜观察的细胞照片,标志着对细胞结构认识新时代的到来。20 世纪 50 年代至 70 年代,随着超薄切片技术的出现和电子显微镜分辨率的提高,用电子显微镜观察细胞是这一时期细胞研究的最大特点。通过电子显微镜观测,对光学显微镜下已经发现的结构如染色体、核仁、线粒体、高尔基体等有了全新的认识,而且发现了不少新的细胞结构,如内质网、核糖体、溶酶体、细胞骨架等,从而使对细胞结构的研究从光学显微镜的显微水平发展到电子显微镜的亚显微水平。在这一时期,细胞研究的第二个特点是电子显微镜技术与生物化学技术相配合,使细胞的结构研究与功能研究密切结合起来。G. Palade 等将电子显微镜观察与生化超速离心技术相结合,不仅发现了动物细胞中的核糖体,证明离心分离获得的微粒体是内质网碎片,而且深入研究了细胞内分泌蛋白质在内质网的合成和经由高尔基体加工的分泌过程。C. de Duve 在细胞器的离心分离研究中预见一种含水解酶的细胞器存在,并用电子显微镜证实这种细胞器为溶酶体,进而对溶酶体的结构与功能进行

了深入研究。为此,A. Claude、C. de Duve 和 G. Palade 获得了 1974 年诺贝尔生理学与医学奖。这一时期细胞研究的还有一个特点是重视对细胞内生物大分子结构和功能研究,其中 DNA 研究的成果尤为突出。M. Wilkins 等用 X 射线衍射技术进行 DNA 结构分析。在此基础上,J. Watson 和 F. Crick 于 1953 年提出了 DNA 分子的双螺旋结构模型,此后又提出了细胞内遗传信息传递的"中心法则",即遗传信息的流向是从 DNA 到 RNA 再到蛋白质,把细胞内大分子的结构与细胞内遗传物质的复制和表达密切联系起来。由此可见,这一时期的细胞学研究已发展到从显微(microscopic)、亚显微(sub-microscopic)和分子(molecular)三个不同水平去研究细胞的结构与功能,探讨细胞生命活动的规律,达到了前所未有的高度,积累了丰富的资料,人们对细胞的认识也发生了极大的变化,细胞学也因此发展成为细胞生物学。

20 世纪 80 年代以来,随着分子生物学技术的不断发展及其在细胞研究中的广泛使用,细胞生物学研究也进一步深入,研究重点转向对细胞内物质运输、信号转导等细胞功能,以及细胞增殖、分化、凋亡等基本生命活动的分子机制研究,取得了重大进展。细胞生物学和分子生物学相互渗透和融合,发展成为分子细胞生物学(molecular cell biology)。

第二节 细胞的起源与进化

地球上千姿百态的生物都是由细胞构成的。最简单的生物体是单细胞的,即单个细胞本身就是生物体,如细菌、原虫等;细胞也可形成多细胞生物体,高等动物和植物都是由各种细胞组成的多细胞生物体。尽管种类繁多的细胞有各种不同的形态和功能,但所有的细胞都有共同的特征,如细胞都有质膜将细胞内环境与外环境隔开,所有细胞有同样的遗传密码以及遗传信息复制和基因表达规律,反映了细胞有着共同的起源以及进化规律。目前多数生物学家认为地球上所有的细胞起源于 35 亿年前出现的原始细胞,细胞的进化过程包括从分子到原始细胞、从原核细胞到真核细胞,以及从单细胞生物到多细胞生物三个发展阶段。

一、膜包围的原生质团成为原始细胞

生命是原始地球发展到一定时期的产物,生命现象的出现与有机分子和生物大分子的形成有着密切的关系。在原始地球的大气中存在着一些简单的元素和化合物,如氮、氢、二氧化碳、硫化氢、甲烷、氨等,在一些自然因素如宇宙射线、日光、闪电等作用下,这些元素和化合物可形成氨基酸、核苷酸、多糖、脂类等有机化合物。20 世纪 50 年代,S. Miller 用实验证实水蒸气、甲烷、氢气、氨气的混合物在电离火花作用下可生成氨基酸等有机分子。这些有机化合物形成后,汇集在地球上原始的海洋中,经过长时间的相互作用,在适宜的条件下聚合成蛋白质、核酸、磷脂等生物大分子,形成一种含有有机分子和生物大分子的原始溶液,为生命的出现创造了条件。

最初的生命是存在于原始海洋中的一种有膜包围的具有自我复制功能的物体。膜的存在使得具有自我复制功能的结构从环境中隔离出来。这种隔离一方面可防止由外界因素造成的损伤，另一方面能防止该结构在原始溶液中被稀释。不少学者认为，最早的具有自我复制功能的结构可能是核糖核酸分子(RNA)，一些原始RNA被一层保护膜包裹后形成了第一个有生命的物体，称为原生质团(protoplasmic blob)。RNA具有自我复制功能是因为RNA分子结构中多核苷酸的碱基序列蕴藏着遗传信息的结构基础。RNA分子由4种核苷酸组成，构成4种核苷酸的碱基分别为腺嘌呤(A)、鸟嘌呤(G)、胞嘧啶(C)和尿嘧啶(U)。自我复制的关键是遗传信息能正确无误地传递下去，在此过程中碱基的互补配对原则起着决定性的作用。根据碱基互补配对原则，A与U，C与G可以专一地互补配对，这样就能合成与原来RNA链互补的新的RNA分子，而新的RNA分子又可作为模板，合成与它互补的RNA链，这个RNA链与原先的RNA链的碱基顺序完全相同，这样就完成了自我复制。在RNA复制的过程中，会产生各种各样的拷贝。通过选择，只有那些能精确复制而稳定的RNA分子才能保存下来，并最终占优势。20世纪80年代，S. Altman等人的实验证实RNA具有催化功能，包括催化核苷的聚合反应，因此RNA既能作为模板，又能催化自我复制。由此可以设想，在最初的原生质团或原始细胞中一些RNA分子开始发挥不同的功能，有的可催化其本身的复制，有的可催化其他RNA构型的复制，更有些分化为与氨基酸相对应的特殊RNA构型，这样遗传信息就由多核苷酸链流向多肽链，形成了最原始的RNA指导蛋白质合成的框架。

包围原生质团的膜是由磷脂组成的磷脂双分子层结构，这种结构的特点是对水溶性溶质的不通透性，构成分隔膜内外两个水溶性环境的屏障。但是原生质团与外界必须有物质进出，否则原生质团内部资源很快会消耗尽。如果在原生质团的膜上存在散在的单个的裂孔使膜结构暂时不稳定，就可使原生质团与外界进行物质交换。因此，第一个出现的膜可能就是这种局部有裂孔的膜，它把有自我复制功能的物质与外环境隔开，但此时的内环境和外环境还不会有明显的区别。将最初内外环境间无法控制的物质交换系统变成具有维持内外环境不同状态能力的系统，是原生质团转变成最原始细胞的重要发展。在原始细胞膜中出现的第一个系统是让细胞组成的前体物质输入，让不需要的物质输出。随着原始细胞的进化，自我复制物质除了进行自我复制外，还获得了直接或间接地决定其膜和环境的特性，使原始细胞具有一个代谢系统能将输入的前体物质转变成细胞需要的分子，用于装配成细胞的结构成分，并在磷脂双分子层中加入了蛋白质使其成为有更多功能的细胞膜。还具有一个能量代谢系统可利用外界能量供应，并将其以某种方式贮存起来用以驱动各种耗能反应。

原始细胞分裂很慢，遗传信息量也不多，细胞内只有种类与数量有限的蛋白质。原始细胞进一步进化的里程碑是DNA的出现。由于DNA双螺旋结构的特点，其结构更为稳定。这样一来，DNA取代了RNA成为细胞中具有自我复制功能的结构，而RNA则成为DNA与蛋白质之间的联系纽带。原始细胞的功能也不断完善，在漫长的进化过程中逐渐发展成原核细胞。

二、原核细胞进化后出现真核细胞

在细胞的进化过程中,经历了原始细胞、原核细胞和真核细胞三个不同阶段。35亿年前先后出现了原始细胞和原核细胞,15亿年前原核细胞又进化形成真核细胞,但原核细胞没有消失。在当今世界上,我们所见到的细胞仍然分为原核细胞与真核细胞两大类。以原核细胞形式存在的生物体称为原核生物,包括支原体、立克次氏体、细菌和蓝细菌,都是单细胞生物;以真核细胞形式存在的生物称为真核生物,有的是单细胞生物如酵母、原虫和真菌,更多的是多细胞生物如植物和动物。表1-1列举了原核细胞与真核细胞的主要区别。

表1-1 原核细胞与真核细胞的区别

区别点	原核细胞	真核细胞
分布	细菌、支原体、立克次氏体	原虫、真菌、植物、动物、人类
大小	1~10 μm	10~100 μm
细胞区室化	整个细胞为一个区室	细胞有2个以上的区室
细胞核	无	有核被膜包裹的细胞核
细胞器	无	有多种细胞器
细胞骨架	无	有
遗传物质	环状DNA裸露于细胞质中	线性DNA与组蛋白结合位于细胞核中
基因表达	转录和翻译在同一区室进行	转录和翻译分别在细胞核和细胞质进行
细胞分裂	出芽或无丝分裂	有丝分裂、减数分裂

原核细胞(prokaryocyte)的主要特征是没有细胞核,整个细胞只有一个膜包围的区室(compartment),区室外有细胞膜(质膜)包围,区室内有遗传物质以及基因表达产物,细胞内不再有其他小区室(细胞器)。原核细胞中最主要的类群是细菌,因此这里用细菌为例介绍原核细胞的结构特征(图1-1)。细菌外面有质膜包围,质膜外还有一层细胞壁保护,有些细菌表面还有鞭毛等附属物。细菌质膜除了承担细菌与环境之间的物质运输和讯号应答外,还参与细胞的能量代谢和蛋白质合成。细菌的质膜常常会内陷形成间体(又称中膜体),膜上有参与电子传递和氧化磷酸化的酶系,与细胞呼吸有关,有类似真核细胞线粒体的作用。细菌的细胞质内没有细胞器,但有核糖体存

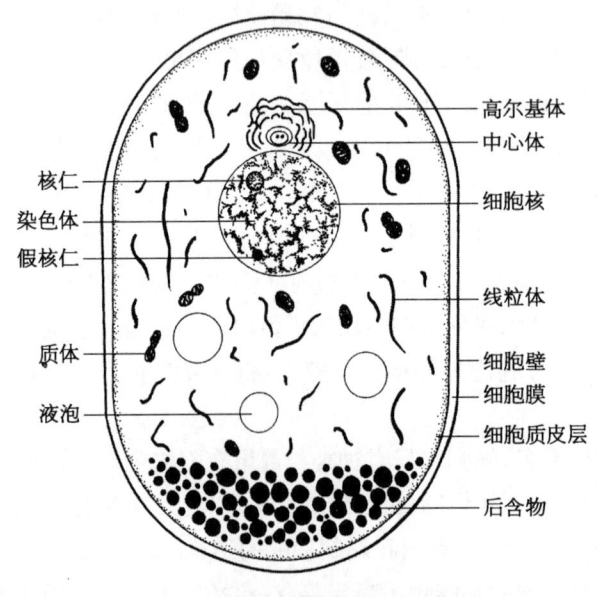

图1-1 原核细胞(细菌)结构模式图
(引自Lodish等,2000)

在,大部分核糖体游离在细胞质中,也有一些核糖体附着在质膜内表面。细菌的遗传物质是环形 DNA 分子,不与组蛋白结合,外面没有膜包围,裸露在细胞质中,DNA 所在区域称为拟核(nucleoid)。有些细菌除了基因组的 DNA 外还有一些小的环形 DNA,称为质粒(plasmid),在细胞中能进行自我复制。细菌的遗传信息复制时 DNA 结合在质膜上,在细胞分裂(无丝分裂)时将遗传物质分配到两个子细胞中。由于 DNA 裸露在细胞质中,核糖体也在细胞质中,因此在遗传信息表达时转录和翻译(蛋白质合成)没有空间隔离,几乎是同步进行的,即一边转录一边翻译,无需对转录而来的 mRNA 进行加工。

真核细胞(eukaryocyte)的主要特点是细胞进一步区室化,细胞内形成细胞核和细胞器各种功能区室(图 1-2)。真核细胞的 DNA 集中于细胞核内,细胞核与细胞质之间以双层核膜相隔。真核细胞中 DNA 呈线状,并与组蛋白结合包装成高度浓缩的染色质结构。真核细胞中的 DNA 含量大大超过其蛋白质密码所需要的量。真核细胞中 DNA 转录成 mRNA 在细胞核内进行,经过剪辑加工,然后运输到细胞质中翻译成蛋白质。真核细胞的细胞质内有丰富的细胞器与发达的内膜系统和细胞骨架系统。细胞器主要有内质网、高尔基体、溶酶体、过氧化物酶体和线粒体等,每一种细胞器都有其特有的酶系统和分子组成,行使不同的代谢和生理功能。

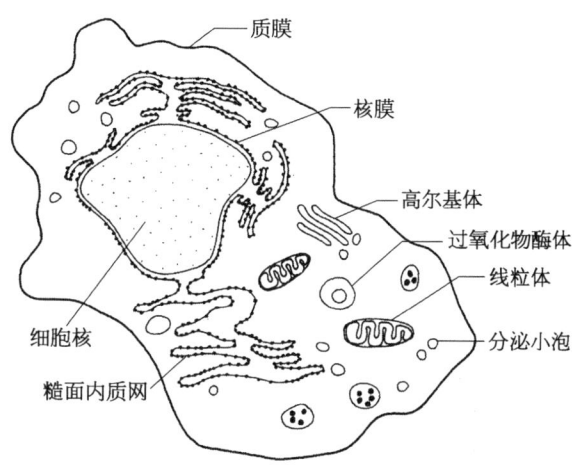

图 1-2 真核细胞结构模式图
(引自 Lodish 等,2000)

对真核细胞内部的各种细胞器如何发生作一些推断,可能有助于理解这些细胞器的功能和相互关系。真核细胞相比原核细胞,在直径上大 10 倍,在体积上则大 1 000 倍。因此,就面积与体积的比率而言,真核细胞表面膜的面积不大。真核细胞祖先可能像细菌一样只有质膜(细胞膜)而没有内膜,为了要承担各种复杂功能,它们的质膜向内部下陷并与质膜断离,形成了内膜系统——即发生了膜的功能特化。例如,核膜把 DNA 分子包围起来,演化成细胞核;核膜的分支延伸形成了内质网,因此内质网膜与核膜相连,内质网腔与核周间隙相通;线粒体则是一个细菌被吞噬包裹后与宿主共生而形成的,这可以解释线粒体具有双层膜、孤立的内腔和独立的基因组。

三、真核细胞集合体演变为由不同特化细胞组成的多细胞生物

单细胞生物是由一个细胞组成的生命体,包括具有原核细胞特征的原核生物细菌、支原体、蓝细菌和具有真核细胞特征的真核生物原虫、酵母等,它们至今还生活在地球上。这些单细胞生物能利用环境中少数几种简单的原料合成其必需的蛋白质。这些单细胞生

物分裂繁殖迅速，有些几乎每小时分裂一次。但毕竟单细胞生物在进化上是最原始的，随着真核生物的进化就出现了细胞的集合体，然后再演变成为具有不同特化细胞的多细胞生物。世界上种类繁多的植物和动物都是多细胞生物。多细胞生物有两个基本特点：一是细胞产生了特化与分工；二是特化了的细胞之间相互协调合作，构成一个统一的多细胞生物体。在人体中，至少有200多种不同分化类型的细胞，依靠细胞之间的通讯联络以及细胞连接和细胞外基质的黏合调节，形成各种具有不同功能的组织与器官，使人体这样的多细胞生物体能在复杂的环境中得以生存与发展。

在许多多细胞生物体内，有一部分细胞高度特化，成为下一代机体的起源，这就是生殖细胞(germ cell)，有别于机体内的其他细胞，即体细胞(somatic cell)。

在高度进化的多细胞生物体内，细胞之间的协调、整合与分工至关重要。以哺乳动物和人体为例，不断发育完善的神经内分泌系统与免疫系统是多细胞机体高度复杂性的两个顶峰。神经内分泌系统是由巨大的神经细胞网络及内分泌激素网络构成。通过对信息的接收、加工、储存和利用，建立精确而又复杂的联络信号传递机制，包括各种细胞因子及其他化学信使，使机体各部分协调合作，并能对外界刺激及时作出适当的反应。免疫系统则是脊椎动物为对抗病原微生物、恶性肿瘤及外来大分子侵入而发展起来的防御系统。免疫系统也是维持机体内环境稳定、及时清除衰老细胞与分子的重要基础。

第三节　细胞生物学在医学发展中的作用

细胞生物学是生命科学的重要基础，与医学有着非常密切的关系。医学是一门古老的学科，古代医学的发展依赖于经验的积累，因此发展很慢。直到19世纪中叶细胞的发现和细胞学、细胞病理学的形成，使医学的研究深入到细胞水平，并使医学的理论和方法建立在科学的基础之上，从而为现代医学的形成和发展奠定了基础。20世纪中叶细胞生物学和分子生物学的发展使医学研究深入到分子水平，对疾病的认识也不断深化，现代医学也因此发展到一个更高的水平。在现代医学中，细胞生物学的理论、技术和方法与基础医学和临床医学的各门学科有密切的关系，在研究人体结构功能和生命活动规律、探讨疾病发生发展机制中发挥着重要作用。而且细胞生物学也是临床学科的重要基础，细胞生物学的知识和技术在疾病诊断和治疗中得到越来越多的应用。

一、细胞是人体结构与功能的基本单位

细胞是人体结构与功能的基本单位，人体的正常结构、生理活动和新陈代谢的维持都是通过细胞的生命活动来实现的。人体的发育是从精子和卵子两个细胞的结合开始的，从受精卵发育成为一个成年机体是一个从单细胞向多细胞发展的过程。这一发展过程中通过细胞的基本生命活动，即细胞增殖、细胞分化和细胞凋亡，最终使一个细胞发展成为有200多种不同类型，总数达10^{14}个细胞的人体。人体的众多细胞和由细胞产生的细

外基质构成多种类型的组织,如上皮组织、血液、淋巴、固有结缔组织、软骨、骨、肌肉、神经等。几种组织相互结合组成器官和系统。人体由神经、内分泌、免疫、循环、运动、皮肤、感官、消化、呼吸、泌尿、生殖等系统组成,它们行使人体的各种生理功能。因此,人体正常结构与功能和生命体征(体温、血压、呼吸、脉搏等)的维持,人体生长发育、衰老死亡的过程都与细胞的生命活动有关,都包含着复杂的细胞生物学机制,细胞生物学的研究进展对深入了解我们人体本身的奥秘有着重要的意义。

二、细胞结构功能的异常与疾病的发生发展密切相关

细胞的正常结构与功能是人体正常生命活动的基础,细胞结构与功能的异常必然与人体各种疾病的发生与发展有着密切的关系。细胞生物学的研究在认识疾病发生机制中有非常重要的作用。20世纪中叶以来,随着分子细胞生物学的发展和向医学领域的渗透,人们对人类疾病的认识不断深化,已深入到细胞、分子水平去研究恶性肿瘤、心脑血管疾病、糖尿病、获得性免疫缺陷综合征(艾滋病)等各种疾病的发病机制,从而对疾病的病因、病理到防治都有了全新的认识。

以肿瘤的发生与发展为例,早年的研究集中在比较正常细胞与癌细胞(cancer cell)在结构与功能上的区别,取得了不少有价值的资料,但还不能从本质上说明肿瘤发生与发展的机制。随着近代细胞生物学的进展,对肿瘤的认识也深入到了细胞和分子水平。当前对肿瘤生物学研究的热点主要有几个方面:一是研究基因改变与肿瘤发生的关系。肿瘤可以被看作是一种基因病,肿瘤的形成由体细胞基因改变引起。这方面研究的重点是肿瘤相关基因特别是癌基因和抑癌基因与肿瘤发生发展的关系。二是研究肿瘤细胞中信号转导系统的特点。细胞的生物学行为是受到细胞的信号转导系统精密调控的,这种调控是基因产物通过不同信号通路的作用实现的。肿瘤相关基因可通过影响这些通路的信号转导来改变细胞的生物学行为,肿瘤细胞与自身细胞外成分和周边其他细胞的异常通讯也通过这些通路的信号转导来影响细胞的生物学行为。三是研究肿瘤细胞的代谢特点,包括氧气利用和能量产生的方式以及代谢物谱的异常改变。四是研究肿瘤细胞所处微环境的特点,主要包括肿瘤细胞外基质成分的改变,肿瘤细胞与间质组织中免疫细胞和成纤维细胞的相互作用。这些方面的研究可以进一步阐明肿瘤细胞生物学行为的分子细胞生物学机制。五是研究肿瘤细胞的恶性生物学行为。肿瘤细胞的生物学行为涉及细胞基本生命活动的变化,包括细胞增殖失控、分化障碍、凋亡能力下降、迁移能力增强等。深入了解肿瘤细胞增殖、分化与凋亡变化的分子细胞生物学机制,还有助于设计新的肿瘤治疗方案——抑制增殖、促进分化与加速凋亡,可望提高肿瘤的治疗效果。

三、细胞生物学知识和技术愈来愈多地用于疾病的诊断和治疗

19世纪中叶细胞病理学的形成使医学家对疾病的认识提高到细胞水平,从此细胞病理学的知识和技术成为疾病诊断的重要手段。随着细胞生物学的发展,不断有新的细胞生物学技术应用到疾病诊断中去,如细胞化学、免疫组化、电镜技术、原位杂交、核型分析

和其他分子细胞生物学技术,在细胞学诊断、染色体诊断和基因诊断中发挥着重要作用。

细胞生物学的知识和技术不仅为疾病诊断提供了新的手段,而且为疾病的治疗开辟了新的途径。近年来分子细胞生物学的研究进展,有力地推动了细胞治疗、组织工程、基因治疗、肿瘤生物治疗等一系列新的疾病治疗方法的发展。现以干细胞研究为例,说明细胞生物学研究与疾病治疗的关系。干细胞(stem cell)是存在于胚胎和成体的一类特殊细胞,它能长期地自我更新,在一定条件下能分化形成一种或多种高度分化的细胞类型。从囊胚内细胞团分离的干细胞称胚胎干细胞,能分化形成个体所有的细胞类型。成体组织中存在的干细胞称为成体干细胞,如造血干细胞、神经干细胞、骨髓间质干细胞、上皮干细胞等,能分化成一种或多种特定功能的细胞,参与机体组织的细胞更新和损伤修复。由于干细胞的这些独特性能,使干细胞最终应用于疾病的治疗有着诱人的前景。干细胞在细胞治疗中的应用已取得了重大进展。细胞治疗(cell therapy)是将具有正常功能的细胞移植或输入患者体内,以替代受损细胞达到治愈疾病的目的的治疗方法。利用干细胞及其分化细胞进行细胞治疗是干细胞临床应用最重要的方面。目前,造血干细胞移植已成功地应用于临床治疗白血病、再生障碍性贫血、重症免疫缺陷病等疾病。其他成体干细胞用于治疗心血管疾病、糖尿病、帕金森病等神经系统退行性疾病、恶性肿瘤、肝脏疾病等重大疾病的细胞治疗实验研究也有很多令人振奋的研究结果,已经显示了临床应用的前景。干细胞在组织工程领域也发挥了重要作用。组织工程(tissue engineering)是通过体外构建组织器官用于替代人体受损或失去的组织器官的治疗方法。传统的组织工程是将组织特异的种子细胞种植在生物支架材料上,在体外培养构建组织器官。将干细胞及其分化细胞用作种子细胞是组织工程研究的重大突破,干细胞的多向分化潜能为组织工程提供了很好的种子细胞来源,特别是利用患者自身干细胞构建组织器官用于移植可以克服移植组织的免疫排斥问题,有着很好的应用前景。

本 章 小 结

细胞是由膜包围的能独立进行繁殖的原生质团,是一切生物体结构和功能的基本单位,也是生命活动的基本单位。细胞是组成人体的基本结构与功能单位,一个成人大约由100万亿(10^{14})个细胞组成,人体的各种生理和病理过程都与细胞的生命活动有关。

细胞生物学是以细胞为研究对象,从显微、亚显微和分子各级水平研究细胞的结构与功能及其生命活动规律的学科。细胞生物学的建立和发展则与显微学技术和实验技术的进步密切相关。随着技术的进步,细胞生物学的发展也经历了经典细胞学、实验细胞学、细胞生物学和分子细胞生物学几个不同的阶段。

在细胞的进化过程中,经历了原始细胞、原核细胞和真核细胞三个不同阶段,35亿年前先后出现了原始细胞和原核细胞,15亿年前原核细胞又进化形成真核细胞,但原核细胞没有消失。在当今世界上,我们所见到的细胞仍然分为原核细胞与真核细胞两大类。以原核细胞形式存在的生物体称为原核生物,包括支原体、立克次氏体、细菌和蓝细菌,都是单细胞生物;以真核细胞形式存在的生物称为真核生物,有的是单细胞生物如酵母、原虫和真菌,更多的是多细胞生物如植物和动物。

细胞生物学是生命科学的重要基础,与医学有着非常密切的关系。在现代医学中,细胞生物学的理论、技术和方法与基础医学和临床医学的各门学科有密切的关系,在研究人体结构功能和生命活动规律、探讨疾病发生发展机制中发挥着重要作用。而且细胞生物学也是临床学科的重要基础,细胞生物学的知识和技术在疾病诊断和治疗中得到越来越多的应用。

(汤雪明 易 静)

参 考 文 献

[1] 翟中和,王喜忠,丁明孝.细胞生物学[M].北京:高等教育出版社,2011.
[2] 汤雪明.医学细胞生物学[M].北京:科学出版社,2004.
[3] 胡以平.医学细胞生物学[M].北京:高等教育出版社,2009.
[4] 韩贻仁.分子细胞生物学[M].3版.北京:高等教育出版社,2007.
[5] Alberts B, Johonson A. Lewis J, et al. Molecular Biology of the Cell[M]. 5th ed. New York: Garland Science, 2008.
[6] Lodish H, Berk A, Kaiser CA, et al. Molecular Cell Biology[M]. 6th ed. New York: W H Freeman, 2008.
[7] Lewin B, Cassimeris L, Lingappa VR, et al. Cells [M]. Sudbury: Jones & Bartlett Publishers, 2007.
[8] Goodman SR. Medical Cell Biology[M]. 3rd ed. Burlington: Academic Press, 2008.
[9] Karp G. Cell and Molecular Biology[M]. 5th ed. New York: John Wiley & Sons Inc, 2008.
[10] Hanahan D, Weinberg RA. Hallmarks of cancer: the next generation[J]. Cell, 2011, 144(5): 646-674.

第二章　细胞的基本特征

　　自然界的细胞种类繁多，大小不一，形态各异，功能多样。人体的细胞有 200 多种，如上皮细胞、肌肉细胞、神经细胞等，在人体中行使不同功能。尽管各种细胞有千差万别，但所有细胞都具有共同的基本特征。本章以动物细胞为例介绍细胞在化学组成、结构和功能上的基本特征。在化学组成上，细胞都是由水、无机盐、糖类、脂类、蛋白质、核酸和一些有机小分子组成；在结构上，真核细胞都是由质膜、细胞质和细胞核三个部分构成；在功能上，细胞是生命活动的基本单位，细胞都有物质的代谢和运输、能量的摄取和利用、生物信息的感知和信号转导、遗传信息的复制与表达等基本功能，以及细胞增殖、分化、衰老和死亡等基本生命活动。

第一节　细胞的化学组成

　　生物体是由细胞构成的，而细胞又是由无生命的化学物质构成的。细胞中的各种分子由 50 多种元素组成，其中主要是 C、H、N 和 O，其次是 Na、Mg、P、S、Cl、K、Ca、Fe 等。这 12 种元素约占细胞总重量的 99.9%。粗略地估计，在一个典型细胞中有 1 000 多种不同的分子，可粗略地分为小分子物质和大分子物质两大类。小分子物质包括水、无机盐和有机小分子单糖、脂肪酸、氨基酸和核苷酸等，大分子物质有多糖、脂质、蛋白质和核酸等。细胞的性质取决于组成细胞的各种分子，各种分子的组成与代谢是生物体生长，繁殖，完成复杂的生理功能的重要基础。

一、水提供了细胞内化学反应的基本环境

　　在细胞中水是含量最丰富的化学成分，占细胞总量 70% 以上，细胞内大部分反应是在水环境中进行的。每个水分子中两个氢原子经共价键与氧原子连接，这两个键的极性很强。两个氢原子有正电荷的优势，而氧原子有负电荷的优势(图 2-1)。含有极性键的物质能与水形成氢键，则容易溶于水(图 2-2)。细胞中的糖、DNA、RNA 与大部分蛋白质带有正电荷或负电荷，能与水结合而溶于水。而疏水性分子不带电荷，与水不易形成氢键，则不溶于水(图 2-3)。所有的细胞膜主要由脂质和蛋白质组成，在脂质分子中有一个亲水的头部和疏水的尾部，当它们在水溶液中，亲水头部面向水，疏水的尾部避开水分子，

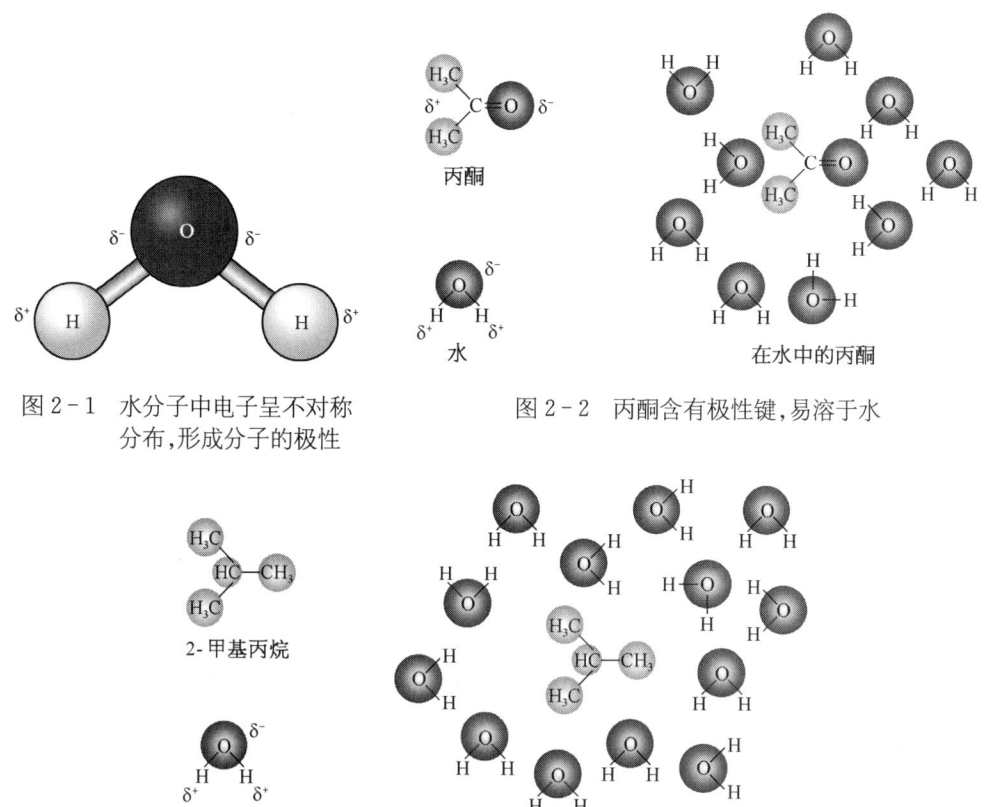

图 2-1 水分子中电子呈不对称分布,形成分子的极性

图 2-2 丙酮含有极性键,易溶于水

图 2-3 甲基丙烷是疏水分子,不与水形成氢键,不溶于水

且与其他疏水分子聚集,形成脂双层,脂双层的结构是膜脂类分子与水作用的结果。

无机盐在细胞中均以离子状态存在。阳离子有 Na^+、K^+、Ca^{2+}、Fe^{2+}、Mg^{2+} 等,阴离子有 Cl^-、SO_4^{2-}、PO_4^{3-}、HCO_3^- 等,它们占细胞重量的 1% 以下。这些无机离子在参与细胞代谢反应,维持细胞内外液的渗透压和 pH,以及组成具有一定功能的结合蛋白质等方面起着重要的作用。

二、主要的有机小分子有单糖、脂肪酸、氨基酸和核苷酸

细胞中的有机小分子,分子量为 100~1 000,它们约占细胞内有机物总量的 10%。主要的有机小分子有四类:单糖、脂肪酸、氨基酸和核苷酸。它们是细胞中大分子的构建单元(building blocks),以单体组成多聚体,例如单糖组成多糖,氨基酸组成蛋白质,分布于相应的亚细胞区室。它们又可以作为独立的功能分子,以游离形式分布于细胞中,扮演各种独特的角色,例如作为能量来源或信号分子。

1. **单糖** 单糖(monosaccharide)是组成多糖的基本单位。大多数单糖只由碳、氢、氧三种元素组成,分子通式为 $(CH_2O)_n$。有些单糖如葡萄糖、半乳糖、甘露糖,它们的化学式均为 $C_6H_{12}O_6$,但是结构不同(图 2-4),这些单糖称为异构体。另外一些单糖可以有

两种存在形式,即 D 型和 L 型,它们互为镜像,称为光学异构体。细胞中的单糖以葡萄糖(glucose)和核糖(ribose)最重要。葡萄糖是机体生命活动重要供能物质,葡萄糖经一系列代谢反应,分解成更小分子的 CO_2 和 H_2O,并释放出能量。核糖是核苷酸的组成成分,组成核糖核苷酸和脱氧核糖核苷酸。

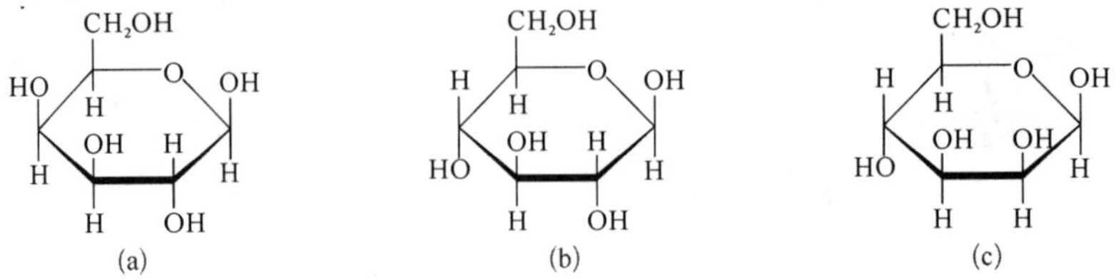

图 2-4 化学式($C_6H_{12}O_6$)的异构体
(a) 半乳糖;(b) 葡萄糖;(c) 甘露糖

2. **脂肪酸** 体内大部分脂肪酸(fatty acid)存在于三酰甘油、磷脂、糖脂等脂质中,但也有少数脂肪酸以游离形式存在于组织与细胞中。脂肪酸分子通式为$CH_3(CH_2)_nCOOH$。从脂肪酸分子结构可见它包括两个部分:一部分为长的烃链,是疏水性的,化学性质不活泼;另一部分有一个羧基(—COOH),高亲水性,化学性质活泼。脂肪酸通过羧基与其他分子形成共价连接。脂肪酸按其烃链中是否含有双键可分为饱和脂肪酸和不饱和脂肪酸(图 2-5)。饱和脂肪酸如 16 碳的软脂酸和 18 碳的硬脂酸,它们的烃链中没有双键。不

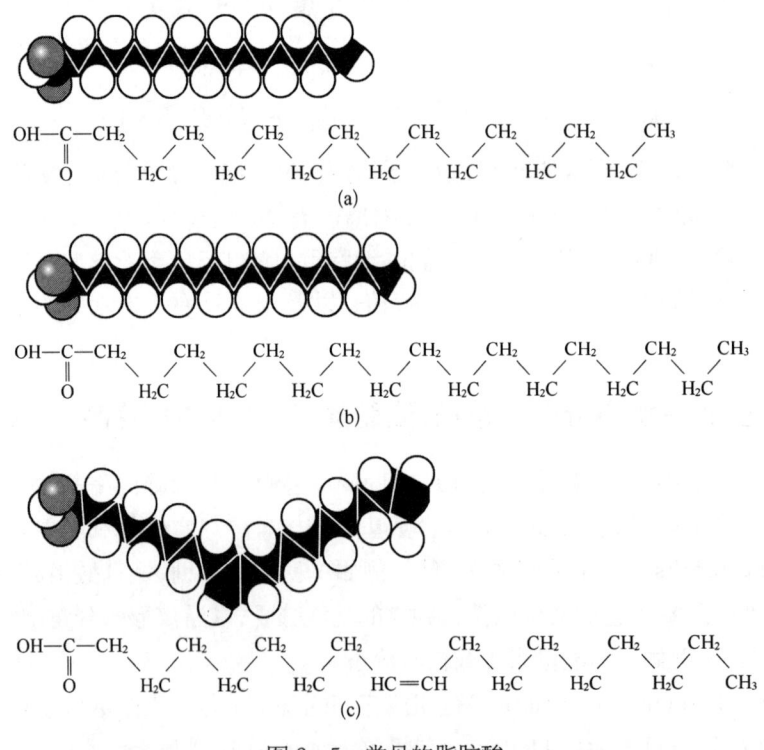

图 2-5 常见的脂肪酸
(a) 软脂酸;(b) 硬脂酸;(c) 油酸

饱和脂肪酸如亚油酸、亚麻酸和花生四烯酸,它们的烃链中含有一个或多个双键。亚油酸、亚麻酸对人体是必不可少的,但人体不能合成,必须由膳食提供,因此被称为必需脂肪酸(essential fatty acid)。在人体不饱和脂肪酸中,二十碳五烯酸(EPA)和二十二碳六烯酸(DHA)能从亚油酸转变生成,EPA 与 DHA 在视网膜和大脑皮质中代谢活跃。由花生四烯酸转变生成的前列腺素、白三烯、凝血恶烷,它们都是含 20 个碳原子的不饱和脂肪酸的衍生物,都属于信号分子,是体内的局部激素,具有参与机体的炎症、免疫、凝血等广泛的生理功能。

3. **氨基酸** 氨基酸(amino acid)是组成蛋白质的基本单位。在各种生物体中发现的氨基酸有 180 多种,但参与组成蛋白质的氨基酸只有 20 种。这 20 种氨基酸都有一个 α 羧基(—COOH),一个 α 氨基(—NH$_2$)和一个结构不同的侧链(—R),它们与 α 碳原子相连,氨基酸的结构通式见图 2-6。除甘氨酸以外,其余的氨基酸像单糖一样有光学异构体形式存在,即有 D 型和 L 型,但在蛋白质中只存在 L 型氨基酸。在中性溶液中氨基酸的氨基以 —NH$_3^+$、羧基以—COO$^-$形式存在,这样氨基酸分子就含有一个正电荷和一个负电荷,故称为兼性离子(图 2-6)。

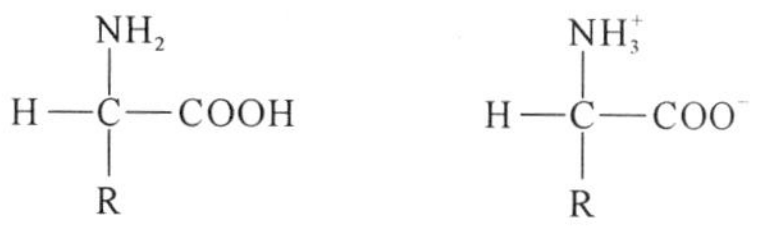

图 2-6 氨基酸的结构通式

组成蛋白质的 20 种氨基酸的理化性质对蛋白质的功能是至关重要的,氨基酸的理化性质主要取决于其侧链 R 基团。按氨基酸侧链 R 基因的带电性和极性不同,可将 20 种氨基酸分为 4 类:带负电荷的酸性氨基酸、带正电荷的碱性氨基酸、不带电荷的极性氨基酸和不带电荷的非极性氨基酸(表 2-1)。

表 2-1 组成蛋白质的氨基酸

氨基酸分类	氨基酸名称	英文全名	三字符号	单字符号
带负电荷的酸性氨基酸	谷氨酸	aspartic acid	Asp	D
	天冬氨酸	glutamic acid	Glu	E
带正电荷的碱性氨基酸	赖氨酸	lysine	Lys	K
	精氨酸	arginine	Arg	R
	组氨酸	histidine	His	H
不带电荷的极性氨基酸	甘氨酸	glycine	Gly	G
	丝氨酸	serine	Ser	S
	苏氨酸	threonine	Thr	T
	半胱氨酸	cysteine	Cys	C
	谷氨酰胺	glutamine	Gln	Q
	天冬酰胺	asparagines	Asn	N
	酪氨酸	tyrosine	Tyr	Y
不带电荷的非极性氨基酸	丙氨酸	alanine	Ala	A
	缬氨酸	valine	Val	V
	亮氨酸	leucine	Leu	L
	异亮氨酸	isoleucine	Ile	I
	脯氨酸	proline	Pro	P
	苯丙氨酸	phenylalanine	Phe	F
	色氨酸	tryptophane	Trp	W
	甲硫氨酸	methionine	Met	M

4. 核苷酸 核苷酸(nucleotide)是组成核酸(nucleic acid)的基本单位。核苷酸由碱基、戊糖和磷酸三部分组成。碱基有 2 类：嘌呤(purine)和嘧啶(pyrimidine)。嘌呤有 2 种：腺嘌呤(adenine,A)和鸟嘌呤(guanine,G)。嘧啶有 3 种：胞嘧啶(cytosine,C)、尿嘧啶(uracil,U)和胸腺嘧啶(thymine,T)。戊糖有 2 种：D-核糖和 D-2-脱氧核糖。核糖的 1′位碳原子与嘧啶的 1 位氮原子或嘌呤的 9 位氮原子以 N—C 糖苷键相连,形成核苷。核苷中的 5′位碳原子的羟基与磷酸以磷酯键相连,形成核苷酸(图 2-7)。核苷酸中由 D-核糖组成的核糖核苷酸是 RNA 的基本单位,由 D-2-脱氧核糖组成的脱氧核糖核苷酸是 DNA 的基本单位。连接 1 个磷酸分子为一磷酸核苷,连接 2 个磷酸分子为核苷二磷酸,连接 3 个磷酸分子为核苷三磷酸(图 2-8,表 2-2)。此外磷酸可同时与核苷上 2 个羟基形成酯键,形成环核苷酸。常见的有 3′,5′-环腺苷酸(adenosine 3′,5′- cyclic monophosphate, cAMP)(图 2-9)和 3′,5′-环鸟苷酸(guanosine 3′,5′- monophosphate, cGMP)。

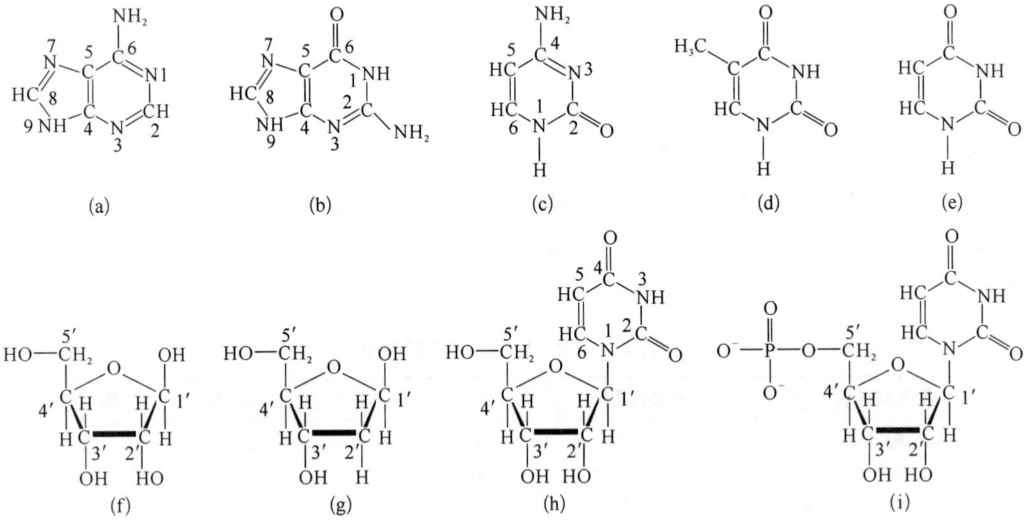

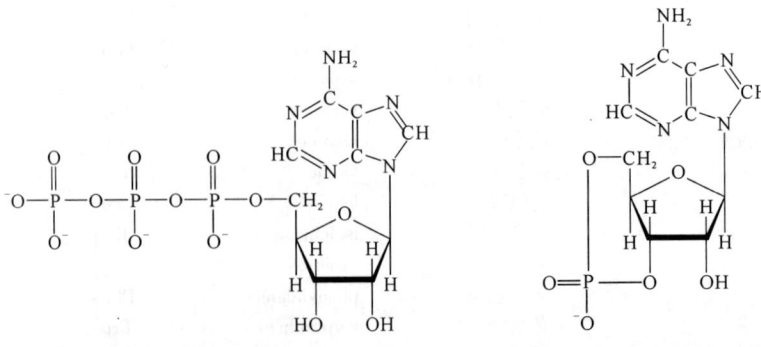

图 2-7 核苷酸的组成成分

(a) 腺嘌呤(A);(b) 鸟嘌呤(G);(c) 胞嘧啶(C);(d) 胸腺嘧啶(T);(e) 尿嘧啶(U);
(f) 核糖;(g) 2′-脱氧核糖;(h) 尿苷;(i) 5′-尿苷磷酸

图 2-8 腺苷三磷酸(ATP)　　　图 2-9 环腺苷酸(cAMP)

表 2-2　常见核苷酸名称

核糖核苷酸	脱氧核糖核苷酸
腺苷一磷酸,adenosine monophosphate, AMP	脱氧腺苷一磷酸,deoxyadenosine monophosphate, dAMP
鸟苷一磷酸,guanosine monophosphate, GMP	脱氧鸟苷一磷酸,deoxyguanosine monophosphate, dGMP
胞苷一磷酸,cytidine monophosphate, CMP	脱氧胞苷一磷酸,deoxycytidine monophosphate, dCMP
尿苷一磷酸,uridine monophosphate, UMP	脱氧尿苷一磷酸,deoxyuridine monophosphate, dUMP
腺苷二磷酸,adenosine diphosphate, ADP	脱氧腺苷二磷酸,deoxyadenosine diphosphate, dADP
腺苷三磷酸,adenosine triphosphate, ATP	脱氧腺苷三磷酸,deoxyadenosine triphosphate, dATP

三、主要的生物大分子是多糖、脂质、蛋白质和核酸

细胞中大部分物质是由生物大分子组成,生物大分子占大多数细胞干重的 80%～90%。细胞内主要的生物大分子包括多糖、脂质、蛋白质和核酸。这些生物大分子是由相应的有机小分子作为单体构建起来的,也可以被重新降解为小分子(表 2-3)。生物大分子结构复杂,在细胞内各自执行独特的生理功能,从而导致生物体形态与行为的多样化。

表 2-3　有机小分子与生物大分子的关系

有机小分子(构建单元)	生物大分子
单糖 ⇌	多糖
脂肪酸 ⇌	脂质
氨基酸 ⇌	蛋白质
核苷酸 ⇌	核酸

1. **多糖**　常见的多糖(polysaccharide)有糖原(glycogen)、淀粉(starch)和纤维素,前者存在于动物细胞中,而后二者存在于植物细胞中。糖原和淀粉都是 α 构型的葡萄糖分子连接而成的。在直链淀粉中一个葡萄糖分子的 1 位碳原子上的羟基与另一个葡萄糖分子 4 位碳原子上的羟基脱水形成 α(1→4)糖苷键。在糖原和支链淀粉中还存在 α(1→6)糖苷键,即一个葡萄糖分子的 1 位碳原子的羟基与直链中的葡萄糖残基中的 6 位碳原子上的羟基脱水形成的糖苷键(图 2-10)。糖原与淀粉分别是动物和植物细胞的能量贮存形式。纤维素是植物细胞壁的主要结构成分。纤维素也是一种由葡萄糖组成的多糖,纤维素中的葡萄糖残基是 β 构型而非 α 构型,以 β(1→4)糖苷键连接。并且纤维素是一种非支链多糖(图 2-11),这些链进行堆积形成机械强度很大的纤维。由于人和哺乳类动物缺乏纤维酶,因此不能消化植物纤维。构成昆虫骨骼及真菌细胞壁的多糖为几丁质,它是一种糖的衍生物,称为 N-乙酰氨基葡萄糖的线性聚合物。

除了上述作为能量贮存的多糖(糖原和淀粉)以及构成细胞壁的多糖(纤维素)外,还有两类重要的多糖——寡聚糖和糖胺聚糖。寡聚糖与蛋白质共价连接形成糖蛋白,与脂质连接形成糖脂,它们是细胞膜的组成成分,在细胞识别和组织构建中起重要作用。糖胺聚糖与蛋白质共价连接形成蛋白聚糖,糖胺聚糖和蛋白聚糖都是细胞外基质的重要组成成分。

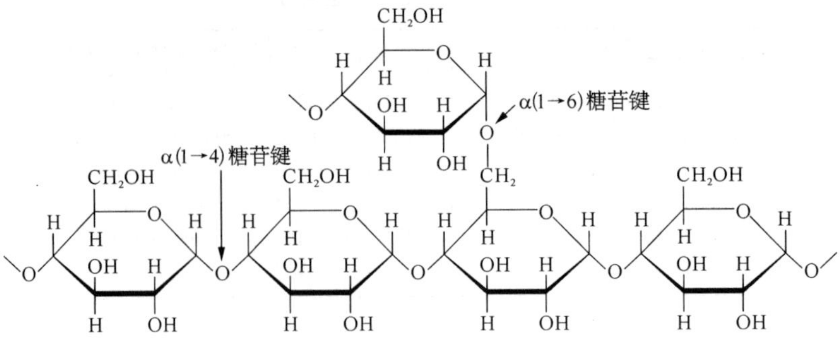

图2-10 糖原与淀粉中单糖在直链中是以 α(1→4)糖苷键连接,在分支点是以 α(1→6)糖苷键连接

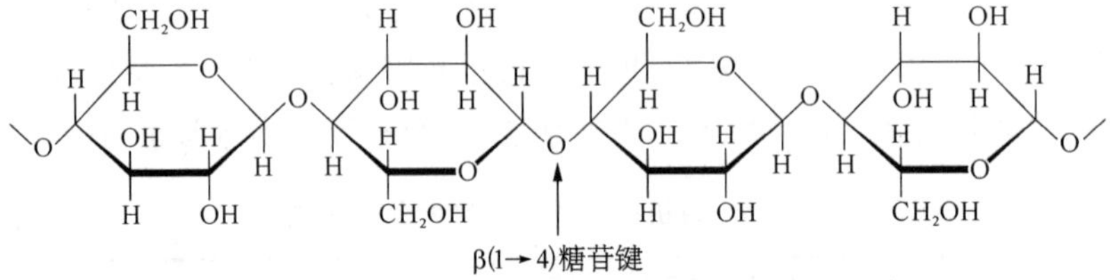

图2-11 纤维素是一种非支链多糖,单糖以 β(1→4)糖苷键连接

2. **脂质** 细胞内脂质(lipid)种类很多,主要有三酰甘油(又称甘油三酯)、磷脂、类固醇等。三酰甘油(triacylglycerol)是由3分子脂肪酸与1分子甘油连接而形成的(图2-12)。三酰甘油不溶于水,因而它们在细胞质中聚集成脂肪滴,是动物和植物体内脂肪的主要贮存形式。当需要提供能量时,脂肪酸能从三酰甘油中释放出来,并分解供能。脂肪酸分解所产生的能量相当于等质量葡萄糖的6倍,因此三酰甘油是体内浓缩、高效的储能物质。磷脂(phospholipid)是生物膜的组成成分。磷脂包括甘油磷脂和鞘磷脂。在甘油磷脂中甘油的2个羟基与2条脂肪酸链相连,甘油上的第3个羟基与磷酸基团连接,磷酸基团又能与一个小的亲水化合物如胆碱或乙醇胺等结合,形成磷脂酰胆碱或磷脂酰乙醇胺。这样每个甘油磷脂分子由2条脂肪酸链组成的疏水的尾部和1个亲水的头部组成(图2-13)。鞘磷脂中没有甘油成分,是由鞘氨醇、脂肪酸链和磷酸组成,也有疏水的尾部和亲水的头部。

3. **蛋白质** 蛋白质(protein)是生物体中最重要的生物大分子。蛋白质是构成细胞的主要成分,占细胞干重一半以上。蛋白质在生物体内具有广泛和重要的生理功能,蛋白质英文名词protein来源于希腊词πρoτo,意思是第一或最重要的,这充分显示了蛋白质的重要地位。

蛋白质的基本组成单位是氨基酸。蛋白质中一个氨基酸分子上的α氨基与另一个氨基酸分子上的α羧基脱水后形成的酰胺键,称为肽键,肽键属共价键(图2-14)。氨基酸通过肽键相连的化合物称为肽(peptide)。由10个以下氨基酸组成的肽称为寡肽,由10个以上氨基酸组成的肽链称为多肽。多肽链(polypeptide chain)是蛋白质分子的骨架,常简称"肽键"。每条多肽链有2个特定的末端,其中一端为氨基末端,常称为N端,另一端为羧基末端,常称为C端。

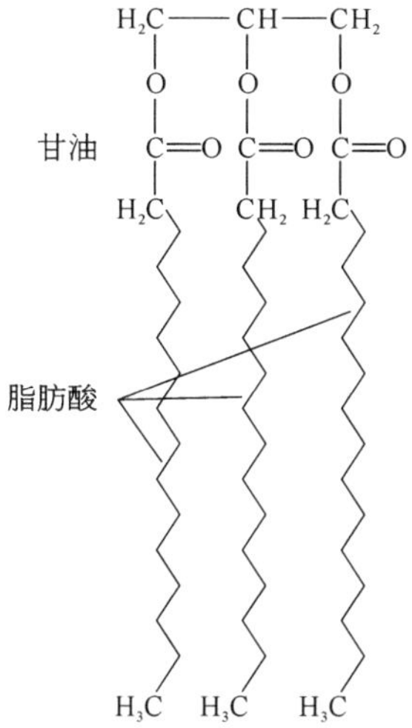

图 2-12　三酰甘油的结构 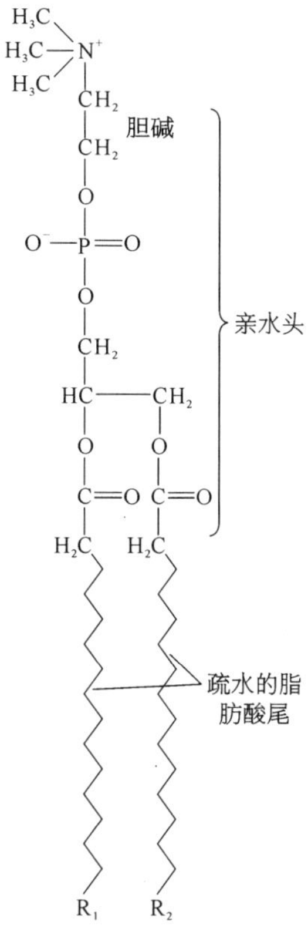　　图 2-13　磷脂酰胆碱的结构

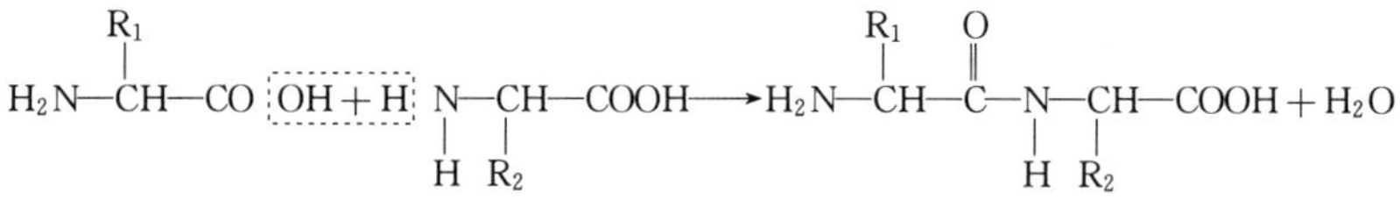

图 2-14　肽键的形成

通常将蛋白质的分子结构分为 4 级,即蛋白质的一级结构、蛋白质的二级结构、蛋白质的三级结构和蛋白质的四级结构。其中二、三、四级结构属于蛋白质的三维结构,蛋白质的三维结构是在一级结构基础上进一步折叠盘曲形成的。在这过程中有一类可溶性分子伴侣参与,其功能是辅助蛋白的折叠,而其本身并不参加到最后折叠成的蛋白质中,只起陪伴作用。一级结构是蛋白质功能的基础,而独特的三维结构对蛋白质功能是至关重要的。

蛋白质的一级结构是指多肽链中氨基酸的排列顺序,并包括生成二硫键的半胱氨酸的位置。不同的蛋白质具有不同的一级结构,决定着其各自特定的三维结构。如果蛋白质氨基酸排列顺序发生改变,就会形成结构异常的蛋白质,从而不能执行正常的生理功能。

蛋白质的二级结构是多肽链局部区域氨基酸的残基之间有规律的空间排列。最常见的二级结构有 α 螺旋和 β 折叠。α 螺旋(α-helix)是指多肽链从 N 端到 C 端为顺时针的右手螺旋结构(图 2-15)。α 螺旋是多肽链中最稳定构象,主要存在于球状蛋白质分子中。β 折叠(β-pleated sheet)是多肽链中比较伸展的空间结构,多肽链来回折叠形成扇状,β 折叠可由 2~

5个肽段片层之间经C=O与NH间形成氢键,各肽链可平行排列也可反向平行排列(图2-16)。β片层结构主要存在于纤维状蛋白,如角蛋白中。在大部分蛋白质中,α螺旋和β折叠两种结构同时存在。二级结构除α螺旋和β折叠两种形式外,还有β转角、π螺旋和随意卷曲等形式。

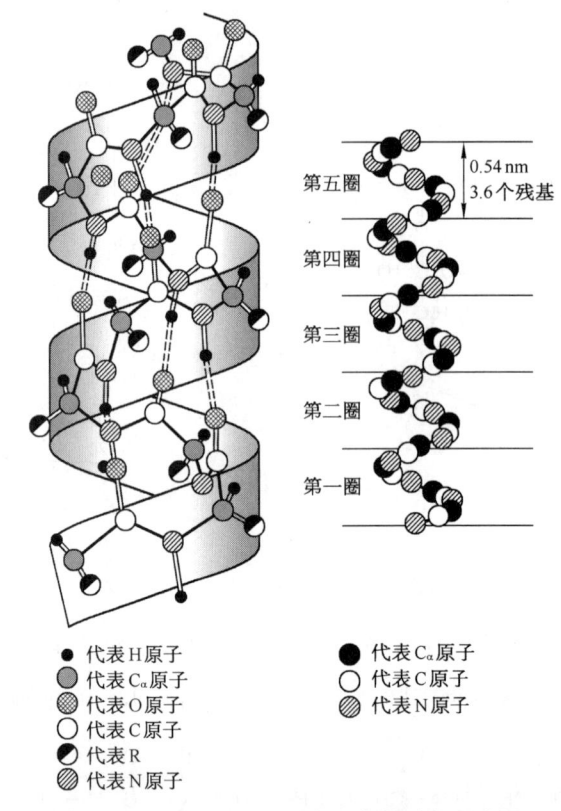

● 代表H原子
◐ 代表C_α原子
▨ 代表O原子
○ 代表C原子
◓ 代表R
▨ 代表N原子

● 代表C_α原子
○ 代表C原子
▨ 代表N原子

图2-15 蛋白质二级结构α螺旋结构示意图

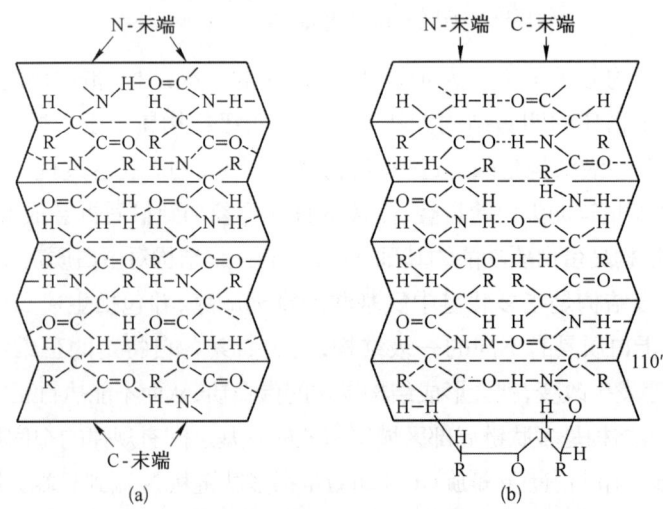

图2-16 蛋白质二级结构β折叠结构示意图
(a) 正向平行;(b) 反向平行

对蛋白质构象与功能的进一步的研究发现,在蛋白质二级结构与三级结构之间存在超二级结构和结构域这样一个结构层次。在蛋白质分子中经常存在几个相邻的二级结构的肽段有规律地组合在一起,形成一个具有特殊功能的超二级结构(super-secondary structure)。现在已知的超二级结构有3种基本的组合形式:αα、βαβ和ββ(图2-17)。结构域(domain)是指多肽链在二级结构或超二级结构的基础上折叠成较为紧密的区域。结构域常与特定的功能有关,相同的结构域可以出现在不同的蛋白质中,而大分子的多肽链中往往含有数种结构域,以完成不同的功能。

 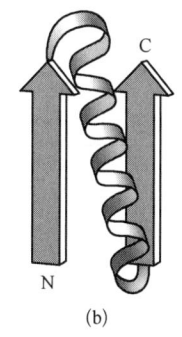 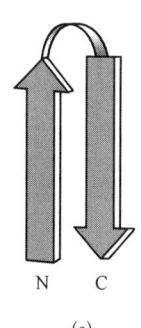

(a)   (b)   (c)

图2-17 蛋白质中的超二级结构
(a) αα;(b) βαβ;(c) ββ

蛋白质的三级结构是指多肽链在二级结构基础上形成的总的三维结构,也就是整条多肽链所有原子在空间的排布位置。在三级结构中,有些在一级结构上相距甚远的氨基酸残基,经肽链折叠在空间结构上可以非常接近。稳定三级结构主要靠次级键,包括疏水键、离子键、氢键和Vander Waals力。由一条多肽链组成的蛋白质,只有在三级结构水平上才具有生物学活性。

蛋白质的四级结构是指2条或2条以上具有独立三级结构的多肽链的空间排布与相互作用。在四级结构中,每个独立的三级结构的多肽链称为亚基。亚基独立存在时,不具有生物活性,只有按特定方式以非共价键相连接形成四级结构时,蛋白质才具有生物活性。有四级结构的蛋白质又称多聚蛋白,如血红蛋白由4个亚基组成。

蛋白质被合成后往往发生折叠和其他加工,包括加上各种简单基团、糖或小肽。由于蛋白质合成这一环节在遗传信息表达过程中叫作"翻译",蛋白质合成完成后的加工修饰就叫作翻译后修饰(post-translational modifications)。这些修饰一般通过改变蛋白质分子表面氨基酸侧链基团的带电性,改变蛋白质分子的构象和相互作用,从而改变蛋白质功能。又因为翻译后修饰是受调控的,因此,蛋白质翻译后修饰是细胞调控蛋白结构和功能的重要机制。翻译后修饰共有百余种形式,常见的有发生在酪氨酸、丝氨酸残基上的磷酸化,发生在赖氨酸残基上的甲基化、乙酰化、泛素化、类泛素(SUMO)化等。

4. 核酸 核酸(nucleic acid)分为2类,即脱氧核糖核酸(deoxyribonucleic acid,DNA)和核糖核酸(ribonucleic acid,RNA)。DNA的基本单位是脱氧核糖核苷酸,主要有4种:dAMP、dGMP、dCMP和dTMP。RNA的基本单位是核糖核苷酸,主要有4种:

AMP、GMP、CMP 和 UMP(表 2-4)。核苷三磷酸是合成核酸的原料。一个核苷三磷酸的 α 磷酸与另一个核苷三磷酸的核糖中的 3′羟基脱水形成 3′,5′-磷酸二酯键,并释放出 1 分子焦磷酸。大量核苷酸相连形成多聚核苷酸,即为核酸。与多肽链一样,核酸也具有方向性。链的一个末端,其核苷酸的核糖 5′位上有磷酸,称为 5′末端;在链的另一端,其末端核苷酸的核糖 3′位上是羟基,称 3′末端(图 2-18)。

表 2-4 两种核酸的组成成分

	DNA	RNA
嘌呤碱	腺嘌呤、鸟嘌呤	腺嘌呤、鸟嘌呤
嘧啶碱	胞嘧啶、胸腺嘧啶	胞嘧啶、尿嘧啶
戊糖	D-2-脱氧核糖	D-核糖
磷酸	磷酸	磷酸

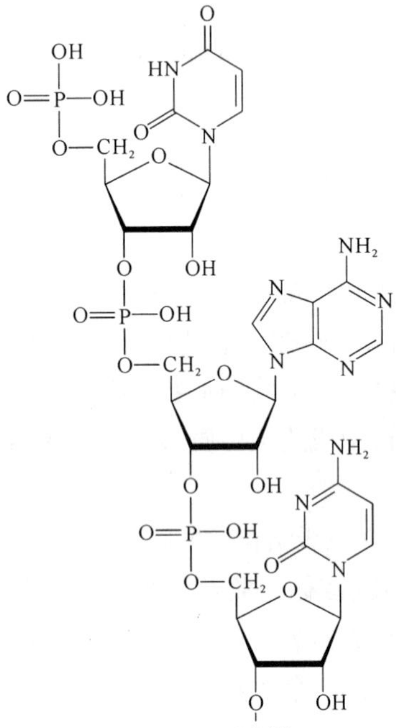

图 2-18 核酸链的结构

(1) DNA 的结构:DNA 的分子量非常大,通常一个染色体就是一个 DNA 分子。DNA 的一级结构是指 DNA 中脱氧核糖核苷酸的排列顺序。由于各种脱氧核糖核苷酸中的脱氧核糖和磷酸都是相同的,只是碱基不同,因此也可用碱基的排列来代表 DNA 的一级结构。2003 年 4 月完成的人类基因组计划表明人类基因组包含 31.647 亿个核苷酸,用于编码蛋白质的序列仅占基因组的 1.1%~1.4%。DNA 的二级结构为双螺旋结构(double helix structure),这是 1953 年美国科学家 Watson 和 Crick 总结前人的实验结果提出的。在 DNA 双螺旋中,脱氧核糖与磷酸残基排列在 DNA 链的外侧,构成 DNA 分子的骨架,不携带遗传信息。两条 DNA 链反向平行,即一条链为 5′→3′方向,另一条为 3′→5′方向。两条链围绕同一中心轴相互缠绕成右手螺旋,螺旋旋转一周正好 10 个碱基对,螺距为 3.4 nm,螺旋直径为 2 nm。螺旋表面形成 2 个沟,较宽的沟称为大沟,较小的沟称为小沟。碱基位于 DNA 链内侧,在碱基排列序列中携带着遗传信息,两条链依靠彼此的碱基由氢键连接在一起。碱基之间互补配对的原则是 A 与 T 配对,形成 2 个氢键,G 与 C 配对,形成 3 个氢键(图 2-19)。近年来研究还发现在 DNA 分子中存在左手螺旋,称为 Z-DNA,其生理功能可能与基因表达调控有关。与真核生物 DNA 分子为线性不同,大多数原核生物和病毒以及线粒体的 DNA 分子是以双链环状形式存在的。

DNA 的三级结构是指 DNA 双螺旋通过缠绕和折叠所形成的特定构象。纤长的线性 DNA 分子通过与碱性的组蛋白结合,并进一步与其他蛋白质结合,包装成反复折叠、

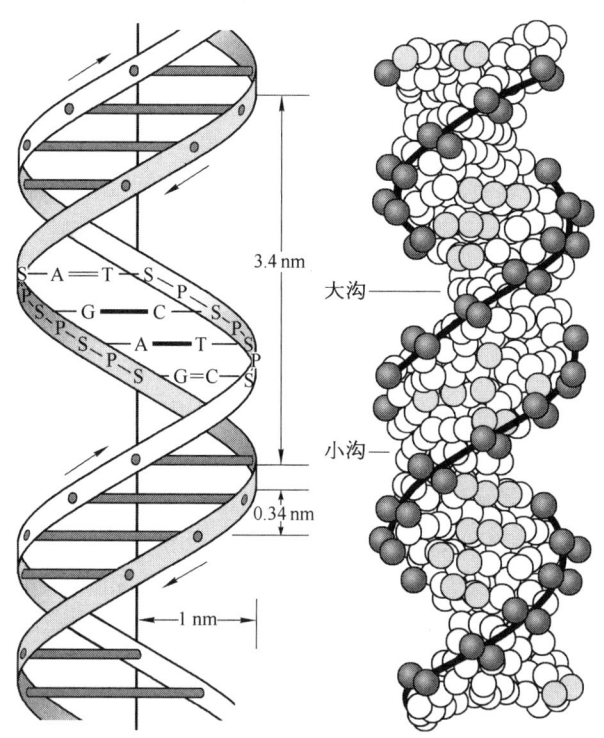

图 2-19 DNA双螺旋结构示意图

缠绕的染色质,位于细胞核内;或更紧密地包装成庞大的棒状结构——分裂期的染色体。

(2) RNA 的结构:RNA 分子大部分是单链多核苷酸。RNA 的一级结构是指 RNA 中核糖核苷酸的排列顺序。在 RNA 分子中某些区域存在互补序列,因此 RNA 单链可以折叠,并按碱基配对的原则形成局部双螺旋结构,形成 RNA 的二级结构。在 RNA 的二级结构基础上,进一步折叠形成 RNA 的三级结构。几乎全部细胞的 RNA 都与蛋白质形成核蛋白复合物,这种核蛋白复合物称为 RNA 的四级结构。RNA 分子大小差异较大,核苷酸数目少的 70 多个,多则可有数千个。RNA 参与大量的细胞活动,主要是参与蛋白质的生物合成。参与蛋白质生物合成的 RNA 主要有三类:信使核糖核酸(messenger RNA,mRNA)、转运核糖核酸(transfer ribonucleic acid,tRNA)和核糖体核糖核酸(ribosome ribonucleic acid,rRNA)。

1) mRNA:mRNA 在细胞内只占总 RNA 的 1‰~5‰,但种类很多,哺乳动物细胞总计有几万种不同的 mRNA。原核生物 mRNA 为多顺反子(polycistron),即每个 mRNA 分子可携带几种蛋白质的遗传信息,能指导几种蛋白质的合成。而真核生物 mRNA 是单顺反子(monocistron),每个 mRNA 分子只携带一条多肽链遗传信息,指导一条多肽链的合成,并且真核生物 mRNA 在 5′端有 7-甲基三磷酸鸟苷(m^7Gppp)的帽子结构,在 3′端有 20~250 个腺苷酸组成的多聚腺苷酸的尾,也称 polyA 尾。原核生物和真核生物的 mRNA 在 5′端和 3′端都各有一段与翻译起始和终止有关的非编码序列

(untranslated region, UTR)，中间是具有编码蛋白质功能的编码区(translated region)。mRNA作为蛋白质合成的模板。

2) tRNA：tRNA的含量约占细胞总RNA的15%，为单链多核苷酸，其分子较小，由70～90个核苷酸组成。在tRNA分子中含有10%～20%稀有碱基，如假尿嘧啶、甲基化嘌呤。tRNA通过分子内不同区域间的碱基配对折叠成三叶草状，其中有4段形成双螺旋，还有一些未配对的核苷酸序列。三叶草形包括氨基酸臂、二氢尿嘧啶环(D环)、反密码环和TψC环等结构。在两端未配对的核苷酸序列中，一端形成反密码子，由3个连续的核苷酸组成，可识别mRNA上互补的密码子，另一端是tRNA氨基酸臂3′末端的-CCA序列，是与密码子相匹配的氨基酸在tRNA上的结合部位。因此，tRNA既可携带特异的氨基酸，又可特异地识别mRNA上遗传密码的分子，在蛋白质合成过程中起衔接分子的作用。

3) rRNA：rRNA在细胞中约占总RNA的85%，为单链多核苷酸，局部有双螺旋区域。rRNA大小一般用沉降系数S表示。原核生物主要的rRNA有3种，即5S、16S和23S rRNA。真核生物则有4种，即5S、5.8S、18S和28S rRNA。rRNA与蛋白质共同构成核糖体。原核生物的核糖体大小为70S，由50S的大亚基和30S小亚基组成。50S大亚基有23S和5S rRNA，30S小亚基含有16S rRNA。真核生物的核糖体为80S，由60S大亚基和40S的小亚基组成。60S大亚基含有28S、5.8S和5S三种rRNA，40S的小亚基含有18S rRNA。核糖体为蛋白质合成提供场所。

第二节　细胞的结构特征

细胞内的化学物质不是随机堆放在一起，而是有机地组装成复杂而精细的细胞结构。对细胞结构的认识是随着观察工具的进步而不断深入的，在光学显微镜下观察到的细胞结构比较简单，在电子显微镜下的细胞结构要复杂得多(图2-20)，可能还有很多细胞精细结构至今还没有认识清楚。总的说来，真核细胞在结构上主要由质膜、细胞质和细胞核三个部分组成，每个部分又由更精细的结构组成。这里对细胞的结构特征先作简单的介绍，在第二篇"细胞的基本结构与功能"中将作详细叙述。

一、质膜是由膜脂、膜蛋白和膜糖组成的细胞界膜

所有细胞的外表面都有一层生物膜包围，称为质膜(plasma membrane)。质膜是细胞的界膜，把细胞的内环境与外环境隔开。质膜厚约7.5 nm，在光学显微镜下是看不见的，在电子显微镜下质膜横切面呈两侧暗、中间明的三层式结构。质膜是由膜脂、膜蛋白和膜糖类分子以非共价结合的方式组成的。其中膜脂以脂双层形式构成质膜的基本骨架。膜脂是兼性分子，即具有两亲性：一端是亲水的"头部"，另一端是疏水的"尾部"。脂双层的每一层的一边是排列整齐的亲水头部，另一边是排列整齐的疏水尾部。在水环境中疏水尾部聚在一起，使每层的疏水边靠在一起形成非离子中心，就像油滴在水中一样。

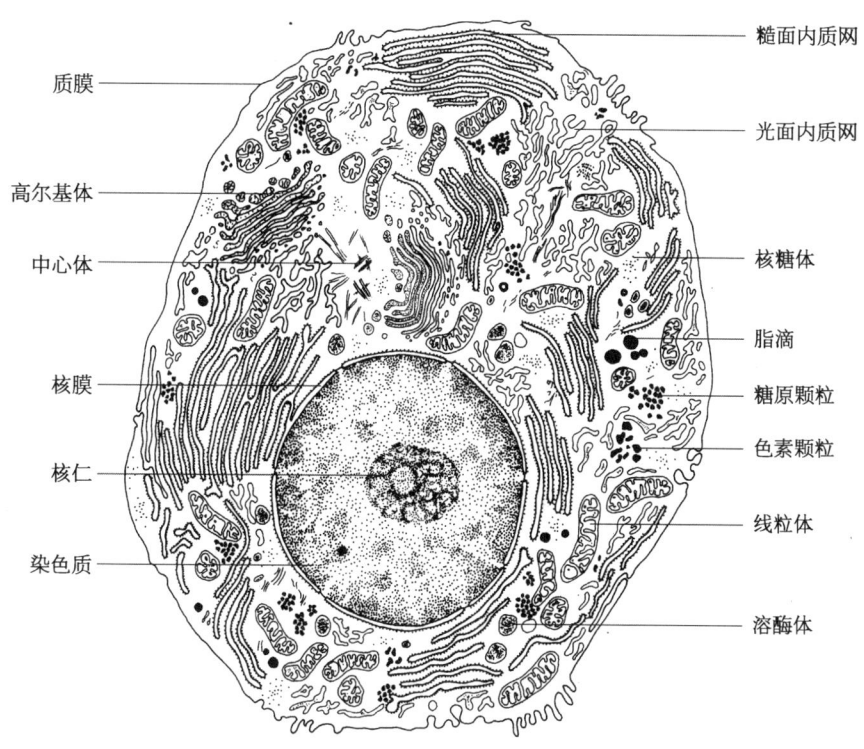

图 2-20　电子显微镜下动物细胞结构模式图

脂双层两层的亲水头部面向离子环境。脂双层具有流动性,使其能与其他膜结构融合。脂双层也作为一种溶剂,使蛋白质分子位于脂双层中并能在其中移动,各种膜蛋白分子以不同方式镶嵌或连接在脂双层上。质膜中糖类、脂质和蛋白质分子的种类与分布是不对称的。糖类分子在质膜中以糖脂和糖蛋白形式存在,糖蛋白和糖脂的糖基都位于质膜的外表面。质膜没有结构强度,非常脆弱,容易破裂,因此质膜需要由膜下一些具有张力强度的结构——细胞骨架来支持以维持细胞的完整性。

质膜既是分隔细胞内外环境的屏障,又是联系细胞内外环境的界面和通道,在细胞与环境、细胞与细胞之间的物质运输、能量交换和信息传递过程中起着重要的作用。质膜的脂双层对脂溶性小分子可以自由通透,但对离子、水溶性小分子和所有大分子是不通透的。离子和水溶性小分子进出细胞依靠质膜上的运输蛋白(转运体蛋白和通道蛋白)来运送,大分子进出细胞通过胞吞(endocytosis)和胞吐(exocytosis)来完成。质膜中的蛋白质除了运输蛋白外,还有些蛋白质与糖类作为酶、黏附分子、抗原和受体等,在细胞识别和黏附、细胞信号转导等细胞功能中发挥作用。

二、细胞质由细胞器、细胞骨架和充满各种分子的水凝胶组成

在光学显微镜下观察真核细胞,只能看到细胞核和细胞质(cytoplasm)两部分。如果不用特殊染色,细胞质内看不到任何结构。在电子显微镜下,细胞质不是均质的结构,它

含有内质网、高尔基体、溶酶体、过氧化物酶体和线粒体等细胞器,也含有核糖体和较大的蛋白质复合物,以及微丝、微管和中间丝等细胞骨架结构,另外还有一些糖原、脂滴和蛋白质结晶等细胞质内含物(cytoplasmic inclusions)。除了这些有形成分以外的可溶性成分称为细胞质基质(cytoplasmic matrix),即电子显微镜下透明均质的部分。因此,细胞质主要由细胞器、核糖体、细胞骨架、内含物和细胞质基质组成。

1. **细胞器** 所有的真核细胞都有一套由内膜包围的细胞器(organelles)。细胞内膜比质膜薄,但在电子显微镜下同样呈"暗-明-暗"的三层结构,也是由脂双层和膜蛋白组成,但一般没有膜糖类。细胞内膜不仅使细胞分隔成各种不同的区室,而且大大增加了细胞内的膜结构的表面积。许多重要的生化反应都是在细胞内膜上进行的,各种细胞器的内膜都有各自的特点,进行着不同的生化反应。因此,真核细胞中各种生化反应能在不同细胞器上进行,使不同代谢过程既相互联系又互不干扰,充分发挥各自在生命活动中的特殊作用。

细胞内主要的细胞器有内质网、高尔基体、溶酶体、过氧化物酶体、线粒体和内体等。内质网是一种相互连通的,由小管状和膜囊状膜结构连成的细胞器,在膜表面有核糖体附着的称糙面内质网,没有核糖体附着的称光面内质网。核糖体是一种颗粒状结构,一部分游离于细胞质基质中,一部分附着在内质网上,它们是蛋白质合成的机器。糙面内质网的主要功能是合成蛋白质,而光面内质网则与合成类固醇激素等功能有关。高尔基体由扁平膜囊堆组成,其功能是对来自内质网的蛋白质和脂类进行加工和修饰,并把加工产物送往细胞的其他部位。溶酶体是由单层膜包围的囊泡状结构,内含各种酸性水解酶,其功能是消化废旧细胞器和胞吞的各种物质。过氧化物酶体又称微体,也是由单层膜包围的囊泡状结构,含有多种细胞内氧化反应所需的酶类。线粒体是由两层膜结构包围的囊状结构,其功能是通过氧化磷酸化产生 ATP,供应细胞活动所需的能量。内体是指胞吞物质从细胞表面到溶酶体之间所经过的一系列区室,在胞吞过程中起重要作用,并与溶酶体形成有关。细胞质内除了上述细胞器外还有许多小泡,它们是细胞内物质运输的载体,称运输小泡。

一般说来,各种类型细胞中同一种细胞器具有共同的形态特征和功能活动,但由于各种细胞功能不同,有关细胞器的形态、所占体积以及具体功能也有所差别。表 2-5 是肝细胞中各种细胞器所占的体积百分比,平均说来细胞内所有膜包围的结构(包括细胞核和细胞器)加起来约占细胞总体积的一半,而胞质溶胶(包括细胞质基质和细胞质骨架等)也占细胞总体积的一半。

表 2-5 肝细胞中各组分所占的体积百分比

细 胞 组 分	体积百分比
胞质溶胶	54
线粒体	22
糙面内质网	9
光面内质网和高尔基体	6
细胞核	6
过氧化物酶体	1
溶酶体	1
内体	1

2. **细胞骨架** 细胞骨架(cytoskeleton)是真核细胞中蛋白质纤维网络体系。细胞骨架主要由微管、微丝和中间丝组成。微管是一种中空管状结构,直径约 20 nm,由微管蛋白装配而成,其长度可由微管蛋白亚单位的装配和去装配而改变。细胞内的微管呈网状或束状分布。微管又是纺锤体、中心体、基粒、鞭毛和纤毛的主要组成成分。微丝是一种细丝状结构,直径 5~8 nm,由肌动蛋白组成。细胞内的微丝常以束状或网格状分布,在一些特化的细胞中参与某些稳定结构的组成,如肌细胞中的肌丝。中间丝是一种绳索状纤维结构,直径约 10 nm。由于其直径介于粗肌丝和细肌丝之间,因而称为中间丝,又称中间纤维。中间丝的成分比微管和微丝复杂,有角蛋白纤维、波形纤维、结蛋白纤维、神经元纤维和神经胶质纤维等多种类型,分布在不同的细胞类型中,以束状或网状存在。

微管、微丝和中间丝在细胞内形成一种动态的、有序的三维骨架结构,充满整个细胞质空间,为细胞器和各种结构提供有序的定位场所。细胞骨架是细胞具有刚性和动力的物质基础,从而在细胞的形态维持和细胞运动方面起关键作用。同时,细胞骨架还参与细胞内物质运输、信号转导、细胞增殖和分化等重要生命活动。

3. **细胞质内含物** 细胞质内除了细胞器和细胞骨架外,还有一些有形的代谢物质,主要是贮存在细胞内的大分子物质如糖原、脂滴和蛋白质结晶等,称为细胞质内含物。它们的存在形式、数量和形状因细胞类型以及细胞功能状态的不同而改变。

糖原是碳水化合物在细胞内的贮存形式,呈颗粒状位于细胞质基质中,常与光面内质网为邻。有些糖原颗粒分散存在,直径 20~30 nm,外形不规则;还有些糖原颗粒聚集成团,呈花簇状,大小不一,最大可达 0.1 μm。糖原普遍存在于各种细胞中,但在肝细胞和肌细胞中最丰富,其次在软骨细胞、中性粒细胞、血小板和阴道上皮细胞中也有较多的糖原颗粒存在。细胞内糖原颗粒的数量随生理和病理状态的不同而改变,如肝细胞中的糖原颗粒在饮食后增加,在饥饿时减少。在高温和低温条件下,肝细胞和心肌细胞的糖原含量减少。

脂类内含物以脂滴形式存在于细胞内,主要成分是三酰甘油、脂肪酸和胆固醇等。在活细胞中,脂滴呈液态的球状。最大的脂滴存在于脂肪细胞中,它是机体的脂肪贮存库。分泌类固醇激素的细胞如睾丸间质细胞和肾上腺皮质细胞中也有丰富的脂滴,它们是合成类固醇激素的原料。几乎所有的细胞都含有脂滴,但一般数量较少。在一些病理状态下,可出现细胞内脂滴增加,如肝细胞和心肌细胞中出现大量脂滴堆积,形成脂肪性变。

蛋白质内含物常呈结晶状存在于细胞中,是蛋白质分子的有规则排列,外面没有界膜包围。浆细胞糙面内质网中的 Russell 小体和嗜酸粒细胞特殊颗粒中的结晶体等都属于这种蛋白质内含物。

4. **细胞质基质** 什么是细胞质基质,目前还没有统一的定义。从形态学的角度来说,细胞中除去显微镜下可以分辨的有形成分(包括细胞器、细胞核和细胞骨架等)外,其余的无定形结构即为细胞质基质(cytoplasmic matrix)。从实验细胞学和生物化学的角度讲,用差速离心方法分离细胞匀浆中的组分,除去细胞核和各种细胞器后剩下的胶状物质即为细胞质基质,生化学家称其为胞质溶胶(cytosol)。胞质溶胶中除了可溶性基质成分外,还包括细胞骨架等成分。

细胞质基质占据着细胞有形成分之间的全部空间,约占细胞总体积的一半。细胞质基质的主要成分是生物大分子,如蛋白质、多糖、脂蛋白和核糖核酸等,其中最多的是蛋白质和各种酶,约占细胞质总重量的20%,使细胞质呈溶胶状。除了生物大分子外,细胞质基质中还含有细胞的各种代谢产物,如氨基酸、单糖、脂肪酸、核苷酸及其衍生物。另外,细胞质基质中还有大量水、无机离子和溶解的气体,其中单价离子大部分游离于细胞质基质内,双价离子则可结合在各种大分子上。

细胞质基质含有80%左右的水分,因此具有液体性;同时又含有高浓度的蛋白质和其他生物大分子,大部分水分以水化物形式结合在生物大分子表面的极性部位,只有少量水分子呈游离状态起溶剂作用,因此细胞质基质又属于高分子溶液,具有胶体性质,有黏稠性和弹性。实际上细胞质基质是介于液态和固态之间的液晶结构,其物理特性可受环境因素的影响而改变,如变形虫细胞质的黏性与温度和渗透压有关,在一定范围内可发生可逆性变化。实验表明,细胞在不同的生理和病理状态下,其黏性和弹性也会发生改变。

细胞质基质是细胞的内环境,各种细胞结构都位于其中,基质的理化特性对细胞结构的完整性和功能活动是非常重要的。细胞与细胞外环境、细胞质与细胞核以及细胞器与细胞器之间的物质交换,能量和信息传递都要通过细胞质基质来进行,许多重要的中间代谢也发生在细胞质基质中。因此,细胞质基质在细胞的生命活动中起着重要的作用。

三、细胞核是遗传物质储存和遗传信息开始表达的场所

细胞核(nucleus)可以被看作是真核细胞最大的细胞器,其形态特征随细胞周期而变化。在细胞分裂间期,细胞核是由核被膜包围的一个完整的区室,细胞核由核被膜、染色质、核仁、核骨架等组成;在细胞分裂期,核被膜崩解,核仁消失,核骨架解聚,染色质凝缩成染色体,染色体纵向分裂,间期细胞核的形态特征消失;细胞分裂后产生两个子细胞,间期细胞核的形态特征重新形成。真核细胞几乎所有的遗传信息都贮存在细胞核中,并在核内进行基因的复制、转录和转录产物的加工,从而控制细胞的遗传和各种生命活动。

1. **核被膜** 核被膜是细胞核的界膜,将细胞核与细胞质分隔成彼此独立又相互联系的区室,使基因转录和翻译两个基因表达的基本过程在时空上分开。核被膜的主体由内、外两层核膜组成:与胞质相邻的外层核膜与糙面内质网相连,表面也有核糖体附着;与核质相邻的内层核膜内表面附着一层纤维结构,称为核纤层,对核膜有支撑作用。核被膜上存在着很多核孔,核孔处存在着由一组蛋白质构成的复杂结构,称为核孔复合体,是细胞核和细胞质之间物质运输的通道。

2. **染色质和染色体** 染色质(chromatin)和染色体(chromosome)是细胞遗传物质的储存形式。在细胞分裂间期,遗传物质以伸展的、细长而相互缠绕的纤维形式存在,具有特别的染色性质,称为染色质。在光学显微镜下,染色质是细胞核内被碱性染料染色的物

质,染色浅的染色质称常染色质,染色深的称异染色质。在电子显微镜下,异染色质呈高电子密度的颗粒状,主要分布于核被膜内侧、核仁周围,还有些分散于核中;常染色质电子密度低,位于异染色质之间的区域。染色质由 DNA、组蛋白、非组蛋白和少量 RNA 组成。在细胞分裂期,染色质纤维卷曲、螺旋、紧缩成棒状结构,称染色体。染色体在细胞分裂不同时期紧缩程度不同,形态上有较大差异,有丝分裂中期染色体达最大程度紧缩,呈典型的"H"形结构,由两条相同的姐妹染色体组成,彼此以着丝粒相连。

3. 核仁　大多数真核细胞间期细胞核内有一个或多个核仁(nucleolus),呈球形,其大小、形状和数目随生物种类、细胞类型和细胞功能状态而变化。在光学显微镜下,核仁基本上是匀质的。在电子显微镜下,核仁有较复杂的结构,由纤维中心、纤维成分、颗粒成分、核仁相随染色质和核仁基质组成。核仁的结构是动态的,在细胞周期中经历解体消失和重新形成的规律性变化,称为核仁周期。核仁的主要功能是合成核糖体,是 rRNA 合成和加工,以及核糖体大小亚基装配的场所。

4. 核骨架　真核细胞的核内除了核被膜、染色质和核仁外,还存在一个以蛋白质成分为主的网架结构体系,称为核基质(nuclear matrix)。由于其基本结构是一种纤维网络结构,与细胞骨架相似,因此又称核骨架(nuclear skeleton)。广义的核骨架概念,除了核基质外还包括核纤层、核孔复合体和染色体骨架等。核骨架通过核纤层与细胞质的中间纤维相联系,构成贯穿整个细胞的骨架体系。核骨架与 DNA 复制、基因表达、染色体包装等有着密切关系。本书对核骨架不作专门介绍。

第三节　细胞的功能特征

细胞是生命活动的基本单位,没有细胞就不存在完整的生命,因此细胞最基本的功能特征就是具有生命。细胞的生命特征主要表现在所有细胞都具有能量的摄取和利用、物质的代谢和运输、生物信息的感知和反应、遗传信息的复制与表达等基本功能,从而能实现细胞增殖、分化、衰老和死亡等基本生命活动。不完整的细胞,或者从细胞中分离出来的各种结构都不具有生命,不能独立生存。就是最小的生命体病毒,也必须在细胞内才能表现其基本的生命特征。

一、所有细胞都具有相同的基本功能

1. 细胞能摄取和利用能量　细胞的各种功能活动,包括代谢、增殖、运动等,都需要消耗能量。细胞都具有摄取和利用能量的功能,但不同细胞摄取能量的方式有所不同。植物、藻类和光合细菌能将太阳光能量转化为化学能,为生物体利用。在植物细胞中,叶绿体通过光合作用将二氧化碳和水合成有机化合物,把太阳能转化成化学能储存于糖类、脂肪和蛋白质分子中。动物细胞没有叶绿体,不能直接利用太阳能,而是利用动植物合成的有机化合物为营养,细胞通过分解代谢把糖、脂肪、蛋白质等营养物质分解,产生丙酮酸、脂肪酸和氨基酸,这些物质进入线粒体,通过氧化磷酸化把释放的能量以高能磷酸键的形式贮存于 ATP 中。ATP 是细胞的直接供能者,为细胞的各种功能活动提供能量。

2. **细胞能进行独立有序的代谢活动** 细胞需要不断与外界环境进行物质交换,细胞的化学组成需要不断更新,这些都要通过细胞的新陈代谢来实现,因此代谢(metabolism)是细胞基本的功能活动。细胞的代谢包括几个方面:营养物质进入细胞和废物排出细胞;细胞内小分子物质在酶的催化下合成大分子物质,如合成蛋白质和核酸,供细胞生命活动所需;细胞内大分子物质在酶的作用下分解成小分子,其中包括营养物质分解产生小分子为细胞合成代谢和能量代谢提供原料,以及废旧大分子的降解等。细胞的代谢是高度有序和自动控制的体系,是任何实验体系无法与之比拟的,这是长期进化的产物。

3. **细胞能感知外界信号并作出反应** 细胞不仅与外环境进行物质交换,而且还能进行信息交流,即细胞能对外界刺激产生反应。多细胞生物中各个细胞之间通过信号识别和传递,达到细胞行为和功能上协调一致,使整个生物体的生命活动正常进行。细胞通过其特有的受体可以识别外环境中的各种刺激物(称为配体),如激素、生长因子、细胞因子、相邻细胞表面分子等。受体与配体结合后可通过信号转导网络将刺激信号传入细胞内,激活各种靶蛋白和基因调节蛋白,调控细胞的代谢、运动、增殖、分化、凋亡等生命活动。

4. **细胞能进行遗传信息的复制和表达** 所有生物体的细胞都贮存着生物体全套的遗传信息,即全套的基因。生物体的遗传信息以遗传密码的形式编码在 DNA 分子上,一个基因就是一段特定的核苷酸排列顺序。一个生物体的 DNA 所包含的全套信息称为该生物体的基因组。生物体的繁衍就是遗传信息的传递过程,遗传信息的传递和表达是通过细胞内 DNA 复制、转录和翻译来实现的,细胞具有一套完善的 DNA 复制、转录、翻译及其调控机制。细胞通过 DNA 复制,在细胞分裂时将遗传信息由亲代传给子代;细胞通过转录和翻译,实现遗传信息从 DNA 到 RNA 再到蛋白质的传递,以表现相应的遗传性状并发挥其生物学功能。

5. **细胞能进行不同水平的机械运动** 细胞不是静止不动的物体,所有细胞都有不同水平的运动功能,包括细胞整体的运动以及细胞内结构和物质的运动。细胞整体的运动主要表现为细胞形态的变化(如肌细胞的收缩和舒张、细胞表面突起、细胞分裂等)和细胞位置的移动(如吞噬细胞的迁移、纤毛的摆动等)。细胞内结构和物质的运动主要表现为物质运输(如大分子和小分子在亚细胞区室之间的移动等)和细胞器的移动(如染色体分离等)。细胞骨架及其相关蛋白在细胞运动中起着重要作用。

二、所有细胞都能进行基本的生命活动

1. **细胞的增殖** 细胞在生命过程中,都要经历生(细胞分裂增殖)和死(细胞衰老死亡)的基本生命活动。细胞增殖是生物繁衍的基础。单细胞生物是只有一个细胞的生物体,通过细胞增殖增加个体的数量,繁衍后代。多细胞生物是由许多细胞有机组合而成的生物体,一般都是由一个细胞(受精卵)分裂发育而来,在个体发育过程中不断经历细胞增殖和细胞分化。细胞增殖增加细胞数量,细胞分化增加细胞种类。成体生物仍需要细胞

增殖,以弥补生物体中不断产生的生理性和病理性的细胞死亡。细胞增殖是通过细胞生长和细胞分裂两个环节,以细胞周期循环的方式实现的。原核细胞的细胞增殖速度很快,通过 DNA 复制和胞质分裂产生两个子细胞。真核细胞的增殖比原核细胞复杂,但基本过程也包括 DNA 复制和胞质分裂两种主要变化。真核细胞中有一套细胞周期的调控系统,使细胞增殖在精密控制下进行,如果调控系统发生故障,就会导致机体产生与增殖异常相关的疾病。

2. **细胞的分化**　多细胞生物是由多种类型细胞组成的,不同类型的细胞在形态结构、生化组成和生理功能上有明显的差异,但它们都是由同一来源的细胞(受精卵)发育而来。这种由同源细胞经过细胞增殖逐渐产生结构和功能上有稳定性差异后代的过程称为细胞分化。细胞分化可发生在生物体的整个生命过程,但在胚胎发育期最为明显。在多细胞生物的个体发育中,通过细胞分化形成不同类型的细胞,分别行使不同的功能,因此个体发育中细胞分化也是个体产生稳定性组织差异的过程。在胚胎、胎儿和成体中存在着一类能在一定条件下无限制自我更新与增殖分化的细胞,能够产生与自己完全相同的子细胞,也能分化成机体组织器官的特化细胞,这类细胞称为干细胞。近年来,干细胞研究的蓬勃发展有力地推动了细胞分化及其调控的研究,而且为干细胞的医学应用如细胞治疗、器官移植、组织工程等展示了广阔的前景。

3. **细胞的衰老**　在细胞的生命过程中,细胞的增殖能力逐渐减弱,细胞的形态结构、生化组成和生理功能经历一系列退行性变化,称为细胞衰老(cell senescence)。单细胞生物的细胞衰老就是生物体的衰老,而多细胞生物的细胞衰老与生物体的衰老是不同的概念。在多细胞生物中,细胞衰老是生物体衰老的基础,但一部分细胞的衰老并不代表机体的衰老。不同类型细胞的寿命很不一致,如神经细胞、心肌细胞的寿命很长,接近机体的寿命,表皮细胞、血细胞的寿命很短,不到一个月。不仅体内的细胞存在细胞衰老现象,体外培养的细胞也有一定的寿命。

4. **细胞的死亡**　细胞的死亡就是细胞生命过程的结束。在多细胞生物中,细胞死亡主要有两种不同的形式:一种是细胞坏死,它是指在外界致病因子作用下,细胞生命活动被强行终止,造成细胞"意外"的、被动的死亡过程;另一种是细胞凋亡,它是指在特定信号诱导下,细胞遵循自身的程序,自己"主动"地结束生命的过程。多细胞生物体通过细胞凋亡清除无用的、多余的、发育异常的细胞,在个体发育和机体组织更新和修复中起着重要作用。如果细胞凋亡规律发生异常,就会导致各种疾病的发生,肿瘤、自身免疫性疾病、神经系统退行性疾病等都与细胞凋亡有密切关系。

本 章 小 结

本章以动物细胞为例介绍细胞在化学组成、结构和功能上的基本特征。在化学组成上,细胞中的各种分子由 50 多种元素组成,其中主要是 C、H、N 和 O,其次是 Na、Mg、P、S、Cl、K、Ca、Fe 等。这 12 种元素约占细胞总重量的 99.9%。粗略地估计在一个典型细胞中有 1 000 多种不同的分子,可粗略地分为小分子物质和大分子物质两大类。小分子物质包括水、无机盐和有机小分子单糖、脂肪酸、氨基酸和核苷酸等,大分子物质有多糖、脂质、蛋白质和核酸等。

　　细胞内的化学物质不是随机堆放在一起,而是有机地组装成复杂而精细的细胞结构。对细胞结构的认识是随着观察工具的进步而不断深入的,在光学显微镜下观察到的细胞结构比较简单,在电子显微镜下的细胞结构要复杂得多,可能还有很多细胞精细结构至今还没有认识清楚。总的说来,真核细胞在结构上主要由质膜、细胞质和细胞核三个部分组成,每个部分又由更精细的结构组成。

　　细胞是生命活动的基本单位,没有细胞就不存在完整的生命,因此细胞最基本的功能特征就是具有生命。细胞的生命特征主要表现在所有细胞都具有能量的摄取和利用、物质的代谢和运输、生物信息的感知和反应、遗传信息的复制与表达等基本功能,从而能实现细胞增殖、分化、衰老和死亡等基本生命活动。不完整的细胞,或者从细胞中分离出来的各种结构都不具有生命,不能独立生存。就是最小的生命体病毒,也必须在细胞内才能表现其基本的生命特征。

（赵涵芳　汤雪明　易　静）

参 考 文 献

[1] 陈诗书,汤雪明.医学细胞与分子生物学[M].2版.北京:科学出版社,2004.

[2] 胡以平.医学细胞生物学[M].北京:高等教育出版社,2009.

[3] 韩贻仁.分子细胞生物学[M].3版.北京:高等教育出版社,2007.

[4] Alberts B, Johnson A, Lewis J, et al. Molecular Biology of the Cell[M]. 5th ed. New York: Garland Science, 2008.

[5] Lodish H, Berk A, Kaiser CA, et al. Molecular Cell Biology[M]. 6th ed. New York: W H Freeman, 2008.

[6] Goodman SR. Medical Cell Biology[M]. 3rd ed. Burlington: Academic Press, 2008.

[7] Karp G. Cell and Molecular Biology[M]. 5th ed. New York: John Wiley & Sons Inc, 2008.

第三章 细胞的研究方法

　　细胞生物学的发展是与实验技术的进步密切相关的,细胞生物学的每一个重大进展都是引入新的研究技术的结果。光学显微镜的发明开创了细胞学,电子显微镜的出现使人们对细胞结构的认识深入到超微结构水平。细胞化学和分析细胞学技术可对细胞的各种成分进行定位和定量的分析,有利于细胞结构与功能的研究。细胞培养技术可使细胞在体外环境中生长,在体外研究细胞的结构、功能和生命活动规律,而细胞工程技术则可人为地将细胞进行改造,以获得具有特定生物学特性的细胞。分子生物学技术的广泛应用,更有力地推动了细胞生物学的发展。细胞生物学技术种类很多,包括物理技术、化学技术和实验生物学技术等,本章仅对主要的细胞生物学技术作简略的介绍,包括数种对细胞、细胞器和大分子进行观察、分析和操作的基本技术和方法。对于在细胞生物学研究中广泛应用的分子生物学技术则不作介绍。

第一节　观察细胞、细胞器和大分子——显微镜技术

　　显微镜技术是细胞学和细胞生物学得以建立和发展的重要工具,包括光学显微镜、电子显微镜和扫描探针显微镜(scanning probe microscope)三个层次的显微镜和相应的技术,是人们用以观察细胞、细胞器和细胞内大分子的关键技术。在光学显微镜下看到的细胞结构称为细胞显微结构(microscopic structure),由于受到分辨率的限制,光学显微镜不能分辨直径小于 $0.2～\mu m$ 的结构,如生物膜、细胞骨架和一些细胞器等。电子显微镜下则可以观察到这些光学显微镜下看不到的结构,称为细胞亚显微结构(submicroscopic structure)。随着电子显微镜分辨率的不断提高,再结合一些其他技术如扫描探针显微镜和 X 线衍射等,已使人们对细胞结构的认识达到分子水平。一般把细胞从亚显微水平到分子水平的结构统称为细胞超微结构(ultrastructure)。总体而言,显微镜技术显示了细胞大小、形状、结构、运动的图像,也提供了细胞内成分,特别是生物大分子的位置和结构信息。

　　图 3-1 显示了不同分辨率时所看到的拇指表皮结构,从大体、显微、亚显微,一直到分子、原子水平。

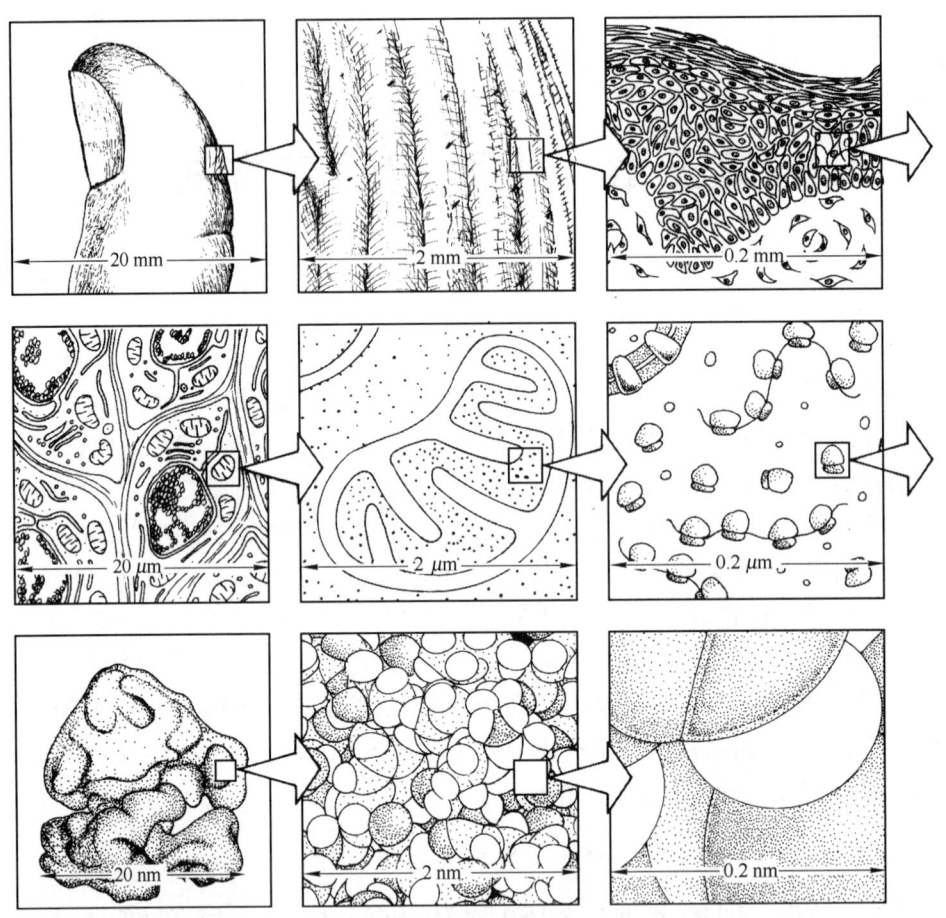

图 3-1 细胞与原子比例图
(引自 Alberts 等,2002)

人类最初只是用肉眼直接观察周围世界,可是人眼观察事物的能力是有限的,一般情况下在 25 cm 的明视距离内,只能分辨相距 0.1～0.2 mm 的两个物体,如果小于这一距离,人的眼睛就不能分辨。17 世纪英国人 Hooke 和荷兰人 Leeuwenhoek 分别利用原始的光学显微镜发现了机体的细胞以及许多微生物,观察到了它们的微细结构,使生物学进入到光学显微镜时代,开创了组织细胞学的微观世界研究。但是不管多么完善的光学显微镜,它的分辨率极限都为 0.2 μm,也就是说不能分辨出距离小于 0.2 μm 的两个点,这是因为可见光波长的限制。20 世纪 30 年代,德国的 Ruska 发明了电子显微镜,突破了光镜的局限,其分辨率可达 2 nm 左右,使人们对于细胞结构的认识逐步深入到超微观世界。20 世纪 80 年代 IBM 苏黎世实验室的 Binning 等人发明了扫描隧道显微镜,分辨率达 0.2 nm 左右,可直接观察 DNA、RNA 等生物大分子及生物膜等结构。

分辨率(resolution)是指区分开两个质点间的最小距离。对于任何显微镜来说,分辨率都是最重要的性能参数。

光学显微镜的分辨率与光波波长、物镜数值孔径有关,可用 Abbe 公式表示:

$$d = \frac{0.61\lambda}{n \times \sin\theta}$$

式中,d 为分辨率,n 为物镜与物体间介质折射率,空气为 1,油为 1.5,θ 为光束进入物镜的半角,$\sin\theta < 1$(以极值 1 代入公式)。

代入公式:

$$d = 0.61 \times 0.5\ \mu m / 1.5 = 0.2\ \mu m$$

因此在光学显微镜中,λ 越短,分辨率越高,n 和 θ 越大,分辨率也越高。$n \times \sin\theta$ 简称 N.A,即表示数值孔径。物镜上一般都标有 N.A 值,N.A 值越大,分辨率越高。

从上述计算中我们可以看出,光学显微镜分辨率受到光波波长的限制,大约等于所用光源的半波长。这是由于光波具有衍射现象,当光波波长大于物体 2 倍时,光波能绕过物体前进,就像没有遇到物体一样,所以在光镜下看不清直径小于波长一半的物体。当物体直径小于 200 nm(0.2 μm)时就分辨不清。

电子显微镜(简称电镜)采用波长短的电子射线作为照明源,电子射线的波长约为可见光波长的十万分之一,约等于 0.005 3 nm,但由于电子透镜相差的存在,限制了电镜的分辨率,使之不能达到如此高的程度。目前电镜的极限分辨率为 0.2 nm 左右,比光学显微镜极限分辨率提高了约 1 000 倍,比人眼分辨率提高了 100 万倍左右。

扫描探针显微镜的制作原理与光镜和电镜完全不同,如扫描隧道显微镜是利用量子力学中的隧道效应原理制作成的,是目前分辨率最高的一类显微镜。其侧向分辨率达 0.1~0.2 nm,纵向分辨率达 0.01 nm。

一、光学显微镜技术始终是细胞研究的主要手段

光学显微镜(light microscope)是最初导致细胞被发现的仪器,也始终是研究细胞结构最重要的工具。随着多种现代生物学技术与光学显微镜技术(常简称光镜技术)的结合,光学显微镜展示出更新的活力。在细胞生物学中常用的有普通光学显微镜、荧光显微镜、激光共聚焦显微镜、相差显微镜,以及暗视野显微镜和微分干涉差显微镜等,用于不同的研究目的。

1. **普通光学显微镜技术**　普通光学显微镜(简称光镜)是最常使用的显微镜,主要由三部分组成:聚光镜、物镜和目镜。光镜采用可见光作光源,分辨率为 0.2 μm,放大倍率为 1 000 倍,其他几种显微镜都是在此基础上发展起来的。

由于光镜的成像原理需要光束穿透被观察的样品,生物样品必须经过一系列的组织处理,并制成 1~10 μm 的切片。常规的样品制备方法是:甲醛固定,乙醇脱水,石蜡包埋,切片,苏木精(hematoxylin)和伊红(eosin)染色,光镜观察。

普通光学显微镜能观察染色的生物标本的结构,主要是因为光线通过染色标本时其颜色(光波的波长)和亮度(光波的振幅)发生变化,人的眼睛就能观察到。

2. 荧光显微镜技术 荧光显微镜(fluorescent microscope)是以各种特定波长光源激发生物标本中的荧光物质,产生各种可见颜色荧光的一种显微镜。荧光显微镜一般采用高压汞灯和弧光灯作为光源,在光源和反光镜之间放一组滤色片以产生特定波长的激发光,光谱一般从紫外到红外,从而激发各种荧光物质产生不同波长的发射光。利用荧光显微镜可研究荧光物质在组织和细胞内的分布,以达到对细胞的特定物质进行定性、定位和定量观察的目的。荧光的来源除了组织和细胞的自发荧光以外,主要是以下三种途径造成。

(1) 荧光蛋白强制表达:通过基因重组技术在外源基因上连接一个荧光蛋白基因,如绿色荧光蛋白、红色荧光蛋白等,强制在培养细胞中表达,显示外源基因表达的细胞内定位。

(2) 荧光染料染色:例如吖啶橙可以对细胞 DNA、RNA 同时染色,显示不同颜色的荧光,DNA 呈绿色荧光,RNA 呈橙色荧光。

(3) 免疫荧光技术(immunofluorescence):荧光染料可和抗体共价键结合,这种标记的抗体再和相应的抗原结合形成抗原抗体复合物(详见本章第二节)。

由于荧光显微镜技术染色简便、敏感度高而且图像色彩鲜明,所以是目前对特异蛋白质等生物大分子定性、定位的有力工具。

3. 相差显微镜技术 相差显微镜(phase contrast microscope)是一种可以观察活细胞或未经染色的标本的显微镜。相差显微镜能够改变直射光的相位,并且利用光的衍射和干涉现象,把相差变成振幅差(明暗差),同时它还吸收部分直射光线以增大其明暗反差,因此可以观察活细胞或未经染色的标本。

观察活体细胞常采用倒置相差显微镜,它与一般相差显微镜的不同是光源和聚光器装在上方,相差物镜装在载物台下方,便于观察在培养瓶中贴壁培养的细胞,这样可清楚地分辨细胞的形态、细胞核、核仁以及胞质中存在的颗粒,甚至研究细胞核、线粒体等细胞器的动态。

4. 微分干涉差显微镜技术 微分干涉差显微镜(differential interference contrast)又称 Nomarski 相差显微镜,其优点是能显示结构的三维立体投影影像。与相差显微镜相比,标本可略厚一点,折射率差别更大,故影像的立体感更强。

微分干涉差显微镜利用的是偏振光,这些光经棱镜折射后分成两束,在不同时间经过样品的相邻部位,然后再经过另一棱镜将这两束光汇合,从样品中厚度上的微小区别就会转化成明暗区别,增加了样品反差,并且具有很强的立体感。

微分干涉差显微镜能使细胞核及较大的细胞器如线粒体等具有较强的立体感,比较适合于显微操作。目前多用于基因注入、核移植、转基因动物等生物工程的显微操作。将微分干涉差显微镜接上录像机,可以观察活细胞中的颗粒及细胞器的运动。

5. 激光扫描共焦显微镜 激光扫描共焦显微镜(laser scanning confocal microscope, LSCM),也被称为激光扫描细胞仪(laser scanning cytometer, LSC)。自 20 世纪 70 年代问世以来得到迅速发展,成为分子细胞生物学的新一代研究工具。激光扫描共焦显微镜在显微镜基础上配置激光光源、扫描装置、共扼聚焦装置和检测系统,整套仪器均由计算机自动控制,专用软件监控和执行各组件之间的切换。与普通光镜和荧光显微镜相比,激光扫描共焦显微镜有一些明显的优点,主要是以下几点。

(1) 普通显微镜使用的光源为卤素灯,光谱范围宽,成像时样品上每个照光点均会受到色差影响以及由照射光引起的散射和衍射的干扰,影响成像质量。LSCM 的光源为激光,是单色性好的平行光,基本消色差,成像聚焦后焦深小,纵向分辨率高,可无损伤地对样品作不同深度的层扫描和荧光强度测量。

(2) 普通荧光显微镜分辨率低,显示的图像结构为多层面的图像叠加,结构不够清晰。LSCM 结构上采用双针孔(pinhole)装置,形成物像共轭的独特设计(如图 3-2 所示)。激光通过聚光镜焦平面上针孔形成点,光源经物镜在焦平面上对样品进行逐点扫描,样品上每个照射点反射后经过物镜折射到像焦平面的探测针孔处成像,经空间滤波后,有效地抑制同焦平面上非测量光点形成的杂散荧光和样品的不同焦平面发射来的干扰荧光。每个像点被光电倍增管(PMT)或冷电感耦合器件(cCCD)探测器接收。因为光学系统物像共轭,只有物镜焦平面上的点经针孔空间滤波才能形成光点图像,扫描后可得到信噪比极高的光学横断面,分辨率比普通光学显微镜提高 1.4 倍。LSCM 能以 0.1 μm 的步距沿轴向对细胞进行分层扫描,得到一组光学切片,不同焦平面的光学切片经三维重建后能得到样品的三维立体结构,这种功能被形象地称为"显微 CT"。

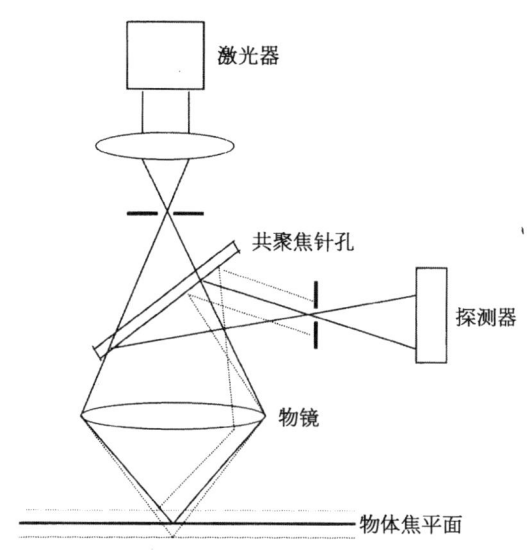

图 3-2 激光扫描共焦显微镜物像共轭原理图

(3) LSCM 的高灵敏度、高分辨率和高放大倍数,减少了光淬灭的影响,提供了普通光学显微镜无法显示的结构信息,并适用于达到毫秒级的快速变化检测。

LSCM 最常用的功能是荧光检测、三维重建和显微操作等。其中荧光检测覆盖的内容极为广泛,通过多种荧光探针或荧光连接抗体,可对活细胞内离子、pH、各种蛋白质分子等进行动态测定。另外利用激光扫描还可以对细胞进行特殊操作。例如光刀切割法(cookie-cutter)作贴附型细胞的分选(adhered cell sorting),能杀灭不需要的细胞,保留所选细胞亚群继续培养;激光光陷阱技术(又称为光镊技术)对目标细胞进行非接触式的捕获和固定,并进行精确操作;激光作为光子刀可以用来完成细胞膜瞬间打孔以及对线粒体、溶酶体、染色体和神经元突起的切割等显微细胞外科手术。

二、电子显微镜技术用于观察细胞超微结构

电子显微镜技术(electron microscopy)常简称电镜技术,它包括电子显微镜(electron

microscope)和样品制备技术(techniques of sample preparation)两大方面。电子显微镜(简称电镜)的基本原理与光学显微镜相同(图3-3),但光源和透镜有所不同。电镜利用电子束作光源,电磁场作透镜,因而最佳分辨率可达1~2 Å,放大倍率达150万倍。样品制备技术是制作电镜标本的综合技术,比光学显微镜制片过程更精细和复杂。它包括普通样品制备技术(如超薄切片技术)和特殊样品制备技术(如电镜酶细胞化学技术)。

第一台电镜诞生于1931年,至今已有80余年的历史。经过不断的改进和提高,已从最初的一种电镜发展为多种电镜,分辨率可达到1 Å。近年来,随着电镜计算机的一体化,使新型电镜的操作更为简便,图像获取更快捷,而且电镜图像在观察过程中可以得到即时储存和统计分析等,大大提高了电镜的使用效率。

电子显微镜技术是研究细胞超微结构最重要的手段,广泛应用于医学生物学等各个学科,在现代医学科学研究和临床疾病的诊断中发挥着重要的作用。

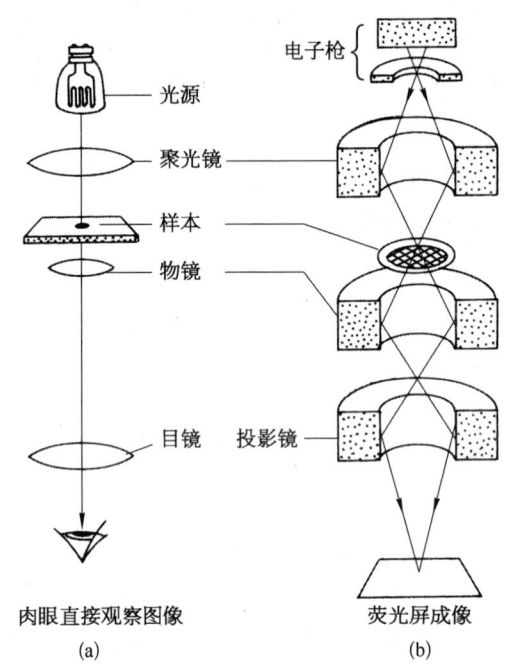

图3-3 光学显微镜(a)和电子显微镜(b)结构原理比较图

1. **电子显微镜的种类** 电子显微镜是以电子束作光源,电磁场作透镜,具有高分辨率和放大倍率的显微镜。电镜通过收集、整理和分析电子与样品相互作用产生的各种信息而获得物体的形貌和结构等。电镜的类型也是利用电子信号的不同和成像的不同而进行分类,主要分为透射电子显微镜、扫描电子显微镜、分析电子显微镜和高压电子显微镜。

(1) 透射电子显微镜:透射电子显微镜(transmission electron microscope)简称透射电镜,是发展最早、应用最广泛的电镜,一般所说的电镜指的便是透射电镜。透射电镜利用透射电子穿透超薄切片成像,主要用于观察组织细胞的内部结构。

透射电镜由三大系统组成,包括镜体系统、真空系统和电子线路系统。镜体系统是电镜的主体,结构相当复杂,又分为照明系统、成像系统和观察记录系统。

照明系统由电子枪和聚光镜组成,电子枪发射电子作为电镜的照明光源。在电镜中电子射线在几万伏的加速电压作用下产生了短波长高能电子束,加速电压越高,电子束的波长越短,电镜的分辨率就越高。聚光镜则将来自电子枪的电子束汇聚在样品上,并可调节照明强度等。

成像系统由样品室、物镜、中间镜和投影镜组成,是电镜具有高放大倍率和高分辨率的关键部位,主要是借助改变各个透镜的电流来获得不同的放大倍率。成像系统的总放大倍率是物镜、中间镜和投影镜放大倍数的乘积。

观察记录系统包括观察室和数码摄影系统。观察室内有一个荧光屏,电子束穿透样品,带有样品信息的电子经成像系统放大投影到观察室的荧光屏上,激发荧光屏发出可见光。透过的电子多,荧光屏亮,反之则暗,荧光屏的亮、暗程度与样品微细结构一一对应,最终产生具有一定反差的影像。图像的保留可通过数码摄影系统拍摄下来,也可将图片通过探头输送到计算机中经打印机打出图片。

电镜有复杂的真空系统和电路系统以维持镜筒的高真空状态和稳定的工作条件。

(2) 扫描电子显微镜:扫描电子显微镜(scanning electron microscope)简称扫描电镜。扫描电镜利用样品表面被击出的二次电子信号成像,用于观察样品表面形貌,图像具有立体感。

扫描电镜的光源部分与透射电镜相同,是由电子枪产生电子射线经聚光镜聚焦形成一束极细的光斑,称为电子探针(electron probe)。电子探针受扫描发生器控制,在样品表面进行逐点扫描,把样品表面的原子外层的电子击出,形成二次电子,二次电子被二次电子检测器收集、转换、放大,转换到显像管。由于显像管的荧光屏上的画面与样品被电子束照射面呈严格同步扫描,逐点逐行一一对应,这样就能看出样品表面形貌。

二次电子发射越多的地方,在像上相应的点就越亮,反之则暗。由于二次电子产生的多少与电子束入射角度有关,也就是与样品表面的起伏有关,所以荧光屏上得到的图像反映了样品表面的立体形貌。

(3) 分析电子显微镜:分析电子显微镜(analytic electron microscope)简称分析电镜,是一种带有特殊附件波谱仪(length dispersive spectroscope)或能谱仪(energy dispersive spectroscope)的电子显微镜。它可以装配在透射电镜上,也可以装配在扫描电镜上。当高速运动的电子汇聚成电子束(探针)打到样品上时,所激发出来的 X 射线波长是和样品内所含元素的原子序数密切相关的。把特征性 X 射线根据其波长和强度分别加以收集,便可推知样品内包含哪些成分及各元素的含量。

利用分析电镜可以在观察样品形貌的同时了解微小区域(如某一细微结构)内所含元素的种类及其含量,在细胞超微结构水平上对其内部的化学元素成分进行定位、定性、定量分析,从而获知结构变化与其组成的元素变化的关系。它的分辨率很高,元素周期表上大部分元素都能被分辨出来。

(4) 高压电子显微镜:高压电子显微镜(high voltage electron microscope)指加速电压在 120 kV 以上的透射电子显微镜,若加速电压在 500 kV 以上称为超高压电镜。目前世界上超高压电镜最高的加速电压可达 3 000 kV。

高压电子显微镜的主要特点是分辨率高,对样品的穿透能力强,可用于观察较厚的样品,比如整装(whole mount)细胞不需超薄切片即可观察内部的三维微细结构,如微丝、微管等,在偏振镜下可呈现三维排列的图像特点。但电镜体积庞大,价格昂贵,难以普及。

2. 电镜样品制备技术　电镜样品制备技术较复杂,种类也较多,分为普通样品制备技术和特殊样品制备技术。这里简单介绍几种常用的样品制备技术。

(1) 超薄切片技术:超薄切片技术(ultramicrotomy)是透射电镜样品制备方法中最

基本的一种。由于电子束穿透能力的限制,透射电镜观察的样品必须很薄。普通光镜切片厚度为 3～5 μm,而透射电镜切片厚度则要求在 50～80 nm,这种薄切片称为超薄切片。超薄切片技术包括:取材、固定、脱水、浸透、包埋、切片及染色。

电镜样品采用戊二醛和锇酸双重固定,用乙醇或丙酮脱水,环氧树脂进行包埋,超薄切片机切片,采用重金属如铀和铅进行染色以增加细胞结构间的反差。

(2) 负染色技术:负染色技术(negative stain technique)又称阴性染色,是透射电镜样品制备技术中的一种。此技术是指通过重金属盐在样品四周堆积而加强样品外周的电子密度,使样品显示负反差,衬托出样品的形态和大小。常用的重金属有磷钨酸钠、醋酸铀等。

负染色技术主要用于细菌、病毒、噬菌体等微生物大分子结构、亚细胞碎片以及分离的细胞器等研究工作。负染色样品不需经过固定、脱水包埋和超薄切片等复杂操作,而是直接对沉降的样品匀浆悬浮液进行染色。

(3) 冷冻蚀刻技术:冷冻蚀刻技术(freeze-etching technique)又称冷冻复型,是透射电镜样品制备技术的一种,是将样品经快速冷冻→断裂→升华→喷铂→喷碳而最终形成一层印有生物样品断裂面立体结构的复型膜,然后将生物样品腐蚀掉,用铜网将复型膜捞起进行透射电镜观察。冷冻蚀刻技术能保持细胞原来的结构,立体感鲜明,主要用于生物膜的研究。

(4) 扫描电镜样品制备技术:扫描电镜适合于研究生物样品的表面特征,样品制备包括观察面的暴露、固定、脱水、干燥和导电等。

样品制备采用戊二醛和锇酸双重固定,乙醇或丙酮脱水。干燥是扫描电镜样品的重要步骤。由于生物样品柔软多水,大多数的组织含水量在 80% 以上,采用自然干燥,会受表面张力影响使细胞表面收缩,形态改变,所以多采用液体 CO_2 临界点干燥法。在临界状态时表面张力系数为零,也就是分子的内聚力等于零时干燥,细胞不再收缩,保持了原有的形态。由于干燥样品不导电,因而需要在样品表面镀一层薄薄的金属膜使样品导电,并增加图像的反差和立体感。

三、扫描探针显微镜技术提供原子尺度的分辨率

扫描探针显微镜(scanning probe microscope, SPM)是 20 世纪 80 年代发展起来的一类新型的显微镜。它们都是基于近场扫描原理,利用带有超细针尖的探针在样品表面扫描,获得样品的微观信息如表面形貌、电特性、磁特性和柔韧性等,具有原子尺度的高分辨本领,其侧分辨率为 0.1～0.2 nm,纵分辨率可达 0.01 nm。扫描探针显微镜有很多种,主要包括扫描隧道显微镜和原子力显微镜。

1. 扫描隧道显微镜 扫描隧道显微镜(scanning tunneling microscope, STM)是扫描探针显微镜家族中的第一个成员,是由 G. Binnig 和 H. Rohrer 在 1981 年发明的,他们因此而获得诺贝尔物理学奖。STM 的主要原理是利用量子力学中的隧道贯穿效应,其核心部件是一个能在样品表面进行扫描,与样品之间保持一定偏压,其直径为原子尺度的

探针。在通常的低电压下,分离的针尖与样品之间(相当于两个电极)具有很大的阻抗,阻止电流通过,称为势垒。当针尖与样品非常靠近时,其间的势垒变得很薄,电子云相互重叠,在针尖与样品之间施加一电压,电子就可以通过隧道效应由针尖转移到样品或从样品转移到针尖,形成隧道电流。通过记录隧道电流的变化就可以获得样品表面的微观信息。

2. **原子力显微镜** 原子力显微镜(atomic force microscope, AFM)是1986年设计完成的,它主要通过检测针尖与样品之间的原子间作用力来获得样品表面的微观信息,因此不要求样品具有导电性。AFM的工作原理是将一个对微弱力非常敏感的微悬臂一端固定,另一端装上探针,针尖与样品表面轻轻接触,针尖尖端原子与样品表面原子间极微弱的排斥力使微悬臂向上弯曲。通过检测微悬臂背面反射出的激光光点在光学检测器上的位置变化,可以转换成力的变化,因为反射光点的位置变化或微悬臂弯曲变化与力的变化成正比。通过控制针尖在扫描中这种力的恒定,测量针尖纵向的位移量,就可获得样品表面的微观信息。

SPM具有分辨本领高,可连续动态地在各种环境中(真空、气体和液体)检测物体微观信息等特点,很快被应用于生命科学研究。SPM最早应用于研究生物大分子(DNA和蛋白质等)的结构与功能,近年来也被尝试用于生物大分子之间相互作用研究、生物结构的纳米操作、活细胞的结构研究等。

第二节 观察和分析大分子——细胞化学技术

细胞化学技术(cytochemistry)是在保持细胞结构完整的条件下,通过细胞化学反应研究细胞内各种成分(主要是生物大分子)的分布情况,以及这些成分在细胞活动过程中的动态变化的技术。这类技术通过使大分子生成在显微镜下可被观察的物质,如普通光镜下的呈色物质、荧光显微镜和激光共焦显微镜下的荧光物质,或电镜下的高电子密度物质,让人们看到细胞内大分子的位置(定位信息)和含量(定量信息)。这类技术包括光镜和电镜水平的酶细胞化学技术、免疫细胞化学技术、放射自显影技术和原位杂交技术等。

需要指出的是,荧光细胞化学技术也是流式细胞仪(详见本章下文)探测大分子的基础,即细胞的特定蛋白质分子如果不是用荧光蛋白融合蛋白技术加以标记的话,必须经过细胞化学技术标记上荧光物质才能被流式细胞仪检测到。因此,细胞化学所能提供的大分子信息,既可以是显微镜下定位的,又可以是流式细胞仪上定量的,当然首先是定性的。

在这些技术中,酶细胞化学(enzyme cytochemistry)和放射自显影(radioautography)两种技术曾经在20世纪60~80年代对研究细胞器化学成分、结构与功能,细胞器的相互关系,蛋白质和其他生物大分子的合成、加工、运输过程,以及细胞的生理和病理过程发挥了重要作用。现在这两种技术单独运用大为减少,但是酶细胞化学技术原理导致了免疫组织化学或免疫细胞化学技术的诞生和不断更新,而后者是研究细胞中蛋白质定性和定位最简便有效的手段,正得到极为广泛的应用。放射自显影则可以作为原位杂交技术的一部分,用于显示特异核酸的定性和定位。为此有必要大致了解两种技术的原理。

酶细胞化学技术是通过酶的特异细胞化学反应来显示酶在细胞内的分布及酶活性强弱的一种技术。它的原理是：在一定条件下,使组织细胞内的酶与其底物相互作用,形成初级反应产物,再用捕捉剂在酶的作用部位进行捕捉,使其在显微镜下可见,从而通过反应产物间接显示酶的位置和活性。

放射自显影技术的基本原理是：将放射性核素标记的物质引入生物体或细胞,参与细胞的正常代谢过程,或将放射性核素标记的物质联结到能与特异大分子结合的探针上,利用放射性核素放出的射线作用于核子乳胶而显像,再将组织切片与涂覆其上的乳胶膜一起在显微镜下观察,从而通过放射线影像间接显示被标记大分子的定位。

一、免疫细胞化学技术是研究细胞内外蛋白质定位最简便而强大的手段

免疫细胞化学技术(immunocytochemistry)是根据免疫学原理,利用抗原抗体特异结合的特性定位组织和细胞中特异大分子的一类技术。它包括光镜水平(观察对象为组织样品时简称为免疫组化)和电镜水平(简称免疫电镜)的技术。应用免疫细胞化学技术可在原位检测细胞的各种大分子,但最常用是检测细胞内外的蛋白质。

1. *技术原理* 免疫细胞化学技术的原理是：把组织中的特异分子作为抗原,用各种在显微镜下可见的标记物标记特异抗体或标记抗原抗体复合物,使特异的免疫化学反应具有可见性,从而间接地显示抗原,达到在细胞或细胞器水平定位特异分子的目的。

(1) 抗原：用免疫细胞化学技术检测的分子可以是各种大分子,它们在这一技术中扮演抗原的角色。所以,细胞中的任何分子只要其结构复杂到一定程度,具有免疫原性,能作为抗原或半抗原,从而能导致针对它的抗体产生,都能作为靶分子,用该技术得到检测。它们可以是蛋白质、多肽、核酸、多糖和磷脂等,最常见的待检分子是蛋白质、多肽。

除了检测组织和细胞中天然存在的蛋白质、多肽,该技术还能检测在培养细胞中人为表达的重组蛋白质分子。方法是利用分子生物学技术制备重组 DNA 时导入一段序列,该序列编码一个多肽[被称为"标签"(tag)]与重组蛋白质连接在一起,该多肽作为抗原或半抗原能导致针对它的抗体产生。当这一重组 DNA 在培养细胞中表达时,可以因为含有特异标签多肽,而能用免疫细胞化学技术检测到,因而重组蛋白质也就能在同处被检测到。免疫细胞化学技术的这种巧妙应用,近来在研究新克隆得到的蛋白质分子的定位中发挥了很大作用,也为该技术开拓了更广阔的应用空间。

(2) 抗体：单克隆和多克隆抗体,可从市售获得或自行制备。在免疫细胞化学技术中可以有两个层次的抗体,针对抗原的抗体称为第一抗体,针对第一抗体的抗体称为第二抗体。

(3) 免疫细胞化学技术中的标记物：免疫细胞化学技术是用已知的抗体检测组织与细胞中相应抗原的方法,必须用特殊的标记物对抗体或抗原抗体复合物进行标记,才能使抗原抗体复合物在显微镜下具有可见性。常用的标记物有以下几种。

1) 荧光素：用荧光素标记已知抗体,再与组织或细胞中的相应抗原结合,在荧光显微

镜下检测荧光素所发荧光,便可知抗原的分布部位。常用的荧光素有绿色荧光的异硫氰酸荧光素和红色荧光的罗达明 B200 等。

2) 酶:用酶标记已知抗体,再与组织或细胞中的相应抗原结合,利用酶细胞化学方法显示该标记酶以达到显示抗原的目的。常用的标记酶如辣根过氧化物酶(horseradish peroxidase)与其底物过氧化氢(H_2O_2)和氨基联苯胺相遇时,形成的棕色沉淀可在光镜下观察到,遇锇酸反应后形成锇黑,电镜下呈高电子密度。

3) 胶体金:将胶体金与抗体结合形成金标记抗体,再与相应的抗原结合,形成显微镜下可见的电子致密的金颗粒。常用的胶体金颗粒直径为 5~60 nm。

另外,亲和物质是一种有多价能力的物质,不仅与另一种亲和物质有高度的亲和力,而且可与抗体蛋白及各种标记物如荧光素、酶、胶体金等结合,因而常被加入到酶加底物显色反应中,通过其放大作用显示蛋白质。常用的亲和物质系统有生物素-亲和素系统、葡萄球菌 A 蛋白-免疫球蛋白系统。

(4) 免疫细胞化学中的直接法和间接法

1) 直接法:用标记的特异抗体直接检测相应抗原的方法称为直接法。

2) 间接法:用未标记的特异抗体(第一抗体)与组织中的抗原结合,再用标记的第二抗体与第一抗体结合,间接检测组织中的抗原。这种方法因为在第一抗体上可以结合多个标记的第二抗体,所以其灵敏度比直接法更高(图 3-4)。

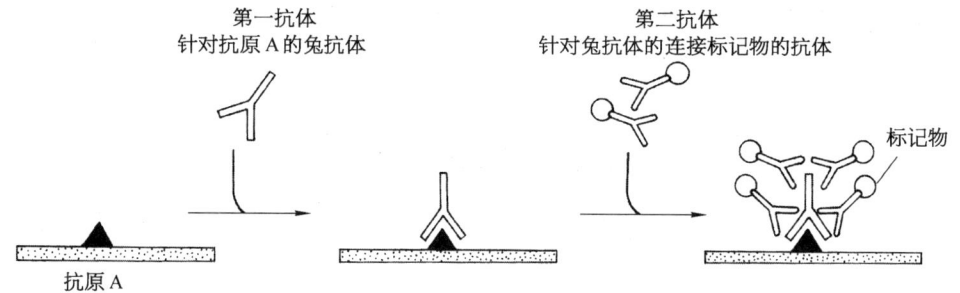

图 3-4　间接法检测蛋白质(抗原 A)示意图

2. 实验方法　免疫细胞化学技术的实验方法包括标记抗体的准备、组织样品的制备及免疫细胞化学反应。

(1) 标记抗体准备:抗体标记的基本方法是利用分子间电荷等作用力或使用交联剂,将抗体与标记物连接在一起。但在绝大多数情况下,标记抗体从市场购得。

(2) 样品制备:样品固定时既要保存好组织细胞结构和抗原位置,又要保存好抗原性。常用的光镜固定剂为多聚甲醛或甲醇,冷冻切片或常规石蜡包埋、切片。电镜样品多选用多聚甲醛与低浓度戊二醛(0.05%~0.5%)混合液。锇酸损伤抗原性,不能在细胞化学反应前使用。电镜免疫细胞化学反应可在未经包埋的组织片上进行,称为包埋前技术;也可在超薄切片上进行,称为包埋后技术。此外,冷冻超薄切片可直接用于电镜免疫细胞化学反应。由于冷冻样品抗原保存和抗体穿透状况较好,在光镜和电镜的免疫细胞化学技术中目前使用较多。

(3) 免疫细胞化学反应：主要包括反应前的样品处理、反应、反应后的染色等步骤。前处理包括石蜡包埋光镜样品的抗原修复、脱蜡、复水、通透处理、封闭非特异位点、灭活内源性干扰物质等，目的是为接下来的免疫细胞化学反应提供适宜条件。免疫细胞化学反应包括一抗孵育、漂洗、二抗孵育、漂洗等步骤。通常一抗孵育时间较长，在低温下进行，漂洗和二抗孵育则多在室温下进行。有时需要在二抗孵育之前增加一次封闭。免疫细胞化学反应后需要进行染色，在光镜样品称作"衬染"(counterstaining)，目的是将反应阴性部位染上颜色，以便于形态结构的辨认。电镜样品的电子染色需要在确保免疫胶体金信号不被掩盖的前提下进行。

(4) 基本实验过程

1) 光镜样品一：冷冻切片。固定→冷冻切片→免疫细胞化学反应→衬染→光镜观察。

2) 光镜样品二：石蜡包埋组织。固定→脱水、石蜡包埋→切片→脱蜡、复水→免疫细胞化学反应→衬染→光镜观察。

3) 电镜样品一：冷冻超薄切片标记。固定→冷冻→冷冻超薄切片→免疫细胞化学反应→电子染色→电镜观察。

4) 电镜样品二：包埋前标记。固定→切组织片→免疫细胞化学反应→脱水、树脂包埋→超薄切片→电子染色→电镜观察。

5) 电镜样品三：包埋后标记。固定→脱水、特殊树脂包埋→超薄切片→免疫细胞化学反应→电子染色→电镜观察。

二、原位杂交技术用于观察特异核酸分子的定位

原位杂交技术(in situ hybridization)是以标记的核酸分子为探针，在组织细胞原位检测特异核酸分子的技术。这一技术不需要从组织细胞中提取核酸，对组织中含量极低的靶序列有很高的灵敏度，并可保持组织与细胞的结构完整，反映特异核酸分子的定位。特别是配合使用能定位特异蛋白分子的免疫细胞化学技术，就能对生理或病理条件下从DNA到mRNA到蛋白质这样一个基因表达过程进行定性和定位的分析，是基因表达研究强有力的手段。

1. **技术原理** 原位杂交技术的原理是：使含有特异序列、经过标记的核酸单链即探针，在适宜条件下与组织细胞中的互补核酸单链即靶核酸发生杂交，再以放射自显影或免疫细胞化学方法对标记探针进行探测，从而在细胞原位显示特异的DNA或RNA分子(图3-5)。

(1) 靶核酸分子：即待检测核酸分子，既可以是DNA，也可以是RNA。前者可以是分裂

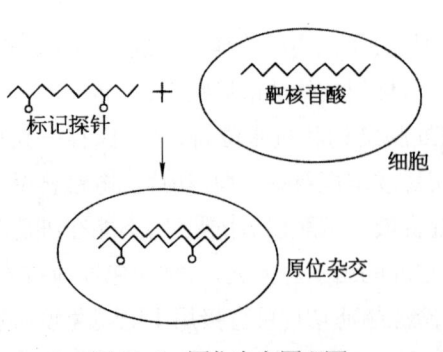

图3-5 原位杂交原理图

期染色体上特异的 DNA 序列、DNA 病毒、线粒体 DNA,后者可以是 mRNA、rRNA、微小 RNA(miRNA)、RNA 病毒。但是原位杂交技术最常见的用途是检测 mRNA,即反映特异基因是否表达,在哪些细胞表达,表达的水平高低(定性、定位、定量)。

(2) 探针及其标记:探针是经过标记的核酸分子,探针与待测 DNA 或 RNA 序列互补。探针主要有 cDNA、RNA 和寡核苷酸。

探针标记物有放射性的和非放射性的两类。常用的放射性标记物主要有 ^{35}S、^{32}P、^{33}P 和 ^{3}H。非放射性标记物主要有荧光素、生物素、地高辛和溴脱氧尿嘧啶等。通常标记物被导入某个单核苷酸而形成标记分子,如四甲基罗达明-UTP、生物素-UTP、地高辛-dUTP 等。然后通过各种酶促反应,如随机引物法或 PCR 法,使标记分子参入探针。

(3) 杂交:在体内,双链核酸分子在一定条件下可以发生变性和复性的过程。分子杂交技术利用的就是两条互补的核酸单链能够复性的性质。分子杂交是不同来源的序列互补的单链核酸分子在一定条件下借氢键相连而形成双链杂交分子的过程。这一过程相当于核酸的复性,只是核酸单链的来源不同。

原位杂交技术中,以经过标记的已知核酸分子为探针,以细胞内与探针序列互补的特异核酸分子为靶分子,造成一定条件使探针与靶核酸分子在原位发生杂交,然后再对其探测(图 3-6)。

杂交可发生于 RNA 与 DNA,DNA 与 DNA,RNA 与 RNA 之间,形成的双链杂交分子为杂交体(hybrids)。

(4) 杂交体的探测:对杂交体的探测根据探针标记物的不同而采用各种方法,目的是使标记的杂交体在光镜或电镜下可见。

1) 放射自显影:如果探针是同位素标记的,显示杂交反应的方法就是光镜或电镜水平的放射自显影技术。方法是在切片上涂覆核子乳胶膜后,置于暗盒中于 4℃ 自显影一段时间,然后经显影和定影后观察银原子影像在细胞和细胞器的分布情况。

2) 免疫细胞化学:对于非同位素标记的探针,可根据免疫细胞化学原理用直接法或间接法将探针标记物显示出来,也就是采用那些在光镜或电镜下具有可见性的免疫细胞化学标记物来直接或间接地显示杂交探针标记物。如用地高辛标记探针杂交后,需加入碱性磷酸酶联结的抗地高辛抗体,再加入酶的底物来显示杂交体。

2. 实验方法 原位杂交技术的实验方法主要包括:标记探针的准备,组织样品制备,杂交和杂交体探测。

(1) 标记探针的准备:对 cDNA、RNA 和寡核苷酸三种探针的选择,要考虑所要检测的靶核酸分子的性质。如 cDNA 和 RNA 探针适宜于检测 mRNA 分子,寡核苷酸对 mRNA 的杂交效率较高,但特异性不如 RNA 探针。

(2) 组织样品制备:光镜原位杂交标本的固定多使用 4% 多聚甲醛,常规石蜡包埋和切片,但在操作过程中应提防 RNA 酶污染。电镜原位杂交标本的固定也采用 4% 多聚甲醛。与免疫细胞化学技术一样,电镜水平的原位杂交可以在未经包埋的组织切片上进行,称为包埋前技术,也可以在超薄切片上进行,称为包埋后技术。冷冻切片能较好地保存靶核酸,因而较易获得杂交信号,但对细胞结构的保存较差。

(3) 杂交:杂交是在一定温度和离子强度条件下让标记探针与组织中靶分子结合的过程。杂交的效率和特异性是优化杂交条件的出发点,也是需要兼顾的两个方面。影响因素主要是探针的结构、杂交温度、杂交液中的甲酰胺浓度和离子强度、杂交后漂洗等。要通过实验对条件进行优化。

(4) 杂交体探测:根据探针标记物的不同采用放射自显影方法或免疫细胞化学方法显示杂交结果。

(5) 基本实验过程:见图 3-6。

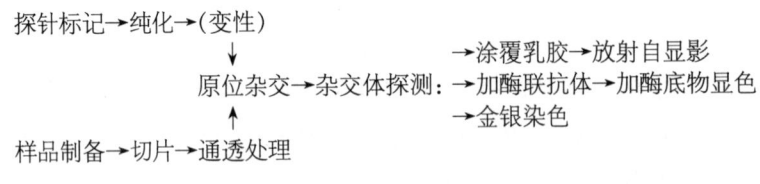

图 3-6　原位杂交实验过程

第三节　分析细胞及其大分子 ——分析细胞学技术

分析细胞学是从定量的角度对细胞的各种形态学参数、生物学特征、细胞生化成分的组成和含量,以及细胞的各种功能等进行研究,获得定量的测量数据,以更客观地揭示生命活动的规律。分析细胞学技术的发展有两个主要领域,固定式细胞分析和流动式细胞分析。固定式细胞分析是指细胞样品固定在载玻片或培养皿上,通过显微镜,由成像系统获取图像,定量分析细胞的形态学参数和细胞内一些生化成分的含量。常用仪器有显微分光光度计、图像分析系统和激光扫描共聚焦显微镜。流动式细胞分析要求将细胞样品悬浮在液体中,高速度地流过仪器的检测区,仪器检测悬液中每一个细胞,并进行分析测定,记录每一个细胞众多的生物学参数,并可根据预选的条件将其中特殊的细胞亚群分选纯化出来,以供进一步的深入研究,这类仪器统称为流式细胞仪。以下对流式细胞分析技术和图像分析技术作简要介绍。

一、流式细胞分析技术能测得单个细胞上特异分子的相对含量和特定的细胞亚群

流式细胞仪(flow cytometer, FCM)从原理上讲是一种在计算机技术支持下的高度自动化的细胞显微荧光脉冲分光光度仪,它是结合激光技术、光电测量技术、数字计算机技术和荧光细胞化学技术的产物,是分析细胞学领域的重要仪器。流式细胞术(flow cytometry)既能够对细胞群体中单个细胞或细胞器的特性进行高速测量和自动分析

(cytometry)，每秒能测量数万个细胞并为多参数检测，又能在分析的同时分选和分离出有指定特征的细胞亚群(cell sorting)。其分析和分选都依赖细胞的荧光信号，因此这种技术又叫作"荧光素激活的细胞分选"(fluorescence-activated cell sorter)，简称FACS。

1. 流式细胞仪结构与原理 流式细胞仪的一般结构可分为三个部分：细胞流动室和液流驱动系统，激发光源及其光束成形系统，细胞信号检测和分析系统(图3-7)。这三部分在仪器中一般按三个互为垂直的轴线安置，即X轴方向的激发光轴线、Y轴方向的细胞荧光信号检测轴线和Z轴方向的细胞流轴线。此三个轴线的交点即为仪器的细胞信号检测区。样品中的每一个细胞必须按顺序以相同的速度和轨迹通过此检测区。每一细胞沿Z轴流经检测区时，受到激发光照射。细胞受光照时产生细胞的散射光信号与荧光信号，这些细胞信号由检测器收集，经计算机软件分析处理，这就是流式细胞分析。

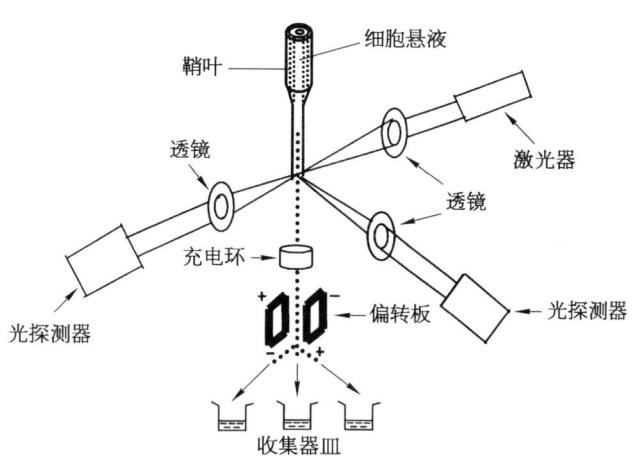

图3-7 FCM工作原理图

流动室是流式细胞仪的核心部件，它采用液体动力学分层鞘流技术，层流技术保证样品中的每一细胞都沿流动室的中心轴运动，实现了每一细胞以相同的速度、方向、轨迹逐个依次通过检测区，因此流动室也可称为单细胞流发生器。流式细胞仪的激发光源通常采用有多条可调谐的输出谱线的氩离子气体激光器，它能与多种荧光染料激发谱匹配。激光是一种单色性、方向性、相干性好的高强度光源，便于对细胞微弱荧光作出快速分析。检测器采用多通道光电倍增管，由数字显示器和示波器实时显示各种信号波形及数据参数，结果由计算机分析处理。

流式细胞仪分选装置(sorter)一般由超声振动器、液滴充电电路、静电高压偏转场等组成。细胞分选是在细胞分析的基础上进行的。经确认需要分选的细胞在到达液流断离端的即刻，由液滴充电电路发出一个充电脉冲，保证该包含有要分选细胞的液滴断离后带有静电荷。带电液滴向下运动经过高压偏转电场时，在静电力的作用下偏离原运动轨迹。带正电荷的液滴偏向负极，带负电荷的液滴偏向正极。静电高压值一般是固定的，调节充电脉冲幅度，改变液滴荷电多少，可改变充电液滴的偏转角和偏转距离。分选所得的细胞可以用玻片、试管、96孔板等进行收集，进一步培养、观察和分析，可以综合单个细胞的更多信息。

流式细胞仪中被测样品的细胞在流经仪器检测区时受到激发光的照射，激发光与细胞相互作用后可产生散射光信号和荧光信号。散射光信号是指激发光与细胞相遇作用后反射、折射、衍射等综合的结果，它能反映细胞群体及其不同亚群形态学的一些信息，不依赖细胞样品的荧光染色。荧光信号主要是指经过特异荧光染色后细胞受照发射的荧光信号。各种特异荧光染色方法是针对细胞内各种不同的生化成分或各种特异抗原等设计的。每一种荧光染色方法中必须用到一种或多种的荧光染料。由于每一种荧光分子结构不同,考虑荧光激发谱与荧光发射谱的接受时,通常要注意选择合适的激发光源和各类分束滤色片。目前先进的流式细胞仪可以具备3种激光光源,检测多达12色荧光的信号,即一次提供单个细胞上多种分子的信息。

2. **流式细胞术样品制备** 流式细胞术进行高精度的单细胞定量分析,对细胞样品的制备技术有着特殊的要求。样品的制备一般包括单细胞悬液的制备和细胞荧光染色两个步骤。

(1) 单细胞悬液的制备:流式细胞术的分析检测建立在单个细胞的基础上,因此,制备合格的单个分散的细胞悬液是非常关键的一环。对不同来源和不同形式的样品,根据各种样品的特点可选择不同的分散方法。

1) 单层培养细胞、血液、各种脱落细胞等样品,标本经过简单的制备悬液,离心分离处理,就可以得到分散较好的单个细胞悬液,是理想的流式细胞术检测对象。

2) 对于不同组织来源的实体组织标本,采用酶消化法、机械法和化学试剂处理法来分散细胞。

3) 石蜡包埋组织单细胞悬液的制备,可使大量存档的临床资料重新得到研究与利用,从而扩大了流式细胞术的应用范围。样品制备一般通过切片、脱脂、水化、消化及终止消化后过滤再收集细胞悬液,去除碎片的单细胞悬液用70%乙醇固定保存。

流式细胞术所测的细胞样品要求细胞呈单个分散状态,其中细胞团块、细胞碎片尽可能少,分散过程中细胞的活性不受到明显的损害,以保证下一步的荧光染色处理。所以在实际应用时,一个理想的单个细胞分散的细胞悬液样品的制备往往需要两种或多种方法的结合使用。

(2) 细胞的荧光染色:流式细胞术快速分析单细胞的各种生物学特性和各种生化成分并定量测定这些参数,是通过荧光细胞化学方法实现的。与光镜下或电镜下的细胞化学方法一样,对细胞内的每一种生化成分都可以找到其特异的荧光细胞化学染色方法。由于流式细胞术所需求的荧光细胞化学过程必须在细胞悬液中进行,因而又有其特点。荧光细胞化学过程要求有足够的特异性,即所用荧光染料与所感兴趣的细胞成分为特异性结合,严格控制各种反应条件是保证反应特异性的重要因素。染料的荧光光谱和量子产率是受环境因素影响的,在相同的条件下,荧光反应产物的产率(荧光强度)与所研究的生化成分的含量或活性之间有严格的化学定量关系,因此足够的特异性和可靠的定量关系是荧光细胞化学过程的两个基本评价标准。

现在荧光探针已有几千种,正确选择荧光探针是首要工作。常用荧光探针有细胞活性探针,可区分活细胞和死细胞;膜荧光探针主要用于生物膜以及脂质转运和代谢动力学研究,较多地用于膜融合和脂质转移的观察;细胞器探针能够渗透到细胞内,选择性地与细胞中的细胞器结合;位点特异性探针是指可选择性地与生物大分子相结合,或进入细胞内与某些特异位点相结合,用于研究细胞内外结构及其活性的探针;离子探针利用荧光检测细胞内各类离子浓度,包括 Ca^{2+}、Mg^{2+}、Na^+ 和 H^+ 等的浓度。其他还有可溶性荧光探针、核酸荧光探针、电位敏感性荧光探针、底物荧光探针和笼锁化合物荧光探针等。

目前,流式细胞术广泛应用于细胞数量测定、核型分析、细胞凋亡检测、细胞免疫表型分析、细胞因子检测和细胞分选等方面,应用范围在不断地扩大。

二、图像分析技术常用于大分子的定位和半定量分析

图像分析(image analysis, IA)是分析细胞学中主要测量手段之一,常用于细胞形态、组织结构、染色体核型、细胞化学信号定位和定量等方面的分析。

1. 技术原理和系统构成 图像分析处理通常是指计算机数字图像处理(image processing, IP)。为了便于用计算机处理,必须把图像作为二进制数值来表示。普通光学系统和电视摄像等成像设备得到的是模拟图像,图像在二维平面上位置和强度的分布是连续的。要得到数字图像,必须对模拟图像进行空间点阵上的抽样和颜色灰度的量化的数字化操作,得到以像素为基本单位的数字矩阵。每个像素的颜色由灰度值表示,通常量化成 8 比特(bit),即 256 个灰度等级。所谓数字图像就是灰度值的二维数组图像,如用函数 $F(x, y)$ 表示数字图像,$F(i, j)$ 在代表图像中位于 i, j 处的像素的同时,还表示该像素的灰度值的大小。数字图像一般采用正多边形点阵,最常用的是正方形点阵,如图 3-8 所示。图像数字化的精度对图像质量会有很大的影响,像素越多,图像分辨率越高,灰度等级越高,图像层次越丰富,清晰度越高。数字图像运算建立在数字矩阵基础上,有许多基本处理功能和算法形式,与模拟图像比较具有精度高、通用性强、再现性和灵活性好等优点。

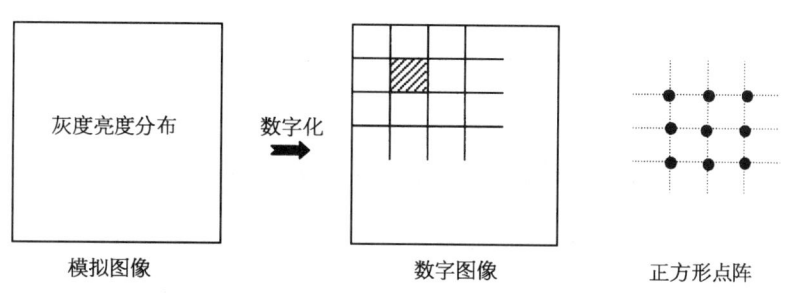

图 3-8 数字图像示意图

图像分析系统一般由计算机、图像输入设备、图像输出设备和交互控制设备构成。计算机系统要求运算速度快,内存大。图像输入设备常用的有高解像度的摄像机、CCD 摄像机、扫描仪和数码相机等。图像输出设备有视频打印机、激光打印机、图像硬拷贝机等。交互控制设备有鼠标和数字化图形输入板。图像分析系统的核心部分是图像分析处理软件,分为通用软件和专用软件,它直接决定了分析结果的优劣。

2. 图像处理分析方法 为了得到较好的图像分析处理结果,提取感兴趣的图像细节,首先必须进行图像增强(image enhancement)。在成像过程中,为使图像得到改善以

利于特征提取和图像识别,需对图像进行预处理,目的是图像增强,也叫图像质量改善。图像增强的方法很多。可通过灰度变换、直方图均衡等方式提高图像的对比度和清晰度;阴影校正和图像多帧数学运算可消除成像系统形成的照明场误差,改善图像的阴影、畸变和明暗差,突出感兴趣的图像特征;锐化处理通过微分法或梯度法等高频滤波算法可消除图像的模糊,增强图像高频成分,使图像轮廓分明;平滑处理常用局部平均法、中值滤波法有效地去除图像中高频噪声。为了根据图像的结构特征分离出感兴趣的对象物,以便进行图像识别和分析,要进行图像分割(image segmentation)。这是选取灰度阈值,区分主要对象、其他对象和背景的主要手段。图像分割通常用二值化阈值处理,根据图像的灰度直方图确定对象物的阈值,使对象物和背景以 0 和 1 分别显示,便于计算机处理。也可进行多相分割,通过灰度直方图中多个峰值加以区分,分别定出阈值,根据灰度阈值范围分割出各类对象物。最后进行图像识别(image recognition)和图像分析,通过对图形特征的编码识别和描述,进行特征提取,然后进行全自动和交互测量分析。图像分析还可以用作图像重建(image reconstruction)和图像复原(image restoration)。

第四节 分析和操作细胞和细胞器——细胞结构成分的离心分离技术

就像可以把细胞从组织中分离出来进行研究一样,人们也可以把细胞器从细胞中分离纯化出来,以研究它们各自特有的化学组成、酶活性和代谢特点。尽管在一个世纪前就有人试图分离细胞器,但直到 20 世纪 40 年代有了超速离心机和细胞匀浆技术后,才真正建立了细胞器的分离技术。用这一技术可以获得相对纯净的各种细胞器和大分子颗粒。使用超速离心机是这一技术的关键,因此该技术称为细胞结构成分的离心分离技术(cell fractionation and centrifuge)。

一、离心分离技术根据细胞结构组分的大小和密度将它们分开

要进行细胞结构成分的离心分离,需先破碎细胞,通常用渗透压休克、超声振荡或研磨等方法。破碎细胞的悬液称为匀浆,其中包含了细胞核、线粒体、高尔基体、溶酶体、过氧化物酶体等多种膜包围的囊泡,还有内质网形成的囊泡——微体,也可以有大分子聚集体。它们各有特定的大小和密度,因此可以用高速或超速离心的方法分开。

1. 技术原理 用超速离心机分离各种细胞结构成分有多种方法,它们都是根据颗粒或分子在离心力场中的运动原理来设计的。悬浮液中的颗粒在离心力场中的沉降速度除了与颗粒的质量有关外,还与颗粒的密度、体积以及悬浮介质的密度和黏度有关。悬浮液中颗粒或分子的沉降速度可用 stokes 公式来表示,其中的参数包括颗粒沉降速度、颗粒到转轴中心的距离、时间、颗粒直径和密度、介质密度等。公式提示,颗粒在离心力场中的沉降速度与颗粒对介质的密度差 $\rho p - \rho M$ 有重要关系:当 $\rho p > \rho M$ 时,沉降速度为正数,

颗粒向管底沉降;当 $\rho p < \rho M$ 时,沉降速度为负数,颗粒向管上方移动;当 $\rho p = \rho M$ 时,沉降速度为零,颗粒悬浮在介质中不移动。这一基本原理是差速离心和等密度区带离心方法的主要依据。

在相同的离心力场中,用沉降系数 s(sedimentation coefficient)来表示颗粒沉降的参数,即 s 与颗粒直径、颗粒密度、介质密度和介质黏度有关,而介质密度和黏度又是恒定的,因此 s 主要与颗粒的大小与密度有关,是表示颗粒大小和密度的参数。沉降系数的单位以秒(s)表示,一般细胞结构成分的沉降系数介于 $(1\sim 200)\times 10^{-13}$ s 之间,习惯上把 10^{-13} s 作为沉降系数的单位(Svedberg unit),简称 S。如果一种颗粒的沉降系数是 8 S,就说明实际的沉降系数是 8×10^{-13} s,S 值越大,颗粒的沉降速度越大。

2. **基本方法** 细胞结构成分离心分离的方法主要有两类。一类是利用颗粒大小的不同进行离心分离。当颗粒密度大于介质密度($\rho p > \rho M$)时,离心时颗粒向管底移动,移动的速度主要取决于颗粒的大小,大颗粒沉降快,小颗粒沉降慢。这一类方法包括差速度离心和移动区带离心。另一类是利用颗粒的密度不同进行离心分离,称为等密度离心。

(1) 差速离心法(differential centrifugation):通过一系列递增速度的离心,将不同大小颗粒分离。这种方法适用大小差别较大颗粒的分离,如各种细胞器的初步离心分离(图 3-9)。

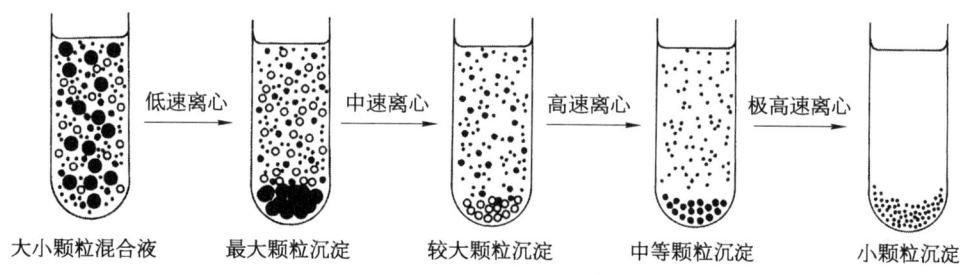

图 3-9 差速离心法示意图

(2) 移动区带离心法(moving-zone centrifugation):用于分离大小差别较小的颗粒。方法是将要分离的样品放在介质溶液表面,形成一个狭带,然后超速离心,使不同大小的颗粒以不同的速度向管底方向移动,形成一系列区带,在最大的颗粒尚未到达管底时停止离心,从管底小孔中分次收集各种颗粒成分。必须注意:离心时间过长,所有颗粒都会沉到管底;介质的密度必须小于颗粒的密度。

(3) 等密度离心法(isodensity centrifugation):采用包括各种颗粒密度范围的梯度介质,把待分离的样品放在密度梯度液表面或者混悬于梯度液中,通过离心,不同密度的颗粒或上浮或下沉,当到达与它们相同密度的介质区带时,颗粒不再移动,结果不同密度的颗粒位于各自的密度区,形成一系列区带。然后停止离心,从管底收集不同密度的颗粒。

二、选择合适方法获得相对纯净的细胞结构组分

1. **实验条件的选择**

(1) 离心方法的选择:要根据研究对象选择离心方法,选择的依据主要是颗粒的大小

和密度,以及各种离心方法的特点。如果样品中颗粒的大小或沉淀系数差别很大,一般采用差速离心方法就可达到分离的目的;如果颗粒大小差别较小,可用移动区带离心法;如果颗粒的大小差别不大而密度有差别,则应采用等密度离心法;如果两种颗粒的大小和密度都相似,就必须通过适当方法改变某种组分的性质,然后进行离心分离。另外,不同方法的特点也是考虑的因素。

(2) 介质材料的选择:常用的介质有蔗糖、甘油等亲水有机分子和氯化铯、硫酸铯等重金属盐。蔗糖和甘油溶液的最大密度是 1.3×10^3 kg/m³,能用来分离较低密度的膜性细胞器如高尔基体、内质网、溶酶体和线粒体等。重金属盐溶液的最大密度可达 1.9×10^3 kg/m³,可用来分离密度大于 1.3×10^3 kg/m³ 的分子,如 DNA、RNA、核糖体等。由于重金属溶液密度很大,在离心力场中会自动形成密度梯度,用来分离的物质可直接与重金属盐溶液混合,然后进行等密度离心。

2. 细胞器的分离

(1) 细胞器的释放:在分离细胞器之前必须破碎细胞,释放细胞器。破碎细胞的方法有低渗处理、超声振荡、冻融、用匀浆器打碎等多种,但最常用的方法还是细胞匀浆,即采用机械方法破碎细胞使其匀浆化,滤去细胞碎片后制成细胞器悬液。

(2) 细胞器的初步分离:用差速离心法分离各种细胞器。先用 500~1 000×g 离心,使大的细胞组分沉降,沉淀中主要是细胞核,还包含一些细胞碎片。将第一次离心的上清液用 10 000~20 000×g 离心,使中等大小的细胞器沉降,沉淀中包含线粒体、溶酶体和过氧化物酶体。将第二次离心的上清液再用更高的速度(约 100 000×g)离心,使小的细胞器如微粒体、内质网、高尔基体和质膜沉淀,上清液中剩下胞质溶胶的有关成分。细胞器在每一步离心沉淀中的分布可随离心速度和时间的不同而有一定差别。

(3) 细胞器的纯化:可采用不同的方法进一步将初步分离的细胞器纯化。如线粒体、溶酶体和过氧化物酶体虽然大小相近,但密度不同,可用等密度离心进一步分离;细胞核部分则可用高密度蔗糖溶液(2.0 mol/L)的差速离心法来纯化。对分离细胞器纯度的鉴别主要有两种方法:一种是电镜作形态鉴别;另一种方法是生化分析,因为已知每种细胞器都含有某些特殊的分子,可作为标志用于鉴定细胞器(表 3-1)。

表 3-1　各种细胞器的标志分子

细胞器	标志分子(标志酶)
细胞核	NAD 合成酶、DNA 聚合酶
线粒体	细胞色素氧化酶、琥珀酸脱氢酶、单胺氧化酶
溶酶体	酸性磷酸酶、酸性脱氧核糖核酸酶
过氧化物酶体	过氧化氢酶、尿酸氧化酶、D-氨基酸氧化酶
内质网	葡萄糖-6-磷酸酶、酯酶、细胞色素 P450
高尔基体	核苷二磷酸酶、β半乳糖苷转移酶
质膜	5′-核苷酸酶、碱性磷酸二酯酶
胞质溶胶	糖酵解的酶类、磷酸葡萄糖变位酶

细胞器分离纯化后,一方面可对细胞器的化学组成、酶活性和代谢特点进行分析,另

一方面可将分离的细胞器在体外进行该细胞器的功能实验,称为无细胞系统(cell free system)实验。目前有关细胞器结构与功能以及细胞中的重要反应过程的资料,如蛋白质合成机制、蛋白质分选和运输等,有不少来自分离细胞器的生化分析和无细胞系统实验。

第五节 分析蛋白质——以膜蛋白为例的研究方法以及蛋白组学

对人类基因组计划提供的新的蛋白质进行功能研究,是后基因组时代生命科学的重大课题,也是细胞生物学研究的一项主要任务。蛋白质功能研究需要多种技术,特别是蛋白质抽提、蛋白质印迹(western blot)、免疫沉淀等生化技术和基因克隆、蛋白质重组和表达等分子生物学技术。但是对于蛋白质功能研究的关键关注点,即蛋白质在组织、细胞、亚细胞层次的定位和定量,则必须依赖细胞生物学技术——光学和电子显微镜技术、免疫荧光和免疫组化技术,以及流式细胞术等。

本节首先以膜蛋白为例,对特殊蛋白质的研究方法做一简介,然后对蛋白组学这一新兴技术在细胞生物学研究中的应用略作讨论。

一、多种方法用于膜蛋白研究

1. **用去垢剂分离提取膜蛋白** 一般来说,要溶解跨膜蛋白或紧密结合于膜上的蛋白,必须使用能打破疏水键并破坏脂双层的试剂,其中最常用的就是去垢剂。去垢剂是小的亲水脂分子,当它们与膜蛋白作用时,其疏水端与膜蛋白的疏水区域相结合,极性端指向水中,形成溶于水的去垢剂-膜蛋白复合物,从而可使膜蛋白在水中溶解、变性、沉淀。当去除去垢剂并加入磷脂后,可使膜蛋白复性并恢复功能。极性去垢剂有离子型和非离子型两种,前者如SDS,后者如Triton。提取的膜蛋白可按常规进行蛋白质印迹等分析。

2. **利用血影细胞鉴定跨膜蛋白及其分布** 膜研究的最主要材料来源是动物的红细胞。其原因是:① 红细胞易于大量而纯净地获得,而其他组织多有各种细胞混杂;② 红细胞无核、无细胞器,可得到单纯的质膜,而其他细胞中各种内膜占总量的95%;③ 不含细胞质的红细胞即血影细胞,制备方便,只需将细胞置于低渗溶液中,细胞就肿胀破裂,血红蛋白就释出,从而去除了材料中的膜以外的蛋白成分;④ 血影细胞可以处理成破漏的、重新封闭的等不同状态,也可制成内面在外的小泡来研究,这样使各种化学物质可以分别只与膜的内面或外面接触,也可同时与内、外面接触。

要了解某个膜蛋白是否属跨膜蛋白,位于膜的哪一面,以及它的分子量、带电状况等,有以下数种方法可采用:① 用一种水溶性的共价结合物标记膜蛋白,该物质不能穿入脂双层,只共价结合于膜表面的某些基团,然后用SDS聚丙烯酰胺凝胶电泳分离膜蛋白,所标记的蛋白清楚地显示出它处在电泳凝胶上某一带。它在膜上的情况是这样获知的:先使标记物与完整的细胞作用,从外面接触膜,再使标记物与内面向外的小泡作用,从内面接触膜。如果这两种情况都得到同一标记电泳带,说明这个膜蛋白是个跨膜蛋白;如果只在一种情况下得到这一标记电泳带,说明这个膜蛋白位于膜的内面或外面。② 用一种不能透过膜的蛋白水解酶分别接触膜的内、外面,如果某一蛋白在两种情况下都被水解,则这是一个跨膜蛋白。③ 用标记抗体分别接触膜的内、外面,如果两面都有特异结合,则是跨膜蛋白。

3. 冷冻蚀刻技术鉴定膜蛋白在两个半层的分布　又称冷冻断裂蚀刻技术,该技术将细胞膜冷冻、断裂和蚀刻后制成复型膜在透射电镜下观察,提供在一定的膜区域内膜蛋白数目、大小的信息,特别重要的是提供膜蛋白在膜的两个半层的分布位置的信息。图 3-10 示意了该技术的原理和断裂表面的命名(参见本章第一节"二、电子显微镜技术用于观察细胞超微结构"内容)。例如,用冷冻蚀刻技术制备红细胞质膜的复型膜,可以看到在两个断裂面上有散在的大小均匀的斑点,斑点直径约 7.5 nm,在 P 面上比 E 面上更集中些,这些都是带 3 蛋白。因为把提纯的带 3 蛋白整合进人工合成的脂双层后,其冷冻断裂面上也同样能看到这种斑点。在两个半层被断裂劈开时,膜蛋白颗粒往往留在本身大部分所在的那个半层上,从对面半层中"拔"出来的那部分就凸起在断裂面上,如果这部分足够大,就能被看到,由此可以推断膜蛋白所在半层和膜蛋白的结构特点。

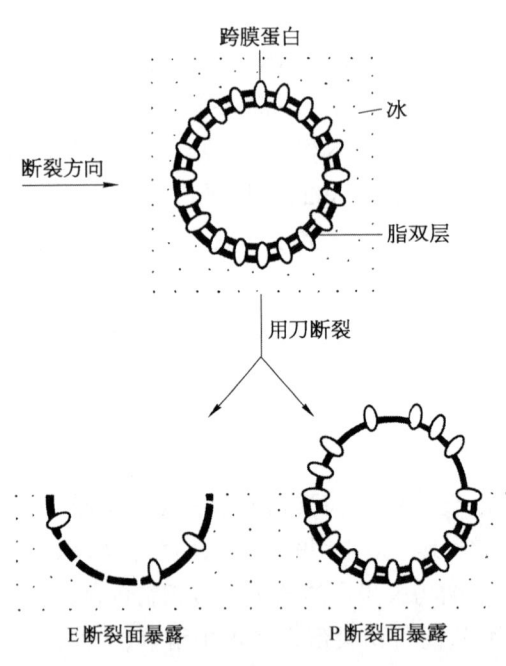

图 3-10　冷冻蚀刻技术原理和显示的膜蛋白
(引自 Alberts 等,2002)

4. 光漂白后荧光素复原和光漂白中荧光素丢失分析膜蛋白移动　光漂白后荧光素复原(fluorescence recovery after photo-bleaching, FRAP)的技术可以用来测量膜蛋白侧向扩散速率。用一束强光照射排列着视紫红质分子的细胞膜一部分,被照的这些分子中的发色基团就被漂白,经过很短的时间,被漂白和未被漂白的视紫红质分子就互相扩散、混合分布了,从中计算出视紫红质分子的扩散系数为 5×10^{-9} cm^2/s。测量其他膜蛋白时,可以把荧光素经特异性抗体连接到该膜蛋白分子上,也可以用重组 DNA 技术使膜蛋白与绿色荧光蛋白(GFP)融合后表达。小块区域内膜蛋白上的荧光物质被激光束照射后漂白,邻近区域未漂白的膜蛋白会扩散进入漂白区域,荧光复原所花的时间就用这种技术得到测量。与此互补的一种技术叫作光漂白中荧光素丢失(fluorescence loss in photo-bleaching, FLIP)。以荧光持续照射一小块膜区域,使不断扩散进入的所有荧光素漂白,从而渐渐耗尽周围膜上所有的荧光素标记分子。在此过程中对照射区邻近的非照射区进行荧光强度的测量,即可获得膜蛋白分子的扩散系数(图 3-11)。

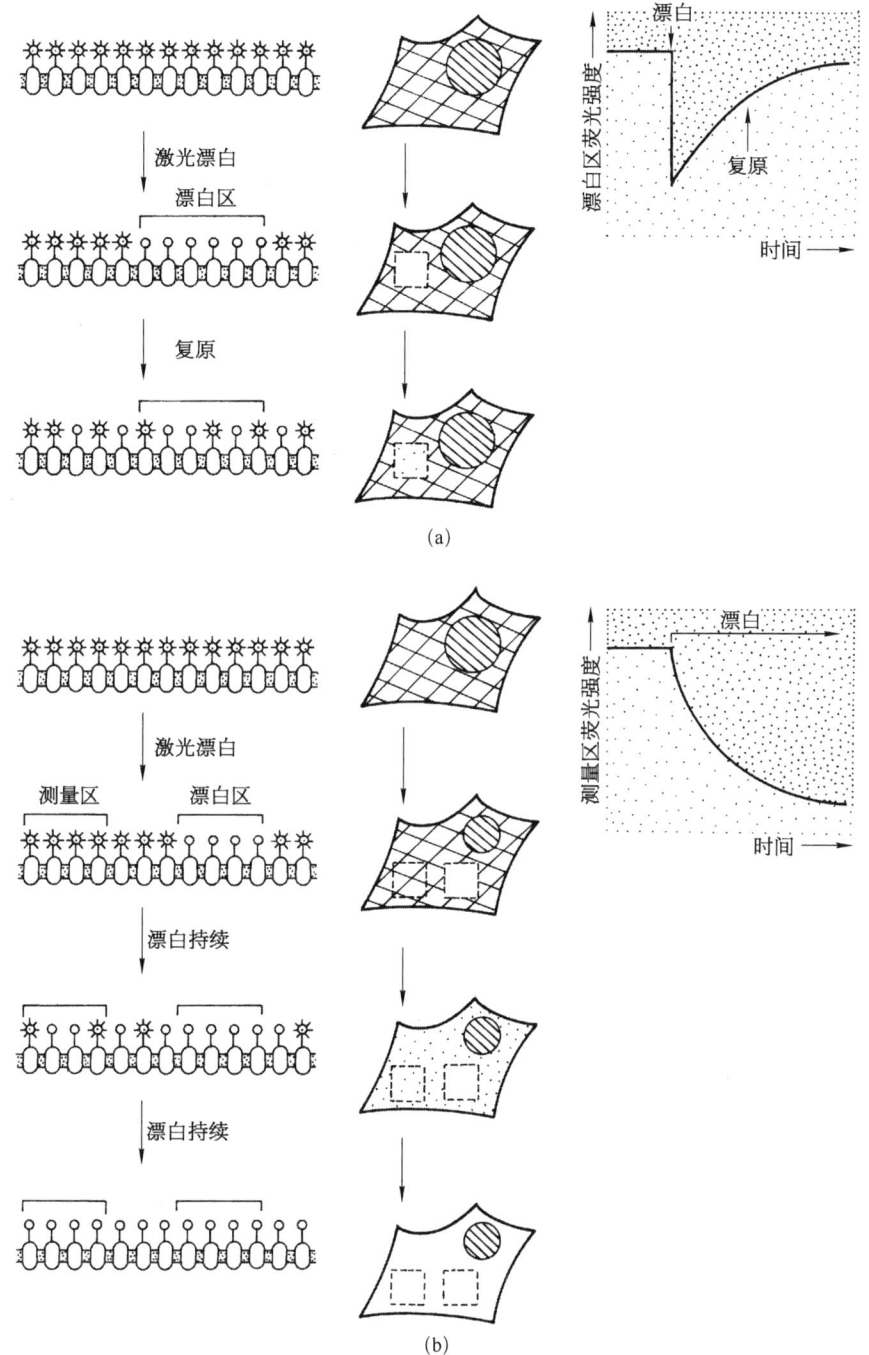

图 3-11 光漂白后荧光素复原和光漂白中荧光素丢失技术
(a) 光漂白后荧光素复原；(b) 光漂白中荧光素丢失
(引自 Alberts 等，2002)

5. 重组 DNA 技术提示膜蛋白结构与功能的关系　要获得一个多次跨膜蛋白的 X 线晶体成像图是很困难的，因此，这类分子的三维结构大多不为人所知。但是，重组 DNA

技术能提供一些特异的信息。

编码运输蛋白的 DNA 一旦被克隆和测序,人们就能分析出其肽链的氨基酸序列,然后就能用亲水图谱推算出其跨膜螺旋的数目(详见下述)。针对肽链特异片断合成的抗体,可以用来鉴定特异片断显露于膜的哪一侧。在编码特异片断肽链的 DNA 序列上制造突变,再把相应的突变 mRNA 注射进培养的哺乳动物细胞或爪蟾卵母细胞,这些细胞合成的突变蛋白可用来研究膜蛋白功能和结构改变的关系,特异氨基酸序列和肽链片断的重要性就得到了了解。在解释这类实验结果时应格外慎重,因为有时发生在一个部位的序列改变可能引起整个分子构象的改变和相关功能的改变,即使改变的部位原来与该功能并不直接相关。

重组 DNA 技术在膜蛋白研究中还有一种重要用途。一旦编码一个膜蛋白的 DNA 得到克隆,就能很方便地以它为探针分离得到编码同源蛋白的相关 DNA(变异体 variants 或异构体 isoforms)。这些变异体可以由不同基因编码,或者由同一基因转录出来后,RNA 发生不同拼接而成。

6. 亲水性图谱预测跨膜区段 如果已了解一个膜蛋白的肽链序列,使用亲水性图谱(Hydropathy plot)可以预测能够形成跨膜 α 螺旋的区段。以某个已知的标准物为参照,根据肽链上前后各段的氨基酸成分测算得到将该肽链各段从非极性溶剂转移至水所需要的自由能,计算根据的是大小固定的片断,通常 10~20 个氨基酸。如图 3-12 的 a 和 b 所示,每段的亲水指数(hydropathy index)反映在 y 轴上,该段在肽链上的位置以氨基酸序号反映在 x 轴上。正值表示转移至水中是需要自由能的,即该段是疏水的,而数值大小表示所需自由能量的多少。亲水指数的峰值出现在氨基酸序列的疏水片断的位置。图中 a 示血型糖蛋白(glycophorin),含 1 个单次穿膜 α 螺旋,在亲水图谱上相应地有 1 个峰;b 示细菌视紫红质(bacteriorhodopsin),含 7 个穿膜 α 螺旋,在亲水图谱上相应地有 7 个峰。

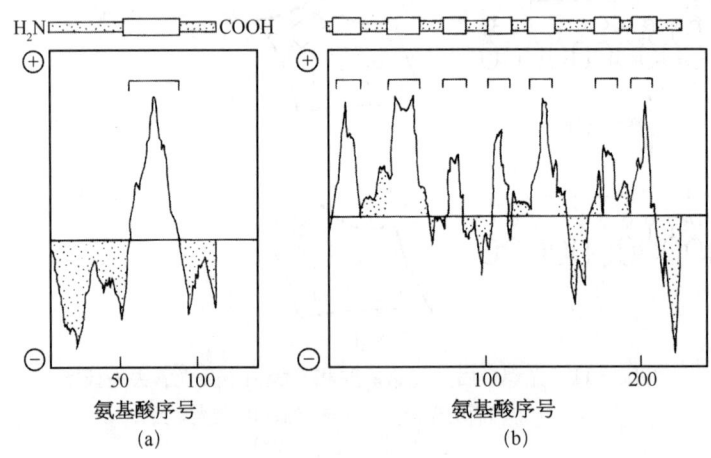

图 3-12 亲 水 图 谱
(a) 血型糖蛋白;(b) 细菌视紫红质
(引自 Alberts 等,2002)

7. **免疫荧光和流式细胞术证明膜蛋白在细胞和组织的定位和定量** 在培养细胞上,可以通过重组 DNA 技术将标签肽与膜蛋白序列融合后强制表达,再采用免疫荧光技术,获得膜蛋白在质膜或内膜上的定位和定量信息。当需要对该蛋白的信息在人体或动物组织水平进行确认时,就必须在组织切片或超薄切片上进行光镜或电镜的免疫细胞化学分析。比如某膜蛋白在培养细胞上的实验提示它在肿瘤细胞上表达下调(减少),就有必要进一步在组织中证明:是否在真的肿瘤中表达下调,是否对肿瘤真的有影响。常见做法是第一取人类原发肿瘤组织作免疫组化检测,第二在培养肿瘤细胞中强制表达该蛋白,再接种到免疫缺陷裸鼠,观察移植瘤的成瘤能力的改变。

当需要膜蛋白在特殊细胞群的表达水平改变的精确定量信息时,可以进行免疫荧光技术染色后的流式细胞术分析。因为膜蛋白位于细胞表面,较位于其他部位的蛋白质更适合于流式细胞术分析。

二、蛋白组学从整体角度研究在某一特定条件下的细胞内蛋白质特性

蛋白组学(proteomics)是参照基因组学(genomics)的名称生成的,意指"研究蛋白质组的科学"。一个生命体在其整个生命周期中所拥有的蛋白质的全体,或者在更小的规模上,特定类型的细胞在经历特定类型刺激时所拥有的蛋白质的全体,分别被称为这个生命体或细胞类型的蛋白质组(proteome)。

将人类基因组与蛋白质组的数据进行比较,一个令人吃惊的发现是,编码蛋白质的基因数远少于蛋白质数(约 33 000 个基因,约 200 000 个蛋白质)。这个发现推翻了早期"一个基因=一个蛋白质"的假设,令科学家开始又一项庞大的工程:对所有蛋白质分类并确定它们的功能。这也就是蛋白组学的总体研究内容,即研究细胞或机体全部蛋白质的表达及其活动方式(包括翻译后修饰、转运定位、结构变化、蛋白质间相互作用等)。然而在细胞生物学的背景下,蛋白组学更多地是指从整体角度研究在某一特定条件下(如环境刺激物作用、胚胎发育特定阶段)的细胞内蛋白质表达水平、细胞内定位、修饰状态和相互作用关系。因此,实际应用中往往是从特定蛋白质出发,利用蛋白组学技术来提供该蛋白质及其相关蛋白质在这些方面的综合信息。例如分析某种疾病(心脏病、神经退行性病等)状态下组织细胞内某蛋白质的综合信息。

蛋白质组学研究的技术包括分析蛋白质定性、定量、定位、翻译后修饰和相互作用的常规技术,如蛋白质印迹、免疫细胞化学、免疫共沉淀等;以及大规模筛查检测技术,如蛋白芯片、酵母双杂交等。但特有的关键技术是二维凝胶电泳、质谱分析和生物信息学。其中二维凝胶电泳技术将蛋白质依据等电点和 pH 进行分离;质谱分析技术能精确地鉴定蛋白质,并能准确地测量蛋白质的分子量、氨基酸序列以及翻译后修饰;生物信息学依据已有数据库对蛋白质进行比对,鉴定蛋白质并得到大规模的网络关系信息。广义的蛋白质组学技术还包括用于结构解析的 X 射线晶体衍射和核磁共振技术。

第六节　操作细胞及其大分子——细胞培养和细胞工程技术

生物体是一个高度统一的整体,而细胞生物学的主要对象是生物体内的各种细胞,显然,在整体条件下研究单个细胞或某一细胞群在体内(in vivo)的功能活动是非常困难的。在实际工作中,人们常常从生物体内取出组织或细胞,在体外(in vitro)模拟体内生理环境,在无菌、适当温度和一定营养条件下,对这些组织或细胞进行孵育培养,使之保持一定的结构和功能,以便于我们的观察研究,这种方法就是细胞培养(cell culture)。有时细胞培养也称为组织培养(tissue culture),两者可作为同义语使用。

细胞培养的工作始于20世纪初(Harrison,1907),目前已广泛应用于生物学、医学的各个领域。细胞培养主要具有两个方面的优点。其一是人工培养条件易于改变并能严格控制,便于研究各种因素对细胞的结构、功能和各种生命活动规律的影响;其二是细胞在体外培养环境中可以长期存活和传代,因此可以比较经济地、大量地提供在同一时期、条件相同、性状相似的细胞作为实验样本。

细胞培养技术也存在着一定局限性,主要是细胞离体以后失去与体内环境的密切联系,失去了神经体液的调节和不同细胞间的相互作用,特定分化基因的表达减弱或停止,而进化中保守的细胞生长和增殖活动却可维持,遂使体内外细胞出现了差异,这是应用细胞培养技术应该注意的问题。

一、培养细胞存在一定的生命期和不同的生长方式

1. **培养细胞的类型及其特点**　体外培养细胞大多培养在瓶皿等容器中,根据它们是否能贴附在支持物上生长的特性,可分为贴附型和悬浮型两大类。

(1) 贴附型:大多数培养细胞为贴附型,它们必须贴附在支持物表面生长。这类细胞在体内时各自具有其特殊的形态,但在体外培养时贴附于支持物后形态上表现单一化而失去体内原有的某些特征,多呈上皮样或成纤维细胞样。

正常贴附型细胞具有接触抑制的特性,细胞相互接触后可抑制细胞的运动,因此细胞不会相互重叠于上面生长。当细胞数量达到一定密度后,由于营养的枯竭和代谢物的影响,细胞分裂停止,称为密度抑制。肿瘤细胞的接触抑制及密度抑制往往减弱或消失。

(2) 悬浮型:少数细胞在培养时不贴附于支持物上,而以悬浮状态生长,包括一些取自血、脾或骨髓的培养细胞,尤其是血液白细胞,以及一些肿瘤细胞。细胞悬浮生长时可以呈单个细胞或细小的细胞团,胞体为圆形。

2. **培养细胞的增殖过程**

(1) 培养细胞的生命期(life span):指的是细胞在培养中持续增殖和生长的时间,一般可分为原代培养期、传代期和衰退期。从体内取出细胞接种培养到第一次传代叫原代

培养,一般持续1~4周。原代细胞一经传代后便称为细胞系(cell line),进入传代期,此期在全生命期中持续时间最长,细胞增殖旺盛,并能维持二倍体的核型。一般情况下可传代10~50次,随后细胞增殖缓慢以至完全停止,细胞进入衰退期,最后死亡。肿瘤细胞系可无限增殖而无衰退期,细胞获得永生性即永久增殖的能力。

(2) 培养细胞一代的增殖过程:培养细胞的生存环境是培养瓶、皿或其他容器,生存空间相对孤立,营养是有限的。当细胞增殖至一定密度后,则需分离出一部分细胞接种到其他容器,并及时更新培养液,否则将影响细胞的继续生存,这一过程叫传代(passage 或 subculture)。从细胞接种到下一次传代再培养的一段时间叫一代。需要注意的是细胞培养一代与细胞倍增(doubling)的概念是不同的。细胞倍增指的是细胞数增加一倍。一般细胞培养一代的过程中,细胞可倍增2~6次。细胞传一代以后,细胞群体一般要经过潜伏期、指数增长期与平台期三个阶段。指数增长期适于进行实验研究,此期时间长短因细胞本身特性及接种密度、血清浓度而不完全相同,一般可持续3~5日。随着细胞数量的逐渐增多,细胞相互接触汇合成片,因接触抑制及密度抑制细胞停止分裂繁殖,进入平台期,细胞数目不再增加,此时应及时分离传代。

3. **培养细胞的生存条件**　培养细胞需要特定的培养基和培养设备。细胞培养过程中进行换液、传代等工作时需在无菌工作台上进行。

(1) 培养基:培养细胞所需营养物质与体内细胞相同,包括糖、氨基酸、维生素、无机离子、微量元素等。细胞在体外生存于含各种营养成分的培养基中。培养基的种类很多。配制培养基时尚需加一定量的动物血清(胎牛或小牛血清),血清提供的是细胞外基质、生长因子和转铁蛋白等重要蛋白质。为防止污染,尚需加一定量的抗生素(多用青霉素100 U/ml和链霉素100 μg/ml)。

(2) 细胞培养设备:培养细胞在培养器皿中生长,浸浴于培养液,并需要特定的环境,包括一定的温度、湿度和气体成分。培养器皿主要有微孔板、碟和瓶几类,多为一次性的塑料器皿。培养环境通常由 CO_2 恒温孵育箱提供,恒定地提供37℃的温度、95%的湿度和一定量的 CO_2(通常为5%),CO_2 可使培养液维持稳定的 pH。

二、细胞培养技术包括细胞的分离、培养、传代、冻存和复苏

1. **细胞分离和原代培养**　原代培养也叫初代培养,指从供体取得组织,分离得到所需细胞后接种于培养瓶,进行首次培养。培养材料为血液、羊水、胸水和腹水等细胞悬液时,可采用低速离心法分离。培养材料为组织块时,首先要把组织块剪切至尽量小,然后用胰蛋白酶或胶原酶消化法使组织进一步分散,以获得细胞悬液后予以接种。

2. **培养细胞的传代**　贴壁细胞的消化传代多用混合了胰蛋白酶和二乙烯四乙酸二钠(EDTA)的消化液消化传代。EDTA 能从组织生存环境中吸取 Ca^{2+}、Mg^{2+},这些离子是维持细胞黏附于细胞外基质的重要因素。消化液使细胞脱落形成细胞悬液,然后以合适比例接种在新的培养瓶内。

悬浮细胞的传代可直接添加新鲜培养液,或离心收集后换新鲜培养液,以一定比例稀

释传代。

3. **细胞的冻存和复苏** 培养细胞的长期保存需要将细胞冻存,在需要再次培养的时候再行复苏。冻存前需向培养基中加入保护剂甘油或二甲基亚砜(DMSO),以减少冰晶对细胞的损伤。细胞冻存与复苏的原则是"慢冻快融"。从理论上讲,细胞冻存在液氮中的贮存时间是无限的。

4. **细胞培养微生物污染的检测** 细胞培养过程中操作不当时,易引发微生物污染,主要污染微生物为真菌、细菌和支原体。可用多种手段明确污染性质,从而从源头上杜绝污染。然而微生物污染一旦发生,多数无法救治。为了防止污染的蔓延,应及时丢弃被污染的细胞。

三、细胞工程技术可以操作细胞、细胞器、基因和蛋白质

广义的细胞工程(cell engineering)指所有应用于生物学和医学的,以细胞为操作对象的技术手段,其中也包括细胞培养。一般而言,细胞工程主要指应用各种手段对细胞不同结构层次(整体、细胞器、核、基因等)进行改造,如进行细胞融合、核移植、基因转移、蛋白质显微注射等,以获得具有特定生物学特性的细胞。

1. **细胞融合技术** 在细胞自然生长情况下,或在其他人为添加因素存在下,使同种细胞之间或不同种类细胞之间相互融合的过程,即为细胞融合(cell fusion)。通过细胞融合,可将来源于不同细胞核的染色体结合到同一个核内,结果形成一个合核体的杂种细胞。

在实际工作中常采用包括病毒类融合剂如仙台病毒,化学融合剂如聚乙二醇(PEG)及电击融合法等的各种促融合手段。在进行细胞融合反应和适当时间的培养后,需要通过一定方法对两种亲本细胞融合产生的具有增殖能力的杂种细胞进行筛选。筛选方法主要包括药物抗性筛选、营养缺陷筛选和温度敏感性筛选等。

细胞融合最典型的应用是单克隆抗体技术。细胞融合技术的发展和骨髓瘤细胞株的建成促成了B细胞杂交瘤技术的建立和单克隆抗体技术的成功。

2. **核移植技术** 细胞核移植(nuclear transfer)是指将一个双倍体的细胞核(可来自胚胎细胞或体细胞)移植到去核的成熟卵母细胞或受精卵中。重组的卵细胞可以植入母体,并能发育为与供核细胞基因型相同的后代,因此又称为动物克隆技术。1997年诞生的克隆羊"多利"就是体细胞核移植技术的产物。

核移植技术首先是选取合适的受体去核卵细胞和供体核。将获得的核转移到已经人工去核的成熟卵母细胞卵周隙后,施加微电流脉冲,使核质融合,形成一个重组卵。重组卵需经一定时间的体外培养,或放入中间受体动物输卵管内孵育,经过一段时间的培养,有的动物需形成桑椹胚或囊胚,再植入受体子宫里。

实际上,胚胎细胞核移植技术的应用已有半个世纪的历史,德国科学家 Spemann 于1938年最先提出并进行了两栖类动物细胞核移植试验。中国学者童第周于1963年在世界上首次报道了将金鱼等鱼的囊胚细胞核移入去核未受精卵内,获得了正常的胚胎和幼

鱼。体细胞核移植也于20世纪60年代在非洲爪蟾上获得成功。1997年英国罗斯林研究所Wilmut首次报道以高度分化的成年母羊乳腺细胞为核供体克隆出小羊"多利"。"多利"的诞生在理论上具有重要意义,说明高等动物高度分化的成体动物细胞核仍具有发育的全能性。目前,通过体细胞核移植获得的"克隆鼠""克隆牛"等均已面世。

3. 基因转移技术 基因转移(gene transfer)指向受体细胞中导入外源基因,是改造细胞遗传性状的常用手段。一般情况下,能稳定接纳外源基因的细胞只有受体细胞总数的千分之几。因此为了快速有效地筛选转化细胞,一般在转入基因中携带有特定的选择标记。目前应用较多的为细胞抗药性筛选,如根据新霉素抗性基因进行筛选。基因转移又常称为基因转染(gene transfection)。

(1) 物理学方法:包括电穿孔、显微注射、裸露DNA直接注射等。

电穿孔法利用脉冲电场提高细胞膜的通透性,在细胞膜上形成纳米大小的微孔,使外源DNA转移到细胞中。该方法较为简单,广泛应用于培养细胞的基因转移。

显微注射法主要用于制备转基因动物。该法的基本操作程序是:通过激素疗法使雌鼠超数排卵,并与雄性小鼠交配,然后从雌鼠输卵管内取出受精卵;借助于显微镜将纯化的DNA溶液迅速注入受精卵中变大的雄性原核内;将注射了基因的受精卵移植到假孕母鼠输卵管中,繁殖产生转基因小鼠。该方法转入的基因随机整合在染色体DNA上,有时会导致转基因动物基因组的重排、易位、缺失或点突变。

裸露DNA直接注射法是最简单的基因转移方法。将裸露DNA直接注射到组织后,DNA有可能直接被细胞所摄入。外源基因进入细胞的效率与局部组织或细胞的损伤程度有关,基因在体内的表达时间与机体的免疫功能有关。

(2) 化学方法:包括DEAE-葡聚糖、磷酸钙沉淀、脂质体法等。

这些方法多用于培养细胞的基因转移,是通过增加细胞膜的通透性、增加胞吞或胞饮、增加DNA与细胞的吸附等机制而实现基因转移的。

DEAE-葡聚糖法将外源DNA片段与DEAE-葡聚糖等高分子碳水化合物混合,形成的含DNA的大颗粒黏附于受体细胞表面,通过其胞饮作用进入细胞内。这种方法的转染效率较低。磷酸钙共沉淀法是使DNA与磷酸钙共沉淀形成大颗粒,颗粒悬液与细胞一起孵育,颗粒通过胞饮作用进入细胞。该方法转染效率至少是DEAE-葡聚糖法的100倍。脂质体(lipofectin)法令脂质体试剂与DNA作用将DNA分子包入其囊状结构中,携带了DNA的脂质体可与受体细胞膜发生融合,DNA片段随即进入细胞质和细胞核内。该方法基因转移效率很高。

(3) 生物学方法:主要指病毒介导的基因转移。根据受体细胞类型的不同,可选择使用具有不同宿主范围和不同感染途径的病毒基因组作为转染载体。目前常用的病毒载体包括DNA病毒载体(腺病毒载体、猴肿瘤病毒载体、牛痘病毒载体)、反转录病毒载体、慢病毒载体等。用作基因转导的病毒载体都是缺陷型的病毒,感染细胞后仅能将基因组转入细胞,无法产生包装的病毒颗粒。

本 章 小 结

我们迄今关于细胞的知识都建立在技术提供的证据上,细胞生物学的每一个重大进展都是引入新的研究技术的结果。本章对主要的细胞生物学技术作了简略的介绍,包括数种对细胞、细胞器和大分子进行观察、分析与操作的基本技术和方法。在研究细胞内尚未知的蛋白质的功能时,有许多细胞生物学技术可供使用。荧光显微镜、电子显微镜等形式的显微镜技术与细胞化学技术结合,是其中最常用的,能揭示蛋白质在组织、细胞、细胞器水平的定位和相应的细胞形态结构。流式细胞仪提供快速而灵敏的蛋白质表达的定量分析,并据此对细胞群体进行分析和对特殊细胞亚群进行分选。细胞培养技术为蛋白表达和分析提供了已知而且一致的细胞类型。细胞组分的离心分离可以帮助分析蛋白质的亚细胞分布。二维凝胶电泳和其他蛋白组学技术是分离并鉴定复杂的蛋白混合物的强大手段。

(朱 平 胡庆沈 高 飞 易 静)

参 考 文 献

[1] 汤雪明. 医学细胞生物学[M]. 北京:科学出版社,2004.
[2] Cooper GM. The Cell: A Molecular Approach[M]. 2nd ed. Sunderland, Massachusetts: Sinauer Associates Inc, 2000.
[3] Karp G. Cell and Molecular Biology Concepts and Experiments[M]. 3rd ed. New York: John Wiley & Sons Inc, 2002.
[4] Alberts B, Bray D, Lewis J, et al. Molecular Biology of the Cell[M]. 4th ed. New York: Garland Science, 2002.
[5] Lodish H, Berk A, Zipursky SL, et al. Molecular Cell Biology[M]. 4th ed. New York: W H Freeman & Co, 2000.
[6] Alberts B, Johnson A, Lewis J, et al. Molecular Biology of the Cell[M]. 5th ed. New York: Garland Science, 2008.
[7] Lodish H, Berk A, Kaiser CA, et al. Molecular Cell Biology[M]. 6th ed. New York: W H Freeman, 2008.
[8] Goodman SR. Medical Cell Biology[M]. 3rd ed. Burlington: Academic Press, 2008.

第二篇

细胞的基本结构及其功能

第四章 细胞核与染色体

细胞核(nucleus)是真核细胞最大、最显而易见的亚细胞结构,是遗传信息储存、复制和转录的地方,是细胞功能以及细胞代谢、生长、增殖、分化的控制中心。任何有核细胞去掉了核,便失去其固有的生命功能,并很快死亡。细胞核的内含成分主要是核酸和蛋白质。核酸绝大部分为脱氧核糖核酸(DNA),是承载遗传信息的物质,被称为遗传物质。细胞核早在 1674 年就被 Leeuwenhoek 在鱼类的红细胞中发现,到 1831 年才由 Brown 定名,并确认为真核细胞普遍存在的亚细胞结构。100 多年来人们对细胞核的结构和功能有了逐步深入的认识,但是细胞核的许多奥秘仍有待揭示。

细胞核的形状与细胞的形态、性质以及发育阶段有关。大多数细胞的核为圆形或椭圆形,但也可以有盘状、分叶状、分枝状等不规则形状。通常一个细胞含有一个核,但有些细胞有双核甚至多核。细胞核的大小在不同类型细胞有较大不同,平均直径约 5 μm。

细胞核是一个在细胞分裂期和分裂间期发生剧烈的周期性变化的结构。在间期(两次有丝分裂之间的时期),核酸和蛋白质以染色质和核仁的形式存在于核内,核外周有核被膜,膜上间隔存在核孔,内层核膜下有一个由纤维蛋白形成的核纤层,核内还存在一个蛋白质纤维组成的核骨架(又叫核基质),它们共同维持核的形状、核内外物质交换和染色质的空间位置。在有丝分裂期,核被膜崩解,核纤层解聚,核仁消失,染色质浓聚紧缩形成棒状的染色体,然后每条染色体纵向分裂,此时核消失。当细胞分裂完成,两个子细胞出现时,核又重新形成。

第一节 核 被 膜

核被膜(nuclear envelope)是将细胞核内物质包围起来的双层膜结构,常简称核膜(nuclear membrane)。其组成包括:内层和外层核膜、核周间隙、核孔、核纤层(图 4-1)。

一、核被膜和核孔使细胞核与细胞质之间既有分隔又有沟通

1. **内、外层核膜和核周间隙** 内、外层核膜(inner and outer nuclear membrane)的化学组成和结构与其他细胞器的膜(统称为细胞内膜)一样。外层核膜在形态和生化性质上

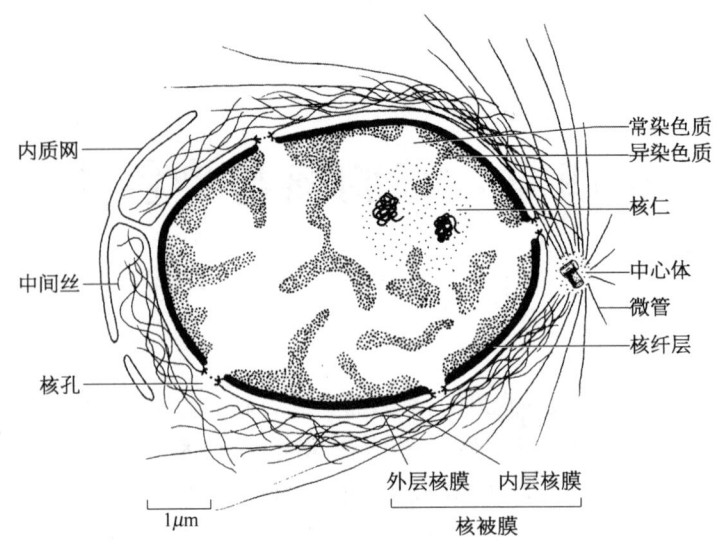

图 4-1 细胞核结构模式图
(引自 Alberts 等,2002)

与细胞质中的糙面内质网膜相近,并且与糙面内质网膜是相连的,其外表面也常附着有核糖体颗粒。内层核膜与外层核膜以同心圆形式平行排列,其表面无核糖体颗粒。在与核质相邻的核膜内表面附有一层纤维层,叫作核纤层,对内层核膜有支撑作用。内层核膜上有着供核纤层附着的特异性结合位点,由一些特异的蛋白质介导与核纤层蛋白的结合。核纤层和外层核膜外周的细胞骨架网架中的中间丝共同构成对核的机械支撑(图 4-1)。

核膜的面积常随细胞功能变化而迅速扩大或缩小。如静止细胞开始大量合成 RNA 或 DNA 时,核膜面积迅速扩大。在细胞有丝分裂过程中,核膜能快速崩解形成核膜小泡,然后小泡互相融合构成新的核膜。

内、外层核膜在核孔的位置互相融合。两层核膜之间的宽为 20~40 nm 的狭小腔隙称为核周间隙(perinuclear space),与内质网腔相通(图 4-2)。

2. 核孔 核被膜上间隔存在着一个个孔洞,称为核孔(nuclear pores)(图 4-2)。它们给细胞核和细胞质的物质交换留下通道。一个典型的哺乳动物细胞核膜上有核孔 3 000~4 000 个,相当于每平方微米核膜上有 10~60 个。核孔的数目、疏密程度和分布形式在各个细胞有很大的变化,一般来说,转录功能旺盛的细胞核其核孔数目较多。

在核孔的边缘,内、外两层核膜互相融合,但核孔并不就是简单地由两层核膜融

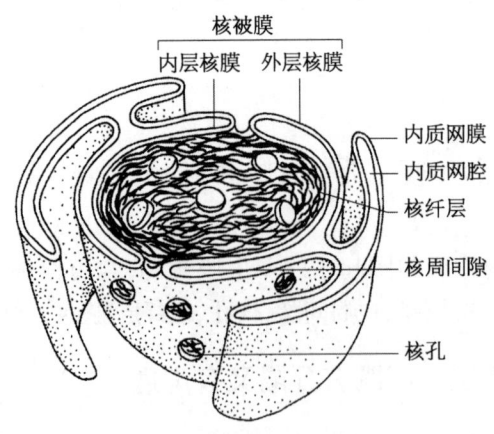

图 4-2 核被膜结构模式图
(引自 Alberts 等,2002)

合而成的孔洞。核孔是由一组蛋白质颗粒以特定方式排布形成的结构,这一结构可以从核膜上分离出来,被称为核孔复合体(nuclear pore complex, NPC)。将分离提纯的核孔复合体作负染色后在电镜下观察,发现每一核孔复合体由一组排布成八角形的大颗粒组成。20世纪70年代以来对核孔复合体的结构模型曾有过多种假说,图4-3反映了目前广为接受的认识。从切面上看,核孔复合体由四种结构部件组成:柱状亚单位(column subunits)组成核孔壁的大部;环带亚单位(annular subunits)朝核孔中央突起,从而形成环带的"轮辐";腔内亚单位(luminal subunit)是一些跨膜蛋白,将核孔复合体锚定于核膜上;核质环(ring subunits)分别形成核孔复合体的核表面和胞质表面。另外,纤维分别自核孔复合体的核侧和胞质侧伸出,核侧的纤维互相汇聚形成像捕鱼笼似的"核篮"(nuclear basket)或"核笼"(nuclear cage)结构。有些核孔复合体中央有一颗粒,它不一定是复合体的组成部分,可能是正在通过核孔的大分子复合物。

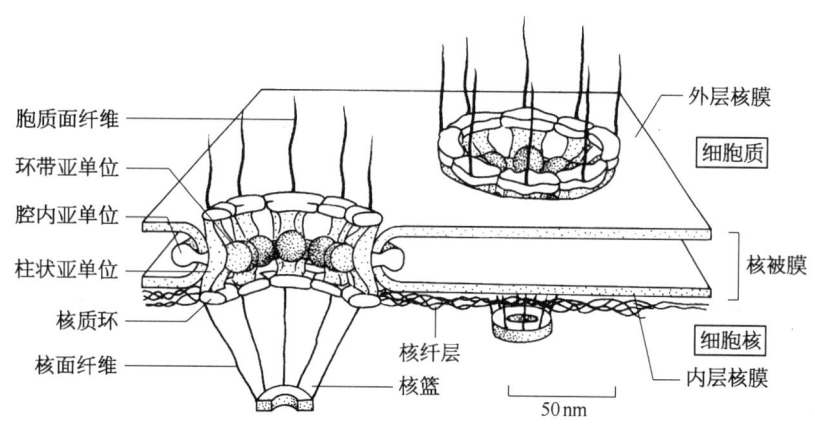

图4-3 核孔复合体组成和结构示意图
(引自Alberts等,2008)

核孔复合体的外径约100 nm,总分子量约125×10^6 D。核孔复合体含50多种不同的蛋白质,统称为核孔蛋白(nucleoporin),介导核-质之间的物质运输。另外有一些叫作核运输受体(nuclear transport receptors)的蛋白质可以跨越核孔复合体的胞质端到核篮的距离,而核孔蛋白所含有的一些特异的多次重复短序列可能与核运输受体有特殊亲和力,从而提供运输时所需的附着位点。

核孔是沟通核被膜两侧的孔道,影响核、质之间物质运输的一个主要因素是核孔的孔径。核孔的有效孔径为核孔复合体中央通道的直径。通过观察不同分子量标志的非核内成分进出核的速率,可以测算核孔孔径的大小。分子量为5 kD以下的小分子可自由出入核孔,分子量在17~44 kD的蛋白质需数分钟至数十分钟才能在胞质与核之间达到平衡,60 kD以上分子量的球蛋白则几乎不能扩散进入核内。据此分析,核孔复合体中央是一条直径9 nm、长15 nm的圆柱形含水通道。这一推算数据与部分电镜照片显示的核孔复合体中央孔道大小基本相符。直径在9~25 nm的蛋白质和核苷酸蛋白复合体不能扩散出入核孔,它们是通过一种主动运输机制进出核孔的(详见第九章)。

上述复杂的核孔复合体成分和结构反映了核孔进行选择性物质运输的结构之精巧:这些蛋白质既能够与核运输受体相互作用,又能在自身各亚基之间相互作用,从而根据所运入物质的"身份"和大小调节核孔孔径。各种因素可以作用于核孔复合体亚单位、核运输受体或所运输分子(货物)本身来调控跨核孔的运输。

3. **核纤层** 在高等真核细胞核内,有一个由纤维蛋白形成的网络壳层,叫作核纤层(nuclear lamina),分布于内层核膜与染色质之间(图4-1,图4-2)。核纤层整体结构呈一球形或笼形网络,切面观呈片层结构,厚度在各个细胞有很大变化,为20~100 nm。在分裂期,核纤层解体,以蛋白单体形式存在于细胞中。

核纤层的化学成分叫作核纤层蛋白(lamin),在哺乳动物细胞中有三种,即核纤层蛋白A、B(包括B_1、B_2)、C。核纤层蛋白A和核纤层蛋白C的氨基酸序列与细胞骨架成分中的中间丝蛋白有相当高的同源性,因此核纤层蛋白属于一类特殊的中间丝蛋白(参见第五章第八节)。

核纤层蛋白与核膜有亲和力,与染色质也有亲和力。核纤层蛋白A、B和C均有与内层核膜的结合作用,以核纤层蛋白B与膜的结合能力最强,内层核膜上存在核纤层蛋白B受体,介导核纤层蛋白B与核膜结合。而核纤层蛋白A和C具有与染色质结合位点,可以与特异或非特异的DNA序列结合,或与染色质蛋白结合。可以推测,核纤层在间期为染色质提供了核周"锚定"部位,在分裂期,可能为染色体的构建提供附着的部位,并可能作为核膜周围围绕染色体组装进而重建核的中介。在细胞凋亡过程中,可见染色质和核膜发生特征性改变——染色质浓聚固缩,核膜出芽或起泡,进而细胞核裂解成小片。引发这一过程最重要的成分胱冬肽酶(caspase)的主要作用位点之一就在于核纤层蛋白。这也间接证明核纤层在间期对染色质的锚定和核的结构所起的重要作用。

二、核被膜使遗传信息的转录和翻译发生在不同的区室

核被膜将细胞的遗传物质包围起来,维持细胞核的形状,使遗传物质与细胞质发生分隔,或者说使细胞核与细胞质成为两个独立区室。

原核细胞是没有核的,它的遗传物质位于细胞质的局部,称为拟核(nucleoid)。细胞在进化上出现核这一独立区室,使遗传物质与细胞质有了分隔。原核细胞的RNA合成(转录)与蛋白质的合成(翻译)发生于同一时间和地点:在RNA的3′端尚在合成时,其5′端就在核糖体上被翻译成蛋白质,所以合成的RNA在被翻译成蛋白质之前几乎没有机会作任何改变。真核细胞基因从DNA转录至RNA后,需经过复杂的加工、修饰后才能参与指导蛋白质合成,其中包括最重要的事件——RNA剪接(splicing),即把一部分核苷酸序列切除。也就是说,真核细胞在遗传信息的转录和翻译之间有一个重要的中间步骤。核被膜的存在使转录和翻译两个环节在时间上和空间上得以分离,即转录发生在核内,翻译发生在胞质中,这可能有助于真核细胞基因表达的准确和高效。这样,真核细胞特有的基因表达方式才可能出现,即一个基因表达成多个不同的蛋白质分子,或者一个蛋白质分子由数个不同基因编码。

核纤层与核膜、染色质、核孔复合体在结构上有密切联系。核纤层支撑了间期细胞的

核被膜,保持了核的形状和一定的刚性。核纤层也提供了供染色质锚定于内层核膜的位点。不管是核纤层蛋白基因缺陷,还是内层核膜上核纤层蛋白受体的基因缺陷,都会导致多种遗传性疾病,其中最著名的是一种家族性早衰症(Hutchinson-Gilford progeria),推测可能是因为核纤层结构和功能缺陷全面影响了染色质的结构、定位、复制和基因表达。

三、在细胞有丝分裂时核膜解聚并重新形成

在细胞从间期进入分裂期时,细胞核结构消失;当分裂期结束,两个子细胞出现时,核又重新形成。核纤层参与了此过程中的核膜崩解和重新形成(图4-4)。分裂期中核纤层的可逆性解聚与重装配对核膜的崩解与重装配至关重要,而核纤层蛋白的磷酸化修饰调控了有丝分裂开始时核纤层的解聚。

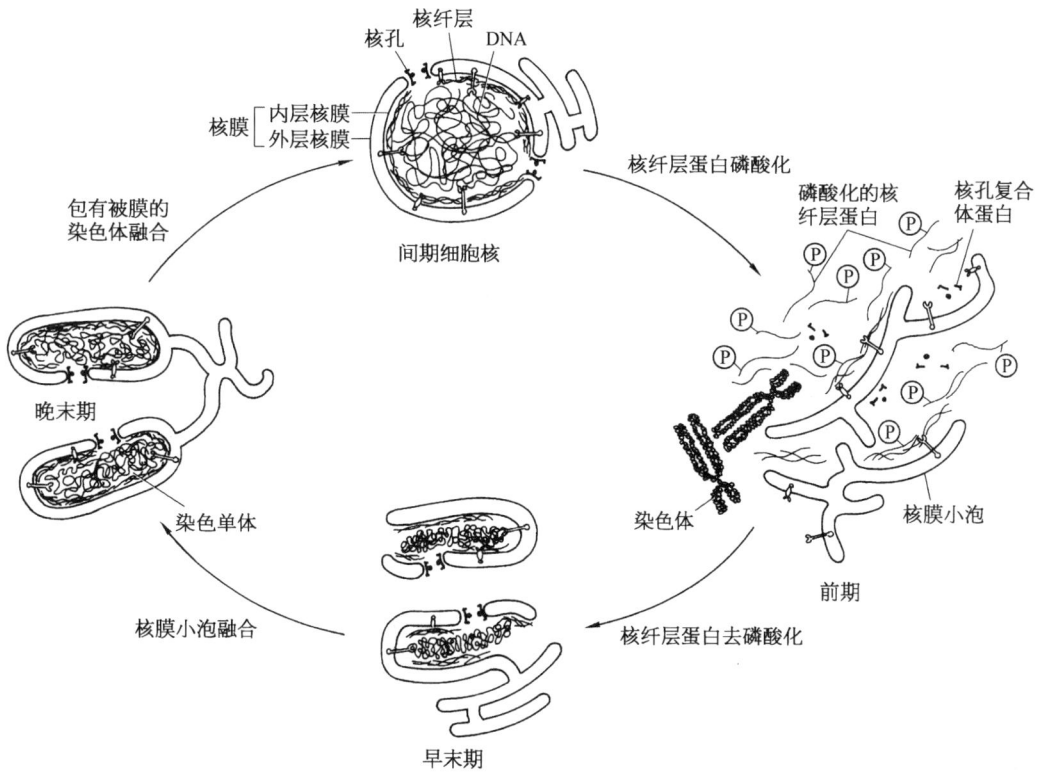

图4-4 核纤层在有丝分裂期中核膜的崩解与重新形成中的作用
(引自Alberts等,2008)

细胞有丝分裂发动时,周期蛋白依赖的蛋白激酶(Cdk)激活(参见第十二章),使一系列底物蛋白发生磷酸化。在该酶众多底物中就有核纤层蛋白和一些内层核膜的蛋白分子。核纤层蛋白因磷酸化修饰而解聚,不再组织成网状结构,核膜上的蛋白也不再能够将核孔复合体、核纤层和染色体拴在一起,这些核膜蛋白分散到内质网膜上,核孔复合体蛋白也都解散。此时,细胞质蛋白和细胞核蛋白完全混杂,而染色体分子凝缩成"H"型的小棒状。

在有丝分裂后期,核膜在染色体表面重新组装起来。首先是核孔复合体蛋白附着在染色体表面,然后,内层核膜蛋白和去除磷酸化的核纤层蛋白也结合到染色体表面,内质网的膜开始将一部分染色体包围起来,并且膜逐步融合,直至最后形成封装了染色体的核膜结构(图4-4)。

第二节 染色质和染色体

染色质(chromatin)和染色体(chromosome)是细胞遗传信息的储存形式,因而是细胞核中最重要的部分。在认识遗传物质的化学本质之前很久,就已经在光镜下发现了染色质(Flemming,1879)和染色体(Waldeyer,1888),它们因其能被碱性染料着色而得名。后来推测它们是遗传信息的载体,因为一种物种同一性别所有个体的全部细胞在有丝分裂时可见同样的一组染色体。20世纪40~50年代认识到遗传物质的本质是脱氧核糖核酸(DNA)。染色质和染色体有着相近的化学组成,两者具有不同名称是因为它们分别代表了这种结构在细胞分裂间期和分裂期的典型的存在形式。

近40多年来,由于分离细胞核、铺展染色质分子、应用高分辨电镜观察整装样本等技术的完善,人们得以了解串珠样基本结构核小体以及染色质纤维多个层次的形态,并且在此基础上提出了多种模型,推想一个细长的DNA分子如何折叠、包装成近似球形的染色体,同时也对DNA的复制和基因的转录过程有了深入的了解。近20多年来,随着人类基因组计划的进行,人们对基因组的组成和在进化上的变化进行了大量研究。近年来,除了不断发现编码蛋白质的基因的功能和转录调控,人们愈来愈多地认识了那些不参与编码蛋白质的DNA序列及其转录产物的功能。

一、染色质与染色体具有相近的化学组成和不同的形态

1. **染色质和染色体的形态** 染色体在细胞周期的不同阶段有着不同的形态。我们讨论的主要是两种典型状态,即分裂间期和分裂期的染色体。

在间期,染色体以伸展的、细长而互相缠绕的纤维形式存在,常被称为染色质。在光镜下无法观察到间期细胞核染色质。这些纤维反复折叠盘曲并互相穿插,因此在常规超薄切片技术制备的电镜标本上我们看到,间期细胞核染色质的形态是聚集成簇或团块的高电子密度颗粒以及夹杂其间的浅染区域。这些高电子密度的颗粒团块为异染色质(heterochromatin),主要分布于内层核膜下面和核仁周围,并分散于核内各处。在异染色质之间的浅染区域即为常染色质(euchromatin)所在,它们不易与无形态的核质(nucleoplasm)区分(见图4-1)。异染色质为高度卷曲紧缩的染色质,大部分为不含有基因的DNA部分,或所含的基因不进行转录;而常染色质为松解伸展的DNA部分,正在进行活跃的基因转录活动。rRNA基因位于核仁内的浅染区,mRNA和tRNA基因位于核中央部分的浅染区。因此,愈是活跃进行基因转录和蛋白质合成的细胞,其常染色质的区域愈大。也就是说,各

个细胞中常染色质和异染色质的比例随细胞的分化程度和功能状态不同而有较大变化。

在细胞分裂期,伴随核膜崩解、核仁消失等变化,染色质变得卷曲、螺旋化和紧缩,成为通常所称的染色体。光镜和电镜下都可以清楚地观察到,分裂中期染色体(常简称"中期染色体")呈"H"形团块。这种形状是因为一对姐妹染色单体(chromatid)在着丝粒相联结,每条染色单体的两个臂向一侧弯曲造成的(图4-5)。着丝粒的位置将染色体分成短臂和长臂两个部分,短臂用"p"表示,源于法语"小",长臂用"q"表示,源于法语"尾"或"p后面的字母",该位置如同被缢缩,所以叫作染色体的主缢痕(primary constriction)。在分裂后期,染色体着丝粒处的联结被解除,由其联结的一对姐妹染色单体也就纵裂分开,形成两套完全相同的子细胞染色体。细胞全套中期染色体在光镜下经伪彩着色后的按序排列叫作核型(karyotype),用来分析染色体的数目和形态。在有丝分裂晚前期或中期染色体尚未完全紧缩时,用荧光染料或吉姆萨法染色,可将染色体上明暗相间的条带显示出来。因为每种染色体有其特有的带型(banding pattern),所以用这种显带技术可将染色体逐一识别并排序。人类细胞有23对染色体,其中22对为常染色体(autosome),1对为性染色体(sex chromosomes)。性染色体在男性为1条X染色体和1条Y染色体,而在女性为2条X染色体(图4-6)。所以在核型中见有Y染色体可断定取自男性的细胞。

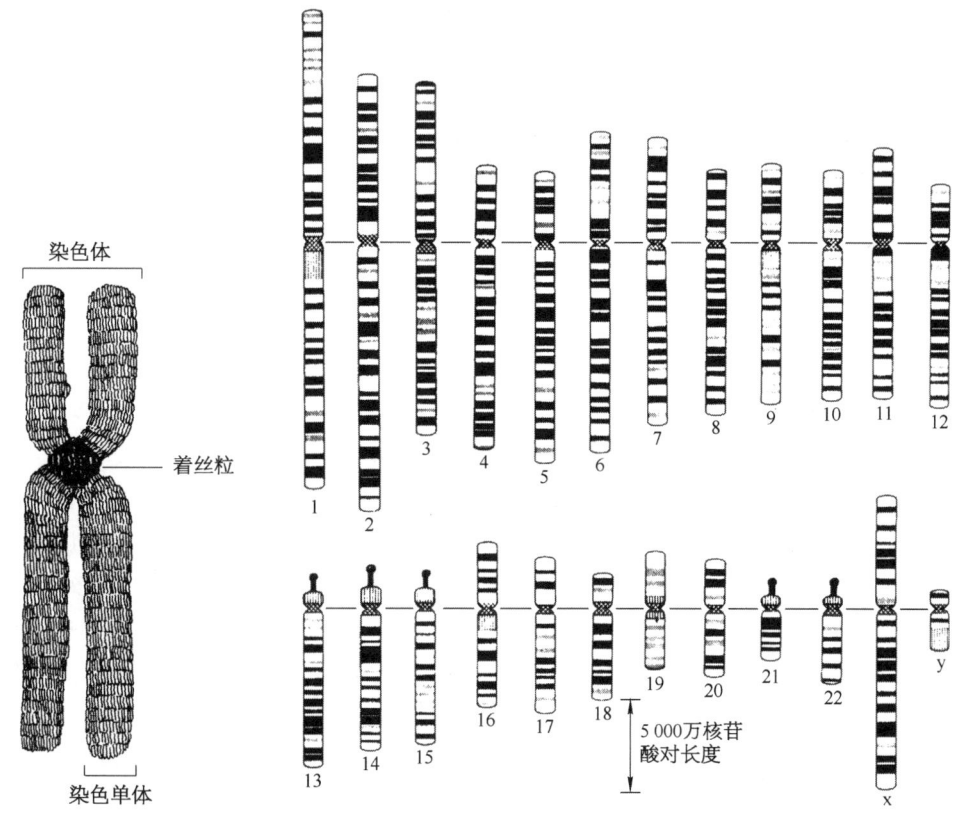

图4-5 分裂中期的染色体形态

(引自Alberts等,2002)

图4-6 人类细胞的核型和染色体带型

(引自Alberts等,2002)

染色质是纤维状的。在电镜样品的超薄切片上所见到的组成间期染色质和分裂期染色体的颗粒，大部分代表了这些纤维经反复折叠盘曲并互相穿插后被横切或斜切的形态，只在极少数非常偶然的情况下才能在超薄切片上见到染色质局部呈细长的纤维状。但如果用轻柔的方法刺破核膜，使染色质铺展在载网上，就能在电镜下看到染色质可以呈现为 30 nm 直径的纤维。

2. **染色质和染色体的化学组成** 染色质和染色体被完全降解后的成分表明，它们是由 DNA 和蛋白质组成的，比例接近 1∶1。人类细胞中的 23 对染色体就是 46 个 DNA 分子。与 DNA 结合组成染色质的蛋白质称为 DNA 结合蛋白(DNA binding proteins)，又称染色体蛋白，传统上分为组蛋白和非组蛋白两大类。

二、DNA 分子上排列着遗传信息表达和遗传物质复制所需要的特殊序列

20 世纪 40 年代有人用肺炎链球菌转化实验证明，细胞中各种大分子中携带遗传信息的是 DNA。然而当时的生物学家难以接受 DNA 是遗传物质的概念，因为它的化学组成是如此简单：只有四种亚单位，彼此的化学结构相近。50 年代早期应用 X 线衍射技术分析 DNA 后，发现它们是两条多聚物链绞成的螺旋。双链的认识成为后来 Watson 和 Crick 提出 DNA 结构模型的主要线索。因为是双链螺旋，能够复制和转录，DNA 作为遗传物质的性质就很明显了。1953 年，Watson 和 Crick 提出了 DNA 的双螺旋模型，完美地解释了 DNA 分子的理化、生物学和遗传学特性。

1. **基因与遗传信息的表达** 染色质最重要的功能就是携带基因。DNA 上一段特定的核苷酸(碱基)排列顺序代表遗传信息的密码。自然界中各种生物体各有不同，是因为它们的 DNA 分子有不同的核苷酸序列，结果携带了不同的生物学信息。这种序列密码是如何构成信息的呢？DNA 上碱基的特定排列顺序通过转录为 mRNA 而指导细胞中蛋白质的合成。造成蛋白质功能差异的分子特性来自它们特定的三维结构，而这种三维结构则由分子中氨基酸排列的线性序列决定。因此，基因(gene)是 DNA 分子中能产生一个有功能的 RNA 分子的一段核苷酸序列。也就是说，DNA 核苷酸序列的某特定区段被转录成相应的一段 RNA 序列，这段 RNA 序列有的编码一种蛋白，这就是 mRNA，有的作为结构 RNA，即 rRNA 和 tRNA 等。这个由基因转录为 RNA 分子并翻译为蛋白质分子的过程就是遗传信息的表达，也就是基因表达(gene expression)。所以，基因是遗传信息表达的单位。对于最终表达产物为蛋白质的基因而言，DNA 分子上一段特殊的核苷酸序列必须被拼读成蛋白质的氨基酸序列。人们在双螺旋模型提出 10 多年后找到了 4 个字母的核苷酸序列与 20 个字母的氨基酸序列之间的对应关系，即遗传密码的翻译。当然，很多基因的表达只是转录出 RNA 分子。

基因中用于编码的序列称为外显子(exon)，间隔在外显子之间的非编码序列称为内含子(intron)。根据这样一个基因转录出来的 RNA 分子叫初级 RNA 转录物，需经剪接(splicing)去除内含子序列才成为成熟的 RNA 分子。真核细胞中的基因一般都是外显子和内含子交替排列而成的长段 DNA 序列，而且其中内含子占大部分。每一基因还含有

调控序列,其上可以结合那些控制基因转录的调控蛋白。调控序列往往位于 RNA 转录起始处的"上游"(5′端),也有些位于内含子中、转录终止处的"下游"(3′端)或外显子中。图 4-7 显示了一条染色体上的一个基因的组成和功能。

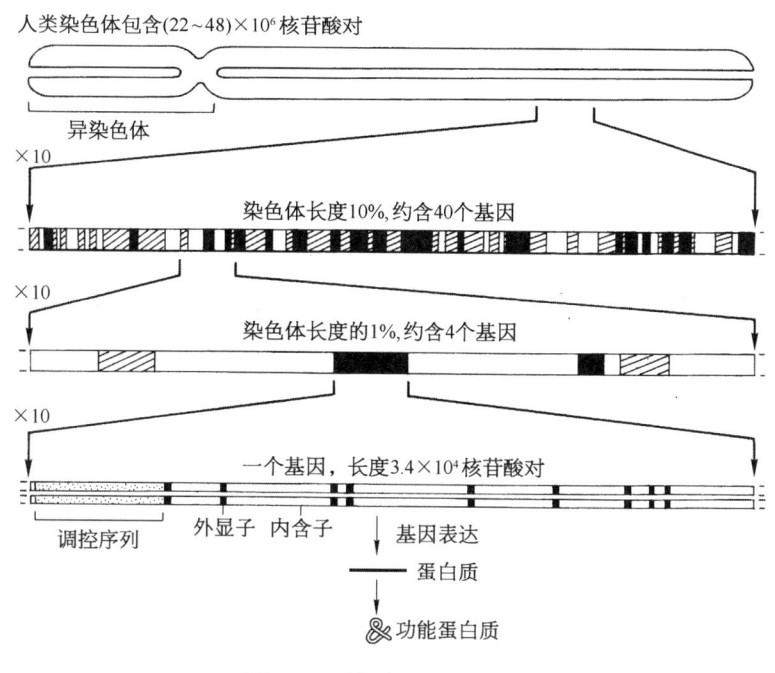

图 4-7 基因的组成和功能
(引自 Alberts 等,2008)

2. 基因组 每个 DNA 分子上线性地排列着无数基因,每个基因之间还排列着长度不一的间隔 DNA(spacer DNA)序列。一个生物体的 DNA 所带的全套信息叫作它的基因组(genome),也可以把带有全套信息的 DNA 叫作基因组。因此,人类细胞中 23 对染色体所带的全套信息叫作人类基因组。一个生物体所有细胞的基因组是相同的,该生物体所合成的所有蛋白质都在基因组的指导之下进行。基因组的信息量惊人的庞大:人类基因组含约 30 亿个核苷酸对[常用"碱基对"(base pair,bp)表示,为 $3.2×10^9$ bp],假如全部序列用字母表述可写满本书大小的书 1 000 多册!但是其中作为基因的序列却只占很小一部分,基因数目为 2 万多个。基因以外的 DNA 序列的功能涉及染色体分子的结构包装、DNA 的复制以及基因表达的调控等多个方面,是近年研究的热点,仍有大量未知问题有待解答。

人类基因组信息可以指导数万个蛋白质的合成。虽然人体的每个细胞含有同样的基因组,它们指导的基因表达产物却在每种细胞都是不同的。实际上,正是基因的差异性表达造成了组织和细胞的不同(详见第十一章和第十三章)。

3. DNA 分子复制和分离所必需的序列 DNA 作为遗传信息的携带者,除了必须能表达以外,还必须能够复制。也就是说,每个染色体在细胞有丝分裂中能够分成两份拷贝,并且在细胞的代代相传中自身得到保存。DNA 双螺旋结构保证了这种复制的精确性。因为两条链反向平行而互补,每一条链均可作为新合成的互补链的模板。在每一个DNA分子(亦即染色质或染色体分子)上,有三种特异的核苷酸序列构成了分子的复制和复制以后被分配到两个子代细胞所必需的"元件"(element),它们是多个复制起始点、一个着丝粒和两个端粒(图4-8)。

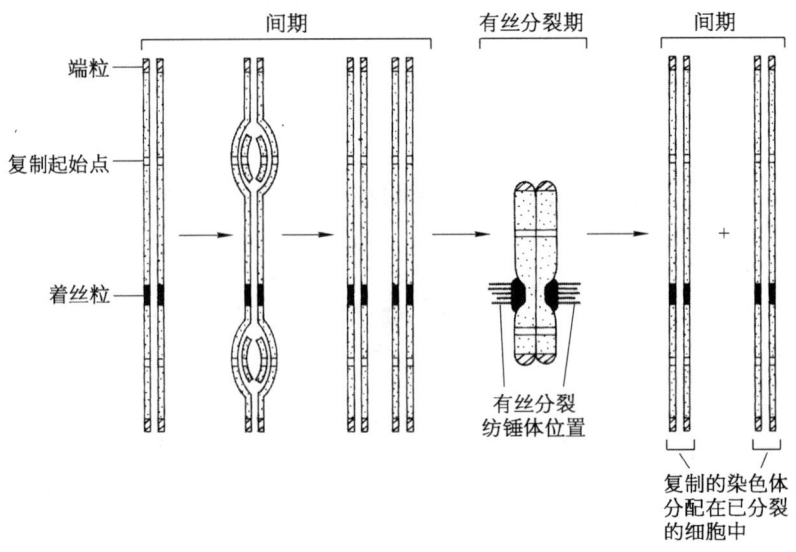

图4-8 染色体分子的三种必需序列
(引自 Alberts 等,2002)

(1) 复制起始点(replication origins)是复制开始处的 DNA 序列,在每条染色体上有多个,其序列往往富含 A 和 T 碱基。因为 A—T 由 2 个双键联结而 G—C 由 3 个双键联结,富含 A、T 的序列较易打开。启动复制的蛋白质能识别这些特异序列并与之结合,从而激活复制。在 DNA 合成期,这些起始点成串地被激活,该处的双股 DNA 链螺旋被解开,在 2 条 DNA 单链上分别合成新的 DNA 链,这样就形成了一个个复制叉(详见本章下文)。每条复制叉以复制起始点为中心向相反的两个方向推进,直至相邻复制叉连在一起或达到染色体末端。

(2) 着丝粒(centromere)是 DNA 分子中一段特别紧缩的区段,负责将 DNA 分子复制后形成的姐妹染色单体联结在一起,并在有丝分裂期提供纺锤体纤维附着的部位。着丝粒在有丝分裂期与一个由多种蛋白复合物形成的叫作"动粒"(kinetochore)的结构结合,动粒又与纺锤体纤维(纺锤丝)结合,从而介导纺锤体与染色体的结合,保证分裂后的两个细胞各得到一份 DNA。这也是"着丝粒"这一译名的含义。着丝粒部位的 DNA 可以与一组叫作"黏合素"(cohesin)的蛋白质结合,姐妹染色单体借此联结在一起,直到有丝分裂后期黏合素被降解,姐妹染色单体的着丝粒分开,染色单体由动粒所结合的纺锤体纤维拉向细胞两极。所以说,在细胞分裂时,着丝粒区段就成为姐妹染色单体最后联结并分离的部位。

(3) 端粒(telomeres)是真核细胞染色体两个末端的特异序列,它是一段富含 G 碱基的简单重复序列,在每一次细胞分裂后从 DNA 链的 3′端延伸并折叠成特殊结构。端粒的作用是保证 DNA 分子的两个末端的完全复制。因为 DNA 在复制时,在被复制序列的前方总有一段序列要作为 RNA 引物的模板,如果没有模板链 3′端的这段延伸出来的重复序列,则新合成的 DNA 链将不能把末端的一段序列完全复制下来。

以上 3 种真核染色体复制和分离所必需的特异序列在酵母细胞已得到分离和鉴定。它们都较短,1 000 bp 左右,只构成染色体携带信息容量的极小部分。复杂的生物体其着丝粒和复制起始点的序列要比酵母的长得多,着丝粒常含大段的重复序列,但端粒的序列都较短而简单。

三、染色体蛋白质负责 DNA 分子的包装和基因表达的调控

1. **组蛋白**　组蛋白(histone)是含量最高的一种染色体蛋白质,其总量相当于 DNA 的量。组蛋白分子质量较小(15~20 kD),含大量带正电的精氨酸和赖氨酸。这些碱性氨基酸赋予组蛋白以碱性特性,从而使之易于与酸性的核酸互相结合。按精氨酸/赖氨酸比例,可将组蛋白分为 5 种:H1、H2A、H2B、H3、H4。分子中的正电荷使组蛋白凭借静电引力与 DNA 双螺旋非特异地结合,这是组蛋白得以将 DNA 双链分子构建成基本单位核小体的重要力量。

5 种组蛋白因其在染色质上的位置不同可分为两大组:核小体组蛋白(包括 H2A、H2B、H3、H4)和 H1 组蛋白。核小体组蛋白分子量较小(含 102~135 个氨基酸残基),它们的作用是将 DNA 分子盘绕成核小体。其中的 H3 和 H4 是进化上高度保守的蛋白质,即不同种属中此 2 种蛋白质的一级结构高度相似。H1 组蛋白不参与核小体的组建,而是负责把核小体包装成更高一级的结构,其分子量较大(约含 220 个氨基酸残基),在进化上也较不保守。在某些种属的细胞中可以没有 H1。核小体组蛋白尾部的共价修饰对染色质的结构和功能有重要影响。

2. **非组蛋白**　组蛋白以外的染色质蛋白质可以被统称为非组蛋白(nonhistone protein)。在一个细胞中,每种组蛋白的分子数可多达 6 000 万个,相比之下,非组蛋白的量很小,每种一般仅有 1 万个分子。它们的总量也远小于组蛋白。但这类蛋白质种类繁多,功能各异,对染色体结构和功能具有重要作用。

大多数非组蛋白与 DNA 结合的方式与组蛋白不同。这类蛋白质能从 DNA 双链外部的大沟、小沟中识别碱基排列并与碱基形成氢键,从而与一段较短的特异 DNA 序列结合,因此被称为序列特异性 DNA 结合蛋白质(sequence-specific DNA - binding protein)。这些蛋白质的功能有:① 参与染色体的构建:这方面的作用与组蛋白相辅佐。组蛋白把 DNA 双链分子装配成核小体串珠样纤维,非组蛋白则在此基础上将纤维进一步折叠、盘曲,以形成在复制和转录功能上相对独立的结构域,或者完成异染色质和分裂期染色体的包装。② 启动 DNA 分子的复制:这些蛋白质往往以复合物的形式结合在一段特异 DNA 序列(复制起始点)上,复合物中包括启动蛋白、DNA 聚合酶、引物酶等,作用在于启动和推进 DNA 分子的复制。③ 调控基因的转录:这些蛋白质一般称为基因调节蛋白(gene regulatory protein),它们往往以竞争性或协同性结合的方式作用于一段特异 DNA 序列上,即多种蛋白质分子或一种蛋白质的多个分子之间存在着竞争或协同的关系,以调控有关基因的转录。

序列特异性 DNA 结合蛋白的例子包括：来自细菌和噬菌体的代谢物激活蛋白、乳糖阻遏蛋白等，来自哺乳动物的转录因子 SP1、类固醇激素受体蛋白等。这些蛋白质在结构上有共同特点，可分成螺旋-转角-螺旋、锌指、亮氨酸拉链、螺旋-环-螺旋、HMG 框结构(HMG 指高速泳动族蛋白，high mobility group proteins)等几类。

非组蛋白也参与了染色体高级结构的形成，例如作为间期染色体支架的蛋白质和分裂中期染色体压缩包装所需的蛋白质如凝缩蛋白(condensin)、黏合蛋白(cohesin)之类。

四、DNA 分子经历逐级的有序包装

每一条染色单体由一个 DNA 分子形成。以双螺旋结构存在的 DNA 分子是一个纤长无分支的线性多聚体，平均每条染色体的 DNA 长约 5 cm。一个细胞中所有 DNA 分子若完全伸展首尾相连，长度将接近 2 m，而细胞核的平均直径约为 5 μm。显然，在活细胞的核内，每个 DNA 分子都经历了反复的折叠盘旋而包装成更为紧缩的形式。这种折叠和盘旋绝不是随机的，而是以有利于准确、高效地进行 DNA 的复制和基因表达的方式实现的，需要大量染色体蛋白质的辅助，是一种高度有序结构的形成过程。

1. 串珠样结构核小体　线性的双螺旋 DNA 分子被折叠盘曲而包装的第一层次是核小体(nucleosome)结构。1974 年，Olins 和 Wood Cock 等人用高分辨电镜观察到，数种真核细胞间期染色质经松解处理后呈现串珠样结构：直径约 2 nm 的 DNA 细丝将直径约 11 nm 的"珠粒"串联起来形成"珠串"。用 DNA 酶消化染色质后可将珠粒一颗颗切开。每颗珠粒的组成是：组蛋白八聚体形成一个蛋白质核心，双链 DNA 在其外周以左手螺旋绕 1.75 圈。相邻珠粒之间有一段连接段 DNA(linker DNA)，每一颗珠粒加上其连接段 DNA 构成一个核小体。1997 年用晶体 X 线衍射技术揭示了核小体核心颗粒的高分辨结构，发现组蛋白八聚体为直径约 11 nm 的盘状颗粒，含有 H2A、H2B、H3、H4 四种核小体组蛋白各两个拷贝。四种组蛋白都是相对小分子量的蛋白质，含 102~135 个氨基酸残基，都有一段氨基端尾部，都有一种叫作"组蛋白折叠"的结构模式，即由两个襻环连成的 α 螺旋。在装配成核小体时，组蛋白首先互相结合形成 H3－H4 和 H2A－H2B 二聚体，H3－H4 二聚体再结合成四聚体，然后，一个 H3－H4 四聚体和两个 H2A－H2B 二聚体形成八聚体核心，外绕 DNA，形成核小体(图 4-9)。

围绕在八聚体外围的 DNA 长度恒定地为 146 个核苷酸对，连接段 DNA 的长度有 0~80 个核苷酸对的变化范围。每个核小体所含 DNA 长度平均为 200 bp。通过核小体这一形式，DNA 分子从 5 cm 缩短为 2 cm。

组蛋白核心与其外绕的 DNA 之间有着广泛的相互作用。每一核小体的组蛋白和 DNA 之间有 142 个氢键，其中近一半用于联结蛋白的氨基酸骨架与核酸的磷脂骨架，一些疏水键也在联结两者中发挥作用，例如组蛋白中富含的赖氨酸和精氨酸所带的正电荷可以有效地中和 DNA 所带的负电荷。这些都解释了为什么任何 DNA 序列都可以绕在组蛋白核心外周形成核小体。一般来说，DNA 链上每间隔 200 个核苷酸就重复出现 1 个核小体。

此外，每个组蛋白都有一个长的氨基端尾部从 DNA-组蛋白颗粒中向外伸出，这一

部位易于受到多种共价修饰,从而影响染色体的构建和基因的表达。

组蛋白属于高度保守的真核蛋白。例如,从豌豆到牛的 H4 组蛋白 102 个位点仅有 2 处不同。这种进化上的高度保守提示组蛋白的功能有赖于其所有氨基酸,任何位点的变化都对细胞不利。在酵母上的实验表明,将体外造成突变的组蛋白导入基因组取代正常组蛋白,大多数位点变换都对细胞是致死的,少数虽不致死却导致基因表达改变或其他异常。

2. 30 nm 染色质纤维　如果把间期染色质铺展在一个电镜载网上观察,可发现它们大部分并不呈现伸展的串珠样核小体结构,而是呈现一种更为紧缩的结构——直径约 30 nm 的纤维。把核小体进一步包装成 30 nm 直径的规则结构,依赖数种机制。第一,组蛋白 H1。H1 分子有一个球状的中心和两个伸展的氨基端和羧基端"臂"。当一个 H1 分子结合于核小体的连接段 DNA 上时,其球状中心与核小体上特定位点结合,其两臂则与相邻核小体的组蛋白核心上其他位点接触,从而把核小体拉在一起形成规则的重复排列结构(图 4-10)。第二,组蛋白核心中伸出的尾部。它们之间的相互作用有助于使各个核

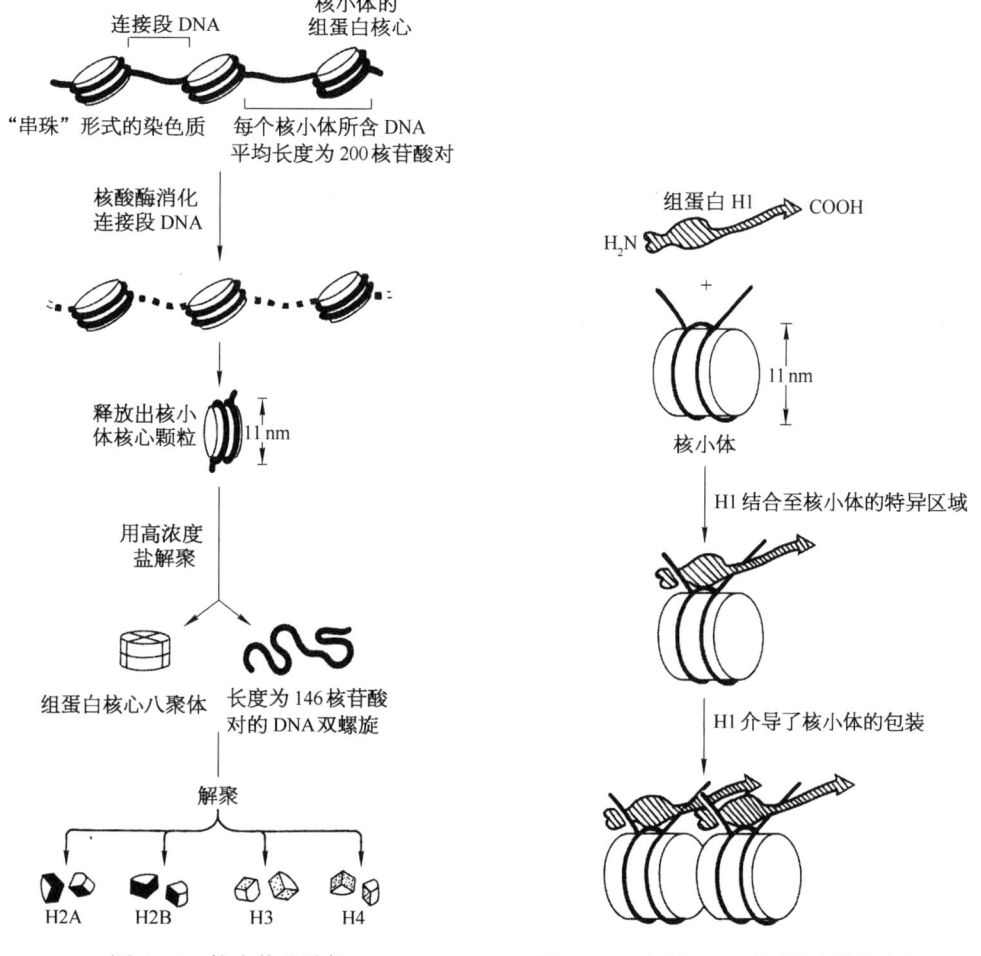

图 4-9　核小体的结构
(引自 Alberts 等,2002)

图 4-10　组蛋白 H1 帮助核小体构建成 30 nm 纤维
(引自 Alberts 等,2002)

小体互相附着(图4-11),与H1一起将核小体包装成30 nm直径纤维。图4-11显示组蛋白尾部在30 nm纤维形成中的作用的推断模型。这一模型的主要实验依据是:① 组蛋白尾部对30 nm纤维形成有帮助;② 核小体的晶体结构显示一个核小体上的组蛋白尾部与相邻核小体的组蛋白核心相接触;③ 组蛋白尾部与DNA存在相互作用。不过,核小体组装成30 nm纤维的结构模型至今仍有许多细节不太清楚。

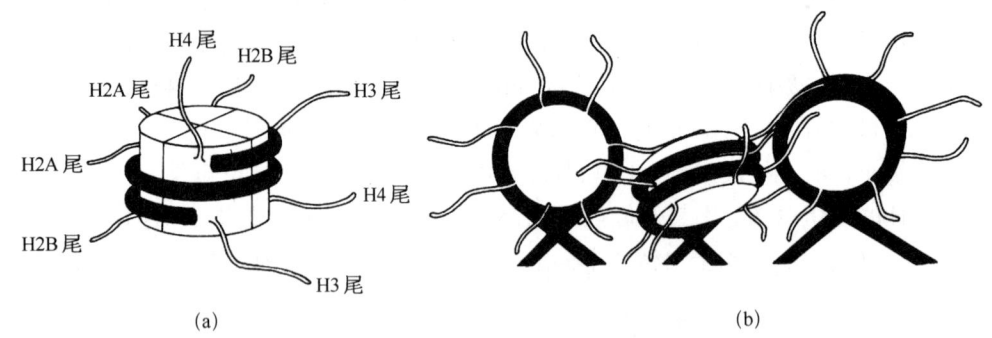

图4-11 核小体组蛋白尾部在30 nm纤维构建中的可能作用
(a) 组蛋白核心八聚体8个尾部向外伸出;
(b) 组蛋白尾部帮助将核小体包装成30 nm纤维的推断模型
(引自Alberts等,2008)

30 nm直径纤维的形成使DNA分子从2 cm进一步缩短为将近0.1 cm。但是这一长度仍是细胞核直径5 μm 的100多倍。显然,即使是间期核染色质,也在30 nm直径纤维的基础上有进一步的折叠,这就是染色体包装的高级结构——球状结构。

3. 更高级结构 在大多数细胞中,间期染色质因过于伸展而纤细难辨,所以其结构很难观察,并导致以往曾误以为在间期染色质是完全伸展的,不存在近似球形的染色体三维结构。对于染色体的高级结构曾经提出过几种模型。20世纪80年代以来,多数人同意,30 nm直径的染色质纤维进一步折叠的形式肯定包括一系列襻环(loops)和螺旋(coils)。如果按照传统概念,这些折叠层次属于分裂中期染色体所特有,那就说明间期的DNA分子也可以被看作以染色体的形式存在。

襻环模型(loop model)主要是Laemmli等人在1979年基于染色体骨架的发现而提出的。该模型认为,30 nm染色质纤维折叠成襻环,沿染色体纵轴由中央向四周放射状伸出,环的基部联结在染色单体中央的非组蛋白支架上。虽然该模型的观点来自对中期染色体的观察,不过从几种特殊的间期染色体如两栖类卵母细胞的灯刷染色体(lampbrush chromosome)和昆虫的多线染色体(polytene chromosome)获得的研究资料也支持襻环模型。

两栖类卵母细胞的灯刷染色体是研究间期染色体结构的良好模型。卵细胞在减数分裂以前可有长达数月或数年的时间活跃地进行基因转录,形成大量mRNA,以满足新个体形成的物质供应所需。此时的染色体从主轴伸出一系列襻环,其上覆有新转录的RNA,形成光镜下也能看见的"灯刷"形状。像蛙卵那样出现灯刷染色体的物种并不多见,可是如果将通常不形成灯刷染色体的动物(如鱼类)的DNA注射入蛙卵,就可见灯刷染色体。基于这类实验,人们推测,真核细胞染色体都存在襻环结构,只是它们大多过于细小易损而难以观察。

昆虫的多线染色体非常粗大,且不互相缠绕,这是因为这种染色体经历多次 DNA 复制而从不分离,所以同源染色体均并排相连形成一条染色体,较易观察到襻环结构。

大肠埃希菌的染色体是一个环形分子,上面缺乏组蛋白,但也存在襻环结构。所以,可以认为,襻环是从细菌、昆虫、两栖类到人的染色体都普遍存在的一种结构。每个襻环含一个或数个基因,根据襻环上的基因是否发生表达,襻环可以松解或紧缩。图 4-12 显示染色体的襻环结构模型。

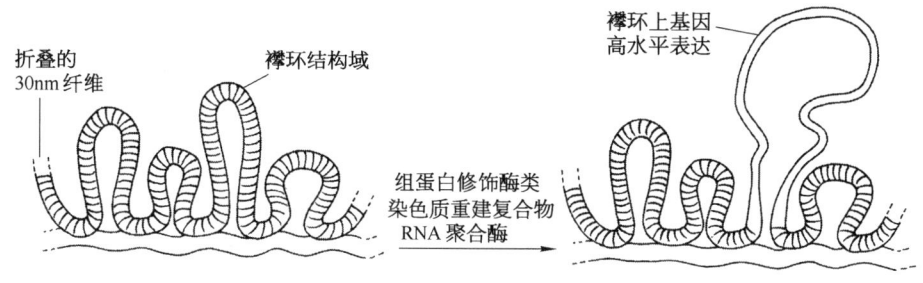

图 4-12　染色体的襻环结构模型

(引自 Alberts 等,2002)

30 nm 纤维形成襻环时如何锚定在染色体轴干上,对此尚不清楚。有证据表明,染色体襻环的基部是形成染色体支架的蛋白质,其中富含 DNA 拓扑异构酶,它有助于 DNA 锚着时发生弯转。

当细胞从间期进入分裂期时,染色体进一步盘曲、紧缩,不仅长度又缩短 10 倍,外形也有极大变化,成为更为致密的结构,在光镜下易于见到。大多数分裂中期的染色体若经处理去除表面覆盖的蛋白质等分子后,在扫描和透射电镜下都能容易看见染色体由一系列襻环结构构成。用荧光染料标记分裂期染色体显示的染色体带型中,最细的带也含有 30 个以上的襻环。因此,分裂期染色体作为最为紧缩的结构,代表了染色体球形结构包装的最后一个层次(图 4-13)。

显然,染色体变得高度紧缩至少有两个目的:一是分裂前期两条姐妹染色单体就不再互相缠绕,并已并排排列,这样它们在被有丝分裂装置纺锤体拉动时就容易分开;二是分裂后期姐妹染色单体在被拉向两个子细胞的过程中,DNA 分子不致因纤细缠绕而受损。

间期染色体紧缩成为分裂期染色体发生在细胞周期的 M 期,依赖一组叫作凝缩蛋白(condensin)的蛋白质,它们利用 ATP 水解供能,促成间期染色体发生螺旋化。凝缩蛋白构成分裂期染色体的主要蛋白质成分,大约每 10 000 个碱基对就有一分子凝缩蛋白。

分裂期染色体的染色质是不易转录的,原因之一是染色质高度卷曲、紧缩,使 RNA 聚合酶无法接近基因。

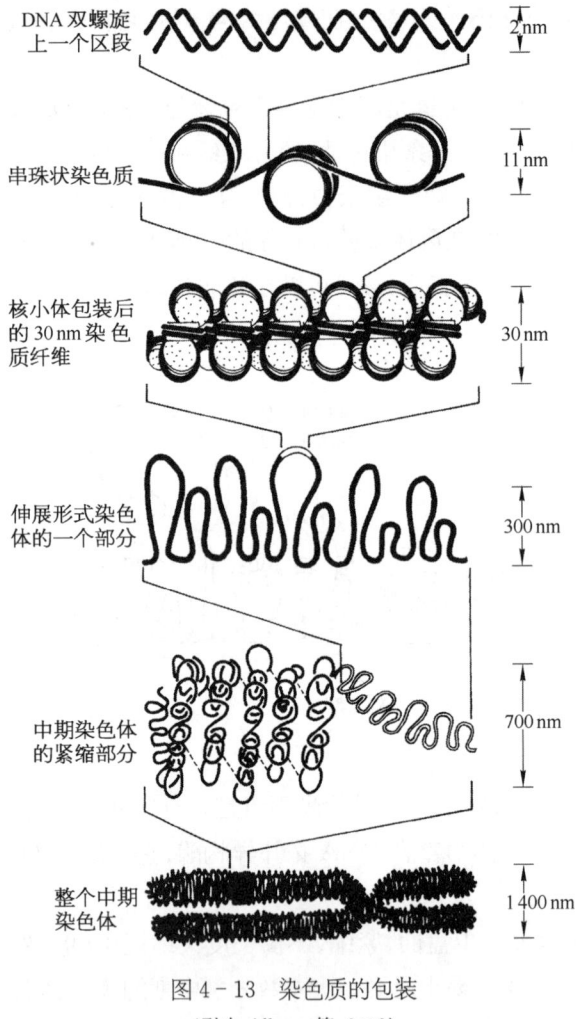

图 4-13 染色质的包装
（引自 Alberts 等,2002）

五、DNA 分子的包装形式与基因表达调控有关

基因表达时需要相关蛋白质识别并结合到 DNA 分子的特异序列上,例如 RNA 聚合酶结合到转录起始位点上,这就要求核小体以及更高层次的包装打开或松解。因此,染色体结构的各个层次都对基因表达产生影响。

1. **染色质重建复合体与基因表达调控** 基因表达,以及 DNA 的复制、修复和重组,显然都要求染色质局部结构能发生可逆性变化,在最基本的层次上,核小体需要被"松开"和重新"包紧"。这一效果通过"染色质重建复合体"达到。

很久以来人们认为,核小体结构一旦形成便在该处固定下来,因为形成核小体的力量相当强有力。但最近发现,真核细胞含有一种蛋白质装置叫作"染色质重建复合体"（chromatin remodeling complex）,它利用 ATP 水解产能,暂时改变核小体的结构,使与组蛋白核心结合的 DNA 变得较为松解。这可能通过 H2A-H2B 二聚体的移动来实现(H3-H4 四聚体则十分稳定、不易移动)。

核小体结构的重建使一些对 DNA 复制、修复和重组以及基因表达有作用的蛋白质得以接近核小体 DNA。重建复合体的活动受到细胞的调控。基因需要打开或关闭时,这些复合体被带到特殊的 DNA 区段附近,让它们改变染色质的结构。在有丝分裂时,一部分重建复合体失活,从而保证分裂期染色体的高度紧缩结构得以维持。

2. **核小体组蛋白尾部修饰与基因表达调控** 四种核心组蛋白的氨基末端（N-端）尾部序列在进化上是高度保守的。如前所述,组蛋白尾部的相互作用是核小体形成更高一级结构即 30 nm 纤维所必需的。因此,组蛋白尾部的修饰,对染色质的结构调节有重要影响,从而也对基因表达调控发生影响。

每个核心组蛋白分子尾部可有数种共价修饰形式,统称为组蛋白修饰（histone modification）,包括赖氨酸的乙酰化、赖氨酸的甲基化、丝氨酸的磷酸化。有些修饰在细胞质中组蛋白一经合成,尚未装配成核小体时就发生了。而那些有重要调控作用的修饰则都是在核小体装配完成后,在细胞核里发生的,由核内的特异性酶进行,例如乙酰化由组蛋白乙酰转移酶(HATs)来加上乙酰基,去乙酰化由组蛋白去乙酰化酶(HDACs)来除去乙酰基而完成。

不同形式的组蛋白修饰可产生不同的效应。有趣的是,这些修饰仅有一个小基团的增减,却通过改变电荷或位阻而改变组蛋白尾部的相互作用,影响所在位置的染色质纤维以及染色体高级结构的稳定性,并影响特异的蛋白质与所在位置染色质纤维的结合,从而产生对基因表达的调控作用。例如组蛋白乙酰化的效应是使染色质结构失稳定,可能因为赖氨酸作为带正电荷氨基酸在加上一个乙酰基(带负电荷)后减少了一个正电荷,从而使染色质压缩包装时组蛋白对DNA上负电荷的中和作用难以发挥。组蛋白尾部修饰最重大的效应是它们能将特异蛋白分子吸引到被修饰段的染色质上,而根据修饰类型的不同,这些蛋白能够造成染色质进一步紧缩或者松解。如果考虑到各种修饰以不同组合发生,每一组蛋白尾部发生各种标记的类型可以数目巨大。因此可以认为,通过组蛋白尾部的共价修饰,一段染色质可能对细胞提示某种特定的意义,如某段染色质刚刚进行了复制,某段染色质不允许基因表达,等等。但是迄今仅有少数修饰的意义得到阐明。例如,H4尾部双重乙酰化后易于被某种基因表达所需的蛋白质"阅读",有利于此处基因的转录,而H3尾部第9个赖氨酸的甲基化能够被一群蛋白质识别,这些蛋白使染色质包装紧缩,导致此处基因表达沉默(表4-1)。

表4-1 组蛋白尾部修饰含义

修 饰 状 态	意 义
不修饰	基因沉默
乙酰化	基因表达,或组蛋白加入
甲基化	基因沉默,异染色质状态
磷酸化	有丝分裂,减数分裂
磷酸化+乙酰化	基因表达
高级组合(双重乙酰化+磷酸化+甲基化)	不详

3. 襻环模型与基因表达调控 灯刷染色体某一特定的襻环总是含相同的DNA序列,并在卵细胞生长中保持同样的伸展方式,提示在转录活动中,一个襻环相当于一个固定的染色质功能单位。有些襻环可以从一端到另一端不间断地被转录,有些却包含一段不被转录的部分。襻环颈部两侧高度紧缩的染色质区段称作染色粒(chromomere),往往不被转录(图4-14)。

果蝇唾液腺细胞的多线染色体是经历10个复制周期,由$1\,024(2^{10})$段相同的DNA并列相连而成的。光镜下可见染色体上有一段段深暗的带和浅淡的带间区(interbands),染色体上的DNA 95%位于带的部位。在电镜下观察果蝇幼虫发育过程时可以见到,随着调控基因的昆虫蜕皮激素(ecdyson)水平周期性的升降,新的基因开始活化转录而老的基因关闭时,一些带中出现一个个蓬松点(puff)而另一些带中的蓬松点消退。可以推测,

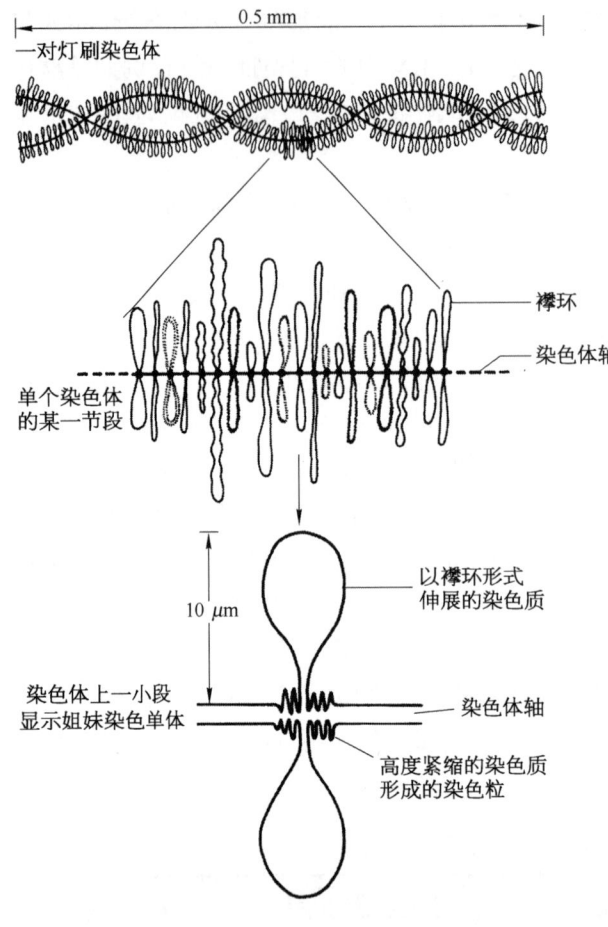

图4-14 灯刷染色体的结构
(引自 Alberts 等，2002)

多线染色体上襻环折叠成一个带，它们在基因转录时作为一个单位而松解。在不发生基因转录的时候，襻环以折叠的30 nm纤维形式存在；基因转录时，襻环的染色质伸展，显得比30 nm纤维密度更低。在伸展的襻环两侧的染色质都相对较紧缩。

从灯刷染色体和多线染色体在间期转录中的表现来看，襻环结构作为染色体的一种高级结构，一方面显然是多级折叠以压缩染色体长度的一个环节，另一方面可能使DNA分子的各个区段在构造上和功能上具有相对的独立性(参见图4-12)。就是说，由于襻环存在，基因和相邻DNA序列可以相对地分隔开来，各个复制起始点也相对分开，有利于基因转录和DNA复制以准确、高效的方式进行。

4. 异染色质与基因表达

细胞核中染色质的形态以及光镜下的染色或电镜下的电子密度差异其实是与染色质的结构相关的。如果从DNA结构的角度重新解释染色质，我们可以说，常染色质由30 nm纤维和襻环两个结构层次组成，是指间期核内纤维折叠盘曲程度小、分散度大，能活跃地进行DNA复制与转录的染色质。它多位于细胞核的中央，由于不易着色，故折光性强，因此在光镜下难以辨认，只有在电镜下才能辨认。而异染色质是指间期核内纤维折叠盘曲紧密，呈凝缩状态，一般无转录活性的染色质。它在光镜下着色较深，在电镜下呈高电子密度，常位于细胞核的边缘或位于核仁周围构成核仁相随染色质的一部分，含有许多外加的蛋白质，其结构十分紧缩。因此，异染色质这个名词虽然最初用来作形态学上的定义，实际上界定了特殊的染色质结构，即在30 nm纤维的基础上更高层次的折叠。

一个典型的哺乳动物细胞的基因组有10%包装在异染色质的区域。异染色质在染色体的全长都可以出现，但特别集中在着丝粒和端粒两个区段。大部分折叠成异染色质的DNA不含有基因，但是如果基因被包装进异染色质，它们通常就不能表达，因为异染色质极其紧缩。

异染色质结构对端粒和着丝粒功能的维持很重要。染色体的端粒形成异染色质结构对细胞有几点好处：它使染色体末端不致被细胞修复装置误认为受损染色体；它有助于调控端粒长度，还有助于在有丝分裂期将染色体准确配对和分开。着丝粒包装成异染色质结构显然与着丝粒需要结合像动粒和黏合蛋白这样大量的蛋白质并承受纺锤丝的牵拉有关。令人不解的是，着丝粒在整个间期维持异染色质状态，尽管着丝粒引导DNA移动只是发生在有丝分裂期。

更重要的是，DNA分子的有些基因必须位于异染色质内。这在胚胎发育早期是一种重要的基因表达调控机制。所以，异染色质结构是否形成可以被看作基因表达调控的一种机制。

(1) 基因沉默的位置效应：如果将一个在常染色质中正常表达的基因用实验手段移到异染色质中，该基因就停止表达，这种现象被称为基因沉默。基因的转录活性依赖于它在染色体上的位置，即位于常染色质或是异染色质区段，这叫作"位置效应"(position effect)。最早在果蝇细胞中认识到，现在认为发生在各种生物体，反映了染色体上不同的结构对基因表达的影响。以果蝇杂色眼睛的故事为例。白色基因控制眼睛的色素生成，它得名于它的突变体，即该基因正常表达时使眼睛含红色色素，一旦突变或失活，红色色素不生成，眼睛就是白色的。当正常表达的白色基因移位至异染色质附近，就造成果蝇的眼睛变为杂色的：几块红斑、几块白斑。白斑代表的是白色基因被异染色质的位置效应造成"沉默"的细胞，而红斑则代表正常表达白色基因的细胞，因为这些红色细胞斑块是在发育早期异染色质形成之初，异染色质区段尚未扩散至该白色基因附近的时候形成的。两种颜色的细胞各自形成斑块，说明位置效应一旦发生，它对基因表达的影响可以遗传至子代细胞。从这个例子可以看到，一个基因在发育早期可以在常染色质中开始表达，然后似乎多少是随机地被选择包装进异染色质，结果就在这个细胞及其子代细胞中失活了。

异染色质的两个重要特性在上述胚胎发育过程中得到清楚的体现。首先，在一条染色体分子上异染色质结构的分布是可活动的，它可以扩散至某个区域然后又撤退；第二，染色质的包装状态，包括异染色质和常染色质，可以遗传给子代细胞。

(2) X染色体失活：雌性哺乳动物X染色体失活的例子更是充分显示了异染色质在胚胎发育过程中对基因表达的调控作用。哺乳动物雄性细胞的性染色体是一条X和一条Y染色体，而雌性存在两条X染色体。X染色体大，携带基因超过1 000个，而Y染色体小，携带基因少于100个。哺乳动物细胞进化出一种"基因剂量补偿机制"以平衡雄性和雌性细胞X染色体基因表达产物的剂量，即令雌性动物体细胞的两条X染色体中的一条保持永久性转录失活，这正是通过X染色体整体包装成异染色质结构实现的。在雌性胚胎发育初期，每个细胞均含有一条来自父方、一条来自母方的两条X染色体，随后，其中一条被随机压缩成异染色质，此现象叫作"X-失活"。之后该细胞的所有后代细胞均保持此种X染色体失活模式。所以，雌性哺乳动物体内的大部分组织和器官都是约一半细胞表达母方X染色体基因，另约一半细胞表达父方X染色体基因。在光学显微镜下清楚地可以看到，这条异染色质化的X染色体常位于间期细胞的内层核膜下或核仁表面，叫作巴氏小体(Barr body)。由于胚胎早期随机发生的"X失活"造成邻近两群细胞表达不同的X染色体基因,经历多次细胞分裂后,在发育后期这两种细胞位置依然接近,在成体就可以看到表达不同基因的细胞夹杂在一起的表型。例如,那种皮毛颜色呈褐黑花斑的母猫,其杂色皮毛就是由一条X染色体携带褐毛的基因而另一条X染色体携带的等位基因是黑毛基因造成的。在这个例子中我们也清楚地看到,染色体结构状态以及与此相关的基因活性模式可以在细胞代代增殖过程中被记忆、被遗传。

(3) 异染色质形成机制：异染色质的形成需要组蛋白和非组蛋白的相互作用,是一种表观遗传的调控。表观遗传调控(epigenetic regulation,"ep-"希腊语意为"外"或"上")指不改变基因的碱基序列而只在碱基序列之外发挥作用的调控方式,主要形式是DNA的甲基化修饰和组蛋白的乙酰化和甲基化修饰。对异染色质研究较透彻的是在酿酒酵母端粒上。酵母细胞的很多实验显示,导致染色体端粒处的基因沉默的蛋白质是一组沉默信息调节者蛋白(silent information regulator proteins, Sir proteins)。其中任一成分突变就会阻碍端粒附近基因的沉默,也就是使它们表达。对这些蛋白进行分析后,发现了一种结合于端粒的Sir蛋白复合物,它们能识别组蛋白低乙酰化(underacetylation)的氨基端尾部,复合物中的一种组蛋白去乙酰化酶叫作Sir2,高度保守,在包括人的各种生物体中都有同源物,估计在生成异染色质独有的组蛋白低乙酰化模式中起了主要作用。如前所述,组蛋白尾部的去乙酰化使得核小体包装成紧密的阵列,也使核小体对某些染色质重建复合物不敏感。常染色质的组蛋白尾部一般是高度乙酰化的,而异染色质的组蛋白尾部一般是低乙酰化的,而且其低乙酰化的组蛋白H4尾部可被Sir蛋白复合物识别,就使这种蛋白与核小体的结合稳定下来。

除了上述Sir蛋白复合物识别组蛋白低乙酰化的氨基端尾部从而参与端粒异染色质的形成和维持以外,在许多生物体中有重要意义的一种修饰是组蛋白H3上9位赖氨酸的甲基化,由组蛋白甲基转移酶催化。这种修饰可被一些异染色质蛋白成分"读出",这些蛋白从而结合至含此修饰的组蛋白H3并诱导装配成异染色质。

由此可见,组蛋白尾部的共价修饰在异染色质形成过程中起关键作用。细胞可能采用不同的组蛋白修饰谱来对常染色质和异染色质加以区分。

包装在异染色质中的DNA通常含有大量成串重复序列,不编码蛋白质。相反,常染色质通常含有基因或其他单拷贝序列。尽管这种关联不是绝对的,但这一趋势提示,某种类型的重复序列DNA可能是异染色质形成的信号。

5. 染色体在间期核中的位置　从上述内容可见,每一条染色体分子各自都以一些有利于准确、高效地复制和转录的形式包装起来。一个值得探询的问题是,各条染色体在间期核里的分布位置是怎样的？是杂乱、随机地装在核里——就像一堆绳子塞在一个袋子里那样,抑或也是以一些有利于准确、高效地复制和转录的形式安排的？

用荧光原位杂交技术对两条染色体进行双色标记,就能发现,在间期核内,一条染色体占据一个相对分隔的位置,不同染色体之间并不发生广泛的互相缠绕。从这个意义上可以说,间期核是分区的,即每条染色体各自占据一定的区域。在特定的区域内,染色体分子的折叠也有分布上的规律,即每条染色体分子都有序地盘曲折返于核周边和中央。同样用荧光原位杂交技术标记不同基因 DNA 后观察到,就复制而言,每条染色体上的早复制基因位于核中央区,晚复制基因位于核周边区,活跃转录的基因位于各染色体区周边,与染色体间区交界处。当然,这种分隔是相对的,是可移动的。

间期核染色质的分区或特定的位置分布可能由一些特异蛋白质帮助形成:这些蛋白质结合于染色体上一定序列,比如端粒,然后附着于内层核膜。核基质(核骨架)可能也参与完成染色体的有序分布。

六、染色质与染色体的功能是承载细胞的遗传信息

从以上对染色质和染色体化学组成、形态和结构的描述中我们已经看得很清楚,染色质和染色体的功能就是储存或者说承载细胞的遗传信息,也可以说就是携带基因。基因是 DNA 分子中能产生一个有功能的 RNA 分子的一段核苷酸序列。一个细长的 DNA 分子通过核小体、30 nm 纤维、襻环等一系列形式以及其他机制,包装或构建成间期和分裂期的染色体。这些包装体现出一个原则:有利于间期的基因表达和遗传物质复制,以及分裂期的遗传物质分配。

遗传信息对细胞的控制是通过基因的表达实现的,遗传信息对有机体和物种的控制是通过遗传物质的复制和分配实现的。遗传特性要在细胞的代代相传中得到精确维持,有赖于 DNA 分子的完整复制和准确分配至子代细胞。因此 DNA 的转录和复制、分配就成为染色质和染色体功能的两个主要方面,而这也是细胞核的主要功能。

第三节 细胞核的功能

任何有核细胞去掉了核,便失去其固有的生命活动,很快趋于死亡。细胞核既是遗传物质 DNA 储存和复制的地方,又是遗传信息表达的第一步——基因转录的地方,因此是细胞功能以及细胞代谢、生长、增殖、分化的控制中心。

一、遗传物质在细胞分裂之前的特定时段发生复制

如前所述,细胞的遗传物质是 DNA,遗传信息贮存于 DNA 分子的碱基序列中。DNA 分子的双螺旋结构使得两条链分开时每条链都能作为产生新的互补链的模板,新产生的链与模板链的碱基序列互补,而与模板链原来的对应链碱基序列完全相同,储存于 DNA 分子中的遗传信息从而得以精确复制。DNA 复制(DNA replication)就是由一个亲代 DNA 双螺旋产生两个子代双螺旋的过程,其基础就是碱基配对。这个过程必须在子代细胞诞生前迅速而精确地完成,对于细胞是一项十分艰巨的任务。快速繁殖的细菌可以不停地复制 DNA,而真核细胞却只在细胞分裂周期的特定时期复制 DNA,该时期叫作 DNA 合成期(DNA synthesis phase),简称 S 期。哺乳动物细胞 S 期通常长 8 小时,这意

味着细胞在每次分裂期(mitosis phase,M 期)到来之前必须在大约 8 h 内复制一套可以写满本书 1 000 册的核苷酸对,而且只允许一两个核苷酸的差错!许多复制过程的差错会导致遗传的变异,其中一些与先天性疾病和癌症的发生有关。可想而知,迅速而精确地完成 DNA 复制无异于一项奇迹。创造这一奇迹的是一种复杂的、精确调控的机制,需要多种酶和其他蛋白质的协调参与。以下对此过程及其特性作一概要介绍。

1. DNA 复制过程　DNA 复制从复制起始点开始。在起始蛋白为首的一个多酶复合体的作用下,双链解开,形成两个方向相反的复制叉。在复制叉上,DNA 聚合酶(为 DNA 聚合酶Ⅲ)分别以 DNA 双链中的一条为模板,4 种三磷酸脱氧核苷酸为原料,以 $5'$ 端→$3'$ 端的方向合成两条新的 DNA 链。随着复制叉向相反两个方向推进,就形成复制泡。复制泡在各个复制起始点发生并增大,使 DNA 分子得到完整复制。

(1) 半保留复制:按照双螺旋模型理论,在一定条件下使一个 DNA 双螺旋解旋、双链分开,在含有 4 种脱氧核苷三磷酸的溶液中可以复制出两个完全相同的 DNA 双螺旋。复制后的 DNA 分子各含有 1 条原来的旧链和 1 条新链,2 个新的双螺旋都是原来双螺旋的精确复制品。这叫作半保留复制(semiconservative replication)。1958 年 Meselson 和 Stahl 用放射性核素重氮(^{15}N)和普通氮(^{14}N)分别标记大肠埃希菌扩增中"旧"和"新"的 DNA 分子,证明复制是以半保留的方式进行的。

(2) 复制起始点:平时 DNA 双螺旋的两条链由互补碱基间的大量氢键紧密联结在一起,在体外只有置于沸水中才能将双链分离。在细胞内,复制需要打开双链暴露碱基,这由一些叫作起始因子的蛋白质实施,这些蛋白质结合到 DNA 双链上断开氢键,启动了复制。DNA 双链最初被打开的部位就是复制起始点。在细菌,复制起始点是一些数百个碱基长度,易于被起始因子结合的,易于打开双链的 DNA 序列,如通常富含 A、T 的重复序列。在最简单的真核细胞酿酒酵母,复制起始点包含一个多亚基的起始蛋白的结合位点和数个辅助蛋白结合位点,多亚基的起始蛋白叫作起始识别复合体(origin recognition complex, ORC),辅助蛋白的作用是吸引 ORC 结合到复制起始点。在人类细胞,最近了解到存在酵母 ORC 类似物,而复制起始点序列可能长达数千核苷酸对。

细菌的基因组一般是含有数百万个核苷酸对的环状分子,其上有 1 个复制起始点。复制开始后合成 DNA 的速率约为 500 个核苷酸/s。真核基因组比细菌大得多,而其复制合成的速率却低得多,约为 50 个核苷酸/s。为了确保在细胞周期允许的时间内快速精准地完成复制,真核细胞的相应机制是在每个 DNA 分子上有多个复制起始点。往往连续 20~80 个复制起始点成串激活,即同时或相继启动复制,构成一个复制单位。一个复制单位中各个复制起始点互相间隔 3 万~30 万个核苷酸。

(3) 复制叉、双向复制和复制泡:20 世纪 60 年代在电镜下发现了细菌环状 DNA 分子上一个复制区段在双链上推进的情形,该结构呈 Y 形,所以被叫作"复制叉"(replication fork),即松解开的两股链以及合成中的新链与未松解开的双螺旋形成一把叉的形状。在一个多酶复合体作用下,复制在复制起始点启动,向相反两个方向打开双链,形成两个方向相反的复制叉。在复制叉上,以母链为模板,两条新合成的子链被加上核苷酸而使子链不断增长,所以两个复制叉反向推进,造成一个逐渐增大的复制泡。这一过程不断推进直至全部 DNA 序列得到复制,两个子代 DNA 分子诞生(图 4-15)。后来知道真核细胞 DNA 复制有着相同的机制,只是参与的酶和蛋白质更多样和复杂。

(4) 复制叉的不对称性——前导链、后随链和冈崎片段:在复制叉的推进中两条新链是以不同的方式合成的。按照简单设想的机制,两条子链都是被逐一在尾端加上核苷酸而不断延伸的。但是,由于母链是反向平行的两条链,这一假想的机制要求一条子链合成方向是 $5'\to 3'$,而另一条子链是 $3'\to 5'$,也就要求催化这一反应的有两种 DNA 聚合酶。然而事实上,没有发现存在催化 $3'\to 5'$ 聚合的 DNA 聚合酶。

20 世纪 60 年代的一项重要实验用同位素 ^{3}H 标记的胸腺嘧啶参入细菌培养基,结果发现一些一过性存在的,长 1 000～2 000 个核苷酸的 DNA 片段位于增长中的复制叉。这些片段就是我们后来所称的"冈崎片段"(Okazaki fragments)。冈崎片段中脱氧核苷酸也是以 $5'\to 3'$ 方向聚合的,然后一系列冈崎片段首尾相接地被"缀合"起来,形成较长的 DNA 链。后来又证明真核细胞复制叉也有这样的"冈崎片段",只是长度仅 100～200 个核苷酸。

由此得知,复制叉的内部结构是不对称的:一条子链是不间断地合成的,并率先发生,因而叫作"前导链"(leading strand);另一条子链是间断地合成的,由冈崎片段连接而成,并滞后发生,因而叫作"后随链"(lagging strand)。后随链的合成滞后是因为必须等到前导链将冈崎片段的模板链显露出来才能进行核苷酸聚合。后随链中核苷酸聚合的方向与链延伸的方向是相反的(图 4-16)。

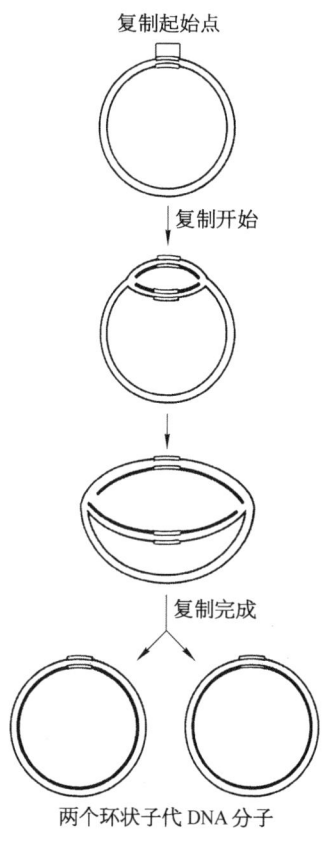

图 4-15 细菌 DNA 复制
(引自 Alberts 等,2002)

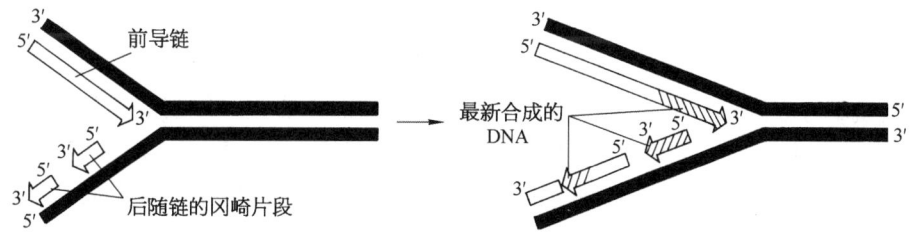

图 4-16 复制叉的结构
(引自 Alberts 等,2002)

图4-17显示了复制的主要步骤：在复制起始点打开双链→合成一段RNA引物→前导链合成（DNA链在RNA引物后开始合成）→后随链合成（冈崎片段在RNA引物后开始合成）。

2. **校读纠错机制** 复制的高保真除了依赖子链与模板母链之间的碱基配对，还依赖数种"校读纠错"机制。这些机制按序运作，纠正子链合成中可能发生的错配。

第一步校读就由催化核苷酸结合的DNA聚合酶实行，在新的核苷酸中碱基刚刚与对应碱基结合，尚未与新链末端共价联结的时候，聚合酶就对配对进行了校对。第二步叫作"核酸外切校读"，如果联结在RNA引物3'-OH末端的是错配核苷酸，DNA聚合酶将不能催化链的延长，它将切除错配者，直至正确配对的核苷酸成为引物的3'末端才开始DNA合成。

3. **整个染色体的复制** 在整个S期，两个复制叉反向推进的过程在染色体分子的各个区段不断发生，直至整个分子完成复制。每个染色质分子各个区段的复制都以固定的先后顺序进行，其时间安排似乎与染色质结构有关，即松解的染色质区段先复制而紧缩的染色质区段后复制。细菌染色体是环状分子，复制叉的汇合能保证分子的完整复制。与此不同，真核DNA

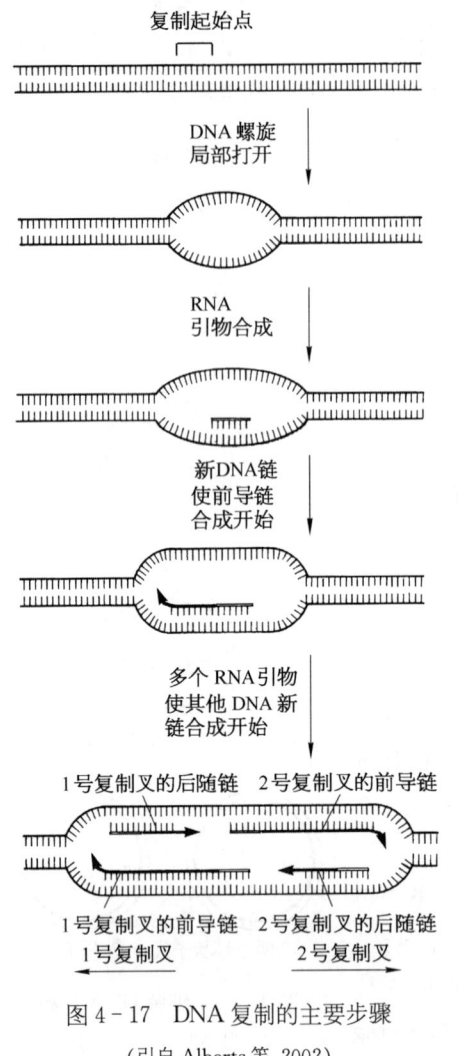

图4-17 DNA复制的主要步骤
（引自Alberts等，2002）

是线性分子，其两个末端的完整复制依赖此处的特殊DNA序列——端粒和一种特殊的酶：端粒酶。

端粒酶在1985年被发现，是一种逆转录酶，分子中含有一段RNA序列，能催化以RNA为模板的DNA合成。前已述及，后随链是间断合成的，由于DNA聚合酶Ⅲ的催化特性要求在其5'端RNA引物的3'-OH加上dNTP，当复制叉推进至染色质分子的端粒处，后随链就存在因模板链末端无法形成引物的模板而无法完整复制最后一段序列的问题。此时端粒酶利用自身RNA作为模板，催化合成多段DNA重复序列如TTAGGG，加至后随链的模板链3'端，使后随链以此段序列为模板而得以延长（图4-18），从而保证线性DNA分子的末端得到完整复制。

4. **新的核小体形成和组蛋白修饰模式重现** 真核DNA的核小体结构在DNA复制时如何被打开，复制后如何得到重建的机制已得到初步了解，已知染色体重建复合物的蛋

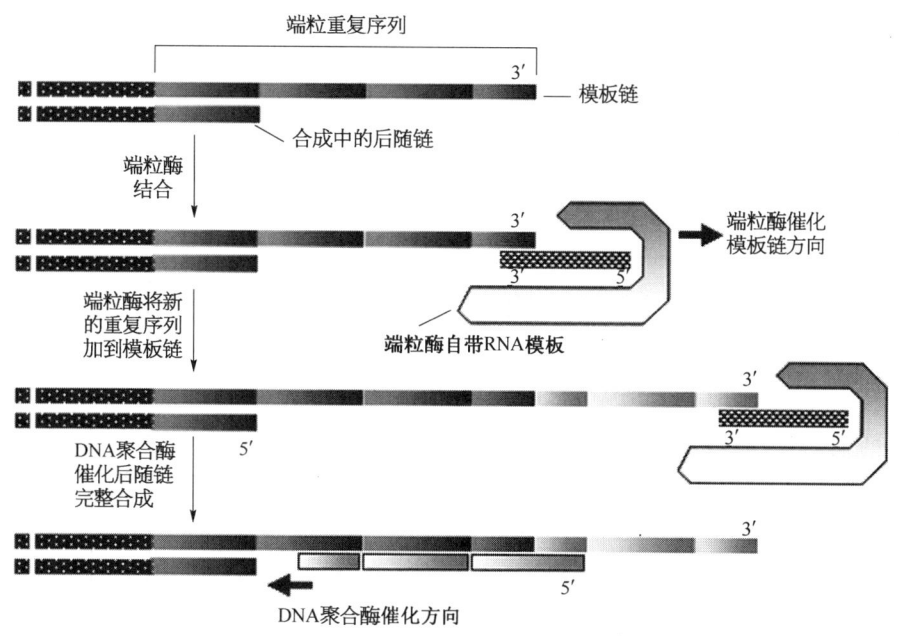

图 4-18 端粒 DNA 的复制
(引自 Alberts 等,2010)

白质参与这个过程。合成的子链 DNA 上的组蛋白一半来自母链,另一半需要新合成。组蛋白在 S 期被大量合成,新的核小体结构紧接着复制叉经过就立即形成。

组蛋白 H3 和 H4 上发生的共价修饰在新的核小体形成时也同时完成,因此子代核小体的组蛋白修饰模式忠实于亲代。这也是所谓"表观遗传"的特性。

5. DNA 复制有关的酶类和蛋白质 如上所述,DNA 复制的整个过程是在一系列酶类的精确协调下完成的,并且需要一些其他蛋白质和 RNA 引物。一般认为,这些分子的大部分组成一个多酶复合体,作为一个整体沿着 DNA 分子移动,使得两条链上的 DNA 合成得以协调进行。1957 年发现的 DNA 聚合酶Ⅲ是第一个被发现的催化核苷酸聚合的酶类,它以 4 种脱氧核糖核苷酸为原料,在一个短的 RNA 引物的 3′-OH 为起点,催化 DNA 合成。表 4-2 对大肠埃希菌该体系中的主要蛋白质作了简介。真核细胞多数有着相应的成分,但有些分工更细、更复杂。

表 4-2 参加大肠埃希菌 DNA 复制的蛋白质及其功能

蛋白质	功能
DnaA 蛋白(起始因子)	识别起始顺序在复制起始点打开双链
DnaB 蛋白(解旋酶)	松解 DNA 双螺旋
DnaC 蛋白	辅助解旋酶结合到起始点
DNA 拓扑异构酶Ⅰ和Ⅱ	解除 DNA 超螺旋并防止链缠绕
DnaG 蛋白(引物酶)	合成 RNA 引物(前导链上一个,后随链上多个引物)
SSB 蛋白(单链结合蛋白)	结合至单链 DNA 维持其单链状态
滑动钳夹	帮助 DNA 聚合酶稳定结合于模板链上

(续表)

蛋 白 质	功　　能
DNA 聚合酶Ⅲ	1. 延长新链(5′→3′聚合酶活性：以 DNA 为模板，在 RNA 引物 3′- OH 加上 dNTP) 2. 错配校读(3′→5′外切酶活性：切除错配 dNTP)
DNA 聚合酶Ⅰ	在冈崎片段之间除去引物并填补空隙，错配校读
DNA 连接酶	连接冈崎片段 3′- OH 与 5′- P

二、DNA 损伤修复可以不断进行

在环境中的 X 射线、紫外线、电离辐射、化学药品等因素的作用下，或者在细胞内部升高的活性氧(reactive oxygen species)作用下，甚至在正常生理条件下，正在复制或复制前后的 DNA 分子均可受到损伤而导致基因组 DNA 核苷酸序列改变，其后果之一是基因突变(mutation)。然而基因和基因组必须保持相对稳定。基因和基因组稳定性的实现依靠 DNA 损伤(DNA damage)的修复。在正常生理情况下，DNA 损伤后，通过细胞内多种酶的作用，可使损伤的 DNA 分子立即得到修复，恢复其正常序列和结构，这一过程叫作 DNA 修复(DNA repair)。DNA 修复的实施有赖于细胞 DNA 修复系统的存在，其中主要是各种酶，包括监测感知小型或大型损伤的分子和各种切除与修补的分子。与 DNA 复制一样，DNA 修复的基础也是碱基配对。

1. **对单链损伤的修复**　切除修复(excision repair)机制是针对 DNA 分子中一条单链的损伤的，是一种多步骤的酶反应过程，首先将受损的 DNA 部位切除，然后再合成一个片段连接到切除的部位以修补损伤。有两种常见的切除修复，一种是对"小型"损伤的碱基切除修复，一种是对"大型"损伤的核苷酸切除修复。

碱基切除修复首先由一系列 DNA 糖化酶识别 DNA 中受损的碱基然后加以水解去除。糖化酶在 DNA 链上移动，能特异识别脱氨的胞嘧啶和腺嘌呤、烷化或氧化的碱基、开环的碱基等，并将这些碱基从糖环上去除。这一切除然后被 AP 核酸内切酶(A 指"apurinic"，去嘌呤的；P 指"apyrimidinic"，去嘧啶的)识别。这种内切酶和磷酸二酯酶随即将受损的核苷酸在其磷酸二酯键处整个切除，结果是在核苷酸链上留下一个微小缺口，最后由 DNA 聚合酶催化加入一个新的核苷酸，由 DNA 连接酶封闭缺口。

核苷酸切除修复可以修复任何一种 DNA 单链的损伤，通常是"大块"损伤，例如碳氢化合物致癌剂与 DNA 碱基的共价结合，以及阳光紫外线造成的各种嘧啶二聚体。一种多酶复合物能够测知此类引起双链变形的大块损伤，然后从两翼打破一段核苷酸单链的磷酸二酯键，再将其整段剥离，留下的大缺口由 DNA 聚合酶以完好的互补链为模板催化合成一段新链，由 DNA 连接酶封闭缺口。

2. **对双链断裂的修复**　最危险的 DNA 损伤是双链断裂，这往往由电离辐射、氧化物、异常代谢产物引起。DNA 复制过程中的错误，例如复制叉停顿或断裂，也可以造成双链断裂。若不及时修复，这种损伤将造成染色质片段化、基因丢失。细胞有两种机制应对此种剧烈损伤,一种是"非同源末端结合",一种是"同源重组"(图 4-19)。

在非同源末端结合(non-homologous end joining)的修复形式中,双链 4 个断端被简单联结在一起,连接处往往丢失若干核苷酸(图 4-19a)。这种形式的 DNA 修复在哺乳动物体细胞中经常发生,一般发生在细胞周期的 G_1 期,即细胞开始长大而尚未开始 DNA 复制时。虽然这种"快速而粗糙"的修复实际上造成 DNA 序列的改变,可能导致基因突变,但是鉴于基因序列占据整个基因组很小部分,这种修复方式是可行的,不过也就此在基因组留下很多"伤疤",该处的 DNA 序列因不精确的修复而存在错误。一个人活到 70 岁,整个基因组留下此种"伤疤"可多达 2 000 处。正常染色体分子的末端因为端粒结构的形成,不会被细胞误认为双链断裂。

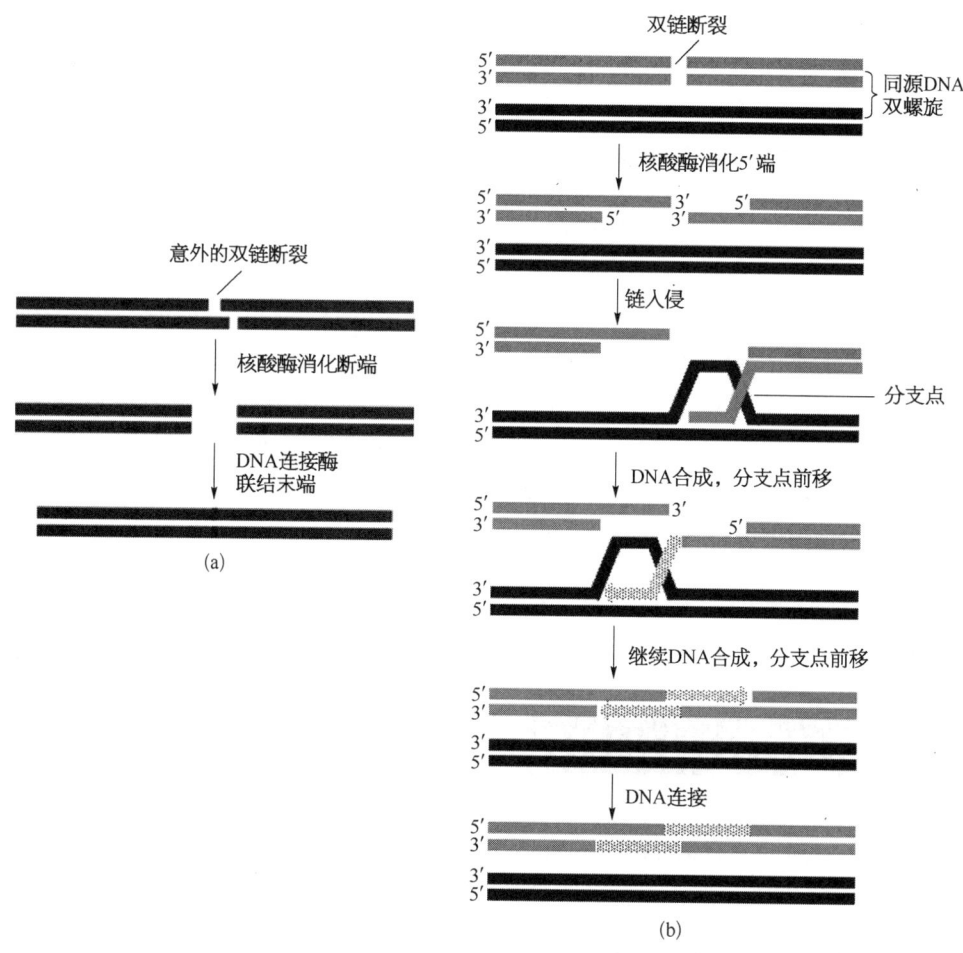

图 4-19　修复 DNA 双链断裂的两种途径
(a) 非同源末端结合;(b) 同源重组(改自 Alberts 等,2008)

相比之下,同源重组可以介导精确的双链断裂修复,当然其过程也复杂和困难得多。同源重组(homologous recombination)是两个相近或相同的 DNA 分子之间发生核苷酸序列交换而实现的遗传信息重组,所介导的修复只能发生在 DNA 复制过程中(S 期),或刚刚复制以后、细胞分裂之前(G_2 期),此时存在姐妹染色单体,并且彼此位置靠近,其中一个双螺旋可以作为另一个双螺旋断裂修复的模板。同源重组修复过程的简单描述是：① 切除：一个双螺旋的 DNA 双链断裂后，断裂口 5′端的一段被切除。② 链入侵：断裂口 3′端凸出的那段链伸入到另一个相近或相同的完好的双螺旋中，以其中互补链为模板，由 DNA 聚合酶合成一段新链，弥补了断裂链上的相同序列缺失。随后在 DNA 连接酶的作用下，以磷酸二酯键使新片段与旧链相连接，从而完成修复过程（图 4-19b）。

总的来说，同源重组是利用序列同源的 DNA 双螺旋产生新 DNA 片段，并重新组合的过程，能够对各种原因造成的双链断裂进行无错修复。由于这一过程对细胞至关重要，同源重组的酶类是进化上高度保守的。除了用于 DNA 损伤修复，高等动物细胞中天然的同源重组通常在有性生殖过程中发生，即在性细胞成熟发生减数分裂时，来自雌雄双方的同源染色体的部分遗传物质可实现交换，导致基因重组。同源重组也是生物体基因重排、遗传进化的重要机制。

三、遗传信息以基因为单位进行表达

从上面内容我们看到细胞如何通过 DNA 复制将其遗传信息以不变的形式传递给子代，那么细胞又是如何解读并利用这些信息的呢？用四个字母即 DNA 的四种脱氧核糖核苷酸写成的遗传指令如何指导形成一个细菌或一个人，或一个人的不同细胞？这就是遗传信息的表达及其调控问题。我们的细胞中每秒钟发生着千百次这个过程，但我们对此却有着太多的未知问题。人类基因组的 DNA 序列都已清楚，而我们对很多基因确切的起止位置仍不清楚，对它们在个体发育中表达的起止时间、它们应答环境信号表达开启或关闭的机制也不清楚。这里我们介绍遗传信息表达的一些基本概念，而基因表达如何在细胞内外各种因素调控下发生改变，将在第十章和第十一章中介绍。

遗传信息的表达就是基因的遗传信息通过转录（transcription）为 RNA 分子并翻译（translation）为蛋白质分子的过程。基因是遗传信息表达的单位，因此常用"基因表达"表示"遗传信息的表达"。换言之，遗传信息表达就是信息从基因 DNA 转移到蛋白质的过程（图 4-20）。举例来说，红细胞专一负责氧运输而胰岛 B 细胞专一制造胰岛素，在一个人身上这样两个细胞所携带的遗传信息是完全一样的，两种细胞在形态和功能上的巨大差异缘于它们基因表达谱的差异，比如红细胞表达血红蛋白而胰岛 B 细胞表达胰岛素。

转录（transcription）是以 DNA 为模板合成 RNA 的过程。转录产物主要有三种：

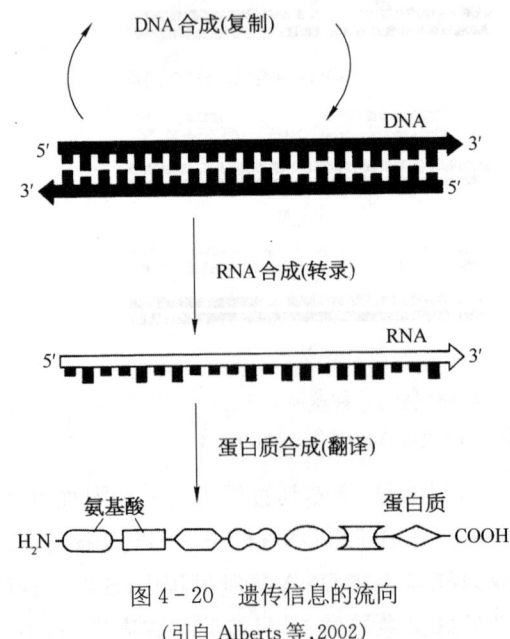

图 4-20 遗传信息的流向
（引自 Alberts 等，2002）

信使RNA(mRNA)、核糖体RNA(rRNA)和转运RNA(tRNA)。mRNA像信使一样把遗传信息从细胞核内转送至胞质,然后在那儿遗传信息被翻译成蛋白质合成的序列。tRNA和rRNA和一些小分子RNA等非信使RNA不用作翻译的模板,而是在细胞内发挥结构和酶活性组分的作用,参与蛋白质生物合成或是参与转录物前体的加工。rRNA构成核糖体的核心,mRNA正是在核糖体上被翻译成蛋白质的,而tRNA则作为衔接分子参与翻译事件。

1. **中心法则及其变通和补充** 遗传信息的流向是从DNA到RNA再到蛋白质,这一基本原则称为分子生物学的中心法则(图4-20)。从细菌到人类的所有细胞都遵循这一法则表达遗传信息。当然,中心法则的通用性存在一定的变化,这体现在两点:第一,真核细胞对DNA遗传信息的解读受到RNA这个环节的很大影响。真核RNA转录物在细胞核里要经历一系列剪接加工才运到细胞质中指导蛋白质,这种剪接加工可能使RNA所传达的信息发生重要的改变,而这正是真核细胞解读遗传信息的特有方式。第二,遗传信息流的终端并不总是蛋白质,有些基因的终产物是RNA,这些RNA分子像蛋白质分子一样,可以折叠成特异的三维构造从而形成重要的结构和催化活性。当遗传信息由RNA传递给DNA时称为逆转录,逆转录发生在一些病毒中。逆转录作用的发现是对分子生物学中心法则的补充。

2. **基因的转录**

(1) 转录过程:基因转录的过程是在细胞核内RNA合成酶系作用下,以DNA的一条链上的一段序列为模板,按照碱基配对原则,由RNA聚合酶催化合成一个与模板序列互补的RNA分子。转录产物常叫作转录物或转录本(transcripts),是三种RNA。遗传信息在RNA中还是用在DNA中同样的字符——核苷酸"书写"的,为此,遗传信息的这一转移叫作"转录"。

RNA与DNA两种分子的总体结构存在较大差别。DNA总是以双螺旋形式存在,而RNA以单链形式存在,这样RNA链就易于折叠成各种三维结构。与DNA的功能仅仅储存遗传信息不同,RNA在细胞内还发挥特殊的结构和催化作用,而RNA形成特异三维结构才使RNA分子得以实现这些功能。

实施转录的酶叫RNA聚合酶。转录起始和结束是由DNA上特殊序列对RNA聚合酶发出信号而实现的。在细菌,RNA聚合酶先是与DNA分子发生随机碰撞,酶倾向于附着在DNA上,然后沿着DNA滑动。当聚合酶遇到称为启动子的特异序列,它就会牢固结合于DNA上,随即打开其前方的双螺旋,使两条DNA链上的一小段序列得以暴露,以其中的一条链作为模板,酶催化RNA链合成。与DNA复制中类似,核糖核苷酸在酶作用下,通过磷酸二酯键的联结,以$5'\rightarrow 3'$方向逐一加在RNA链上。RNA链不断延长,直至聚合酶遇到DNA上第二个信号——终止子,酶停止前进,并释放DNA模板和新合成的RNA链。因此转录的过程可以人为地分成起始、延长和终止三个阶段,以细菌基因的转录为例,是一个包含7个步骤的循环(图4-21)。① RNA聚合酶与能识别基因启动子的σ(sigma)因子组装在一起结合到启动子上;② 聚合酶解开DNA双螺旋;③ 转录起始;④ 合成最初十来个核苷酸后,聚合酶解除与启动子和σ因子的结合,沿DNA模板链前移合成RNA,RNA链延长;⑤ 转录高效推进,直至聚合酶遇到基因的终止子而使转录终止;⑥ 聚合酶与 DNA 链解离,并释放 RNA 链;⑦ 终止信号同时起到使 RNA 链形成特定结构、脱离聚合酶的作用。σ 因子可以再与聚合酶核心酶组装进行下一个基因转录。

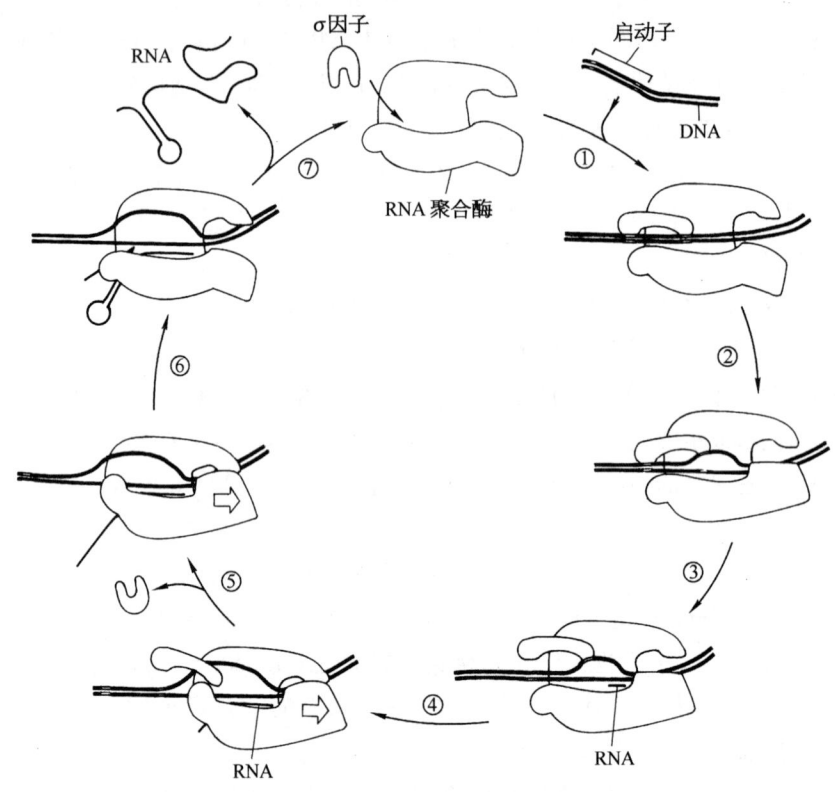

图 4-21 RNA 聚合酶催化基因转录
(引自 Alberts 等,2008)

真核生物有三种 RNA 聚合酶,它们分别识别三类启动子。RNA 聚合酶 I 识别 rRNA 启动子,RNA 聚合酶 II 识别 mRNA 启动子,RNA 聚合酶 III 识别小分子 RNA 启动子,从而催化 tRNA 和 5S rRNA 合成。

(2) 非编码 RNA:在基因转录的产物即各种 RNA 中,mRNA 用于编码蛋白质,而 rRNA 和 tRNA 分别用于合成核糖体和专一性地运输氨基酸,因此,后两种 RNA 均为非编码 RNA。不用于编码蛋白质的 RNA 分子叫作非编码 RNA(non-coding RNA)。除了 rRNA 和 tRNA,细胞还产生其他几大类非编码 RNA。近年研究揭示了一些令人惊讶、前所未知的现象,表明非编码 RNA 数量极其巨大,目前已发现几百种,功能极其多样,涉及基因的转录和翻译以及染色体分子的复制、结构和包装等多个方面,对细胞活动非常重要。由此我们看到,RNA 除了作为中心法则中遗传信息的中间介导者外,还承担了许多重要功能,可以对 DNA 起到多种形式的调控。主要的非编码 RNAs 有以下几大类。

1) 小分子核内 RNA(small nuclear RNAs,简称 snRNAs),参与多种核内事件,最重要的是进行 mRNA 前体的剪接。

2) 小分子核仁内 RNA(small nucleolar RNAs,简称 snoRNAs),在核仁内对 rRNA 进行加工和化学修饰。

3) 微小 RNA(microRNA,简称 miRNA),通过选择性地阻断特异的 mRNA 翻译成蛋白质的过程而调控基因表达。目前已知存在 400 多种微小 RNA,可以调控 1/3 的编码基因。它们通过碱基配对与特异 mRNA 结合,影响 mRNA 的稳定性和翻译。它们作用的特点是:一个 miRNA 可以调控一整套具有相同 UTR(非翻译区)序列的不同 mRNA,还可以组合调控。

4) 小干扰 RNA(small interfering RNA,简称 siRNA),通过指向性地降解特异的 mRNA 和形成紧缩的染色质结构而关闭基因表达。当细胞内出现双链 RNA——例如来自病毒的,细胞会激发 RNA 干扰过程,利用介导微小 RNA 引起的剪切一样的机制和酶类对双链进行剪切,产生的双链片段即为小干扰 RNA,其一条链与互补的目标 mRNA 相结合,进一步引发剪切。RNA 干扰是细胞的防卫机制,用来清除外源 RNA。它也可以引起 DNA 的甲基化和异染色质化,关闭特定的基因。

(3) 真核 RNA 的转录后加工:20 世纪 70 年代以前科学家一直对核内 RNA 的行为深感迷惑。他们发现转录出来的 RNA 在核内逐步缩短,而且核内的初级转录物只有约 5% 最终进入细胞质。1977 年意外地发现了真核基因与原核基因在结构上的巨大不同,从而解开了其中的谜团。真核细胞中的大基因一般都是外显子和内含子交替排列而成的长段 DNA 序列,而且内含子往往比外显子长得多,也就是说编码序列被大量非编码序列所间隔。而细菌的大部分基因编码序列是不间断的。真核细胞中转录出来的初级 RNA 转录物需经剪接加工才成为成熟的 RNA 分子(参见图 4-7)。此外,三种 RNA 还各需要一些特殊的加工才能被运输出核。

1) mRNA 加工:真核 mRNA 合成时,整个基因,包括内含子和外显子,首先被转录为一个长的初级 RNA 转录物,然后内含子序列被切除,外显子序列相连,产生一个短得多的 RNA 分子。这一过程叫作剪接。切除内含子的酶是一类由蛋白质和 RNA 组成的复合物,叫作核内核蛋白颗粒(snRNP)。它能识别内含子起始和中止的核苷酸序列,使内含子两端接近,并将切除的内含子序列像一个"套索"似地释放出来,然后联结 RNA 链。这一成熟的 mRNA 分子才可以指导蛋白质合成。

真核基因内含子和外显子的排列方式看似浪费,实际上在进化上有着积极意义。内含子的存在可以增加基因重组的机会,有利于新的和有用的蛋白质的产生。另外,在不同细胞或不同发育阶段,一个基因可以以不同方式剪接,从而产生不同的蛋白质,这也增加了基因表达调控的机会。

真核 mRNA 初级转录物在经历剪接之前,必须先经历两种特异的加工:5′端加帽和 3′端聚腺苷酸化。5′端加帽是在 5′端加上一个稀有碱基——甲基鸟嘌呤,3′端聚腺苷酸化是在 3′端加上一个多聚腺苷酸的尾(参见第二章)。加帽和聚腺苷酸化的作用是增加 mRNA 分子的稳定性和便于经核孔运输,另外,这两种末端加工可能对蛋白质合成机器提示了 mRNA 分子的完整性。

2) rRNA 加工:rRNA 是在核仁中转录出来的,rRNA 在成为成熟核糖体亚基之前需经历许多步骤的加工(详见本章第四节)。rRNA 前体在加工过程中也将一部分内含子序列切除。人类细胞中 rRNA 前体的初级转录物为 45S,长为 13～14 kb,而成熟的 28S rRNA 为 5.1 kb,18S rRNA 为 1.9 kb,5.8S rRNA 为 0.16 kb,总共约 7.2 kb,因此只有一半的初级转录物序列出现在成熟的 rRNA 分子中。在加工过程中 rRNA 前体还经历了广泛的碱基修饰,多数是在 $2'-OH$ 上甲基化,还有尿苷转变为假尿苷。5S rRNA 基因转录产物在核仁以外的核质内合成,不需要加工。

3) tRNA 加工：tRNA 前体中的内含子要比 mRNA 前体中的短,并且没有像在 mRNA 前体中发现的恒定的序列。tRNA 前体剪接加工过程中催化反应的酶是蛋白质而不是 RNA。另外,tRNA 前体中大约 10% 的碱基被修饰。

3. **基因的翻译** 20 世纪 50 年代后期科学家就认识到,DNA 编码蛋白质的信息先经 RNA 再传递到蛋白质,但是核酸的字符怎样转变成蛋白质的字符,即 RNA 蕴含的线性核苷酸序列怎样被翻译成另一套线性序列——氨基酸,是当时人们面临的难题。破解翻译所用的密码用了 10 多年时间。现在我们不仅完全清楚翻译的密码,对翻译的过程和蛋白质合成机器的特性也有了愈来愈多的了解,其中对于核糖体分子结构的认识是近年结构生物学领域的重大成果。

遗传信息的翻译即蛋白质的生物合成发生在细胞质中的核糖体上,三种成熟的 RNA 分子从核进入胞质后在这一过程中各自发挥重要作用。蛋白质合成过程详见第五章第一节。而核糖体的 rRNA 合成和加工以及核糖体的装配都发生在细胞核内的特殊区域——核仁中。

第四节　核　　仁

大多数真核细胞的间期核都有一个或数个核仁(nucleolus, nucleoli),在相差显微镜下的活细胞和普通光镜下染色的细胞中都易于见到。核仁的数目和大小可随细胞的生理功能状态不同而变化。在蛋白质合成旺盛的细胞中,核仁往往显得很大或有多个。核仁是核内的特殊区域,是细胞制造核糖体的装置。它虽然与核内其他区域没有明显分隔,但是形态、化学组成和功能上确实不同于核内其他部分。

一、核仁具有独特的化学组成和形态结构

分析离体的核仁,测得核仁的化学组成也是核酸和蛋白质,但是与染色质相比,蛋白质含量甚高,占 80%,主要是核糖体蛋白,RNA 占 11%,DNA 占 8%。核仁中的核酸主要是 rRNA 基因及其转录产物。

核仁呈圆或椭圆形,外无界膜包围,是由多种组分形成的一种网络结构。在电镜超薄切片中可以看到,核仁包括互相不完全分隔的三个部分：① 纤维中心(fibrillar center),呈浅染区,位于核仁中央部分。该部分含有从数条染色体上伸出的 DNA 襻环,上有核糖体 RNA(rRNA)基因。② 纤维成分(fibrillar component),位于浅染区周围,呈直径为 5～10 nm 致密纤维。该处含正在转录的 rRNA 分子。③ 颗粒成分(granular component),多位于核仁外周,呈致密的颗粒,颗粒直径 15～20 nm,为已合成的核糖体前体颗粒,因此

这些颗粒比细胞质中的核糖体颗粒略小些。

核仁随细胞周期进行而呈现周期性变化——形成和消失。细胞从间期进入分裂期时，染色质开始紧缩，含 rRNA 基因的 DNA 襻环逐渐缩回至相应染色体，rRNA 合成停止，核仁的纤维成分和颗粒结构均分散在核质中，整个核仁先是缩小，继而消失。细胞分裂结束时，在新生的子代细胞中，染色体松解、伸展为染色质，含 rRNA 基因的 DNA 襻环也重新伸入核仁区域，重新开始合成 rRNA，随着 rRNA 的积累和包装，核仁逐渐扩大，于是在这些 DNA 襻环周围又组建成新的核仁。先是有数个小核仁形成，随即小核仁互相融合成一个或数个大核仁。

二、核仁的功能是合成、加工核糖体 rRNA 和装配核糖体

核仁是细胞中合成和加工 rRNA、装配核糖体亚基的场所。人类的 rRNA 基因位于 5 条不同的染色体上，它们是 13、14、15、21、22 号染色体(图 4-6 核型所示 5 条染色体的短臂末端部位)。就是说在二倍体细胞 46 条染色体上，有 10 条分布着 rRNA 基因。在核仁这个特殊区域内，集结着这 10 条染色体的含 rRNA 基因的大襻环(图 4-22)。在襻环上，rRNA 基因以前后串联(tandem)的方式成串排列，每条襻环上的一串 rRNA 基因叫作一个"核仁组织者"(nucleolus organizer)区段，简称为 NOR。在细胞分裂完成后，新的核仁就是以每个核仁组织者为中心形成、融合，从而从多个小核仁成为一个或数个大核仁的。细胞对核糖体的需求量是非常大的，与此相适应，rRNA 基因数目很大，重复存在，并且以高速度进行着转录。人类细胞二倍体基因组含有约 200 个 rRNA 基因拷贝，这些基因拷贝重复排列在上述 10 条特定染色体上，每个基因拷贝(长 8～13 kb)与下一个基因拷贝之间由一段叫作间隔 DNA (spacer DNA)的非转录区隔开。

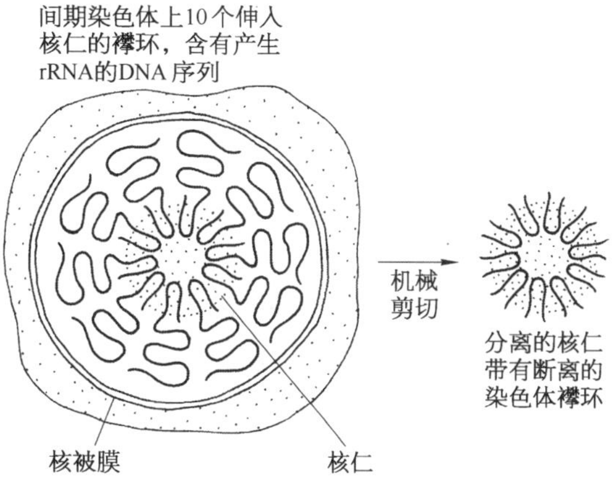

图 4-22 核仁中含 rRNA 基因的 DNA 襻环

(引自 Alberts 等，2002)

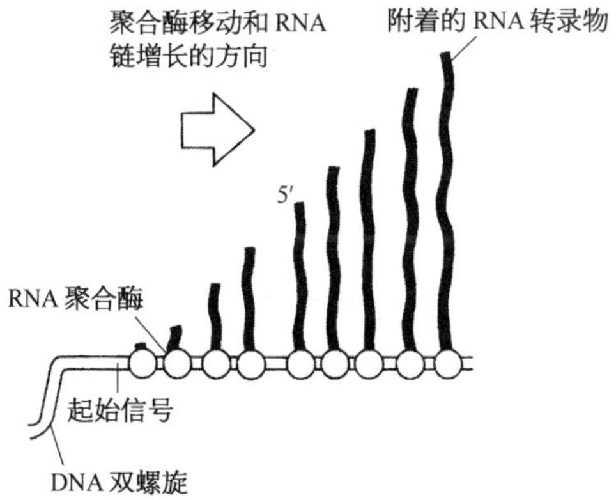

由于 rRNA 基因的重复排列和高速转录，在电镜下观察分离的核仁，可以看到在一段段染色质纤维上垂直伸出的许多转录产物以扇形排开，构成一个个圣诞树状的转录单位(图 4-23，图中仅示"树"的一侧)。

图 4-23 转录单位

(引自 Alberts 等，1994)

图的最左端为树顶部,是 DNA 3′端,是转录起始端,靠近这端的 RNA 转录物较短。随着转录向 DNA 5′端推进,转录物逐渐加长,直至"圣诞树"基部(图最右端),该处出现转录终止信号,催化转录的 RNA 聚合酶消失,转录结束。在每个转录物与 DNA 相连的位置上可见一个个膨隆的小点,这是催化转录的 RNA 聚合酶Ⅰ所在之处,每条转录物的末端(即 5′端)都可以见到一个致密的小结节(图中未出现),这可能是刚合成的 rRNA 分子上结合了蛋白质颗粒从而开始核糖体装配过程的表现。连接前后两棵"圣诞树"主干的这段 DNA 就是间隔 DNA,其上无转录物。

在人类细胞,核仁内 rRNA 基因由聚合酶Ⅰ转录。以上所述 rRNA 基因转录的圣诞树样形态,是 1969 年 Miller 在两栖类卵母细胞核仁内首先发现的。以后在哺乳动物细胞核仁内也发现了这种结构。现在一般认为,产生 mRNA 和 tRNA 的基因转录过程也大致如此,只不过在 mRNA 和 tRNA 转录时,转录酶(RNA 聚合酶Ⅱ、Ⅲ)的分子数较少,转录产物较短,mRNA 和 tRNA 基因也不是大量重复排列,所以在核仁以外的细胞核区域没有典型的圣诞树式结构可见。

核仁内 rRNA 基因的初级转录物是 45S rRNA,长约 13 000 bp,在它最终装配成大、小核糖体亚基离开核之前,还要经历一个加工、成熟的过程。这一个过程包括以下一些步骤:与来自胞质的 70 多条多肽链结合形成一个核糖核蛋白复合体(RNP);裂解成 3 个终末 rRNA——28S rRNA、18S rRNA、5.8S rRNA;接受来自核仁外的 5S rRNA;28S rRNA、5.8S rRNA 和 5S rRNA 与约 49 种蛋白质,18S rRNA 与约 33 种蛋白质分别装配成大亚基和小亚基(图 4-24,图 4-25)。含 18S rRNA 的小亚基比 28S rRNA、5.8S rRNA 和 5S rRNA 装配成的大亚基成熟得快,较早出现在胞质内。5S rRNA 基因是在核

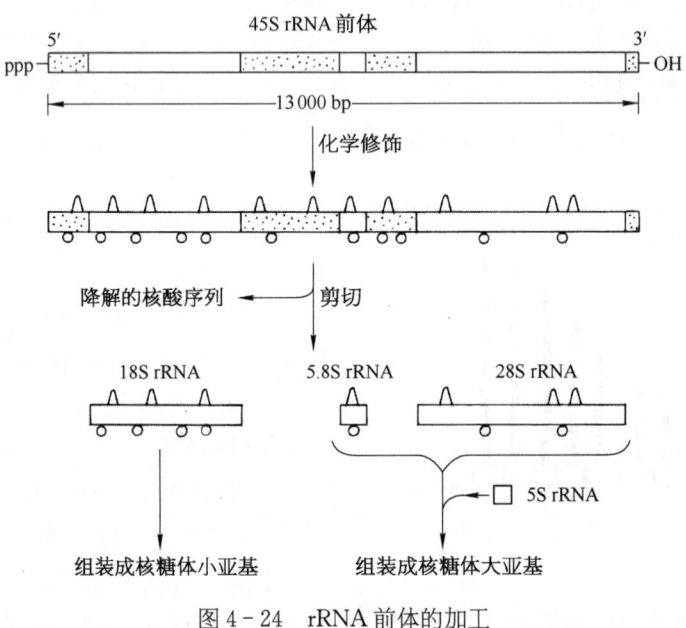

图 4-24　rRNA 前体的加工
(引自 Alberts 等,2008)

仁以外区域由 RNA 聚合酶Ⅲ转录的。大、小亚基分别经核孔运送至细胞质,最终在胞质内成为成熟的核糖体,这样就不会发生有功能的核糖体在核内与 mRNA 前体相互作用的情形了。成熟核糖体的功能是合成蛋白质,这将在第五章中作介绍。

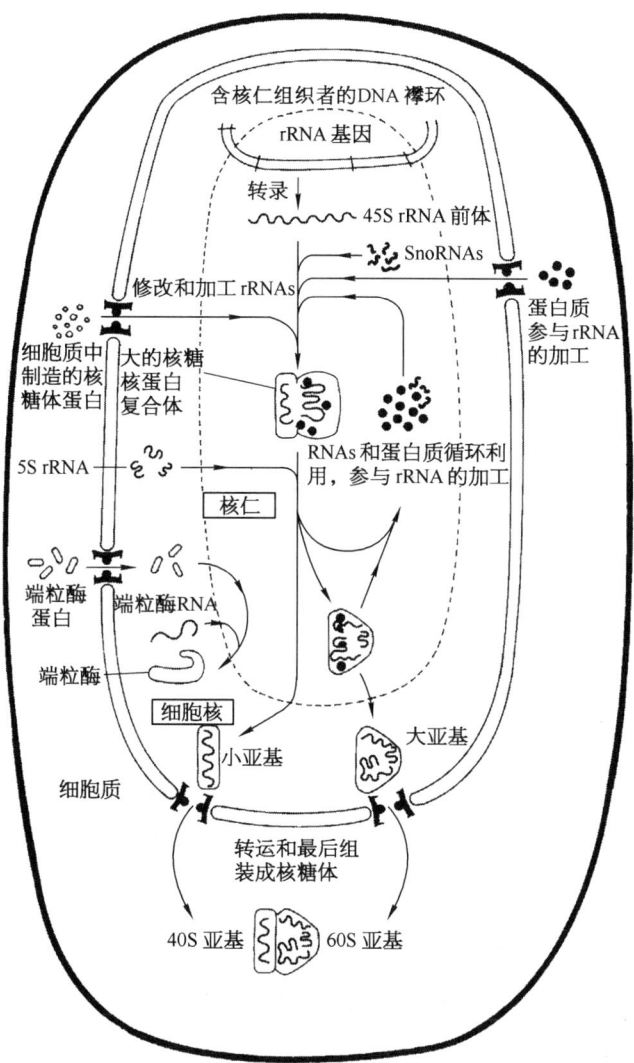

图 4-25　核仁功能:核糖体的形成
(引自 Alberts 等,2008)

核仁的功能长期以来被认为单纯是核糖体 RNA 的转录、加工和核糖体装配,但是近10 年来随着蛋白质研究手段的更新,人们惊讶地发现核仁可能还有另外的功能,因为核仁中存在许多先前不为人知的蛋白质,其作用与核糖体合成和装配无关,而且它们在核仁与核质(即核仁以外的核区域)之间发生频繁的穿梭,这提示核仁可能是一些核蛋白的"临时居所",便于这些核蛋白在细胞需要时"就近"与其他核蛋白或核酸发生相互作用。对于核仁新功能的认识正在逐步深化。

第五节 细胞核与疾病

细胞核是细胞生命活动的控制中心,一旦核内物质在形态结构和功能上发生了改变,在临床上就会引起各种疾病。我们将分四方面加以介绍:第一是染色体的改变,称为染色体畸变(chromosomal aberration),可在光镜下经过核型和带型技术进行识别;第二是基因水平的改变,称为核基因突变(gene mutation),可在分子水平上,通过对构成基因成分的核苷酸种类、数目和排列顺序的确定加以认知;第三是核纤层、内层核膜蛋白质缺陷与肌肉、神经等遗传性疾病;第四是细胞核改变与肿瘤的密切关系。

一、染色体畸变造成染色体病

每一个物种的染色体不论在数目上还是形态结构上基本是一致的。人类正常染色体数为46条,配成23对,每一对的2条染色体具有相同的形态和固定的长臂-短臂结构。但是,由于物理(如X射线等)、化学(如烷化剂等)和生物(如某些病毒)因素的影响,常会引起染色体数目和结构的改变,这些改变如果发生于胚胎发育时期将导致人类严重的先天性疾病——染色体病。例如唐氏综合征(Down syndrom),又称21三体综合征(trisomy 21),是以21号染色体从正常的2条变为3条为特征的,是最常见的人类染色体异常。该病因英国医生J.L. Down于1866年描述病状而得名,由J. Lejeune于1959年确认此病为21三体综合征。

染色体病常导致患儿生长发育迟缓,智力低下,一般均有多发性先天畸形,如唐氏综合征就表现为认知能力和体格生长滞后,面部和手指畸形等。有些染色体异常的个体,影响生育后代,严重危及人类健康和繁衍。

目前在已发现的数千种人类遗传性疾病中,染色体病就有500余种,随着诊断技术的不断提高,新的病种还在不断增加。

二、许多遗传性疾病是单一基因突变引起的

生殖细胞系核基因发生突变,可以引起下一代的遗传性疾病,常见为分子病(molecular disease)和先天性代谢缺陷(inborn error of metabolism)。

分子病是指蛋白质分子的结构和数量异常所引起的疾病。例如镰状细胞贫血就是由于血红蛋白分子的β链上第6位谷氨酸的编码GAG突变为缬氨酸的编码GTG所致。除血红蛋白病外,还有各种血浆蛋白异常、免疫球蛋白异常、受体蛋白异常等。目前发现的血红蛋白分子病就有700多种。

先天性代谢缺陷是由于编码酶蛋白的基因突变导致合成酶蛋白异常,或者由于调控系统基因突变,导致酶合成量减少而引起遗传性酶缺陷,造成代谢紊乱。例如苯丙酮尿症(phenylketonuria, PKU),患者由于编码苯丙氨酸羟化酶的基因突变,且为纯合突变型,

因而不能形成苯丙氨酸羟化酶,体内蛋白质分解的苯丙氨酸不能转变成酪氨酸,而经代谢旁路形成苯丙酮酸和其他代谢产物聚集在血液和脑脊液中,部分经尿排出,导致苯丙酮尿症。由于这种代谢紊乱,致使患儿脑发育障碍而成为智力低下。先天性代谢缺陷虽大部分属罕见病,但病种很多,危害很大,现已证实有2 000种左右。

三、核纤层病是核纤层蛋白的基因突变的结果

如前所述,核纤层蛋白A和C负责与染色质分子结合,核纤层蛋白B则通过核纤层蛋白B受体与内层核膜锚定。已知核纤层蛋白A和C基因上可以有多达180个突变,与10多种人类疾病有关,因此产生了核纤层病(laminopathies)这一术语。令人不解的是,虽然核纤层在所有人体细胞都存在,核纤层病却主要表现为肌肉(骨骼肌和心肌)、神经、脂肪组织方面异常,还有早老症(Hutchinson-Gilford progeria)。核纤层蛋白异常引起这些疾病的机制还不清楚,假如说因为核膜不能正确装配而在肌肉这样会收缩的细胞中细胞核易于损伤,那么在脂肪和神经细胞中这就不能成为理由。因此推测还是因为核纤层蛋白异常影响了染色质的有序包装、锚定乃至基因的表达。

内层核膜上介导核纤层与核膜结合的特异蛋白质也有致病性基因突变。1994年发现X染色体连锁的Emery-Dreifuss肌萎缩症是作为核纤层蛋白B受体的emerin发生突变引起的,由此揭示了内层核膜蛋白缺陷与疾病关联的冰山一角。现在知道有80种核膜蛋白与至少14种疾病相关,疾病类型与核纤层病相同,提示其致病原因也是通过核纤层蛋白异常影响了染色质的有序包装、锚定和基因的表达。例如emerin蛋白介导异染色质与核膜的结合,其突变会影响异染色质的结构和功能。

四、细胞核的多种异常与肿瘤有关

发生癌变的细胞中可观察到明显的核形态改变,也可以检测到染色体的畸变和核基质的异常,而基因组不稳定则是癌细胞的标志。

1. **细胞核形态异常**　与正常细胞相比,肿瘤细胞通常有较大的细胞核,因此以高的核/质比为特点,而且核结构呈异型性,表现为核外形不规则,核表面凸出或向内凹陷,核分叶,核出芽,核呈桑椹状或弯月形等。染色质多聚集在近核膜处,并呈粗颗粒状,大小不等,分布不均匀。核仁呈高rRNA转录活性,表现为体积增大,数目增多,反映出肿瘤细胞代谢活跃、生长旺盛的特点。同时,构成染色质的组蛋白磷酸化程度增加,使分子中赖氨酸所带电荷改变,降低与DNA的结合,促进转录。此外,由于进行频繁的物质转运,核孔数目显著增加。

2. **基因组不稳定**　各种致癌因素诱发细胞癌变的过程毫无例外地包含基因组不稳定的改变。基因组不稳定(genome instability或genomic instability)也称遗传不稳定(genetic instability),是指基因组内高发各种突变的状况,包括核苷酸序列突变、染色体重排和非整倍体(aneuploidy),而这些异常也成为癌细胞的特征。基因组不稳定的主要原因是DNA损伤修复的缺失和错误。细胞分裂过程的异常(例如纺锤体装配错误)造成染色

体错误的、不完整或不均等的分配,也是基因组不稳定发生的原因。

家族性肿瘤存在特定基因的突变,而散发性肿瘤则一般累积了一系列基因的突变,这些基因往往是控制细胞增殖、分化和凋亡的关键基因,突变的结果是基因产物的过度表达、过度激活,或相反,缺失、活性丧失。因此,相应的基因被叫作"癌基因"和"抑癌基因"。

几乎所有的肿瘤细胞都有染色体的畸变,包括数目异常和结构异常。肿瘤细胞染色体的数目常偏离正常的二倍体,出现超二倍体、亚二倍体及多倍体;形态不规则,表现为易位、重复、缺失、倒位、环状等。染色体的改变随细胞恶性程度的增加而增加,如果对患者的细胞进行染色体检查时,出现非整倍染色体和标记染色体,便可确定为恶性变化,可作为肿瘤诊断的客观指标。如慢性粒细胞白血病(chronic myelogenous leukemia, CML)患者的细胞中,大约95%个体都含有一条被称为Ph′的染色体,它是由22号染色体长臂与9号染色体长臂之间部分区段易位后所形成的比正常22号更小的染色体。此外,在视网膜母细胞瘤中可见13号染色体长臂的中间缺失,在Wilms瘤中可见11号染色体短臂的中间缺失。

参与DNA复制、损伤修复的酶和蛋白的基因发生突变将导致基因组的不稳定,可以是多种疾病包括肿瘤发生的原因。例如常染色体隐性遗传病Bloom综合征表现为日晒后皮肤红疹、特殊面容和免疫力低下等表型,对白血病和各种肿瘤易感,是与BLM基因纯合突变直接相关的。该基因编码的DNA解旋酶是DNA复制和修复所需要的,突变造成该酶不表达或活性低下,患者细胞的频繁发生姐妹染色单体交换、DNA双链断裂和重排,累积了大量突变。

本 章 小 结

细胞核是真核细胞特有的亚细胞结构,是遗传信息储存、复制和转录的地方。细胞核在细胞有丝分裂期解聚消失,在分裂间期重新装配形成。细胞核由核被膜包围,内含染色质。染色质由DNA和蛋白质组成。组蛋白主要负责把DNA双螺旋包装成核小体和30 nm纤维,非组蛋白主要是与DNA复制、转录、修复相关的酶、转录因子和辅助蛋白,还负责把染色质包装成更紧缩的结构——包括襻环和球状结构。染色质最重要的功能就是携带基因。基因是DNA分子中能产生一个有功能的RNA分子的一段核苷酸序列。DNA分子的完整复制和正确分配有赖于多个复制起始点、一个着丝粒、两个端粒这样三种必需序列。异染色质是包装更紧缩的染色质结构,其中不含基因或所含基因无表达活性。相反,常染色质是伸展的纤维,其上基因活跃表达。间期伸展的染色质在分裂期包装成球形的染色体。核仁是核糖体RNA转录、加工和核糖体装配的场所。核仁的结构也经历分裂期解聚、间期重新装配并融合的过程。细胞核的功能体现在遗传信息贮存、遗传物质复制、修复和基因表达,由此控制细胞功能以及细胞代谢、生长、增殖、分化等活动。细胞核这些功能的变异与许多人类疾病有关。

(张春斌 易 静)

参 考 文 献

[1] Alberts B, Bray D, Lewis J, et al. Molecular Biology of the Cell[M]. 4th ed. New York: Garland Science, 2002.

[2] Alberts B, Johnson A, Lewis J, et al. Molecular Biology of the Cell[M]. 5th ed. New York: Garland Science, 2008.

[3] Lodish H, Berk A, Kaiser CA, et al. Molecular Cell Biology[M]. 6th ed. New York: W H Freeman, 2008.

[4] Lewin B, Cassimeris L, Lingappa VR, et al. Cells [M]. Sudbury: Jones & Bartlett Publishers, 2007.

[5] Goodman SR. Medical Cell Biology[M]. 3rd ed. Burlington: Academic Press, 2008.

[6] Karp G. Cell and Molecular Biology[M]. 5th ed. New York: John Wiley & Sons Inc, 2008.

[7] Alberts B, Bray D, Hopkin K, et al. Essential Cell Biology[M]. 3rd ed. New York: Garland Science, 2010.

[8] Alber F, Dokudovskaya S, Veenhoff LM, et al. The molecular architecture of the nuclear pore complex[J]. Nature, 2007, 450(7170): 695-701.

[9] Hsia KC, Stavropoulos P, Blobel G, et al. Architecture of a coat for the nuclear pore membrane [J]. Cell, 2007, 131(7): 1313-1326.

[10] Terry LJ, Shows EB, Wente SR. Crossing the nuclear envelope: hierarchical regulation of nucleocytoplasmic transport[J]. Science, 2007, 318(5855): 1412-1416.

[11] Boisvert FM, van Koningsbruggen S, Navascués J, et al. The multifunctional nucleolus[J]. Nat Rev Mol Cell Biol, 2007, 8(7): 574-385.

[12] Hanahan D, Weinberg RA. Hallmarks of cancer: the next generation[J]. Cell, 2011, 144(5): 646-674.

第五章 细 胞 质

原核细胞的结构比较简单,没有细胞核和细胞质(cytoplasm)之分,细胞内各种物质如 DNA、RNA 和蛋白质等都混杂在一起,因此代谢效率和细胞功能停留在较低的水平。真核细胞不同于原核细胞的一个主要特点是细胞内部被膜结构分隔成具有不同形态、结构和功能的各种区室,其中包括细胞核以及核膜外、质膜内的细胞质部分。由于这种区室化使得不同的酶及其催化的反应可在不同的空间进行,大大提高了反应的效率。例如,核膜的出现导致了转录和翻译的相关反应分开在核与质两个空间进行。这些由内膜分隔和包围形成的特定结构被称为细胞器,除了细胞核之外,还包括胞质中的内质网、高尔基体、溶酶体、过氧化物酶体、线粒体等结构。它们每一种都有着特有的酶系统和其他大分子物质,行使不同的代谢和生理功能。除了以内膜形成区室之外,细胞另一个提高反应效能的表现是将参与反应的诸多成分聚拢在一起,形成一个反应的复合体,如负责蛋白合成的核糖体以及完成蛋白降解的蛋白酶体等。本章主要介绍细胞质内这些复合体、各种细胞器和细胞骨架的化学组成、结构和功能。

第一节 核 糖 体

蛋白质生物合成(biogenesis of proteins)是细胞构建蛋白质的过程,也称为基因的翻译。它是一个高度特异的分子间相互作用的多步骤的化学反应过程。根据生物学中心法则,DNA 上的遗传信息通过转录传递给 RNA,RNA 分子中由核苷酸组成的遗传信息再被翻译成为由氨基酸组成的蛋白质。在一个哺乳动物细胞内平均每秒钟能合成 100 多万个肽键,这需要 RNA 分子和一些辅助因子的参与。如果这些反应在细胞的游离组分中进行,那么蛋白质的合成效率就很低,因为合成过程中所需的各种分子之间随机碰撞的概率很低。核糖体为蛋白质的生物合成提供了一个理想的场所,它像一种蛋白质的装配机器,使蛋白质的生物合成过程高效有序地进行。核糖体这一特殊结构使编码遗传信息的 mRNA、携带氨基酸的 tRNA 分子和其他众多因子集中在一个较局限的空间里,能快速有序地完成蛋白质合成的各种反应。

一、核糖体由两个大小不同的核糖核蛋白复合体亚基组成

1. **核糖体的形态、结构和化学组成** 核糖体(ribosome)是由核糖体 RNA(rRNA)和蛋白质组成的核糖核蛋白体颗粒状结构,最早由 Robinson 等在 1953 年用电子显微镜观察发现。电镜下,核糖体是一种致密的小颗粒,直径 15～25 nm,由大小不同的两个亚基组成(图 5-1)。核糖体存在于所有类型的细胞中,功能是在 mRNA 携带的遗传信息的指导下利用氨基酸合成蛋白质。但是,真核细胞的核糖体要比原核细胞的大,其分子量为 4 200 kD 左右。用离心的沉降系数 S(Svedberg 沉降系数单位)表示为 80S。其中,大亚基为 60S,由 5S rRNA、28S rRNA、5.8S rRNA 以及 49 种蛋白质组成;小亚基为 40S,由 18S rRNA 和 33 种蛋白质组成。原核细胞的核糖体以及真核细胞中线粒体和叶绿体的核糖体均是 70S 的核糖体,分子量为 2 500 kD 左右。其中的大亚基为 50S,由 5S rRNA、23S rRNA 以及 34 种蛋白质组成;小亚基为 30S,由 16S rRNA 和 21 种蛋白质组成。核糖体的大小亚基通常在细胞内分散于细胞质基质中,只有在行使蛋白质合成功能时,小亚基与 mRNA 结合,再与大亚基结合在一起形成完整的核糖体。在蛋白质合成结束时,大小亚基解离,又分散到细胞质基质中。

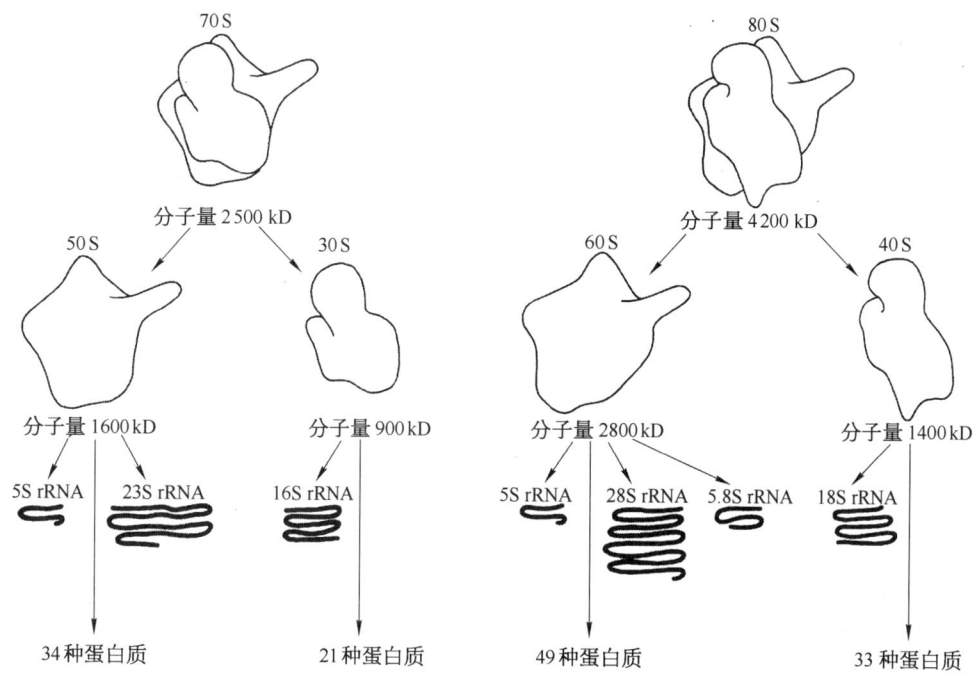

图 5-1 真核细胞与原核细胞核糖体的组成
(引自 Alberts 等,2002)

2. **游离核糖体和膜结合核糖体** 在原核细胞中,除了少数核糖体附着在质膜上外,大部分核糖体都以游离状态存在于细胞中。在真核细胞内,一部分核糖体游离于细胞质基质中,称为游离核糖体(free ribosome);另一部分核糖体附着在内质网膜或外层核被膜

上，成为糙面内质网的一部分，被称为膜结合核糖体(membrane-bound ribosome)。游离核糖体和膜结合核糖体所合成的蛋白质种类不同，前者主要合成细胞内部的大部分蛋白质，后者主要合成分泌性蛋白质、质膜的膜蛋白以及内质网、高尔基体和溶酶体的蛋白质。

二、蛋白质的生物合成在核糖体上进行

在蛋白质的生物合成过程中，三类 RNA(mRNA、tRNA 和 rRNA)发挥了重要的作用。mRNA 带有从基因转录而来的遗传信息，是合成蛋白质的模板，其核苷酸序列决定了所合成蛋白质的氨基酸序列；tRNA 在蛋白质合成中是一种衔接分子，它的反密码子可识别 mRNA 上的遗传密码，同时，它所携带的氨基酸按模板的指令进入正确的位置；rRNA 与一些蛋白质组成核糖体，核糖体是蛋白质合成的场所，有关合成的生化反应都在核糖体上进行。

1. 蛋白质合成中三类 RNA 的作用

(1) 蛋白质合成的模板——mRNA：mRNA 分子中的遗传信息是从 DNA 分子中转录而来的，mRNA 分子中的核苷酸序列将被翻译为蛋白质分子中的氨基酸序列。翻译时，mRNA 分子的核苷酸序列以 3 个核苷酸为一组被连续阅读，每 3 个相邻核苷酸编码 1 种氨基酸，称为密码子(codon)。由于 mRNA 分子主要是由 4 种不同核苷酸组成的线性多聚体，所以可形成 $4 \times 4 \times 4 = 64$ 种组合，如 AAA，AUA，AUG 等(表 5-1)。其中，61 个密码子分别代表相应的氨基酸，其余 3 个密码子(UAA，UGA，UAG)不代表任何氨基酸，是肽链合成的终止密码子。在 61 种编码氨基酸的密码子中，AUG，GUG 和 UUC 还有起始信号的功能，其中 AUG 最常见。这一套遗传密码对所有生物(从简单生物到人类)是普遍适用的，只有在线粒体和叶绿体自身的蛋白质合成体系中有一些例外，即有少数密码子与通用密码不同，如 AUA 代表蛋氨酸，UGA 代表色氨酸等。

表 5-1 遗 传 密 码

氨 基 酸	密 码 子
Ala(A)丙氨酸	GCA, GCC, GCG, GCU
Arg(R)精氨酸	AGA, AGG, CGA, CGG, CGU
Asp(D)天冬氨酸	GAC, GAU
Asn(N)天冬酰胺	AAC, AAU
Cys(C)半胱氨酸	UGC, UGU
Glu(E)谷氨酸	GAA, GAG
Gln(Q)谷氨酰胺	GAA, CAG
Gly(G)甘氨酸	GGA, GGC, GGG, GGU
His(H)组氨酸	CAC, CAU
Ile(I)异亮氨酸	AUA, AUC, AUU
Leu(L)亮氨酸	UUA, UUG, CUA, CUC, CUG, CUU
Lys(K)赖氨酸	AAA, AAG
Met(M)甲硫氨酸	AUG
Phe(F)苯丙氨酸	UUC, UUU
Pro(P)脯氨酸	CCA, CCC, CCG, CCU

(续表)

氨基酸	密码子
Ser(S)丝氨酸	AGC, AGU, UCA, UCC, UCG, UCU
Thr(T)苏氨酸	ACA, ACC, ACG, ACU
Trp(W)色氨酸	UGG
Tyr(Y)酪氨酸	UAC, UAU
Val(V)缬氨酸	GUA, GUC, GUG, GUU
终止密码子	UAA, UAG, UGA

（2）蛋白质合成的衔接分子——tRNA：在蛋白质合成过程中，mRNA分子的密码子并不直接识别和结合所对应的氨基酸，翻译过程依赖一类衔接分子tRNA。tRNA是一类具有双重功能的分子，既可携带特异的氨基酸，又可特异地识别模板上的遗传密码。tRNA分子由约80个核苷酸组成，通过分子内不同区域间的碱基配对折叠成三叶草状。其分子的2个功能端一端形成反密码子，由3个连续的核苷酸组成，可识别mRNA上的密码子；另一端是tRNA 3'端的一小段单链区域的CCA序列，它是与密码子相匹配的氨基酸在tRNA上的结合部位（图5-2）。在真核细胞中有50~100种不同的tRNA分子，在大多数细胞中，不同的tRNA分子数多于组成蛋白质的氨基酸分子数（20个），而与遗传密码子数（64个）也不同。因此大部分氨基酸能和一种以上的tRNA分子结合形成氨基酰-tRNA，同样，有不少tRNA分子能识别一种以上的密码子。

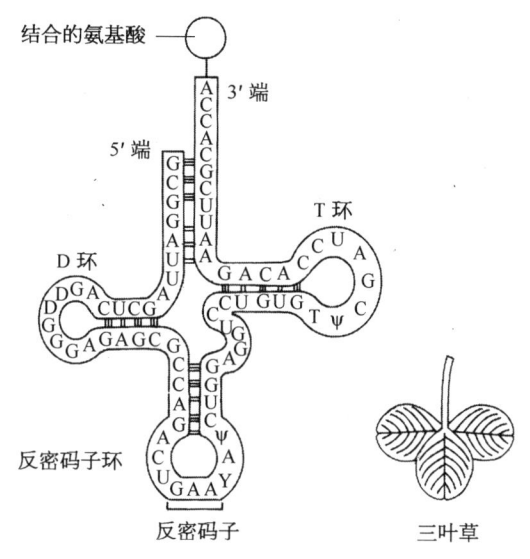

图5-2 tRNA的分子结构
（引自Alberts等，2002）

（3）蛋白质合成机器核糖体中的关键分子——rRNA：核糖体是一种复合体，其2/3是rRNA，1/3是蛋白质。研究结果表明rRNA在核糖体的结构与功能中起着关键作用。rRNA折叠成精确的三维结构决定了核糖体的形状，rRNA决定了tRNA在mRNA上的定位，rRNA对肽键的形成起着决定性的催化作用。核糖体蛋白质充填于rRNA支架的间隙中，在核糖体的结构与功能中的主要作用是稳定核心，协助rRNA在催化反应过程中产生构型的变化。

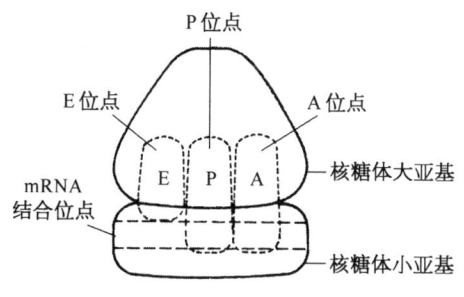

图5-3 核糖体上的结合位点
（引自Alberts等，2002）

核糖体上有多种结合位点（图5-3），主要有：① mRNA结合位点，位于核糖体小亚基上;② tRNA 结合位点;③ 肽酰转移酶催化位点;④ 蛋白质合成其他相关因子的结合位点。核糖体上的各种结合位点都是由 rRNA 分子构成的。核糖体中最重要的活性部位肽酰转移酶催化位点也已被证明是由 rRNA 负责的,它是大亚基中的 23S rRNA,可见这种 rRNA 具有催化转肽反应的功能,是一种核酶(ribozyme)。

2. 蛋白质的生物合成过程　蛋白质的生物合成过程可以分成几个阶段:① 氨基酸的活化及与特异 tRNA 的连接;② 蛋白质合成的起始;③ 蛋白质合成的延长;④ 蛋白质合成的终止。后面三个阶段,即蛋白质合成的起始、延长和终止,也称为核糖体循环(ribosome cycle),因为有关的生化反应都在核糖体上进行。

(1) 氨基酸的活化及与特异 tRNA 的连接:氨基酸在参与合成肽链前必须被活化以获得额外的能量,氨基酰- tRNA 合成酶在这一过程中起重要作用。在氨基酰- tRNA 合成酶的作用下,氨基酸的羧基与 tRNA 3′端 CCA - OH 缩合成氨基酰- tRNA,使氨基酸与相应的 tRNA 连接上。该反应与 ATP 水解反应相偶联,生成的氨基酰- tRNA 中的酯酰键是高能键,所含能量用于蛋白质合成时的肽键形成。每种氨基酸都有其相应的氨基酰- tRNA 合成酶,因此共有 20 种氨基酰- tRNA 合成酶,催化不同的氨基酸形成相应的氨基酰- tRNA。

(2) 蛋白质合成的起始:参与蛋白质生物合成起始的物质有核糖体大小亚基、mRNA、起始 tRNA、多种起始因子和 GTP 等。在 mRNA 上蛋白质合成从起始密码子 AUG 开始,这种起始翻译需要一种特殊的起始 tRNA,在真核细胞中是携带甲硫氨酸的 tRNA,即甲硫氨酰- tRNA(在原核细胞中是甲酰甲硫氨酰- tRNA),因此新合成的多肽链在其 N-末端的第一个氨基酸都是甲硫氨酸,这个甲硫氨酸随后可能被特定的蛋白酶切除。真核细胞中蛋白质合成起始时,在起始因子和 GTP 的参与下,带有甲硫氨酸的起始 tRNA 首先与核糖体的小亚基结合,然后一起结合到 mRNA 分子的 5′端帽结构处,并沿着 mRNA 从 5′端向 3′端移动,当遇到第一个 AUG 时起始因子从小亚基上解离。最后核糖体大亚基与位于 mRNA 分子上的小亚基结合。随着下一个带有氨基酸的 tRNA 进入核糖体上相应的结合位点,蛋白质合成就开始了(图 5 - 4)。结合在核糖体上的 2 个 tRNA 分子与 mRNA 分子上相邻密码子形成碱基配对,而相邻 2 个氨基酸则在肽酰转移酶的作用下形成肽键。

(3) 蛋白质合成的延长:肽链合成的延长阶段可以分为三个步骤:进位、转肽反应(transpeptidation)以及移位(translocation)。这三个步骤不断重复,每重复一个循环,多肽链上便添加一个氨基酸,结果使得肽链不断延长。第一步所谓的进位就是按照 mRNA 分子上的密码子序列,一个与密码子相应的氨基酰- tRNA 被运送到核糖体上,与暴露于特定结合位点的密码子配对结合;第二步,在肽酰转移酶的作用下,核糖体上结合的肽酰- tRNA 与氨基酰- tRNA 之间发生酰基与氨基的缩合,形成肽键,并完成肽酰基的转移。第三步,核糖体沿着 mRNA 移动至下一个密码子,空出一个新的可接受下一个氨基酰- tRNA 结合的位点(图 5 - 5)。除了肽酰转移酶外,参与蛋白质合成延长的物质还包括可溶性的延长因子和 GTP。

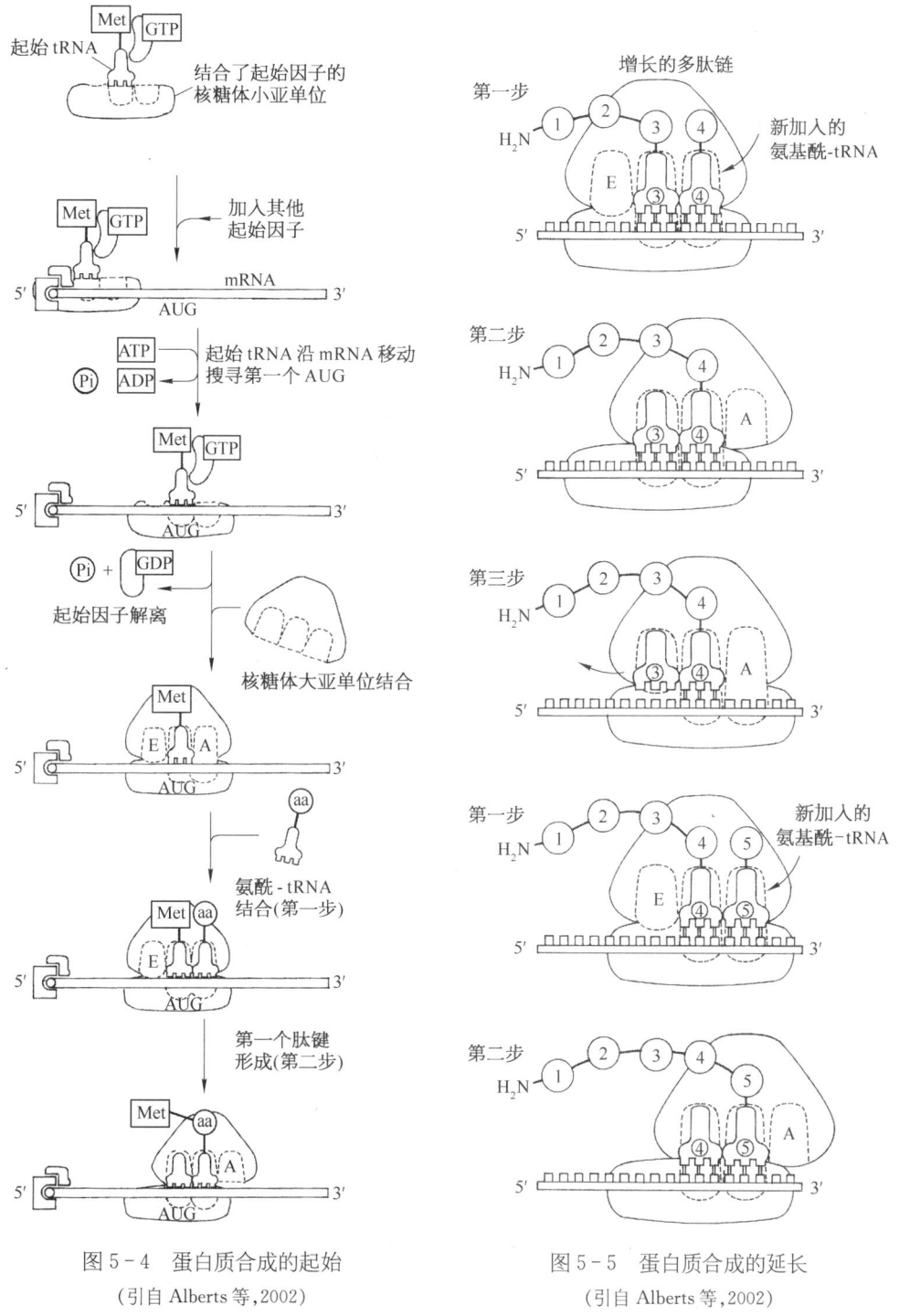

图 5-4　蛋白质合成的起始
（引自 Alberts 等，2002）

图 5-5　蛋白质合成的延长
（引自 Alberts 等，2002）

(4) 蛋白质合成的终止：在蛋白质合成过程中，核糖体沿着 mRNA 5′端向 3′端移动，多肽链从 N-末端向 C-末端延伸，直至遇到终止密码子。终止密码子(UAA、UAG、UGA)是蛋白质编码信息的终点，这些密码子不被 tRNA 识别，只给核糖体传递停止翻译的信号。此时,名为释放因子的蛋白质能识别终止密码子并结合到核糖体上,使肽酰转移酶活性改变,并发挥水解酶作用,使 tRNA 与多肽链分离。tRNA、释放因子和 mRNA 随后脱离核糖体,核糖体大小亚基也随之解离,回到细胞质基质中,并可随时参加新一轮的蛋白质合成。

在细胞内蛋白质合成过程中,一条 mRNA 分子上可结合多个核糖体,同时进行多条多肽链的合成。在前一个核糖体刚翻译足够长的遗传密码而让出空位时,第二个核糖体就会结合上去。差不多 mRNA 上每 80 个核苷酸就可有 1 个核糖体结合,因此翻译中的 mRNA 分子上常常有多个核糖体结合,称为多核糖体(polyribosome 或 polisome)(图 5-6)。这种方式使翻译速度加快,提高 mRNA 利用率,在一定时间内可合成更多的蛋白质分子。在细胞内某种蛋白质的含量还可以通过调节其 mRNA 的量以及翻译的速率来加以调控。

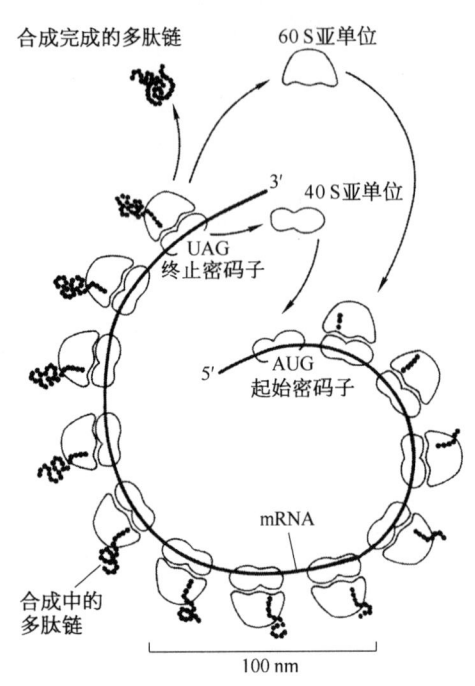

图 5-6　多核糖体的结构
(引自 Alberts 等,1994)

第二节　蛋 白 酶 体

除了蛋白质的翻译,细胞内另一个调控蛋白质含量的途径是蛋白质的降解。蛋白质合成后在胞内的"寿命"存在很大的差异,短的只有区区几分钟,长的则可以随机体寿终正寝。蛋白质的"寿命"主要由受调节的蛋白质降解过程来掌控。蛋白质的降解有两个特别重要的作用。首先,通过降解,可以去除那些有潜在细胞毒性的、折叠或组装出错的,以及受损的蛋白质。尽管在蛋白质折叠过程中有分子伴侣的介导,但依然有差不多 30% 新合成的蛋白质因错误折叠及复合体组装的缺陷而被迅速降解。其次,有控制地对正常蛋白质实施降解,为细胞提供了保障该蛋白质含量和质量的一种有效机制,同时,也可以帮助细胞迅速改变这些蛋白质的水平以应对环境条件的变化。真核细胞内的蛋白质主要被两种不同的蛋白酶解系统所降解:溶酶体途径和泛素-蛋白酶体途径。通常情况下,细胞内膜相关蛋白、大多数胞内的"长寿"蛋白以及那些通过胞吞过程从胞外摄取的蛋白质等主要经溶酶体降解。而泛素-蛋白酶体途径,则是高选择性地降解细胞内大多数"短寿"的蛋白质,以及那些在细胞应激条件下产生的蛋白质。例如,经由泛素-蛋白酶体途径被降解的蛋白质周期蛋白(cyclin)就是一种典型的必须根据细胞增殖周期的循环而发生周期性水平消长的蛋白质。那些应答细胞应激的蛋白质在正常细胞中需求较小,也可以经由泛素-蛋白酶体途径而被控制在一个较短的半衰期和较低的水平。

一、泛素-蛋白酶体构成细胞内一个不依赖溶酶体的蛋白质降解系统

在发现泛素-蛋白酶体系统之前,细胞中的蛋白质降解被认为主要依赖于溶酶体。然而,在对网织红细胞(不含细胞器)的研究中发现,当缺少溶酶体时,细胞内还存在着另外一种需要能量或依赖 ATP 的蛋白质降解机制。1978 年,一些研究者发现这一新的降解机制是一个多步骤反应过程,有多种不同的蛋白质参与。蛋白质先被泛素标记,然后被蛋白酶体识别和降解。通过这样一个需要消耗能量的过程,细胞以高度特异的方式对不需要的蛋白质进行降解。该系统被称为泛素-蛋白酶体系统(ubiquitin - proteasome system)。

泛素(ubiquitin)是一种多肽,由 76 个氨基酸构成。1975 年从小牛的胰脏中被分离出来,随后在除了细菌以外的许多不同组织和有机体中被发现,因而被冠以"泛"素之名(来源于拉丁文 ubique,英文意思为 everywhere)。真核生物中编码泛素的基因以串联重复的方式排列,这可能是因为大量转录的需要,为细胞生产足够多的泛素。有人提出泛素是目前发现的进化速度最慢的蛋白质,即从低等到高等生物泛素蛋白普遍存在,并且其序列差异很小。

蛋白酶体(proteasome)是存在于真核细胞和一些细菌中的一种大的蛋白复合体。在真核细胞中,它们位于细胞核与细胞质中,主要功能就是通过水解蛋白质,降解那些不再需要或业已受损的蛋白分子——这些蛋白分子被称为靶蛋白或底物蛋白。降解过程产生 7~8 个氨基酸长度的肽,然后再进一步降解为氨基酸。一个典型的哺乳动物细胞内差不多有大约 30 000 个蛋白酶体。

蛋白酶体有多种形式,其中最常见的是 26S 的蛋白酶体,分子量约为 2 000 kD,包含 20S 的核心颗粒和 19S 的调节颗粒。从结构上看,蛋白酶体是一个大型桶状的蛋白复合物(图 5 - 7b),20S 核心颗粒由 4 个中空的堆在一起的环组成。其中内部的 2 个环的内表面含有蛋白酶的活性位点,靶蛋白须进入蛋白酶体的"空腔"才能够被降解。外侧的 2 个环形成一扇供底物蛋白进入"空腔"的"闸门"。它们与 19S 的调节颗粒结合在一起,受到调节颗粒的调控。由于每个调节颗粒都含有多个 ATP 酶活性位点和泛素结合位点,故而调节颗粒可以识别连接在靶蛋白的多泛素链标签,并启动降解过程。

二、蛋白酶体对靶蛋白的识别降解依赖于靶蛋白的多聚泛素化修饰

经过长期的进化,细胞获得了一个复杂的感知系统,以确定哪些蛋白质分子需要被降解。然后,这些蛋白分子被标记上泛素,使它们区别于其他不被降解的蛋白,从而被蛋白酶体所识别。这种靶蛋白通过共价键与泛素形成连接而被标记的过程被称为泛素化(ubiquitination)(图 5 - 7a),是一种重要的翻译后修饰。整个标记过程包括 3 个连续的反应,由 3 种酶负责催化。在第一步反应中,泛素活化酶(又被称为 E1)负责激活泛素分子。E1 水

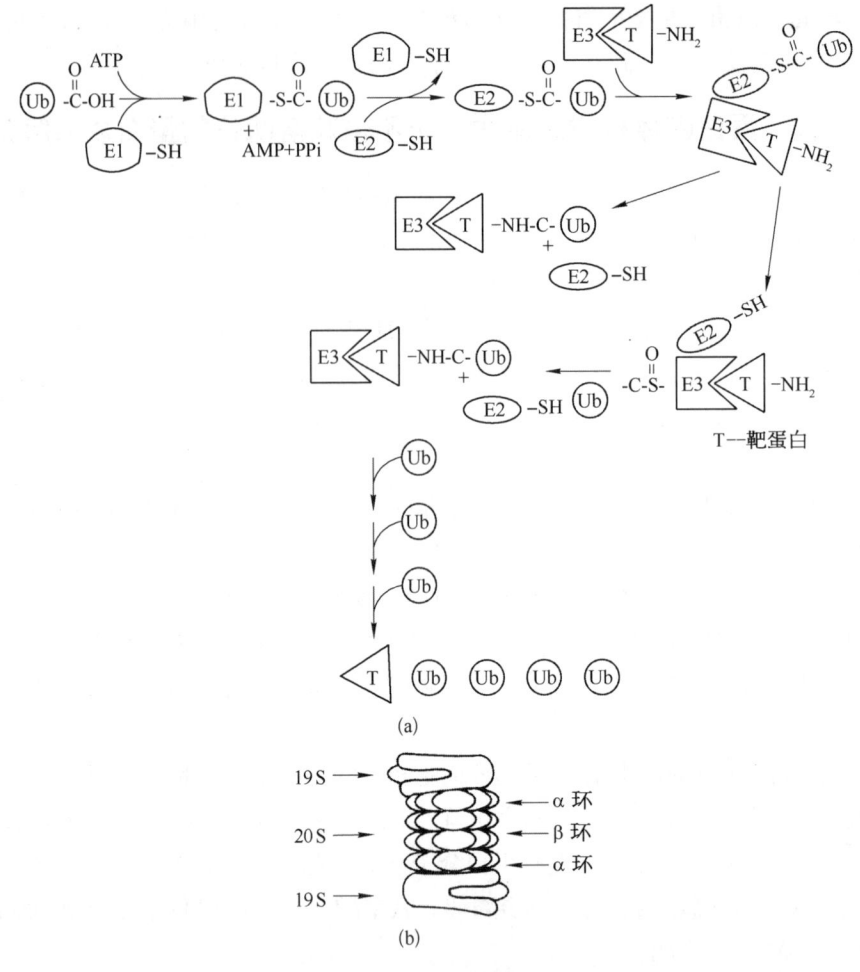

图 5-7 泛素-蛋白酶体系统
(a) 泛素化途径；(b) 蛋白酶体
(引自 Goodman，2008)

解 ATP 并将一个泛素分子腺苷酸化，接着泛素被转移到 E1 活性中心的半胱氨酸残基上。第二步反应是 E1 将被腺苷酸化的泛素分子转移到第二个酶——泛素交联酶(E2)的半胱氨酸残基上。最后，高度保守的泛素连接酶(E3)催化泛素分子从 E2 上转移到靶蛋白上。在 E3 的催化下，结合在 E2 上的泛素分子 C 端连到靶蛋白中赖氨酸残基的氨基侧链基团上。细胞中存在着不同的 E3 蛋白，每种 E3 酶均有各自的底物特异性，即可识别特定的需要被泛素化的靶蛋白。因此，细胞中的泛素-蛋白酶体系统可以作用于数量巨大的靶蛋白。

当第一个泛素分子在 E3 的催化下连接到靶蛋白后，就会触发其他的连接酶将另外的泛素分子与前一个泛素分子的赖氨酸残基相连，形成一条多泛素链，此过程称为多聚泛素化(polyubiquitination)。在靶蛋白被蛋白酶体识别之前，至少必须被标记上 4 个泛素单体分子。而在泛素化的靶蛋白被蛋白酶体降解的过程中，多泛素也被解聚为单个泛素，并可重新再利用。

被多聚泛素化标记的底物蛋白最后由蛋白酶体中的 19S 调节颗粒识别,这是一个 ATP 依赖的结合过程。然后,底物蛋白必须进入 20S 核心颗粒的内部孔道,才能与位于其中的水解酶活性位点接触(图 5-7)。

虽然蛋白酶体通常令底物蛋白生成非常短的降解片断,但某些情况下,这些降解产物自身具有生物学活性。特定的转录因子,包括哺乳动物的 NF-κB 复合物中的一个组分,合成后是以无活性的前体分子形式存在的,经泛素化和蛋白酶降解后,才转变为活性分子。这种降解需要蛋白酶体剪切蛋白质的中间部分,而不是通常情况下始于蛋白质一端的剪切。这种选择性降解被称为"泛素-蛋白酶体依赖的调节性加工"(regulated ubiquitin/proteasome dependent processing),成为蛋白质加工的一种形式。

最初认为泛素化系统仅能降解胞质中的蛋白质,但最近发现,泛素化底物及其随后的降解过程遍布于整个细胞。那些核内蛋白质,有一些可能是在核内被降解的,而另一些则是被转运到胞质中降解的。大多数蛋白酶体都定位在细胞核、内质网或核孔复合物附近的区域,这也是多数蛋白质发生降解的部位。

通过降解那些不再需要的或错误的、损伤的蛋白质,泛素-蛋白酶体系统在细胞周期调控、基因表达调控以及应答细胞氧化应激等事件中扮演着关键角色。

需要指出的是,近年研究发现某些被多聚泛素化标记的底物蛋白并不导致蛋白酶体的识别和降解,而是发生其他变化。另外,单泛素修饰的靶蛋白并不被引入蛋白酶体降解。这说明蛋白质的泛素化修饰既可以调节它们的含量和控制它们的质量,也可以调控它们的功能。

第三节 内 质 网

由于受分辨率的限制,在光学显微镜下看不到内质网结构,因此内质网的发现比其他细胞器(如线粒体)要迟得多,直到电子显微镜的出现,才揭示了内质网这种细胞器。1945 年 Porter 在电子显微镜下观察成纤维细胞时发现一种网状结构位于细胞质的内层部位,故命名其为内质网(endoplasmic reticulum,ER)。后来发现内质网可存在于细胞质的任何部位,但内质网这一名称仍被沿用。

内质网在蛋白质和脂类的合成中起重要作用,是膜蛋白和膜脂的生产部位,而所有的分泌蛋白也都是在内质网上合成的。

一、内质网由互相连续的囊状、管状和泡状膜结构组成

内质网广泛分布于各种细胞中,它是一个由膜包围的封闭结构,由互相连续的囊状、管状和泡状膜结构组成,在细胞质内形成一个三维的网状结构。内质网膜所包围的一个共有的空间称为内质网腔。内质网腔与细胞质基质之间的物质交换通过内质网膜进行。

根据内质网膜外表面是否有核糖体附着,可将内质网分成糙面内质网(rough

endoplasmic reticulum, RER)和光面内质网(smooth endoplasmic reticulum, SER)两大类。有核糖体附着的那部分内质网称糙面内质网,没有核糖体附着的称光面内质网(图5-8)。两者在结构上相连,但在功能上有分工。糙面内质网的主要功能与合成蛋白质相关,而光面内质网则与合成类固醇激素等功能有关。

1. **糙面内质网** 在电子显微镜下,糙面内质网是一种扁平膜囊状、小管状或囊泡状的膜结构。其特点是膜表面有核糖体附着,这与糙面内质网的功能密切相关。糙面内质网上的蛋白质合成开始于细胞质基质中的游离核糖体,一旦它们结合的mRNA分子编码的是含有内质网的定位信号(通常是位于多肽链氨基端的信号肽),核糖体在信号肽合成后就转移并附着到内质网上,继续蛋白质的合成,蛋白质在合成过程中输入内质网。当核糖体在mRNA 3′末端完成翻译任务后,核糖体的大小亚基可重新回到细胞质基质中。如果一种mRNA分子,其编码的蛋白质不含输入内质网的信号肽,形成的多核糖体就留在细胞质基质中。由此可见,核糖体只是随机地结合到这两类mRNA分子上的,只有编码有内质网定位信号的mRNA分子才能随核糖体结合到内质网膜上,由此形成所谓的糙面内质网(图5-9)。

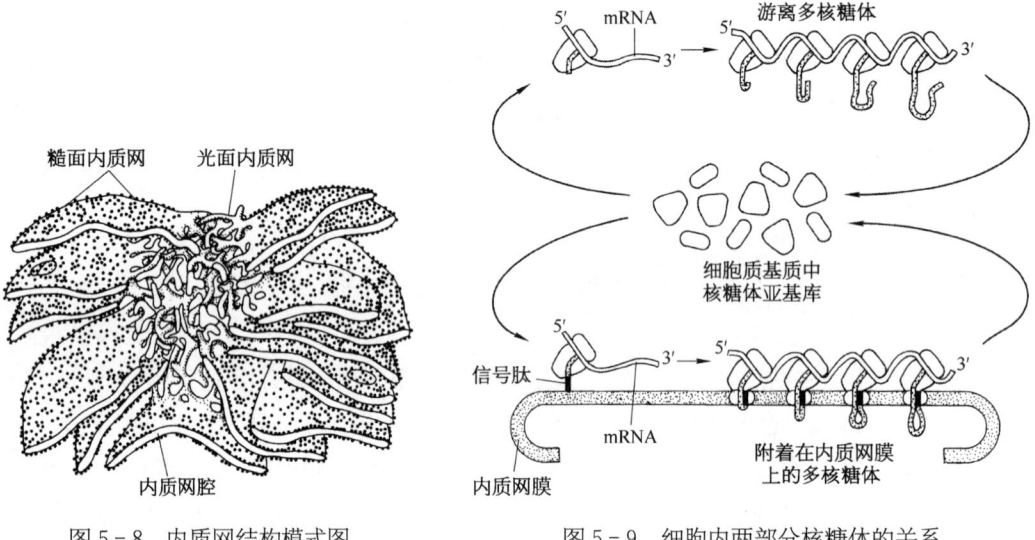

图5-8 内质网结构模式图
(引自 Krstic,1979)

图5-9 细胞内两部分核糖体的关系
(引自 Alberts 等,2002)

糙面内质网的分布很广泛,除了哺乳动物的红细胞外,几乎所有的细胞都有糙面内质网。但糙面内质网的形状和数量在各种细胞中有很大差别,主要与细胞的功能状态有关。在分泌功能旺盛的细胞中糙面内质网特别丰富,如合成免疫球蛋白的浆细胞、分泌甲状腺球蛋白的甲状腺滤泡细胞以及各种外分泌细胞都有丰富的糙面内质网。糙面内质网的内容物一般是均质的,具有较低的或中等电子密度。但在某些情况下,糙面内质网也能浓缩一部分蛋白质,使之成为电子密度较高的颗粒或结晶积存于内质网腔内,如浆细胞中的Russell 小体,一般认为它们是浆细胞蛋白质合成功能亢进或分泌产物排出受阻而形成的。

糖面内质网的发达程度,也可从一个侧面反映细胞的分化程度。一般说来,凡分化较完善,大量分泌蛋白质的细胞中都有较多糖面内质网,如浆细胞、胰腺细胞等。凡分化低的细胞如干细胞、胚胎细胞和原始血细胞等,糖面内质网较少。这些分化低、生长快的细胞,细胞质中往往有丰富的游离核糖体,反映了这些细胞主要合成细胞生长增殖所需的蛋白质。这一现象在不同分化程度的肿瘤细胞中尤为明显:分化高、生长慢的肿瘤细胞中糖面内质网较多;而分化低、生长快的肿瘤细胞中糖面内质网少,但游离核糖体丰富。

2. **光面内质网** 光面内质网是分支管状或囊泡状的膜结构,膜的细胞质基质面没有核糖体附着。在一些细胞中,部分光面内质网可呈扁平膜囊状,并可见与糖面内质网相连的情况。

光面内质网的分布没有糖面内质网广泛。在多数细胞中,光面内质网的区域较小;在一些细胞如肝细胞中,光面内质网与糖面内质网分区分布;在另一些细胞如分泌类固醇激素的细胞、汗腺细胞、小肠上皮细胞、胃腺壁细胞中光面内质网丰富;在肌细胞中光面内质网以肌质网形式存在。

3. **微粒体** 糖面内质网和光面内质网可用物理方法分离。将组织或细胞匀浆后,其内质网可断裂成许多直径约 100 nm 的小泡,称为微粒体(microsome)。来自糖面内质网的微粒体,其外表面有核糖体附着,称为糖面微粒体,微粒体的内部相当于内质网腔。在匀浆中还有些微粒体表面没有核糖体附着,称为光面微粒体。光面微粒体一部分来自光面内质网,一部分可能来自胞膜、高尔基体或其他细胞器的碎片,因此光面微粒体的成分比较复杂。但在肝细胞中光面内质网丰富,肝匀浆中多数光面微粒体来自光面内质网。

由于糖面微粒体含有大量核糖体,因此比光面微粒体密度高,可用蔗糖密度梯度离心方法将两者分离。从肝细胞分离出来的两类微粒体在酶活性和蛋白质组成上尽管不完全相同,但相当类似,说明在光面内质网与糖面内质网之间不少膜成分是可以自由扩散的。但是糖面微粒体与光面微粒体的膜蛋白成分又有明显的区别,有 20 多种膜蛋白只存在于糖面微粒体,说明在内质网膜上必然还存在某种机制使这些蛋白质不能自由扩散,这些蛋白质可能与糖面内质网的特殊功能和形态结构有关。分离的微粒体保持着内质网的功能,特别是糖面微粒体,可以在体外进行各种实验,有关糖面内质网功能的资料大部分来自糖面微粒体的体外实验结果。

二、糖面内质网参与新生肽链合成、修饰、折叠以及膜脂的合成

糖面内质网在细胞生物合成(biogenesis)功能中起着重要作用。位于内质网、高尔基体、溶酶体和细胞膜中的膜蛋白和膜脂是由糖面内质网合成的,位于线粒体和过氧化物酶体的膜脂也是由糖面内质网提供的。另外,由糖面内质网合成的蛋白质还不断地输送到高尔基体,并在那里进一步分选和运输到溶酶体、质膜,或分泌到细胞外。

1. **糖面内质网与蛋白质合成** 早在 20 世纪 60 年代,放射自显影实验已证实了糖面内质网参与蛋白质的合成。用放射性同位素标记的氨基酸被分泌蛋白质的细胞摄入后,标记物首先出现在糖面内质网上,然后出现在高尔基体上,最后出现在分泌颗粒上和细胞

外,说明分泌蛋白质的合成开始于糙面内质网。但是,有关糙面内质网中蛋白质合成的详细资料,是通过微粒体的体外实验逐步积累的。

除了少数蛋白质在线粒体内的核糖体上合成外,细胞内绝大多数的蛋白质都是在细胞质基质内的核糖体上合成。在游离核糖体上合成的蛋白质,有些合成后一部分留在细胞质基质中,另一部分被运送到细胞核、线粒体和过氧化物酶体;另一些蛋白质在合成刚开始不久便随核糖体一起转移到内质网膜上,在糙面内质网上新生肽链继续延长,穿过内质网膜进入内质网腔中,直至完成蛋白质的合成(详见第九章)。

在糙面内质网中合成的蛋白质主要有三类:① 膜蛋白。在蛋白质合成过程中插入内质网膜成为跨膜蛋白,并进一步通过小泡运输把膜蛋白运送到高尔基体、溶酶体和细胞膜,成为那里的膜蛋白。因此,细胞膜上的各种膜抗原、膜受体以及内质网、高尔基体和溶酶体上的膜蛋白都源自糙面内质网上膜结合核糖体的合成。② 分泌蛋白。合成后游离于内质网腔内,并通过运输小泡运送到高尔基体,在那里加工修饰后进一步经胞吐作用分泌到细胞外。细胞外基质的蛋白质、各种肽类激素、消化腺分泌的酶、浆细胞分泌的抗体等都是由糙面内质网合成的分泌蛋白。③ 一些细胞器驻留蛋白。驻留在内质网、高尔基体和溶酶体的蛋白质也都是在糙面内质网合成的。

2. 糙面内质网与蛋白质糖基化 糙面内质网的另一个功能是蛋白质糖基化(protein glycosylation),即指单糖或寡聚糖通过共价连接的方式结合到多肽链的氨基酸侧链基团上形成复合物的过程。反应由寡聚糖转移酶等催化完成,而这些酶基本上都分布于内质网和高尔基体中而不是细胞基质中。因此,蛋白质的糖基化过程通常从内质网开始,在高尔基体中完成。由内质网合成并输送到高尔基体、溶酶体、细胞膜以及细胞外的蛋白质大多数是糖蛋白。最多见的是寡聚糖与多肽链上天冬酰胺残基的—NH$_2$基团相连,称N-连接寡聚糖(图5-10)。还有一些寡聚糖与丝氨酸、苏氨酸或羟赖氨酸残基上的—OH基团连接,称O-连接寡聚糖。

在糙面内质网中,蛋白质的糖基化不是通过把糖基一个一个地加到多肽链上形成的,而是通过一种寡聚糖供体把整个寡聚糖链转移到多肽链上。在糙面内质网膜上有一种带有高能键的特殊脂质分子多萜醇(dolichol)作为寡聚糖供体。与多萜醇相连的寡聚糖首先是在细胞质基质中形成的,随后多萜醇寡聚糖整个分子会从基质面翻转到内质网腔面。当正在合成的多肽链上有天冬酰胺残基暴露于内质网腔时,在内质网腔面的酶催化下,寡聚糖以一步反应方式从多萜醇供体转移到多肽链的

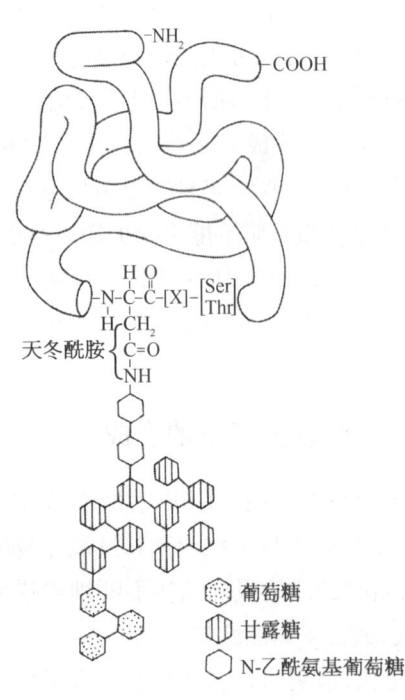

图5-10 N-连接寡聚糖
(引自Alberts等,2002)

天冬酰胺残基上(图 5-11)。

由多萜醇提供的寡聚糖有 2 个分子 N-乙酰氨基葡萄糖、9 个分子甘露糖和 3 个分子葡萄糖,它们在完成连接后还需要进一步修饰和改建。其中,在糙面内质网中进行初步的修饰,包括切除多余的 3 个葡萄糖和 1 个甘露糖分子,进一步的修饰和改建则在高尔基体中进行。由此而形成的 N-连接寡聚糖是糖蛋白中最普遍的,而关于 O-连接寡聚糖的形成过程目前还不很清楚。

多肽链上寡聚糖的作用按照蛋白质的不同而不同,有些能防止蛋白质在折叠完成前被降解,有些则能作为一种转运信号,让蛋白质被装入合适的运输小泡,转运到合适的细胞器。当它们出现在细胞表面时,这些寡聚糖可以形成一层糖衣,在细胞相互间的识别中起作用。

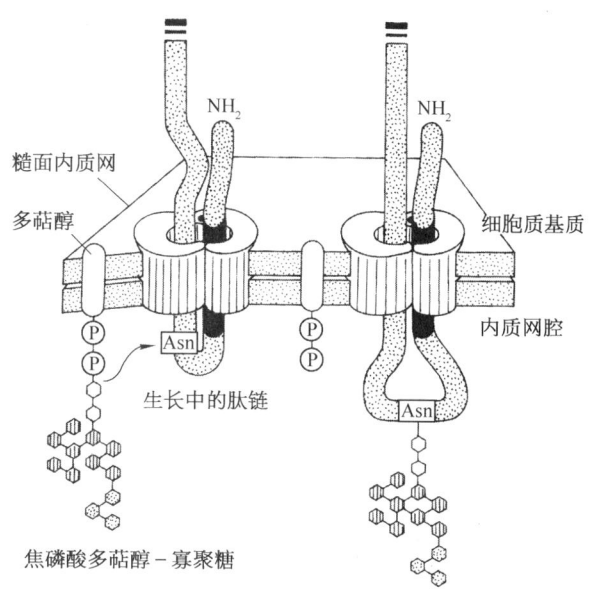

图 5-11　糙面内质网中的蛋白质糖基化
(引自 Alberts 等,2002)

3. 糙面内质网与蛋白质的折叠和组装　蛋白质从刚刚翻译出来时的线性多肽链或随机螺旋状态折叠为具有功能特征的三维结构的过程,叫作蛋白质折叠(protein folding)。蛋白质折叠首先涉及根据氨基酸序列建立二硫键和二级结构,然后形成三级结构;而在已完成折叠的三级结构亚基基础上形成四级结构,就是蛋白质的组装(assembly)。在糙面内质网合成的蛋白质必须经过正确的折叠和组装后才能成为有功能的分泌蛋白、膜蛋白或内质网、高尔基体和溶酶体的驻留蛋白。一般在多肽链合成一进入糙面内质网的时刻就开始了蛋白质的折叠和组装,这一过程需要内质网腔内的一些酶和蛋白质分子的参与。这些蛋白质能特异地识别新生肽链或部分折叠的肽链并与之结合,帮助这些多肽链进行正确的折叠和装配,但其本身并不参与最终产物的形成,只起伴侣作用,因此又称伴侣蛋白(chaperone proteins),主要有蛋白二硫键异构酶、BiP、钙联蛋白、钙网蛋白等。

蛋白二硫键异构酶(protein disulfide isomerase,简称 PDI)催化游离—SH 基团氧化成二硫键,使多肽链中半胱氨酸残基之间形成二硫键而产生折叠。这种二硫键的形成需要一个非还原性的环境,内质网腔内的氧化还原状态正好是趋向于氧化状态,有利于形成二硫键,因此暴露在内质网腔面的蛋白质中的半胱氨酸都是形成二硫键的。而细胞质基质内是一种还原性的环境,使位于内质网细胞质基质面的肽链上的半胱氨酸之间不形成二硫键。

4. 糙面内质网与膜脂合成　细胞膜和细胞内膜中的膜脂,包括磷脂和胆固醇,绝大部分是由糙面内质网合成的。膜脂中的磷脂有磷脂酰胆碱(卵磷脂)、磷脂酰乙醇胺、磷脂酰丝氨酸和磷脂酰肌醇等,其中以磷脂酰胆碱最普遍。磷脂酰胆碱由脂肪酸、甘油和胆碱三部分组成(参见第四章),其合成过程由酶催化,这些酶的活性部位位于内质网的细胞质基质面,合成所需的原料也从细胞质基质中获取。第一步反应由 2 分子脂肪酰辅酶 A 与甘油磷酸结合形成磷脂酸。磷脂酸不溶于水,直接插入脂双层的细胞质基质一侧。第二步反应是在磷酸酶作用下,磷脂酸变成二酰甘油。第三部反应由胆碱磷酸转移酶催化,二酰甘油与 CDP -胆碱反应形成磷脂酰胆碱(图 5 - 12)。其他磷脂如磷脂酰乙醇胺、磷脂酰丝氨酸和磷脂酰肌醇也是以类似的方式合成的。

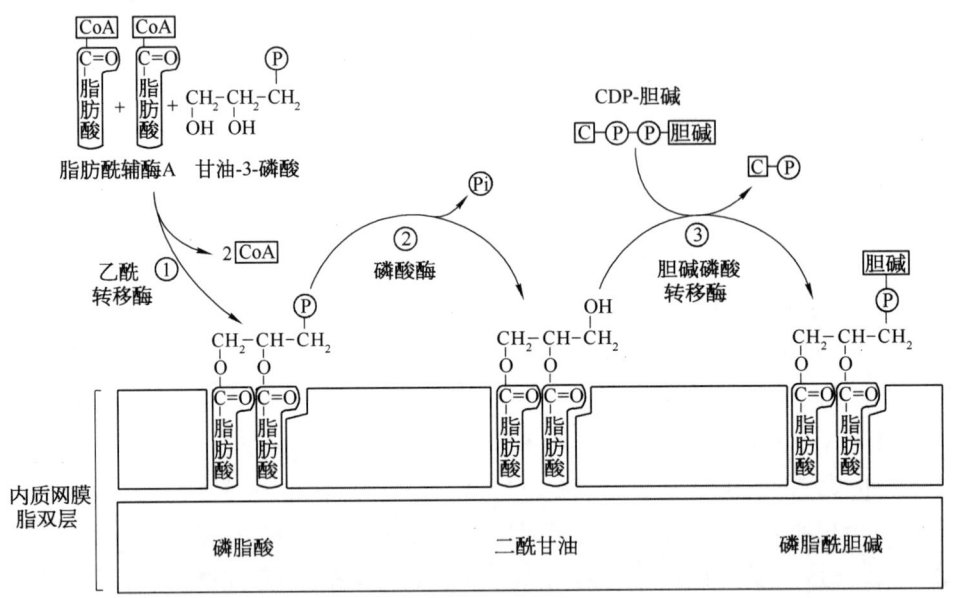

图 5- 12　磷脂酰胆碱的合成过程
(引自 Alberts 等,2002)

　　新合成的磷脂分子都位于内质网膜脂双层的细胞质基质面,然后由磷脂转运子(phospholipid translocator)使各种类型的磷脂在内质网膜脂双层两侧达到平衡。内质网中的磷脂转运子称为搅杂酶(scramblase),没有磷脂特异性。还有另一种具有磷脂特异性的磷脂转运子,称为翻转酶(flippase),能特异地把含有游离氨基的磷脂(磷脂酰丝氨酸和磷脂酰乙醇胺)从细胞膜的胞外侧翻转到胞内侧,从而使细胞膜脂双层的磷脂分布具有不对称性。

　　糙面内质网合成的膜脂通过小泡运输转运到高尔基体、溶酶体和细胞膜,又可通过胞吞作用从细胞膜转运到内体(参见第九章),但是线粒体和过氧化物酶体的膜脂是通过另一种机制来转运的。膜脂从糙面内质网到线粒体和过氧化物酶体的运输是靠细胞质基质的一种磷脂交换蛋白(phospholipid exchange protein)来完成的。由于磷脂在糙面内质网中合成,内质网膜中的磷脂多于线粒体和过氧化物酶体,交换的结果总是从前者向后者转运。

三、糙面内质网对蛋白质进行质量控制

蛋白质折叠的重要驱动力是疏水效应,即蛋白质要把自己疏水的部分埋入分子内部,造成蛋白质分子外表是亲水的而内部是疏水的,从而得以在细胞和细胞器内的水环境中存在、运输和发挥功能。如果新合成的肽链没有正确折叠,或已折叠的蛋白质自动发生错误折叠,疏水部分暴露于分子表面,将会造成与其他未折叠蛋白分子暴露的疏水表面相互作用,导致蛋白质聚集(aggregation)。发生聚集的蛋白质不但阻碍了蛋白质原有功能的发挥,而且对细胞是有毒性的。内质网伴侣蛋白的主要功能是帮助新生肽链折叠或错误折叠的蛋白质重折叠(refolding)。它们能够感知蛋白质的折叠状态,因此构成了蛋白质的质量控制系统。

BiP(Binding immunoglobulin protein)也被叫作 HSPA5(heat shock 70 kD protein 5)和GRP78(78 kD glucose-regulated protein),它能在新合成的肽链进入内质网腔时与之结合,也能识别不正确折叠的蛋白质或没有组装好的蛋白质亚基并与之结合。当BiP与这些蛋白质结合时,前述催化二硫键形成和打开的PDI可以促进这些蛋白的折叠或重折叠,直至形成正确构象。因此,BiP使肽链处于一种有利于正确折叠和组装的状态。

钙联蛋白(calnexin)和钙网蛋白(calreticulin)都是在内质网膜上的钙结合蛋白,需要Ca^{2+}激活,能够与糖基发生特异性识别和结合,它们对已经发生前述N-连接寡聚糖修饰的糖蛋白进行质量监控,确保只有正确折叠和装配的糖蛋白才能离开糙面内质网进入高尔基体。它们的作用机制就是与N-连接寡聚糖结合,将折叠和装配不正确的糖蛋白留在内质网。

内质网伴侣蛋白大部分属于热休克蛋白(heat shock proteins)家族。从这一蛋白家族的名称可以想象,这些蛋白质在温度升高的应激条件下表达增多,是因为在热以及类似应激条件下蛋白质折叠和重折叠的需求增大。

尽管在伴侣蛋白的帮助下,新生多肽链可获得正确的折叠,一些不正确折叠的蛋白质也会得到纠正而正确折叠,但是仍有许多蛋白质(有些蛋白质可达80%)不能得到适当的折叠或装配成寡聚体状态。还是在伴侣蛋白帮助下,这些蛋白质将进入内质网降解途径(ER associated degradation, ERAD),被输送到细胞质基质,在那里先被去糖基化,即在酶的作用下去除寡聚糖,然后多肽链通过泛素-蛋白酶体途径被降解。内质网以这种方式对输往高尔基体的蛋白质进行着质量控制。

在缺氧、饥饿、氧化应激、异常糖基化反应以及钙离子稳态失衡等情况下,内质网内未折叠的蛋白质会明显增多。当超出内质网的处理能力时,细胞会激活一些相关的信号级联反应,来应对条件的变化和恢复内质网内良好的蛋白质折叠的环境。细胞的这种改变被称为内质网应激(endoplasmic reticulum stress, ER stress),而在此过程中被激活的反应被称为未折叠蛋白反应(unfolded protein response, UPR)。在哺乳动物细胞中,未折叠蛋白在内质网积累的信号可通过内质网膜传入胞核和胞质,产生相应的反应。真核细胞有三种不同的机制处理内质网未折叠蛋白累积:① 产生更多的内质网和更多的伴侣蛋

白;② 蛋白质翻译的瞬时抑制;③ 未折叠蛋白由内质网移入胞质,并通过泛素-蛋白酶体途径被降解。

未折叠的蛋白质长时间积聚在内质网,会对细胞产生毒性。因此,如果未折叠蛋白反应无法缓解内质网应激状态的话,这些反应就会进一步启动细胞的凋亡程序,从而导致细胞的死亡。这实际上也是内质网应激的一种效应。

许多疾病的发病机制都与内质网应激引起的凋亡有关,如阿尔茨海默病、帕金森病等神经变性疾病,糖尿病、外伤性脑损伤、对乙酰氨基酚引起的肾小管损伤。仅在肝脏疾病方面,非酒精性脂肪肝、胆汁淤积和酒精性肝病、乙型肝炎病毒和丙型肝炎病毒感染等的发病机制均与内质网应激引起的细胞凋亡和相应损伤有关。

四、光面内质网功能复杂繁多

光面内质网与糙面内质网不同,功能比较复杂。各种细胞的光面内质网在形态上相似,但其化学组成和酶的种类不同,因此具有不同的功能。即使在同一种细胞中,光面内质网也可能有多种功能。

1. **光面内质网与类固醇激素的生成**　在分泌类固醇激素的细胞如肾上腺皮质细胞、睾丸间质细胞和黄体细胞中都有丰富的光面内质网。实验证明,在光面内质网上有合成胆固醇和转化胆固醇为激素的全套酶系,能使脂肪酸氧化产生乙酰辅酶 A,其中的乙酰基经由胆固醇而最后形成类固醇激素。

2. **光面内质网与脂类代谢**　光面内质网是脂类合成的主要部位之一,许多与合成三酰甘油、磷脂和胆固醇有关的酶类在光面内质网中都存在。因此,一般脂类代谢旺盛的细胞有较丰富的光面内质网。小肠上皮细胞是从肠管吸收脂肪的主要细胞,内有很多光面内质网。脂肪酸、单酰甘油等小分子被摄入细胞后,在小肠上皮细胞的光面内质网中酯化合成三酰甘油。脂滴开始较小,以后逐渐变大,形成的颗粒位于光面内质网中。这些三酰甘油进一步与磷脂、胆固醇以及由糙面内质网合成的蛋白质结合成乳糜颗粒,从细胞侧面排出进入淋巴管。同样,肝细胞从血液摄取脂肪酸,在光面内质网内合成脂肪,再与由糙面内质网合成的蛋白质结合成脂蛋白颗粒。它们先位于光面内质网内,然后经由高尔基体释放到细胞外,并通过血流带到身体的其他部位。

3. **光面内质网与钙的贮存和释放**　光面内质网有贮存钙的功能。钙从光面内质网释放到细胞质基质,并随后重新收回,介导了很多细胞外信号的快速反应。钙在光面内质网内贮存是由于那里存在着高浓度的钙结合蛋白,在一些细胞中,光面内质网是专门用来贮存钙的。例如心肌和骨骼肌细胞中有丰富的光面内质网,称为肌质网(sarcoplasmic reticulum),其功能是参与肌肉收缩活动。肌质网膜上有大量钙泵蛋白质(Ca^{2+}-ATP酶),将细胞质内的钙离子泵入到肌质网内,使肌质网内的钙离子浓度比细胞质基质的高数千倍。当引起肌肉收缩的兴奋即肌细胞的去极化沿着横管系统传递到肌质网时,肌质网释放钙离子,引起肌细胞的收缩活动;当肌肉松弛时,钙离子又被重新泵回肌质网。钙离子的释放与重返肌质网导致了肌细胞的收缩和松弛,而在其他真核细胞,钙离子的释放与重返内质网往往介导信号转导事件。

4. 光面内质网与药物的代谢　一些脂溶性的代谢产物和外源药物需在肝细胞中经过氧化、还原、水解和结合等方式使毒性降低,易于排泄而排出体外。这个过程称为肝细胞的解毒作用。另一些外源药物需在肝细胞中经过氧化、还原、水解和结合等方式产生有活性的、易于吸收的代谢产物。这些反应主要由光面内质网进行。光面内质网含有丰富的氧化酶系统(细胞色素 P450、NADH-细胞色素还原酶等),可催化一系列反应,使不溶于水的药物转化为易溶于水的代谢产物。当给动物注射脂溶性苯巴比妥后,肝细胞内光面内质网明显增加,参与药物代谢的酶活性也增加,一旦药物消失,过剩的光面内质网可通过自体吞噬方式消除,说明光面内质网与这种药物的代谢有密切关系。

第四节　高尔基体

1898 年,意大利人 Camillo Golgi 用银盐浸染法在神经细胞内看到一种网状结构,命名为内网器(internal reticular apparatus)。后来发现很多细胞都有这种结构,就称它为高尔基体(Golgi apparatus,或 Golgi body)。由于高尔基体的折射率和周围细胞质基质相近,因此在活细胞中看不到这种结构,在普通染色的切片上也很难看到它,导致有人认为高尔基体不是一种真实的结构,而是人为假象。直到 1954 年,Dalton 和 Felix 通过电子显微镜观察,首次详细地描述了高尔基体的超微结构,才使学术界相信高尔基体是一种真正的细胞器。他们指出,高尔基体由扁平膜囊、小泡和大泡三种成分组成,并把它命名为高尔基复合体(Golgi complex)。随着对高尔基体研究的不断深入,它在细胞活动中的重要性也受到越来越多的重视。高尔基体不仅在细胞分泌活动中起关键作用,而且是细胞内物质运输的一个中心环节。

一、高尔基体是由扁平膜囊、小泡和大泡组成的复合结构

高尔基体的主体部分由膜包围的多层扁平膜囊(saccules)组成,扁平囊腔中央较窄,周边较宽,每层膜囊之间的距离为 15~30 nm。3~10 层扁平膜囊平行排列在一起形成一个扁平膜囊堆(stack of saccules)。整个高尔基体由若干个扁平膜囊堆组成,膜囊堆之间由膜性管道相连,整体可呈弓形、半球形和球形等形状。在绝大多数细胞中,高尔基体位于靠近细胞核的部位并与中心体为邻。

高尔基体是一种有极性的细胞器,它有两个不同的面,与细胞中蛋白质合成和分泌途径的方向有关。蛋白质从内质网运入高尔基体的一面称顺面(cis face),又称进面(entry face)或生成面(forming face);蛋白质在高尔基体中经加工修饰后形成分泌小泡出去的一面称反面(trans face),又称出面(exit face)或分泌面(secreting face)。从顺面到反面,高尔基体由一系列结构、成分和功能不同的但又相互密切相关的部分组成(图 5-13),一般分成以下五部分。

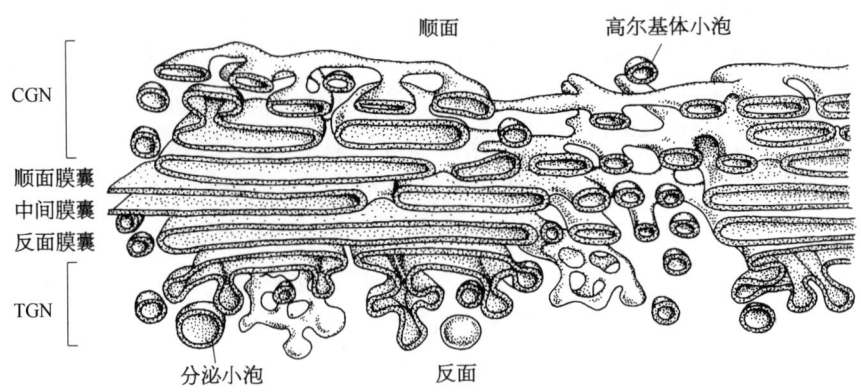

图 5-13　高尔基体结构模式图
(引自 Rambourg 等,1990)

1. 顺面管网结构(cis Golgi network,简称 CGN)　位于高尔基体顺面最外侧,呈吻合管网状。细胞经锇酸浸染后,可在电镜下见到高尔基体的 CGN 和顺面膜囊产生特异的显色反应,这种嗜锇反应可用来准确地鉴别高尔基体的极性。CGN 具有分选功能,它接受从内质网运送来的膜蛋白、膜脂和其他可溶性蛋白质,经分选或初步加工后把它们进一步送到下一层的高尔基体膜囊,也可以把一些蛋白质送回到内质网。

2. 顺面膜囊(cis saccules)　位于 CGN 下面的一层膜囊,有时也呈嗜锇反应。顺面膜囊接受来自 CGN 的蛋白质和其他物质,开始对蛋白质进行早期的加工和修饰。

3. 中间膜囊(medial saccules)　位于顺面膜囊和反面膜囊之间的几层膜囊称中间膜囊,其细胞化学特征或中间膜囊的标志反应是呈烟酰胺腺嘌呤二核苷磷酸酶(NADP 酶)阳性反应。中间膜囊接受来自顺面膜囊的蛋白质,并继续进行加工和修饰反应。

4. 反面膜囊(trans saccules)　位于中间膜囊下面的 1～2 层膜囊,呈焦磷酸硫胺素酶(TPP 酶)阳性反应。反面膜囊中进行蛋白质的后期加工和修饰反应。

5. 反面管网结构(trans Golgi network,简称 TGN)　位于高尔基体反面的最后 1～2 层结构,呈管网状,其中一部分与反面膜囊相邻,一部分偏离高尔基体膜囊堆伸入到反面的细胞质基质中。TGN 的形态和细胞化学特征因细胞种类而异,但大多数细胞的 TGN 呈胞嘧啶单核苷酸酶(CMP 酶)阳性反应。CMP 酶是一种酸性磷酸酶,其细胞化学反应产物位于 TGN 和溶酶体,是 TGN 和溶酶体的标志酶。

实验表明,中心体附近的微管以及高尔基体区域的细胞质基质蛋白对维持高尔基体的独特形态起关键作用。如果用实验方法使微管解聚,组成高尔基体的膜囊堆就会以单个形式分散到细胞质中。当细胞准备有丝分裂时,丝裂蛋白激酶使高尔基体基质蛋白磷酸化,结果使高尔基体去组装并断裂成碎片分散到细胞质基质中。在这一去组装过程中,高尔基体的各种酶回收到内质网,而其他高尔基体碎片在细胞分裂时被分配到两个子细胞中。在子细胞中,位于中心体附近的基质蛋白去磷酸化,高尔基体的碎片在这一区域很快重新组装成新的高尔基体。即使用实验方法把新合成的高尔基体膜蛋白阻止在内质网,高尔基体基质蛋白仍能在中心体附近组装高尔基体,说明基质蛋白是高尔基体结构组装和定位的决定因素。

二、高尔基体的主要功能是参与蛋白质的修饰、加工和分选

高尔基体的主要功能是参与细胞的分泌活动。20世纪70年代初期,Caro等人用放射自显影方法研究胰腺细胞的分泌活动,他们给动物注射 ^3H-氨基酸观察蛋白质合成情况,发现在注射后3 min,放射自显影银粒主要位于糙面内质网上,20 min后银粒出现在高尔基体上,90 min后银粒位于分泌颗粒上。结果表明,在胰腺细胞中蛋白质是在糙面内质网上合成的,合成后很快从内质网运送到高尔基体,在高尔基体形成分泌颗粒,最后通过胞吐作用分泌到细胞外。后来的各种实验结果进一步表明,高尔基体的主要功能是对内质网送来的蛋白质和其他生物大分子进行一系列的加工和修饰,然后通过分选把各种加工产物送到细胞的不同部位或细胞外。各种分泌蛋白、细胞外基质中的蛋白聚糖、细胞膜中的膜蛋白、膜脂以及溶酶体酶等都是经高尔基体加工和分选的。

1. **高尔基体的加工和修饰作用**　高尔基体的加工、修饰作用很多,主要有对分泌物质的糖基化、硫酸盐化以及对蛋白质前体的蛋白水解作用等。

(1) 糖蛋白的糖基化:动物细胞内的糖蛋白主要位于细胞膜、溶酶体和分泌产物中。高尔基体在糖蛋白的合成和分泌过程中起着关键作用。在本章第三节中已经提到,糖蛋白的糖基化在内质网中开始,在高尔基体中完成。在内质网中已部分糖基化的糖蛋白到达高尔基体后,要进行加工和修饰,即切除多余的甘露糖,加上其他必要的糖基,成为成熟的糖蛋白。

成熟的N-连接寡聚糖主要有两种,一种是高甘露糖基寡聚糖,另一种是复合寡聚糖(图5-14)。前者含有N-乙酰氨基葡萄糖和很多甘露糖,后者除了N-乙酰氨基葡萄糖和甘露糖

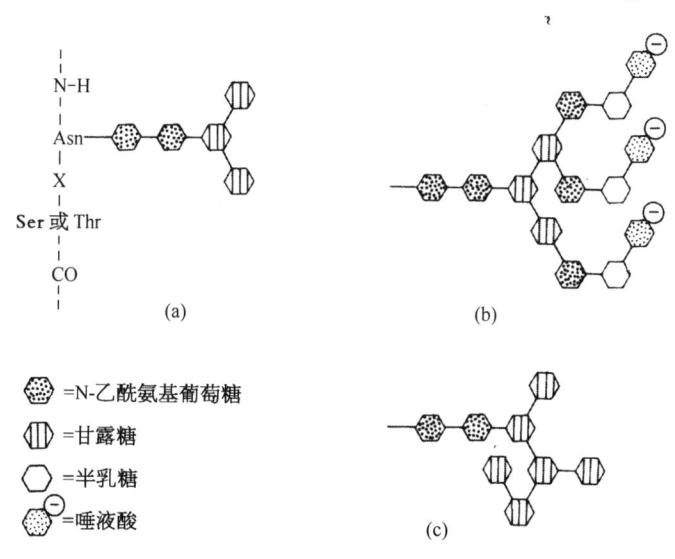

图5-14　两种N-连接寡聚糖
(a) 共同的核心部分;(b) 复合寡聚糖;(c) 高甘露糖基寡聚糖
(引自Alberts等,2002)

外还有半乳糖、唾液酸和岩藻糖。有时候两种类型寡聚糖可连在同一多肽链的不同部位。

形成高甘露糖基寡聚糖所需要的修饰比较简单,只要切除3个分子甘露糖即可;而形成复合寡聚糖需要比较复杂的修饰和加工,即切除6个分子甘露糖,再加上一定数量的N-乙酰氨基葡萄糖、半乳糖和唾液酸,有时还要加上岩藻糖。这些修饰作用需要一系列特殊的酶,如切除甘露糖需要甘露糖苷酶,加上新糖需要各种糖基转移酶,这些酶都存在于高尔基体的不同膜囊中。因此,糖蛋白的加工和修饰是在一系列高尔基体膜囊中有序地进行的,蛋白质在从一个膜囊到另一个膜囊的移动过程中不断经历不同的修饰。体外实验表明,修饰过程具有空间和生化的程序:催化早期修饰步骤的酶位于靠近高尔基体顺面的膜囊,催化后期修饰步骤的酶位于靠近反面的膜囊(图5-15)。如催化溶酶体酶蛋白寡聚糖磷酸化的酶位于CGN,去除甘露糖以及加入N-乙酰氨基葡萄糖的酶位于中间膜囊,而加入半乳糖和唾液酸的酶位于反面膜囊和TGN。对于这些参与N-连接寡聚糖修饰的酶的研究为理解高尔基体的功能区室化提供了新的资料。

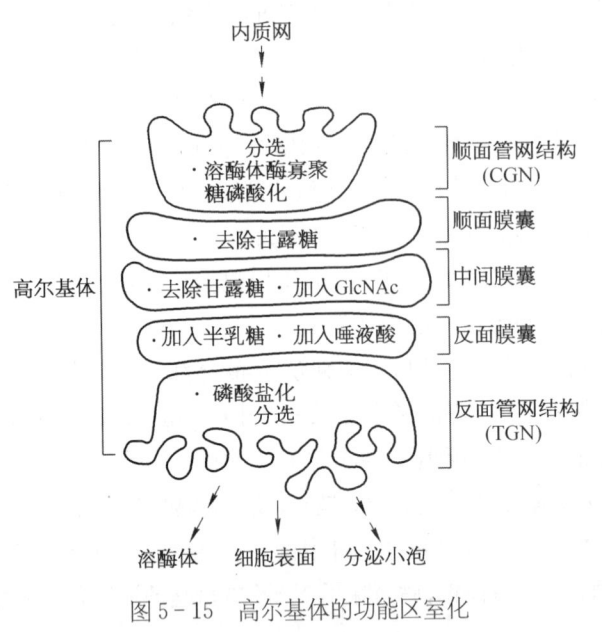

图5-15 高尔基体的功能区室化
(引自Alberts等,2002)

(2) 蛋白聚糖的糖基化:蛋白聚糖(proteoglycan)是蛋白质与糖胺聚糖(glycosaminoglycan)共价结合形成的大分子物质,是细胞外基质的主要成分之一。糖胺聚糖由一个氨基己糖(氨基葡萄糖或氨基半乳糖)和一个己糖醛(葡萄糖醛酸或艾杜糖醛酸)通过不同的糖苷键组成二糖单位后重复连接而成。蛋白聚糖的生物合成与糖蛋白相似,首先合成多肽链,然后在多肽链上连接相应的糖链。糖链与多肽链的连接有多种方式。一种方式是由木糖与多肽链中的丝氨酸形成O-糖苷键,再接上2个半乳糖形成核心区,然后接上糖胺聚糖,硫酸软骨素、硫酸皮肤素、肝素等属于这一类;另一种方式是N-乙酰氨基半乳糖与多肽链中丝氨酸或苏氨酸形成O-糖苷键,然后再接上多糖链,这种方式在黏液蛋白和软骨蛋白聚糖中多见。这种O-连接糖基化是由一系列糖基转移酶催化的,所有反应都在高尔基体中进行。

(3) 糖脂的糖基化:除了糖蛋白和蛋白聚糖的糖基化外,高尔基体还参与某些糖脂的糖基化,特别是那些含有末端半乳糖和唾液酸的糖脂如脑苷脂、神经节苷脂等。糖脂是生物膜的结构成分,在各种组织中浓度不同,如在脑和肾脏中浓度高,肝脏中浓度低。生化分析已证实,参与糖脂糖基化的一些糖基转移酶和磺基转移酶也都存在于高尔基体中。

(4) 糖蛋白和蛋白聚糖的硫酸盐化:硫酸盐化是指在酶的催化下将硫酸根转移到多

肽链中酪氨酸的羟基上,形成硫酸盐化的蛋白质的过程。软骨细胞可产生大量硫酸盐化蛋白聚糖,杯状细胞可产生大量硫酸盐化糖蛋白。电镜放射自显影实验表明,在动物体内注射放射性硫酸盐后,自显影银粒集中于杯状细胞和软骨细胞的高尔基体部位,说明高尔基体能摄取硫酸盐,具有蛋白质硫酸盐化的功能。后来很多其他细胞如粒细胞、内皮细胞、施旺细胞、成纤维细胞等也被发现具有硫酸盐化作用,能在高尔基体中合成硫酸盐化的糖蛋白和蛋白聚糖。此外,糖脂和类固醇激素也能在高尔基体中被硫酸盐化。

(5) 分泌蛋白前体的蛋白水解作用:许多分泌蛋白如肽类激素、神经肽和水解酶等,合成时是没有活性的前体蛋白,必须通过蛋白水解作用才能成为有活性的蛋白质或多肽。这种蛋白水解作用主要在高尔基体的 TGN 部位进行,有些在分泌小泡中继续进行,甚至分泌到细胞外时还在进行。如胰岛素、胰高血糖素等,都需要在高尔基体中切除部分肽链,才形成有活性的蛋白质或多肽,然后装入分泌小泡或分泌颗粒;有些蛋白质前体在内质网中合成时是含有多拷贝的氨基酸序列,在高尔基体中水解形成许多相同的多肽,如神经肽等;还有些蛋白质前体中含不同的信号序列,可在不同细胞的高尔基体中水解成不同的产物。

分泌蛋白形成过程中的蛋白水解处理有重要的生物学意义。不少有活性的蛋白质如水解酶等,能伤害细胞自身,延迟其激活直到进入分泌小泡或分泌到细胞外才具有活性可防止其在未成熟时就发生作用。有些神经肽只有几个氨基酸组成,不能以成熟形式在内质网中合成,以多拷贝序列形式合成,然后水解成多个多肽是一种有效的生物合成方式。

2. 高尔基体的分选作用 高尔基体不仅是分泌物质加工和修饰的场所,而且是蛋白质分选(sorting)的主要部位。从内质网运送到高尔基体的蛋白质是多种多样的。其中有些是内质网的驻留蛋白,被错误地送到了高尔基体,必须通过分选把它们送回到内质网;更多的是送到高尔基体进行加工和修饰的蛋白质,如糖蛋白、糖脂、蛋白聚糖、酶等,经加工和修饰后必须通过分选把它们送往细胞的不同部位。高尔基体对蛋白质的分选是根据蛋白质上分选信号来进行的(详见第九章),有些蛋白质送到高尔基体时就带有分选信号,而多数蛋白质的分选信号是在高尔基体中形成的。高尔基体膜中有识别分选信号的受体,通过分选信号与相应受体的结合可将不同蛋白质分装入不同的运输小泡中,然后运往不同的目的地(图 5-16)。

高尔基体的 CGN 和 TGN 是两个主要的分选部位,分别负责对不同蛋白质的分选。在一个非极性的细胞中,高尔基体要分选的蛋白质有五大类。

(1) 回输到内质网的内质网驻留蛋白:这类蛋白质的分选在 CGN 中进行。内质网驻留蛋白在内质网合成后就带有一个由 4 个氨基酸残基组成的分选信号,称 KDEL 信号(由 Lys-Asp-Glu-Leu 4 个氨基酸组成),送到高尔基体后,CGN 中有一种特殊的膜受体可与 KDEL 信号序列结合并将其包装到运输小泡中,送回到内质网。因此,KDEL 信号的作用并不是把内质网驻留蛋白锚定在内质网内,而是一旦其被送到高尔基体,即可通过相应受体识别被遣返。

(2) 运送到溶酶体的蛋白质:这类蛋白质主要是溶酶体酶,即各种酸性水解酶,都是

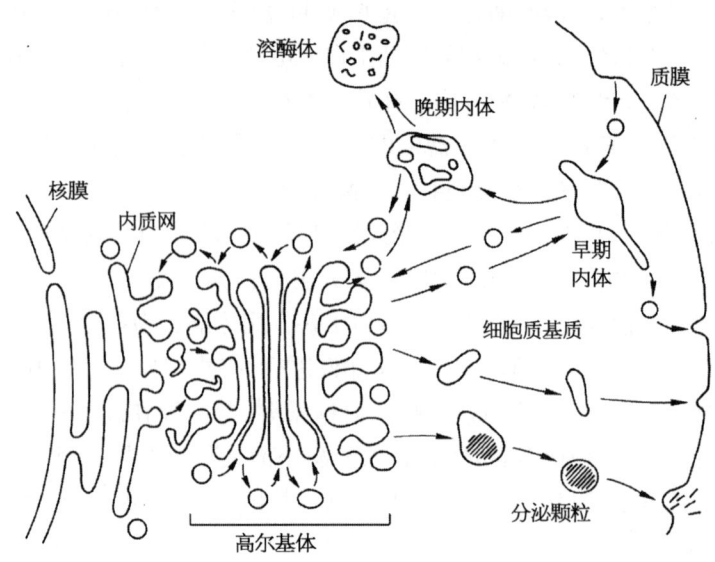

图 5-16　高尔基体的分选作用
（改自 Alberts 等，2008）

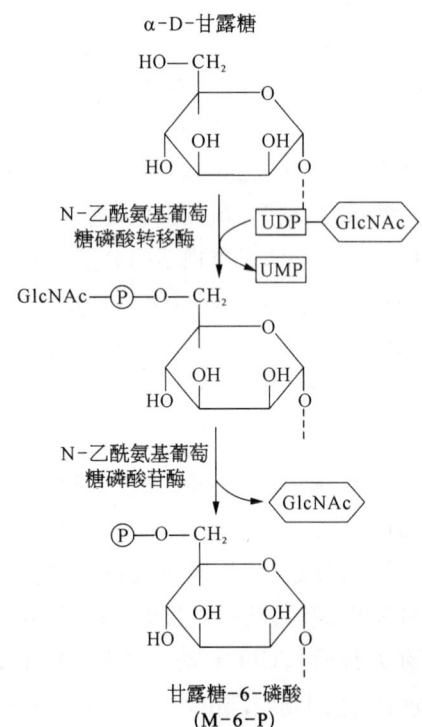

图 5-17　溶酶体酶蛋白上 M-6-P 的形成过程
（引自 Alberts 等，1994）

糖蛋白。溶酶体酶的分选信号是甘露糖-6-磷酸(M-6-P)，它位于溶酶体酶的 N-连接寡聚糖上。溶酶体酶在内质网合成并部分糖基化，然后运送到高尔基体，在高尔基体的 CGN 部位形成 M-6-P。N-乙酰氨基葡萄糖磷酸转移酶和 N-乙酰氨基葡萄糖磷酸苷酶参与催化溶酶体酶上 M-6-P 的形成，前者把 N-乙酰氨基葡萄糖磷酸基团加到寡聚糖链的甘露糖基上，后者把 N-乙酰氨基葡萄糖基团切除而暴露磷酸基团，形成 M-6-P（图 5-17）。在高尔基体的 TGN 部位存在着 M-6-P 受体，它是一种跨膜蛋白。M-6-P 受体与溶酶体酶的分选信号特异结合后，就把溶酶体酶装入运输小泡，经内体运送到溶酶体。

（3）受调分泌的蛋白质：这一类蛋白质主要是以受调分泌的方式运送至胞外的蛋白质，如激素、神经递质、消化酶等，在 TGN 中按其分选信号被装入分泌小泡或分泌颗粒，贮存于细胞质中，在适当外界信号作用下才通过胞吐作用分泌到细胞外。目前认为，这类蛋白质的分选方式可能与溶酶体酶相似，但分选信号的性质还不清楚。

(4) 持续分泌的蛋白质：这类蛋白质没有分选信号，在 TGN 中被自动装入运输小泡，以持续分泌的方式不断地运送到细胞表面，运输小泡的膜与细胞膜融合，为细胞膜提供新的膜蛋白和膜脂，小泡内容物则分泌到细胞外，为细胞外基质提供糖蛋白、蛋白聚糖和其他蛋白质。

(5) 驻留在高尔基体的蛋白质：这类蛋白质从内质网运送到高尔基体后不再进一步转运，留在高尔基体，称为高尔基体驻留蛋白质。

第五节 溶 酶 体

一般细胞器都是在形态上发现很长时间以后，才将它们从细胞内分离出来进行生化分析的，但溶酶体的发现过程正好相反，它先由生化分析方法发现，以后才在电子显微镜下被证实。1949 年，de Duve 等人用肝匀浆研究与糖代谢有关的酶时，发现在蒸馏水制备的提取物中，作为对照的酸性磷酸酶活性比用渗透平衡的蔗糖溶液制备的提取物中要高，而且酶活性随着提取物放置时间的延长而增加。这一实验导致 de Duve 等人在 1955 年发现一种新的细胞器，它们是从肝细胞中分离出来的小颗粒，内含各种水解酶，命名为溶酶体(lysosome)，意思是溶解或消化小体。后来用电镜细胞化学技术证实溶酶体是普遍存在于各种动物细胞中的细胞器。大量研究结果表明，溶酶体是细胞内大分子降解的主要场所，在细胞的生理和病理过程中起重要作用。

一、溶酶体是富含各种酸性水解酶的囊泡

1. **溶酶体的特征** 由于溶酶体在形态上的多型性和异质性，很难用一种描述来概括溶酶体的全部形态。但是溶酶体还是有一些共同的特征，可作为鉴别溶酶体的依据。

(1) 所有溶酶体都有一层界膜包围，该膜具有特殊的性质：① 溶酶体膜上有质子泵(H^+泵)，其功能是将H^+泵入溶酶体内，保持内部酸性环境($pH=5$)；② 溶酶体膜上存在特殊的转运蛋白，可把溶酶体消化水解的小分子产物运出溶酶体，供细胞再利用或排出细胞外；③ 溶酶体膜蛋白高度糖基化，其寡聚糖链凸出在溶酶体膜内表面，可保护溶酶体膜不受水解酶的作用。

(2) 由界膜包围的溶酶体基质内含有各种溶酶体酶，都是酸性水解酶，在酸性条件下具有活性（图 5-18）。酶的种类包括蛋白酶、核酸酶、酯酶、糖苷酶、磷脂酶和硫酸酯酶等，能水解蛋白质、核酸、脂类和多糖。

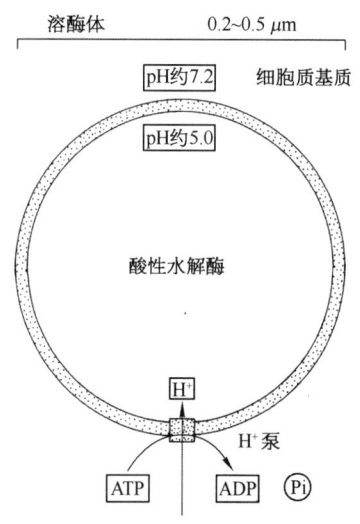

图 5-18 溶酶体膜上的质子泵和内部所含的酸性水解酶

（引自 Alberts 等，2002）

已报道有50种左右的溶酶体酶,这些酶的最适pH为5.0。常见的溶酶体酶有酸性磷酸酶、酸性核糖核酸酶、酸性脱氧核糖核酸酶、β葡萄糖醛酸苷酶、β半乳糖苷酶、组织蛋白酶、芳香硫酸酯酶等。要鉴定一种细胞质颗粒是否溶酶体,除形态外,必须用细胞化学方法证明其含有溶酶体酶,一般都以酸性磷酸酶作为溶酶体的标志酶,是鉴定溶酶体的主要证据。

2. 溶酶体的形成 溶酶体的形成过程比较复杂,既有内质网和高尔基体的参与,又与胞吞过程密切相关。

溶酶体所含的各种酶是在内质网合成的,这些酶被运送到高尔基体的CGN部位,在那里加上分选信号M-6-P,并在高尔基体膜囊中完成糖基化等修饰作用,然后到达TGN部位。在那里带有分选信号M-6-P的溶酶体酶与M-6-P受体结合,最后通过受体介导的运输方式把溶酶体酶分选装入特殊的运输小泡,运输小泡再将其送往早期内体(图5-19)(参见本章第四节和第九章)。溶酶体的膜蛋白和膜脂也是由内质网合成和高尔基体加工修饰的,并在分选过程中加入到运输小泡的膜中,因此运送溶酶体酶的运输小泡同时也运送膜蛋白和膜脂。

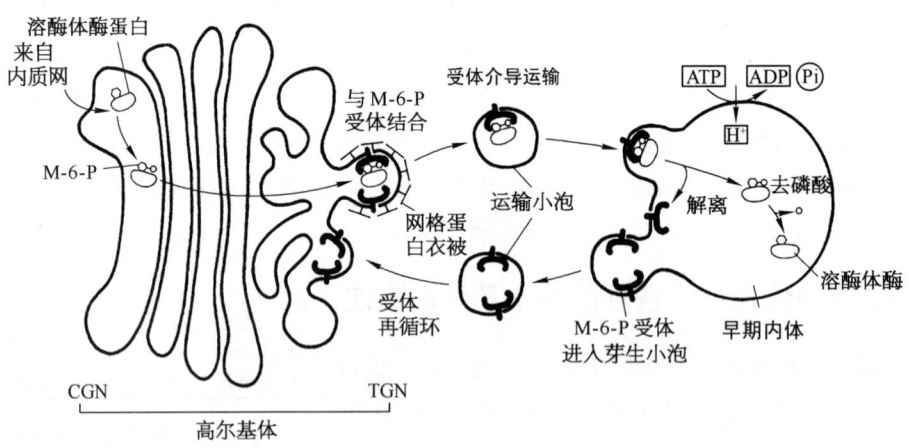

图5-19 溶酶体酶从高尔基体到内体的运输

(引自Alberts等,2008)

从高尔基体形成的运输溶酶体酶的小泡,其内部pH是接近中性的,所含的溶酶体酶没有活性,因此运输小泡尚不能行使溶酶体的功能。研究表明,运输小泡离开高尔基体后,将与早期内体(early endosome)融合。内体(endosome)是胞吞过程中经由的一种区室(详见第九章)。早期内体一方面接受来自高尔基体形成的运输小泡所运的溶酶体酶、膜脂和膜蛋白,同时又接受来自胞吞的物质,并将进一步发展、演变成为溶酶体(图5-20)。溶酶体酶在TGN和运输小泡的中性环境中通过M-6-P分选信号与M-6-P受体结合在一起,进入早期内体后,由于内体膜上存在质子泵,其内部环境呈酸性,使溶酶体酶上的M-6-P与受体分离,M-6-P中的磷酸基团也从甘露糖上脱落,M-6-P受体经运输小泡回收到高尔基体(图5-19)。由于晚期内体具有更加酸性的环境,使溶酶体酶开始有活性,开始水解各种胞吞物质,从而初步具有了溶酶体的功能。当晚期内体内部

pH 达到 5 以下时就成为成熟的溶酶体。

3. 溶酶体的类型 溶酶体所消化的物质有三个来源,因而形成三条由一系列囊泡组成的途径,它们起点不同,终点都是晚期内体或溶酶体(图 5-20)。外来的颗粒性物质经由吞噬途径被溶酶体消化,外来的大分子经由一般的胞饮或受体介导胞吞途径被消化,内部的细胞器或大分子经由自体吞噬途径被消化。因此,在电镜下,成熟的溶酶体有多种形态。这种形态上的异质性一方面与被消化物的来源有关,因而与细胞类型有关;另一方面与底物消化的程度有关。常见的溶酶体有异体吞噬泡、自体吞噬泡、分泌自噬泡和残余体等,前三者实际上是溶酶体与各种吞噬小泡融合后消化尚不彻底,原有结构依然可辨的囊泡,而残余体是这三类囊泡中的消化完成后的结构。

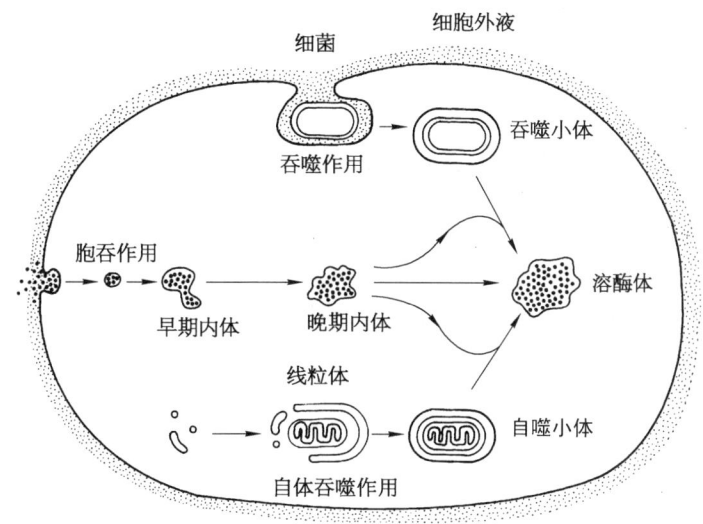

图 5-20 溶酶体消化物质的三个来源
(引自 Alberts 等,2008)

(1) 异体吞噬泡(heterophagic vacuole):由晚期内体或溶酶体与吞噬小体(phagosome)融合而成,又称异噬溶酶体(phagolysosome),外有界膜包围,内含经细胞吞噬作用摄入的细胞外物质。异体吞噬泡主要出现在中性粒细胞吞噬细菌,巨噬细胞吞噬红细胞、细胞碎片后。

(2) 自体吞噬泡(autophagic vacuole):由晚期内体或溶酶体与自噬小体融合而成,又称自噬溶酶体(autophagolysosome)。细胞内一部分细胞质如一些细胞器(线粒体、内质网等)以及细胞内含物可被膜结构包裹起来,形成一种由双层膜包围的结构,称自噬小体(autophagosome)。自噬小体与溶酶体融合后,溶酶体酶对自噬小体内容物进行消化,就成为自体吞噬泡。自体吞噬泡可以出现在所有细胞类型中,在饥饿、缺氧等细胞应激状态下增多。

(3) 分泌自噬泡(crinophagic vacuole):由晚期内体或溶酶体与分泌颗粒融合而成,主要出现在分泌蛋白类激素的内分泌细胞中。在此种细胞中,激素以分泌颗粒(也叫分泌小泡)的形式储存在细胞中。分泌自噬泡的形态特征是溶酶体内可见分泌颗粒,这些颗粒已没有界膜。

(4) 残余体(residual body):溶酶体消化作用结束时,剩下一些不能消化的残留物,它们具有不同的形态和电子密度,此时溶酶体酶的活性已经很小或消失,称为残余体。常见的残余体有脂褐素(lipofuscin)和髓鞘样结构等。脂褐素是一些不规则的小体,内含脂滴、小泡等电子密度不等的物质,是一些未消化或不能消化的残渣和脂类的混合物。一般溶酶体对脂类的消化能力有限,有人认为溶酶体中缺少某些脂类分解所需的酶而形成了脂褐素。脂褐素常积聚于一些衰老的细胞中,如脑细胞、心肌细胞和肝细胞中的脂褐素往往随年龄增长而增多。髓鞘样结构是另一种常见的残余体,外有界膜包围,内容物为成层排列的膜样结构,形似髓鞘。髓鞘样结构的形成有几种说法,一种认为它是溶酶体中一些未能完全分解的脂类物质水化后形成的,另一种看法是由于溶酶体中膜性成分消化不全所致。

二、溶酶体的主要功能是参与细胞的各种消化作用

溶酶体的主要功能是参与细胞的各种消化作用,并通过消化作用在各种细胞活动中起重要作用。溶酶体形态的多样性反映了这一细胞器的广泛消化功能。

1. **溶酶体参与的消化活动**　根据消化物质的来源和性质的不同,溶酶体参与的消化活动可以有以下几种。

(1) 胞吞物质的消化:溶酶体的一个重要功能是消化由胞吞(endocytosis)摄入的细胞外物质。根据胞吞物质的大小,细胞的胞吞可分为吞噬作用和吞饮作用两种。

吞噬作用(phagocytosis)是指细胞吞噬大的颗粒状物质如细菌、红细胞等,在光学显微镜下可以看到。具有吞噬作用的细胞主要有巨噬细胞和中性粒细胞等少数几种细胞。外来物质吞入细胞后,形成有膜包裹的吞噬小体。溶酶体可很快与吞噬小体融合,形成异体吞噬泡,消化分解吞噬物质。消化后,那些可溶性小分子水解产物可透过溶酶体膜进入细胞质基质,为细胞再利用或作为废物被排除;而那些未消化或不能消化的残留物质则成为各种残余体,可留在细胞内或排出细胞外。

吞饮作用(pinocytosis)是指细胞吞入小的颗粒状物质和水溶性大分子如抗体、酶、激素和毒素等,一般在电子显微镜下才能看到,动物和人体的所有细胞都有吞饮功能。根据吞饮物质的不同,一般又把吞饮作用分为液相胞吞和吸附胞吞两类。液相胞吞是非特异性的固有胞吞作用,细胞通过液相胞吞不断摄取液态的可溶性物质。而在吸附胞吞中,胞吞物质首先以某种方式吸附在细胞表面,然后被吞入细胞。如阳离子铁蛋白通过静电作用吸附在带阴电荷的细胞膜表面;各种凝集素可与有关糖基结合,吸附在细胞表面;各种配体通过与相应受体结合在细胞表面。那些通过受体-配体结合的胞吞称受体介导胞吞(receptor-mediated endocytosis)。示踪细胞化学实验表明,由液相胞吞和吸附胞吞进入细胞的物质大部分运送到溶酶体进行消化。

(2) 细胞自身物质的消化:溶酶体参与细胞自身物质的消化有自体吞噬和分泌自噬

两种形式。自体吞噬(autophagy)是细胞消化一部分自身细胞质的行为。在一些生理和病理条件下,细胞内一部分细胞质如线粒体、内质网等被膜结构包裹起来,形成自噬小体。当溶酶体和自噬小体融合后成为自体吞噬泡,泡内各种成分的消化产物可被细胞重新利用,消化不了的东西成为残余体。分泌自噬(crinophagy)是细胞消化自身分泌颗粒的现象,在一些分泌细胞如垂体内分泌细胞、甲状腺细胞和胰岛细胞等,一部分过剩的分泌颗粒可与溶酶体或多泡体融合成为分泌自噬泡,颗粒内容物被降解,剩余部分成为残余体。

(3) 细胞外物质的消化:溶酶体的主要功能是参与细胞内物质的消化,但在一些特殊情况下,溶酶体也可通过胞吐作用将溶酶体酶释放到细胞外,消化分解细胞外物质。如破骨细胞能将溶酶体酶释放出去降解骨的有机基质,参与骨组织的吸收和改建。又如精子的顶体,是一种特殊的溶酶体,在受精过程中将其溶酶体酶释放出去消化卵外膜滤泡细胞,为受精创造条件。

2. 溶酶体与细胞功能活动 溶酶体通过其消化功能在细胞活动中发挥作用,细胞的不少功能活动与溶酶体有关。

(1) 消除异物:一些具有吞噬功能的细胞如巨噬细胞、中性粒细胞等,能吞噬细菌、病原体和废旧红细胞等异物,这些异物最终都在溶酶体中消化分解。在感染时,中性粒细胞和巨噬细胞的溶酶体通过消除病原体而具有防御作用;在创伤愈合过程中,巨噬细胞的溶酶体通过消化血肿内各种成分为创伤愈合开辟道路。除了中性粒细胞和巨噬细胞外,动物和人体内还有少数细胞有吞噬功能,如睾丸中的支持细胞,能吞噬精子细胞演变为精子时所丢弃的残余细胞质,由支持细胞溶酶体消化分解。

(2) 提供营养物质:在动物和人体中,细胞所需的大部分小分子营养物质是从血液通过细胞膜进入细胞的,但大分子营养物质不能直接通过细胞膜,必须经胞吞作用进入细胞。大分子物质进入细胞后最终都在溶酶体中被消化降解,降解产物透过溶酶体膜进入细胞质基质被利用。例如,细胞合成各种膜结构所需的胆固醇就是通过胞吞作用和溶酶体降解获得的(详见第九章)。另外,由溶酶体参与的自体吞噬活动降解细胞自身组分,在细胞营养供应障碍的情况下也成为提供营养的一种途径。

(3) 更新细胞成分:细胞内的成分是不断更新的,由溶酶体参与的自体吞噬活动在细胞成分更新中起重要作用。细胞内一些废旧或不再需要的细胞器和细胞质成分由膜结构包裹起来,溶酶体与其融合,把大分子降解成小分子如氨基酸、核苷酸、糖、脂肪酸等,在细胞合成新的大分子或形成新的细胞器时可重新利用。

(4) 调节激素分泌:溶酶体在内分泌细胞中对激素分泌的调节作用最早见于大鼠垂体催乳素细胞,当催乳素分泌受抑制时,溶酶体可通过分泌自噬作用清除细胞内过多的激素分泌颗粒。后来发现几乎所有的分泌肽类激素的细胞都有分泌自噬现象。在研究分泌类固醇激素细胞的激素分泌调节时发现,在分泌受抑制的状态下,睾丸间质细胞和肾上腺皮质细胞中自体吞噬活动明显增强,这类内分泌细胞通过自体吞噬作用将一部分与合成类固醇激素有关的细胞器(光面内质网、线粒体)包裹起来形成自噬小体,溶酶体通过自体吞噬作用将这部分细胞器及其合成的激素消化分解。这种自体吞噬作用使细胞能在短时间内清除一部分合成激素的细胞器和激素,从而使分泌类固醇激素的细胞及时有效地调节激素分泌量。因此,在分泌肽类激素和分泌类固醇激素的细胞中,溶酶体都参与激素分泌的调节作用。

三、溶酶体功能失调与许多疾病有关

有不少疾病与溶酶体有关,如溶酶体贮积症(lysosomal storage diseases)、硅沉着病、类风湿关节炎等都与溶酶体有关,但发病机制各不相同。

溶酶体贮积症是一类代谢性疾病,其病因都是遗传性缺陷导致先天性缺乏某种溶酶体酶,结果与该酶相应的底物不能被消化而贮积在细胞内。目前已知有40多种先天性贮积病,其中多数是糖胺聚糖(黏多糖)和糖脂在细胞中贮积,还有一些是神经鞘脂的贮积(表5-2)。例如,Ⅱ型糖原贮积病是由于先天性缺乏α葡萄糖苷酶,使糖原不能水解成葡萄糖,结果糖原在患者的肝脏和肌肉中贮积;Tay-Sachs病,由于缺乏氨基己糖苷酯酶A,使神经节苷脂不能被水解而在脑组织中贮积;异染性脑白质营养不良是由于缺乏芳香基硫酸酯酶A,造成硫酸脑苷脂在细胞中贮积。最特殊的一种贮积病称Ⅰ细胞病(inclusion cell disease),在患者的成纤维细胞溶酶体中几乎所有的溶酶体酶都不存在,各种底物不能消化而积聚成很大的包涵体(inclusions)。但是在Ⅰ细胞病患者中,所有的溶酶体酶出现在其血液中,说明编码合成溶酶体酶的基因是正常的,问题出在溶酶体酶的分选和运输上。现在已清楚,Ⅰ细胞病的关键是先天性缺乏N-乙酰氨基葡萄糖磷酸转移酶,使溶酶体酶到达高尔基体后不能形成分选信号M-6-P,结果溶酶体酶不能被M-6-P受体识别和分选进入溶酶体,而是被分泌到细胞外进入血液。Ⅰ细胞病为研究溶酶体形成机制提供了很好的模型,有关溶酶体酶分选机制的资料不少是由Ⅰ细胞病的研究获得的。

表5-2 先天性贮积病及其缺少的溶酶体酶

疾 病 名 称	缺 少 的 酶
黏多糖贮积病	
Hurler 和 Scheie 综合征	α-L-艾杜糖苷酶
Hurler 综合征	艾杜糖硫酸酯酶
Sanfilippo 综合征 A	肝素-N-硫酸酯酶
Sanfilippo 综合征 B	N-乙酰氨基葡萄糖苷酶
Maroteaux-Lamy 综合征	N-乙酰氨基半乳糖硫酸酯酶
β葡萄糖醛酸苷酶缺乏症	β葡萄糖醛酸苷酶
神经鞘脂贮积病	
GM_1神经节苷脂贮积病	β半乳糖苷酶
Krabbe 病	β半乳糖苷酶
Tay-Sachs 病	氨基己糖苷酯酶 A
Sandhoff 病	氨基己糖苷酯酶 A 和 B
Gaucher 病	β葡萄糖苷酶
Fabry 病	α半乳糖苷酶
异染性脑白质营养不良	芳香基硫酸酯酶 A
Niemann-Pick 病	神经鞘磷脂酶

(续表)

疾 病 名 称	缺 少 的 酶
Faber 病	神经酰胺酶
糖蛋白代谢障碍	
岩藻糖贮积病	α-L-岩藻糖苷酶
甘露糖贮积病	α甘露糖苷酶
天冬氨酰基葡萄糖尿症	酰胺酶
其他贮积病	
Pompe 病	α葡萄糖苷酶
Wolman 病	酸性酯酶
酸性磷酸酶缺乏症	酸性磷酸酶

另外一类与溶酶体有关的疾病如类风湿关节炎、硅沉着病、石棉沉着病、痛风等，病理变化中都有巨噬细胞溶酶体酶的释放和急性炎症，导致胶原纤维合成增加。例如，硅沉着病患者肺内巨噬细胞吞噬了硅粉末，所形成的吞噬小体虽然也与溶酶体融合，但溶酶体酶不能消化硅粉末，而硅酸盐成分却能使溶酶体膜破裂，释放出溶酶体酶造成细胞和组织坏死，剩下的硅粉末再被其他巨噬细胞吞噬而造成进一步组织坏死，进而刺激成纤维细胞合成功能而引起胶原纤维沉积。石棉沉着病也有类似情况，巨噬细胞吞噬石棉纤维后也不能被溶酶体消化，结果在肺中形成胶原纤维沉积。

第六节　过氧化物酶体

过氧化物酶体(peroxisome)又称微体(microbody)。它是1954年Rhodin在观察小鼠肾近曲小管时发现的一种结构，他称其为微体，不久在大鼠肝细胞中也发现了这种微体。后来de Duve等用生化分析测出微体中含有多种与过氧化氢代谢有关的酶，又将其命名为过氧化物酶体。早期形态学观察认为在哺乳动物中，过氧化物酶体主要见于肝细胞和肾近曲小管细胞，但也存在于其他多种细胞如成牙本质细胞、小肠上皮细胞、睾丸间质细胞等。后来过氧化氢酶细胞化学实验表明，过氧化物酶体存在于所有的真核细胞中，是一种普遍存在的细胞器。

一、过氧化物酶体是富含各种氧化酶的囊泡

典型的过氧化物酶体一般呈球形或卵球形，直径约 0.6 μm。过氧化物酶体外有界膜包围、内含细颗粒状的基质。有些细胞的过氧化物酶体内有一个致密的结晶状核心，其成分是尿酸氧化酶。人类细胞内过氧化物酶体不含尿酸氧化酶，因此没有结晶状核心。在哺乳动物中，典型的过氧化物酶体只见于少数几种细胞中，而大多数细胞的过氧化物酶体较小，直径为 0.1～0.2 μm，呈球形、杆状或线状，有人称其为微过氧化物酶体(microperoxisome)。

过氧化物酶体含有很多酶，目前已知在各种过氧化物酶体中存在的酶多达40余种，

主要有氧化酶、过氧化氢酶和过氧化物酶三类。

过氧化物酶体所含的氧化酶有尿酸氧化酶、D-氨基酸氧化酶、L-氨基酸氧化酶和L-α-羟基酸氧化酶等,氧化酶约占过氧化物酶体酶总量的一半。各种氧化酶作用于不同的底物,其共同特征是在氧化底物的同时将氧还原成过氧化氢。

过氧化氢酶是过氧化物酶体的标志酶,因为所有的过氧化物酶体都含有过氧化氢酶,约占过氧化物酶体酶总量的40%。过氧化氢酶的作用是使过氧化氢还原成水。在一些细胞中还存在过氧化物酶,其作用也能使过氧化氢还原成水。

除了上述几类酶外,过氧化物酶体还含有一些其他酶类如异柠檬酸脱氢酶、苹果酸脱氢酶、乙醛酸酯还原酶等。

二、过氧化物酶体利用分子氧参与多种物质的氧化代谢

与线粒体一样,过氧化物酶体是细胞内利用氧的细胞器。对于过氧化物酶体的功能了解得还不多,一般认为过氧化物酶体的主要功能是通过过氧化氢酶的作用消除对细胞有害的 H_2O_2,防止细胞内 H_2O_2 的积聚,因为过氧化氢酶催化下面的反应:

$$H_2O_2 + H_2O_2 \xrightarrow{\text{过氧化氢酶}} 2H_2O + O_2$$

但也有不同看法,有人认为许多消除 H_2O_2 的酶存在于细胞质基质和线粒体,过氧化物酶体对消除 H_2O_2 作用可能不是很大。有些产生 H_2O_2 的细胞中过氧化物酶体很少也进一步印证了这种看法。因此,过氧化物酶体的功能不单是消除细胞中的 H_2O_2,而是有着多种与代谢有关的功能,目前认为主要有下列几种。

(1) 对有毒物质的解毒作用。过氧化氢酶是过氧化物酶体中最活跃的酶,它能利用 H_2O_2 通过过氧化反应来氧化各种底物如酚、甲酸、甲醛、亚硝酸盐和乙醇等,并把 H_2O_2 还原成水:

$$RH_2 + H_2O_2 \xrightarrow{\text{过氧化氢酶}} R + 2H_2O$$

反应的结果是使这些有毒性的物质变成没有毒性的。这种解毒反应对肝、肾特别重要,例如人们饮入的乙醇几乎有一半是以这种方式氧化成乙醛的,从而解除了乙醇对细胞的毒性作用。

(2) 对细胞氧张力的调节作用。过氧化物酶体中的氧化酶都利用分子氧作为氧化剂,催化下面的化学反应:

$$RH_2 + O_2 \xrightarrow{\text{氧化酶}} R + H_2O_2$$

这一反应对细胞内氧的水平有很大的影响。例如,在肝细胞中有20%的氧是由过氧化物酶体消耗的,其余部分的氧在线粒体中消耗,在过氧化物酶体中氧化产生的能量是以产热的方式损失掉,而在线粒体中氧化产生的能量则贮存在ATP中。两种细胞器对氧浓度的敏感性是不一样的。线粒体氧化所需的最佳氧浓度在2%左右,增加氧浓度并不提高线

粒体的氧化能力。过氧化物酶体与线粒体不同,它的氧化率是随氧张力的增强而成正比地提高的。因此,在低浓度氧条件下,线粒体利用氧的能力比过氧化物酶体强,但在高浓度氧情况下,过氧化物酶体的氧化反应占主导地位。这种特性使过氧化物酶体具有使细胞免受高浓度氧的毒性作用。

(3) 参与对脂肪酸的分解。过氧化物酶体对于脂肪的代谢十分重要。在人的细胞中,大于 18 个碳的脂肪酸 β 氧化在过氧化物酶体中进行。而在酵母细胞中,所有脂肪酸的 β 氧化均在过氧化物酶体中完成。在氧化中,脂肪酸链依次缩短 2 个碳原子转化为乙酰辅酶,生成的乙酰辅酶释放到细胞质基质中供细胞重新利用,分解脂肪酸产生的能量以热能形式供细胞利用。动物组织中有 25%～50% 的脂肪酸是在过氧化物酶体中氧化的,其他则是在线粒体中氧化的。另外,由于过氧化物酶体中有与磷脂合成相关的酶,所以过氧化物酶体也参与脂的合成。

此外,过氧化物酶体对胆固醇和胆汁酸的合成、嘌呤和多胺的分解代谢,以及前列腺素的代谢都至关重要。

三、过氧化物酶体增殖物激活受体可以调控基因表达

过氧化物酶体的形成方式不同于溶酶体,过氧化物酶体所有的蛋白质都是从细胞质基质输入的(参见第九章)。过氧化物酶体的膜蛋白和各种酶都是在游离核糖体上合成后输送过来的,而其膜脂是由糙面内质网合成并通过细胞质基质中的磷脂交换蛋白输送的。过氧化氢酶是研究得较多的蛋白质,它是一种血红素的四聚体蛋白,在游离核糖体上先合成不含血红素的蛋白质单体,输入到过氧化物酶体后在血红素存在下装配成四聚体。

细胞内新的过氧化物酶体是由原来存在的过氧化物酶体生长和分裂而形成的。过氧化物酶体增殖是一个以过氧化物酶体体积密度增加以及过氧化物酶体中脂肪酸 β 氧化活力增加为特征的过程。

有不少外源物质可影响过氧化物酶体的增殖,它们被称为过氧化物酶体增殖物(peroxisome proliferator),其中包括邻苯二甲酸酯(phthalate ester)增塑剂、除草剂(herbicides)、白细胞三烯拮抗剂(leukotriene antagonists)、阿司匹林(acetylsalicylic acid)以及巯基被取代和氟化的脂肪酸等。自然因素,特别是那些富含鱼油的高脂肪食物、饥饿、糖尿病以及维生素 E 缺乏等也会对过氧化物酶体中的酶具有诱导作用。

肝和肾是对过氧化物酶体增殖物产生反应最显著的脏器,但这种反应存在很强的物种间差异,例如,大鼠和小鼠对这些增殖物的反应敏感,而人则相对不敏感。由于与实验鼠发生转移性肝细胞癌有关,过氧化物酶体对增殖物的反应已经引起了研究者相当的兴趣。过氧化物酶体增殖物引发肿瘤的机制尚不清楚,但是,测试结果显示这些化合物并非诱变剂,也没有直接结合并损伤 DNA,因此,它们被归为一类新的无遗传毒性的表观化学致癌物。通常认为这些化合物致癌的主要原因在于对基因表达的改变。氧化应激可能在此过程中起到了关键的作用。

近年研究显示,增殖物诱导过氧化物酶体增殖依赖于一类受体对胞内基因表达的调

节作用,这类受体能够被过氧化物酶体增殖物所激活,被称为过氧化物酶体增殖物激活受体(peroxisome proliferator-activated receptors, PPARs)。它们是一类核受体(参见第十章),属于配体激活的转录因子,通过与相关基因上游的特定反应元件相互作用来调节基因的表达。已知含有过氧化物酶体增殖物激活受体反应元件(PPREs)的基因包括过氧化物酶体双功能酶、肝脏脂肪酸结合蛋白L-FABP等。由于这些基因产物均涉及脂肪酸的代谢,所以PPARs可能在介导过氧化物酶体增殖物作用方面以及调节脂类代谢的动态平衡方面扮演着重要的角色。过氧化物酶体增殖物影响鼠类基因的表达以及促进鼠类肿瘤生成均需要PPAR的存在。不过,PPAR与人类肿瘤的关系尚不明确。

由于过氧化物酶体增殖物在疾病以及职业、环境资源中广泛存在,它们对人类健康的影响成为引人关注的问题。

第七节 线 粒 体

线粒体(mitochondria)是光镜下可以看到的一种体积较大的细胞器,1894年被德国学者Altmann首先发现于动物细胞内,因其形态呈粗线状或颗粒状,而得名为线粒体(mito和chondrion在希腊字中分别代表线和颗粒)。除哺乳动物成熟红细胞以外,线粒体普遍存在于所有的真核细胞中。它是一个利用氧的细胞器,是细胞进行生物氧化和能量转换的主要场所。细胞生命活动所需能量的80%是由线粒体通过氧化各种物质而产生的,故常将线粒体喻为细胞的"动力工厂"或"换能中心"。

一、线粒体是由两层特化单位膜围成的细胞器

在细胞进化的过程中,线粒体可能来源于被偶尔吞入而后共生的一个细菌。这种推断的依据首先是线粒体的结构特点——双层膜和独立内腔,以及具有独立于细胞核的基因组。

1. **线粒体的一般形状和分布** 一般情况下,光镜水平的线粒体为粒状、短杆状或线状,直径为 $0.1\sim0.5~\mu m$,长 $1\sim2~\mu m$。但线粒体具有多形、易变、运动和适应等特点。线粒体的数量、形态、大小和分布往往随细胞种类的不同而不同,随细胞生理状态的改变而改变。例如骨骼肌细胞中,有时可出现长 $8\sim10~\mu m$ 的巨大线粒体。

线粒体在组织的分布有一定的规律性,与各种组织对能量的需求有关。一般说来,在代谢率高的细胞,如心肌、骨骼肌、肝细胞、肾小管上皮细胞等,线粒体的数目较多。如哺乳动物肝细胞中约有2 000个线粒体,肾小管上皮细胞中大约有800个线粒体。代谢率低、耗能少的细胞如淋巴细胞、精子细胞等,所含线粒体的数目较少。细胞中线粒体的数目还随细胞的能量需求而变化,如唾液腺细胞在分泌活动旺盛时线粒体数目增多。

线粒体在细胞内的分布也有一定的规律性,常位于能需较大的部位。如在肌细胞内线粒体沿着肌原纤维排列;在肾小管上皮细胞内,线粒体位于细胞基部呈纵行排列;肠上

皮细胞的线粒体分布呈两极性,集中在顶部和基部;在纤毛上皮细胞内,线粒体集中于纤毛基部;在精子中,线粒体环绕着尾部鞭毛组成线粒体鞘。而在另外的很多细胞内,如肝细胞和各种血细胞中,线粒体常呈均匀分布。

2. **线粒体的超微结构和主要的蛋白复合体** 在电子显微镜下,线粒体是由两层高度特化的单位膜围成,内膜和外膜互不相连,作用也各不相同,它们将线粒体内部空间与细胞质空间隔离,并使线粒体内部被分隔成两部分独立的空间:其中内膜内的空间为内腔,或称基质腔;内膜与外膜之间的空间为外腔,或称膜间腔(图 5-21)。

(1) 外膜(outer membrane):光滑平整,厚 5.5~7 nm,上面分布着很多孔蛋白(porin)。这些是由膜运输蛋白形成的含水通道,横跨脂双层,使分子量在 5 000 kD 以下的小分子物质可以自由通过,包括一些小的蛋白和多肽,因此,线粒体膜间腔(intermembrane space)的成分与细胞质的成分基本相似。外膜的标志酶是单胺氧化酶。

(2) 内膜(inner membrane):较外膜略薄,厚 4~5 nm。电镜下可见内膜有大量凸向内腔的褶,被称为嵴(cristae)。嵴的产生大大地增加了内膜的表面积和相应的反应效率。在不同的细胞线粒体中

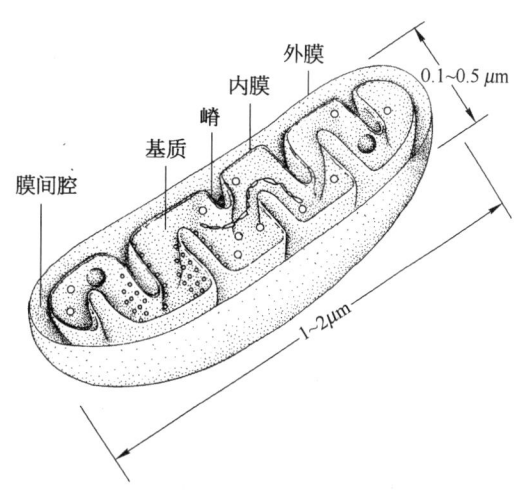

图 5-21 线粒体超微结构模式图
(引自 Lodish 等,2000)

嵴的丰富程度有很大差异。一般说来,需要能量较多的细胞,不仅线粒体的数目多,而且线粒体嵴的数目也多,需要能量少的细胞,其线粒体嵴的数目也少。例如,心肌细胞代谢率高、耗能多,它的线粒体嵴长而且密集,嵴的数量较肝细胞线粒体的多 2 倍。高等动物细胞内,绝大部分细胞的线粒体嵴呈板层状,和线粒体的长轴垂直,只有少数细胞的嵴与线粒体长轴平行,如神经细胞等。原生动物与其他一些较低等的动物中,线粒体的嵴多为小管状。另外,有些细胞兼有两种形式的嵴,但以一种为主,如肝细胞中的线粒体嵴以板层状为主,偶尔夹杂有小管状,肾上腺皮质细胞的线粒体嵴则以小管状为主,间有少数板层状嵴。

内膜的脂双分子层中含有大量的心磷脂(cardiolipin),这些有着四条脂肪酸链的分子使得离子特别难以通透,因此,内膜的通透性很低。这种通透性屏障在 ATP 的生成过程中起着重要的作用,同时也使 H^+、ATP、ADP 和丙酮酸等许多代谢或酶反应所需要的分子和离子需要借助内膜上存在的多种膜运输蛋白才能被选择性地转运。内膜的蛋白质含量很高,占内膜总重量的 76%。除了膜运输蛋白外,以下两种膜蛋白复合体是线粒体功能的基础。

电子传递链(electron-transport chain),又称呼吸链(respiratory chain),是一组镶嵌

在内膜上的蛋白复合体，它们从细胞内物质氧化的一种终端产物 NADH 或 $FADH_2$ 那里接受氢，将其中的电子依次传递到氧，最后将 O_2 还原为 H_2O（图 5-22）。其中的细胞色素氧化酶为内膜的标志酶。

基粒（elementary particle）是内膜上镶嵌的另一种蛋白复合体，它们排列规则，形成许多突出于内腔（基质腔）的颗粒。基粒从形态上可分为头、柄和基部三个部分。头部在内膜表面，凸向内腔；柄部嵌入内膜，与基部相连。每个线粒体中有 $10^4 \sim 10^5$ 个基粒。

由于基粒能够催化 ADP 磷酸化形成 ATP，故又称为 ATP 合成酶或 ATP 酶复合体（ATPase complex）。已知基粒的头部由 F_1 因子构成，基粒的基部由 F_0 因子构成，两者均含多种蛋白质亚基，构成 F_0F_1 复合体。F_1 因子在完整的线粒体中有催化 ADP、Pi 合成 ATP 的作用，但用超声波分离线粒体得到的头部颗粒只能催化 ATP 水解，所以被称为 ATP 酶。F_0 因子则在线粒体内膜上形成一个质子通道，膜间腔中的质子经该通道驱动 F_1 因子合成 ATP（图 5-22）。

（3）基质腔（matrix space）：是一个复杂的生化反应环境。腔内除了线粒体独特的 DNA 分子、完整的遗传信息复制系统以及有别于细胞质的转录和翻译系统外，还有大量的蛋白质、脂类，以及许多像脂肪酸、氨基酸、丙酮酸等小分子和离子。那些将丙酮酸、脂肪酸代谢成乙酰 CoA（乙酰辅酶 A）的酶系以及在三羧酸循环中氧化乙酰 CoA 的酶系也都存在于基质腔中。其中，苹果酸脱氢酶为基质的标志酶。

许多细胞的线粒体基质中还在电镜下可见到直径为 30～50 nm 的电子致密颗粒，称基质颗粒（matrical granules），其中含 Ca^{2+}、Mg^{2+} 等二价阳离子和磷等无机物，多见于转运大量水和无机离子的细胞中，如肠上皮细胞、肾小管上皮细胞、成骨细胞等。当组织钙化时，基质颗粒显著增大，造成线粒体破裂。成骨细胞和软骨细胞的线粒体中含有细胞总钙量 90% 以上的钙，线粒体破裂导致钙释放形成钙化中心。

二、线粒体是动物细胞进行有氧呼吸产生 ATP 的主要场所

细胞的活动，无论是维持细胞原有的代谢过程，还是细胞的分裂增殖，都要消耗能量，这些能量是依靠酶的催化将细胞内的各种供能物质氧化后释放出来的。这一过程叫细胞氧化（cellular oxidation）。细胞在氧化时要消耗 O_2，生成 CO_2 和 H_2O，所以也叫细胞呼吸（cellular respiration）。蛋白质、脂类、糖类等物质都是生物体内的供能物质，它们经消化分解后生成更简单的物质形式，如丙酮酸、脂肪酸和氨基酸等，并在真核细胞的线粒体内被进一步氧化分解，所释放出的能量被转化和储存于 ATP 分子的高能磷酸键中，以供细胞的各种生命活动之需。原核细胞缺乏线粒体，相应的反应都发生在质膜上。

从细胞进化的角度推测，真核细胞含有线粒体，可能是因为原来不能利用氧的细胞偶尔吞入了能够利用氧的细菌，而后与之共生，并依赖其利用氧产生的能量。

线粒体在合成 ATP 时使用了一种化学渗透或化学渗透偶联（chemiosmotic coupling）的机制。化学渗透假说最初由英国生化学家 Mitchell 于 1961 年提出的，Mitchell 在 1978 年因此获得诺贝尔奖。化学渗透偶联指的是"化学"——形成化学键的

ATP 合成反应与"渗透"——质子(H^+)跨膜运输两个事件的偶联。这一假说指出：驱动 ATP 合成的直接能量是跨内膜的电化学 H^+ 梯度(electrochemical proton gradient)，也称为质子动力势(proton-motive force)，而质子动力势的形成又是电子传递和质子泵送相偶联的结果。在生物系统中，蛋白质、脂肪以及糖等能量物质在氧化较早阶段所释放的可利用能量几乎都以高能电子的形式由电子载体 NAD^+ 和 FAD 从底物中移出，这些电子由 NADH 和 $FADH_2$ 携带，然后借助内膜上呼吸链的电子传递能力传递给 O_2。电子在传递过程中能量逐步释出，并被用于质子的跨膜泵送，即将质子从线粒体基质腔逆浓度地跨膜运到膜间腔，从而在内膜的两侧产生一个电化学的 H^+ 梯度。作为一种能量形式，质子在顺电化学梯度回流时，通过 ATP 合成酶这样一个蛋白装置，驱动其催化 ADP 和 Pi 合成 ATP。因此，化学渗透假说将电子传递、质子泵运与 ATP 合成联系在一起。

这种通过物质氧化使 ADP 磷酸化产生 ATP 的反应被描述为"氧化的磷酸化"(oxidative phosphorylation)，简称"氧化磷酸化"(图 5-22)。

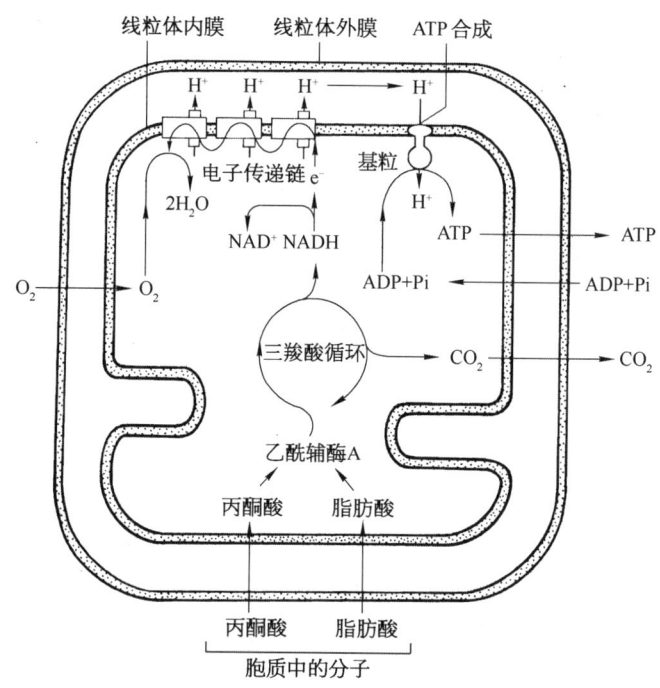

图 5-22 线粒体的能量产生机制
(改自 Alberts 等，2002)

1. **物质氧化** 机体从食物中摄入的主要营养物质多糖、蛋白质和脂肪在细胞中以单糖、氨基酸和脂肪酸的形式成为供能物质。葡萄糖和其他单糖以及氨基酸在细胞质中代谢为丙酮酸，丙酮酸通过线粒体内膜上特定的运输蛋白进入基质腔，而脂肪酸直接穿过线粒体内膜进入基质腔(图 5-22，图 5-23)。因此，丙酮酸和脂肪酸作为线粒体的能量转换过程起始分子，常被形象地称作"燃料"。

就像燃料燃烧是消耗氧气产生二氧化碳和水的过程，丙酮酸和脂肪酸经历的氧化首先在线粒体基质中产生了二氧化碳。丙酮酸与辅酶 A(CoA)反应,氧化脱羧生成中间产物乙酰 CoA(2C),释出 CO_2,同时脱下 H,由 NAD^+ 携带参加电子传递反应。乙酰 CoA 通过与草酰乙酸(4C)缩合,生成 6 个碳原子的柠檬酸而加入三羧酸循环(citric acid cycle)。三羧酸循环在线粒体基质腔内进行,每次三羧酸循环,除产生 1 分子 GTP、2 分子的 CO_2 外,还有捕获了高能电子后被还原的 NADH 和 $FADH_2$(图 5 - 23)。NADH 和 $FADH_2$ 它们是基质腔内的三羧酸循环和线粒体内膜的电子传递链之间的中介。

此后发生在线粒体内膜上从 NADH 和 $FADH_2$ 到 ATP 的能量代谢过程可以用化学渗透假说来说明,即电子传递、质子泵运与 ATP 合成三个步骤。这些步骤将消耗氧气,产生水,体现物质氧化的最后效应。

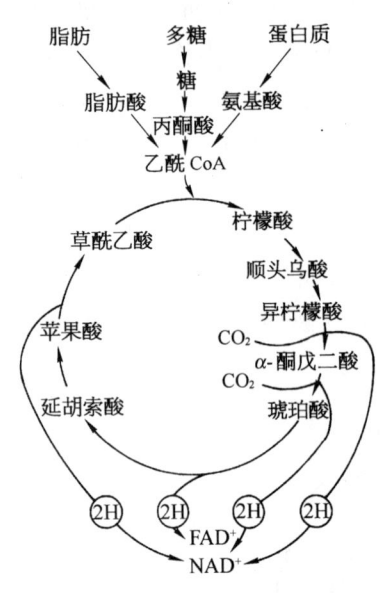

图 5 - 23 细胞内能量物质的有氧氧化途径

2. **电子传递链与电子传递** 电子传递从 NADH 开始,分离出 1 个质子和 2 个电子($H^+ + 2e^-$),质子传给水,电子则通过线粒体内膜上一系列的电子载体传递。NADH 重新形成 NAD^+,又可以捕获新的高能电子。

线粒体内膜上有多个介导电子传递至氧的电子载体,如细胞色素、铁硫蛋白和辅酶 Q 等,它们大多含有黄素(flavin)、血红素(heme)、铁硫中心(iron-sulfur center)和铜等辅基(prosthetic)。这些电子载体按照还原势由低到高排列,并且和其他的蛋白结合,形成 4 个多蛋白复合体,共同构成了电子传递链(呼吸链)。

多蛋白的复合体都由跨膜蛋白维系在线粒体内膜上,分别为:复合体Ⅰ,NADH - CoQ 还原酶;复合体Ⅱ,琥珀酸- CoQ 还原酶;复合体Ⅲ,$CoQH_2$ -细胞色素 c 还原酶;复合体Ⅳ,细胞色素 c 氧化酶。其中,酶复合体Ⅰ、Ⅲ、Ⅳ介导来自 NADH 的电子的传递,酶复合体Ⅱ、Ⅲ、Ⅳ介导来自 $FADH_2$ 的电子的传递,两者分别构成了线粒体内膜上的两条电子传递途径(图5 - 24)。每个酶复合体对电子亲和力不同,后一个酶复合体比前一个亲和力大,它们排列在一起,当一个分子被氧化时,另一个就会被还原,这两个分子构成了所谓的氧化还原对(redox pair)。这样就构成一个由多个氧化还原对组成的氧化还原系统。电子阶梯式地从氧化还原势(redox potential)低、对电子的亲和力小的 NADH 出发,依次沿着酶复合体一个一个传递,能量水平逐级降低,最后把电子转递给还原势最高、对电子亲和力最大的氧。

电子沿着呼吸链上的各个成分定向传递,电子仅仅是通过起电子梭作用的 CoQ 和细胞色素 c 的扩散,从一个复合体被转运到另一个复合体。由于 CoQ 是脂溶性的,它能在膜中扩散。而氧化型的细胞色素 c 获得电子后,成为还原型的载体,并在膜间腔中作扩散

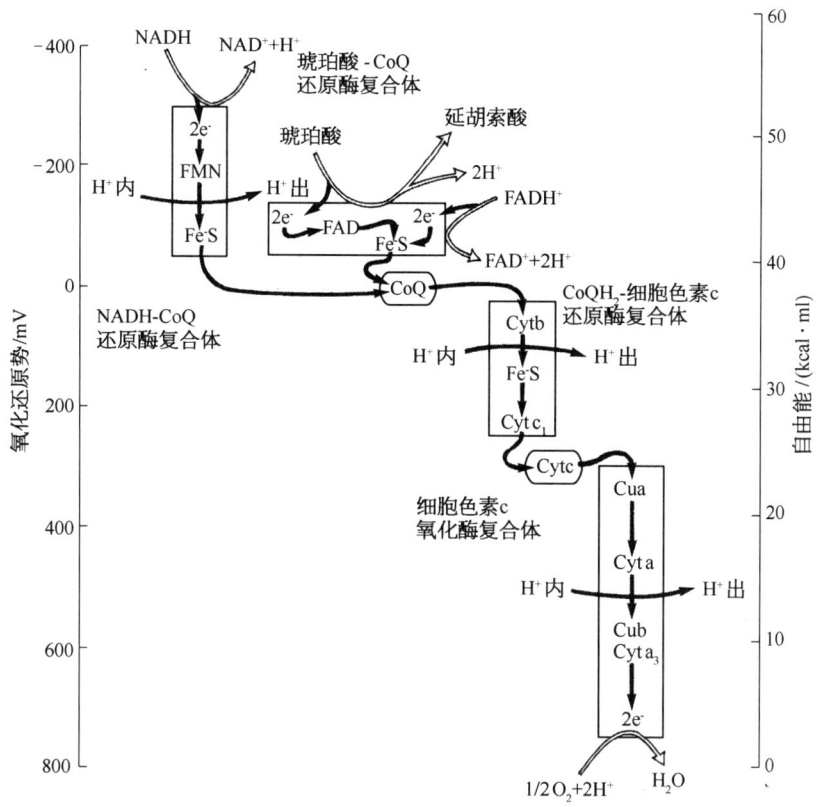

图 5-24 线粒体内膜上的两条电子传递途径

(引自 Lodish 等,2000)

运动,并将电子交给细胞色素 c 氧化酶复合体。此外,线粒体内膜上这些酶复合体的数目并不相等,对应于 1 个 NADH-CoQ 还原酶复合体,大约有 3 个 $CoQH_2$-细胞色素 c 还原酶复合体和 7 个细胞色素 c 氧化酶复合体。

3. **电子传递链与质子泵送** 实验结果表明,电子传递链的多蛋白复合体在传递电子的同时还担负质子泵的作用。伴随着一对电子从 NADH 传递至氧,共有 10 个质子被从基质腔泵出到膜间腔。质子的移位发生在电子传递链的三个位置:NADH-CoQ 还原酶(4 个质子),$CoQH_2$-细胞色素 c 还原酶(4 个质子),细胞色素 c 氧化酶(2 个质子)。由于琥珀酸-CoQ 还原酶复合体这里不发生质子的移位,一对电子由此传递至氧,只有 6 个质子被泵出。目前,对这些还原酶复合体如何使质子移位的机制所知甚少。

4. **ATP 合成酶与 ATP 合成** ATP 合成酶或 F_0F_1 复合体有两个主要的成分 F_0 因子和 F_1 因子(图 5-25),两者都是寡聚蛋白。F_0 因子在内膜上形成了质子通道。F_1 因子呈球根状突出在内膜的基质一侧,是由五种不同亚基组成的水溶性复合体,其中 α 亚基和 β 亚基间隔排列形成一个 αβαβαβ 或 $(αβ)_3$ 的六聚体,其实际功能是合成 ATP。

完整 F_0F_1 复合体中的每一个 β 亚基都能和 ATP、ADP 以及 Pi 结合,并催化 ATP 的合成。关于其合成 ATP 的一个最被广为接受的模型是结合-改变机制(binding-change

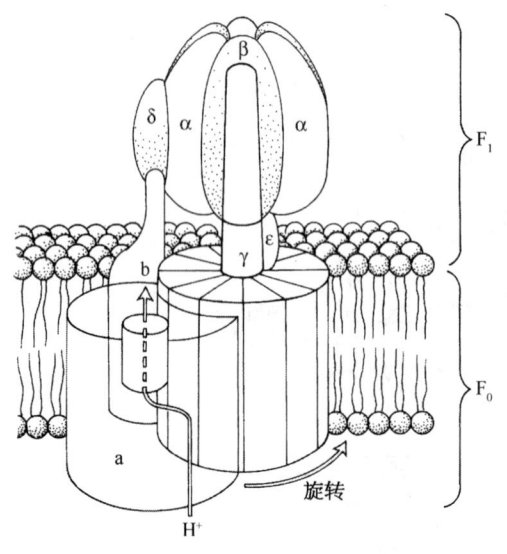

图 5-25　F_0F_1 复合体超微结构模式图
（引自 Trumpower 等，2000）

mechanism）。该模型认为，质子顺势通过 F_0 复合体的运动所释放出的能量直接驱动每个 β 亚基的核苷酸结合位点都周期性地经历 O(open)、L(low) 和 T(tight) 三种构象的改变（图 5-26）。O 构象时，β 亚基几乎不能结合 ATP，和 ADP、Pi 的结合力也较弱。L 构象时，与 ADP、Pi 的结合力较强。T 构象时，亚基和 ADP、Pi 结合的能力最强，并可使 ATP 自发形成。此时的 β 亚基与 ATP 的结合也很牢固。ATP 合成过程中，ADP、Pi 首先结合在处于 O 构象的 β 亚基上（$β_1$），在质子流的驱动下，$β_1$ 亚基由 O 构象变为 L 构象，与 ADP、Pi 的亲和力进一步增加；当质子流驱动 $β_1$ 亚基成为 T 构象时，上面结合着的 ADP 和 Pi 形成 ATP，并与亚基紧密结合；当 β 亚基重新回到 O 构象时，ATP 被释放，新一轮循环开始。F_0F_1 复合体每通过 4 个质子，合成 1 个高能磷酸键。

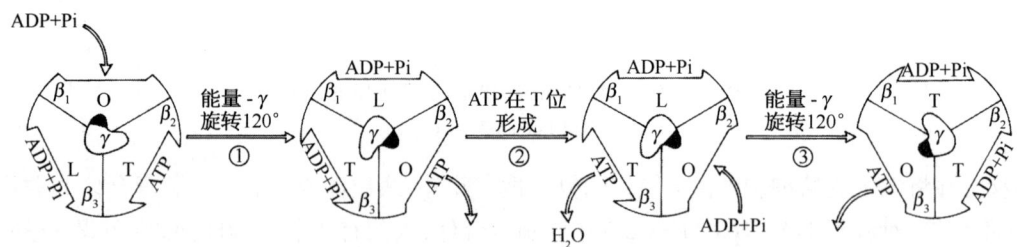

图 5-26　ATP 合成的结合-改变机制模型
（引自 Lodish 等，2000）

氧化单个 NADH 或 $FADH_2$ 所释放的自由能足以驱动几分子的 ADP 生成 ATP，但整个过程并不是一步完成的，而是通过线粒体内膜上众多的电子载体一步步进行的，从而避免了其中的能量像燃烧那样以热能的形式一次性释出。电子在这样的传递过程之中，能量被逐步释出，并且有近乎一半的能量被储存下来。这些能量在电子传递的三个阶段被内膜上的质子泵用于质子的泵送，即将基质中的质子逆浓度地跨膜转运到膜间腔，结果，在内膜的两侧不仅形成了一个内高外低的 pH 梯度（ΔpH），而且还形成了一个内负外正的电压梯度（膜电位，ΔV）。ΔpH 和 ΔV 一起构成了所谓的电化学 H^+ 梯度或质子动力势（图 5-27）。当质子在这股力量的驱动下回流时，又通过 F_0F_1 复合体与 ADP、Pi 合成 ATP 的过程偶联在一起，实现了能量的转化。在依靠有氧呼吸的细胞中，绝大多数的 ATP 以这种方式产生。

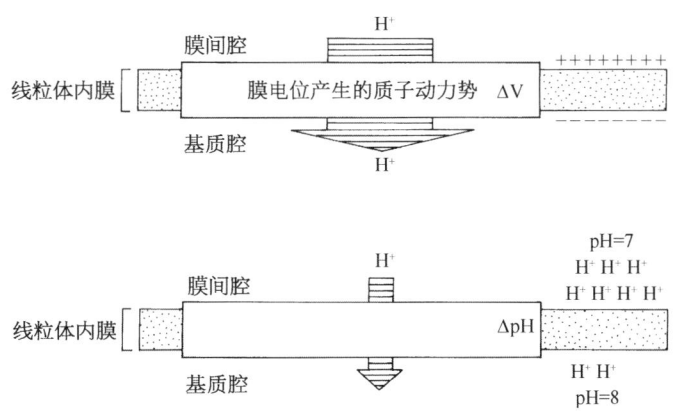

图 5-27 电化学 H^+ 梯度的两种成分
(引自 Alberts 等,2002)

实验室里,把 O_2 和可氧化的底物丙酮酸、琥珀酸加到分离到的线粒体中,只要线粒体内膜完整,就可产生 ATP。如用少量去垢剂改变膜的通透性,那么这些代谢物依然可以被 O_2 氧化,但不产生 ATP。这个实验说明内膜结构的完整性,以及功能上对 H^+ 的非自由通透性是质子动力势形成的一个根本条件。

一个典型细胞线粒体的质子动力势约为 200 mV,其中膜电位约为 140 mV, pH 梯度约为 1 个 pH 单位,相当于约 60 mV 的膜电位。质子动力势不仅用于 ATP 的合成,还与线粒体内膜的物质转运有关。例如,丙酮酸、Pi 就是结合在转运体蛋白上,随内流的 H^+ 一起共转运(co-transport)进入基质的。

下面我们以葡萄糖为例,说明其在真核细胞内的有氧氧化过程及其能量转换。蛋白质和脂肪的彻底氧化只在第一步中与糖有所区别(见图 5-22,图 5-23)。

葡萄糖氧化的最初阶段并不是发生在线粒体中,而是发生在细胞质基质中,此过程不需要氧,被称为糖酵解(glycolysis)。经过十几个步骤和十余种酶的催化,1 分子的葡萄糖被酵解成 2 分子的丙酮酸,反应过程脱下 2 对 H,由氧化型的递氢体 NAD^+ 接受,生成 2 个还原型的 NADH。反应过程净得为 2 分子 ATP。这种 ATP 是由细胞质中的可溶性的酶直接将高能底物中的高能磷酸键转移到 ADP 上所形成的,与线粒体中的氧化磷酸化过程不同,被称为底物水平磷酸化(substrate-level phosphorylation)。

葡萄糖酵解成丙酮酸时,所释放的能量不到总自由能的 10%。在有氧情况下,丙酮酸还将在线粒体中被彻底氧化,分解为 CO_2 和 H_2O,所释放的能量可用来合成约 30 个 ATP,是为需氧呼吸(aerobic respiration)。而在无氧条件下,丙酮酸或是在动物肌肉等细胞中被还原成乳酸,或是在酵母菌中被转变为乙醇和 CO_2,是为厌氧呼吸(anaerobic respiration)。

糖酵解产生的丙酮酸进入线粒体基质腔,与 CoA 反应,氧化脱羧生成中间产物乙酰 CoA(2C),释出 CO_2,同时脱下 H,由 NAD^+ 携带参加电子传递反应。

三羧酸循环虽然被看作是有氧代谢的一部分,但其本身并不利用氧。直接消耗氧

(O_2)分子的反应发生在线粒体的内膜上。由于葡萄糖氧化成 CO_2 所释放的大多数自由能都保留在还原态的 NADH 和 $FADH_2$ 中，它们还需将捕获的高能电子经由内膜上的电子传递链传递，最后传递给分子氧，使其活化成 O^{2-}，并与基质中的 $2H^+$ 结合形成稳定的 H_2O 才能结束整个氧化过程。在这个生物的氧化过程中，释放的能量被转移到 ATP 的高能磷酸键中，生物氧化、能量释放与 ADP 的磷酸化过程结合起来，所以，这样的磷酸化称为"氧化的磷酸化"，简称"氧化磷酸化"。

1 个葡萄糖分子经糖酵解和三羧酸循环，可产生 10 个 NADH 以及 2 个 $FADH_2$，其中，糖酵解过程产生的细胞质中的 NADH 本身不能通过线粒体内膜，但通过苹果酸穿梭系统，其上的电子被转运到基质，和线粒体内 NADH 与 $FADH_2$ 中的电子一起，经电子传递链传递给氧。

葡萄糖完全氧化所释放出的能量形成 ATP 的途径有两条。一是氧化过程中在底物水平直接磷酸化形成少量 ATP；另一是通过 H 在线粒体内膜电子传递链上传递并释放能量的氧化磷酸化过程，形成大多数 ATP。其中，包括丙酮酸氧化为 H_2O 和 CO_2 等的大多数反应都发生在线粒体的内膜上和基质中，并且和 ATP 的产生相偶联。这样一个多步骤的复杂过程可归纳为三组反应：① 丙酮酸被氧化为 CO_2，同时伴随着辅酶 NAD^+ 和 FAD 分别被还原为 NADH 和 $FADH_2$，反应发生在基质或基质面侧的内膜蛋白上；② 电子经电子传递链从 NADH 和 $FADH_2$ 转移给 O_2，反应发生在内膜上，并伴随产生跨内膜的质子动力势；③ 通过内膜上的 F_0F_1 复合体，储存于电化学 H^+ 梯度中的能量被用于 ATP 的合成。

脂肪酸代谢的后阶段有时也发生在线粒体中，并产生 ATP，但是大多数真核细胞的脂肪酸在过氧化物酶体中代谢，不产生 ATP。

三、线粒体呼吸链副产品活性氧能调控细胞活动

线粒体在细胞代谢和能量转化过程中扮演了重要的角色，但在电子由 NADH 或 $FADH_2$ 通过电子传递体传递给分子氧的呼吸作用当中，也会伴随着活性氧（reactive oxygen species, ROS）等呼吸副产品的产生。所谓活性氧是生物体内产生的超氧阴离子（O_2^-）、过氧化氢（H_2O_2）、羟自由基（$HO·$）、一氧化氮（NO）等活性含氧化合物的总称，它们是由于最后一个电子受体 O_2 从细胞色素 c 氧化酶复合体那里接受了 1 个或 2 个电子后，被部分还原所形成的，这些物质相对于分子氧具有更高的反应活性。

传统上，来自线粒体和细胞其他部位的活性氧被认为是一种有毒性的代谢副产品，对脂类、蛋白质和 DNA 具有潜在的损伤作用。正常情况下线粒体内有一套抗氧化防御体系，包括低分子量的 ROS 清除剂谷胱甘肽（GSH），以及催化降解过氧化物和氢过氧化物的有关酶类，如超氧化歧化酶、过氧化氢酶和谷胱甘肽过氧化物酶等。一旦这些抗氧化剂无法平衡氧化剂的产生时，就会造成 ROS 和自由基的积累，引起细胞大分子的氧化损伤，这样的氧化应激（oxidative stress）与动脉粥样硬化、肺纤维样变性、癌症、神经退行性疾病等许多疾病以及衰老的发生有关。

近年来,越来越多的证据显示 ROS 不仅是有损伤作用的细胞代谢副产品,而且还是细胞信号转导和调节的重要参与者,微量活性氧在某些生理现象的调控中发挥重要的作用,细胞内酶、骨架蛋白及转录因子的激活,基因的表达,细胞凋亡等过程的发生均与此有一定关系。因此,活性氧被认为是一种新的第二信使,是细胞生存以及多种活动所必需的,其生理效应主要通过对蛋白质的氧化修饰实现。目前尚不清楚 ROS 在正常生理和疾病状态下的作用机制的根本差异。

四、线粒体在哺乳动物细胞凋亡过程中起着关键的作用

线粒体在哺乳动物细胞凋亡过程中起着关键的作用。研究发现,若干个线粒体的蛋白质能够直接激活细胞的凋亡过程,如细胞色素 c、凋亡诱导因子 AIF 以及 Smac/DIABLO,Endo G,Omi/HtrA2 等。这些蛋白均由核基因编码,在胞质中合成后定向运输至线粒体的膜间腔中。在受到凋亡刺激后,它们被释放到胞质,通过活化 caspases 和核酶,或是通过中和胞质内在凋亡过程中起作用的抑制因子,来促使细胞凋亡。相关内容详见第十四章。

线粒体凋亡因子的释放机制尚未完全阐明,目前普遍认为这些因子是通过线粒体通透性转换孔(permeability transition pore,PT 孔)或 Bcl-2 家族成员形成的线粒体跨膜通道释放到细胞质中的。

MPT 孔是线粒体膜在一定病理条件下形成的一种由多种大分子蛋白成分构成的动态的孔道,位于线粒体内外膜交接处,具有非特异性高通透及可调控性开放的特点。虽然确切的结构还不清楚,但已知组成中有腺嘌呤核苷酸移位酶(adenine nucleotide translocase,ANT)、线粒体内膜上的蛋白质转运子 Tim、外膜上的蛋白质转运子 Tom、电压依赖的阴离子通道(voltage-dependent anion channel,VDAC)和亲环素 D(cyclophilin-D)等。MPT 孔具有感知电压、感知钙离子和感知巯基的作用,因此,线粒体膜两侧膜电位的变化、基质中高水平的 Ca^{2+}、某些线粒体二巯基化物的氧化以及内质网的应激等很多因素可以诱导 MPT 孔的开放。其他诱导 MPT 孔开放的可能因素还包括无机磷酸盐和某些脂肪酸的存在。环孢霉素 A 可以通过与来自线粒体基质的亲环素相互作用,阻止其参与孔的形成,从而抑制 MPT 孔的开放。

许多研究发现 MPT 在兴奋性中毒引起的神经损伤中是一个关键因子。MPT 的诱导增加了线粒体膜的通透性,从而引起线粒体膜进一步去极化,这意味着 Δψ 的消失,此时,质子和一些分子可以不受阻碍地流出线粒体的外膜。由于线粒体需要一个跨膜的电化学梯度来驱动 ATP 的生成,因此,Δψ 的消失干扰了 ATP 的生成。在神经退行性疾病和头部伤害等所导致的细胞损伤中,开放的 MPT 孔会大大减少 ATP 的生成,结果使细胞能量缺失。MPT 孔的开放也会导致活性氧的产生。开放能使谷胱甘肽这样的抗氧化分子从线粒体中释出,从而降低中和细胞器中活性氧的能力。此外,电子传递链也会因为细胞色素 c 等传递链成分通过 MPT 孔的丢失,从而产生更多的自由基。

Bcl-2 为凋亡抑制基因,是膜的整合蛋白,其功能相当于线虫中的 ced-9。现已发现

至少19个同源物,它们在线粒体参与的凋亡途径中起调控作用。根据功能和结构可将 Bcl-2 基因家族分为两类:一类是抗凋亡的(anti-apoptotic),如 Bcl-2, Bcl-xl, Bcl-w, Mcl-1;一类是促进凋亡的(pro-apoptotic),如 Bax, Bak, Bad, Bid, Bim 等。

Bcl-2 蛋白主要定位于线粒体外膜,具有稳定线粒体外膜、抑制细胞色素 c 释放的作用,其过量表达能减少甚至阻止细胞色素 c 释放,使细胞免于凋亡。而大多数促凋亡成员则主要定位于细胞质,一旦细胞受到凋亡因子的诱导,它们可以向线粒体转位,通过寡聚化在线粒体外膜形成跨膜通道,从而导致线粒体中的凋亡因子释放,激活 caspase,导致细胞凋亡。研究发现,Bax 的过表达可促进线粒体细胞色素 c 以 MPT 孔非依赖性的方式释放。据推测,Bcl-2 家族促凋亡蛋白可通过与线粒体外膜蛋白相互作用形成通道。线粒体外膜中最可能与这些促凋亡成员结合的蛋白是 VDAC。VDAC 通道本身的通透性很小,要使其对细胞色素 c 通透,前提就是与 Bcl-2 家族促凋亡成员结合后,发生显著的构型变化,使通道显著增大。

五、线粒体是一种半自主性的细胞器

线粒体具有自身独特的 DNA 分子和完整的遗传信息传递与表达系统。线粒体 DNA 编码了一小部分线粒体的结构和功能蛋白质以及线粒体 rRNA、tRNA。但是大多数蛋白质是由核 DNA 编码,在线粒体外合成后运入线粒体执行其功能的。这其中也包括线粒体遗传信息传递和表达系统的重要成分。因此,尽管线粒体基因组与核基因组是两个相互独立的遗传系统,线粒体的发生及功能执行还依赖两个遗传系统的相互偶联,协调运作。所以说线粒体是半自主性细胞器。

1. 线粒体 DNA(mtDNA) 绝大部分真核细胞的 mtDNA 是双链环状分子,其结构、功能及遗传行为都有别于核 DNA。不同类型生物的线粒体 DNA 分子大小略有差异。其中哺乳动物细胞的 mtDNA 分子约 16 000 bp,啤酒酵母的 mtDNA 分子约 78 000 bp,植物的 mtDNA 分子为 200 000~2 500 000 bp。

同其他双链 DNA 分子一样,mtDNA 的 2 条单链的碱基成分和分子量有差别。其中含鸟嘌呤较多、胞嘧啶较少的链分子量较大,称为"重链"(heavy strand),简称 H 链;另一条含胞嘧啶较多、鸟嘌呤较少的链,分子量较小,称为"轻链"(light strand),简称 L 链。Anderson 等人于 1981 年测定了人类线粒体基因组,人类 mtDNA 有 16 569 bp,编码 12S rRNA 和 16S rRNA,22 种 tRNA,13 种蛋白质亚基,其中 H 链编码的基因占大多数,包括 2 种 rRNA,14 种 tRNA,12 种蛋白质亚基,其余的基因由 L 链编码。

在 mtDNA 中,基因的排列很紧密,基因之间几乎没有间隔区,除了一段与 DNA 复制起始有关的置换环中约有 700 碱基对不编码外,基因内部也完全没有内含子,并且还出现基因的部分区段相互重叠的现象。因此,线粒体基因组的基因最大限度地利用了有限的 DNA 分子长度,其信息结构显示出高度的"经济性"。

mtDNA 的复制也是半保留复制,从 DNA 分子特定序列处即复制起始区(replication region)开始,按 $5'\rightarrow 3'$ 方向复制。但是,mtDNA 双链的复制分别在不同时间和部位开始,而不是同时开始的。复制时先以 L 链为模板合成 H 链,待到新合成的 H 链占分子总长的 2/3 时,原来的 H 链上的复制起始点暴露,L 链的合成才开始。

2. **线粒体的蛋白质合成** 线粒体中含有数百种蛋白质,其中只有 13 种是由 mtDNA 编码的,其余的均由核 DNA 编码,在细胞质中合成后才运送到线粒体,再选择定位到线粒体的不同部位去发挥其功能的。mtDNA 编码的这 13 种蛋白质都是电子传递链和氧化磷酸化装置的重要成分,它们包括 NADH 脱氢酶复合体(即 NADH-CoQ 氧化还原酶复合体)中的 7 个亚基,细胞色素 c 氧化酶中的 3 个亚基,ATP 酶复合体 F_0 因子的 2 个亚基以及细胞色素 b 的亚基。这些蛋白质都是在线粒体内的核糖体上合成。线粒体的核糖体近似于 70S,其中的蛋白质是由细胞质运入。与原核生物类似的是线粒体 mRNA 翻译的起始氨基酸也为甲酰甲硫氨酸。

对线粒体 DNA 序列的研究发现,线粒体的有些遗传密码不同于核基因密码,具有另外的一些特点。例如,在人类线粒体的遗传密码中,AUA 不为异亮氨酸编码,而是和 AUG 一样作为起始密码,为甲硫氨酸编码;UGA 编码色氨酸,而不是终止密码;AGA、AGG 不编码精氨酸,而是也作为终止密码(表 5-3)。

表 5-3 人类线粒体遗传密码的特征

编码含义	核基因密码	线粒体密码
甲硫氨酸(起始)	AUG	AUG AUA
异亮氨酸	AUU AUC AUA	AUC
色氨酸	UGG	UGG UGA
终止	UAA UAG UGA	UAA UAG AGA AGG
精氨酸	CGU CGC CGA CGG AGA AGG	CGU CGC CGA CGG

六、线粒体相关的遗传性疾病多由线粒体 DNA 的改变引起

线粒体是细胞的能量转换中心,线粒体的异常将影响整个细胞的正常功能,从而导致病变。这一类疾病被称为线粒体病。多数线粒体病是由于线粒体 DNA 改变而引起,是遗传性的。线粒体内缺乏有效的 DNA 损伤修复系统,线粒体 DNA 是没有组蛋白结合的裸露 DNA 分子。因此线粒体 DNA 较核 DNA 易受各种外界因素的损伤,而且线粒体进行物质氧化的过程中产生的大量氧自由基也使线粒体 DNA 面临的有害攻击较核 DNA 密集,故线粒体 DNA 的突变率要比核 DNA 的突变率高 10 倍到 100 倍。由于线粒体 DNA 分子的基因排列紧密,不存在内含子,几乎线粒体 DNA 分子任一部位的碱基改变都可能直接导致转录与翻译结果的改变,从而影响线粒体的正常功能。

受精过程中进入卵子的精子头部只携带极少数线粒体,仅占受精卵中线粒体的 0.001%,即受精卵中线粒体基因组几乎是完全由母体世代传递的,具有母系遗传的特点。因此,线粒体疾病也是母系遗传的。

目前已发现的线粒体遗传病有 50 多种,多数为神经肌肉系统疾病。如 Leber 遗传性视神经病(Leber's hereditary optic nuropathy, LHON)、肌阵挛性癫痫伴粗糙红纤维病

(myoclonic epilepsy with ragged-red fiber disease, MERRF)等。LHON 主要是因线粒体 DNA 重链 11778 位点 G-A 突变，引起 NADH 脱氢酶复合体中一蛋白中的氨基酸残基突变，从而使电子传递链成分改变，影响电子传递和氧化磷酸化效率，造成细胞供能不足，使神经细胞无法执行正常功能，影响视觉信号的正常传递，表现为视力减退，并常伴有神经及心血管系统的其他症状。除上述突变位点外，另有12个点突变可能引起 LHON。

通过对 LHON 的研究发现，线粒体 DNA 疾病与细胞质中突变线粒体占总线粒体的比例有关，存在突变线粒体的"阈值"效应。当突变线粒体占总线粒体的比值低于某一数值时，细胞功能不受影响，超过该数值才可能影响细胞功能，导致疾病。此外还发现线粒体病存在核 DNA 与线粒体 DNA 的相互作用。

近年来的研究发现，几种退化性疾病，如帕金森(Parkinson)病、Alzheimer 病等，以及衰老现象均与线粒体 DNA 有关。由于线粒体 DNA 的损伤不易修复，通过溶酶体的自噬作用所清除的异常线粒体有限，造成携带受损 DNA 的线粒体随年龄的增长逐渐积累。在幼年阶段，脑组织不存在缺失 5.0 kb 片段的线粒体 DNA，在成年人就可以检测到。另外，人脑部线粒体 DNA 损伤程度在 63～77 岁比 24 岁时增长 14 倍，在 80 岁时又比 63～77 岁时增加 4 倍。因此，线粒体 DNA 是目前研究衰老机制所关注的问题。

第八节　细　胞　骨　架

细胞骨架(cytoskeleton)是由三类蛋白质纤维组成的网状结构系统，包括微管、微丝和中间丝。每一类纤维由不同的蛋白质亚基形成，具有独特的动力学性质和生物学功能。三类骨架成分既分散地分布于细胞中，又相互联系形成一个完整的骨架体系。正如我们要求韧带、骨和肌肉一起工作一样，三种细胞骨架纤维共同赋予细胞力量、形状以及移动等能力。细胞骨架在细胞的形态维持和改变、细胞的各种运动、物质运输、能量和信息传递、基因表达及细胞的分裂与分化中起着重要作用，是生命活动不可缺少的亚细胞结构。它们的异常可引起很多疾病，包括肿瘤和一些神经肌肉系统疾病等。

三类骨架成分都是由蛋白单体(monomer)聚合而成的线性的多聚体(polymer)。其中微管和微丝的单体为球形的蛋白质分子，单体以头尾相连的方式形成纤维状的多聚体，并且在细胞内不断发生着聚合与解聚，以满足细胞骨架动态变化的需求。与此不同，中间丝的单体就是纤维状的蛋白质分子，主要以侧向结合的方式聚合形成更粗的纤维，并且不常发生解聚。

微管和微丝在聚合装配中显示一些共有的重要特性。首先，单体被加到纤维两端时，单体分子的自身不对称性造成纤维两端在化学上的不同，存在正端(plus end)和负端(minus end)之分，这叫作"极性"(polarity)。当微管或微丝组装时，聚合与解聚的速率在两端也常常是有差别的，在特定时间内可以是一端聚合大于解聚，而另一端解聚大于聚合，这叫作"踏车现象"(tread milling)，意思是指多聚体中特定单体是朝一个方向移动的，就像水车履带上一个水桶。更重要的是,微管和微丝在细胞内装配时都依赖一个蛋白复合物介导的成核作用(nucleation),以此核心为纤维生长的起始点,因此纤维一端的位置和聚合-解聚活动是相对稳定的,另一端则游离在外。该游离端可以连续聚合,向外伸长一段时间,然后停止,接着又突然开始解聚,向内缩短,以后可以再次聚合伸长。这一特性叫作细胞骨架的"动态不稳定"(dynamic instability)。这些特性是微管和微丝可以在细胞内快速改变生长方向和长度的基础。

一、微管是由微管蛋白二聚体和相关蛋白质组装而成的管状结构

微管(microtubule)存在于所有的真核细胞中,可以迅速地在胞内某一处去组装,然后在另一处组装。细胞内微管呈网状或束状分布,可以引导细胞内运输,介导膜性细胞器的定位。微管能与其他蛋白质共同装配成纤毛、中心体和纺锤体等结构,参与细胞形态的维持、细胞运动和细胞分裂等。

微管为细长的、具有一定刚性的圆管状结构,内径约为 15 nm,外径为 24～26 nm、壁厚约 5 nm。在各种细胞中微管的形态和结构基本相同,但长度不等,有的可达数微米。微管的管壁由 13 根原纤维(protofilament)排列构成(图 5-28)。

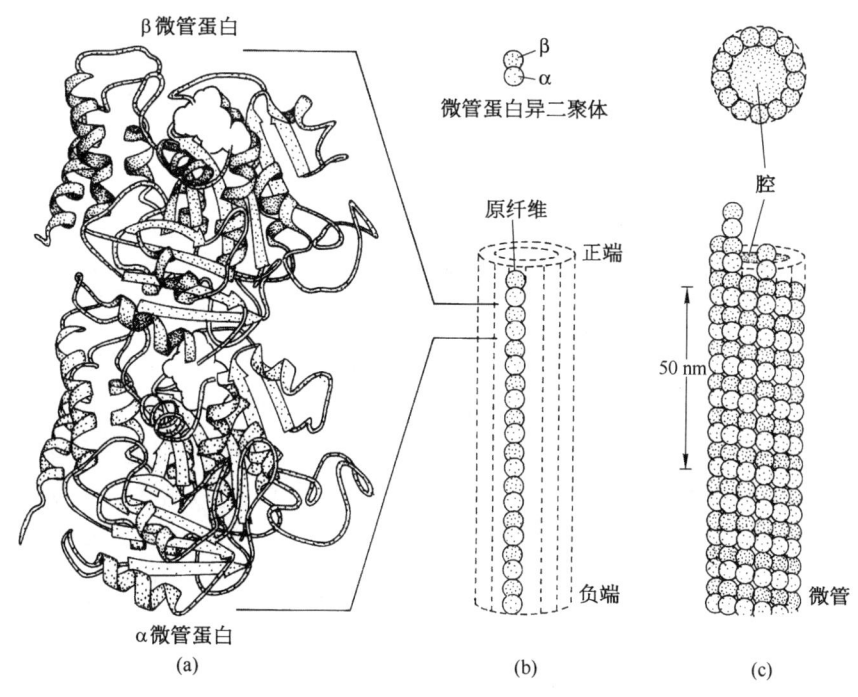

图 5-28 微管蛋白及微管的结构模式图
(a) 微管蛋白异二聚体结构;(b) 原纤维结构;(c) 微管结构
(引自 Alberts 等,2002)

1. **微管的化学组成和存在形式** 形成微管的蛋白质叫作微管蛋白(tubulin),存在于所有的真核细胞胞质中,主要成分为 α 微管蛋白和 β 微管蛋白,两者靠非共价键以异二聚

体的形式存在。异二聚体是构成微管的基本亚单位,若干异二聚体再以非共价键首尾相接形成原纤维。由于每根原纤维都是α微管蛋白暴露在一头,β微管蛋白暴露在另一头,所以原纤维本身具有极性,而微管是由13根原纤维靠非共价键排列而成,整体上也具有极性。β微管蛋白暴露的一端叫作正端,α微管蛋白暴露的一端叫作负端。

微管蛋白家族还有第三个成员——γ微管蛋白,γ微管蛋白定位于微管一端叫作"微管组织中心"的结构内,对微管的形成、微管的数量和位置、微管极性的确定起重要作用。γ微管蛋白在细胞质中是以一种约25S复合物形式存在于微管组织中心,该复合物称为γ微管蛋白环状复合物(the γ-tubulin ring complex, γTuRC)。γTuRC的作用是促进微管核心的形成,即"成核作用"(nucleation),使微管的负端稳定。

微管可装配成单管(singlet)、二联管(doublet)和三联管(triplet)。单管由13根原纤维围成,是细胞质微管主要的存在形式,分散或成束分布,但不稳定,易受低温、Ca^{2+}等许多因素的影响而发生解聚。二联管由A、B 2根单管组成,A管由13根原纤维围成,B管由10根原纤维组成,与A管共用3根原纤维。二联管主要分布于细胞表面的纤毛和鞭毛中。三联管由A、B、C 3根单管组成,A管由13根原纤维围成,B管和C管均由10根原纤维组成,分别与A管、B管共用3根原纤维。三联管主要分布于中心粒和基体中。二联管和三联管是比较稳定的微管结构。

2. 微管结合蛋白 在细胞内,微管除含有微管蛋白外,还含有一些同微管相结合并对微管的装配和功能必不可少的辅助蛋白,称为微管结合蛋白(microtubule-associated protein, MAP)。在高等生物中目前发现有十几种微管结合蛋白,主要有MAP_1,MAP_2,MAP_4和tau蛋白等。

MAP_1常见于神经元轴突和树突中,有三种不同的亚型:$MAP_1 A$,$MAP_1 B$和$MAP_1 C$。MAP_1常在微管间形成横桥,它可以控制微管的延长,但不能使微管成束。MAP_2存在于神经细胞的胞体和树突中,能在微管间以及微管与中间丝之间形成横桥,使微管成束。MAP_2分子上有一些磷酸化部位,cAMP依赖性蛋白激酶可使MAP_2磷酸化,可抑制微管装配。MAP_4广泛存在于各种细胞中,在进化上具有保守性,具有高度的热稳定性。

tau蛋白存在于神经细胞轴突中,能增加微管装配的起始点和促进起始装配速度,进而促进二聚体聚合成多聚体。tau蛋白被蛋白激酶磷酸化后,可以减弱它与微管蛋白的结合从而使微管聚合减弱。阿尔滋海默症(alzheimer disease, AD)患者的神经元中可见到大量损伤的神经元纤维,神经元中微管蛋白的数量并无异常,但微管聚集缺陷,并存在tau蛋白的过度磷酸化和积累。

近年研究显示还有一些微管结合蛋白包括+TIPs(正端追踪蛋白 plus-end tracking protein), stathmin, katanin因子等,可以调控微管组装,稳定微管空间结构,维持微管与其他细胞器间的连接,或参与小泡转运和细胞信号转导等过程。

马达蛋白(motor protein)既与微管蛋白结合,又与细胞内囊泡或大分子复合物结合,介导囊泡或复合物在微管上锚着和沿微管移动。这些囊泡或复合物相当于运输的货物(cargo),借助马达蛋白维系于微管。因此,马达蛋白属于广义的"微管结合蛋白",包括推动货物向微管正端移动的驱动蛋白(kinesin)和向负端移动的动力蛋白(dynein)两大家族。

3. *微管在体外和体内的装配*　微管蛋白在细胞中几乎不会以α微管蛋白或β微管蛋白单体形式存在,而是以异二聚体或多聚体的形式存在,可以根据细胞生理的需要,表现聚合或解聚,形成微管的组装或去组装,从而改变微管的结构与分布。若组装与去组装保持平衡状态,则微管维持稳定的结构。

在体外,当条件适当时,特别是α微管蛋白和β微管蛋白浓度足够高时,微管能进行自我装配,其装配要受到微管蛋白的浓度、pH值和温度的影响。快速生长的微管的装配方式为:α微管蛋白和β微管蛋白首先聚合成异二聚体,异二聚体首尾相接聚合成原纤维,再经过原纤维的侧面增加扩展成为片层,当片层达到13根原纤维时即合拢成一段微管。然后新的α微管蛋白和β微管蛋白异二聚体再不断增加到微管的两端使之不断延长。每一个微管蛋白异二聚体上含有GTP的2个结合位点,异二聚体与GTP结合而被激活,引起分子构象变化,从而发生聚合。当微管达到一定长度,生长变缓慢时,微管两端的装配速度明显不同:微管的一端发生GTP结合的异二聚体的添加,使微管不断延长;而在另一端具有GDP结合的异二聚体则发生解聚,使微管缩短(图5-29)。

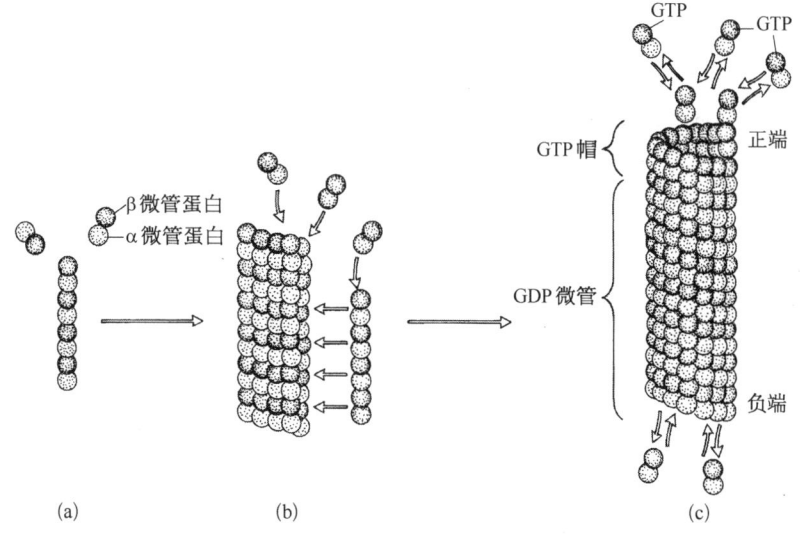

图5-29　微管的体外装配过程
(a)原纤维形成;(b)片层形成;(c)微管延长
(引自Lodish等,2000)

在体内,α微管蛋白和β微管蛋白浓度再高也不足以发生自我装配,而是需要γ微管蛋白参与的成核作用。在正常生理状态下,微管在细胞内的装配总是在一定区域的特定结构上开始,该结构称为微管组织中心(microtubule organizing center, MTOC),其功能是组织细胞质微管、鞭毛、纤毛和纺锤体的形成。γ微管蛋白所在的复合物γTuRC就存在于微管组织中心。γTuRC就像一颗种子,成为异二聚体结合上去的核心,发挥成核作用,微管从此生长、延长。在动物细胞内有两种主要的微管组织中心:中心体和基体(详见本章下文)。微管生长正是从这些结构出发,向外延长的。由于γTuRC 的稳定作用,在细胞内微管的极性表现为负端埋在中心体或基体内,正端游离向外。

有些微管特异性药物在微管结构与功能研究中起重要作用。这些药物主要有紫杉醇类、秋水仙碱类和长春碱类等。紫杉醇(taxol)能和微管紧密结合,防止微管蛋白亚基的解聚,加速微管蛋白的聚合作用。而秋水仙碱(colchicine)能结合并稳定游离的微管蛋白,使它无法聚合成微管,造成微管的解聚作用。长春碱(vinblastine)则能与微管蛋白异二聚体结合,抑制它们的聚合作用。这些药物都可以通过干扰微管的正常形成而发挥抗肿瘤的作用。

二、微管的主要功能是维持间期细胞形状和细胞器定位,并在分裂期形成纺锤体介导有丝分裂

在微管结合蛋白的协助下,大部分微管在细胞质中形成暂时性的结构,另外一些微管形成稳定的结构。

1. 支持和维持细胞的形态 微管具有一定的刚性,因而在保持细胞外形方面起支持作用。细胞的各种形态是由细胞质微管的网架结构和其他细胞骨架成分共同维持的。另外,像神经元的轴突这样大型的细胞突起,也是依赖微管来形成和维持的。需要指出的是,微管的这种支撑细胞形状的作用需要与其他细胞骨架成分共同协作才能实现。

2. 形成中心粒、纺锤体、基体以及纤毛和鞭毛 中心体(centrosome)是动物细胞中主要的微管组织中心。在光镜下,间期细胞中的中心体位于细胞核附近,由两个中心粒(centrioles)和包绕在它们外周的基质共同组成。中心体基质含有几百个γ微管蛋白的复合物γTuRC,因此,可以通过免疫细胞化学标记γ微管蛋白而在光镜下显示出中心体。在电镜下,中心粒是由九组经过修饰的三联体微管以及多种结合蛋白共同围成的一个圆筒状结构(图5-30),在各种细胞中基本相同。每个中心体中包含的两个中心粒总是成对存在,并在一端相互垂直排列。

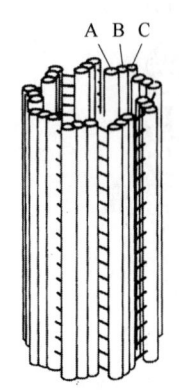

图5-30 中心粒结构模式图
(引自 Alberts 等,2002)

在间期,中心体组织了细胞质微管(cytoplasmic microtubules)。显微镜下可以观察到中心体周围放射状排列的微管。微管的负端埋入中心体基质中的γTuRC,正端伸向细胞质边缘。细胞质微管所构成的网架纤维系统对细胞形状的维持和改变起到了必不可少的作用,也是细胞内物质运输和细胞器移动的轨道。在有丝分裂期,中心体组织了纺锤体微管。经过复制的中心体移到细胞核相反方向的两端,形成纺锤体的两极,调控纺锤丝的装配和染色体的移动,并与其他有丝分裂事件密切相关。由中心体生长出三组微管——极微管、动粒微管和星体微管,负责纺锤体的自身形状和移动,与染色体的结合,以及拉动染色体移向两极(参见第十二章),这些就是纺锤体微管(spindle microtubules),也就是早年所称的"纺锤丝"。

纺锤体微管的负端埋在中心体基质内,正端则伸向各个方向。有丝分裂过程中纺锤

体的形成和染色体的运动无一不依赖纺锤体微管的组装和去组装。星体微管从中心体向四周呈辐射状分布,与中心体向细胞两极的移动有关;动粒微管与动粒连接,使染色体在着丝粒区段与纺锤体相连;极间微管从两极出发,在纺锤体内部相互交叉重叠,以保持纺锤体形状。在纺锤体自身形成、移动、与染色体结合,以及把染色体拉向两极的诸多活动中,微管蛋白的动态不稳定特性是纺锤丝"伸-缩"的基础,而马达蛋白则是许多移动活动所必需的。以动粒微管为例,当微管蛋白在与动粒连接处的正端聚合多于解聚,而与中心体连接处的负端相对稳定的时候,动粒微管表现为伸长,反之则表现为缩短。动粒微管的动态性伸缩变化确保纺锤体将23对染色体一一集合到赤道面。在此过程中,动粒微管与染色体上动粒之间的滑动主要靠结合在动粒上的马达蛋白沿微管的运动来实现。

纤毛(cilia)和鞭毛(flagella)具有运动功能,是一些特殊类型细胞表面的特化结构,都是以微管为主要成分构成的,并且有特殊的结构形式。电镜观察可见横断面中央有2条中央微管,外周以9组二联体微管围绕。纤毛和鞭毛的功能是摆动,从而使纤毛可以划动细胞外表面的液体,鞭毛则推进细胞的游动。纤毛和鞭毛的运动是通过其微管之间滑动造成其轴心弯曲而产生的。纤毛和鞭毛的微管组织中心是基体(basal body),基体内部也是微管结构,由三联体组成,与中心体相似,只是基体中央无微管。

许多细胞活动依赖于出现在细胞周期特定阶段的临时结构,结束工作以后会消失。出现在有丝分裂中的纺锤体就是这样一个重要的例子。在新形成的子细胞中,纺锤体微管解聚,再聚合组织成细胞质微管以及纤毛或鞭毛。

3. 为细胞内物质运输提供轨道,也为细胞器的分布提供结合位点　真核细胞内物质的合成部位往往与其行使功能的部位不同,因此新合成的物质必须要经过胞内运输才能到达其功能部位,其中许多都依赖膜泡运输。此外,细胞器也需要移动。在神经元这样有着很长轴突的细胞内,许多囊泡、细胞器和大分子复合物需要从胞体运往末梢,而在末梢产生的胞吞小泡以及局部的细胞器也需要运输到胞体。在细胞内物质运输中,微管为运输物质提供轨道,而驱动物质运输并决定运输方向的则是马达蛋白(图5-31)。马达蛋白各有2个球状ATP结合头部和1个尾部。头部是以空间结构专一的方式与微管结合,具有ATP酶活性;尾部通常是和细胞组分如小泡或细胞器稳定结合的。目前发现有几十种马达蛋白,可以归属于动力蛋白(dynein)和驱动蛋白(kinesin)2个家族。驱动蛋白沿微管由负端向正端移动,动力蛋白沿微管由正端向负端移动。

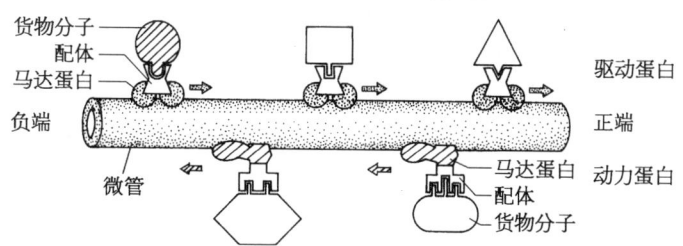

图5-31　沿微管运输的马达蛋白

(引自Alberts等,2002)

微管及其相关的马达蛋白在真核细胞内细胞器和大分子复合物的定位上也起着重要作用。细胞中的线粒体的分布与微管相伴行,游离核糖体附着于微管和微丝的交叉点上。微管使内质网在细胞质中向外伸展分布,而使高尔基体位于细胞中央靠近细胞核,紧贴中心体。现在知道,内质网的外向分布和高尔基体的内向分布是由马达蛋白受体所决定的——内质网膜上分布着驱动蛋白受体,而高尔基体膜上分布着动力蛋白受体。如果用秋水仙碱处理细胞,破坏微管的装配,这些细胞器的有序空间排列就会改变。

三、微丝是由肌动蛋白和相关蛋白组装而成的细丝状结构

微丝(microfilament)普遍存在于真核细胞中,是一种细丝状结构,大多成束或成网地存在于细胞质中,在细胞内行使各种功能,特别是在细胞的形态维持以及细胞运动中起着重要的作用。与微管相比,微丝较细、较短,但数量更多,更富弹性和韧性。通过荧光染色可在光镜下显示微丝,在电镜下可见其直径平均为 7 nm。

1. **化学组成** 微丝主要成分是肌动蛋白(actin),因此微丝又称为肌动蛋白纤维。肌动蛋白分子呈哑铃形,中央有裂口,被称为球状肌动蛋白(G 肌动蛋白)。每个 G 肌动蛋白由 2 个亚基组成,它具有阳离子(Mg^{2+} 和 K^+ 或 Na^+)、ATP(或 ADP)和肌球蛋白结合位点。G 肌动蛋白单体聚合的多聚体为肌动蛋白纤维,也称为纤丝状肌动蛋白(F 肌动蛋白)。肌动蛋白单体具有极性,装配时首尾相接,故微丝也有正端和负端。

微丝是由 2 条平行的肌动蛋白纤维按右手螺旋法则绞绕而成,每 37 nm 螺旋一圈,其上每个肌动蛋白分子具有相同的朝向(图 5-32)。

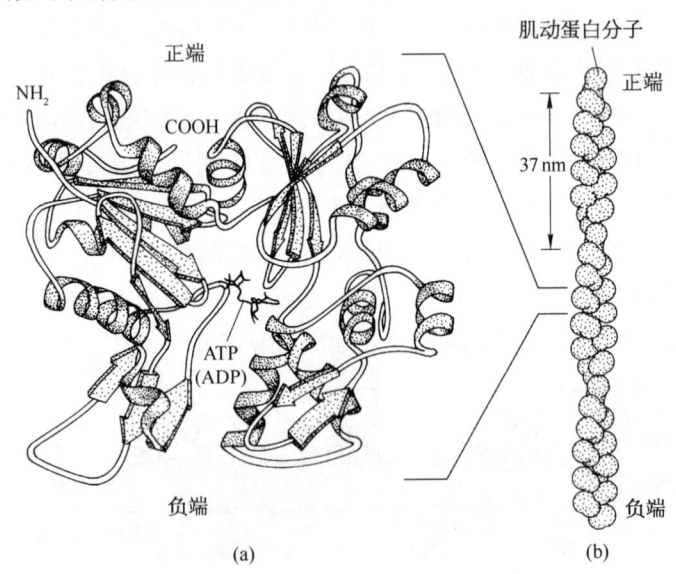

图 5-32 肌动蛋白和微丝的结构模式图
(a) 肌动蛋白单体的结构;(b) 微丝的结构
(引自 Alberts 等,2002)

2. 微丝结合蛋白 在细胞中,微丝可以组成稳定的永久结构,也可以不稳定的暂时结构存在。前者如肌肉细胞中的肌动蛋白纤维和上皮细胞微绒毛中的轴心微丝,后者如细胞分裂时形成的收缩环结构等。在不同的细胞类型中,微丝可组成不同的结构,如上皮和间质细胞中的张力丝(tonofilament)或肌肉细胞中的肌原纤维(myofibrils)等。同样的微丝在细胞内功能不一致,在很大程度上和细胞质存在许多种类的微丝结合蛋白(microfilament-associated protein,MAP)有关,它们和肌动蛋白相结合,控制着肌动蛋白的构型和行为。微丝结合蛋白中有些只在特定细胞中存在,有些是细胞所共有的。

(1) 肌肉收缩系统中的微丝结合蛋白:肌细胞又称肌纤维,含有丰富的肌原纤维,即微丝。肌肉收缩系统中的微丝结合蛋白主要有肌球蛋白、原肌球蛋白和肌钙蛋白等。其中肌球蛋白是粗肌丝(thick myofilament)的主要成分,原肌球蛋白和肌钙蛋白则与肌动蛋白纤维一起组成细肌丝(thin myofilament)(图5-33)。

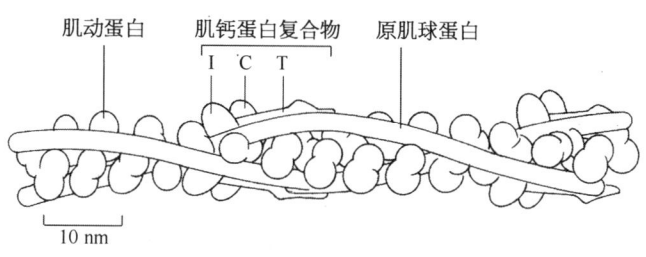

图 5-33 细肌丝的分子结构示意图
(引自 Alberts 等,2002)

原肌球蛋白(tropomyosin,Tm)占收缩蛋白的10%,是由2条平行的多肽链形成的α螺旋结构,长约 40 nm,双螺旋链彼此首尾相接,连成更长的链,嵌于肌动蛋白纤维的螺旋浅沟内。原肌球蛋白与肌动蛋白纤维结合后可调节肌球蛋白头部与肌动蛋白的结合。

肌钙蛋白(troponin,Tn)是一种特大球蛋白,由 Tn-C、Tn-I 和 Tn-T 3个亚基组成。Tn-C 能与 Ca^{2+} 特异性结合,引起肌钙蛋白构象发生变化;Tn-T 对原肌球蛋白具有高度亲和力;Tn-I 是抑制亚基,可抑制肌球蛋白头部的 ATP 酶活性,并抑制肌动蛋白与肌球蛋白头部接触。

肌球蛋白(myosin)有多种类型,在肌肉组织中为肌球蛋白Ⅱ(myosin Ⅱ)。肌球蛋白Ⅱ是由6条多肽链组成的杆状分子,2条重链的 N-端和2对轻链盘曲成球形头部,尾部是由2条重链以α螺旋缠绕而成。肌球蛋白Ⅱ每个头部均有肌动蛋白及 ATP 酶结合部位,可利用水解 ATP 的能量朝肌动蛋白纤维的正端移动。在心肌细胞表达几种不同的肌球蛋白异构体。肌球蛋白的个别氨基酸突变可以引起非常严重的心脏疾病,如遗传性疾病家族性心肌肥大,导致心脏肥大、异常的冠状动脉和心律不齐等,常常引起年轻运动员的猝死。

(2) 非肌细胞中的微丝结合蛋白:目前在非肌肉细胞中已发现40多种微丝结合蛋白,主要与微丝的装配及修饰微丝的功能相关。这些微丝结合蛋白主要包括:与肌动蛋白单体结合的蛋白如胸腺蛋白(thymosin)、原纤维蛋白(profilin)和切丝蛋白(cofilin),交联相邻微丝的蛋白如细丝蛋白(filamin)和血影蛋白(spectrin);维持微丝稳定的蛋白如戴帽蛋白(capping protein)和β辅肌动蛋白(β-actinin),使微丝成束的蛋白如毛缘蛋白(fimbrin)、α辅肌动蛋白(α-actinin)和绒毛蛋白(villin),介导微丝和质膜结合的纽蛋白(vinculin)等。

像微管一样,微丝也有马达蛋白,该种蛋白质全部属于肌球蛋白(myosin)家族,作用是介导微丝和其上"货物"的相对移动,其中肌球蛋白Ⅰ(myosinⅠ)分布于各种细胞,肌球蛋白Ⅱ主要存在于肌细胞。

3. **微丝在体外和体内的装配** 微丝在体外装配时可以以在任何一端添加肌动蛋白的方式增长,不过添加的速度不同,速度快的一端为正端,速度慢的一端为负端,表现出显著的踏车现象。在解聚时负端的速度比正端的速度要快得多。每一个游离的肌动蛋白带有一个紧密结合的ATP,一旦肌动蛋白单体聚合到肌动蛋白纤维上它就水解为ADP。肌动蛋白纤维中的ATP水解为ADP减弱了单体之间的结合力,也就降低了聚合体的稳定性。

微丝同微管一样,在体内装配时有成核作用,成核作用可被ARP复合物催化。ARP复合物是由一些与肌动蛋白相关的蛋白质(actin-related proteins, ARPs)组成,包括Arp2、Arp3和其他的附属蛋白质,可以有效地形成微丝网络。ARP复合物在生长的肌动蛋白纤维的负端形成一个核心,肌动蛋白纤维由此向正端快速生长。该复合物还可以70°的角度结合在已有的肌动蛋白纤维上,成核并形成新的肌动蛋白纤维,这样就可使单独的纤维形成树枝状的网络(图5-34)。

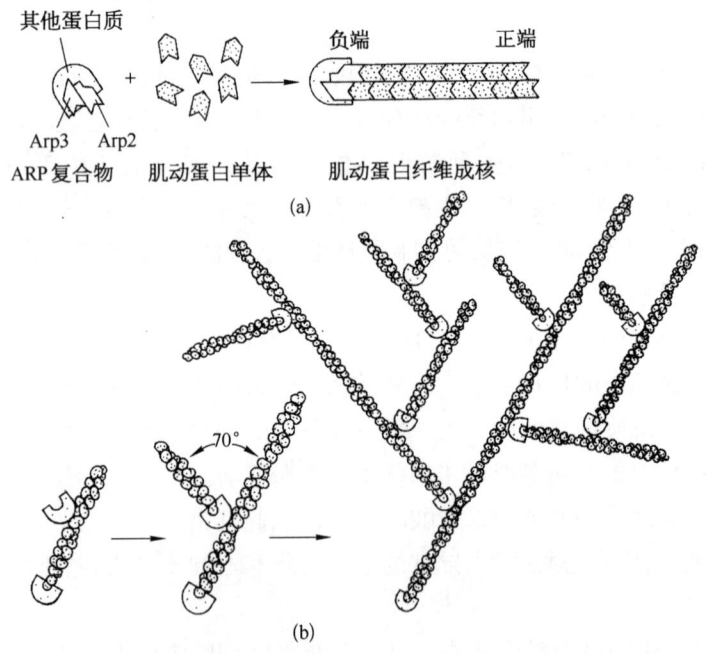

图5-34 微丝装配的成核作用及微丝网络的形成
(a)肌动蛋白纤维的成核作用;(b)微丝成网过程
(引自Alberts等,2002)

一些特殊的药物可以改变肌动蛋白的聚合状态,影响微丝的生物学特性。鬼笔环肽(phalloidin)能与肌动蛋白纤维(F-actin)结合并使之稳定,加速肌动蛋白聚合成网,抑制微丝的解聚作用。松胞菌素(cytochalasin)又称细胞松弛素,能结合在肌动蛋白纤维的正端,阻止肌动蛋白的聚合,它可使细胞的各种活动包括细胞移动、吞噬作用、胞质分裂等瘫痪。这些药物都可作为化疗药物抑制细胞增殖,诱导细胞凋亡,从而抑制肿瘤生长。鬼笔环肽用荧光标记能显示细胞中聚合成纤维的肌动蛋白(不能显示 G-actin),因此成为显微镜下观察微丝的主要手段。

四、微丝的主要功能是维持细胞形状和表面结构并介导细胞运动

在微丝结合蛋白的协助下,微丝在真核细胞中形成了广泛存在的骨架结构,与细胞许多重要的功能活动有关,如参与支撑质膜、细胞运动以及 mRNA 的转运和锚着等。

1. **支撑细胞质膜** 虽然微丝分布于细胞内各个部位,但尤其集中分布的是紧靠质膜下方的部位。微丝在此形成交错网络,支撑了细胞形状并承受机械压力。这一富含微丝的质膜下结构叫作细胞皮质(cell cortex)。对红细胞这样需要频繁发生变形和受压的细胞,细胞皮质是特别重要的。成纤维细胞之类的结缔组织细胞需要承受多个方向的机械力,这些细胞中丰富的张力丝就是朝各种方向排列的成束的微丝,用于支撑和分担压力,维持细胞形状。

微绒毛(microvilli)主要是肠和肾小管上皮细胞表面伸出的质膜凸起结构,由微丝形成的微丝束构成了微绒毛的支架,顶端另外还有一些微丝结合蛋白,可调节微绒毛长度和保持其形状。微绒毛侧面质膜有微丝结合蛋白与微丝束相连,微丝之间也由许多微丝结合蛋白组成的横桥相连,毛缘蛋白在微丝束的形成中起作用。微绒毛样结构也出现在血小板和淋巴细胞中,微丝异常会导致这些细胞相关的疾病,如 Wiskott-Aldrich 综合征(WAS),是 X 连锁隐性遗传的免疫缺陷疾病。研究表明,WAS 患者的 T 淋巴细胞的微丝异常,微绒毛数量减少,血小板和淋巴细胞变小。

能够发生变形运动和迁移的细胞往往在表面伸出各种伪足样凸起,如白细胞的片状伪足、层状伪足和丝状伪足。这些表面结构也都是由微丝束支撑的。片状和层状伪足是扁平而柔软的,内部是微丝网;丝状伪足是细而较硬的,内部是微丝束。

细胞连接是细胞形成组织的中介。上皮细胞的连接装置中有一类叫作"锚定连接",能通过质膜上的连接蛋白将一个细胞的骨架成分与另一个细胞的骨架成分或细胞外基质锚着在一起,其中介导细胞-细胞连接的黏合带和介导细胞-基质连接的黏合斑都是依赖微丝的,即微丝束通过多种微丝结合蛋白与质膜上的连接蛋白相结合,支撑了这些连接装置。

2. **介导各种细胞运动** 许多动物细胞在进行位置移动时采用"爬行"(crawling),即贴附于固态表面进行变形运动的方式。典型的是单细胞生物变形虫的移动,高等动物体内的中性粒细胞、巨噬细胞和器官发生时的胚胎细胞乃至癌细胞等采用这样的方式实现迁移,胚胎发育中神经元的轴突追随生长因子而生长直至与靶细胞形成突触结构,也靠这样的爬

行实现轴突延伸的局部运动。这些善于爬行的细胞含有丰富的微丝,依赖肌动蛋白和微丝结合蛋白的相互作用,不断发生肌动蛋白聚合状态以及微丝与黏附蛋白结合的改变,从而实现迁移或某个部位的局部运动。这一过程包含三个步骤。首先是"伪足前伸":在伪足质膜下皮质区中大多数微丝的正端靠近质膜,此时发生快速聚合,又在 ARP 辅助下通过成核作用生成更多微丝并装配成网或成束,造成局部质膜(例如白细胞的伪足或发育中神经细胞的轴突)向前伸出,并在此形成引导前移的边缘-前缘。接着是"伪足黏附":伪足中微丝位于前缘的聚合多而后方的则解聚多,造成伪足向前爬伸。当伪足接触到合适的表面时,它们就黏附在上面形成一种细胞连接装置——黏合斑或点状黏附。这时质膜上称为整合素的黏附蛋白与贴附表面的细胞外基质成分相结合,同时整合素在细胞内与微丝结合,这就是伪足能够黏附的原因。最后是"整体前移":细胞然后通过内部的收缩产生拉力,利用点状黏附把自己的身体拉向前。收缩和拉力也是微丝依赖的,微丝的马达蛋白肌球蛋白Ⅰ(myosin Ⅰ)与肌动蛋白相互作用介导了微丝束或微丝网的收缩。

在不断爬行的过程中,细胞前缘不断形成新的点状黏附,同时,原来贴附的后缘需要解除黏附,这两处的整合素与微丝的连接装置也不断发生着结合-解离的变化。

细胞分裂的最后步骤——胞质分裂依赖微丝形成收缩环。收缩环的化学组分是肌动蛋白和肌球蛋白。正是肌球蛋白纤维与肌动蛋白纤维的相互作用造成两者相对位置的移动,从而实现了环的收缩。

微丝在各种情况下的收缩都离不开肌球蛋白的参与。与细胞分裂中一过性出现的收缩环不同,肌细胞内的微丝收缩是恒定存在的,是肌肉功能的体现,是人体消化吸收、心脏泵血、运动等活动的基础。

横纹肌细胞的胞质充满了肌原纤维(myofibrils),其上连续排列着叫作肌节(sarcomeres)的收缩单位,规则的连续排列正是横纹肌"横纹"的来源。每个肌节包含肌细胞特有的肌球蛋白——肌球蛋白Ⅱ纤维(粗肌丝)和附有微丝结合蛋白的肌动蛋白纤维(细肌丝)。两种纤维之间发生相对滑动引起肌节缩短,就是肌原纤维的收缩。其变化过程可分为五个步骤(图5-35)。
① 附着:肌球蛋白的头部因缺乏 ATP 结

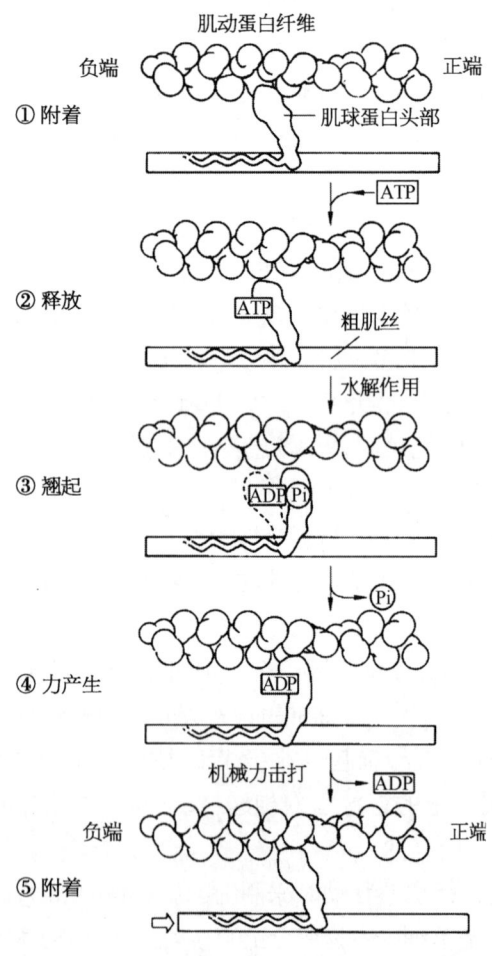

图 5-35 肌球蛋白在细肌丝上的移动过程示意图
(引自 Alberts 等,2002)

合而与肌动蛋白纤维紧密地结合形成僵直构象。② 释放：一个 ATP 结合在肌球蛋白头部"背面"的大裂口处，引起肌动蛋白结合位点上的肌球蛋白的构象改变，使肌球蛋白头部对肌动蛋白的亲和力降低而离开肌动蛋白纤维。③ 翘起：肌球蛋白头部裂口关闭，触发自身明显的构象变化，使肌球蛋白的头部沿肌动蛋白纤维移动大约 5 nm。在此过程中 ATP 水解发生，但产生的 ADP 和无机磷酸盐产物(Pi)仍紧密结合在肌球蛋白上。④ 力产生：肌球蛋白头部与肌动蛋白纤维上新位点的微弱结合导致 Pi 被释放，随之肌球蛋白头部与肌动蛋白紧密结合，触发产生机械力，力的产生使肌球蛋白恢复到原来的构象，失去所结合的 ADP，从而回到下一个循环的初始状态。⑤ 附着：在循环的最后，肌球蛋白的头部再次以僵直状态紧密地与肌动蛋白纤维结合，但此时的肌球蛋白头部已经移动到肌动蛋白纤维上的新的位点，也就是发生了粗细两种肌丝之间的相对滑动，即肌原纤维的收缩。

五、中间丝是由中间丝蛋白构成的绳状纤维

中间丝(intermediate filament)最初得名于其直径居于粗肌丝和细肌丝之间，在电镜下直径约为 10 nm。中间丝就像是多股长线绞起来的绳子，易弯曲而不易打断。中间丝在细胞核的内层核膜下方形成 DNA 的保护笼——核纤层，在细胞质中像缆绳一样通过锚定连接使上皮细胞连接成片，为上皮组织提供抗拉强度。中间丝分布在各种类型的细胞中，对维持细胞形状和强度起到与另外两种细胞骨架成分相辅佐的作用，从而在细胞分化、组织构建等多种生命活动过程中扮演重要角色。

1. 化学组成　组成中间丝的蛋白质叫作中间丝蛋白(intermediate filament proteins)，成分复杂，是一个中间丝蛋白家族，不同的中间丝蛋白在不同类型的细胞中表达，具有高度的组织特异性。现已发现在神经细胞、上皮细胞、肌肉细胞、间质细胞和神经胶质细胞等细胞中都存在中间丝，各种细胞的中间丝蛋白的名称和性状各有不同。

如果把中间丝比喻为多股长线绞起来的绳子，绳子的每一股细长纤维蛋白就是中间丝蛋白的单体。与微管和微丝蛋白单体为球形分子不同，中间丝蛋白单体为纤维状，一般可分为头部、杆部和尾部三个部分(图 5-36)。头部位于 N-末端，为非螺旋结构，是一球形区域，具有高度可变性；杆部有四段高度保守的 α 螺旋形成伸展的超螺旋；尾部位于 C-末端。中间丝蛋白单体的上述结构特点是其进一步组装成高级结构的基础。与微管蛋白和肌动蛋白不同，中间丝蛋白单体不包含三磷酸核苷酸的结合位点。

根据其组织来源和免疫原性以及蛋白质的氨基酸序列，可将中间丝蛋白分为四类，包括角蛋白、神经丝蛋白、波形蛋白样蛋白和核纤层蛋白。

角蛋白(keratin)是中间丝蛋白家族中变化最多的一类蛋白质，存在于上皮细胞及其衍生物，可分为两大类：Ⅰ型(酸性)和Ⅱ型(中性/碱性)。许多形态与功能不同的上皮细胞通过它们的细胞角蛋白分子结构可以进行鉴别。角蛋白基因的突变会导致一些人类的遗传性疾病，如表达在上皮基底细胞层的角蛋白缺陷可产生遗传性皮肤病单纯型大疱性表皮松解症(epidermolysis bullosa simple，EBS)，即使很小的力也会使基底细胞层裂开

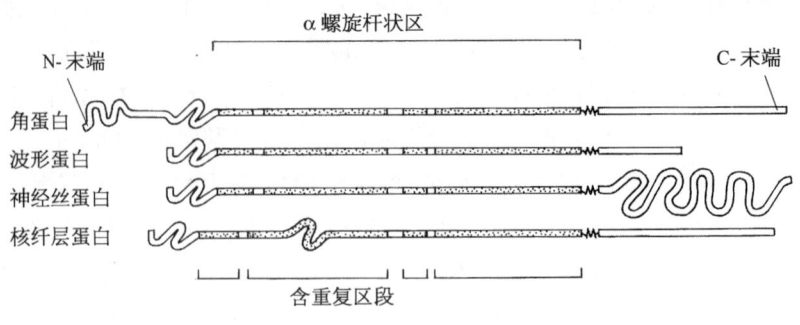

图 5-36 中间丝蛋白单体的结构模型
(引自 Alberts 等,1994)

产生皮肤水疱。

神经丝蛋白(neurofilament protein, NF)高浓度存在于脊椎动物神经元轴突中,神经丝由三种神经丝蛋白(NF-L, NF-M, NF-H)在体内共同装配而成。神经丝蛋白基因表达的水平可直接控制轴突的直径,进而控制电信号沿轴突的传递速度。神经丝蛋白的异常表达和修饰导致某些神经系统疾病,如一种神经变性疾病肌萎缩侧索硬化(ALS),与运动神经元胞体和轴突中的神经丝积累和异常装配相关,阻碍了正常的轴突运输,变性退化的轴突导致骨骼肌失去神经支配而萎缩,造成瘫痪,最终导致死亡。神经丝蛋白的异常磷酸化也会导致疾病发生,在阿尔兹海默病的神经纤维缠结和帕金森病(Parkinson disease)的 Lewy bodies 中都有高度磷酸化的 NF-H 存在。

组成波形蛋白样(vimentin-like)纤维的单体蛋白包括 4 种:间质细胞来源的波形蛋白(vimentin)、肌肉细胞来源的结蛋白(desmin)、胶质细胞来源的胶质纤维酸性蛋白(glial fibrillary acidic protein, GFAP)和一些神经细胞来源的外周蛋白(peripherin)。小鼠缺乏结蛋白在肌肉发育的初期显示正常,但成年后会出现肌细胞的异常,包括肌纤维的错误排列等。

核纤层是位于真核细胞内层核膜下的纤维蛋白片层或纤维网络,由核纤层蛋白组成,包括核纤层蛋白 A、B 和 C。与胞质内非常稳定的中间丝相比,核纤层里的中间丝在每次细胞分裂过程中都会被分解和重新组装。

2. 中间丝结合蛋白 尽管有些中间丝可通过自我装配成束,如神经丝蛋白 NF-M 和 NF-H 有 C-端区域伸出纤维表面结合相邻的中间丝,但其他类型的中间丝结合成束需要附属蛋白质帮助,这些附属蛋白质在结构和功能上与中间丝有密切联系,称为中间丝结合蛋白(intermediate filament associated protein, IFAP),如丝聚蛋白(filaggrin)和网蛋白(plectin)等。

丝聚蛋白在不同的细胞中使角蛋白纤维聚集成束,提供表皮的最外层以特别的韧性,可作为区分不同的上皮细胞的特异性标志。

网蛋白能使波形蛋白中间丝成束,而且能使中间丝与微管连接,使肌动蛋白纤维成束,帮助肌球蛋白 Ⅱ 与微丝的结合以及介导中间丝与质膜的连接。网蛋白基因突变可以引起人类破坏性疾病,如大疱性表皮松解症、肌营养不良和神经变性。小鼠缺乏有功能的网蛋白基因,会出现皮肤水疱及骨骼肌和心肌异常,而在出生几天后死亡。

3. 中间丝的组装　与微管和微丝的结构相比,中间丝较为稳定,在一个细胞中中间丝的亚基几乎全部以聚合物的形式出现。中间丝的装配分 4 步(图 5-37):① 2 个相邻亚基所对应的 α 螺旋的杆状区形成双股超螺旋结构,即二聚体。二聚体的 2 个单体是以对齐平行的方式排列的,长度约为 48 nm。② 由指向相反方向的超螺旋二聚体以半分子交错排列方式组装形成四聚体亚单位(tetrameric subunit)。③ 由四聚体组装成平行的八聚体原纤维(protofilament)。④ 由八聚体原纤维通过超螺旋段侧面的疏水基团相互作用组装成中空管状中间丝,中间丝的截面可由 32 个 α-螺旋分子组成。由于四聚体亚单位是由 2 个二聚体反向形成的,所以由四聚体首尾相连形成的中间丝总体来说是没有极性的。

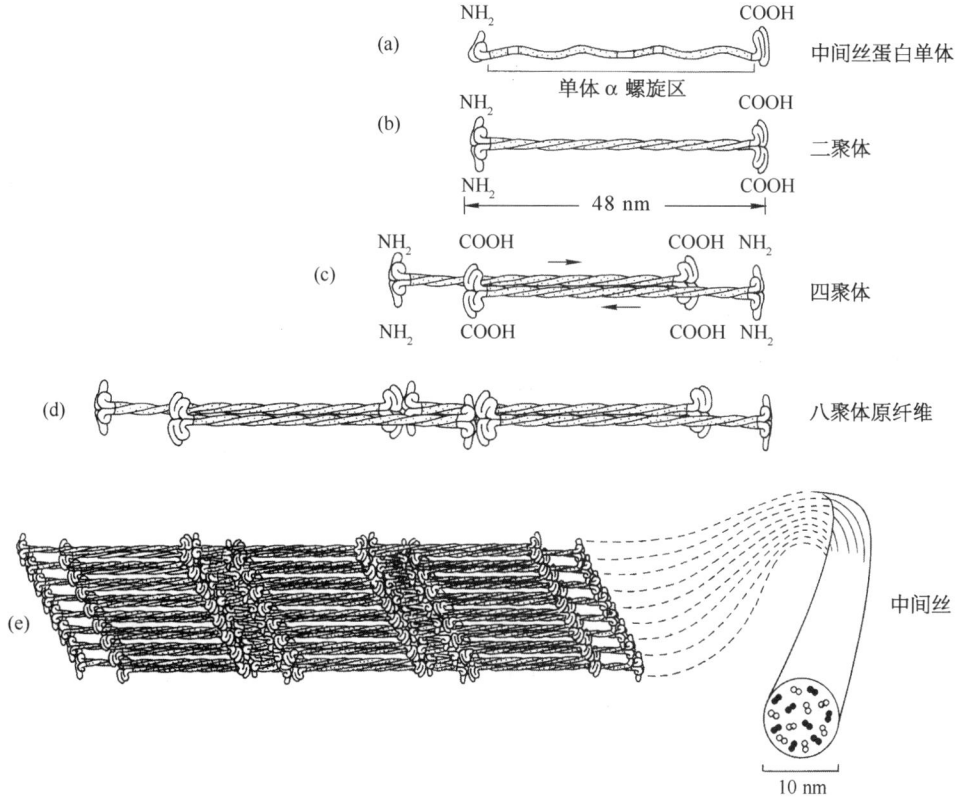

图 5-37　中间丝的装配模型
(a) 中间丝蛋白单体;(b) 超螺旋二聚体;(c) 2 个超螺旋二聚体交错形成四聚体;
(d) 2 个四聚体组装在一起;(e) 8 个四聚体装配形成中间丝
(引自 Alberts 等,2002)

在低离子强度和弱碱性条件下,中间丝可以发生解聚。细胞也可以通过中间丝蛋白丝氨酸、苏氨酸的磷酸化和去磷酸化机制来调控中间丝的组装和去组装过程,进而调控中间丝的数量、长度和位置。但是,中间丝组装和去组装的机制目前还不太清楚。

六、中间丝的主要功能是维持细胞形状和强度

中间丝在胞质中形成精细发达的纤维网络,外与细胞膜和细胞外基质相连,中与微管、微丝和细胞器相连,内与细胞核内的核纤层相连,因此,中间丝的功能主要是维持细胞的形状和机械强度。值得注意的是,中间丝的这一功能是与其他 2 种骨架成分相辅相成的。

1. **支架作用** 细胞连接装置中有一类锚定连接依赖中间丝,即介导细胞之间连接的桥粒和介导细胞与基质连接的半桥粒(参见第七章第一节),因此中间丝与细胞膜和细胞外基质有直接的联系。中间丝在细胞内与核膜、核基质联系,因此,贯穿整个细胞起着广泛的骨架功能。该骨架具有一定的可塑性,对维持细胞质的整体结构和功能的完整性有重要作用,特别对细胞核的定位维持有关,也是细胞形成组织的重要介导物。

中间丝在那些容易受到机械应力的细胞的胞质中特别丰富,例如它们在神经轴突中大量存在,为这个又细又长的细胞突起提供必要的内部支撑。上皮细胞中的角蛋白纤维往往从细胞的一边伸展到另一边,相邻两个上皮细胞中的角蛋白纤维间接地通过桥粒相连,角蛋白纤维的末端锚着在桥粒上,而暴露在纤维表面的角蛋白球状末端则与胞质中其他组分有联系,参与桥拉和半桥粒的形成和维持。角蛋白基因缺失研究表明,角蛋白纤维网络对于维持上皮组织细胞间连接及上皮组织结构完整是极为重要的。

由于中间丝外到质膜和胞外基质,内到细胞核,因此形成一个跨膜的信息通道。中间丝蛋白在体外与单链 DNA 有高度亲和性,中间丝有明显的在核外周聚集的特点,可能与 DNA 的复制与转录有关。近年来研究发现中间丝还与 mRNA 的运输有关,胞质 mRNA 锚定于中间丝,可能对其在细胞内的定位以及是否翻译起调控作用。

2. **与细胞分化有密切的关系** 中间丝蛋白的表达具有组织特异性,表明中间丝与细胞分化具有密切的关系,但对其详细了解还有待于进一步研究。在上皮组织的分化过程中,角蛋白表达的变化为研究中间丝与细胞分化的关系提供了一个重要例证。在表皮的分化中,细胞的分化发生在表皮最深部的生发层,这些细胞一边分化,一边向表皮的表层运动,直至最后从表皮脱落。生发层细胞有大量的中间丝纤维束,它们的构成成分是前角蛋白(prekeratin),随着细胞分化的进程,可以检出它们逐渐表达不同的角蛋白。

中间丝的不同类型严格地分布于不同类型的细胞中,因此可作为细胞类型区分的特征性标志之一。绝大多数肿瘤细胞通常继续表达其来源细胞的特征性中间丝类型,即便在转移后,仍表达其原发肿瘤的中间丝类型。例如神经胶质瘤表达神经胶质酸性蛋白,肌肉瘤表达结蛋白。因此中间丝可正确区分肿瘤细胞的类型及其来源,可以作为肿瘤诊断和分类鉴别的工具。

本 章 小 结

真核细胞不同于原核细胞的一个主要特点是细胞被核膜分隔成细胞核以及细胞质两

大部分。真核细胞遗传信息表达的翻译过程在细胞质内的核糖体上完成,核糖体是由核糖体 RNA(rRNA)和蛋白质组成的颗粒状结构,分为两个大小不同的亚基。在行使蛋白质合成功能时,大、小亚基与 mRNA、tRNA 结合在一起。其中,mRNA 为模板,其上的三联密码为多肽链的氨基酸编码;tRNA 以反密码子解译遗传密码,并转运相应的氨基酸;rRNA 为前两者提供结合的位点,并催化相关的反应。蛋白质合成分起始、延长、终止三个步骤。核糖体可以游离存在,也可以结合到内质网膜上。真核细胞内的蛋白质降解主要由两种不同的蛋白酶解系统实施:溶酶体途径和泛素-蛋白酶体途径。后者是一种依赖于 ATP 的多步骤反应过程。降解前蛋白质先被泛素标记,然后多聚泛素化的底物蛋白由蛋白酶体识别和降解。

除了蛋白质的合成和降解所需的这些大分子复合物之外,细胞质内还含有内质网、高尔基体、溶酶体、过氧化物酶体以及线粒体等多种由膜包围形成的细胞器。每种细胞器都有其特有的酶系统和其他大分子物质,行使不同的代谢和生理功能。

内质网包括糙面内质网和光面内质网两大类。糙面内质网表面结合了数目众多的核糖体,这些膜结合核糖体所合成的多肽链在信号肽的引导下穿过内质网膜,进入内质网腔,成为未来的分泌蛋白、溶酶体酶蛋白和膜蛋白,并在其中经历糖基化、折叠和装配等加工过程。无法形成正确折叠和装配的蛋白质会被转运至细胞质基质中通过泛素-蛋白酶体途径降解。它们在内质网中的过度积累将导致内质网产生应激反应。细胞膜和细胞内膜中的膜脂,包括磷脂和胆固醇,绝大部分是由糙面内质网合成的。各种细胞的光面内质网在形态上相似,但其化学组成和酶的种类不同,因此功能复杂,主要参与类固醇激素的生成、脂类代谢、糖原代谢和解毒,同时还与钙的贮存和释放有关。

高尔基体是一种由多膜囊组成的、有极性的细胞器。各个膜囊结构各自独立,形成各自特定的生化区域。高尔基体的主要功能是将内质网送来的蛋白质和其他生物大分子进行一系列的加工和修饰,并通过分选把各种加工产物送到细胞的不同部位或细胞外。高尔基体内的加工、修饰主要包括糖基化、硫酸盐化以及对蛋白质前体的蛋白水解作用等。各种分泌蛋白、细胞外基质中的蛋白聚糖、细胞膜中的膜蛋白、膜脂以及溶酶体酶等都是经高尔基体加工修饰形成的。高尔基体对蛋白质的分选根据蛋白质上分选信号来进行,多数分选信号是在高尔基体中形成的。在一个非极性的细胞中,高尔基体要分选的蛋白质有五大类:回输到内质网驻留蛋白;运送到溶酶体、分泌颗粒和细胞表面的蛋白质;驻留在高尔基体的蛋白质。

溶酶体是膜性的泡状结构,内含多种酸性水解酶,是细胞内大分子降解的主要场所。在其中被消化降解的包括胞吞的物质、细胞自身的物质以及胞外的物质。根据底物来源,常见的溶酶体有异体吞噬泡、自体吞噬泡、分泌自噬泡和残余体等。溶酶体通过其消化功能在细胞活动中发挥消除异物、提供营养物质、更新细胞成分、参与调节激素分泌等作用。

过氧化物酶体的结构与溶酶体相似,也是一种球形或卵球形的膜性细胞器,只是过氧化物酶体内含的是氧化酶、过氧化氢酶和过氧化物酶。过氧化物酶体是细胞内利用氧的细胞器,具有消除胞内过氧化氢、调节细胞氧张力以及参与对脂肪酸的分解等作用。许多外源性化合物可以通过过氧化物酶体增殖物受体 PPARs 引起过氧化物酶体的增殖。

线粒体是胞内除核外另一个由两层单位膜构成的细胞器,本身具有独特的 DNA 分子和完整的遗传信息传递、表达系统,是胞内物质氧化、能量转化的场所。在有氧情况下,脂肪酸或葡萄糖的糖酵解产物丙酮酸等进入线粒体,其中的可利用能量几乎都在生化反应过程中以高能电子的形式由电子载体 NAD+ 和 FAD 从底物中移出,这些电子借助内膜上呼吸链的电子传递链传递给 O_2。电子在传递过程中能量逐步释出,并被用于质子的跨膜泵送,从而在内膜的两侧产生一个质子动力势。当质子顺电化学梯度回流时,通过基粒这样一个 ATP 合成酶装置,驱动合成 ATP,完成氧化的磷酸化反应。此外,线粒体是细胞活性氧产生的重要场所,也在细胞凋亡过程中起着关键的作用。

细胞骨架是由三类蛋白质纤维组成的网状结构系统,包括微管、微丝和中间丝。每一类骨架纤维均由不同的蛋白质单体聚合形成,具有独特的动力学性质和生物学功能。微管由 α 微管蛋白、β 微管蛋白和 γ 微管蛋白组成。微丝由肌动蛋白组成。中间丝由角蛋白、神经丝蛋白、波形蛋白、核纤层蛋白、巢蛋白等多种中间丝蛋白家族组成。另外,三种骨架纤维都有多种骨架结合蛋白,起到对骨架蛋白的组装和相互作用以及功能的辅佐作用。细胞骨架是一种高度动态有序的结构,特别是微管和微丝,可随着生理条件的改变不断进行组装和去组装。

微管、微丝和中间丝三类骨架成分既分散地分布于细胞中,又相互联系形成一个完整的骨架体系,在细胞形态和表面结构的维持与改变、细胞的各种运动、细胞内物质运输、细胞分裂与分化中起着重要作用。

细胞器和细胞骨架相关蛋白的先天缺陷和后天异常可引起很多疾病,包括肿瘤、先天性代谢缺陷、神经和肌肉系统及皮肤的遗传性疾病等。

(孙岳平　杨　洁　易　静)

参 考 文 献

[1] 艾伯茨,著.丁小燕,陈跃磊,译.细胞生物学精要[M].北京:科学出版社,2012.
[2] 杨恬.医学细胞生物学[M].北京:人民卫生出版社,2011.
[3] 翟中和,王喜忠,丁明孝.细胞生物学[M].北京:高等教育出版社,2007.
[4] 王金发.细胞生物学[M].北京:科学出版社,2003.
[5] 宋金丹.医学细胞分子生物学[M].北京:人民卫生出版社,2003.
[6] Alberts B, Johnson A, Lewis J, et al. Molecular Biology of the Cell[M]. 5th ed. New York: Garland Science, 2008.
[7] Lodish H, Berk A, Kaiser CA, et al. Molecular Cell Biology[M]. 6th ed. New York: W H Freeman, 2008.
[8] Goodman SR. Medical Cell Biology[M]. 3rd ed. Burlington: Academic Press, 2008.

[9] Lewin B, Cassimeris L, Lingappa VR, et al. Cells [M]. Sudbury: Jones & Bartlett Publishers, 2007.

[10] Alberts B, Bray D, Lewis J, et al. Molecular Biology of the Cell[M]. 4th ed. New York: Garland Science, 2002.

[11] Lodish H, Berk A, Zipurshy SL, et al. Molecular Cell Biology[M]. 4th ed. New York: W H Freeman & Co, 2000.

[12] Farquar M, Palade G. The Golgi apparatus: 100 years of progress and controversy[J]. Trends Cell Biol, 1998, 8: 2-10.

[13] Tang XM, Clermont Y. Granule formation and polarity of the Golgi apparatus in neutrophil granulocytes of the rat[J]. Anat. Rec, 1989, 223: 128-138.

[14] Bainton D. The discovery of lysosomes[J]. J. Cell Biol, 1981, 91: 66s-76s.

[15] Yi J, XM Tang. Functional implication of autophagy in steroid-secreting cells of the rat[J]. Anat Rec, 1995, 242: 137-146.

[16] de Duve C. The peroxisome in retrospect[J]. Annals N Y Acad Sci, 1996, 804: 1-10.

[17] Frey TG, Mannella CA. The internal structure of mitochondria[J]. Trends Biochem Sci, 2000, 25, 319-324.

[18] Mejillano MR, Kojima S, Applewhite DA, et al. Lamellipodial versus filopodial mode of the actin nanomachinery: pivotal role of the filament barbed end[J]. Cell, 2004, 118(3): 363-373.

[19] Garcia ML, Cleveland DW. Going new places using an old MAP: tau, microtubules and human neurodegenerative disease[J]. Curr Opin Cell Biol, 2001,(13): 41-48.

[20] Kamal A, Goldstein LS. Connecting vesicle transport to the cytoskeleton[J]. Curr Opin Cell Biol, 2000, 12(4): 503-508.

第六章 质 膜

质膜(plasma membrane)是每个细胞把自己的内容物包围起来的一层界膜,又称细胞膜(cell membrane),一般厚度在 5~10 nm。质膜与细胞内膜(即各种细胞器的膜)具有共同的结构和相近的功能,统称为生物膜,也常统一简称为膜(membrane)。质膜使细胞与外界环境有所分隔,而又保持种种联系。它首先是一个具有高度选择性的滤过装置和主动的运输装置,保持着细胞内外的物质浓度差异,控制着营养成分的进入细胞和废物、分泌物的排出细胞。其次它是细胞对外界信号的感受装置,介导了细胞外因子对细胞引发的各种反应。它还是细胞与相邻细胞和细胞外基质的连接中介。而内膜则将细胞内部分隔成不同的区室(compartments),让细胞内各种化学反应在相对隔离的微环境中进行。

膜具有各种复杂奇妙的功能,其基础在于它的化学组成和结构。光镜下无法观察清楚膜的形态结构。膜在常规电镜超薄切片上呈两暗夹一明,总宽度平均约为 7 nm 的结构。在冷冻蚀刻电镜技术中,它们可被断裂成两个半层,在断裂面上可以看到膜内颗粒。膜是由脂质分子、蛋白质分子、糖类分子以非共价结合的方式组成的。脂质分子排列成厚约 5 nm 的连续双层,称为脂双层(lipid bilayer),构成膜的支架,并成为对大多数水溶性分子的通透屏障;蛋白质分子分布在脂双层上,担负着作为酶、运输蛋白、连接蛋白、受体、膜抗原和抗原递呈分子等的种种特殊使命;存在于膜表面的糖类也参与了膜的一些重要功能。

本章将讨论质膜的化学组成和结构,还将对质膜的功能作概要的叙述。质膜的一些重要功能,如对小分子物质的运输、细胞连接等,将在专门的章节中详细介绍。

第一节 质膜的化学组成和结构

对多种细胞分离获得的纯净质膜或各种内膜进行化学分析,结果表明,各种生物膜都是由脂类、蛋白质和糖类这三种物质组成的。三种成分的比例在不同的膜有很大变化。例如,主要起绝缘作用的神经髓鞘膜上,75%为脂类,而主要参与能量转换的线粒体内膜上,75%为蛋白质。对大多数细胞来说,脂类约占 50%,蛋白质占 40%~50%,糖类占 1%~10%。

第六章 质 膜

生物膜之所以具有种种复杂而重要的功能,不但因为构成膜的三种成分各自具有独特的理化性状,而且因为这三种成分之间有着巧妙的相互作用,组成特定的结构。对于膜的结构曾先后有过多达 50 种的假说。20 世纪 60 年代后随着电镜冷冻蚀刻技术以及多种生物物理、生物化学技术的应用,人们对膜结构有了逐步深入的认识。1972 年 Singer 和 Nicolson 提出的"流动镶嵌模型"(fluid mosaic model)是现今我们对膜结构认识的主要依据。这一模型的基本内容可以概括为以下几点:脂质分子排成双层构成生物膜的骨架,蛋白质分子以不同方式镶嵌或联结于脂双层上,膜的两侧结构是不对称的,膜脂和膜蛋白具有一定的流动性。图 6-1a 显示了流动镶嵌模型所阐释的膜结构的二维和三维模式图。

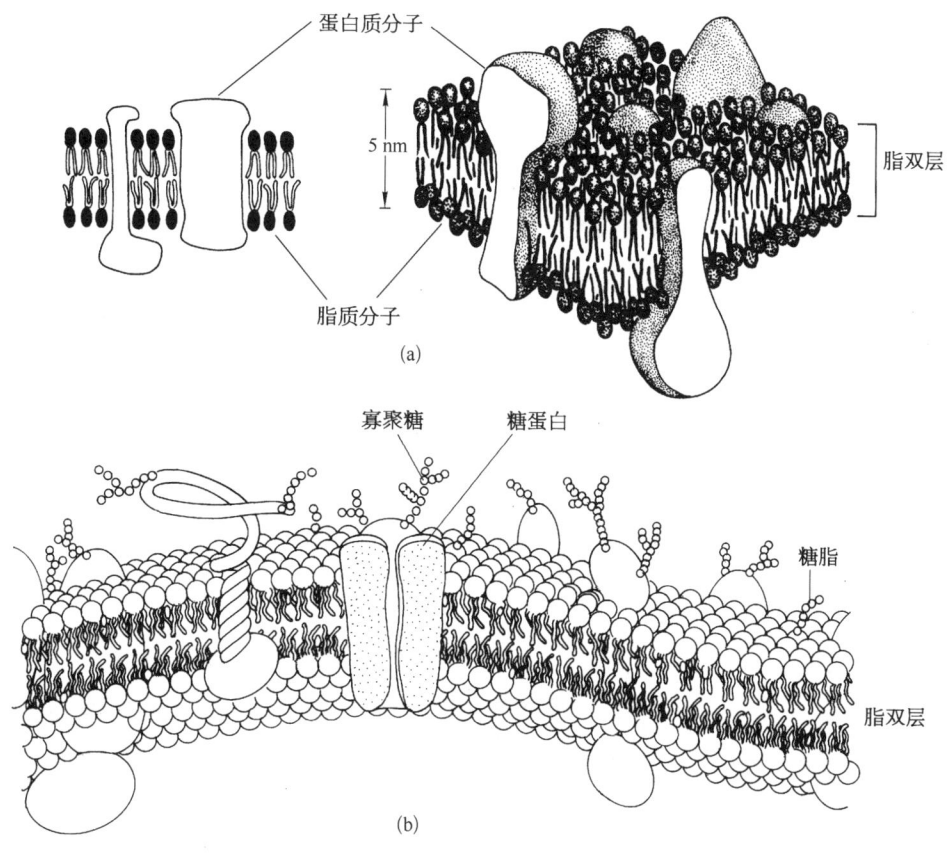

图 6-1 细胞膜结构
(引自 Alberts B, 2008 和 Karp G, 2008)

本节所述膜的三种成分各自的性质及它们共同组成膜的方式,所根据的是在"流动镶嵌模型"基础上补充和修正的新资料、新观点。其中一个重要的补充就是质膜上含有糖,糖连接于膜蛋白和膜脂。图 6-1b 反映了当今对质膜结构的认识。后来提出的"脂筏模型"(lipid raft model, Simons, 1988)是对"液态镶嵌模型"的进一步补充,认为膜脂成分和膜蛋白的分布以及膜的结构在整个膜上并不是均一的,真正的细胞膜上存在一些富含特殊脂质和蛋白质的微区。近年日益广泛应用的新技术还在不断揭示有关膜的结构和功能的重要信息,例如结构生物学能够解析膜蛋白的立体构象、活性结构域和与其他分子相互作用的结构域,基因组学、生物信息学和分子生物学等手段有助于预测或重构膜蛋白的结构域。

一、脂质双层构成膜的骨架

生物膜上的脂类称为膜脂(membrane lipids),膜脂分子排列成连续的双层,这一叫作"脂双层"(lipid bilayer)的结构构成了生物膜的基本骨架(图6-1)。它使膜具有令大多数水溶性物质不能自由通过的屏障作用,又为各种执行特殊功能的膜蛋白提供了适宜的环境。

1. **膜脂的种类和分子结构** 一个小的动物细胞的质膜含有 10^9 个脂质分子,或者说,每平方微米质膜上有 $5×10^6$ 个脂质分子。膜脂有磷脂、胆固醇和糖脂三种。这三种脂类都是兼性分子,或称亲水脂分子,就是说分子有着一个亲水末端(极性端)和一个疏水末端(非极性端),能兼与水和脂质相互作用。

(1) 磷脂:是三种膜脂中含量最高的。磷脂分子的极性端是各种磷脂酰碱基,叫作头部,它们多数通过甘油基团与非极性端相联。根据磷脂酰碱基的不同,将磷脂分成多种。哺乳动物细胞质膜上占优势的是四种磷脂:磷脂酰乙醇胺、磷脂酰丝氨酸、磷脂酰胆碱和鞘磷脂,其中仅有磷脂酰丝氨酸带负电荷,其他都是电中性的。磷脂分子的疏水端是两条长短不一的烃链,叫做尾部,一般含14~24个碳原子,其中的一条烃链常含有一个或数个双键(此链叫作不饱和链)。双键的存在造成这条不饱和链有一定角度的扭曲(图6-2)。磷脂分子逐个相依地整齐排列构成膜骨架的主要结构,其烃链长度和饱和度的不同能影响磷脂分子的移动,从而影响膜的流动性;而各种磷脂头部基团的大小、形状、电荷的不同则与磷脂-蛋白质的相互作用有关。

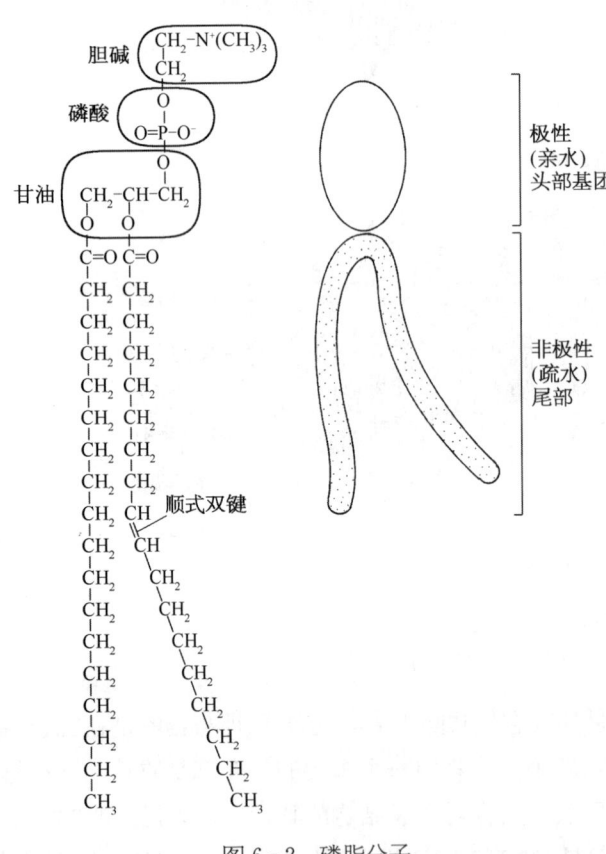

图6-2 磷脂分子
(引自 Alberts 等,2002)

(2) 胆固醇:胆固醇分子的极性头部是联结于甾环上的极

性羟基基团,甾环的另一端连接着非极性尾部———一条烃链,甾环本身是非极性的(图6-3)。在真核细胞质膜上,胆固醇分子的数目可多达与磷脂相等。胆固醇分子散布于磷脂分子之间,其极性头部紧靠磷脂分子的极性头部,其强硬的板面状甾环结构则使与之相邻的磷脂烃链的一部分不易活动(图6-4)。通过这种影响,胆固醇对膜的稳定性发挥着重要作用。

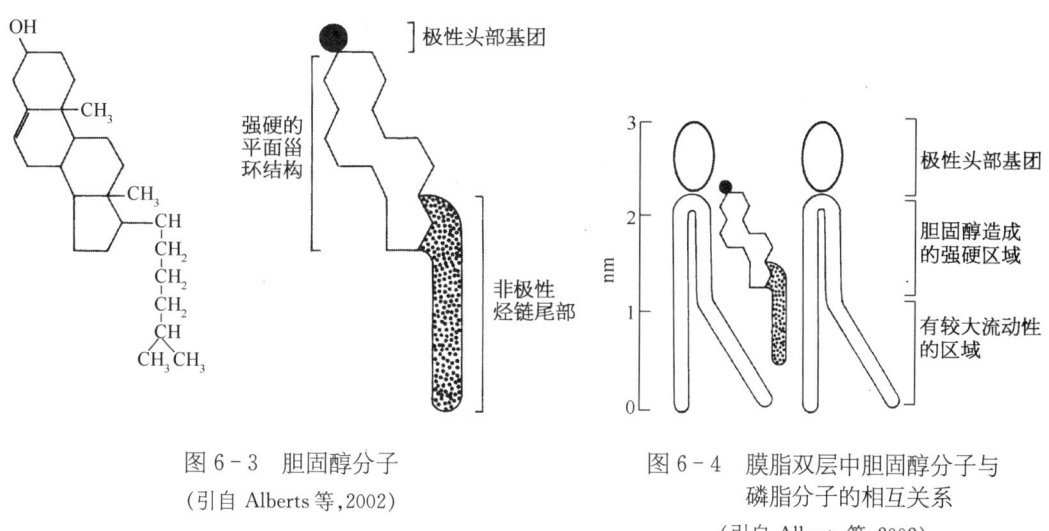

图6-3 胆固醇分子
(引自 Alberts 等,2002)

图6-4 膜脂双层中胆固醇分子与磷脂分子的相互关系
(引自 Alberts 等,2002)

(3) 糖脂:也是亲水脂分子,它的极性头部由一个或数个糖基组成,非极性尾部是两条烃链。最简单的糖脂是半乳糖脑苷脂,由一个半乳糖作为其极性头部;最复杂的是神经节苷脂,其头部含一个或多个带负电荷的唾液酸和其他糖基(图6-5)。在所有细胞中,糖脂均位于膜的非胞质面单层,其糖基暴露在膜外。据此推测,糖脂的功能与细胞同外环境的相互作用有关。糖脂的确切作用仍不清楚。糖脂的数量可占细胞膜外层脂质分子数的5%。不同种属以及同一种属的不同组织其膜上糖脂的种类常有极大的不同。

表6-1显示了数种生物膜的脂质成分比较。细菌的质膜常由单一种类的磷脂组成,不含胆固醇,膜的力学强度由细胞壁

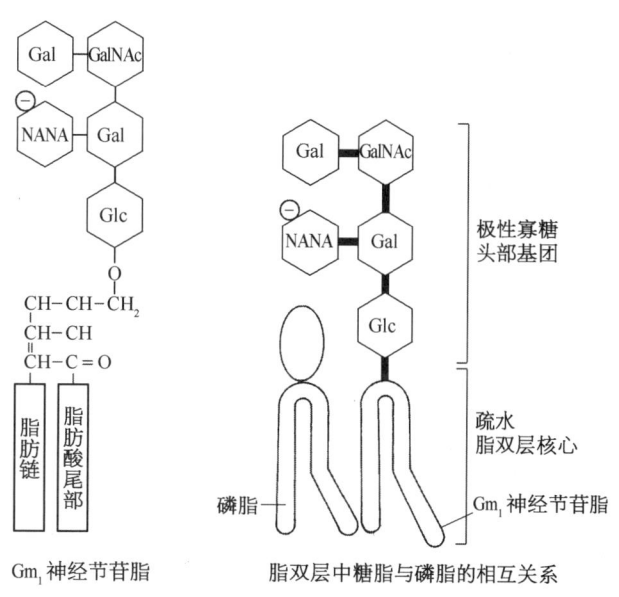

图6-5 糖脂分子
(修改自 B. Alberts 等,1983 和 2002)

提供。真核细胞的质膜则相反,不仅含胆固醇,而且磷脂种类也很多样。

表 6-1 不同生物膜的脂质成分(以占脂质总重量的百分比计)

脂质成分	肝细胞质膜	红细胞质膜	髓鞘	线粒体内、外膜	内质网	大肠埃希菌
胆固醇	17	23	22	3	6	0
磷脂酰乙醇胺	7	18	15	25	17	70
磷脂酰丝氨酸	4	7	9	2	5	微量
磷脂酰胆碱	24	17	10	39	40	0
鞘磷脂	19	18	8	0	5	0
糖脂	7	3	28	微量	微量	0
其他	22	13	8	21	27	30

2. **膜脂分子的排列特性** 由于脂质分子所具有的"亲水又亲脂"的特点,它们在水溶液中能自发地以特殊方式排列起来——分子与分子互相聚拢,亲水头部暴露于水,疏水尾部藏于内部。这种特殊排列可以形成两种构造,一种是球形的分子团(micelle),另一种就是双分子层(bilayer)(图 6-6)。在双分子层中,两层分子的疏水尾部被亲水头部夹在中间。

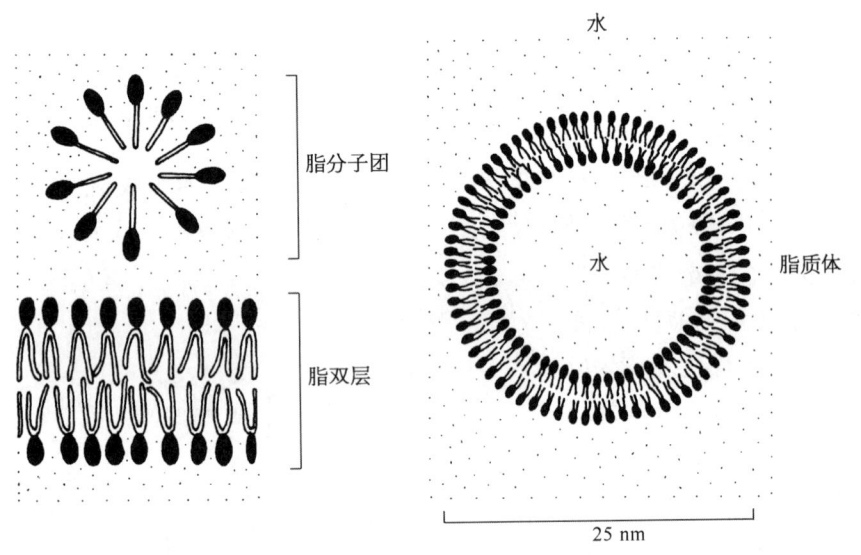

图 6-6 脂质分子在水环境中形成的结构
(引自 B. Alberts 等,2002)

为了更进一步减少在双分子层的两端疏水尾部与水接触的机会,脂质分子在水中排成双层后往往易于形成一种自我封闭的结构——脂质体(liposome)(图 6-6)。当脂质体的结构被打破时,脂质分子能很快重新形成新的脂质体。脂质体常被用作膜研究的实验模型。显然,这种在人工条件下自发形成的脂质体与真正的细胞膜的脂双层有许多共同点。

3. **膜脂的流动性** 脂质分子作为膜骨架的另一要素是它们的流动性。用电子自旋共振(ESR)技术可探测人工合成膜中带有自旋标记(如含硝酰基)的单个脂质分子的活动,这类技术也用于探测分离得到的生物膜乃至整体细胞质膜上脂质分子的活动。这方面的实验表明,脂质分子在膜内的移动有以下几种形式(图6-7)。

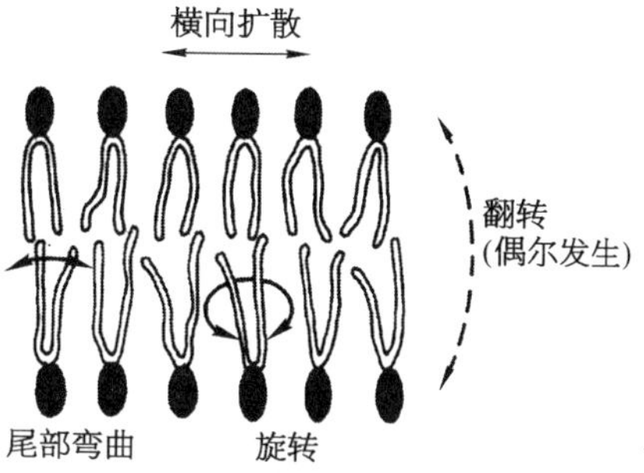

(1) 在同一单层内的相邻分子经常互换位置,这造成膜脂快速地侧向扩散,扩散系数 D 约为 10^{-8} cm²/s,这意味着一个普通脂质分子在 1 s 内移动的距离达 2 μm,相当于一个大的细菌的长度。

(2) 每个脂质分子都围绕其长轴作快速旋转。

(3) 分子的烃链尾部常发生摆动。烃链靠近双分子层中线那部分摆动度最大,靠近极性头部那部分摆动度最小。

图6-7 磷脂分子在膜内的移动
(引自 B. Alberts 等,2002)

(4) 脂质分子可以从双分子层的一个单层翻至另一单层,这称为"翻转"(flip-flop)。磷脂分子的翻转活动在绝大多数膜上仅偶尔有之,最多 1 个月发生一次,只有在活跃合成脂类的内质网膜上,磷脂经常有翻转,并形成膜脂在双层的不对称分布。胆固醇分子的翻转活动是经常发生的,由此在两个脂质单层之间进行快速的再分布。

从人工合成膜来分析,膜脂的流动性大小除了受温度影响外,主要取决于磷脂分子内部结构和胆固醇含量。单纯由磷脂合成的人工脂双层在某个特定凝结点温度下会从液态转变成结晶状或凝胶状形态,这种态的转变叫作"相变"(phase transition)。磷脂分子的烃链愈短,含双键的烃链愈多,则烃链就愈不易互相集聚,膜也就愈不易凝结或结晶,这种脂双层的相变温度就低,或者说这种脂双层在低温下仍可保持一定的流动性。胆固醇分子在膜流动性的影响方面作用很微妙。它们分布于磷脂分子之间,由于其分子中强硬的板面状结构,使脂双层不至于有太大的流动性;另一方面,特别是其含量较高时,能阻止磷脂烃链尾的互相集聚,从而抑制了膜的结晶化,抑制了相变的发生。

膜脂的适当流动性对生物膜的功能至关重要。当膜脂双层的流动性低于一定阈值(或者说黏稠度高于一定阈值时),许多跨膜运输和膜上的酶活动就会停止。而膜脂流动性过高(如缺乏胆固醇的膜),则膜将发生溶解。

4. 脂双层的不对称性 膜脂的双层结构可以分成胞质单层(接触细胞质)和非胞质单层(在质膜指接触细胞外的那个单层,在内膜指接触细胞器内腔的那个单层)。脂双层在组成成分上是不对称的。这体现在两个方面:第一是膜的两个单层所含的膜脂有极大的不同,包括磷脂头部种类,尾部不饱和脂肪酸含量、胆固醇含量;第二是糖脂全部分布在膜的非胞质单层中,其糖基位于质膜的外侧或内膜的腔面。

大多数哺乳动物细胞的膜脂双层上磷脂呈不对称分布。以人红细胞上膜脂分布为例可以发现,头部含胆碱的磷脂分子(磷脂酰胆碱和鞘磷脂)几乎全部分布在脂双层的外侧单层,含末端氨基的磷脂分子(磷脂酰乙醇胺和磷脂酰丝氨酸)则几乎全部位于内侧单层。

磷脂酰胆碱和鞘磷脂的脂肪酸部分较磷脂酰乙醇胺和磷脂酰丝氨酸的脂肪酸部分含双键少，而磷脂酰丝氨酸的头部是带负电荷的，显然，这样的磷脂分布造成脂双层的两个单层的流动性和电荷状况有较大的差异。

除了磷脂头部的不同，磷脂尾部脂肪酸种类和胆固醇的含量在两个单层中也是不同的。

内侧单层磷脂不对称分布并不是随机发生的，而是脂双层在内质网合成时由特定的蛋白质催化磷脂在两个单层间有序地翻转造成的。磷脂的不对称分布在质膜功能上有重要意义，主要涉及磷脂与膜蛋白的相互作用，并由此介导的信号传导。例如，蛋白激酶C结合于质膜的胞质面，它可以被多种细胞外信号激活，其激活要求带负电荷的磷脂存在，而质膜的胞质面单层大量的磷脂酰丝氨酸就提供了较多负电荷。

质膜上磷脂的不对称分布的改变同样是受调控的，往往伴随细胞的某些生理学或病理学效应的发生。正常情况下位于内侧单层的磷脂酰丝氨酸（phosphatidylserine, PS）在某些条件下翻转至外侧是最常见的改变，受到较多研究。例如血小板激活促进凝血时，血小板膜上PS会暴露于外侧，为一些调控凝血的蛋白质复合物在膜上的结合提供环境；当细胞发生程序性死亡即凋亡的时候，PS暴露于细胞表面可作为一种信号，引导附近的吞噬细胞将死亡细胞吞噬掉。精子的例子更是说明膜上的磷脂不对称分布对细胞功能的重要。精子头部的顶体是一个特化的溶酶体，是精卵相互作用的重要结构，顶体部位的膜与精子其余部分的质膜相比，其磷脂不对称分布模式是不同的，改变这种特征会影响正常受精。

5. **膜脂的更新** 很多证据表明膜脂经历着不断的更新（turn-over）。膜脂需要持续更新的原因有两方面。第一，生理情况下质膜上经常发生胞吞和胞吐，内质网、高尔基体、溶酶体和分泌小泡之间经常发生膜泡融合（详见本章下文和第九章），也就是说各个区域的膜之间存在着"膜流"，而各个区域的膜又是互不相同的。在"膜流"之下要保持各种膜在组成上和组织上的独特性，需要膜脂的重新安置。第二，膜是容易损坏的，需要不断地修复和维护。这主要因为细胞有氧代谢的过程会产生"活性氧"（reactive oxygen species），而膜脂分子尾部的多聚不饱和脂肪酰基易受活性氧攻击，此处的双键经反应后可以被插入一个极性的含氧基团，从而使脂双层的结构发生改变。为了保持脂双层上膜脂的组成和结构以及膜的生理功能，膜脂需要不断更新。但是，不管是膜流还是氧化损伤，带来的都是随机的变化，细胞如何在膜脂的更新中重建或者维持各种膜的独特性，机制尚不清楚。

二、膜蛋白穿越或联结于脂双层，承担着多种功能角色

生物膜所含的蛋白质叫作膜蛋白。膜蛋白的量很大，可以说人体内30%的蛋白质位于质膜上。膜蛋白中有些是转运蛋白，运输特殊的分子和离子出入细胞；有些是酶，催化与膜相关的代谢反应；有些是连接蛋白，把细胞骨架与相邻细胞或细胞外基质相联结；有些是黏附分子，介导细胞之间以及细胞与基质之间的识别和黏附；还有些是受体，接收和

转导细胞外的化学信号。由此可见,膜的大部分功能是由膜蛋白完成的。膜蛋白的含量在不同的生物膜上有很大变化,一般来说,功能愈复杂的膜,其上蛋白质含量愈高。与膜脂不同,膜蛋白种类繁多,性状和功能各异。许多膜蛋白的性质、结构和功能都不清楚。在此主要介绍总体上对膜蛋白的存在方式、结构及其与功能关系的最新认识,并以几个了解较清楚的膜蛋白作为例子讨论膜蛋白的结构和功能。

1. **膜蛋白的存在方式** 迄今所了解的膜蛋白的存在方式有如图6-8所示的七种。其中肽链穿越整个脂双层的蛋白质叫作跨膜蛋白(transmembrane protein)。

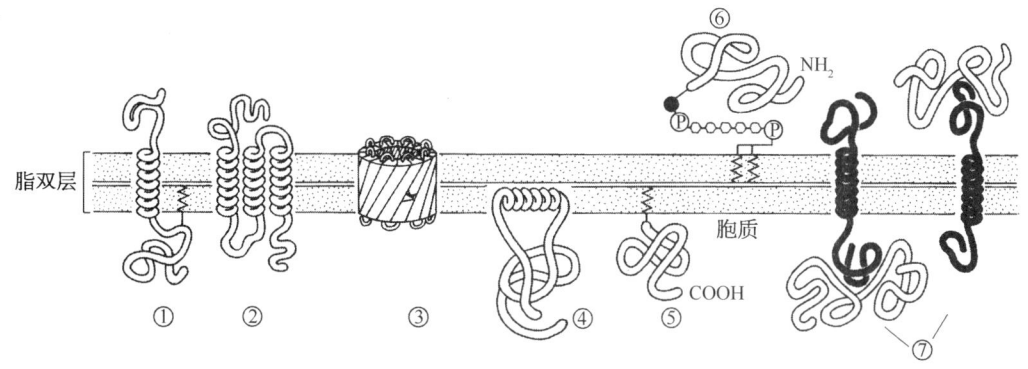

图6-8 膜蛋白在脂双层上存在的方式
(引自 Alberts 等,2002)

(1) 跨膜蛋白以单条α螺旋贯穿脂质双层,称"单次穿膜"(single pass)。

(2) 跨膜蛋白以数条α螺旋数次折返穿越脂双层,称"多次穿膜"(multiple pass)。单次或多次穿膜的跨膜蛋白的肽链有的与膜的胞质单层内的烃链有共价结合。

(3) β片层卷起成桶状贯穿脂双层,称β筒。

(4) 膜蛋白位于胞质,但其肽链的疏水段锚入脂双层的胞质单层。

(5) 膜蛋白共价结合在胞质单层内的烃链或异戊烯基团上。

(6) 膜蛋白通过一寡糖链共价结合于膜的非胞质面单层中含有的稀有磷脂——磷脂酰肌醇上。

(7) 膜蛋白非共价地结合在其他膜蛋白上。

据以上七种存在方式又可把膜蛋白分成三类:整合膜蛋白、周围膜蛋白和脂质锚定的膜蛋白。跨膜蛋白肽链上的疏水区段伸入脂双层内部,以一个或数个α螺旋形式或者β筒形式构成跨膜结构域,肽链的亲水区段则暴露于膜的两侧,成为胞外结构域和胞内结构域(如图6-8所示的第"①"、"②"、"③"种)。跨膜蛋白和那些锚入一个单层的膜蛋白(图6-8所示的第"④"种)均属于整合膜蛋白(integral membrane protein),只有用去垢剂或有机溶剂破坏脂双层,才能将这类蛋白提取出来。以松散的方式与膜连接的膜蛋白叫作周围膜蛋白(peripheral membrane protein),如图6-8所示的第"⑦"种。分离提取这类蛋白只需较轻柔的方法即可,例如将膜置于高渗、低渗或极端pH的溶液中。这些溶液的作用力只破坏蛋白质与蛋白质的连接而不破坏脂双层。脂质锚定的膜蛋白指的是直接或间接通过脂质分子连接于脂双层上的膜蛋白(图6-8所示的第"⑤"、"⑥"种),其中通过寡糖链连接于磷脂酰肌醇上的膜蛋白又被叫作 GPI 锚定的膜蛋白(GPI 为糖化磷脂酰肌醇,glycosylphosphatidylinositol),需用特异的磷脂酰肌醇酶-磷脂酶 C 切割才能被分离,有时也可归类于整合膜蛋白。

每一种跨膜蛋白在膜上的存在方式也反映出膜蛋白分子的不对称性。这种不对称包括:糖基化是不对称的——糖总是加在多肽链的非胞质面一端;巯基的分布也是不对称的——肽链中半胱氨酸上的巯基在胞质面总是呈还原状态的—SH,在非胞质面则形成链内或链间的二硫键(S—S)。这些非胞质面的二硫键能稳定肽链的折叠结构,或将相邻肽链联结,因而有重要的功能意义。另外,非跨膜的膜蛋白在膜上的定位也是不对称的,有些只连接在胞质单层上,另一些则只连接在非胞质单层上。膜蛋白在分子结构和分布上的这种不对称性,提示了膜两面在功能上的差异。

不同膜蛋白的存在方式与它们的不同功能有关。只有跨膜蛋白才能在膜两侧都有作用或将物质转运过膜。例如细胞表面受体是跨膜蛋白,它们在细胞外侧与信号分子结合,在内侧又激活不同的信号分子。

2. 膜蛋白的结构

(1) α螺旋:如上所述,跨膜蛋白也像膜脂分子一样具有亲水脂特点。它们的亲水区段显露于膜两侧的水溶液中,疏水区段则埋于脂双层的内部,并与脂质分子的疏水尾部互相作用。疏水区段的肽链部分主要由非极性氨基酸组成。肽键本身是极性的,而且由于脂双层内部是无水的,肽键与肽键之间在此易于形成氢键。如果肽链穿越脂双层时形成规则的α螺旋,会使这种氢键结合力达到最大,因此,绝大多数跨膜蛋白在脂双层中都呈α螺旋结构。穿越脂双层的肽链在脂双层内部一般不改变方向,因为肽链要打破氢键之间规则的相互作用力才能弯折。DNA克隆和测序技术揭示了许多跨膜蛋白的氨基酸序列,所以从肽链的序列可以容易地预测哪一段作为跨膜的片段。一个片断如果含有高度疏水的氨基酸达20~30个就可以以α螺旋的形式穿越脂双层。

(2) β筒:一部分跨膜蛋白在脂双层中形成β筒结构(β barrel)。多次跨膜蛋白的跨膜部分肽链如果形成β筒的结构(如图6-8中③所示),该蛋白就较α螺旋更强硬,也较易结晶。因此,许多含β桶的跨膜蛋白的结构用X线晶体图像技术得到阐明。β筒大多为转运蛋白,分布主要限于线粒体、叶绿体的外膜和一些细菌的膜。

真核细胞和细菌的主要跨膜蛋白还是由跨膜α螺旋构成的。α螺旋可以滑动,可以造成较大的构象变化,从而产生将离子通道开放、关闭的效果,来运输特定的物质,或传导细胞外信号入细胞。与此相反,β筒通过氢键紧密地与周边结构相连,本身不易发生构象改变。

(3) 膜蛋白的糖基化:动物细胞的绝大部分跨膜蛋白是糖基化的。前已述及,膜蛋白和糖脂一样,其糖基是在内质网和高尔基体的腔内加上去的,所以寡糖链总是位于膜的非胞质面。换言之,跨膜蛋白的胞外结构域总是有糖链结合的。

3. 膜蛋白的功能与结构的关系举例　对膜蛋白的了解很大程度上来自对人类红细胞质膜蛋白的研究。从这种无核细胞膜上得出的结论,已逐步扩展到了各种有核细胞膜。用 SDS 聚丙烯酰胺凝胶电泳分析人红细胞质膜,能检出十五条主要的电泳带,分子量在 15 000~250 000。有三种蛋白质占质膜蛋白质总量的 60%,它们是血影蛋白、血型糖蛋白和带 3 蛋白。这三种膜蛋白在一定程度上反映了各种类型膜蛋白的情况。通过人类红细胞的这三种膜蛋白和细菌视紫红质,可以认识膜蛋白的分子结构与功能的关系。

红细胞质膜蛋白中含量最丰富的是血影蛋白(spectrin)。血影蛋白分子呈细长绳索状,约 100 nm 长。每个分子由两条长的肽链形成异二聚体。两条肽链反向平行,松弛地互相缠绕。这样的二聚体分子头对头地互相连接,组成长 200 nm 的四聚体。它们联结于其他膜蛋白上,经肌动蛋白等数种蛋白质的固着,在整个质膜的胞质面上形成一个有利于细胞变形的网架(图 6-9)。这个以血影蛋白和微丝为基础的骨架系统,对维持红细胞的双凹形状和穿行于毛细血管时的变形能力是至关重要的。临床上有遗传性血影蛋白缺陷的贫血患者,其红细胞失去双凹形而呈球形,易于受损,他们的贫血程度也随血影蛋白缺失程度而加重。在有核细胞的质膜下胞质区域也存在血影蛋白的同源物,并富含微丝,构成质膜下的所谓"皮质区"(cell cortex)。

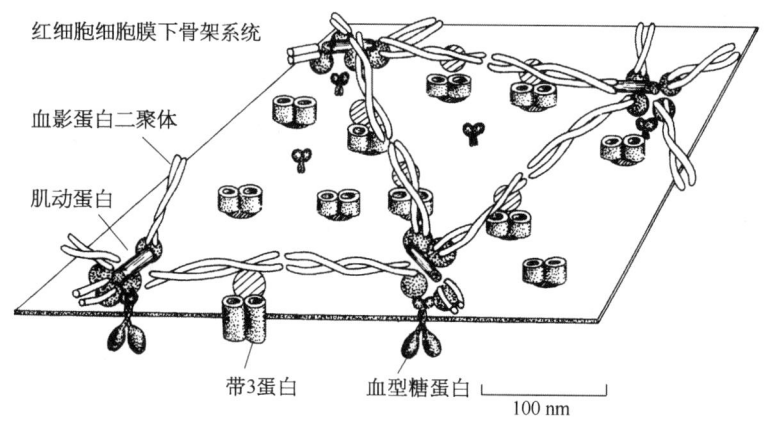

图 6-9　血影蛋白的结构及相关的质膜下骨架系统
(引自 Alberts 等,2002)

血型糖蛋白(glycophorin)是一个小分子跨膜蛋白,一个亲水氨基端位于质膜外表面,分子的大部分也都显露于质膜外表面,该处肽链呈高度折叠,上面伸出 16 个寡糖侧链,其上连接着 100 多个糖基。这部分占到分子总量的 60%。它的另一个亲水端即羧基端显露于胞质内。中间形成一段 α 螺旋穿越脂双层,为典型的单次跨膜蛋白结构(图 6-10)。值得注意的是,许多细胞表面受体在结构上都属于单次跨膜蛋白这一类别。一个细胞上存在上百万个分子的血型糖蛋白。然而,它在红细胞质膜上的功能尚未完全被了解,该蛋白缺如的人在临床上表现完全正常。只是有一点是清楚的,血型糖蛋白与人类血型有关。

不同个体的血型糖蛋白的膜外寡糖链有着结构上的差异,肽链的氨基酸序列也可以有差异，由此，血型糖蛋白成为重要的膜抗原——血型抗原。有两种血型抗原系统与血型糖蛋白有关，即 ABO 系统和 MN 系统。ABO 血型抗原的差别是由血型糖蛋白在质膜外表面的寡糖侧链的结构决定的（详见本节下文"三、膜糖类位于膜的非胞质一侧，其功能是识别和保护"部分）。MN 血型的抗原性差异与血型糖蛋白的糖链和肽链两部分都有关系。

带 3 蛋白（band 3 protein）得名于它在 SDS 聚丙烯酰胺凝胶电泳中的区带位置。其肽链高度折叠，折返穿越质膜 12 次，因而是一个多次穿膜蛋白。对带 3 蛋白的功能已有清楚的了解，它是红细胞质膜上的阴离子运输蛋白。红细胞携带着组织中的二氧化碳，经过肺时将二氧化碳以 HCO_3^- 的形式排出，同时摄入 Cl^- 作为交换。这一离子进出的运输就由带 3 蛋白完成。许多有核细胞虽无携带二氧化碳的任务，其膜上也有与之类似的阴离子运输蛋白，进行着 HCO_3^-－Cl^- 交换。它们的作用是维持细胞内 pH。可以想象，

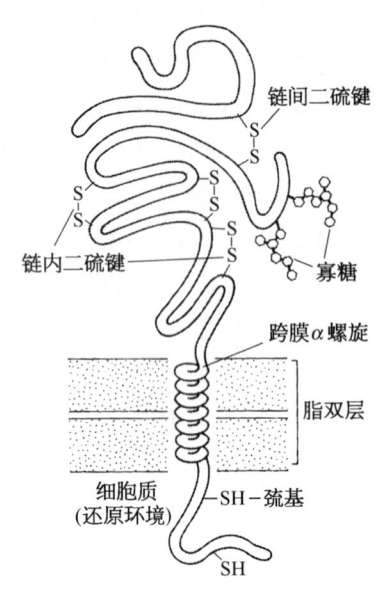

图 6-10 血型糖蛋白一类的单次跨膜蛋白

（引自 B. Alberts 等, 2002）

只有像带 3 蛋白这样的多次穿越脂双层的大分子跨膜蛋白，才能介导离子的跨膜运输，因为它的分子大部分在疏水的脂双层内部，可以造成一个环境，让带电分子不与脂双层疏水内部接触而经过膜。同理，单次跨膜蛋白就不大可能担负离子运输的任务。

细菌视紫红质（bacteriorhodopsin）是从一种嗜盐菌的紫膜上提取出来的。这种细菌生长在阳光充足的盐水池中，在进化过程中，它们的细胞膜上出现了多种能被光线激活的蛋白质。"紫膜"是该细菌细胞膜上的一些特化斑块，上面只含一种蛋白质，就是细菌视紫红质。这种膜蛋白的分子中含有一个光吸收基团或发色基团，被称为视黄醛，该基团使细菌视紫红质呈紫色。视黄醛就是维生素 A 的醛类形式，与脊椎动物眼内光感受细胞的视紫红质中的发色成分是相同的。当该基团被一个光量子激活时就引发分子微小的构象变化，导致一或两个 H^+ 从细胞内被运送至细胞外（图 6-11）。在亮光下，每个视紫红质分子每秒可泵出几百个质子。如此造成的细胞内外质子的浓度和电压梯度，通过另一个膜蛋白的作用驱动了 ATP 的合成，由此将太阳能转化为细菌生存所需的能量。由此可见，细菌视紫红质是该种细菌在进化中形成的重要的光激活蛋白，它参与了把光能转化为生物能的过程。

细菌视紫红质可以作为一组膜蛋白的代表。其共同点首先是结构近似，都是折叠成 7 个 α 螺旋的跨膜蛋白；其次是执行功能的方式相同：接收某种细胞外信号→自身发生构象变化→激活另一个膜蛋白→在细胞质内产生一个化学信号。因此，这组膜蛋白在功能上属于信号转导者。

4. 膜蛋白分子的移动性 膜蛋白在膜上是经常移动、扩散的。与脂质分子相比，膜

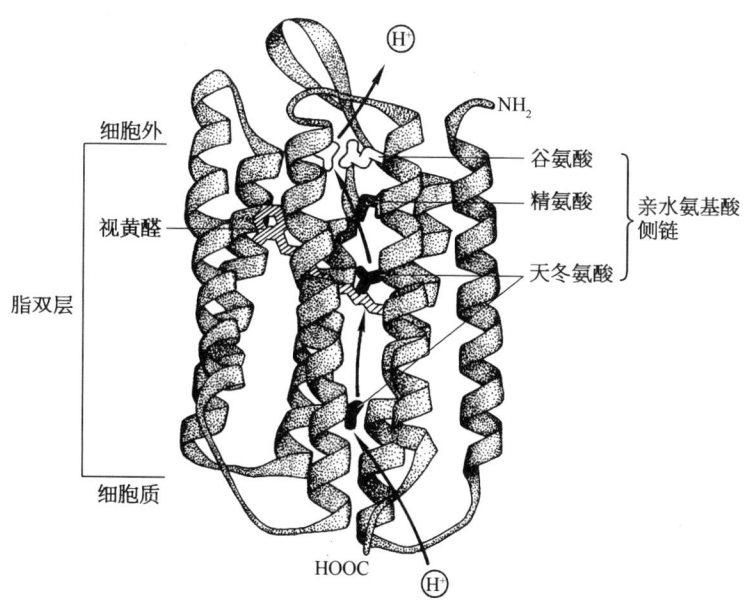

图 6-11 细菌视紫红质结构图
（引自 B. Alberts 等，2002）

蛋白移动的形式以旋转扩散和侧向扩散为主，没有翻转活动。旋转指的是分子围绕垂直于膜平面的轴活动，侧向扩散是指分子在膜上向两侧移动。侧向扩散最早的直接证据来自 1970 年用杂合细胞进行的一项实验。用细胞融合技术把一个小鼠细胞和一个人类细胞融合形成一个杂交的异核细胞(heterocaryon)，用不同抗体分别标记小鼠细胞和人的细胞质膜蛋白，发现两套膜蛋白在刚融合的细胞上，先是处于各自的一半质膜区域，随后在 0.5 h 内就扩散开来，互相混杂地分布于整个质膜。另一项实验显示，当抗体结合至细胞膜特异受体上时，这些受体蛋白常常连接成较大斑片，这种斑片形成(patching)的过程也进一步证明膜蛋白的侧向扩散作用。

然而，膜蛋白在膜脂中移动的情况并不像冰山在海水中自由漂浮那么简单。许多现象表明，膜蛋白在膜上往往局限于某一特定区域，并且这种局限分布往往有着重要的功能意义。例如，小肠上皮细胞的顶部质膜上有一些特殊的酶和运输蛋白，而在基底和侧面质膜上的酶和运输蛋白则与之不同，甚至这两个区域的膜脂成分也有所不同。这种分布差异显然与消化吸收有关。这一现象提示上皮细胞膜能阻挡膜脂和膜蛋白在不同结构域之间发生扩散。这种阻挡至少部分地通过特殊的细胞间连接(叫作紧密连接，详见第七章)实现。构成细胞间连接的膜蛋白要发生侧向扩散显然也是受限的。

三、膜糖类位于膜的非胞质一侧，其功能是识别和保护

所有真核细胞表面都有糖类，总量占膜重量的 1%～10%。自然界存在的单糖及其衍生物有 200 多种，但存在于膜上的糖类只有其中的 9 种。在动物质膜上的主要是以下 7

种：半乳糖、甘露糖、岩藻糖、半乳糖胺、葡萄糖、葡萄糖胺和唾液酸。它们以各种形式连接于膜蛋白和膜脂分子上，位置全部在膜的非胞质面，即在质膜上位于细胞外侧，在各种细胞器的膜上位于腔面。

1. **膜糖类的存在方式**

(1) 以寡糖链共价结合于膜脂分子上形成糖脂：1个糖脂分子上只连接1条寡糖链。"寡"(oligo-)的意思是数目较少，寡糖链是含15个以下糖基的糖链。糖脂分子总是处于非胞质单层上，数目约占该层脂质分子的1/10。

(2) 以寡糖链共价结合于膜蛋白分子上形成糖蛋白：一个糖蛋白分子往往结合着多条寡糖链，糖链总是伸向非胞质面。寡糖链与蛋白质连接的方式有两种：N-连接是糖链与肽链中的天冬酰胺残基形成的，O-连接是糖链与肽链中的丝氨酸或苏氨酸残基形成的。O-连接糖链往往较短，约含4个糖基，而N-连接糖链与肽链一般有10多个糖基，并且形成围绕甘露糖残基的核心结构。

(3) 以聚糖链共价结合于膜蛋白形成蛋白聚糖：聚糖链的糖基数目较多，一般为十几个或数十个。蛋白聚糖的糖链大多是糖胺聚糖。膜上的蛋白聚糖和糖胺聚糖往往构成细胞外基质的一部分(图6-12)。

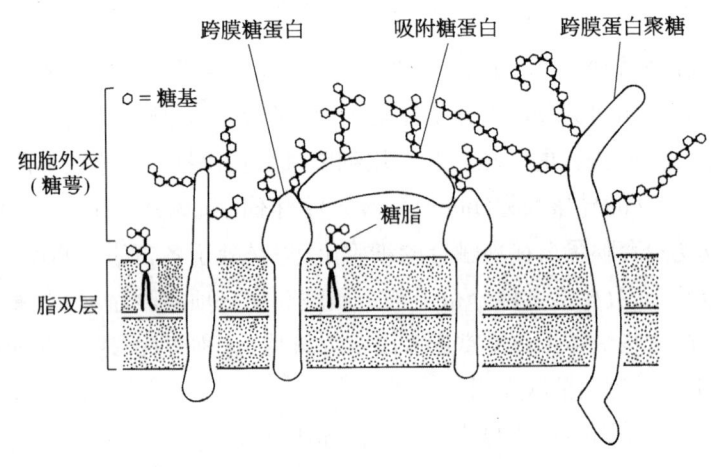

图6-12 膜糖类和细胞外衣
(引自 Alberts 等，2002)

在糖蛋白和糖脂的寡糖链上，糖的联结方式极其多样，糖基数目较少，但糖链常有分支，而且可以有多种共价结合，不像氨基酸在肽链中单一地以肽键联结，甚至三个糖可以通过不同方式形成几百种三糖。糖蛋白和糖脂的含糖量为1%～60%。与此不同的是，蛋白聚糖的含糖量可高达95%，大多是长而不分支的糖胺聚糖链。

"细胞外衣"(cell coat)或"糖萼"(glycocalyx)通常指真核细胞表面富含糖类的外围区域，这一区域在大多数细胞宽约20 nm。不过这里的糖虽然大部分是与膜蛋白或膜脂相结合的，但也有一部分实际上是细胞分泌出来后又黏附于膜表面的糖蛋白和蛋白聚糖，它们属于细胞外基质成分(图6-12)。从这一角度来说，细胞质膜与细胞外基质的分界实际上不易划定。这个区域所富含的长而不分支的糖胺聚糖链起到了笼络水分的作用,使质膜外的基质成分具有黏冻样性质,这也提示细胞外衣中的糖可能有保护作用。

2. **膜糖类与凝集素** 凝集素(lectin)是一类能与糖类特异结合的蛋白质,能使细胞发生凝集,最初从植物种子分离获得,有些是剧毒的,因而对种子起了免受动物侵食的保护作用。研究证明,凝集素广泛存在于包括哺乳动物在内的多种生物体中。令人感兴趣的是,它们有些存在于细胞表面,似乎能参与细胞之间的识别。由于凝集素能与细胞表面糖蛋白、蛋白聚糖和糖脂结合,而且因某种凝集素能识别糖基的某个特异序列而与专一的糖类结合,所以在细胞生物学中被广泛用于定位和分离各种含糖的细胞膜分子。表 6-2 列举了一些常用的凝集素及其特异的糖基

表 6-2 常用的植物凝集素及其特异识别的糖基

凝 集 素	特 异 糖 基
伴刀豆球蛋白 A	α-D-葡萄糖、α-D-甘露糖
大豆凝集素	α半乳糖、N-乙酰氨基半乳糖胺
麦胚凝集素	N-乙酰氨基葡萄糖
莲子凝集素	岩藻糖

3. **膜糖类的功能** 膜糖的糖链全部位于膜的非胞质一面。在细胞外表面,膜糖类的功能之一是形成细胞外衣或糖萼。细胞外衣可能主要起保护作用,即保护细胞免受机械和化学的损伤,保持细胞与外界物质和其他细胞存在一定距离,阻止不需要的蛋白-蛋白相互作用。膜糖的糖链也可以伸向细胞器的内腔,例如溶酶体膜的腔面就富含糖链,可能起到保护溶酶体膜的作用。

连接在膜蛋白和膜脂上的糖链组成往往十分复杂,有时似乎表现出一定的规律性;而且糖链所在的位置毫无例外地在膜的非胞质面。根据这两点,推测膜糖类另一方面的功能可能涉及细胞与其他细胞或细胞外物质之间特异的相互作用,包括识别、物质交换、接触抑制等。

膜糖类参与细胞识别的一个例证就是前文述及的红细胞 ABO 血型抗原中糖类的作用。ABO 血型系统有四种血型。A 型红细胞有 A 抗原,B 型红细胞有 B 抗原,AB 型红细胞有 A 和 B 两种抗原,而 O 型红细胞上 A 和 B 两种抗原都不具有,只有 H 物质。四种血型抗原的差别是由血型糖蛋白在质膜外表面的寡糖侧链的结构决定的:糖链末端半乳糖上加一个岩藻糖就是 H 物质,H 物质的末端半乳糖上加一个 α-N-乙酰氨基半乳糖就是 A 抗原,H 物质的末端半乳糖上加一个 α 半乳糖就是 B 抗原,H 物质的末端半乳糖上加一个 α-N-乙酰氨基半乳糖和一个 α 半乳糖,即兼有 A 抗原和 B 抗原(图 6-13)。MN 血型系统有 M 型和 N 型两种红细胞,它们的抗原性与血型糖蛋白的糖链和肽链两部分都有关系。糖链的重要性表现在,唾液酸酶(能水解糖链)处理两种红细胞可使它们的抗原性丢失。当然,肽链序列可能也对 MN 血型系统抗原性有影响:肽链的第 1 位和第 5 位氨基酸在 M 抗原是丝氨酸和甘氨酸,而在 N 抗原则是亮氨酸和谷氨酸。

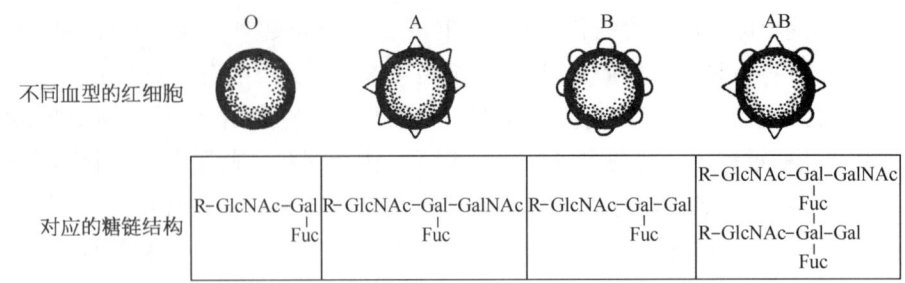

图 6-13　ABO 血型抗原及其对应的糖链结构
（引自 Janeway 等, 2001）

结合在质膜上的凝集素能够识别细胞表面糖脂和糖蛋白上的特异寡聚糖,能够介导一过性的细胞-细胞黏附过程,这些细胞黏附可发生于精卵结合、血液凝集、淋巴细胞动员和炎症反应中。这也是膜糖类涉及细胞-细胞识别的主要证据。

四、脂筏是质膜上富含鞘磷脂、胆固醇和特定膜蛋白的斑块

当把膜脂从细胞上提取出来用于制备人工膜时,鞘磷脂和胆固醇易于自身聚合形成一种直径 5~75 nm 的"微区",比含其他磷脂的周围区域更加呈胶冻状和更加有序。鞘磷脂的脂肪酸链尾部主要是饱和脂肪酸,比其他磷脂的尾部更长、更直,因此这些微区显得比周围区域更厚而凸起于脂双层上。由于这些微区特殊的物理性状,它们仿佛漂浮在相对液态和无序的人工脂双层上,故而被称为"脂筏(lipid raft)"。当蛋白质被加入到人工脂双层时,连接在糖化磷脂酰肌醇(GPI)上的膜蛋白会集中于脂筏,而别的蛋白质则分布于周围。很多研究证据表明,在真正的质膜上,鞘磷脂分布于细胞外单层,也有集中成斑块的倾向,而 GPI 连接的膜蛋白往往也集中分布于富含鞘磷脂和胆固醇的特定微区。因此可以把脂筏定义为质膜上富含鞘磷脂、胆固醇和 GPI 锚定膜蛋白的斑块。GPI 锚定膜蛋白富集于脂筏可能有利于这些蛋白质的运输或介导细胞外信号。

第二节　质膜的主要功能

从上述质膜的化学组成和结构可以看到,质膜首先是使细胞与外界环境有所分隔的一个装置,这项作用是由脂双层这一膜的骨架形成的,因此它对水溶性分子是一个通透屏障。同时质膜使细胞内外保持着种种联系,这项作用主要依赖膜蛋白和膜糖。膜蛋白质作为酶、运输蛋白、连接蛋白、黏附分子、抗原和受体等,赋予质膜相应的功能。膜糖类主要与抗原、受体和黏附分子作用有关。我们将质膜的功能归纳成下述四项,即物质运输、细胞信号转导、细胞识别和黏附、细胞连接和组织构建。必须提到的是,其中一些功能,如对小分子和大分子物质的运输,可以是细胞器的膜也具有的,而其他则是质膜在与细胞外环境接触中特有的。

一、膜运输蛋白介导小分子穿膜运输,而大分子的运输依赖膜泡形成

由于脂双层的特性,质膜对于脂溶性小分子允许其自由通过。但是,细胞生存和活动需要水溶性的小分子和带电离子进出细胞。比如小肠上皮细胞吸收营养物质葡萄糖和氨基酸,需要将这些分子经顶部质膜运入细胞,再经底部和侧部质膜扩散至组织间液;又如钾离子必须能进出质膜才能形成离子梯度,从而维持细胞膜静息电位。细胞生存和活动还需要蛋白质等大分子物质进出细胞,这些大分子可以是营养物质的运输形式(比如细胞摄取胆固醇需要将胆固醇以及作为载体的低密度脂蛋白一起摄入),也可以是信号物质,细胞还要分泌自己制造的蛋白质,等等。因此,膜需要对各种小分子和大分子进行运输。膜对小分子和大分子的运输采用了全然不同的机制。

1. **对小分子物质的运输** 非脂溶性的小分子依靠膜运输蛋白来运输。膜运输蛋白显然都是跨膜蛋白。根据运输蛋白特性和运输原理等,可将运输蛋白分成两类:转运体(transporter)和通道(channel)。表6-3显示了两种运输蛋白的比较。对小分子物质运输的内容详见第八章。

表6-3 两种膜运输蛋白

比较的项目	转运体蛋白	通道蛋白
运输原理	与所运物质结合,然后自身构象改变将物质在膜另一侧释放	形成跨膜的充水通道让所运物质通过
运输特点	1. 主动或被动运输 2. 与所运物质互相作用较强 3. 速度较慢	被动运输 与所运物质互相作用较弱 速度较快
所运物质	离子、氨基酸、单糖、核苷酸,等等	各种离子、水

2. **对大分子物质的运输** 细胞对大分子的摄入和排出必须由膜形成运输小泡来完成,分别叫作胞吞作用(endocytosis)和胞吐作用(exocytosis)。这种小泡运输除了发生在大分子经质膜的运输中,也发生在内质网、高尔基体、溶酶体等细胞器之间的大分子运输中。

(1) 胞吞作用:胞吞时质膜下陷形成胞吞小凹,小凹颈部质膜融合,把细胞外大分子装入胞吞小泡,胞吞小泡进一步在细胞内定向运输,使胞吞物质经由内体(endosome)到达溶酶体,在那里被消化降解,降解产物进入细胞质基质为细胞利用。

1) 吞噬作用和吞饮作用:根据胞吞物质的大小和性质,把胞吞分为吞噬作用(phagocytosis)和吞饮作用(pinocytosis)两大类。吞噬作用是指细胞吞噬大的颗粒状物质如细菌、红细胞等,形成的胞吞小泡直径大于250 nm。吞饮作用是指细胞无选择性地吞入液体和其中所含的水溶性大分子如蛋白质、酶、激素、毒素等,形成的胞吞小泡直径小于150 nm。所有细胞都需要不断通过吞饮作用摄入液体和大分子物质,但吞噬大颗粒的功能只有特化的吞噬细胞才拥有。

2) 受体介导胞吞:许多特异性大分子在膜表面有其受体(receptors),它们能与受体特异结合,因而这些大分子物质就叫作配体(ligands)。各种配体通过与相应受体的特异

性结合吸附在细胞表面,然后一起通过胞吞作用被摄入,这种通过受体-配体结合而选择性地摄取大分子的胞吞作用称为受体介导胞吞(receptor-mediated endocytosis)。它可以算作吞饮作用的一种,但因为它的特殊性和重要性,一般作为一种专门的胞吞形式来对待。

细胞通过受体介导胞吞可以高效、浓缩地摄取特异性大分子而不顺带将大量液体吞饮进来。被摄入的大分子主要有以下几种。① 被摄取的大分子是结合了营养物质的蛋白质。细胞通过吞入与胆固醇结合的低密度脂蛋白来获得胆固醇,通过吞入与铁结合的转铁蛋白及其受体来获得铁。② 被摄取的大分子可以是外来的异种蛋白(常常来自细菌、病毒等),它们结合在免疫细胞表面的特异受体上,免疫细胞通过受体介导胞吞把膜上的外来蛋白及其受体一起"内化"(internalized),然后经过加工起到"递呈"抗原的作用(参见本章下文)。③ 被摄取的大分子是结合到膜受体上的信号分子,细胞通过受体介导胞吞把膜上的配体和受体一起内化,这成为细胞调控对信号物质反应强度的一种机制。④ 受体介导胞吞不幸也被病毒所利用:流感病毒和引起艾滋病的HIV都通过这条途径进入细胞。

(2) 胞吐作用:细胞内蛋白质在高尔基体中得到加工后,需要被分泌至胞外的蛋白质被分选进入运输小泡,运送到细胞表面,运输小泡与细胞膜融合后将蛋白质分泌到胞外,称为胞吐作用。细胞分泌的途径有两种。一种是从高尔基体到细胞表面不断进行的固有分泌途径(constitutive secretory pathway);另一种是将分泌物质装在分泌颗粒中,在细胞接到胞外信号后再分泌,称受调分泌途径(regulated secretory pathway)。

二、膜受体接收和转导细胞外信号

细胞的生存和活动离不开细胞与外界环境的信息交流,其中包括细胞与细胞外基质之间相互作用,细胞与远处细胞或与相邻细胞之间通过信号分子的相互作用。由于膜的脂双层,当信号物质是脂溶性的小分子时,信号分子可以直接经质膜扩散进入细胞,例如类固醇激素。而大量的信号物质都是蛋白质或多肽,这些水溶性大分子无法透过脂双层进入细胞,它们对细胞的调控作用是通过激活细胞表面的特异性受体,经过细胞信号转导实现的(参见第十章)。

受体可特异地识别信号分子(常常称作配体),并以很高的亲和力与配体结合,从而启动细胞内的信号转导通路。根据在细胞中的位置,受体可分为表面受体和胞内受体。表面受体位于质膜上,又称为膜受体,其配体一般为水溶性(因而不能扩散进入质膜)的蛋白质分子,如激素、生长因子和细胞因子,也可以是一些活性小分子,如神经递质。膜受体是膜上的特殊跨膜蛋白,是细胞外信号的接收装置,因此是细胞信号转导系统的重要成分。它们对外感知细胞外信号,自身激活后再激活细胞内的下游信号蛋白,将信号传递下去。

细胞之间的通讯有多种形式,上述膜受体感知和接收的信号可以是远处或附近细胞甚至于自己细胞分泌的信号蛋白,也可以是其他细胞质膜上的黏附分子。除此之外,某些细胞连接装置也可以起到细胞之间通讯的作用,其中典型的叫作"间隙连接"(gap junction),此处两个相邻细胞的质膜紧贴在一起,留下一个孔道让两个细胞之间的一些信号小分子例如钙离子、cAMP等可以扩散,引起细胞的协同反应。因此可以说,构成间隙连接的这种连接蛋白也参与了细胞的信号转导,只是这一信号转导通路并非经典的膜受体通路(详见第七章和第十章)。

三、黏附分子及其表面糖链提供了细胞识别和细胞黏附的基础

许多细胞活动依赖细胞之间的识别和一过性黏附,如免疫细胞及其产物攻击病变细胞和外来细胞,精子和卵细胞互相结合等。膜蛋白和膜糖,特别是膜糖形成的糖萼,可以在多细胞的生物体中用于体现某些细胞的特征,从而作为细胞的一种标识,在细胞识别中发挥作用。这就像一个人的特别服饰帮助周围的人识别他一样。膜糖类参与细胞识别的许多证据似乎是间接的,比如前已述及的:第一,连接在膜蛋白和膜脂上的糖链组成具有高度的复杂性和多样性,有时似乎表现出一定的规律性;第二,糖链所在的位置毫无例外地在膜的非胞质面;第三,能特异识别糖基并与之结合的植物凝集素或凝集素结构域可以存在于动物细胞表面,等等。但是,大量事实确实表明膜糖和膜蛋白是细胞之间互相识别和黏附的物质基础,并且现已知道,膜糖类所起的细胞标识作用通过一个细胞表面的糖类(以糖脂或糖蛋白的形式)与另一个细胞表面的蛋白质(往往以糖蛋白的形式)互相识别,进而互相结合来实现,即糖蛋白带有凝集素结构域,能够特异性地识别糖并与之作用。这种蛋白-糖类相互作用的详细机制仍不清楚(参见第七章)。在此把膜糖和膜蛋白与细胞识别的关系的例证归纳成以下方面。

1. **细胞黏附和迁移** 细胞黏附分子是一类跨膜糖蛋白,能介导细胞之间的选择性黏附,在作用过程中需要黏附分子与另一个细胞表面的糖基互相识别并且结合。其过程与配体-受体作用十分相似,但黏附分子与糖基的亲和力较低,因而被看作是一类特殊的受体分子。黏附分子包括钙黏素、选择素、整合素和免疫球蛋白超家族等大类,它们是胚胎发育、组织构建、免疫反应等各种活动中细胞发生黏附和迁移的关键分子(参见第七章)。在机体的炎症反应中,选择素、整合素和免疫球蛋白超家族黏附分子发挥了重要作用。在炎症部位趋化物质刺激下,这些黏附分子在血管内皮细胞、白细胞(中性粒细胞)之间相互作用,使原来在血管中流动的白细胞贴附在内皮表面缓慢滚动,然后牢固结合,最终使这些细胞穿过内皮,从血流迁移进入组织局部,产生或促进局部炎症反应。又如,血流中的淋巴细胞要回流到淋巴结并驻留,这叫作"归巢"。这个过程依赖淋巴细胞表面的选择素与淋巴器官中血管内皮细胞表面的寡聚糖相互识别和结合来介导。

2. **精卵识别和结合** 精子和卵子之间的识别依赖精子和卵子膜表面的一些特异蛋白及其受体。获能精子先与卵子表面糖蛋白构成的透明带发生初级识别。透明带成分ZP_3为初级精子受体,它和精子表面的初级卵子结合蛋白互相作用完成精卵之间的初级识别,并与精子结合诱发顶体反应。透明带另一成分ZP_2为次级精子受体,与已发生顶体反应的精子互相作用,构成精卵之间的次级识别。在这些过程中,精子识别了卵子糖萼中的特殊糖基。精卵识别保证了受精的种属特异性,也保证了单精受精,而且它是受精的启

动步骤。

3. **抗原递呈与免疫应答** 免疫细胞在体内不断循环,监视全身各种细胞是否带有非己抗原,一旦发现非己抗原就启动免疫应答。这种监控是以 T 细胞对其他细胞表面递呈的抗原作出识别为前提的。对抗原的递呈由细胞膜表面的一些特异的跨膜蛋白分子[叫作主要组织相容性复合物(major histocompatibility complex, MHC)]进行,而 T 细胞上与它们发生识别和结合的也是膜表面的特异分子——T 细胞受体和黏附分子。

在同种或异种的不同个体之间作组织或器官的移植,会引发机体的免疫应答,导致对移植物的排斥反应,这种反应由移植物和宿主细胞组织抗原的差异引起。不同种属和个体之间 MHC 分子的差异是引起移植排斥反应的主要抗原,这些抗原都是跨膜蛋白。

血型抗原造成人类 ABO 血型系统和 MN 血型系统,它们是红细胞膜上的糖蛋白。ABO 系统四种血型抗原的差别是由血型糖蛋白在质膜外表面的寡糖侧链的结构决定的。MN 血型系统的抗原性与血型糖蛋白的糖链和肽链两部分都有关系(参见本章第一节)。异体之间血型不合的输血会引起溶血,即免疫反应激活补体和其他反应,最终使输入的红细胞破裂。

四、连接蛋白介导细胞连接和组织构建

质膜是细胞与相邻细胞和细胞外基质的连接中介。通过细胞连接,细胞将与相邻细胞的间隙形成相对的封闭,从而造成局部特异的微环境,或者加固与相邻细胞或细胞外基质的机械连接从而维持组织构建,或者与相邻细胞形成连接通道,实现细胞间的电化学通讯联系。这些连接蛋白是一些跨膜蛋白。当形成细胞间连接时,相邻细胞上特定部位的跨膜蛋白通过各自的胞外结构域相互连接;而当形成细胞与细胞外基质的连接时,细胞上特定部位的跨膜蛋白与基质蛋白相互连接(详见第七章)。

本 章 小 结

质膜与细胞内膜(即各种细胞器的膜)具有共同的化学成分、结构和相近的功能,统称为生物膜。生物膜都由脂类、蛋白质和糖类三种物质组成。生物膜结构的基本骨架是脂双层。

膜蛋白质分子可以分成三类。有些以一个或数个 α 螺旋形式或者 β 筒形式穿越脂双层,或者部分锚入一侧单层,这些叫作整合膜蛋白;有些通过膜脂分子锚定于脂双层上,叫作脂质锚定的膜蛋白;还有一些较松散地结合于跨膜蛋白上,叫作周围膜蛋白。肽链穿越整个脂双层的膜蛋白叫作跨膜蛋白,它们肽链上的疏水区段伸入脂双层内部构成跨膜结构域,肽链的亲水区段则暴露于膜的两侧,成为胞外结构域和胞内结构域。膜糖连接在膜脂和膜蛋白上,全部位于脂双层的非胞质一侧表面。

膜两侧的成分和结构是不对称的,膜脂和膜蛋白具有一定的流动性,膜脂不断经历更新。膜蛋白有些是运输蛋白,转运特殊的分子和离子出入细胞;有些是酶,催化与膜相关的代谢反应;有些是连接蛋白,把细胞骨架与相邻细胞或细胞外基质相连接;有些是黏附

分子,介导细胞之间以及细胞与基质之间的识别和黏附;还有些是受体,接受和转导细胞外的化学信号。膜糖主要与抗原、受体和黏附分子作用有关。

质膜的功能主要关乎物质的跨膜运输、细胞信号转导、细胞识别和黏附、细胞连接。可见,质膜的功能是高度依赖膜蛋白的。

(易 静)

参 考 文 献

[1] Alberts B, Johnson A, Lewis J, et al. Molecular Biology of the Cell[M]. 5th ed. New York: Garland Science, 2008.

[2] Lodish H, Berk A, Kaiser CA, et al. Molecular Cell Biology[M]. 6th ed. New York: W H Freeman, 2008.

[3] Siegal GJ, Agranoff BW, Albers RW, et al. Basic Neurochemistry, Molecular Cellular and Medical Aspects[M]. 6th ed. Philadelphia, Pennsylvania: Lippincott, Williams & Wilkins, 1999.

[4] Karp G. Cell and Molecular Biology Concepts and Experiments[M]. 5th ed. New York: John Wiley & Sons, Inc., 2008.

[5] Gahmberg CG, Tolvanen M. Why mammalian cell surface proteins are glycoproteins[J]. Trends Biochem Sci, 1996, 21(8): 308-311.

[6] Wang L, Beserra C, Garbers DL. A novel aminophospholipid transporter exclusively expressed in spermatozoa is required for membrane lipid asymmetry and normal fertilization[J]. Dev Biol, 2004, 267(1): 203-215.

[7] Alberts B, Bray D, Lewis J, et al. Molecular Biology of the Cell[M]. 4th ed. New York: Garland Science, 2002.

[8] Lodish H, Berk A, Zipurshy SL, et al. Molecular Cell Biology[M]. 4th ed. New York: W H Freeman & Co, 2000.

[9] Lodish H, Berk A, Matsudaira P, et al. Molecular Cell Biology[M]. 5th ed. New York: W H Freeman & Co, 2004.

[10] Goodman SR. Medical Cell Biology[M]. 3rd ed. Burlington: Academic Press, 2008.

第七章　细胞连接、细胞黏附与细胞外基质

构建人体的细胞有200多种类型,细胞总数超过一百万亿(10^{14})。然而,人体并不是由细胞简单地堆积而成,而是按特定方式有序地集合起来构建成为组织(tissue)的。在人体组织的构建中,细胞外基质起着重要的作用。细胞外基质(extracellular matrix)是由细胞分泌的多种生物大分子组成的复杂网络结构,充填着细胞之间的大小间隙,它的主要功能是形成一种支撑性框架,使细胞有机地联系在一起,同时又为细胞提供一种外环境,使细胞能按一定方式移动和相互反应,行使各种生物学功能。不同类型的细胞与其特有的细胞外基质一起构建成不同的组织,如上皮组织、结缔组织、肌肉组织和神经组织,再由各种组织构建成功能各异的器官。在这一过程中,细胞与细胞之间、细胞与细胞外基质之间必须通过一些特殊的分子彼此识别和结合,称为细胞黏附(cell adhesion);在一些组织如上皮组织中,还通过一些特殊的细胞连接(cell junction)使细胞与细胞之间以及细胞与细胞外基质之间更紧密地连接在一起。细胞连接、细胞黏附和细胞外基质在结构与功能上关系密切,在它们的共同配合下,使众多细胞有序地构建成组织、器官和人体。如果没有它们,我们的身体就会散架。因此,本章把细胞连接、细胞黏附和细胞外基质放在一起讨论。本章内容看似繁杂、名词众多,实际上要点是各种细胞连接、细胞黏附和细胞外基质的结构、化学成分、分布和功能。

第一节　细 胞 连 接

细胞连接(cell junction)是多细胞生物中细胞与细胞之间、细胞与细胞外基质之间的一些特化的连接装置,它们对机体的构建和功能都非常重要。细胞连接的结构很小,它们的被发现和对其结构的了解早先依赖于电镜技术,尤其是冷冻蚀刻技术的应用。后来的其他细胞生物学和分子生物学技术应用,使人们对各种细胞连接的生化特性、功能和遗传缺陷有了进一步的认识。

一、细胞连接可分为紧密连接、锚定连接和通讯连接三大类

根据功能不同,人类细胞的细胞连接可分为三个大类,其中每一大类又可根据结构和

分布部位不同进行进一步分类(表7-1)。

表7-1 细胞连接的分类

功能性分类	结构性分类	
封闭连接	紧密连接	
锚定连接	微丝附着：	
	黏合带	连接细胞与细胞
	黏合斑	连接细胞与细胞外基质
	中间丝附着：	
	桥 粒	连接细胞与细胞
	半桥粒	连接细胞与细胞外基质
通讯连接	间隙连接	
	化学突触	

上皮组织是细胞连接最多的部位,因此有关细胞连接的研究大多以上皮组织为对象。上皮组织覆盖于人体的外表面以及所有内腔的内表面,组成上皮的细胞可以是单层的,也可以是多层的,其游离面即顶部暴露于体表的空气或内腔的液体中,而其基底部则坐落在一层基膜(basal lamina)(详见本章第三节)上,与结缔组织为邻。在上皮组织中,细胞与细胞之间、细胞与细胞外基质之间通过各种细胞连接联系在一起。以小肠上皮为例,在相邻细胞之间可以看到紧密连接、黏合带和桥粒,三者共同形成连接复合体(junctional complex),使上皮细胞互相连接在一起；在上皮细胞与基膜之间可见半桥粒,把上皮层牢固地附着在基膜上(图7-1)。

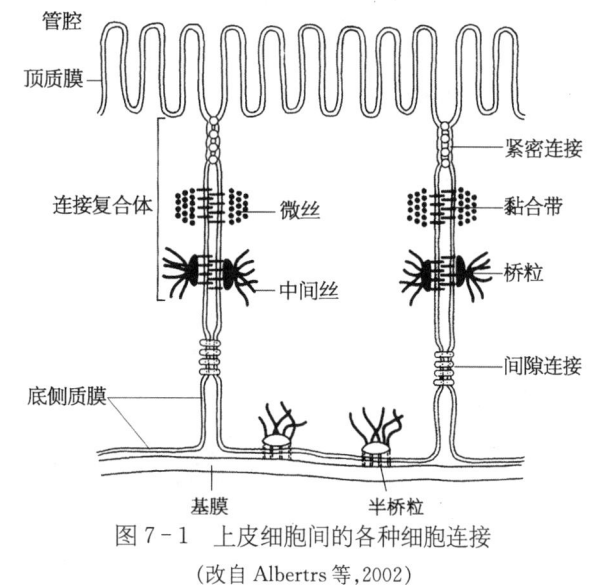

图7-1 上皮细胞间的各种细胞连接
(改自 Albertrs 等,2002)

从表7-1以及本节下文我们可以看到,细胞连接与细胞黏附有着密切的关联。在胚胎发育和成体组织更新的过程中,锚定连接需要在细胞黏附的基础上发生。在肿瘤这样的病变中,癌细胞从上皮向基质的浸润以及向远处组织的转移,都同时伴随细胞连接的解体和细胞黏附的异常。

二、紧密连接封闭了相邻上皮细胞间隙,并将上皮细胞的质膜分隔为顶部和底侧部

在人体和脊椎动物中,封闭连接(occluding junction)只有一种,就是紧密连接(tight junction)。紧密连接位于上皮细胞近管腔的侧面,呈带状在侧壁上环绕细胞一圈,封闭了

细胞间隙，阻止管腔上皮层内外物质的自由进出，是上皮细胞选择性通透作用的物质基础。

透射电镜下观察上皮组织的超薄切片，可见紧密连接是相邻上皮细胞间近管腔部位质膜外层的一系列点状接触，接触部位细胞外间隙消失。在冷冻蚀刻标本中可见紧密连接是一种带状网络。因此，紧密连接的结构模式可能是：相邻质膜上各有许多跨膜蛋白颗粒，每一跨膜蛋白与相邻质膜的跨膜蛋白在对应位置上互相连接，封闭了该处的细胞间隙。一长排跨膜蛋白与相邻质膜上对应的跨膜蛋白接触，就构成了一条封闭索(sealing strand)。紧密连接正是由数条交错成网的封闭索组成的(图7-2)。目前已分离出数十种参与紧密连接的跨膜蛋白，叫作连接蛋白，如封闭蛋白(claudin)、密封蛋白(occludin)等。

各种组织的上皮细胞层在功能上有一个共同点，就是作为一个有选择性通透作用的屏障，能维持上皮层两侧的物质成分差异。存在于上皮细胞之间的紧密连接对此起了重要的作用。例如小肠上皮对肠腔内大部分物质起了阻隔作用，只允许其中的一部分物质如葡萄糖、氨基酸进入，并将它们输送到上皮下结缔组织中的毛细血管中。这一吸收作用是通过小肠上皮质膜上的两组转运蛋白完成的：将葡萄糖从肠腔主动运输至细胞内的转运体蛋白存在于细胞顶部(apical)质膜上，而将葡萄糖从细胞内被动运输至上皮下结缔组织的转运体蛋白则位于细胞的底侧部(basolateral)质膜上(参见第八章)。位于相邻细胞近腔面的紧密连接封闭了细胞间隙，阻隔了大分子和水溶性小分子在此跨越上皮层流动。同时，紧密连接的存在也使上皮细胞质膜被分隔成结构和功能都有不同的顶部和底侧部两个区域，造成了肠上皮细胞的极性(polarity，意指顶部和底侧部为两极)以及两处膜蛋白的不对称分布，防止了不同转运体蛋白的位置互换，从而保障上皮的吸收功能(图7-1，并参见第八章图8-7)。

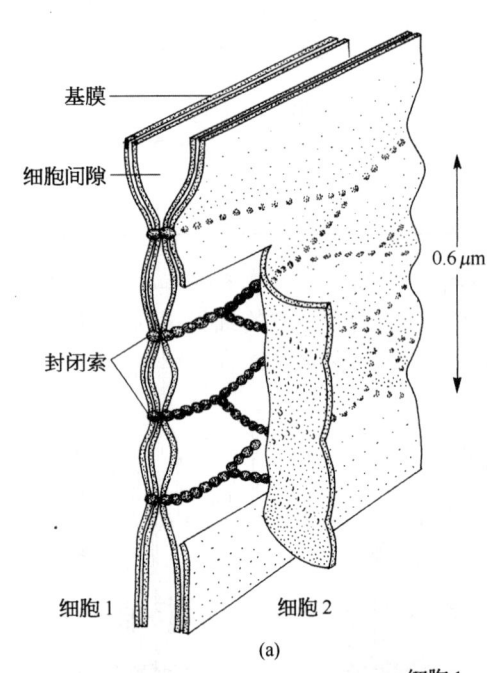

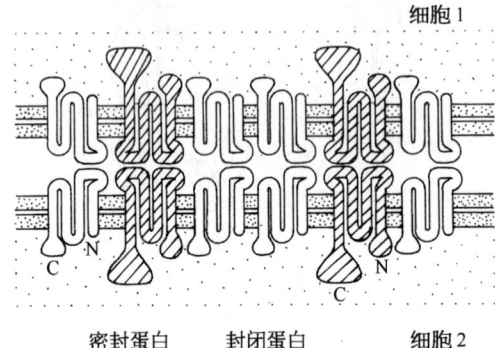

图7-2 紧密连接模式图
(a) 相邻细胞质膜上的封闭索；
(b) 紧密连接中的跨膜蛋白
(引自 Albertrs 等，2002)

三、锚定连接将细胞骨架与相邻细胞的骨架成分或细胞外基质锚定在一起

锚定连接(anchoring junction)是一类能将一个细胞的骨架成分与相邻细胞的骨架成分或细胞外基质锚定在一起的结构(图7-3),广泛分布于动物的各种组织内,在上皮、肌肉等需要承受机械压力的组织中尤为丰富。"锚定"一词用来强调这类连接装置像船锚一样将细胞骨架纤维固着于质膜。锚定连接主要由两类蛋白质构成:一类是跨膜黏附蛋白(transmembrane adhesion protein),又称跨膜连接糖蛋白,是一类黏附分子(详见本章第二节),其胞外部分与相邻细胞的跨膜黏附蛋白或细胞外基质结合,胞内部位与一个或多个细胞内锚定蛋白相连;另一类是细胞内锚定蛋白,它们在质膜的胞质面形成一个独特的斑,是细胞骨架成分(微丝或中间丝)附着的部位(图7-4)。

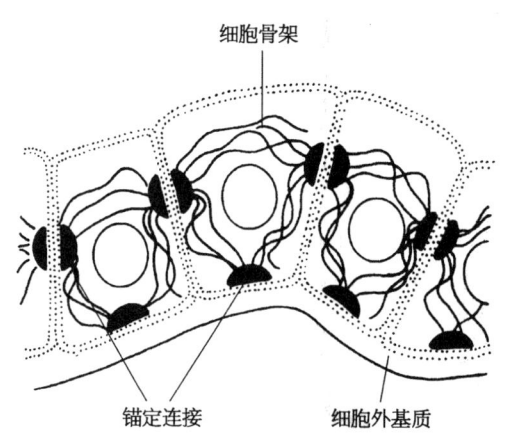

图7-3 上皮细胞间和细胞与基质间的锚定连接
(引自 Alberts 等,2002)

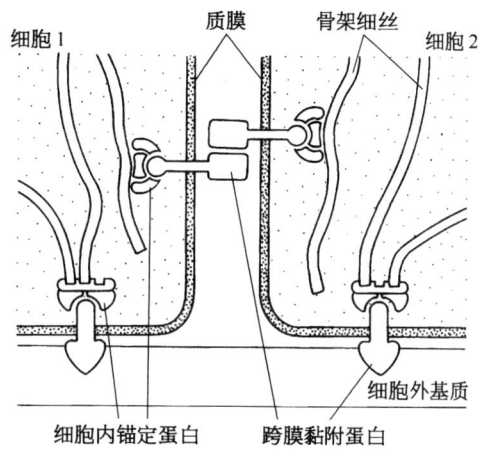

图7-4 两类构成锚定连接的蛋白
(引自 Alberts 等,2002)

根据参与锚定连接的细胞骨架成分不同,锚定连接有两类:一类与微丝相连,包括黏合带和黏合斑,两者通称黏合连接(adhesion junction);另一类与中间丝相连,包括桥粒和半桥粒。如果根据连接装置的连接对象来分类,锚定连接又可分为另外两类:一类介导细胞之间连接,另一类介导细胞与细胞外基质连接。

1. **黏合带**　黏合带(adhesion belt)是上皮细胞之间连续的带状黏附连接,常位于上皮细胞靠顶部的侧面,紧密连接的下方。黏合带部位的跨膜黏附蛋白为钙黏素(cadherin),钙黏素在质膜上形成同源二聚体,相邻细胞的钙黏素胞外部分互相结合,其胞内部分与细胞内锚定蛋白结合。黏合带部位的细胞内锚定蛋白有连环蛋白(catenin)、纽蛋白(vinculin)等,它们将细胞内的微丝锚着于质膜上(图7-5b)。这样,相邻细胞的微丝束通过细胞内锚定蛋白和跨膜黏附蛋白连成跨细胞的网络,使上皮组织连成一个整体片层(图7-5a)。黏合带的作用除了加强管腔上皮细胞的连接,还由于微丝束具有收缩性,黏合带在早期胚胎中使上皮细胞片层内陷形成管状或泡状器官原基,从而对器官形态发生起重要作用。

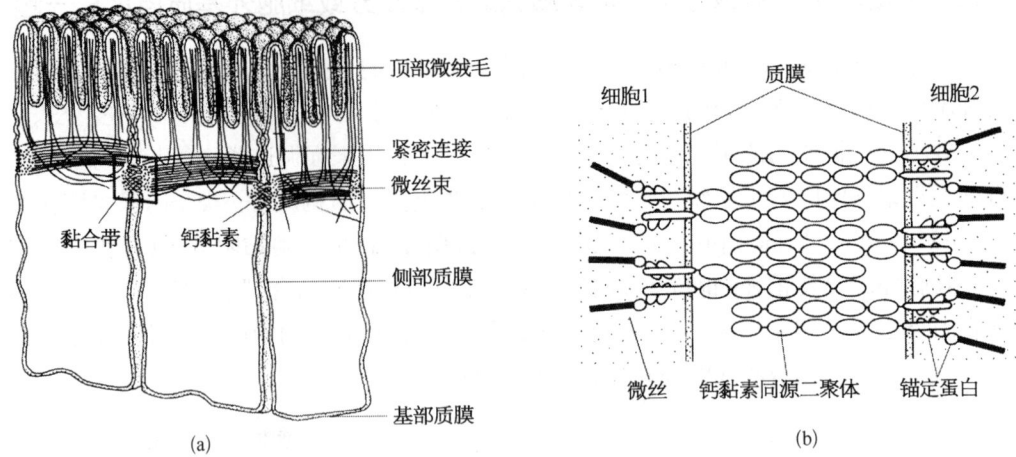

图7-5 小肠上皮黏合带结构模式图

(a)黏合带包绕每个上皮细胞;(b)为a图方框内容放大模式图,示黏合带中跨膜黏附蛋白和细胞内锚定蛋白

(引自Alberts等,2002)

2. 黏合斑 黏合斑(adhesion plaque)是间质细胞通过局部黏附(focal adhesion)与细胞外基质之间形成的点状黏合连接。例如肌细胞与肌腱形成的肌腱连接属于这种方式,体外培养的成纤维细胞与含细胞外基质成分的培养基之间也是通过黏合斑方式相连,从而贴附于培养容器表面的。黏合斑部位的跨膜黏附蛋白为整合素(integrin),整合素在胞外与细胞外基质成分相连,在胞内通过锚定蛋白与微丝相连。黏合斑部位的细胞内锚定蛋白有踝蛋白(talin)、α辅肌动蛋白(α-actinin)等,它们将细胞内的微丝束锚着于质膜上(图7-6)。

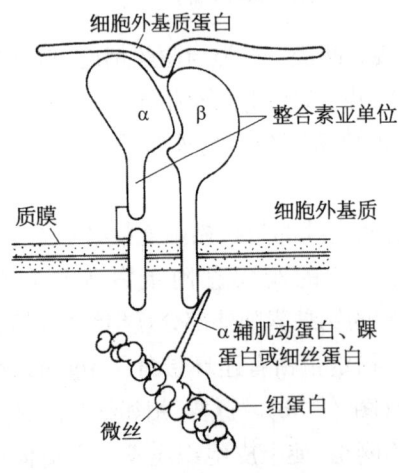

图7-6 黏合斑中的跨膜黏附蛋白和细胞内锚定蛋白

(引自Alberts等,2002)

3. 桥粒 桥粒(desmosome)是相邻细胞之间一种纽扣状的点状黏附连接,能牢固地将相邻细胞扣合在一起,可以分布于上皮、肌肉等多种组织。桥粒部位的相邻细胞胞质面各有一个致密斑,称为桥粒斑,其中主要含有两种细胞内锚定蛋白——桥粒珠蛋白(plakoglobin)和桥粒斑蛋白(desmoplakin)组成的复合物,是细胞内中间丝的附着部位。在不同类型细胞中附着的中间丝也不同,如上皮细胞中是角蛋白丝而心肌细胞中是结蛋白丝(参见第五章第八节)。桥粒处的跨膜黏附蛋白属于钙黏素家族成员,为桥粒芯糖蛋白(desmoglein)和桥粒芯胶蛋白(desmocollin),其胞外部分与相邻细胞的同源跨膜黏附蛋白相连,胞内部分与桥粒珠蛋白等相连,这些细胞内锚定蛋白将中间丝锚着于质

膜上,从而使相邻细胞的中间丝通过桥粒连成一个广泛的细胞骨架网络(图7-7)。桥粒对上皮组织结构的维持非常重要,在管腔上皮细胞中是连接复合体的重要组成。

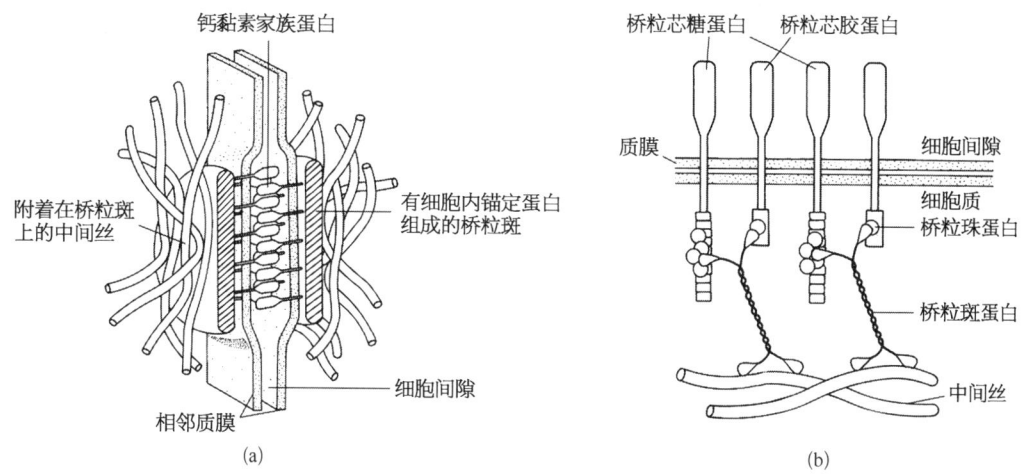

图7-7 桥粒结构模式图
(a)桥粒的结构图;(b)桥粒中一侧的跨膜黏附蛋白和细胞内锚定蛋白
(引自Alberts等,2002)

4. 半桥粒 半桥粒(hemidesmosome)是上皮细胞与细胞外基质之间的一种点状黏附连接,把上皮细胞基底面与下面的基膜铆合在一起。半桥粒部位的桥粒斑只存在于上皮细胞胞质面,即只有桥粒的一半结构。此处的桥粒斑是由一种称为网蛋白(plectin)的细胞内锚定蛋白组成。网蛋白也被归为中间丝结合蛋白(参见第五章第八节),将细胞内的中间丝锚着于质膜上。半桥粒部位的跨膜黏附蛋白像黏合斑一样是整合素,可与基膜成分发生黏附性结合(详见本章第二节),从而与基膜牢固地连接在一起(图7-8)。半桥粒是使肠上皮细胞底部坐落在基膜上的连接装置,也大量存在于皮肤等复层扁平上皮与基膜连接处,对上皮及其下方的结缔组织所承受的机械张力起到分散作用。

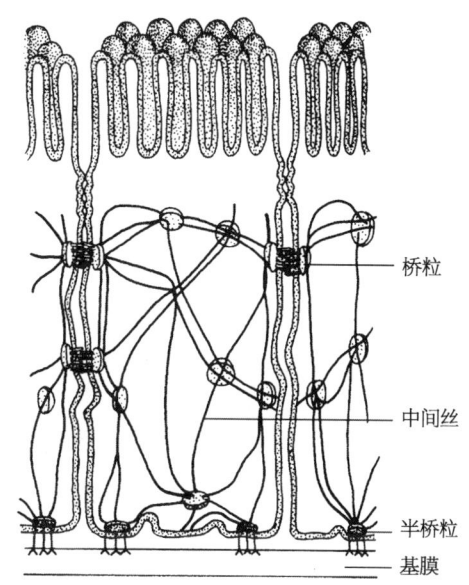

图7-8 桥粒与半桥粒分布示意图
(改自Alberts等,2002)

四、通讯连接是在相邻细胞之间形成信号交流的连接装置

生物体大多数组织中相邻细胞存在着特殊的连接装置,可以实现细胞间电信号和化

学信号的通讯联系,从而完成群体细胞间的合作和协调。这种连接形式称为通讯连接(communicating junction),动物组织中包括间隙连接和化学突触。

1. 间隙连接 间隙连接(gap junction)又译作"缝隙连接"。间隙连接在小肠上皮细胞侧面位于连接复合体的下方。动物细胞中除了少数终末分化细胞如骨骼肌细胞和血细胞外,全都存在间隙连接,体外培养细胞中也可有这种连接。在透射电镜下观察细胞超薄切片时,可以看到间隙连接部位相邻细胞间有2~4 nm的间隙,间隙连接由此得名。用冷冻蚀刻技术发现,间隙连接呈斑块状,由成簇的连接子(connexon)组成。每个连接子由6个称为连接子蛋白(connexin)的跨膜蛋白环绕而成,中央形成直径1.5 nm的亲水性孔道,相邻细胞膜上的两个连接子相对接而连在一起,使中央孔道连通相邻细胞的细胞质(图7-9)。连接子使相邻细胞质膜间保持固定的距离,形成狭窄的间隙。间隙连接处的连接子数目可有几个至成千上万个不等。连接子蛋白是一类四次穿膜的蛋白。一个连接子可以由相同的连接子蛋白构成同源连接子,也可以由不同连接子蛋白构成异源连接子。相邻细胞形成通道时,各自一半的连接子也可彼此不同。

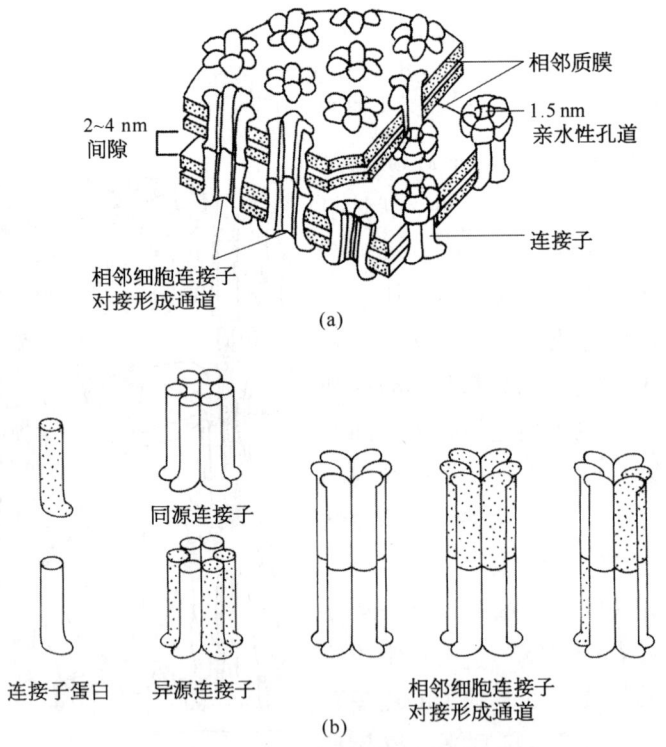

图7-9 间隙连接模式图
(a) 间隙连接三维示意图;(b) 连接子蛋白与连接子
(引自 Alberts 等,2002)

间隙连接中由连接子形成的细胞间通道,可使无机离子和其他小分子物质直接从一个细胞进入另一个细胞的细胞质内,从而将两个细胞从电化学和代谢上偶联在一起。染料注射实验表明,连接子中直径 1.5 nm 的通道可让无机离子、葡萄糖、氨基酸、核苷酸、维生素、cAMP 等小分子通过,但蛋白质、核酸等大分子则不能通过。

在由电兴奋性细胞构成的组织中,间隙连接的主要功能是让电信号通过间隙连接快速传递,形成细胞间电偶联(electrical coupling),即利用间隙连接部位的低电阻通路使电冲动能迅速传导,因此又称电突触(electrical synapse)。例如在心肌中,通过间隙连接的电偶联使心肌细胞同步收缩,保证心脏正常跳动;在小肠中,通过间隙连接电偶联协调平滑肌收缩,控制小肠有规律的蠕动。

在非电兴奋性细胞的组织中,间隙连接的主要功能是起代谢偶联(metabolic coupling)作用。间隙连接允许分子量小于 1 kD 的离子和小分子自由通过,使这些物质(特别是一些信号分子如 Ca^{2+} 和 cAMP 等)为相邻细胞分享,从而实现代谢偶联。例如在肝脏中,当血糖浓度降低时,交感神经末梢反应性释放去甲肾上腺素,刺激肝细胞增加糖原分解,将葡萄糖释放到血液中。但是并不是所有的肝细胞都有交感神经分布,肝细胞通过间隙连接把信号分子从有神经分布的肝细胞传递到没有神经分布的肝细胞,使肝细胞共同对刺激作出反应。当肝细胞中表达连接子蛋白的基因发生突变时,在血糖水平降低时就不能动员肝细胞糖原分解。在一些腺体中,细胞接受外界信号作用后,作为第二信使的 Ca^{2+} 和 cAMP 同样通过间隙连接传播到整个腺体,协调腺体的分泌作用。

间隙连接的细胞偶联作用在胚胎发育中也起着重要作用。如小鼠早期胚胎从 8 细胞阶段开始,细胞之间普遍建立了细胞间隙连接的电偶联。随着细胞群的发育和分化,不同细胞群之间的电偶联逐渐消失,使这些细胞群向着不同方向发展,而同一细胞群之间仍然保持着电偶联,以协同作用方式向同一途径发育。

间隙连接的通道并不是持续开放的,它们可在不同条件下开启或关闭。实验表明,降低细胞内 pH 或增加细胞内 Ca^{2+} 浓度可使间隙连接的通透性迅速降低。因此,间隙连接通道是一种动态变化的结构,在条件发生变化时呈可逆性地开放或关闭。当大量 Ca^{2+} 涌入受损细胞时,Ca^{2+} 可作为一种调节机制使间隙连接通道迅速关闭,阻断细胞间偶联,防止损伤蔓延至相邻细胞。

2. 化学突触 在电兴奋性细胞之间除了通过电突触进行冲动传导外,还可通过化学突触(chemical synapse)传递冲动信号。化学突触存在于神经细胞与神经细胞之间,以及神经细胞与肌细胞之间的接触部位。在化学突触处,传递和接收信号的细胞分别为突触前和突触后细胞,它们的质膜之间有 20 nm 宽的突触间隙,使电信号不能通过。为了使信号从突触前细胞传递到突触后细胞,电信号首先转化为化学信号。这种化学信号是一种小的信号分子,称为神经递质,由突触前细胞释放到突触间隙内。当神经递质与突触后细胞上相应受体结合后,可导致突触后细胞膜电位改变,引发突触后细胞产生动作电位。可见,在化学突触的信号传导过程中,存在一个将电信号转化为化学信号,再将化学信号转变为电信号的过程,因此,信号传递速度要比电突触慢。

第二节 细胞黏附

相邻细胞间或细胞与细胞外基质间的黏附统称为细胞黏附(cell adhesion)。在上述细胞间或细胞与基质间形成锚定连接时,必须首先发生细胞黏附,然后在细胞黏附的一些特定部位附着大量细胞骨架成分,最后形成黏合带、黏合斑、桥粒和半桥粒等细胞连接。在细胞连接形成的早期阶段,细胞彼此黏附相连,此时在电镜下看不到特殊的连接结构,只看到相邻细胞质膜间有一狭窄的间隙,但功能测试和生化分析表明,细胞间有跨膜黏附分子参与了细胞间黏附。这种由黏附分子参与的细胞黏附不仅是锚定连接形成的基础,同时也在细胞迁移和组织构建中起重要作用。

一、细胞黏附基于一对细胞黏附分子之间的相互识别和结合

1. **细胞黏附分子** 细胞黏附分子(cell adhesion molecule)是一类细胞表面的跨膜蛋白,包括细胞间黏附分子(cell-cell adhesion molecule)和细胞-基质黏附分子(cell-matrix adhesion molecule),它们分别参与细胞与细胞、细胞与细胞外基质的黏附。细胞黏附分子有多种类型,最主要的是钙黏素家族、选择素家族、免疫球蛋白超家族、整合素家族等,其中多数要依赖 Ca^{2+} 和 Mg^{2+} 才起作用(表 7-2)。

表 7-2 细胞中主要的黏附分子家族及其黏附特点

黏附分子家族	主要成员	Ca^{2+}/Mg^{2+} 依赖性	相关细胞连接	黏附方式
钙黏素家族	E-钙黏素、N-钙黏素、P-钙黏素	+	黏合带	嗜同性
	桥粒钙黏素	+	桥粒	嗜同性
选择素家族	P-选择素、L-选择素、E-选择素	+	/	嗜异性
免疫球蛋白超家族	NCAM	−	/	嗜同性
	ICAM	−	/	嗜异性
整合素家族	$\alpha_5\beta_1$ 等多种	+	黏合斑、半桥粒	嗜异性

2. **黏附分子的受体特性** 细胞黏附分子广泛存在于各种细胞表面,能与其他细胞表面的黏附分子或细胞外基质成分结合,从而介导细胞间或细胞与细胞外基质间产生黏附。膜蛋白与特异性蛋白相互结合相当于受体与其配体结合。但是,细胞黏附分子与一般的细胞表面受体有所不同。细胞表面受体与激素、生长因子等配体具有很高亲和性,而细胞黏附分子与相应配体结合的亲和性较低,必须通过多受体和多配体的结合才能有足够的结合力。这种结合常常需要细胞骨架的帮助:黏附分子通过细胞内锚定蛋白与细胞骨架成分相连,细胞骨架可维持黏附分子侧向簇集(lateral clustering),以形成多位点结合来增强亲和力。

3. **黏附分子的结合方式** 细胞黏附分子之间的结合主要有两种方式:① 嗜同性结合(homophilic binding),即某个细胞表面黏附分子与相邻细胞同类黏附分子结合。钙黏

素主要以这种方式介导细胞黏附。② 嗜异性结合(heterophilic binding),即某个细胞表面黏附分子与相邻细胞不同类黏附分子结合。选择素和整合素主要以这种方式介导细胞黏附。而免疫球蛋白超家族的黏附分子介导的黏附则既可以是嗜同性的,也可以是嗜异性的(图7-10)。此外,有些情况下,双方黏附分子之间的结合需要一个中介分子。

4. **细胞黏附与选择性识别** 细胞通过黏附聚集在一起并不是一个被动的过程,而是黏附分子选择性识别和结合的过程,以主动构建组织并保持组织结构的不同特征。实验表明,将胚胎组织中的肝细胞和视网膜细胞各自分离后再混合在一起,可

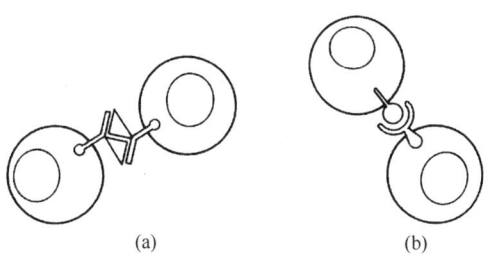

图7-10 细胞间黏附的两种主要形式
(a) 嗜同性结合;(b) 嗜异性结合
(引自 Alberts 等,2002)

以看到同一类型的细胞会彼此黏附在一起形成组织。可见细胞间存在着一种相互识别的系统,使已分化成同一组织的细胞优先黏附聚集。这种细胞的选择性黏附,对胚胎发育中细胞的定向迁移并形成复杂的组织起着重要的作用。细胞迁移过程中,通过细胞表面和细胞外基质中的黏附分子和排斥分子的作用,沿着正确的路径迁移。细胞一旦迁移至目的地,就通过严格的识别与其他细胞结合,也可与其他迁入的细胞结合,形成有序的组织结构。

5. **细胞黏附与细胞连接的关系** 细胞间或细胞与细胞外基质间的结合可采用连接性黏附和非连接性黏附两种机制,换言之,有些细胞先是黏附进而形成细胞连接,而有些只是止于黏附。连接性黏附主要见于上皮细胞,其特点是在电镜下可以观察到特化的连接装置,这种黏附使细胞间结合非常牢固;非连接性黏附主要见于非上皮细胞,在电镜下看不到特化的连接装置,相邻细胞间有10~20 nm间隙隔开,这种黏附不使细胞牢固锚定,适宜于细胞的运动。

在胚胎发育期的组织和器官形成以及在成体组织中损伤的修复过程中,非连接性黏附与连接性黏附是互相关联的。首先,在细胞间或细胞与细胞外基质间形成非连接性黏附,黏附部位相邻质膜或质膜与基质靠近,但有10~20 nm间隙隔开,使黏附分子相互反应,但又不使细胞牢固锚定,从而使细胞能够移动。然后,更多黏附分子被募集到接触部位的质膜处,产生连接性黏附,黏附分子成为细胞连接的组成成分,通过形成完整的细胞连接装置,使细胞间或细胞与细胞外基质间定向黏附并使之牢固稳定。例如,在胚胎发育过程中,钙黏素均匀地分布在神经细胞轴突迁移性末梢表面,帮助末梢在迁移过程中与其他细胞黏附,当轴突延伸到靶细胞特定部位时,位于质膜下的钙黏素库释放大量钙黏素到细胞表面,从而形成稳定的化学突触。

二、钙黏素家族是一类依赖 Ca^{2+} 的黏附分子,主要介导同型细胞间的黏附

钙黏素(cadherin)是一类 Ca^{2+} 依赖的细胞黏附分子,主要介导同型细胞间的黏附,能够既作为受体,又作为配体,按嗜同性方式相互结合。

钙黏素的典型结构为单次穿膜糖蛋白，由 700～750 个氨基酸残基组成，在质膜中常以同源二聚体形式存在。每个钙黏素分子有一个 N-末端胞外结构域、一个跨膜区和一个 C-末端胞内结构域。胞外结构域约由 110 个氨基酸残基组成，常折叠成 5～6 个钙黏素重复子(cadherin repeat)。当 Ca^{2+} 位于每个重复子之间时，可使二聚体的胞外区锁定在一起形成一个伸直的棒状结构，Ca^{2+} 越多，棒状结构越牢固。若去除 Ca^{2+}，胞外区就变得松软，并可迅速被蛋白酶水解。钙黏素二聚体伸直后可与相邻细胞表面的钙黏素二聚体结合(图 7-11)。钙黏素的胞内结构域可与细胞骨架成分相结合：在黏合斑或桥粒这样的锚定连接部位，钙黏素通过锚定蛋白与微丝或中间丝相结合。

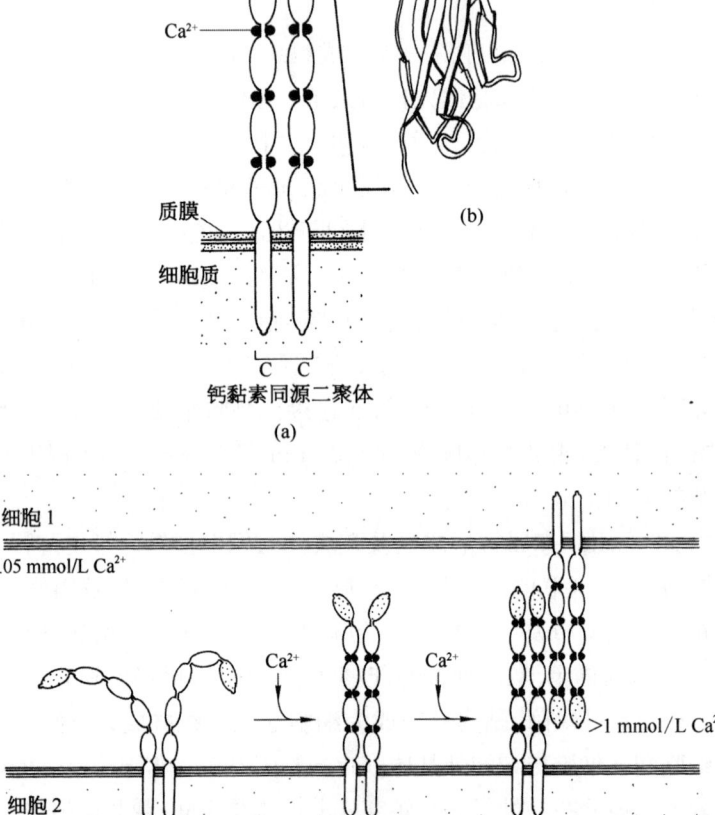

图 7-11 钙黏素的结构与功能

(a) 一个经典钙黏素分子；(b) 一个钙黏素重复子的三维结构；(c) Ca^{2+} 对钙黏素的影响

(引自 Alberts 等，2002)

目前已发现有数十种钙黏素,不同钙黏素之间有 50%～60% 的氨基酸序列相同。每种钙黏素都有其特定的组织分布,常按其最初发现的部位命名。最常见的钙黏素有:E-钙黏素(epithelial cadherin),主要分布于上皮组织中;N-钙黏素(neural cadherin),主要分布于神经组织和肌肉;P-钙黏素(placental cadherin),主要见于胎盘、乳腺和表皮;VE-钙黏素(VE-cadherin),主要分布于内皮细胞。上述几种最常见的钙黏素称为经典钙黏素(classical cadherin),此外还有一些非经典钙黏素,如桥粒中的钙黏素等。

钙黏素的主要功能是介导细胞与细胞之间的嗜同性黏附或进而形成连接。实验表明,将编码 E-钙黏素的 DNA 转染至不表达钙黏素也无黏附作用的成纤维细胞,可使后者通过 Ca^{2+} 依赖机制与同类细胞彼此黏附结合。由于钙黏素具有嗜同性黏附功能,因此它在胚胎发育不同阶段的细胞识别、迁移和分化,以及成体组织器官的构建、更新和修复中起重要作用。不同组织细胞特有的钙黏素表达代表了该种组织的分化表型,其异常改变与分化异常有关,常在肿瘤发生和转移过程中出现。例如,原来正常表达 E-钙黏素的上皮细胞在癌变时可以降低甚至失去这种钙黏素,转而表达间质细胞特有的 N-钙黏素,这一现象被叫作"上皮-间质转变"(epithelial-mesenchymal transition, EMT),是恶性表型增强的表现。N-钙黏素升高伴随 E-钙黏素的降低常被当作肿瘤细胞转移的一个指征。

在胚胎发育和成体组织更新中,细胞之间以及细胞与基质之间的黏附需要经常形成和打破,这必然会引起细胞内部的变化;同样的,细胞内部的信号转导也会影响细胞黏附的形成和打破。这两类事件的交流中,钙黏素-锚定蛋白-细胞骨架成分这一系统的一些成分发挥了重要作用,其中锚定蛋白连环蛋白(catenin)是一个中心角色。β 连环蛋白作为细胞内锚定蛋白把钙黏素与微丝相连接,当锚定连接被打破时,β 连环蛋白变为游离状态,它可以从细胞质进入细胞核,调控基因表达。

三、选择素家族也是一类依赖 Ca^{2+} 的黏附分子,主要介导血流中异型细胞间的黏附

选择素(selectin)又译选凝素,是一类 Ca^{2+} 依赖的、能与特异糖基识别并结合的细胞黏附分子,主要介导发生于血流中的细胞黏附,即白细胞与血管内皮细胞或血小板的识别和黏附。选择素是一类高度糖基化的单次跨膜糖蛋白,其胞外 N-末端有一个凝集素(lectin)结构域、一个与表皮生长因子(EGF)同源的结构域,以及一个与补体调节蛋白同源的结构域。N-末端凝集素结构域可识别特异的寡聚糖基,是选择素参与细胞间选择性黏附的活性部位。表皮生长因子和补体调节蛋白结构域可能具有加强分子间黏附以及参与补体系统调节等作用。已证明 EGF 结构域的缺失可影响凝集素结构域的折叠和分子识别。选择素的 C-末端胞内结构域可通过锚定蛋白与细胞内微丝结合(图 7-12a)。

选择素家族有三个成员,命名也是根据所在的组织细胞类型。① L 选择素(L-selectin),最早是在淋巴细胞上作为归巢受体被发现,后来发现在其他白细胞上都有表

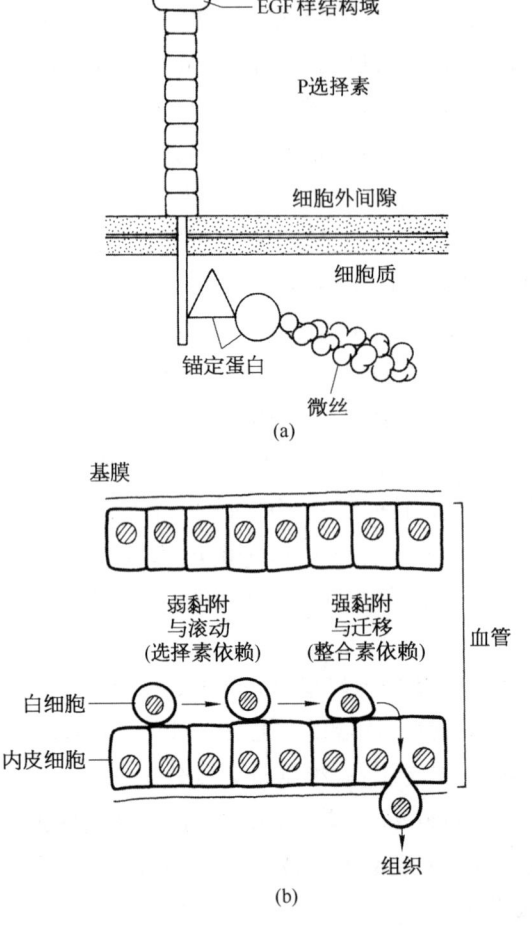

图7-12 选择素的结构与功能
(a) P选择素的结构；(b) 选择素与整合素介导白细胞迁移
(引自 Alberts 等,2002)

达；② P 选择素(P-selectin)，存在于血小板的 α 颗粒和内皮细胞的 Weibel-Palade 小体中，当这些细胞受刺激而活化时可在数分钟内表达于质膜上；③ E 选择素(E-selectin)，表达于活化的内皮细胞上。

选择素对白细胞与血管内皮细胞间的黏附起着重要作用，通过这种黏附介导白细胞从血液迁移至组织内。例如，淋巴细胞表面的 L 选择素通过识别内皮细胞表面的糖基，介导淋巴细胞归巢于淋巴器官。L 选择素在介导滋养层细胞在早期胚胎的子宫着床过程中起关键作用。又如在炎症部位，内皮细胞表面的选择素通过识别白细胞和血小板上的寡聚糖基诱导这些细胞驻留于局部，产生或促进炎症反应。在这一过程中，选择素的凝集素结构域首先与糖基产生低亲和性结合，介导白细胞与内皮细胞间较弱的可逆性黏附，使白细胞能在血流的推动下沿血管壁滚动。随后白细胞在持续性滚动过程中激活内皮细胞的整合素，由后者介导白细胞与内皮细胞更紧密的结合，最终使白细胞经内皮细胞间隙迁移至血管外(图7-12b)。可见选择素在炎症部位的黏附作用还需由整合素协同。选择素和整合素介导的细胞间黏附属于嗜异性结合，其中选择素与糖蛋白或糖脂上特异的寡聚糖基结合，而整合素则与特异的蛋白质分子结合。

四、免疫球蛋白超家族黏附分子是一类不依赖 Ca^{2+} 的糖蛋白，可介导同型或异型细胞黏附

免疫球蛋白超家族黏附分子[immunoglobin (Ig) superfamily cell adhesion molecules, IgCAM]是一类不依赖 Ca^{2+} 的细胞黏附分子，其胞外区有一个或多个免疫球蛋白(Ig)样结构域，具有抗体分子的特征，每个 Ig 样结构域含有 90～110 个氨基酸残基，其间有二硫键相连接。免疫球蛋白超家族成员复杂，主要成员有：神经细胞黏附分子(neural cell adhesion molecule, NCAM)、细胞间黏附分子(intercellular adhesion molecule, ICAM)、血管细胞黏附分子(vascular cell adhesion molecule, VCAM)等。

NCAM 是一类跨膜糖蛋白,其胞外区有 5 个 Ig 样结构域和 1~2 个Ⅲ型纤粘连蛋白结构域(图 7-13)。不同的 NCAM 由单一基因编码,但由于其 mRNA 剪接不同和糖基化的差异而存在 20 多种不同的 NCAM。NCAM 可通过嗜同性结合机制与相邻细胞的同类分子结合,从而将细胞黏附在一起。NCAM 表达于神经系统的大多数细胞,它们在神经组织的细胞间黏附中起作用,与神经系统的发育、轴突的生长和再生以及突触的形成有密切关系。NCAM 的基因缺陷可引起智力发育迟缓和其他神经系统病变。除了神经组织外,NCAM 也可在肌肉和胰腺等其他组织中表达。

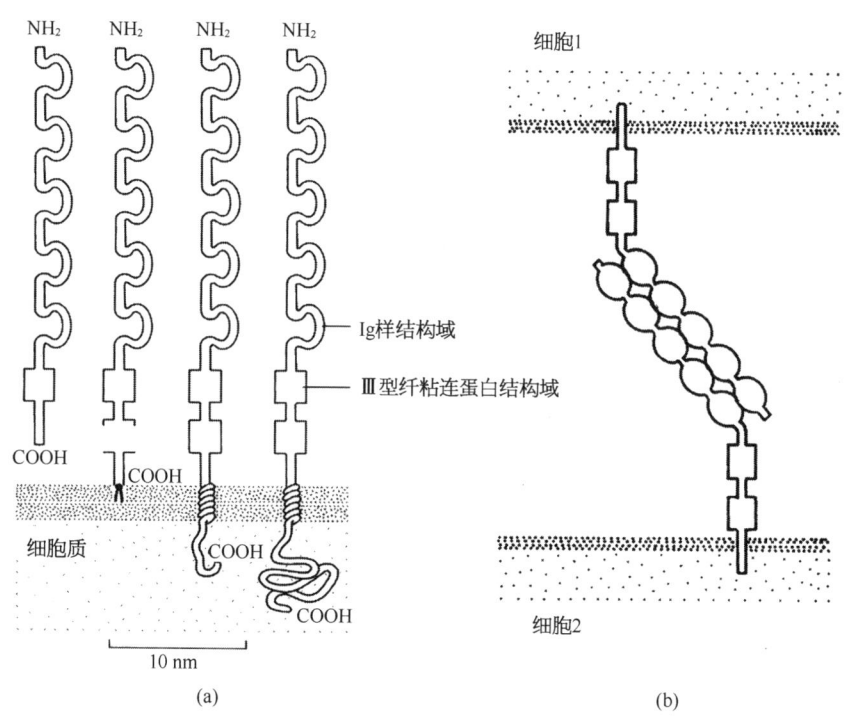

图 7-13　神经细胞黏附分子
(a) 四种形式的 NCAM;(b) NCAM 的嗜同性结合
(引自 Alberts 等,2002)

ICAM 存在于淋巴细胞、粒细胞和血管内皮细胞中,它们通过嗜异性结合介导不同细胞黏附。例如,内皮细胞 ICAM 可通过与血细胞表面整合素结合介导血细胞迁移至细胞外,从而在炎症反应中发挥作用。

免疫球蛋白超家族成员与钙黏素常在一些细胞上共表达,其中钙黏素介导的细胞黏附作用较强,IgCAM 介导的细胞黏附作用较弱。例如,在胚胎大鼠胰腺中胰岛的形成需要细胞黏附与聚集,这种黏附有钙黏素和 NCAM 的参与,如果抑制钙黏素的功能,就能阻止细胞聚集和胰岛形成,而 NCAM 功能缺陷只使细胞分选过程受影响,导致胰岛结构排列紊乱。

五、整合素家族是最重要的细胞外基质受体,以异二聚体介导细胞与基质或其他细胞的黏附

整合素(integrin)又译为整合蛋白、整联蛋白,是一个介导细胞与细胞外基质间或其他细胞间黏附的黏附分子大家族,广泛存在于多种细胞表面,因为能与多种细胞外基质和其他黏附分子(作为配体)结合而成为最重要的细胞表面受体。在结构上,整合素是一类跨膜异二聚体糖蛋白,由 α 和 β 两个亚单位经共价结合而成(图 7-14)。每个亚单位都有一个大的胞外 N-末端结构域、一个疏水跨膜区和一个胞内 C-末端短肽。α 和 β 亚单位的胞外结构域存在着二价阳离子(Ca^{2+} 或 Mg^{2+})结合区,二价阳离子的类型可影响整合素胞外结构域与相应配体结合的亲和性和特异性。整合素的胞内短肽可与细胞内一些锚定蛋白结合,后者又可与细胞骨架成分结合。因此,整合素能介导细胞骨架与细胞外基质成分之间的连接,即锚定连接(黏合斑和半桥粒),也能介导细胞与细胞之间以及细胞与基质的黏附。

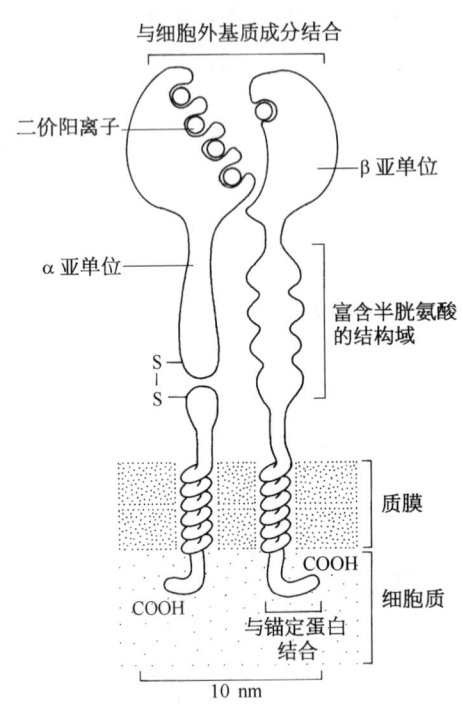

图 7-14 整合素的 α 和 β 亚单位
(引自 Alberts 等,2002)

哺乳动物的各种整合素分别可由 18 种 α 亚单位和 8 种 β 亚单位组成 24 种异二聚体。表 7-3 为人体常见的几种整合素。

表 7-3 整合素的几种常见类型

整合素异二聚体	相应配体(部分)	分布
$\alpha_5\beta_1$	纤粘连蛋白	广泛分布
$\alpha_6\beta_1$	层粘连蛋白	广泛分布
$\alpha_7\beta_1$	层粘连蛋白	肌细胞
$\alpha_M\beta_2$	血清蛋白、ICAM	白细胞(中性粒细胞、单核细胞)
$\alpha_{IIb}\beta_3$	血纤蛋白原、纤粘连蛋白	血小板
$\alpha_6\beta_4$	层粘连蛋白	上皮细胞(半桥粒)

整合素 β_1 亚单位至少与 12 种不同的 α 亚单位形成二聚体,这些二聚体作为多种类型的细胞表面受体,其配体是多数细胞外基质成分如纤粘连蛋白、层粘连蛋白(详见本章第三节),介导细胞黏附或连接于细胞外基质。至少有 8 种整合素能与纤粘连蛋白结合,也至少有 5 种整合素可与层粘连蛋白结合。

整合素 β_2 亚单位至少与 4 种不同的 α 亚单位形成二聚体，这些二聚体是白细胞表面受体，其配体可以是内皮细胞表面免疫球蛋白超家族黏附分子 ICAM，能使白细胞与感染部位的血管内皮细胞黏附，白细胞由此得以迁移出血管，进入炎症部位，对促进白细胞抗感染起着重要作用。

β_3 整合素见于血小板和其他类型细胞，它们的配体是血液中的血纤蛋白原（fibrinogen）和纤粘连蛋白。在血液凝固过程中，血小板通过 $\alpha_{IIb}\beta_3$ 整合素与血纤蛋白原结合，与纤粘连蛋白结合，形成血小板的相互聚集和黏附于血管内皮细胞表面。

与细胞的其他表面受体相比，整合素与配体的结合力通常较低，但可以 10～100 倍的表达量出现在细胞表面，并且在黏附时发生整合素的侧向簇集以增强亲和力。这种以较弱结合方式介导的黏附使细胞与细胞外基质的结合不过于紧密，从而能产生移动，以满足其功能的需要。

在成纤维细胞或白细胞在组织内爬行，上皮细胞沿着基膜移行或穿越基膜的过程中，细胞与基质的黏附需要被快速地打破和形成。同样的，白细胞"奔赴"炎症场所，先黏附于血管内皮细胞再穿过内皮细胞层，也需要打破和形成细胞与细胞的黏附。分散流动的血小板变为聚集和黏附于血管内皮，需要同样的动态变化。在这些变化中，细胞内部的微丝装配也在发生快速的打破和形成。因此，整合素的构象经常在"活化"和"失活"之间转变，以形成黏附的"开"和"关"。其中非常重要的变化是整合素分子胞外结构域的变化可以连锁胞内结构域的变化，这样，外部变化可以偶联内部变化，反之亦然，从而调控整合素的活化和失活。

对这种调控了解最清楚的是在血小板。调控整合素的因素来自细胞内外两个方向，被称为"外向内"（outside-in）和"内向外"（inside-out）的信号转导。当整合素胞外结构域与基质蛋白接触，α 与 β 亚基结合，胞外结构域进入活化状态，胞内结构域就会调节微丝组装，以在此形成附着点，这就是一次外向内的信号转导。反之，某些细胞内信号可引起整合素活化，使其胞内结构域发生构型改变，然后诱导胞外结构域发生构型变化，使其与基质蛋白结合，这就是一次内向外的信号转导。造成内向外的信号通常来自 G 蛋白偶联受体和受体酪氨酸激酶等其他膜受体的激活引起的细胞内信号转导。例如血小板被血小板源生长因子（PDGF）信号分子激活时，通过内向外信号转导途径迅速使血小板膜 β_3 整合素活化，使其与配体血纤蛋白原结合，导致血小板聚集和黏附；而血小板与损伤的血管壁接触时，可以因为细胞外配体通过外向内信号途径而激活 β_3 整合素，同样导致血小板聚集和黏附。

本节介绍了广泛分布于各种组织的细胞黏附分子——钙黏素、选择素、免疫球蛋白超家族、整合素等家族。需要指出的是，一些特殊的组织和细胞可以有不同于此的特殊黏附分子，比如骨骼肌细胞表面存在名为 dystroglycan 的黏附分子，其胞内结构域与微丝相连，胞外与基膜成分相连。其相关复合物的结构细节及其与遗传性肌萎缩症的关系已经清楚。

第三节 细胞外基质

机体的组织是由细胞和细胞外基质共同构成的。细胞外基质充满着所有的细胞外间隙,形成一个错综复杂的网络。细胞外基质的成分、含量和存在形式的差异赋予各种组织截然不同的特性:基质的钙化使骨组织坚硬如石;基质中大量成束的胶原纤维使肌腱、韧带具有强大的张力;上皮组织和结缔组织之间的细胞外基质特化为基膜,对控制细胞的行为起着重要的作用。以前认为细胞外基质主要起着简单的支架作用,稳定组织的物理结构。但现已清楚,细胞外基质在调节其接触的细胞行为方面起着主动而复杂的作用,影响细胞的存活、迁移、增殖、分化、凋亡和形态变化。细胞外基质的异常与多种疾病相关,如肿瘤的侵袭和转移、肾脏等器官的组织纤维化等,正日益受到更多的重视。

一、细胞外基质的主要成分是四种纤维蛋白以及多种糖胺聚糖和蛋白聚糖

在结缔组织中,细胞外基质非常丰富,含有各种细胞外基质的成分,因此细胞外基质的研究常以结缔组织为对象。在大多数结缔组织中,细胞外基质的各种成分是由成纤维细胞分泌的;在骨和软骨中,细胞外基质则分别由成骨细胞和成软骨细胞分泌。细胞外基质的成分主要有两大类:一类是纤维蛋白,包括胶原、弹性蛋白、纤粘连蛋白和层粘连蛋白等,具有组织构建和黏附功能;另一类是糖胺聚糖,常以共价键与蛋白质结合,形成蛋白聚糖。在结缔组织中,糖胺聚糖和蛋白聚糖分子形成凝胶状基质,将纤维蛋白包埋在其中。

1. 胶原 胶原(collagen)是细胞外基质最主要的成分,也是人和哺乳动物体内含量最丰富的蛋白质,占人体蛋白质总量的25%以上。胶原属纤维蛋白家族,是细胞外基质中最重要的纤维蛋白。胶原分子的基本结构单位是由三条肽链盘绕成的三股螺旋结构,直径1.5 nm,长300 nm。胶原分子的每条肽链称为α链,含有丰富的脯氨酸和甘氨酸,在肽链分子中形成一系列Gly-X-Y重复序列(Gly为甘氨酸,X和Y可以是任何一种氨基酸,但X常为脯氨酸,Y常为羟脯氨酸)。脯氨酸是环状结构,因而能使每条肽链保持稳定的螺旋构象。在肽链的中央区域每隔2个氨基酸有一个甘氨酸,由于甘氨酸是分子量最小的氨基酸,挤在三股螺旋内部,使三条α链能紧密地盘绕在一起。迄今为止,已鉴定了约25种不同的胶原α链,每条α链分别由不同的基因编码。这些基因所编码的25种α链经不同组合理论上可装配成10 000多种三链胶原分子,但目前仅发现20多种胶原分子(表7-4)。胶原分子能装配成有序排列的胶原原纤维(collagen fibril),在电镜下可见67 nm横纹结构。结缔组织内主要含有Ⅰ、Ⅱ、Ⅲ、Ⅳ和Ⅺ型胶原,均属于原纤维形成胶原(fibril-forming collagen)。各种组织中胶原成分有所不同,如皮肤和骨组织以Ⅰ型胶原为主,软骨组织以Ⅱ型胶原为主要成分。胶原原纤维在不同组织中以不同的方式排列。如皮肤中它们呈交织状排列,以抵抗不同方向的张力;在肌腱中,它们排列成平行的条索

状,与张力的主轴方向平行;在骨和角膜中,它们呈胶合板样成层排列,相邻两层互成直角。有些胶原分子如Ⅸ型和Ⅻ型胶原,本身并不装配成原纤维,而能与胶原原纤维结合,称为原纤维相关胶原(fibril-associated collagen)。它们能介导胶原原纤维之间以及胶原原纤维与基质中其他分子间的连接,因而具有确定原纤维在细胞外基质中排列的作用。还有些胶原分子如Ⅳ型和Ⅶ型胶原,称为网络形成胶原(network-forming collagen)。其中Ⅳ胶原分子能装配成片层网络状结构,是组成基膜的主要成分。而Ⅶ型胶原分子可形成二聚体,装配成锚定原纤维(anchoring fibril),辅助复层上皮附着在下面的结缔组织上。

表 7-4 胶原的主要类型及其特性

胶原类型	聚合形式	组织分布
形成原纤维的胶原		
Ⅰ型胶原	原纤维,有横纹	骨、皮肤、肌腱、角膜
Ⅱ型胶原	原纤维,有横纹	韧带、内脏、软骨、玻璃体、脊索
Ⅲ型胶原	原纤维,有横纹	皮肤、血管、内脏
Ⅴ型胶原	原纤维	同Ⅰ型胶原
Ⅺ型胶原	原纤维	同Ⅱ型胶原
原纤维相关胶原		
Ⅸ型胶原	与Ⅱ原纤维侧向联结	软骨
Ⅻ型胶原	与Ⅱ原纤维侧向联结	肌腱、韧带、其他组织
形成网络的胶原		
Ⅳ型胶原	片层网络	基膜
Ⅶ型胶原	锚定原纤维	复层扁平上皮下

胶原基因的突变可造成胶原的异常。例如Ⅰ型胶原基因突变可引起骨生成缺陷,亦即脆骨病,患者易发生骨折;Ⅱ型胶原基因的突变可引起软骨异常,导致骨关节畸形;Ⅲ型胶原基因的突变可引起 Ehlers-Danlos 综合征,导致皮肤、血管和关节的病变。

结缔组织中的胶原分子主要由成纤维细胞、成软骨细胞和成骨细胞合成和分泌。胶原合成时,首先在糙面内质网合成前 α 链,肽链两端各有一段不含 Gly - X - Y 序列的前肽(propeptide)。新合成的前 α 链相继在糙面内质网和高尔基体中进行修饰,肽链中脯氨酸和赖氨酸被羟基化,其中一些羟赖氨酸被糖基化。然后三条前 α 链的 C-末端前肽借二硫键联系在一起,并从 C-末端向 N-末端聚合形成三股螺旋结构,而两端的前肽部分保持非螺旋状态,这种带前肽的三股螺旋胶原分子称为前胶原(procollagen),它们被包装在分泌小泡中分泌到细胞外。最后,前胶原分子的 N-末端和 C-末端前肽被特异性蛋白酶切除,形成三股螺旋胶原分子(图 7-15)。胶原分子在细胞外基质中有序地侧向共价交联,聚合成直径 10~300 nm,长 150 nm 至数微米的胶原原纤维,后者又可进一步形成直径 0.5~3 μm 的粗大胶原纤维(collagen fiber)。

2. 弹性蛋白 弹性蛋白(elastin)是在有弹性的组织如皮肤、血管和肺中含量丰富的纤维蛋白,是构成弹性纤维的主要成分,赋予组织以弹性。弹性蛋白是一种高度疏水性的蛋白质,约含 750 个氨基酸残基。弹性蛋白的氨基酸组成与胶原相似,富含脯氨酸和甘氨

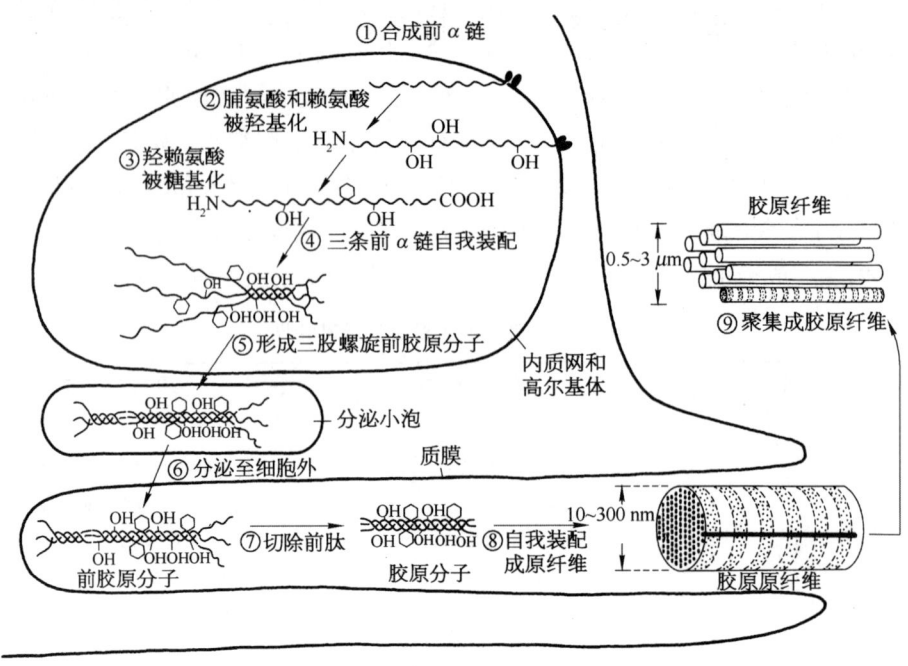

图 7-15 胶原纤维的形成过程
（引自 Alberts 等，2002）

酸，含有少量羟脯氨酸，但不含羟赖氨酸。弹性蛋白主要由两种短肽片断沿多肽链交替排列而成，一种是疏水性片段，使分子结构具有弹性；另一种片段是富含丙氨酸和赖氨酸的 α 螺旋结构，可在相邻分子间形成交联。弹性蛋白分子间由共价键结合在一起，形成一个交联网络，网络中每个弹性蛋白分子可随机卷曲产生构型变化，从而使网络像橡皮筋一样能够伸展和回缩（图 7-16）。弹性蛋白是动脉中的主要蛋白质，占主动脉干重的 50%。如果编码弹性蛋白的基因发生突变，可使动脉失去正常弹性，引起动脉壁平滑肌过度增生而致血管狭窄。

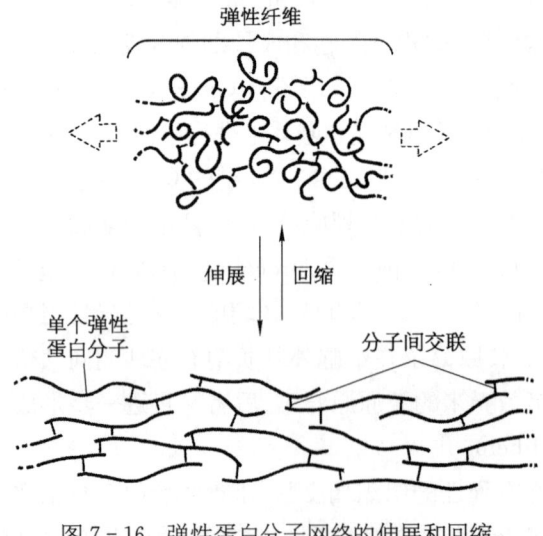

图 7-16 弹性蛋白分子网络的伸展和回缩
（引自 Alberts 等，2002）

弹性纤维由弹性蛋白核心和微原纤维（microfibril）外壳构成。微原纤维直径约 10 nm，由一些不同的糖蛋白组成，其中有一种大的糖蛋白分子称为原纤维蛋白（fibrillin），它与弹性蛋白结合并对维持弹性纤维的完整性有重要作用。编码这种原纤维蛋白的基因突变可引起 Marfan 综合征，是一种遗传性疾病,累及富含弹性纤维的组织,严重的患者容易发生主动脉破裂。微原纤维在弹性纤维的装配中起重要作用,在胚胎发育过程中微原纤维的出现早于弹性蛋白,它形成一个框架,使弹性蛋白分子沉积其上,随后微原纤维转移至外周,形成完整的弹性纤维。

3. 纤粘连蛋白 纤粘连蛋白(fibronectin)是在多种组织特别是结缔组织中广泛分布的纤维蛋白,能与细胞表面特异性受体以及细胞外基质中其他大分子结合,对细胞与细胞外基质之间的黏附以及细胞外基质有序结构的组建起着重要作用。纤粘连蛋白在结构上是二聚体糖蛋白,由两个同源而不相同的亚单位组成,两个亚单位在它们的 C-末端由二硫键结合在一起,使整个二聚体分子呈 V 字形。纤粘连蛋白不同亚单位由同一基因编码,但转录后 RNA 的剪接差异产生不同的 mRNA,使每种亚单位的结构上有差异。目前已鉴定了 20 种不同的亚单位。每个亚单位约由 2 500 个氨基酸残基组成,整条多肽链折叠成 5~6 个功能不同的杆状结构域,每个结构域之间由对蛋白酶敏感的短肽相连(图7-17)。不同结构域分别能与胶原、肝素以及不同类型细胞表面受体结合。对与细胞表面受体结合的片段作进一步分析,发现一种三肽序列 Arg-Gly-Asp(简称 RGD 序列)是与细胞结合的位点。任何人工合成的肽链只要含有 RGD 序列都能与纤粘连蛋白竞争细胞上的结合位点,从而抑制细胞与纤粘连蛋白的黏附。细胞表面的一些整合素家族成员是纤粘连蛋白的受体,这些整合素能识别和结合 RGD 序列。

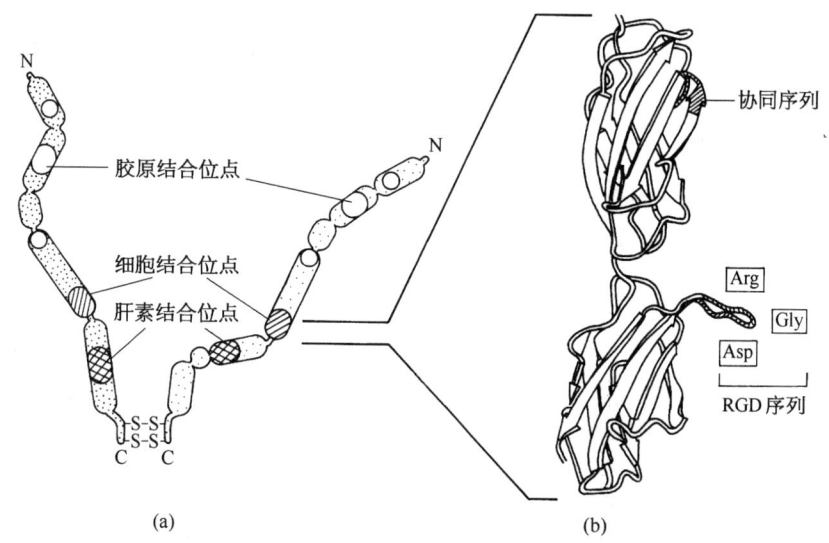

图 7-17 纤粘连蛋白二聚体结构
(a) 纤粘连蛋白二聚体的不同结构域;(b) 纤粘连蛋白的三维结构
(引自 Alberts 等,2002)

纤粘连蛋白有多种类型。一种类型以可溶性方式存在,称血浆纤粘连蛋白(plasma fibronectin),循环于血液和其他体液内,能促进血液凝固和创伤愈合。血浆纤粘连蛋白为二聚体蛋白,主要来自肝细胞,也有少量来自内皮细胞。其余类型以不溶性形式存在于细胞外基质和细胞表面,均为由二聚体交联而成的多聚体,称纤粘连蛋白原纤维(fibronectin fibril)。与胶原原纤维不同,纤粘连蛋白不能在试管中自我装配,只能在某些细胞的表面装配,这是因为纤粘连蛋白原纤维的形成需要其他蛋白质的参与,特别是整合素和微丝的参与。以成纤维细胞为例,纤粘连蛋白与细胞表面的整合素结合,并通过整合素和其他跨膜黏附蛋白的介导与细胞内微丝相连。细胞内微丝对细胞外纤粘连蛋白原纤维的装配和定向起着调节作用,微丝收缩时可拉拽纤粘连蛋白所在部位的基质产生张力,把纤粘连蛋白分子拉长,暴露出隐藏在分子中的结合位点,促进纤粘连蛋白发生聚合反应,在基质中装配。

4. 层粘连蛋白 层粘连蛋白(laminin)也是纤维蛋白,是基膜的主要成分之一。层粘连蛋白是由α、β、γ三条多肽链通过二硫键结合在一起的三聚体分子,呈不对称的十字形结构(图7-18),其中α链为重链,β链和γ链为轻链。十字形分子由一条长臂和三条相似的短臂构成,三条短臂是α、β、γ三条多肽链的N-末端序列,长臂部分的三条多肽链呈α螺旋并相互盘旋形成一个长杆区。层粘连蛋白分子有着与其他细胞外基质分子(如胶原、肝素等)以及细胞表面黏附分子(如整合素等)的结合位点,与整合素结合的位点也含有RGD序列。层粘连蛋白能在体外自我装配成毛毡样片层结构,主要是通过层粘连蛋白臂的末端相连而成。在基膜中,层粘连蛋白分子除了自我相连外还与其他基膜成分一起形成网络结构。

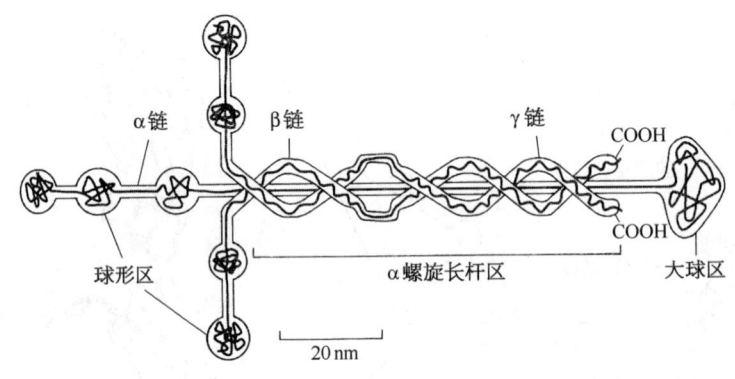

图7-18 层粘连蛋白的结构
(引自Alberts等,2002)

目前已知有5种α链($\alpha_1 \sim \alpha_5$)、3种β链($\beta_1 \sim \beta_3$)和3种γ链($\gamma_1 \sim \gamma_3$),理论上这些链可装配成45种层粘连蛋白分子,但已发现的只有11种(laminin 1~laminin 11)。每种分子有组织分布特异性,如laminin 8存在于血管和肌肉组织的基膜中,在胚胎组织中尤为丰富,laminin 10则是成体组织中主要的存在形式。

5. 糖胺聚糖和蛋白聚糖 细胞外基质中除了上述纤维蛋白外,主要是以聚糖为成分的凝胶状基质。聚糖成分主要有各种类型的糖胺聚糖、蛋白聚糖以及两者共同形成的大分子多聚体复合物。

(1) 糖胺聚糖(glycosaminoglycan, GAG):是一类由重复二糖单位构成的无分支聚糖链,是富含水分的凝胶状基质的基本成分。二糖单位中一个糖基是氨基己糖(N-乙酰氨基葡萄糖或 N-乙酰氨基半乳糖),另一个糖基是己糖醛酸(葡萄糖醛酸或艾杜糖醛酸)。由于糖胺聚糖分子中含有己糖醛酸和硫酸基团,因此糖胺聚糖是酸性的、具有很强负电性的分子。根据糖胺聚糖的糖基组成和硫酸盐化程度的不同,可把人体中的糖胺聚糖分成 7 类(表 7-5):透明质酸(hyaluronan)、4-硫酸软骨素(chondroitin-4-sulfate)、6-硫酸软骨素(chondroitin-6-sulfate)、硫酸皮肤素(dermatan sulfate)、硫酸乙酰肝素(heparin sulfate)、肝素(heparin)和硫酸角质素(keratan sulfate)。

表 7-5 糖胺聚糖的组成和组织分布

糖胺聚糖	重复二糖单位	组织分布
透明质酸	葡萄糖醛酸-N-乙酰氨基葡萄糖	玻璃体、脐带、软骨、结缔组织
4-硫酸软骨素	葡萄糖醛酸-N-乙酰氨基半乳糖	软骨、骨、皮肤、血管、角膜
6-硫酸软骨素	葡萄糖醛酸-N-乙酰氨基半乳糖	软骨、肌腱、心瓣膜
硫酸皮肤素	葡萄糖醛酸-N-乙酰氨基半乳糖或艾杜糖醛酸-N-乙酰氨基半乳糖	皮肤、血管、心瓣膜、韧带
硫酸乙酰肝素	葡萄糖醛酸-N-乙酰氨基葡萄糖或艾杜糖醛酸-N-乙酰氨基葡萄糖	肺、血管、细胞表面
肝素	葡萄糖醛酸-N-乙酰氨基葡萄糖或艾杜糖醛酸-N-乙酰氨基葡萄糖	肺、肝、皮肤、肥大细胞
硫酸角质素	半乳糖-N-乙酰氨基葡萄糖	角膜、软骨、椎间盘

糖胺聚糖是很长的伸展性结构,不能像多肽链那样折叠,如透明质酸含有 25 000 多个重复二糖单位,因此糖胺聚糖在基质中占据很大的空间。糖胺聚糖表面有大量亲水基团,并带有高密度负电荷,能吸引阳离子 Na^+ 等进入而产生渗透压,使大量水分进入基质。糖胺聚糖与水分子结合形成凝胶,结果产生膨胀压可抵抗外界压力,如膝关节软骨的基质能以此方式支撑几百个大气压。在结缔组织中,尽管糖胺聚糖按重量比还不到纤维蛋白的 10%,但由于糖胺聚糖形成多孔的亲水性凝胶,充满了整个细胞外间隙,既能对组织起到机械性支撑作用,又允许水溶性分子的扩散和细胞的移动。

(2) 蛋白聚糖(proteoglycan):是由糖胺聚糖与核心蛋白(core protein)的丝氨酸残基共价结合而成,广泛分布于各种组织。在各类糖胺聚糖中,只有透明质酸不与蛋白质结合,能以自由链形式游离于细胞质基质中,其余 6 种糖胺聚糖都与核心蛋白以共价键结合形成蛋白聚糖。蛋白聚糖具有多样性和异质性,即使是单种核心蛋白,与其结合的糖胺聚糖种类和数量也很不相同。核心蛋白序列分析表明,各种蛋白聚糖的核心蛋白也没有共同的特征。因此,每种蛋白聚糖都有其特有的结构,其功能由各自的核心蛋白和糖胺聚糖所决定(表 7-6)。

表 7-6 几种常见的蛋白聚糖

蛋白聚糖	核心蛋白分子量	糖胺聚糖类型	组织分布	功 能
聚集蛋白聚糖(aggrecan)	210 kD	硫酸软骨素+硫酸角质素	软骨	与透明质酸形成聚合物,机械性支撑作用
β 蛋白聚糖(betaglycan)	36 kD	硫酸软骨素/硫酸皮肤素	细胞表面、细胞外基质	与 TGF-β 结合

(续表)

蛋白聚糖	核心蛋白分子量	糖胺聚糖类型	组织分布	功能
核心蛋白聚糖(decorin)	40 kD	硫酸软骨素/硫酸皮肤素	结缔组织	与Ⅰ型胶原原纤维和TGF-β结合
基膜蛋白聚糖(perlecan)	600 kD	硫酸肝素	基膜	基膜的结构和滤过功能
共结合蛋白聚糖(syndecan)	32 kD	硫酸软骨素+硫酸肝素	上皮细胞表面	细胞黏附、与FGF等生长因子结合

有些蛋白聚糖常与透明质酸以非共价结合方式形成多聚体复合物。核心蛋白的N-末端氨基酸序列与透明质酸的二糖单位有很高的亲和性,许多条蛋白聚糖链N-末端可同时结合在一条透明质酸长链上,两者的非共价结合可由连接蛋白(link protein)加强和稳定(图7-19)。这类多聚体复合物的分子量可达 10^5 kD 或更大,所占的空间可相当于一个细菌那样大。聚集蛋白聚糖(aggrecan)就是一种典型的多聚体复合物,它是软骨的主要基质成分,在一条透明质酸分子上结合百余条蛋白聚糖链。如果机体缺少这种聚集蛋白聚糖,可引起长骨发育不良,四肢短小。

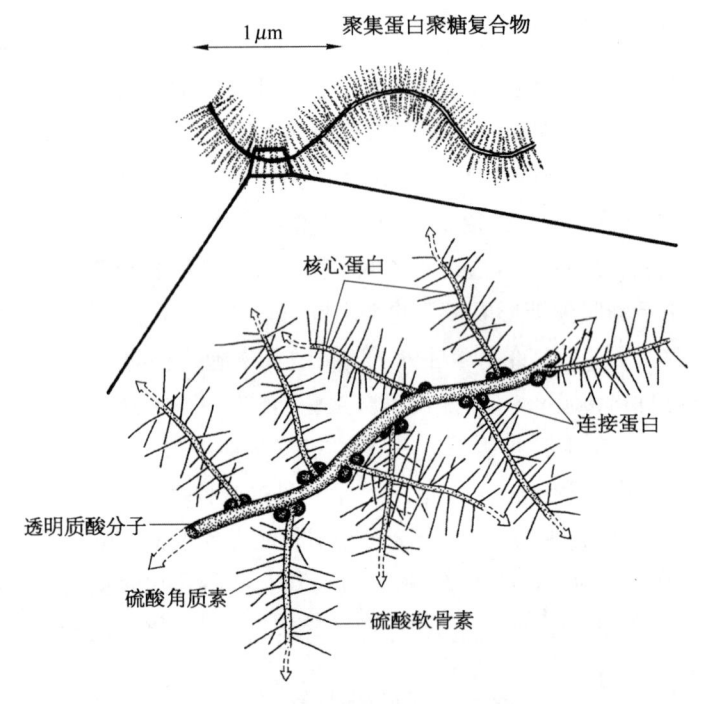

图7-19 聚集蛋白聚糖复合物
(引自 Alberts 等,2002)

有些蛋白聚糖可与细胞外基质中的纤维蛋白如胶原、纤粘连蛋白或层粘连蛋白结合,形成细胞外基质以及基膜特有的网络结构,网络结构中不同大小的空隙和电荷强度不仅为细胞周围提供了一个亲水性环境,而且可选择性地调节不同大小的分子和带不同电荷的分子在细胞间转运。基膜蛋白聚糖(perlecan)就属于这一类,它是基膜中最丰富的蛋白聚糖,也存在于其他细胞外基质中。基膜蛋白聚糖与胶原等纤维蛋白结合,共同形成基膜的网络结构。

细胞外基质中的蛋白聚糖与细胞间一些分泌性蛋白质分子的功能有密切关系。蛋白聚糖能与一些生长因子结合,增强或抑制其活性,如共结合蛋白聚糖(syndecan)中的硫酸乙酰肝素可与成纤维细胞生长因子(FGF)结合,使生长因子发生寡聚化,激活细胞表面酪氨酸酶受体,从而刺激各种类型细胞的增殖。还有些蛋白聚糖作用正相反,如核心蛋白聚糖(decorin)的核心蛋白可与转化生长因子β(TGF-β)结合,抑制其活性。

还有些蛋白聚糖可被整合为质膜的成分,成为受体或辅助受体存在于细胞表面,参与细胞与细胞外基质的结合,或启动细胞对外界信号的反应。

上文介绍了广泛分布于各种组织的细胞外基质成分。需要指出的是,一些特殊的组织和细胞可以有不同于此的特殊细胞外基质成分,比如血小板凝块中的主要细胞外基质叫作血纤蛋白(fibrin),它形成弹性网络,在凝血过程中联结细胞与其他细胞外基质。

二、基膜是上皮和其他组织的细胞外基质特化结构

基膜(basal lamina)是由细胞外基质特化而成的薄层网络状结构,厚度60～100 nm。基膜位于大多数上皮细胞层和内皮细胞层的下面,也可包绕在肌细胞、脂肪细胞和神经鞘细胞的周围,将这些细胞与结缔组织隔开。在肾小球中,内皮细胞的基膜和上皮细胞(足细胞)的基膜融合在一起成为肾小球特殊的基膜,其厚度也为一般基膜的2倍。

基膜中的细胞外基质是由坐落在上面的细胞合成和分泌的。不同组织,甚至同一组织不同区域的基膜成分可有差异。但是各种基膜中必有的细胞外基质成分是层粘连蛋白、Ⅳ型胶原、基膜蛋白聚糖perlecan和棒槌状的连接分子nidogen(又叫entactin)。在这些成分中,层粘连蛋白和Ⅳ型胶原构成基膜的基本网架,nidogen可联结Ⅳ型胶原、层粘连蛋白和蛋白聚糖perlecan,而基膜蛋白聚糖perlecan也与Ⅳ型胶原和层粘连蛋白相互联结。如此多种分子之间的相互作用,使基膜的整个网络结构趋于稳定。层粘连蛋白和Ⅳ型胶原又与细胞质膜上的整合素$\alpha_6\beta_4$在半桥粒部位结合,使基膜与其相邻细胞锚定连接在一起(图7-20)。

在不同组织中,基膜的结构与功能有所不同。位于上皮下的基膜对大分子和细胞的移动起着选择性屏障作用。如位于小肠上皮下的基膜对吸收营养物质进入血液有调节作用;而位于表皮下的基膜能阻止结缔组织中的成纤维细胞与表皮细胞接触,却允许巨噬细胞、淋巴细胞和神经穿过基膜进入表皮层;位于平滑肌细胞周围的基膜主要将相邻细胞联系在一起,形成完整的组织;肾小球中一层厚厚的基膜起着分子滤膜作用,阻止大分子通过,只让某些小分子从血液进入原尿中。

基膜对组织的再生和创伤愈合也起着重要作用。肌肉、神经和上皮组织损伤时,残存的基膜可为再生细胞提供一个框架,使细胞迁入,重建原先的组织结构。皮肤或角膜损伤后,基膜的成分发生变化,如纤粘连蛋白增加,使细胞迁移至损伤部位促进其愈合。

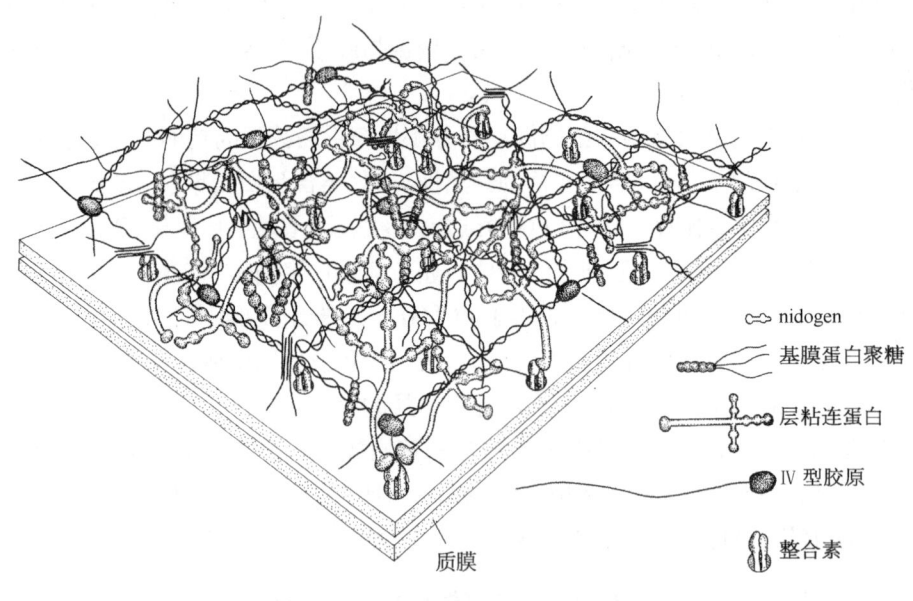

图 7-20　基膜的分子结构模型
（引自 Alberts 等,2002）

三、结缔组织中含有特别大量的细胞外基质

肌腱和软骨这样的结缔组织与其他组织有一个很大不同,就是它们的体积主要由细胞外基质而不是细胞构成。这些基质包含不可溶的纤维蛋白、蛋白聚糖、各种黏附蛋白和名为透明质酸的糖胺聚糖。虽然结缔组织中可以有多种细胞,但细胞外基质主要是由成纤维细胞合成和分泌的。

结缔组织中含量最丰的纤维蛋白是胶原,在性状可变的地方也含有可伸缩、橡皮似的弹性纤维,而纤粘连蛋白形成独特的纤维,分布于大多数结缔组织中,既通过整合素与细胞相连接,又与胶原和蛋白聚糖等其他细胞外基质成分相结合。纤粘连蛋白与整合素结合可以触发其纤维装配,逐渐通过共价交联而形成成熟稳定的基质成分。纤粘连蛋白的纤维走向与成纤维细胞内微丝的走向相关——往往是一致的,说明整合素在所在部位(黏合斑)形成细胞内骨架和细胞外基质之间的桥梁。各种蛋白聚糖和糖胺聚糖赋予基质特殊的理化性状,并且对细胞活动和行为产生影响。例如,硫酸肝素上的糖胺聚糖侧链基团发生某些修饰,可以调控生长因子与细胞表面受体的结合;透明质酸是软骨等多种细胞外基质中蛋白聚糖聚合物的骨架,造成相关结缔组织如关节富于韧性、弹性和柔滑的特性;透明质酸也是正在迁移和增殖的细胞周围基质的主要成分,特别是在胚胎中,它能结合于细胞表面黏附受体,其含水和多孔的性质有利于细胞迁移和增殖。

四、细胞外基质与细胞有着密切的相互关系

机体的组织是由细胞和细胞外基质共同构成的,两者之间有着密切的关系。一方面,

细胞通过控制基质成分的合成和降解决定细胞外基质的组成;另一方面,细胞外基质对细胞的各种生命活动有着重要的影响。两者相互依存、相互影响,共同决定着组织的结构与功能。

1. **细胞控制细胞外基质的生成和降解**　细胞外基质的成分是由细胞产生的,各种组织的细胞外基质的成分、含量和存在形式不同,但都是由该组织的细胞(包括实质细胞和间质细胞)合成和分泌的。细胞除了产生基质成分外,还影响细胞外基质成分的组装和排列。例如细胞在其分泌的胶原纤维上移动可使胶原纤维以一定方式排列;细胞内微丝的排列可影响细胞表面纤粘连蛋白的装配和排列,用细胞松弛素处理细胞使微丝解聚,可导致纤粘连蛋白从细胞表面分离。细胞外基质的成分随组织的类型和功能状态的不同而有差异。如结缔组织中由成纤维细胞产生的细胞外基质主要有 I 型胶原、纤粘连蛋白和核心蛋白聚糖等,由成软骨细胞分泌的细胞外基质主要有 II 型胶原和聚集蛋白聚糖等。

　　细胞外基质成分的降解是由细胞分泌的蛋白水解酶催化的。这类蛋白水解酶主要有基质金属蛋白酶(matrix metalloprotease, MMP)和丝氨酸蛋白酶(serine protease)。基质金属蛋白酶是一类 Zn^{2+} 或 Ca^{2+} 依赖的蛋白酶,有多种类型,如胶原酶(collagenase)、明胶酶(gelatinase)、基质溶解酶(stromelysin)、弹性蛋白酶(elastase)、膜型基质金属蛋白酶(membrane type matrix metalloprotease)等。基质金属蛋白酶和丝氨酸蛋白酶协同作用,共同或分别降解胶原蛋白、层粘连蛋白、纤粘连蛋白、弹性蛋白等细胞外基质成分。其中,胶原酶具有高度特异性,可切割蛋白质上某些特定的位点,这种局部降解方式既可保持基质结构的完整性,又可为细胞迁移开辟道路。其他类型金属蛋白酶特异性较低,但能锚定在细胞表面,到需要的部位发挥作用。基质金属蛋白酶的活性是受细胞控制的,如细胞可分泌各种蛋白酶抑制剂包括金属蛋白酶抑制剂(tissue inhibitor of metalloprotease)和丝氨酸蛋白酶抑制剂(serpin),控制蛋白酶的作用程度和范围。细胞对细胞外基质成分降解的控制和调节对创伤修复、组织重构以及细胞迁移都有重要作用。

2. **细胞通过表面特异受体与细胞外基质成分结合**　细胞与细胞外基质的相互作用是通过细胞表面受体与细胞外基质成分的特异性结合来实现的。这种细胞表面受体主要是整合素家族的各个成员。除了整合素外,细胞表面还有一些其他的细胞外基质受体,如胶原的糖蛋白 VI 受体和层粘连蛋白的 67 kD 受体等。

　　细胞表面受体与细胞外基质成分的结合不仅介导了细胞与细胞外基质的黏附,而且介导了细胞的信号转导途径,使细胞产生一系列的反应。如前所述,整合素介导的信号转导途径有内向外、外向内两种。这种作用在血小板和白细胞中尤为重要。这些细胞中的整合素平时处于非活化状态,使血小板和白细胞在血液中畅通地循环而不发生黏附,一旦有信号刺激即可活化整合素,使其与配体结合而发生反应性黏附作用。整合素与细胞外基质中相应配体结合后,其胞内结构域可通过细胞内锚定蛋白与细胞骨架成分相连,这种连接作用可导致整合素成簇分布,在细胞与细胞外基质间形成局部黏附。整合素在细胞与细胞外基质或细胞与细胞接触部位的簇集反应,能激活由外向内的信号转导途径。与其他细胞表面受体一样,整合素启动的细胞内信号转导途径能引起整个细胞的反应,包括基因表达的变化，影响细胞的形态变化以及迁移、增殖、分化、凋亡等一系列生物学功能，但有时它还有诱导细胞与基质接触部位局部反应的特点。

T淋巴细胞与抗原提呈细胞表面特异性抗原分子作用时，促使T细胞内信号转导途径激活$β_2$整合素，进而介导T细胞与抗原提呈细胞的黏附，使T细胞得到充分的抗原刺激，随后整合素可回复到非活化状态，使T细胞与抗原提呈细胞分离。

3. **细胞外基质对细胞结构与功能的影响**　细胞外基质除了与细胞一起构建组织，具有支持和保护等功能外，还对细胞的结构与功能有重要影响。只有在细胞外基质存在的条件下，组织中的细胞才能维持正常形态和行使各种生物学功能。

(1) 细胞外基质影响细胞的形态、存活和死亡：体外实验表明，当一种细胞在不同的细胞外基质上黏附和铺展时，可呈现不同的形状，如果细胞脱离了细胞外基质就会成为游离的球形。上皮细胞只有黏附在基膜上才能显示其极性，并通过细胞连接成为柱状上皮。由此可见，细胞外基质对细胞的形状有着重要的影响。这种影响主要由于细胞在细胞外基质上生长时基质成分与细胞表面整合素结合，影响细胞骨架成分呈不同方式的组装和排列，从而赋予细胞以不同的形状。

大多数细胞的存活依赖于以锚着的方式黏附在细胞外基质上。上皮细胞和内皮细胞一旦脱离了细胞外基质就会发生凋亡，这种凋亡是以失去贴附为前提的，叫作"失巢凋亡"（anoikis）。这主要是由于细胞外基质与整合素结合后可介导细胞信号转导途径，刺激细胞存活。细胞在细胞外基质上的物理性铺展同样也影响细胞的存活和死亡，细胞在基质上铺展范围越大，细胞存活越好。

(2) 细胞外基质影响细胞的增殖和分化：大多数细胞只有黏附和铺展在细胞外基质上才能增殖，一旦离开细胞外基质变成球形时就不能增殖，这种现象称为锚定依赖性生长（anchorage dependent growth）。体外实验表明，不同类型的细胞对细胞外基质成分的需求是不一样的，如成纤维细胞在纤粘连蛋白基质上增殖快，在层粘连蛋白基质上增殖慢；而上皮细胞则相反。肿瘤细胞可以在悬浮状态下增殖，丧失了锚定依赖性。细胞的这种锚定依赖性生长是由于细胞锚定在基质上时，可接受生长因子的刺激，通过整合素将信号传递到细胞内，使细胞从G_1期进入S期。如果细胞呈悬浮状态，即使存在同样浓度的生长因子，也不能进入细胞周期。此外，一些细胞外基质成分的分子结构中存在某些生长因子的同源序列，还有一些细胞外基质成分可结合生长因子，这些都可对细胞增殖产生促进作用。

细胞外基质成分不仅影响细胞的增殖，而且与细胞分化也有密切的关系。不少实验表明，一些类型的细胞在特定细胞外基质成分作用下，可撤离细胞周期而进入分化。如成肌细胞在纤粘连蛋白基质上可进行增殖并呈未分化状态，而在层粘连蛋白基质上则停止增殖进行分化，融合成肌管；内皮细胞在胶原基质上培养时进行增殖，而在层粘连蛋白基质上也停止增殖进入分化，形成毛细血管样结构。细胞外基质成分影响细胞分化也是通过整合素、细胞骨架和信号转导系统来实现的。

(3) 细胞外基质影响细胞的迁移：细胞的迁移依赖于细胞外基质成分分解的调控。

细胞通过基膜迁移时,需要基质成分的局部降解,胶原酶等基质金属蛋白酶在这一过程中起重要作用,它们可使基质成分局部分解,开辟道路促进细胞的迁移,蛋白酶抑制剂可阻止细胞迁移。这种情况可发生在白细胞穿过血管基膜迁移至炎症或创伤部位时,也可发生在肿瘤细胞浸润和转移时,即原发部位的肿瘤细胞经血液及淋巴管迁移至其他部位的组织和器官。

第四节 细胞连接、细胞黏附、细胞外基质与疾病

本章前面各节已经提到不少疾病,这里再对此作出补充和总结。

一、细胞连接蛋白和黏附分子以及细胞外基质异常与多种疾病相关

肾小管上皮细胞从原尿中重吸收 Mg^{2+} 时依赖上皮细胞紧密连接的存在,如果编码封闭蛋白的基因发生突变,可引起 Mg^{2+} 从尿液中大量丧失。

红斑型天疱疮患者能产生抗桥粒钙黏素抗体,这种自身抗体可与桥粒结合,破坏皮肤角质上皮的桥粒连接功能,使体液渗漏到上皮组织内,形成严重的皮肤疱疹。

β_2 整合素基因是在白细胞特异表达的,介导白细胞与感染部位的血管内皮细胞黏附,白细胞由此得以迁移出血管,进入炎症部位。该基因的遗传性缺陷导致人白细胞黏附缺陷(leukocyte adhesion deficiency),患者因白细胞功能不全而反复发生细菌感染。

有一大类先天性的肌肉萎缩性疾病是由于黏附分子相关异常造成的,其中迪谢内肌营养不良(Duchenne muscular dystrophy)也称 Duchenne 肌肉萎缩症是常见的一种。该病为性连锁遗传病,累及男孩,在 10~20 岁发病,导致心脏和呼吸衰竭。其分子机制是:骨骼肌细胞黏附分子 dystroglycan 的胞内结构域与胞内锚定蛋白 dystrophin 所形成的复合物中,dystrophin 或其他成分发生突变,或者 dystroglycan 胞外结构域所结合的基膜成分层粘连蛋白发生突变。

表达于血小板的整合素 $\alpha_{IIb}\beta_3$ 或非整合素黏附分子的基因突变可造成多种遗传性出凝血障碍,如 Bernard-Soulier 综合征和 Glanzmann thrombasthenia,针对 $\alpha_{IIb}\beta_3$ 的自身抗体产生可导致自身免疫性紫癜。而 von Willebrand 病是因为内皮细胞表面的糖蛋白 vW 因子异常,不能发挥正常时介导血小板在胶原表面发生初始黏附和后续凝集的作用。这些患者严重的可以因大量出血而死亡。

编码胶原蛋白的基因发生先天缺陷时,患者表现多种骨、软骨、皮肤发育不良。胶原蛋白装配成胶原纤维需要以维生素 C 为辅酶的羟化酶。营养性缺乏维生素 C 会造成血管、肌腱和皮肤等组织脆弱,造成所谓的航海病。

构成肾小球滤过屏障基膜主要成分的 IV 型胶原蛋白如果发生基因突变,患者发生进行性肾衰竭、听力和视力障碍,此称为 Alport 综合征。在有些自身免疫性肾病,针对 IV 型胶原的自身抗体可以沉积在肾小球基膜造成其滤过屏障功能异常和肾衰竭。

血小板的细胞外基质血纤蛋白的前体血纤蛋白原(fibrinogen)可以发生多种遗传性突变,造成多种先天性凝血障碍性疾病。

二、黏附分子亚型改变反映细胞的分化表型,并与肿瘤细胞行为相关

分散的、非贴附的细胞一般被称为间质细胞(mesenchymal cells)。把间质细胞组织成上皮是一个可逆的过程。通过启动黏附分子的表达,可以把间质细胞联结到一起,形成上皮;相反,上皮细胞可以改变特性,作为分离的单个细胞可以解散和迁移,离开上皮组织。这一"上皮-间质转变"(EMT)是由 *Twist*、*Snail* 等一些基因启动的,在胚胎发育中起到非常重要的作用,比如神经嵴的起源。

EMT 也可以在成体的病理条件下发生,即癌症。大多数癌症起源于上皮,只有当细胞倾向于分散,变得离开上皮、侵入其他组织,才变成"恶性"。在体外培养的癌细胞阻断 *Twist* 基因表达,可以令癌细胞朝非恶性状态转变。相反,在体外培养的正常上皮细胞强制表达 *Twist* 基因,可以令它们发生 EMT,表现恶性细胞的行为。*Twist* 基因调控 EMT 部分地通过抑制 E-钙黏素表达实现,而在人类癌症中也确实可以发现存在 E-钙黏素基因的突变。

本 章 小 结

细胞连接、细胞黏附和细胞外基质对人体组织的正常结构和功能至关重要。黏附由四大类黏附分子家族介导:钙黏素、选择素、免疫球蛋白超家族、整合素。黏附分子可以在细胞连接处簇集。细胞连接中,钙黏素在桥粒和黏合带部位介导细胞-细胞黏附,而整合素则在半桥粒和黏合斑部位介导细胞-基质黏附。细胞连接还包括紧密连接,它们控制了上皮层的通透性和上皮细胞的极性,而间隙连接易化了同时自身构成一种细胞间的通讯。除了参与细胞连接和细胞黏附,黏附分子还传导信号,调控许多细胞行为,包括运动、增殖、分化和存活。细胞黏附是个动态过程,因而也是一个受细胞内外因素调控的过程,这在不黏附的细胞迅速变得黏附时尤其明显,如炎症中的白细胞和凝血中的血小板。

细胞外基质主要含有四种纤维蛋白和多种糖胺聚糖以及蛋白聚糖,其中最丰富的是纤维状的胶原。胶原为肌腱和真皮提供了力度,并形成骨和软骨的基础。组织的弹性依赖以弹性蛋白为主要成分的弹力纤维。上皮细胞所黏附的基膜其主要成分是层粘连蛋白和Ⅳ型胶原,不同组织的基膜可因分子组成的不同而具有不同特性。结缔组织含有丰富的胶原和纤粘连蛋白,也含有多种糖胺聚糖和蛋白聚糖。聚糖是带负电的多聚物,吸收水分,抵抗挤压,尤其在软骨中作用重要。细胞外基质可以对细胞的形态、功能和活动产生影响。大多数细胞外基质具有半永久性的性质,只有血凝块及其中基质是在对血管损伤发生应答时快速形成的。

(周 同 汤雪明 辛 华 易 静)

参 考 文 献

[1] Alberts B, Bray D, Lewis J, et al. Molecular Biology of the Cell[M]. 4th ed. New York: Garland Science, 2002.

[2] Lodish H, Berk A, Zipurshy SL, et al. Molecular Cell Biology[M]. 4th ed. New York: W H Freeman & Co, 2000.

[3] Alberts B, Johonson A, Lewis J, et al. Molecular Biology of the Cell[M]. 5th ed. New York: Garland Science, 2008.

[4] Lodish H, Berk A, Kaiser CA, et al. Molecular Cell Biology[M]. 6th ed. New York: W H Freeman, 2008.

[5] Goodman SR. Medical Cell Biology[M]. 3rd ed. Burlington: Academic Press, 2008.

[6] Wolfenson H, Lavelin I, Geiger B. Dynamic regulation of the structure and functions of integrin adhesions[J]. Dev Cell, 2013, 24(5): 447-458.

[7] De Craene B, Berx G. Regulatory networks defining EMT during cancer initiation and progression [J]. Nat Rev Cancer, 2013, 13(2): 97-110.

第三篇

细胞的物质运输、信号转导与基因表达调控

第八章 小分子物质的穿膜运输

细胞质膜和各种内膜的脂双层因其内部的疏水性质而构成了一道屏障,不允许大多数极性和水溶性分子透过,可以经膜自由扩散的只有极少数脂溶性、非极性或不带电的小分子。膜的这一特性有重要的功能意义,正因为这种屏障作用,细胞内外、各细胞器内外的物质浓度差异才得以维持。但是,细胞要摄取营养物质,排泄代谢废物,要调节细胞内外离子浓度,要造成某些特殊物质在某个细胞器内外的浓度差异,因此必须有一些特殊的机制把这些水溶性的、带电的营养物、代谢产物和离子运送进出细胞或细胞器。膜对无机离子和小分子有机物质的运输是靠特化的跨膜蛋白来完成的。膜对大分子的运输有着另一种机制,将在第十章予以讨论。

膜运输蛋白的分子数在所有膜蛋白中占 15%～30%,有些特化的哺乳动物细胞甚至将全部代谢能量付诸膜运输活动,可见膜运输对生物体的重要性。本节将介绍小分子穿膜运输的一般形式,然后介绍两大类运输蛋白——转运体蛋白和通道蛋白,以及它们分别介导运输的特点和功能。

第一节 穿膜运输的原理

由于生物膜是由脂双层为基本骨架的,如果没有膜蛋白,膜将对非脂溶性物质不允许通透。正由于生物膜存在膜蛋白,如何进行穿膜运输就取决于小分子物质的性质了。

一、绝大多数小分子物质的穿膜运输由膜运输蛋白介导

有些物质可以完全不需膜蛋白的作用而自由透过生物膜的脂双层,这种穿膜运输形式叫做单纯扩散(simple diffusion)。这方面的证据是从一种叫做黑膜(black membrane)的人工合成脂双层上获得的。黑膜是在分隔两个水槽的平板的小孔上造成的脂质双层,通过检测该膜两侧液体中某溶质的含量来测定这层膜的通透性。结果表明,如果不考虑扩散时间的长短,可以说任何不带电小分子都可以顺其浓度梯度而扩散通过脂双层。但因为它们的扩散速率有极大差异,实际上可以自由通过膜的物质有两类:① 疏水的(脂溶性的)小分子,如氧、氮、苯等,其中脂溶性愈弱的分子扩散愈慢;② 不带电的极性小分子,

如水(分子量为18)、二氧化碳(分子量为44)、乙醇(分子量为46)、尿素(分子量为60)、甘油(分子量为92)等,其中分子量愈大的扩散就愈慢。所以,像葡萄糖(分子量为180)这类不带电的极性分子因分子量太大,几乎不能自由扩散过膜;各种离子则因它们的带电及水合性,虽然分子量很小也完全不能通过膜(图8-1)。

需要注意的是,水作为不带电的小的极性分子是可以由单纯扩散缓慢地运输过膜的,但是,当细胞需要快速而大量运输水的时候,例如红细胞被放入低渗溶液时,或大量饮水的人肾小管需要重吸收原尿中水分时,单纯扩散显然不能满足需要。

生物膜与人工合成的脂双层之间的重要不同是:生物膜对各种极性、带电分子,如离子、单糖、氨基酸、核苷酸等均允许通过,这些不为脂双层所容的物质是靠膜蛋白来运输的,这些膜蛋白称为膜运输蛋白(membrane transport proteins)。可以将膜运输蛋白看作是发挥了这样的作用:它们在脂双层上形成孔道并覆盖在孔道的壁上,让所运输的非脂溶性物质可以不与脂双层接触而穿越过膜。

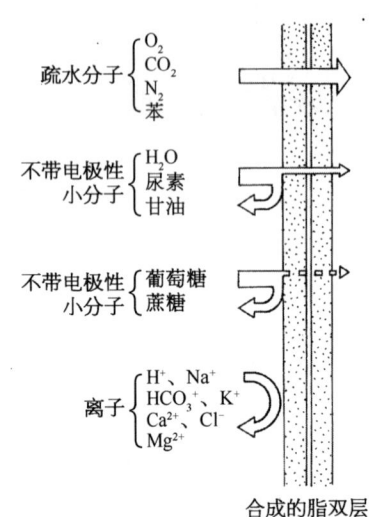

图8-1 脂双层对各种分子的通透性
(引自Alberts等,2002)

所有结构已知的运输蛋白都是多次穿膜的跨膜蛋白,其肽链多次折叠,在脂双层内形成一个跨膜的蛋白通道以运送特异的物质。每种蛋白质只运送某一特定类别的分子,如离子、糖或氨基酸,并且常常只针对该类别中某一种分子,如钠离子或钙离子,葡萄糖或半乳糖。

膜运输蛋白与小分子物质摄取的关联最早在20世纪50年代中期被发现,细菌的单个基因突变就使其质膜丧失对某种糖类的摄入能力。后来发现很多临床上的例子,在患有肾脏或肠先天性对某种特殊物质吸收障碍的人群中,存在相关的单个基因突变,证明运输蛋白对某一物质的特异性。半胱氨酸尿症是一种遗传性疾病,患者肾小管细胞膜上运输蛋白基因突变,导致肾小管对原尿中半胱氨酸和其他一些氨基酸重吸收障碍,结果半胱氨酸在尿中蓄积,造成肾脏发生半胱氨酸结石。

二、膜运输蛋白分为转运体和通道两类

根据膜运输蛋白介导运输的特点,将它们分为两类:转运体蛋白(transporter protein)和通道蛋白(channel protein)。转运体(transporter)能与所运输的特异性物质结合,经本身构象改变而运送该物质穿过膜。通道蛋白则形成贯穿脂双层的水性孔道,当这些孔道在特异信号控制下打开时,能让特异性物质(一般是无机离子或水)经过而穿越膜(图8-2)。就运输蛋白与所运分子的关系而言,转运体蛋白必须与所运物质结合,有较强的互相作用,而通道蛋白与所运分子作用较弱。就运输速度而言,通道蛋白介导的运输要比转运体蛋白介导的快得多。

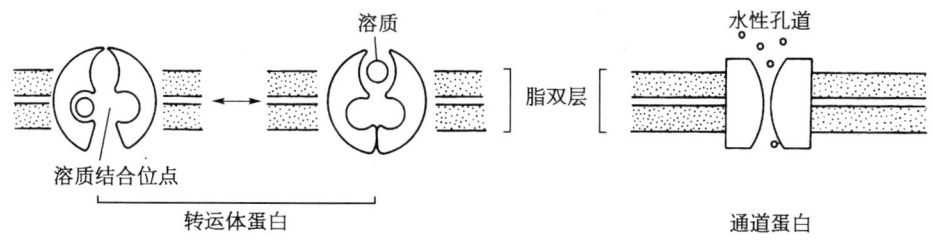

图 8-2 转运体蛋白和通道蛋白(溶质即所运小分子)

(引自 Alberts,2002)

膜蛋白介导的穿膜运输因有无能量偶联而存在两种不同形式(图 8-3)：① 被动运输，又称易化扩散(facilitated diffusion)，即膜运输蛋白使扩散变得容易。采用这一形式的是所有通道蛋白和一部分转运体蛋白(图 8-3a 中所示"被动运输")。它们"帮助"所要运送的物质顺着其电化学梯度跨越过膜("下坡")，因此不需要能量供应。若所运的分子不带电，其运输方向由其在膜两侧的浓度差决定；若所运分子带电，运输方向就由跨膜浓度差和电位差一起决定，浓度差和电位差构成了所谓的电化学梯度(electrochemical gradient)。几乎所有质膜都存在电位差，又称电压梯度，通常膜内比膜外更负，所以细胞的静息膜电位通常有利于带正电离子进入而不利于带负电离子进入(图 8-3b)。② 主动

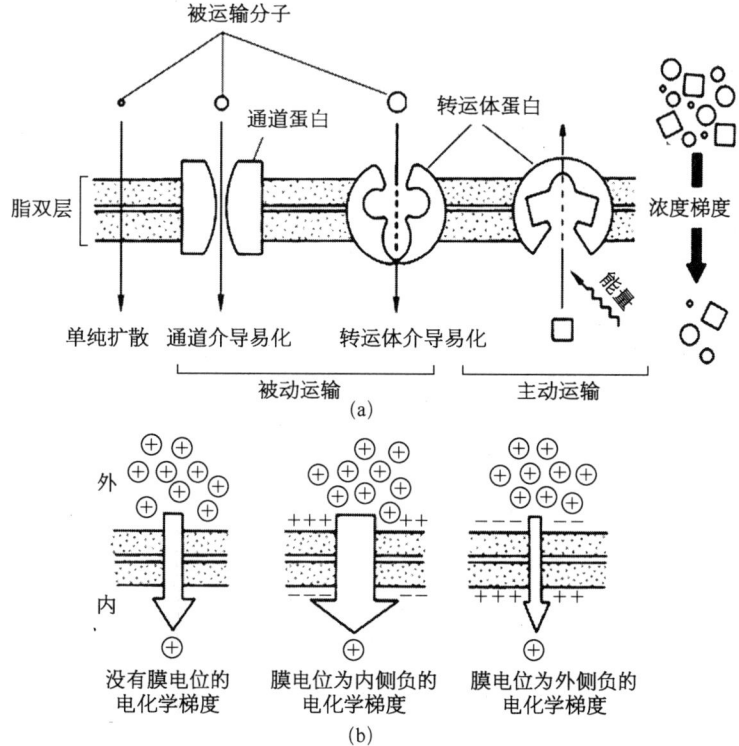

图 8-3 单纯扩散、主动运输和被动运输

(引自 Alberts 等,2002)

运输。采用这一形式的全部是转运体蛋白,它们对抗所运送物质的电化学梯度,"逆势"地把物质泵运过膜("上坡"),由此它们又被称为"泵"。转运体蛋白的主动运输是定向的,并且总是偶联于一个能源,如 ATP 水解或离子梯度(图 8-3a 右侧所示"主动运输")。

可以看出,转运体蛋白介导的运输有些是主动的,有些是被动的,而通道蛋白介导的运输都是被动的。

三、膜运输蛋白的活性和数目受到多种因素调控

膜运输蛋白的活性受到许多细胞内外因素的调控。首先,被运物质的电化学梯度可以影响运输,特别是对离子通道而言;其次,细胞外因素包括激素、神经递质,细胞内因素包括酶、第二信使、信号蛋白等,都是常见的调控因素。膜运输蛋白活性调控的本质是膜运输蛋白的构象改变,此过程中往往依赖蛋白质翻译后化学修饰,如磷酸化、乙酰化、甲基化、泛素化、类泛素化等,也伴随其他蛋白质与膜运输蛋白相互作用的改变。转运体蛋白的构象改变影响它们与所运物质的结合;通道蛋白的构象改变则决定它们的开放和关闭。

质膜对小分子运输的速率显然要受膜上膜运输蛋白数目的影响,这是通过膜泡在细胞内和质膜之间的穿梭运输而受到调控。不管是转运体蛋白还是通道蛋白,膜运输蛋白都是整合于高尔基体成熟面的膜泡的膜上,然后被运输到质膜的(详见第九章)。所以,膜运输蛋白可以停留在细胞内的膜泡上,在受到某种信号调控时被送到质膜表面,这是一个"上膜"或"入膜"的过程。相反,位于质膜的运输蛋白也可以通过胞吞被收回入细胞,随即被送到内体-溶酶体途径实施降解,这种"下膜"的机制被细胞用来负性调控质膜上运输蛋白的数目。许多细胞内外的因素通过改变这两条途径的平衡实现对质膜上运输蛋白数目的调控。

下面分别讨论转运体蛋白和通道蛋白各自介导的运输。

第二节 转运体蛋白介导的运输

转运体(transporters)指的是作为膜运输蛋白的一类跨膜蛋白,也曾被叫作载体(carrier)或通透酶(permease),通过易化扩散或主动运输将物质(主要是小分子)运输过生物膜。从氨基酸序列比较来看,介导主动运输和被动运输的转运体蛋白在分子构造上存在极大的相同性,提示两类转运体在分子进化上关系密切。

转运体介导的小分子穿膜运输是上皮细胞为机体吸收营养、分泌小分子的功能基础,也是各种细胞摄取营养物质和排出小分子代谢物的方式。

一、转运体介导运输的特点是与所运物质结合并可进行偶联运输

转运体蛋白运送一个特异分子的过程,与酶-底物反应有许多类似之处。首先,每种

转运体对其所运分子有一个或多个特异性结合位点,某种转运体饱和时,意味着所有结合位点被占满,此时运输速率为最大,该速率在特定转运体是具特征性的。其次,每种转运体对其所运物质有一特征性的结合常数,即运输速率为其最大值一半时所运物质的浓度。第三,像酶反应一样,所运物质与转运体的结合可被竞争性抑制物特异性地阻断(竞争同一位点并且被或不被转运体运输),也可被非竞争性抑制物阻断(在转运体的别处结合并特异性地改变转运体的构象)。与酶反应的不同之处是,转运体蛋白并不对所运分子作共价修饰,也就是说物质是毫无改变地从膜的一侧被送到另一侧的。

转运体介导运输的另一个特点是有几种不同的运输方式。有些转运体只运送一种物质,这是单一运输(uniport),另一些转运体则进行偶联运输(coupled transport),即一种物质的运输依赖第二种物质同时或后继的运输,这两种物质的运输可以方向相同,称为同向运输(symport),也可以方向相反,称为反向运输(antiport)(图8-4)。进行偶联运输的转运体蛋白又叫偶联转运体(co-transporter),它们对一种物质进行主动运输时,依赖另一种物质的电化学梯度所贮存的能量。举例来说,大多数动物细胞必须从细胞外液中摄取葡萄糖,细胞外葡萄糖浓度相当高,由葡萄糖转运体执行"单一运输"而被动地运入。但是,肠道和肾脏的上皮细胞必须分别从肠腔和肾小管管腔中摄取葡萄糖,而肠腔和肾小管腔中葡萄糖浓度是低于

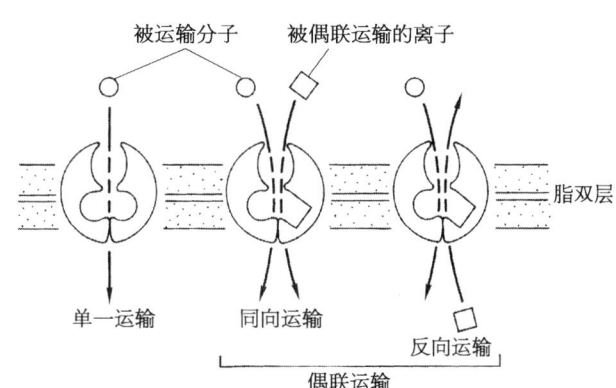

图8-4 转运体运输的几种形式
(引自 Alberts 等,2002)

细胞内葡萄糖浓度的,存在于这些细胞顶质膜上的"同向运输"转运体系统就通过被动地把细胞外高浓度的钠离子运入细胞,从而主动地把葡萄糖运入细胞。

转运体介导运输的机理是:转运体蛋白经历了一个构象变化,先后交替地把所运物质结合的位点暴露于膜的两侧,从而完成运输。如图8-5所示,在转运体蛋白处于A状态时,结合位点暴露于膜外侧,X物质结合上去,当构象转变为B状态时,结合位点暴露于膜内侧,X物质被释放下来,这样X物质就从膜外到了膜内。由于转运体构象变化是随机的、可逆的,当X物质的电化学梯度是膜外高膜内低时,结合至A状态转运体的X分子必然多于结合至B状态的,从而X物质得以顺其梯度从膜外进入膜内。这就是转运体进行被动运输的原理。当转运体介导主动运输的时候,转运体蛋白与一种能源相连接,从而能够将物质逆其浓度梯度运送过膜。所谓能源一般有3种形式,如图8-6所示。

(1) 离子梯度驱动力:即通过偶联运输使一种物质的"下坡"带动另一种物质的"上坡"。这样进行主动运输的转运体蛋白叫作偶联转运体。

(2) ATP驱动力:将主动运输偶联于ATP水解,这样进行主动运输的转运体蛋白叫

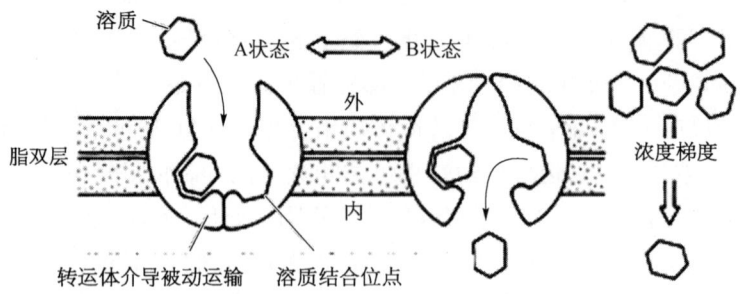

图 8-5 转运体介导被动运输原理
（引自 Alberts 等，2002）

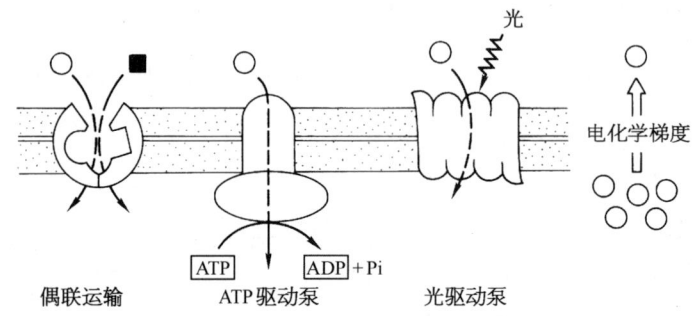

图 8-6 转运体介导主动运输的能源
（引自 Alberts 等，2002）

作 ATP 驱动泵。

（3）光驱动力：将主动运输偶联于光能，一般存在于细菌中，如细菌视紫红质。这样进行主动运输的转运体蛋白叫作光驱动泵。

在动物细胞中，转运体蛋白主动运输所需要的能源主要是 ATP 水解供能和离子梯度驱动力。

下文我们先介绍单一转运体，即进行被动运输的转运体蛋白；再介绍偶联转运体，即利用离子梯度驱动主动运输的转运体蛋白；然后讨论 ATP 驱动泵，即利用 ATP 水解驱动主动运输的转运体蛋白。

二、单一转运体介导全身细胞对葡萄糖等亲水小分子的被动运输

单一转运体介导运输的特点是：运输对象是葡萄糖、氨基酸和其他亲水小分子，每种转运体蛋白特异地运输一种分子或一类密切关联的分子；属于被动运输，但是其速率大大高于被动扩散，所以又叫"易化扩散"（facilitated diffusion）（意即"转运体使得扩散变得容易"）；转运体蛋白仅在膜局部分布，当所运分子数量太大、转运体运输会达到最大速率而饱和。

了解最多的单一转运体就是葡萄糖运输转运体 GLUT1。该转运体首先被发现分布

于红细胞质膜上,后来证明哺乳动物绝大多数细胞都表达该转运体,因为细胞都需要从血液摄取葡萄糖作为基本能量来源。血糖和细胞外液糖浓度一般高于细胞内部,因此 GLUT1 通常造成葡萄糖从细胞外向细胞内的净流入,当然在葡萄糖浓度差相反的情况下 GLUT1 也可以操作从内向外的运输。像所有转运体一样,蛋白质构象变化是运输的基础:糖结合位点在 A 状态向细胞外开放,而在 B 状态则向细胞质开放。

人类基因组编码的葡萄糖运输单一转运体蛋白有一个家族,成员有 14 个,即 14 种异构体,名为 GLUT1~GLUT14,其差别主要在于组织分布的特异性、糖种类的特异性、运输的动力学特性以及调控。正是这种差异,既保障了不同的体细胞独立调控葡萄糖运输,又维持了同一时刻血糖浓度的稳定。例如,GLUT1 分布于红细胞和大部分普通细胞,GLUT2 主要分布于肝脏和胰岛 β 细胞,在特定葡萄糖浓度下,GLUT2 与糖的亲和力低于的 GLUT1,即 GLUT2 在较高血糖浓度时运输速率增加,而 GLUT1 则在较低血糖浓度时运输速率就增加,却在较高血糖浓度时会因转运体结合位点趋于饱和,表现为摄入速度增加不多。结果,当进食之后血糖从基础水平 5 mmol 升至餐后水平 10 mmol 时,肝脏和胰岛 β 细胞运入葡萄糖的速率翻了一倍,而全身大多数普通细胞只略微增加葡萄糖摄入速率。肝脏摄入的葡萄糖作为糖原储存起来以备饥饿时分解使用,而胰岛 β 细胞被糖浓度的升高触发了胰岛素的分泌。分布于肌肉和脂肪细胞的 GLUT4 对胰岛素敏感,胰岛素促进这些细胞 GLUT4 更多插入质膜,加速细胞对葡萄糖的摄取,从而实现了餐后血糖的回落。

三、偶联转运体通过同时运输一对物质实现葡萄糖等亲水小分子的主动运输

两种物质偶联运输使得转运体蛋白可以利用一种物质(典型的是无机离子)的电化学梯度中贮存的能量来运输另一种物质。在动物细胞质膜上,Na^+ 往往是被偶联送入细胞的离子,它外高内低的跨膜电化学梯度为第二种物质的主动运输提供大量能量,是肠道上皮细胞等主动运输葡萄糖、氨基酸和其他亲水小分子的主要能源。

下面我们对同向和反向运输的偶联转运体各举一例,说明细胞如何利用这种膜蛋白进行物质运输。

1. **Na^+ 梯度驱动的同向运输转运体与糖摄入** 肠和肾小管上皮细胞中的葡萄糖和氨基酸浓度一般高于肠和肾小管腔中,所以肠对这些营养物质的吸收以及肾小管对它们的重吸收需要主动运输。在肠和肾小管上皮细胞质膜上存在多种利用 Na^+ 梯度的同向运输系统,各自负责将一组特异糖类或氨基酸(以下简称"溶质")主动运输进细胞(图 8-7 中顶部)。在运输过程中,溶质和 Na^+ 结合于转运体蛋白的不同位点上,Na^+ 顺其电化学梯度欲进入细胞,而糖或氨基酸,在某种意义上可以说,被一起"拽"了进来。Na^+ 的电化学梯度愈大,溶质进入的速率也就愈大,结果,如果细胞外液 Na^+ 的浓度降低,溶质的进入就会减少。图 8-8 示由 Na^+ 梯度驱动的葡萄糖转运体的工作原理。转运体在 A 和 B 两种构象状态间变换:蛋白结构在 A 状态向细胞外开放,而在 B 状态则向细胞质开放。

Na⁺和葡萄糖在转运体上的结合是协同的,即其中一个的结合诱发转运体构象改变,大大增加对另一个的亲和力。因为 Na⁺ 的细胞外液浓度很高,葡萄糖也就很容易在 A 状态结合于转运体,这样,Na⁺ 和葡萄糖两者经转运体状态的 A→B 变换进入细胞,比经 B→A 变换离开细胞要容易发生,所以总的结果是 Na⁺ 和葡萄糖的净入。由于两者结合有协同作用,缺一种则另一种无法结合上转运体,因而只有在两者俱备的情形下,转运体才会发生两种构象之间的变换。这种偶联转运体在运输葡萄糖的过程中改变了 Na⁺ 梯度,而维持膜两侧正常 Na⁺ 梯度的要依靠膜上的 Na⁺-K⁺ 泵。

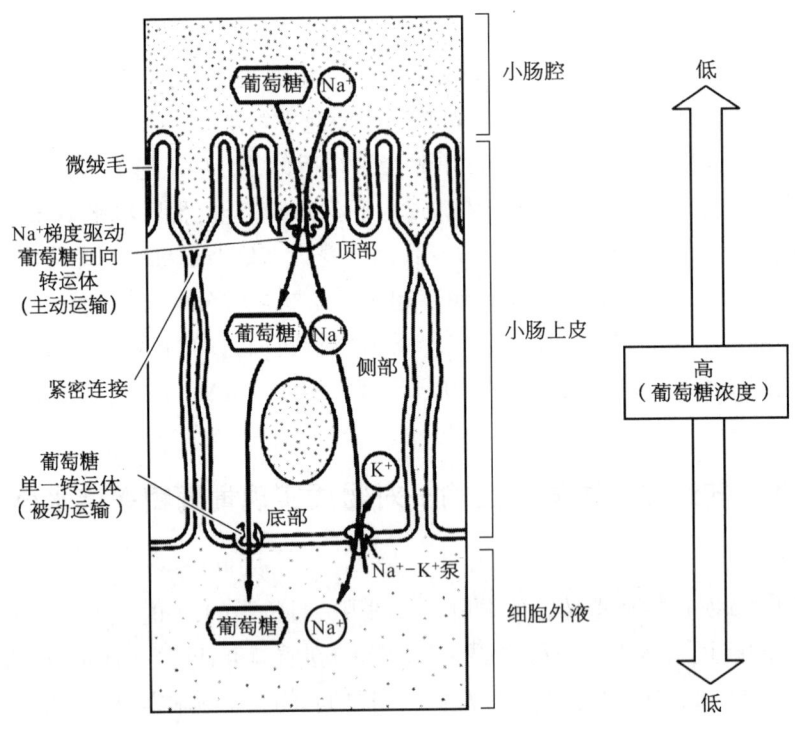

图 8-7 小肠上皮细胞质膜上转运体蛋白的不对称分布
(引自 Alberts 等,2002)

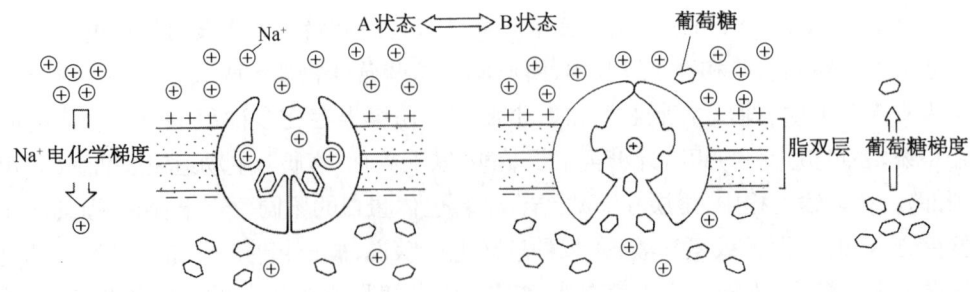

图 8-8 Na⁺ 梯度驱动的葡萄糖转运体的工作原理
(引自 Alberts 等,2002)

小儿严重腹泻引起脱水时,临床上采用口服补液糖盐水,就是利用这个钠-糖同向转运体的工作原理,让肠上皮细胞同时从肠腔摄入葡萄糖和钠离子,由此造成跨上皮层的渗透压,随后再让水顺着浓度梯度从肠腔被运入,起到为机体补充水分的作用。反之,假如单纯饮水,则水将因为渗透压的缘故很快排回肠腔。

2. Na^+ 梯度驱动的反向运输转运体与细胞质 pH 维持　蛋白质需要最适 pH 来实行其功能,不同的细胞器需要特定的 pH 环境,如溶酶体酶必须在溶酶体的低 pH(约为5)环境下工作,而胞质的酶则要求近中性的 pH(约为7.2)环境下工作。因此,控制胞质和细胞器特有的 pH 对细胞是至关重要的。大多数细胞在质膜上有一种或多种反向运输转运体蛋白,用以维持胞质 pH 在7.2左右。H^+ 可以自细胞外进入,也可以从细胞内的成酸反应生成。处理过多 H^+ 的机制有两种,一是将 H^+ 直接运出去,二是带入 HCO_3^- 中和 H^+。有些反向运输转运体蛋白使用第一种机制,利用 Na^+ 梯度贮存的能量将胞质中过多的 H^+ 泵出胞外。比如 Na^+-H^+ 交换蛋白,它将 Na^+ 内流与 H^+ 外流相偶联。另一些反向运输蛋白则将两种机制结合起来,如 Na^+ 驱动的 $Cl^--HCO_3^-$ 交换蛋白,它将 Na^+ 和 HCO_3^- 的内流与 Cl^- 和 H^+ 的外流相偶联,也就是造成 $NaHCO_3$ 进来和 HCl 出去。Na^+ 驱动的 $Cl^--HCO_3^-$ 交换蛋白如同 Na^+-H^+ 交换蛋白一样高效,因为每有一个 Na^+ 进入,就有一个 H^+ 被泵出,同时另有一个 H^+ 被中和。在有 $NaHCO_3$ 来源的情况下,Na^+ 驱动的 $Cl^--HCO_3^-$ 交换蛋白是调节胞质 pH 的最重要反向运输转运体蛋白。这两种转运体都受胞质 pH 的调节,在 pH 下降时活性增高。

但是,细胞器内部的 pH 维持所采用的是与胞质完全不同的机制,例如溶酶体、内体和分泌颗粒的低 pH,是 ATP 驱动的 H^+ 泵起了重要作用,即 ATP 水解供能将 H^+ 从细胞质基质泵入这些细胞器(见下述"H^+ 泵")。

在了解了单一和偶联转运体各自如何运输葡萄糖后,需要指出的是,细胞运输小分子的功能常常需要多种转运体蛋白协同工作,并且各种转运体在质膜上必须分布于特定的位置(叫作"转运体蛋白的不对称分布")。肠和肾小管上皮细胞都是具有吸收功能的上皮细胞,也是所谓有极性的细胞,即细胞被其侧面的紧密连接装置分为面向管腔的顶部(apical portion)以及面向底部基膜和相邻细胞的底侧部(basolateral portion)。质膜也因此被分为顶部质膜和底侧部质膜两个区域。转运体的不对称分布是上皮细胞吸收功能的基础(图8-7)。Na^+ 梯度驱动的同向运输转运体分布于上皮细胞顶部质膜(即吸收面结构域),由此对抗营养物质的浓度差主动地将葡萄糖和氨基酸等营养物质从肠腔摄入细胞。而不依赖 Na^+ 的被动运输转运体则分布于细胞底侧面质膜,由此允许营养物质顺其浓度差被动地离开细胞进入肠壁的组织间液。许多上皮细胞通过在吸收面形成大量如指状突起的微绒毛而大大增加质膜面积,增加运输容量。如小肠和肾小管的刷状缘。

上述偶联转运体中,Na^+ 的跨膜电化学梯度为另一种物质的主动运输提供能量,进入细胞的 Na^+ 过后再被质膜上的 Na^+-K^+ 泵泵出去,从而使 Na^+ 的电化学梯度得以维持。

四、ATP 驱动泵保障了大多数离子的跨膜浓度差

如上所述,离子梯度在驱动细胞的许多基本运输活动中起到了关键作用,而建立和维

持这些离子梯度却有赖于利用 ATP 水解供能的各种离子泵。在这个意义上可以说,偶联转运体介导了次级的主动运输,而 Na^+-K^+ 泵则介导了初级的主动运输。

1. Na^+-K^+ 泵与钠钾梯度　大多数细胞的细胞内 Na^+ 浓度低于细胞外 10~20 倍,K^+ 浓度则是细胞内高于细胞外 10~20 倍,这样一种奇特的离子梯度对于细胞的许多活动至关重要,其维持正是依靠 Na^+-K^+ 泵(sodium-potassium pump)的作用。几乎所有动物细胞质膜上都存在这一对 Na^+ 进行主动运输的转运体蛋白。因为它将 Na^+ 逆着极高的电化学梯度运出细胞,而把 K^+ 逆着极高的电化学梯度运入细胞,所以称之为 Na^+-K^+ 泵,又因为它的能量来源是自身进行 ATP 水解获得的,又把它叫做 Na^+-K^+-ATP 酶。一般动物细胞能量需要的 1/3 耗费于该泵,在神经细胞这种消耗可达 2/3,可见该蛋白对细胞生存的重要性。

Na^+-K^+-ATP 酶由一个大的多次穿膜的催化亚基(约 1 000 个氨基酸残基)和一个小的糖蛋白相连而组成。在催化亚基的胞质面有 Na^+ 和 ATP 的结合位点,其外表面有 K^+ 或乌本苷(ouabain,一种箭毒苷,能抑制 ATP 酶)的结合位点(图 8-9a)。整个分子能可逆地磷酸化和去磷酸化,运输过程依赖的正是这种自动的磷酸化-去磷酸化循环。催化亚基磷酸化是由于在胞质面 ATP 水解成 ADP,其末端磷酸基团在 Na^+ 存在时就转移至催化亚基的一个精氨酸残基上。这种依赖 Na^+ 的磷酸化引发了构象变化,导致 Na^+ 被运送出细胞,随即又发生了依赖 K^+ 的去磷酸化,即在细胞外表面有 K^+ 存在时,亚基上的磷酸基水解脱落,结果 K^+ 被运送入细胞,这时亚基又恢复原来的构象(图 8-9b)。由此可以解释为什么 Na^+、K^+ 运输与 ATP 水解紧密偶联,并且这种运输和水解的条件是 Na^+ 和 ATP 存在于细胞内、K^+ 存在于细胞外。乌本苷对 ATP 酶的抑制就发生在依赖K^+的去磷酸化这一步上,因它与 K^+ 竞争结合至亚基上。

泵的两种状态分别以磷酸基团的存在与缺如为标志,这样一类离子泵被统称为"P 型运输 ATP 酶"(P 指 phosphorylation,即磷酸化),由结构和功能相关的蛋白家族组成,其成员除了 Na^+-K^+ 泵这个典型,还包括下文将予以讨论的 Ca^{2+} 泵。

大多数细胞的 Na^+ 浓度是外高内低,K^+ 浓度则是内高外低,这样一种特定的离子梯度对于细胞的许多活动至关重要,其维持正是依靠 Na^+-K^+ 泵的作用。几乎所有动物细胞质膜上都存在这一对 Na^+ 进行主动运输的转运体蛋白。Na^+-K^+ 泵每水解 1 分子 ATP,同时泵出 3 个 Na^+,泵入 2 个 K^+。产生的直接效应是细胞外高钠、细胞内高钾的特殊离子梯度。其间接效应有:

(1) 调节细胞容积:细胞质膜上存在水通道蛋白,水可以顺着梯度经此通道进出细胞,这一过程就叫作"渗透"。因细胞内有固有阴离子,又有为平衡固有阴离子而伴随存在的许多阳离子,它们共同形成一个要把水"拉"进来的渗透压;与之对抗的是细胞外渗透压,这主要由 Na^+、Cl^- 等无机离子造成。但细胞外高钠使 Na^+ 有顺其梯度流入细胞的倾向。唯有 Na^+-K^+ 泵把流入的 Na^+ 不断泵出,才维持了膜内外渗透压的平衡。红细胞膜富含水通道,对水快速通透,会很快在低渗溶液中涨破或在高渗溶液中皱缩。因此,红细胞容积的维持高度依赖 Na^+-K^+ 泵。用乌本苷处理细胞,造成 Na^+ 流入,水跟随流入,红

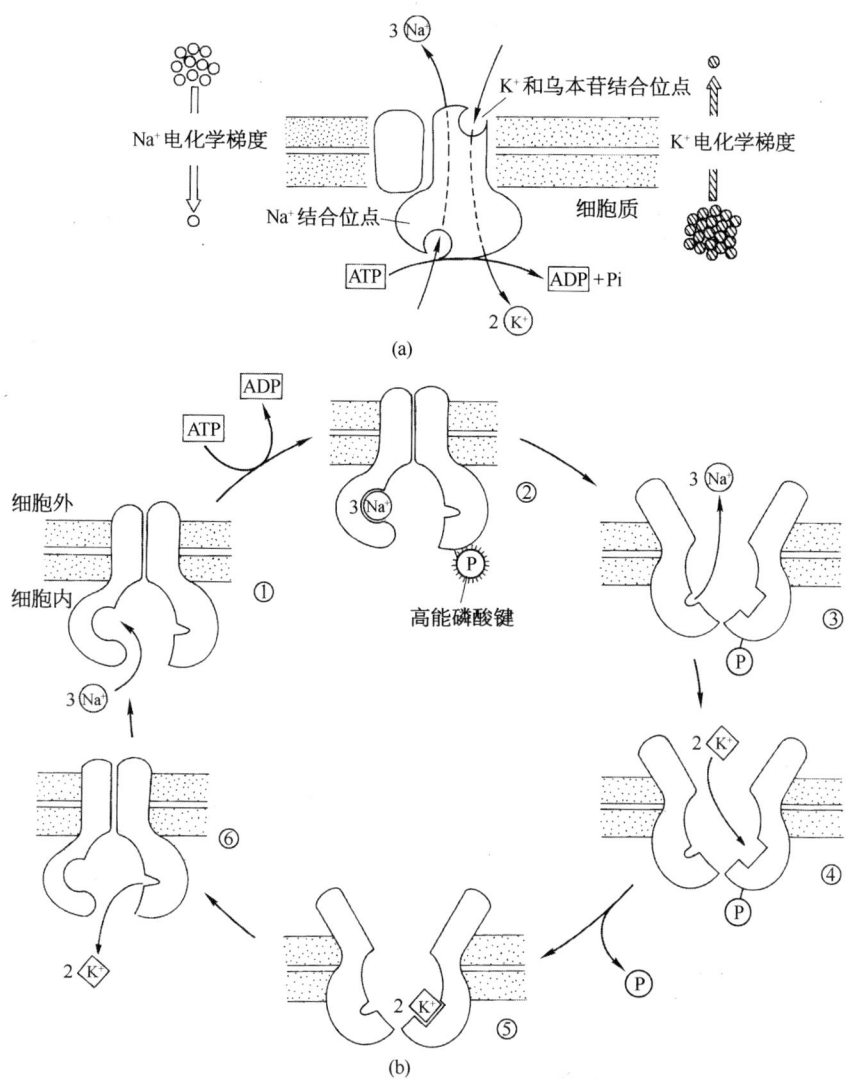

图 8-9 Na$^+$-K$^+$-ATP酶工作原理
(引自 Alberts 等,2002)

细胞将很快肿胀破裂。

(2) 保证另一些物质的主动运输:钠离子浓度梯度中储存的能量使某些转运体蛋白可以以同向运输或反向运输的形式,主动把葡萄糖和氨基酸运入细胞,或把 H$^+$ 运出细胞。

(3) 参与形成膜电位:膜电位是指膜两侧由于正离子和负离子数目不对等导致的电压差。正常动物细胞都存在膜内相对膜外 -60 mV 的电位差,其形成有多种因素。由于 Na$^+$-K$^+$ 泵每泵出 3 个 Na$^+$ 只泵入 2 个 K$^+$,结果造成膜内相对负于膜外的电位差,这一效应对膜电位的形成有 10% 的作用。

Na$^+$-K$^+$ 泵可以被反向驱动,这种情况下就有 ATP 生成。在实验条件下如果将

Na^+ 和 K^+ 梯度扩大到这样一个程度,即贮存于离子电化学梯度中的能量大于 ATP 水解的化学能,那么这些离子就会顺着它们的电化学梯度移动,Na^+-K^+ 泵就驱动了从 ADP 和磷酸合成 ATP 的过程。究竟 Na^+-K^+ 泵的工作是用于生成 ATP,还是将 Na^+ 泵出细胞,取决于 ATP、ADP 和磷酸的浓度,以及 Na^+ 和 K^+ 的电化学梯度。

2. H^+-K^+ 泵与胃腔泌酸 人和其他哺乳动物的胃腔含有 0.1 mol 盐酸,对饮食中的细菌起到杀菌作用,对蛋白质起到变性作用,并为需要酸性 pH 的胃蛋白酶提供合适环境。盐酸是由胃上皮层一种名为"壁细胞"(parietal cells)的特化上皮细胞分泌到胃腔的,这些细胞临近胃腔顶部质膜含有 H^+-K^+ 泵,进行 H^+-K^+ 交换,把 H^+ 泌入胃腔,造成百万倍的跨膜 H^+ 梯度,即胃腔内 pH 约为 1,而细胞内 pH 约为 7。这个 H^+-K^+ 泵常被简称为质子泵,也是 H^+-K^+-ATP 酶,与上述 Na^+-K^+-ATP 酶一样属于 P 型运输 ATP 酶,依赖 ATP 作为能源进行离子泵运。

为了避免壁细胞运出 H^+ 造成的细胞内酸碱平衡紊乱,壁细胞底侧部质膜上的 Cl^--HCO^- 反向偶联转运体把 HCO^- 从胞质运入血液,配合 H^+-K^+ 泵运出 H^+ 的活动。此处又可见,细胞运输小分子的功能常常需要分布于质膜特定位置的多种转运体协同工作。这种转运体不对称分布的特性不但是上皮细胞吸收小分子功能的基础,如前述小肠上皮细胞的葡萄糖吸收,也是上皮细胞分泌小分子功能的基础,如胃的壁细胞泌酸。重要的是,上述两个转运体还需要壁细胞质膜上特殊的 K^+ 通道和 Cl^- 通道配合才能正常工作,其 K^+ 通道的特殊性在于它不是受电压调控,而是对 pH 敏感。可见细胞对小分子的运输还常常需要转运体和通道两种运输蛋白协同工作。

3. Ca^{2+} 泵与钙梯度 真核细胞胞质中游离 Ca^{2+} 浓度很低(约为 10^{-7} mol/L),细胞外 Ca^{2+} 浓度则很高(约为 10^{-3} mol/L)。肌肉细胞的肌质网是一种特化的内质网,是 Ca^{2+} 的储存池,其腔内 Ca^{2+} 浓度也大大高于胞质。质膜或肌质网膜两侧的这种钙梯度有十分重要的意义,因为当某些细胞外信号作用于细胞时,钙离子顺其浓度梯度的跨膜流动可以是细胞对细胞外信号应答和传导的一种方式。例如神经末梢的去极化(即改变原来内负外正的电位差-极化)可引发 Ca^{2+} 内流,导致末梢释放乙酰胆碱;肌肉细胞的去极化可引起肌质网中 Ca^{2+} 释放至胞质,导致肌纤维收缩。

Ca^{2+} 梯度的维持相当程度上依赖膜上的 Ca^{2+} 泵(calcium pump),这些 Ca^{2+} 泵有一种是 P 型运输 ATP 酶,另一种实际上是被 Na^+ 电化学梯度驱动的反向运输蛋白,叫作 Na^+-Ca^{2+} 交换蛋白。在细胞受外界信号刺激而升高胞质 Ca^{2+} 浓度后,肌质网膜上的大量 Ca^{2+} 泵负责将胞质中的 Ca^{2+} 泵回肌质网。非肌肉细胞的内质网膜上也存在类似的 Ca^{2+} 泵,但数量较少。

肌质网膜上的 Ca^{2+} 泵,或称 Ca^{2+}-ATP 酶,是了解得最清楚的 P 型运输 ATP 酶。这个 Ca^{2+}-ATP 酶占肌质网膜蛋白重量的 90%,因此易于提纯。像所有 P 型运输 ATP 酶一样,这个蛋白在泵运 Ca^{2+} 过程中经历了磷酸化和去磷酸化的变化,每水解 1 分子 ATP 把 2 个 Ca^{2+} 从细胞质中泵入肌质网腔。对 Ca^{2+}-ATP 酶以及另一个与之相关的真菌 H^+ 泵的研究第一次提供了共有相似结构的 P 型运输 ATP 酶家族的资料。它们都含

10个跨膜α螺旋,其中3个排成穿越脂双层的中央通道。在非磷酸化状态,Ca^{2+}-ATP酶的2个螺旋裂开,形成一个面向胞质的腔隙,让2个Ca^{2+}结合。ATP在同一面结合至其位点以及相邻结构域接着发生的磷酸化,导致整个跨膜α螺旋的剧烈构象变化,结果Ca^{2+}结合位点打破,Ca^{2+}在膜的另一侧被释放,即被送入肌质网腔(图8-10)。

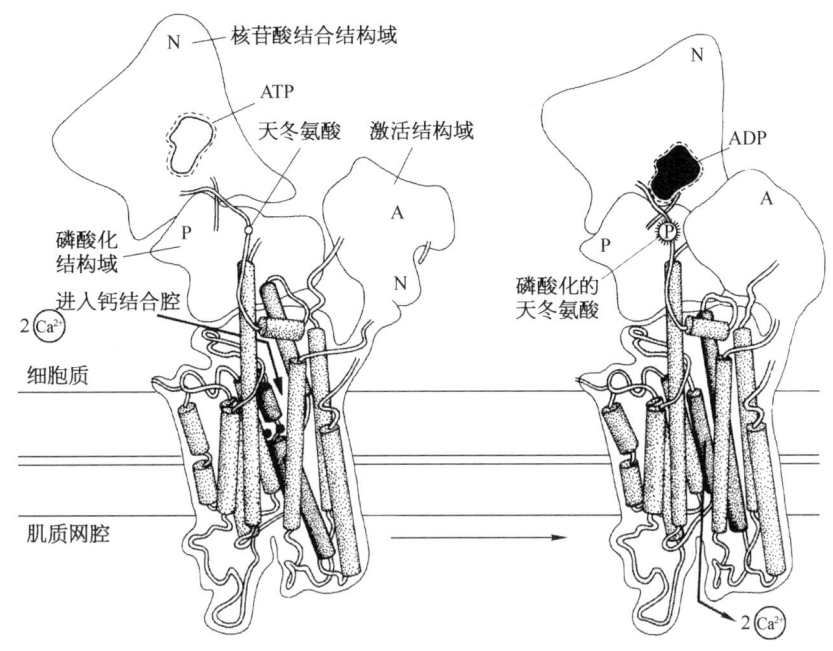

图8-10 Ca^{2+}-ATP酶分子结构及工作原理

(引自 Alberts 等,2002)

4. ATP合成酶与ATP生成,H^+泵与细胞器酸化 线粒体内膜(还有细菌质膜和叶绿体的类囊体的膜)所含的运输ATP酶,属于V型运输ATP酶,在结构上完全不同于P型运输ATP酶,它们是一种涡轮状的结构,由多个不同的蛋白亚基构成,在正常情况下是逆向工作的,即不是ATP水解泵运离子,而是H^+的跨膜梯度驱动从ADP和磷酸合成ATP,因此得名"ATP合成酶"。在动物细胞,H^+的跨膜梯度来源于线粒体的呼吸链电子传递(参见第五章)。

尽管正常情况下V型运输ATP酶合成ATP,被看作ATP合成酶,但它们也可以反向工作,即像P型运输ATP酶一样,水解ATP,运输氢离子。细胞确实这样使用V型运输ATP酶:在溶酶体、内体、突触小泡、植物液泡之类细胞器的膜上,V型运输ATP酶泵入H^+,造成这些细胞器内部的酸化。这些运输蛋白就被叫作H^+泵(proton pump),它们保障了特殊细胞器内部的酸性环境和细胞器功能。

五、ABC运输蛋白超家族成员具有共同的特征和多样的功能

运输ATP酶属于一个运输蛋白超家族,名为ABC运输蛋白超家族。如此命名是因

为每一成员都含两个高度保守的 ATP 结合匣（ATP binding cassette，ABC），即 ATP 结合结构域。ABC 运输蛋白先是被发现大量存在于细菌质膜上，如大肠埃希菌基因组有 5% 的基因即 78 个基因编码 ABC 运输蛋白。随后在真核细胞发现了第一个 ABC 运输蛋白，即著名的多药耐药蛋白[multidrug resistance (MDR) protein]，该蛋白在各种肿瘤细胞上的过度表达，泵出多种透过质膜进入细胞的脂溶性药物，使细胞对肿瘤化疗中常用的、化学上无关联的多种细胞毒药物同时发生抵抗，减轻了药物毒性作用，并造成耐药。研究表明有多达 40% 的人类癌症可以发生固有的或获得性的多药耐药，这成为抗癌治疗的一大障碍。

目前已有超过 50 个哺乳动物 ABC 运输蛋白被鉴定出来，它们存在于各种细胞，专一运输一种或一类底物。整个超家族所运输物质的种类是极其巨大的，可包含氨基酸、糖、胆固醇、无机离子、胆汁酸、磷脂和外源的毒素和药物，甚至一些肽类和蛋白质，在临床上的重要意义十分令人注目。

肝、肾和肠是机体清除代谢废物和进入体内的天然毒素的脏器，其上皮细胞常常高表达各种 ABC 运输蛋白，以将外源的和代谢过程中产生的毒素排入胆汁、肠液和尿液。

ABC 运输蛋白在质膜对脂质的运输中也非常重要。肝细胞邻近胆管一面的质膜上存在一种 ABC 运输蛋白成员，它能将质膜胞质半层的磷脂酰胆碱"翻转"(flip)运输至细胞外半层，为磷脂酰胆碱随后与胆固醇和胆汁酸结合在一起进入胆汁作了准备。

胚胎和成体干细胞的一个特征是质膜上高表达多种 ABC 运输蛋白，可能用于自我保护性地排出内外源毒素和药物。

大多数脊椎动物细胞的内质网膜上，ABC 运输蛋白将蛋白质降解产生的各种肽不停地从胞质输入至内质网腔。这是机体免疫系统对细胞进行监控的一种重要机制的第一步。进入内质网的蛋白片断最终将被递呈(presented)在细胞质膜表面，如果这些片断来源于病毒或其他有害微生物，这一递呈抗原将被细胞毒性 T 淋巴细胞识别。

第三节　通道蛋白介导的运输

作为一种膜运输蛋白，通道蛋白(channel proteins)是指一类形成孔道的穿膜蛋白，在各种因素作用下开放，允许所运物质顺着自身电化学梯度快速穿越生物膜。通道运输的对象是离子(主要是 Na^+、K^+、Ca^{2+}、Cl^- 等)和水，所以这些运输蛋白又叫离子通道(ion channel)或水通道(water channel)。目前已知的离子通道有 100 多种。离子通道介导各种离子的运输，在神经元、肌细胞、内分泌细胞和卵细胞等所谓电兴奋细胞有特别重要的意义，它们应答并介导了各种电信号，是神经冲动传导、肌肉收缩、蛋白质分泌的物质基础。但是离子通道的作用不仅限于电兴奋细胞，它们也存在于所有动物细胞膜上，并且在植物和微生物上也有作用。近年才发现的水通道其实是人们所熟知的红细胞在高渗溶液中皱缩、低渗溶液中涨破的基础，也是肾脏小管上皮细胞重吸收水的基础，现在被证明普遍存在于大多数细胞。

一、通道介导运输的特点是快速的、被动的、选择性的和门控的

通道是通过形成贯穿膜层的孔道来完成运输的,但通道不是简单的水性孔道,对离子通道而言,两者主要的区别在于两点:一是离子通道对离子的大小、带电性具有选择性。通道孔径必须足够狭小,同时,通过的离子必须大小和带电状况合适,而且要把所带的水分子"丢弃",才能与孔道的壁密切接触而通过通道的最狭窄处;该狭窄处因而叫作选择性滤器(selective filter),可限制离子通过速率。二是离子通道并非持续开放,而是"门控的"(gated)。"门控"的实质是通道蛋白被调控后构象变化形成不同的开放状态。在膜上特异性刺激控制下,闸门短暂地开放(图8-11),随即很快关闭。随着刺激时间延长,大多数开放的通道会进入"失敏"或"失活"状态,不再开放,直至刺激停止。每一种离子通道受控的刺激或信号类型可以是不同的,最常见的门控信号是电压,即膜两侧电位差的改变;或机械牵张力;或配体结合。与通道结合的配体可以是细胞外的,常见的是神经递质,也可以是细胞内的,比如离子本身。本节主要介绍两类离子通道:电压门控通道(voltage-gated channel)和配体门控通道(ligand-gated channel)中的递质门控通道(transmitter-gated channel)。而机械牵张力作为离子通道的门控信号是近年研究日益增多的一个新领域。

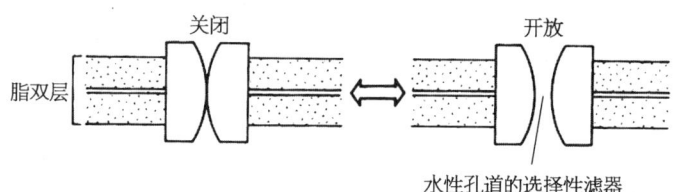

图 8-11 通道蛋白的启闭

(引自 Alberts 等,2002)

水通道也同样具有选择性,即让水分子而不让离子通过。不过,尚不清楚它是否也有门控性。对水通道的调控了解较清楚的机制主要是:激素通过影响位于细胞内的水通道蛋白移向质膜,从而调控细胞表面水通道数目。

通道介导的运输不同于转运体之处在于:通道运输的速率很高,平均高出转运体运输速率的 100 倍以上,每秒可有百万个离子或千百万个水分子通过一个通道;所有通道运输都是被动运输,不直接消耗能量。

二、电压和递质门控的离子通道是神经元和肌细胞生理功能的基础

1. K^+ 通道与静息电位 膜电位是由膜两侧的电荷差异形成的,这种差异可以由主动泵运造成,也可以由离子的被动扩散造成。对于典型的动物细胞质膜,被动的离子移动是生成膜电位的主要力量,其中,K^+ 的跨膜电化学梯度是决定膜电位形成的关键因素。由于 Na^+ 泵作用,细胞内 Na^+ 是低浓度的,为平衡细胞内固有阴离子所需要的阳离子就只能是

K^+。K^+的浓度梯度驱使其逸出,但固有离子造成的电梯度又吸引其留在细胞内,当这两种力量平衡时,K^+停止流动,这时的膜电位就等于静息膜电位(约-70 mV),因为此时没有膜内外离子的净流动。膜上的K^+通道(potassium channel)为K^+自由穿越质膜提供了途径,使它们能被固有阴离子吸收入细胞,然后在Na^+-K^+泵的作用下维持在细胞内的高浓度。这一对K^+通透的通道存在于所有动物细胞质膜上,而且可能不需要特异刺激即可打开,因而也被叫作K^+逸漏通道(K^+ leak channels)。这一特点可以说明为什么质膜对K^+的通透性要比对其他离子大得多,也能说明为什么K^+的浓度对膜电位起关键作用。

  细菌的K^+通道蛋白是第一个通过冷冻结晶和X光衍射得到研究的通道蛋白,由此得到的资料极大地增进了我们对离子通道工作原理的认识。

  长期以来人们对离子通道为什么具有离子选择性迷惑不解。例如,K^+和Na^+两种离子都呈球状,大小几乎没有差别(分别为0.133 nm和0.095 nm),而K^+通道对K^+的通透量是对Na^+通透量的10 000倍。这个问题在我们见到细菌K^+通道蛋白的X光晶体图像后得到了解答。K^+通道由4条相同的穿膜亚基形成(图8-12,图中仅显示其中2条亚基)。带负电的氨基酸集中于通道的胞质面入口处,吸引阳离子,排斥阴离子,从而赋予通道对阳离子的选择性。通道在脂双层内部膨起形成一个前庭,有利于钾离子进入。每条亚基含2个穿膜螺旋,它们有所倾斜,使得通道向膜的胞外一侧略呈开口,造成该部位成为通道的较宽一端。将两个穿膜螺旋相联结的那段肽链形成一个短的α螺旋(孔道螺旋)和一个向通道较宽部位的突起(选择环),这些环构成一个选择性滤器,位于前庭与细胞外区之间。肽链骨架上的羧基氧原子排布

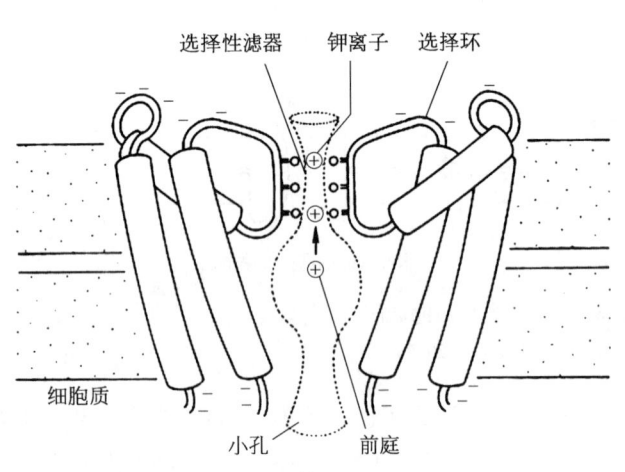

图8-12 细菌K^+通道蛋白结构
(引自Alberts等,2002)

于其表面,成为滤器的内壁,并作为钾离子的一过性结合位点。通过滤器的两个钾离子排成单行,分隔约0.8 nm,它们之间的斥力可能有助于它们向细胞外液移动。钾离子在通过前庭时仍是含水的,但当它要进入这个滤器时,必须丢弃它所结合的所有水分子,并与排布于滤器表面的羧基氧发生作用(这些羧基氧的排布形式极其精确,刚好接纳一个无水钾离子)。钾离子的脱水需耗费能量,羧基氧可以作为水分子的替身与其结合,从而补充能耗。与此相反,一个钠离子就不能进入这个滤器,因为它分子较小,羧基氧的位置距其太远,不能提供能耗平衡。这样,易于通过K^+通道的就主要是钾离子而非钠离子。

  细菌K^+通道蛋白的结构研究还显示了这些通道是如何开放和关闭的。形成选择滤

器的环位置较为固定,在通道启闭时不发生构象变化。但构成通道其余部分的穿膜螺旋能发生位置重排,造成通道关闭时其在胞质面的开口变小。入口变小加上排布于表面的疏水氨基酸,阻断了离子的进入,造成通道关闭的效果。

2. **Na⁺通道与动作电位** 存在于神经肌肉细胞即电兴奋性细胞质膜上的 Na⁺ 通道 (sodium channel)是一种电压门控通道,它们在动作电位的形成过程中起决定性作用。动作电位是由膜部分去极化启动的。起初,引起部分去极化的刺激使静息状态的膜上电场发生轻微改变,电压门控的 Na⁺ 通道对电场变化高度敏感,随即发生构象变化,从稳定的关闭状态变成开放状态,使小量 Na⁺ 进入细胞。正电荷的流入造成进一步去极化,直至 $-70\ mV$ 的静息膜电位转变成 $+50\ mV$ 的 Na⁺ 平衡电位。在此去极化过程中,每个 Na⁺ 通道开放后就有同样强大的传送能力,每秒钟可让 8 000 个 Na⁺ 通过,随后很快自动转变为失活状态,这时膜开始回复到原有负值电位,等到 Na⁺ 通道转变成活化但不开放的构象时,膜才能重新对刺激有反应而形成下一次动作电位(图 8-13)。这就是 Na⁺ 通道的"全或无"作用方式,也说明了动作电位"全或无"性质的本质。

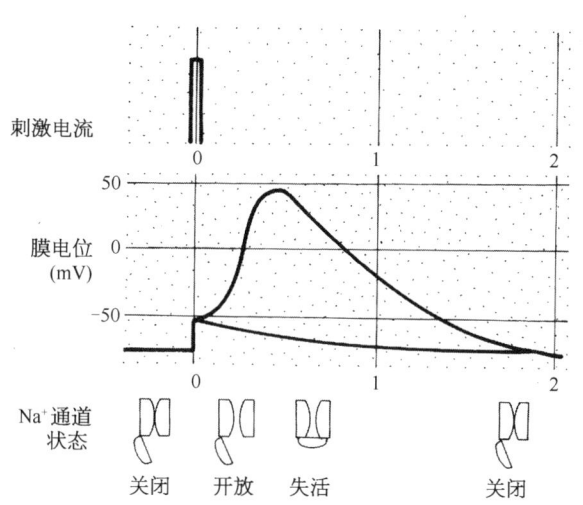

图 8-13 Na⁺ 通道的状态与动作电位的关系
(引自 Alberts 等,2002)

3. **电压门控的阳离子通道与肌肉收缩** 能产生动作电位的、电压门控的阳离子通道除了上述 Na⁺、K⁺ 通道,还包括 Ca²⁺ 通道。在一些肌细胞、卵细胞和内分泌细胞上,动作电位的产生依赖 Ca²⁺ 通道而非 Na⁺ 通道。

电压门控的阳离子通道即 Na⁺、K⁺ 或 Ca²⁺ 通道还分布于许多非电兴奋性的细胞。这 3 类通道蛋白在结构和功能上存在很大差异,可以由多个基因编码,也可以由一个基因的 RNA 转录物拼接不同产生。然而,所有已知的这 3 类蛋白在氨基酸序列上都惊人地相似,这表明它们源于进化上相关的一个超级家族,并基于相同的设计原理。

有些人遗传了编码离子通道蛋白的基因突变,他们可以根据基因表达部位的不同,罹患神经、肌肉、脑或心脏疾病。例如肌强直症,肌肉在主动收缩后的松弛发生障碍,造成疼痛性肌肉痉挛。有时候这是因为突变的通道不能正常失活,以至于在动作电位结束后仍有 Na⁺ 持续内流,不断激发膜的去极化和肌肉收缩。如果突变发生在脑内的 Na⁺、K⁺ 通道,就引起癫痫。

在电压门控离子通道的研究中长期使用的微电极技术,所探测的是流经所有通道的电流总和。20 世纪 80 年代发展起来的膜片钳记录法(patch-clamp recording)在这方面研究中引起了革命性变化。这种技术用一玻璃微吸管吸住一小片膜,因管口边缘与膜完全封闭,当有电流流经覆于吸管口这一小片膜上的通道时,在吸管中可以记录到电流,从而测知单个通道的离子运输情况。Na^+ 通道的"全或无"作用方式正是采用这种技术发现的。Na^+ 通道开放或关闭的时间是随机的,但是一旦开放,通量总是相同的,每毫秒允许通过 1 000 个 Na^+。

电压对通道的门控作用可以从基本的物理学原理来理解。处于静息状态的神经元或肌细胞的质膜内电位比质膜外负 50～100 mV,虽然这一差异不大,但这种差别存在于仅厚 5 nm 的一层膜两侧,造成的电梯度就是 100 000 V/cm,所以膜上蛋白质实际上处于一个很强的电场内。膜蛋白含有带电基团,其原子之间也有极性键,电场就对分子结构发生作用。对许多膜蛋白来说,电场变化给它们带来的影响也许微乎其微,但电压门控的通道蛋白能发生数种构象变化,其稳定性随电场强度而变化。例如 Na^+、K^+ 或 Ca^{2+} 通道之类电压门控的阳离子通道,它们的一个穿膜片断上含有特征性的带正电氨基酸,能对膜的去极化作出反应而向外移动,激发构象变化,打开通道。如果周围电场的随机热运动给予足够的震荡,一种构象会翻转至另一种,而关闭、开放和失活这三种构象相对更稳定。

4. 递质门控的阳离子通道——乙酰胆碱受体与神经肌接头的化学-电信号转换

乙酰胆碱受体(acetylcholine receptor)是一种递质门控的阳离子通道,大量分布于骨骼肌细胞神经肌接头处。神经肌接头是运动神经元和骨骼肌之间的一种特化的化学突触。乙酰胆碱受体在此处神经末梢释放的神经递质乙酰胆碱作用下一过性地开放,将细胞外的化学信号快速转化为电信号。

乙酰胆碱受体在离子通道研究中有着特殊地位。在已知的离子通道蛋白中,它第一个被提纯,第一个被鉴定出氨基酸序列,第一个在人工合成脂双层上得到重建,它单向开放的电信号也是第一个得到记录,它的基因又是第一个被分离、克隆并鉴定出序列的,它的三维分子结构也已了解。对这一通道蛋白研究较为透彻主要由于来源丰富,电鱼和鳐的电器官即特化肌肉富含该蛋白。另外,某些毒蛇产生的神经毒素能够以高亲和力与该蛋白结合,使人得以用亲和层析的方法将其纯化。

该通道蛋白是一个由 5 条肽链组成的糖蛋白五聚体(图 8-14a),肽链中 2 条属一种,3 条属另三种,分

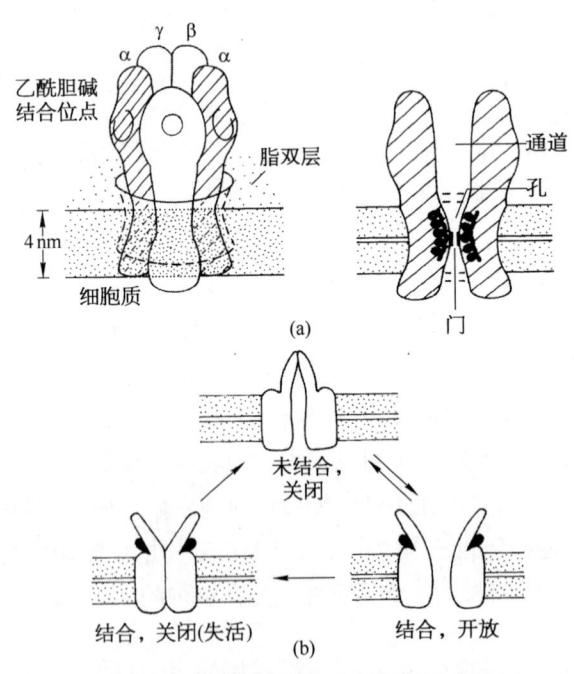

图 8-14 乙酰胆碱受体的结构和三种状态
(引自 Alberts,2002)

别由4个基因编码。4个基因高度同源,提示它们源于同一祖先。每条肽链折叠成4个α螺旋穿越膜层。五聚体中两条相同肽链各有一个乙酰胆碱结合位点,当两个乙酰胆碱分子结合上五聚体时,就引发了其构象变化,通道打开,直至神经肌接头处的乙酰胆碱酯酶将乙酰胆碱水解,乙酰胆碱浓度下降。一旦乙酰胆碱与其受体(即五聚体)解离,受体构象恢复至原来状态,通道关闭。如果神经兴奋过度,乙酰胆碱作用持续,受体将发生失活(图8-14b)。

乙酰胆碱受体5个亚基排成环状,形成穿越脂双层的含水通道,其两端略膨出成前庭。肽链中含大量极性氨基酸的那段α螺旋参与构成了含水通道的内壁,通道两端开口处成簇的负电性氨基酸使阴离子受到排斥,而阳离子只要直径小于0.65 nm就可通过。一般可通过的阳离子是 Na^+、K^+ 和 Ca^{2+},对这三种离子的选择主要取决于这些离子各自的电化学梯度。当膜处于静息电位时,K^+ 的驱动力近乎为0。相反,Na^+ 很高的电压和浓度梯度都作用于同一方向驱动离子进入细胞,虽然 Ca^{2+} 的电化学梯度也如 Na^+ 的一样,但它的细胞外浓度与 Na^+ 相比无足轻重,所以,乙酰胆碱受体通道开放导致一次 Na^+ 的大量内流,最高速率约每个通道每毫秒 30 000 个离子。这一 Na^+ 内流引起肌肉细胞膜的去极化。

每一种递质门控的离子通道都有其多种亚型,它们可以由不同的基因编码,也可以由同一基因产物的不同RNA拼接产生。各个变种的不同组合就产生了极其多样的亚型,其配体不同,通道导电性不同,启闭速率不同,对药物和毒素的敏感性不同。例如,脊椎动物神经元的乙酰胆碱门控离子通道与肌肉细胞的就有不同。又如,脑内乙酰胆碱受体的不同亚型具有不同的功能。这些,使人们可以针对较小范围的神经元或突触种类来设计药物,对脑功能发生特异性的影响。事实上,递质门控的离子通道很久以来就是药物作用的重要靶点。外科医生为了让手术期间肌肉松弛可以使用箭毒,这种药取自南美土著人用作箭毒的植物,能阻断骨骼肌的乙酰胆碱受体。治疗失眠、焦虑、抑郁和精神分裂症的大多数药物都作用于化学突触,其中许多都与递质门控的离子通道结合。例如巴比妥类药和镇静药结合于GABA门控的离子通道,导致低浓度的GABA就能打开 Cl^- 通道,从而增强GABA的抑制性作用。

5. 神经肌肉传导中离子通道的激活过程 在神经冲动刺激肌肉收缩的过程中,至少有5组有闸门的离子通道在短短数个毫秒的时间内依次激活,从而实现了兴奋-收缩偶联。从中可见有闸门的离子通道对电兴奋细胞的重要性。

如图8-15所示,左图是静息状态的神经肌接头,其上分布的5组门控离子通道都是关闭着的;右图显示该处活化时的情形:① 先是神经冲动到达末梢,其质膜去极化,使其上的电压门控的 Ca^{2+} 通道一过性打开,Ca^{2+} 从细胞外大量流入神经末梢细胞质内,启动了末梢释放乙酰胆碱;② 释放的乙酰胆碱与突触后的肌细胞质膜上乙酰胆碱受体结合,一过性地打开了受体的阳离子通道,所造成的 Na^+ 内流引起局部膜去极化;③ 肌细胞质膜去极化打开了该膜上的电压门控的 Na^+ 通道,使更多的 Na^+ 进入,膜进一步去极化,这又促使更多的电压门控的 Na^+ 通道开放,导致一次波及整个质膜的、自我扩大的去极化—动作电位;④ 肌细胞质膜的动作电位引起质膜的特殊部位 T 管上电压门控的 Ca^{2+} 通道活化;⑤ 相邻于 T 管的肌质网膜上的 Ca^{2+} 通道被开放,肌浆网内贮存的 Ca^{2+} 大量进入胞质,胞质 Ca^{2+} 浓度的突然升高引发了肌纤维的收缩。(肌细胞质膜去极化也可能激活肌醇磷脂信号通路引发 Ca^{2+} 从肌质网中释出,这在此处不予讨论。)为什么 T 管膜上电压门控的 Ca^{2+} 通道活化能打开肌质网膜上的 Ca^{2+} 通道仍不清楚。但是这两处膜紧密相靠,两种通道通过一种特殊结构联结在一起,因此,电压引发的质膜上 Ca^+ 通道的构象变化完全可能通过机械性偶联直接打开肌质网膜上的 Ca^{2+} 释放通道。

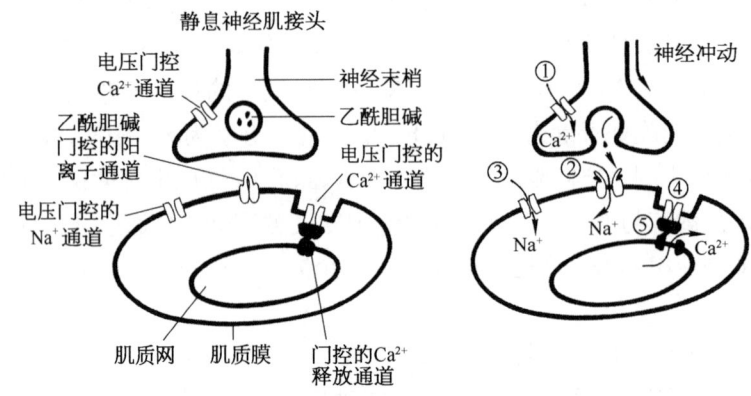

图 8-15　神经肌接头部位的离子通道系统
(引自 Alberts 等,2002)

三、水通道介导水的穿膜和跨上皮运输

如果用半透膜分隔溶液,水倾向于从溶质浓度低的地方流向浓度高的地方,这叫作"渗透",这其实相当于水的"扩散",从自己浓度高的地方流向浓度低的地方。纯粹的脂双层基本上对水不通透,但是大多数细胞因为质膜上有水通道(water channel)而能够让水快速渗透、进出细胞,每秒钟有千百万个水分子通过水通道。水所跨越的"膜"既可以是质膜,也可以是整个上皮细胞层。例如,红细胞放在高渗溶液中会因为水迅速流出而皱缩,放在低渗溶液中则会因为水迅速流入而涨破。肾小管上皮层对水的快速通透造成原尿的重吸收。如果没有这种重吸收,一个人就会每天排尿多达数升!

水在跨越红细胞膜流动和在肾小管被上皮细胞重吸收时是非常快速的,不可能单凭水的单纯扩散实现。很久以来人们对此迷惑不解,现在知道,膜上运输水的通道蛋白叫作水孔蛋白(aquaporin, AQP)。1990 年,第一个水孔蛋白被 Agre 发现。像运输葡萄糖的转运体蛋白 GLUT 家族一样,哺乳动物细胞的水孔蛋白也有一个家族,其中 AQP1 在红细胞和肾近曲小管有非常丰富的表达,AQP2、3 和 4 分布在肾小管集合管,AQP0 分布于眼晶体,AQP4 主要分布于脑内胶质细胞和脑室管膜细胞,AQP54 分布于腺体、肺和眼角膜。蛙卵母细胞和卵的膜上因为没有水孔蛋白而对水不通透,因而可以被置于低渗的池塘水中不会破裂。这个现象是导致 Agre 等研究者发现水孔蛋白的线索之一。

与离子通道相反,水通道面临的问题是如何只让水分子快速通过而不让质子和各种离子通过。水孔蛋白的晶体结构揭示了它的运输原理和对水分子的选择性。水孔蛋白是由4个相同亚基构成的,每个亚基单体各形成一个水通道。每个亚基的肽链含3对α螺旋,其中的1对没有完全跨膜。把3对α螺旋依次连接的亲水环向通道中央弯曲,形成对水的选择性门控装置(图8-16),其上天冬氨酸残基的侧链与所运的水分子形成氢键,加上0.28 nm的狭小孔径只比水分子尺度略大,造成对水分子通透而对质子不通透。

有点类似于肠上皮细胞对葡萄糖的吸收,肾小管集合管主细胞(principle cells)对流过的原尿中水的重吸收依赖不同AQP在质膜上的不对称分布,并受到机体调控。AQP2分布于顶质膜而AQP3和AQP4分布于底侧质膜。下丘脑-垂体分泌的抗利尿激素-血管加压素(AVP)作用于肾小管主细胞底部质膜上的

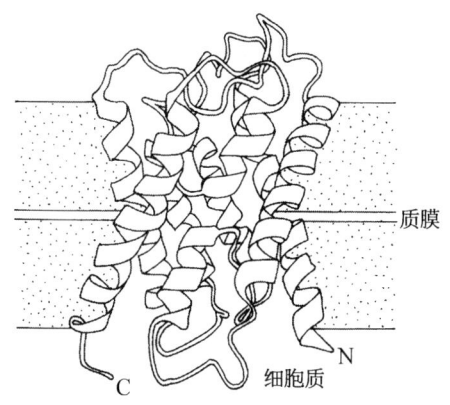

图8-16 水孔蛋白一个单体的
3对α螺旋结构图
(引自Alberts等,2008)

AVP受体,通过细胞内信号转导,促进胞质内插有AQP2膜蛋白的囊泡的运输,从而促进AQP2插入顶部质膜("上膜"),很快增加了顶部质膜上AQP2的数量,增加水从集合管管腔的运入;进入细胞的水随后再被位于底侧部质膜的AQP3和AQP4运入肾组织。抑制AVP可以导致顶部质膜AQP2被内吞进入胞质的溶酶体降解途径("下膜"),从而减少顶部质膜上AQP2的数量,阻止水的运入。

水孔蛋白异常与多种人类疾病有关。AQP2基因突变造成蛋白失活,病人发生多尿症,特点是排出大量稀释的尿液。AQP0基因突变可能与遗传性白内障相关。AQP4分布于邻近脑室的室管膜细胞和邻近蛛网膜下腔和毛细血管的星形胶质细胞,这些位置是脑组织和脑脊液的接触面,因此水孔蛋白对于脑组织非常重要。AQP4还分布于脑内渗透压感受区——视上核,位于分泌血管加压素的神经元外周胶质细胞,可能与调控水代谢有关。AQP54基因突变与哮喘有关,也与眼角膜的水化和损伤修复异常有关。

本 章 小 结

膜的脂双层因其内部的疏水性质而构成了一道屏障,经膜自由扩散的只有极少数脂溶性、非极性或不带电的小分子。细胞必须依赖膜运输蛋白把水溶性的、带电的营养物或代谢产物小分子和离子运送进出细胞或细胞器。按照运输方式、与所运物质的关系的特点,膜运输蛋白被分成两类——转运体和通道。转运体蛋白介导的既有被动运输(也叫易化扩散),又有主动运输;主动运输的能量既可以是离子梯度驱动力,又可以是ATP泵;运输对象是葡萄糖、其他单糖、氨基酸、无机离子等。通道蛋白介导的都是被动运输,运输速度比转运体快得多,运输对象仅限于各种无机离子和水。这些跨膜小分子运输保障了所

有细胞自身的营养物摄取、代谢物转移以及容积、渗透压和酸碱度的稳定,也保障了细胞的电性质和电活动,如静息膜电位和动作电位。同时,各种特殊细胞的跨膜小分子运输构成了许多人体生理功能的基础,包括小肠的营养物吸收、胃的泌酸、肾脏的水的重吸收、神经冲动的传导和肌肉的收缩等。因此,膜运输蛋白的基因变异与许多人类疾病有关,其中与单糖、氨基酸和水吸收相关的多表现为代谢异常,而与离子运输相关的就会表现为神经、骨骼肌和心脏病变,通道蛋白因而也是神经、精神药物作用的靶点。

(易 静)

参 考 文 献

[1] Alberts B, Bray D, Lewis J, et al. Molecular Biology of the Cell[M]. 4th ed. New York: Garland Science, 2002.

[2] Lodish H, Berk A, Zipurshy SL, et al. Molecular Cell Biology[M]. 4th ed. New York: W. H. Freeman & Co, 2000.

[3] Alberts B, Johnson A, Lewis J, et al. Molecular Biology of the Cell[M]. 5th ed. New York: Garland Science, 2008.

[4] Lodish H, Berk A, Kaiser CA, et al. Molecular Cell Biology[M]. 6th ed. New York: W. H. Freeman & Co, 2008.

[5] Goodman SR, Medical Cell Biology[M]. 3rd ed. Burlington: Academic Press, 2008.

[6] Lewin B, Cassimeris L, Lingappa VR, et al. Cells[M]. Sudbury: Jones & Bartlett Publishers, 2007.

[7] King LS, Kozono D, Agre P. From structure to disease: the evolving tale of aquaporin biology[J]. Nat Rev Mol Cell Biol, 2004, 5(9): 687-698.

[8] Sachs G, Shin JM, Vagin O, et al. The gastric H, K ATPase as a drug target: past, present, and future[J]. J Clin Gastroenterol, 2007, 41 Suppl 2: S226-242.

[9] Dolphin AC. Calcium channel diversity: multiple roles of calcium channel subunits[J]. Curr Opin Neurobiol, 2009, 19(3): 237-244.

[10] Simpson IA, Dwyer D, Malide D, et al. The facilitative glucose transporter GLUT3: 20 years of distinction[J]. Am J Physiol Endocrinol Metab, 2008, 295(2): E242-253.

第九章 细胞内蛋白质的分选和运输

蛋白质是细胞的主要成分,一个哺乳动物细胞含有可能 1 万～2 万种、约 10^{10} 个蛋白质分子。除了少数蛋白质在线粒体核糖体上合成外,绝大部分蛋白质是由细胞核 DNA 编码,并在细胞质的核糖体上合成的。这些蛋白质合成后在细胞内定向移动运输,最终进入细胞的各个功能区室,发挥它们各自特有的功能。这些蛋白质无论功能如何,总体上可归为各区室内的两类蛋白质:① 膜蛋白,包括质膜和细胞器膜上的蛋白质;② 可溶性(soluble)蛋白,包括细胞质基质中和各细胞器腔内的可溶性蛋白质。"可溶"是相对于"结合于膜"而言的,在细胞器组分破膜离心分离的过程中,前者溶于上清而后者沉淀于膜组分。本章将会经常使用这两个名词来描述被运输的蛋白质。

细胞内蛋白质定向运输对于维持细胞的结构与功能、完成各种细胞生命活动都非常重要。例如感受外界信号的膜蛋白必须被送到细胞膜上作用;RNA 和 DNA 聚合酶必须被送到细胞核中参与核酸的合成;酸性水解酶必须被送到溶酶体进行大分子的降解。

细胞内蛋白质运输的重要特点是:这些蛋白质自身的某些氨基酸序列可作为信号被识别,最终实现选择性的定向运输。这个过程称为蛋白质分选(protein sorting)或靶向运输(protein targeting)。蛋白质中特异氨基酸序列的有无或性质是蛋白质分选的基础,称为蛋白质分选信号(protein sorting signal)。

第一节 蛋白质的分选信号和在细胞内运输的方式

细胞内各种蛋白质能够有条不紊地被运送到各自目的区室,关键是蛋白质在合成时带有分选信号,就像行李贴上标签一样注明了要到达的目的地,而在目的地有着能识别分选信号的受体,分选信号与相应受体的特异识别就引导蛋白质到达特定的功能区室。细胞内蛋白质的分选和运输常常是多步骤的,有时要经过多次分选和运输才能完成。同时,合成的蛋白质或胞吞的蛋白质运输的途径不一样,进入特定功能区室的方式也不一样。

一、蛋白质的定向运输是在人工合成分泌蛋白中发现的

蛋白质分选是在研究中发现的,1972年,C. Milstein 在蛋白质人工合成系统中进行抗体这种分泌性蛋白质的合成,当合成系统中有"微粒体"(细胞中分离的有功能的糙面内质网的小泡)存在时,所合成的蛋白质与体内合成的相同;如果在合成系统中去除微粒体,合成蛋白质的 N-端会多出一段短肽。基于进一步实验,1975年,G. Blobel 等人提出了信号假说(signal hypothesis),即在核糖体上某些新合成蛋白质的 N 端可能有一段短肽,可作为信号序列引导肽链在合成过程中到内质网膜上,然后才能在内质网上附着的核糖体上继续完成肽链的合成,合成的肽链进入内质网,而那段信号序列短肽将被内质网内的信号肽酶切除(图9-1)。这一段短肽被称为引导蛋白质进入内质网的信号肽。该假说后来得到证实,即细胞的分泌蛋白都因有这样的信号肽引导进入内质网。G. Blobel 由此发现了蛋白质能依靠自身信号序列在细胞内定向运输的秘密,因而获得1999年诺贝尔生理学医学奖。

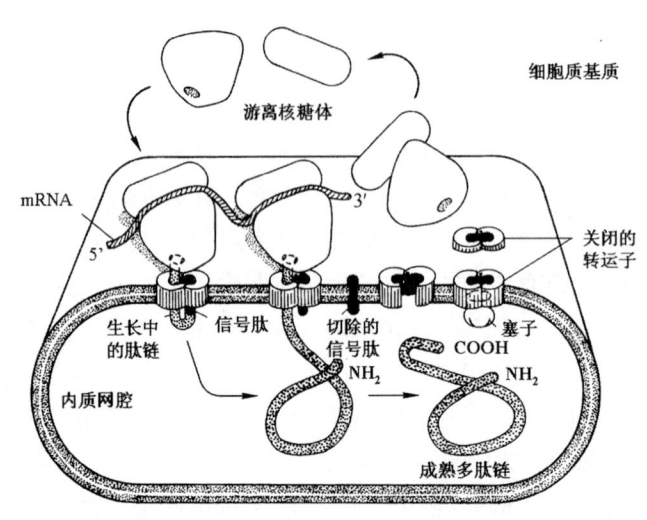

图 9-1 糙面内质网蛋白质合成的信号假说
(引自 Alberts 等,2008)

目前已证实,不止上述输入内质网的蛋白质有信号序列,在游离核糖体上合成的蛋白质都带有各自的信号序列,引导它们在合成后输入细胞核、线粒体或过氧化物酶体。那些输入到内质网的蛋白质则将面临进一步的分选:由内质网运输到高尔基体,再由高尔基体输送到细胞表面、细胞外或溶酶体,或驻留在内质网、高尔基体腔内,其间每一步都由分选信号决定。

二、蛋白质的分选信号可以是信号肽、信号斑,也可以是加工修饰形式

后来的研究发现,蛋白质的分选信号可以是信号肽,也可以是信号斑,也可以是特定形式的加工修饰。信号肽(signal peptide)是位于蛋白质上的一段连续的氨基酸序列,一般有15~60个氨基酸残基,具有分选信号的功能。在引导蛋白质到达目的地,即完成其分选信号任务后,信号肽常常从蛋白质上被切除。信号斑(signal patch)是位于蛋白质不同部位的几个氨基酸序列在肽链折叠后形成的三维结构斑块区,也具有分选信号的功能(图9-2)。当肽链伸展时,组成信号斑的不同氨基酸序列可在肽链上相距很远,在完成分选任务后,这些氨基酸序列继续存在。因信号斑三维结构的复杂性,目前了解还不多。信号肽通常引导蛋白质进出细胞核,进入内质网、线粒体和过氧化物酶体,同时也引导误送

至高尔基的蛋白质回输到内质网;信号斑则引导其他分选过程,如在附着核糖体合成的溶酶体酶蛋白上存在一种信号斑,能够被高尔基体识别,并在 CGN 中加工修饰,形成 M-6-P。M-6-P 作为加工修饰形式,也可成为分选信号,进一步在 TGN 中被 M-6-P 受体识别,并分选进入运输小泡最终送到溶酶体。在这个过程中,蛋白质在合成中进入内质网、合成后继续运输到高尔基体,都由相应的分选信号引导,同时在高尔基体又加工修饰而形成新的分选信号,以便进一步分选运输。

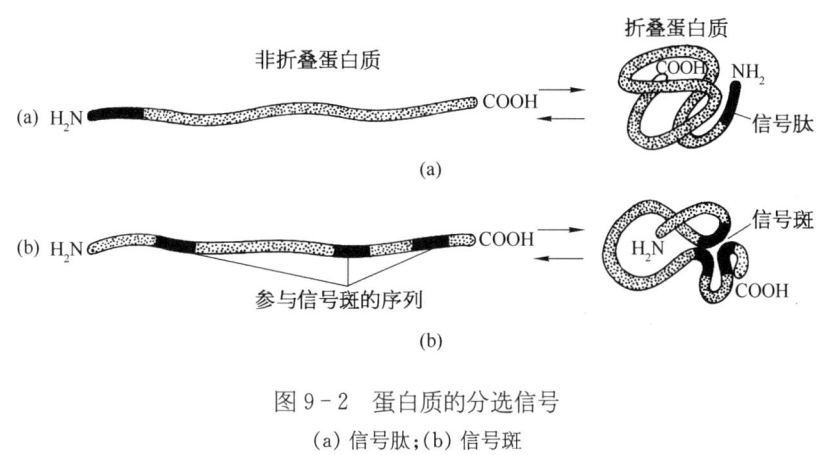

图 9-2　蛋白质的分选信号
(a) 信号肽;(b) 信号斑
(引自 Alberts 等,2002)

每一种分选信号序列引导蛋白质到达细胞内特定的目的区室(表 9-1)。从表 9-1 可以注意到,信号肽中氨基酸的物理特性(如疏水性)往往很重要。

表 9-1　几种典型的信号序列(引自 Alberts 等,2008)

信号序列的功能	信号序列
输入细胞核	-Pro-Pro-Lys-Lys-Lys-Arg-Lys-Val-
输出细胞核	-Leu-Ala-Leu-Lys-Leu-Ala-Gly-Leu-Asp-Ile-
输入线粒体	^+H_3N-Met-Leu-Ser-Leu-Arg-Gln-Ser-Ile-Arg-Phe-Phe-Lys-Pro-Ala-Thr-Arg-Thr-Leu-Cys-Ser-Ser-Arg-Tyr-Leu-Leu-
输入过氧化物酶体	-Ser-Lys-Leu-COO^-
输入内质网	^+H_3N-Met-Met-Ser-Phe-Val-Ser-Leu-Leu-Leu-Val-Gly-Ile-Leu-Phe-Trp-Ala-Thr-Glu-Ala-Glu-Gln-Leu-Thr-Lys-Cys-Glu-Val-Phe-Gln-
回输到内质网	-Lys-Asp-Glu-Leu-COO^-

三、蛋白质根据分选信号以三种方式在亚细胞区室间运输

细胞内蛋白质靶向运输到目的区室的机制显然既需要蛋白质带有特异的信号序列,也需要目的区室对信号序列的识别。蛋白质在细胞内运输进入目的区室的方式主要有三种:门控运输、穿膜运输和小泡运输。前两种方式中,蛋白质及分选信号可直接被识别并进入目的地,而在小泡运输中蛋白质分选信号被识别后首先形成特异的小泡,其次小泡通过膜上的标记被目的区室的膜识别,因而需两个过程实现靶向运输。

蛋白质选择哪种运输方式是由其分选信号决定的。在门控运输时,蛋白质分子上的分选信号能够被相应受体及核孔复合体特异结合,介导入核和出核运输;在穿膜运输时,蛋白质分子上的分选信号也被靶膜中相应的蛋白质转运子所识别;在小泡运输中,蛋白质分子上的分选信号被运输小泡膜上特殊受体识别而被装入不同的运输小泡中,每种新形成的运输小泡只运送一种蛋白质,并与特定的靶细胞器膜融合,蛋白质最终进入靶细胞器。

1. 门控运输　从细胞质进出细胞核的蛋白质运输是通过核膜上的核孔复合体进行并受其调控的,核孔复合体像一扇能选择性开放的门,这种蛋白质运输称为门控运输(gated transport)。细胞核内行使功能的蛋白质,是在细胞质游离核糖体上合成后运送到细胞核,这些蛋白质带有输入细胞核的分选信号,且细胞核具有识别分选信号的机制。输出细胞核的机制与输入类似,通过识别蛋白质的核输出信号而实现,因而门控运输具有选择性和双向性的特征。

2. 穿膜运输　已合成完毕的蛋白质或正在合成的新生肽链穿过目的细胞器的膜,从细胞质基质进入细胞器内,称为穿膜运输(transmembrane transport)。蛋白质进入内质网、线粒体和过氧化物酶体都采用穿膜运输方式。目的细胞器膜上负责穿膜运输的是蛋白质转运子(protein translocator),能够识别蛋白质的分选信号,并形成一过性的水溶性通道帮助蛋白质穿过膜。一般情况下,要穿膜的蛋白质必须呈非折叠状态才能穿膜运输,但也有一些蛋白质可以在折叠状态下穿膜。

3. 小泡运输　蛋白质通过运输小泡(transport vesicle)进行的运输称为小泡运输(vesicular transport)。运输小泡从一个细胞器以芽生方式(budding)形成,小泡内装着运输的蛋白质,小泡膜上含有膜脂和膜蛋白,当它到达目的细胞器时即与其融合,将蛋白质从一个细胞器运送到另一个细胞器,同时也完成了膜蛋白和膜脂的运输。蛋白质通过不同类型的转运小泡从糙面内质网到高尔基体、从高尔基体的一个膜囊到另一个膜囊、从高尔基体到内体、细胞膜或细胞外细胞表面。从细胞表面到细胞内的内体溶酶体的蛋白质运输也是小泡运输(图9-3)。

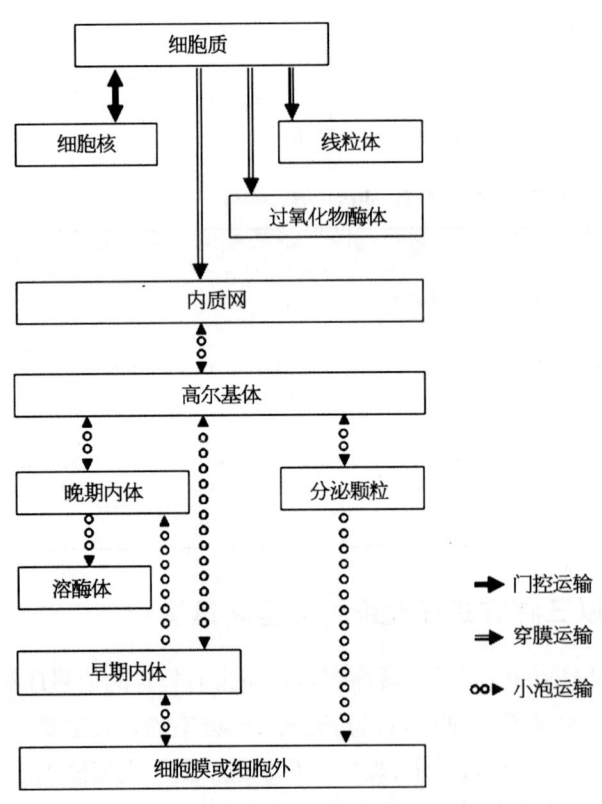

图9-3　不同区室之间蛋白质的3种运输方式
(改自Alberts等,2008)

从细胞的"宏观"层面看,小泡运输出现在两段运输路线中。第一是蛋白质由细胞内送往细胞外的路线,即蛋白质在内质网膜附着核糖体上合成,在内质网初步加工,并在高尔基体完成加工后到达细胞表面及分泌到细胞外,成为细胞膜蛋白质、细胞外基质成分和分泌性蛋白质。蛋白质的这段"旅程"叫作细胞的"生物合成-分泌途径"(biosynthetic secretory pathway),其间各个"站点"之间都由小泡来运输。第二,与此相反,是蛋白质由细胞外进入内部的路线,即,细胞通过胞吞作用摄入的细胞外蛋白质从质膜进入胞吞小泡再进入早期内体,并可进一步到达晚期内体或溶酶体,在那里蛋白质被降解。蛋白质的这段"旅程"叫作"胞吞途径"(endocytic pathway),其间每一站点之间也都由小泡来运输。

四、蛋白质根据分选信号决定在合成完毕后运输还是在合成过程中运输

当基因表达的"翻译"步骤即肽链的合成在游离核糖体上开始的时候,一旦信号序列被翻译装置"读"到,就决定了这个蛋白质的运输目的地,也决定了该蛋白的运输与翻译的关系。一些蛋白质不带分选信号,就在合成完毕后留在细胞质基质中。那些需要转运的蛋白质又分成了两大类,那些带有内质网分选信号的蛋白质,在核糖体上翻译过程尚在进行时新生肽链就转移到内质网,在糙面内质网继续合成并最终完成合成,这种运输被称为"共翻译转运"(co-translational translocation),意即边翻译边转运,从细胞质基质移到另一亚细胞区室——内质网。这类蛋白质包括将要驻留在内质网、高尔基体和溶酶体的蛋白质以及将要最终送到细胞膜的质膜蛋白、细胞外基质蛋白和分泌蛋白。剩下的那些即带有核孔、线粒体、过氧化物酶体分选信号的蛋白质,都是在游离核糖体完成合成后释放到细胞质基质中,再很快转运到目的区室的,这种运输被称为翻译后转运(post-translational translocation)。

综上所述,蛋白质在核糖体上合成后释放到细胞质基质中,其中一些蛋白质不带分选信号,就留在细胞质基质中;而大多数蛋白质带有分选信号,将按其分选信号种类以不同方式分别转运到目的区室。

第二节 蛋白质进出细胞核的门控运输

细胞核内行使功能的蛋白质,是在细胞质的游离核糖体上合成后运送到细胞核的;与此同时,一些在细胞质内行使功能的大分子,是在细胞核内合成装配后被运送到细胞质基质的。这种经核孔的双向物质运输十分繁忙,如在 DNA 合成期的细胞中,需要每 3 分钟从细胞质基质输入 10^6 个组蛋白分子到细胞核内,以便与新合成的 DNA 一起组装成染色体,这意味着平均每个核孔复合体每分钟输入 100 个组蛋白分子;又如在快速生长的细胞中,为满足大量合成蛋白质的需要,平均每个核孔复合体每分钟需要输出多个新装配的核糖体亚基进入细胞质基质。本节将简介蛋白质通过核孔复合体进出细胞核的分选运输机制。

一、进出细胞核的蛋白质分别具有核输入信号和核输出信号作为分选信号

从细胞质输入到细胞核的蛋白质以及从细胞核输出到细胞质的大分子或核糖体亚基都带有分选信号,它们被核孔部位相应的受体识别,从而使核孔通道选择性地开放,使大分子转运。进入细胞核蛋白质的分选信号序列为核输入信号(nuclear import signal, NIS),而输出细胞核的蛋白质分选信号序列为核输出信号(nuclear export signal, NES)。

核输入信号最初是在一种SV40病毒编码的蛋白质"T抗原"中发现的,T抗原是病毒在细胞内复制所必需的,正常情况下,在细胞质中合成后很快进入细胞核。但其中一段序列的1个氨基酸具有不同的突变,所产生的T抗原就不能进入细胞核而留在细胞质中,因此认为这段信号序列具有"定向"或"定位"作用,称为核定位信号(nuclear localization signal, NLS),也称为核输入信号。后来证明,T抗原的核定位信号是一段有7个氨基酸序列 Pro-Lys-Lys-Lys-Arg-Lys-Val 的短肽,富含带正电荷的赖氨酸、精氨酸和脯氨酸,位于肽链的内部区域,也就是入核的蛋白质共有的核定位信号序列。

进一步研究表明,核定位信号可以是信号肽,也可以是信号斑,许多细胞核蛋白质中可存在1个或2个信号序列,可位于肽链的任何部位。核定位信号具有共同的理化特征:富含正电荷氨基酸,可能有利于与核内的核酸分子相互作用。另外,信号序列引导蛋白质输入细胞核后,并不被切除,可能是由于细胞核内的蛋白质在细胞分裂时与细胞质混合,但分裂完成后需再次输入子代细胞的核,此时仍需核定位信号。

大分子从细胞核输出到细胞质,如新装配的核糖体亚基和各种RNA分子的输出,同样要依靠输出大分子中的蛋白质带有核输出信号。目前还不清楚核输出信号是否有共同的特征。

二、门控运输需要核输入(出)受体对分选信号的识别和与核孔复合体的结合

蛋白质和其他大分子物质通过核孔复合体的运输是一个识别分选信号的过程。识别和结合核定位信号的受体称为核输入受体(nuclear import receptor),是由相关的基因家族编码的一类受体蛋白,每一个家族成员编码一种核输入受体,识别一组具有相似核定位信号的细胞核蛋白质。

核输入受体是可溶性的细胞质基质蛋白质,既能与输入蛋白的核定位信号结合,又可与核孔复合体的核孔蛋白结合,介导蛋白质通过核孔复合体通道的运输。核孔复合体由50多种核孔蛋白组成,有些核孔蛋白形成触须状纤维从核孔复合体的边缘伸向细胞质,还有些核孔蛋白排列在整个核孔通道上。核孔蛋白含有大量由苯丙氨酸和甘氨酸组成的短的氨基酸重复序列(Phe-X-Phe-Gly 和 Gly-Leu-Phe-Gly),称FG重复序列,是核输入受体的结合位点。在细胞质基质中,核输入受体与蛋白质的核定位信号结合形成蛋白复合体,再结合到从核孔复合体伸向细胞质的核孔蛋白纤维上,这些蛋白复合体通过与FG重复序列结合、解离、再结合、再解离的方式沿着核孔通道移动,一旦进入细胞核,

核输入受体与结合的蛋白质解离,蛋白质留在细胞核内,受体本身则返回到细胞质。

核输入受体有时不直接与核定位信号结合,在核输入受体与核定位信号之间有一个接合蛋白(adaptor)作为连接桥梁。接合蛋白在结构上与核输入受体相似,它们在进化上可能是同源的。

核输出受体与核输入受体相似,核输出受体能同时与核输出信号和核孔蛋白结合,介导大分子通过核孔通道进入细胞质。在结构上,单从氨基酸序列看,两者也很难区分,实际上两者由同样的核运输受体(nuclear transport receptor)基因家族编码。因此,核输出运输系统与核输入运输系统以同样的方式工作,只是方向相反。

有的蛋白质在细胞核和细胞质之间穿梭,其定位取决于输入和输出的相对速率。还有的蛋白质穿梭时受到严格的调控,已经发现有些带有 NLS 的蛋白质由于种种原因而滞留在胞质内,有的是因为 NLS 的活性被蛋白质翻译后修饰所封闭,有的是由于与某种"胞质滞留因子"如细胞骨架的结合而导致核蛋白不能自由活动。同样道理,通过翻译后修饰改变入核或出核蛋白质的构象或与其他蛋白质的相互作用,一旦遮蔽其定位信号,即可调控蛋白质的门控运输。总之,门控运输作为一种重要的核质交换与信息交流活动,受到多种因素的综合调节。

三、门控运输需要 Ran GTP 酶提供能量

门控运输需要消耗能量,这种能量是由一种称为 Ran 的单体 GTP 酶水解 GTP 来供应的。Ran GTP 酶在细胞核和细胞质都存在,核输入和核输出系统都需要它。像其他 GTP 酶一样,Ran 以两种构型状态存在,一种状态与 GDP 结合,另一种状态与 GTP 结合。两种状态之间的转换由两种特异的调节蛋白启动,一种是位于细胞质的 GTP 酶激活蛋白(GTP ase-activating protein, GAP),启动 GTP 水解,将 Ran - GTP 转换成 Ran - GDP;另一种是鸟嘌呤交换因子(guanine exchange factor, GEF),促进 GDP 到 GTP 的变换,从而将 Ran - GDP 转换成 Ran - GTP(图 9 - 4)。因为 GAP 位于细胞质,GEF 与染色质结合而位于细胞核,因此细胞质内主要含有 Ran - GDP,而细胞核内主要含有 Ran - GTP。

细胞核和细胞质之间两种构型 Ran 的梯度,驱动大分子物质通过核孔通道向适当方向转运。在蛋白质从细胞质到细胞核的输入过程中,带有核定位信号的蛋白质与核输入受体结合并停靠到核孔通道胞质一侧的 FG 重复序列上,然后沿着排列有 FG 序列的核孔通道移动直至到达细胞核一侧,在那里与 Ran - GTP

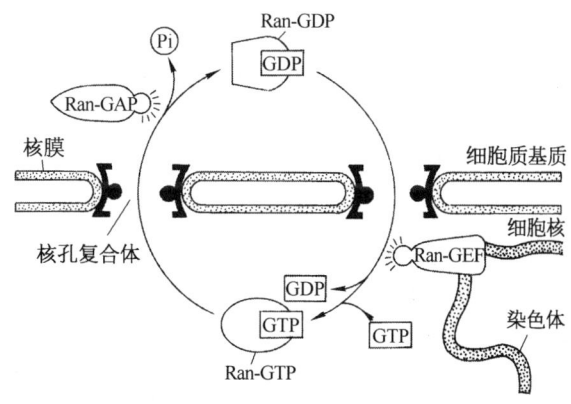

图 9 - 4 Ran GTP 酶两种构型状态的转换
(引自 Alberts 等,2002)

结合,结果蛋白质与核输入受体解离并释放到细胞核内。Ran-GTP位于细胞核内决定了蛋白质从细胞质向细胞核运输的方向(图9-5)。在细胞核中释放蛋白质后,与Ran-GTP结合的核输入受体通过核孔通道被运回到细胞质,在Ran结合蛋白和GAP的协同作用下把Ran-GTP转换成Ran-GDP。Ran结合蛋白先取代与核输入受体结合的Ran-GTP,然后触发Ran水解与其结合的GTP,最后Ran-GDP与Ran结合蛋白解离,完成一个循环。大分子从细胞核输出到细胞质也以相似的机制进行。在细胞核内Ran-GTP、大分子以及核输出受体三者结合在一起形成复合体,停靠到核孔通道的细胞核一侧,沿着排列有FG序列的核孔通道移动,一旦到达细胞质一侧,在Ran结合蛋白和GAP的作用下,Ran水解与其结合的GTP,核输出受体释放与其结合的大分子和Ran-GDP,游离的核输出受体回到细胞核完成一个循环。

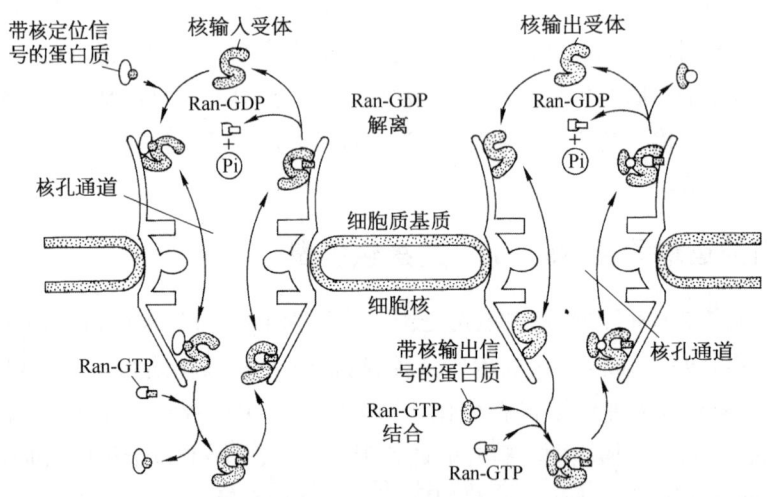

图9-5 Ran GTP酶两种构型的梯度驱动蛋白质的门控运输
(引自Alberts等,2002)

第三节 蛋白质进入细胞器的穿膜运输

如前所述,蛋白质从细胞质基质向内质网、线粒体和过氧化物酶体三种细胞器的运输以穿膜运输的方式进行。穿膜运输中,蛋白质上带有分选信号,而目的细胞器上存在相应的蛋白质转运子识别分选信号并帮助蛋白质穿膜。但蛋白质穿膜进入线粒体、过氧化物酶体和内质网的机制有所不同,首先,因线粒体具有双层膜结构,蛋白质需要分别插入外膜、内膜及进入膜间腔或基质腔,故进入线粒体的蛋白质要经历多步分选的过程,需要多个不同的信号肽,并需要分子伴侣保持其未折叠构象穿膜。其次,进入过氧化物酶体的蛋白质在信号肽的指导下通过过氧化物酶体膜上的转运子穿膜进入,蛋白质保持折叠的构象,不需要分子伴侣的帮助。最后,进入内质网的蛋白质运输是共翻译转运,N端信号肽刚被合成，即可被受体和内质网识别，新生肽链和核糖体整体被引导至内质网上，新生肽链边延长边穿膜进入内质网腔或插入内质网膜。穿膜运输进入内质网的蛋白质另一个特别之处在于这些蛋白质的命运，以这种方式合成的蛋白质除一部分驻留在内质网外，大部分将运送到高尔基体，在那里作进一步分选和运输，最终到达细胞的其他部位。需要注意的是，合成后在细胞质基质释放并进行穿膜运输的蛋白质，在几分钟内即被送往线粒体和过氧化物酶体，达到运输的终点。但那些边合成边转运到内质网穿膜进入的蛋白质，却可以仅仅是运输过程的开始，在内质网完成合成后还可能进一步运输到其他细胞器甚至细胞外，中间经过多个步骤，因此运输需要较长的时间，一般要1小时或更长。本节将主要介绍蛋白质进入线粒体和内质网的穿膜运输。

一、蛋白质穿膜进入线粒体的不同亚区室

线粒体内的大部分蛋白质是由细胞核基因编码并从细胞质基质输入的，在信号肽的引导下，约1 500种蛋白质选择性地进入线粒体的不同亚区室，输入到基质腔、膜间腔以及插入到内膜或外膜上。尽管线粒体有自己的基因组和蛋白质合成系统，但只能合成自身需要的37个蛋白质，主要位于线粒体内膜中，在那里与从细胞质基质输入的蛋白质共同组成复合体发挥功能。

1. **线粒体蛋白质的分选信号与线粒体膜上的转运子**　输入到线粒体基质腔蛋白质的信号肽被研究较多，它们位于N端，有20～80个氨基酸残基，特点是带正电荷氨基酸和疏水氨基酸交替排列，形成兼性的α螺旋结构，带正电荷氨基酸位于α螺旋的一侧，而不带电荷的疏水氨基酸位于α螺旋的另一侧。在线粒体的信号肽中基本不含有带负电荷的酸性氨基酸。这种构型是被相应受体识别的基础。线粒体基质腔蛋白质信号肽的这种特征性结构有利于蛋白质穿过线粒体的双层膜到达基质腔，到达后信号肽通常被腔内的蛋白酶切除。用分子生物学手段把这种序列接到任何细胞质基质的蛋白质上，都可引导它们进入线粒体基质腔。

另一些线粒体蛋白质通过多种不同的机制转运，插入线粒体内、外膜或进入膜间腔。这些蛋白质都存在第二信号肽，紧随N端的第一信号肽，它们引导蛋白质到达正确的目的地，之后有的被切除，有的不被切除。同时，一部分插入线粒体内膜的蛋白质，其第二信号肽位于蛋白质内部，它们不被切除，既是进入线粒体的运输信号也是蛋白质最终定位于线粒体膜的定位信号。

线粒体外膜和内膜上存在复杂的蛋白质转运子，在线粒体蛋白质穿膜运输中发挥识别信号和帮助转运的功能。这些转运子都是多亚基蛋白复合体，包括外膜上的TOM复合体(translocase of outer membrane, TOM)和SAM复合体(sorting and assembly machinery, SAM)、内膜上的两个TIM复合体(translocase of inner membrane, TIM)和一个OXA复合体(图9-6)。TOM和TIM分别是线粒体外膜和内膜的转运酶，它们的一些组分是线粒体蛋白质的受体，另一些则构成蛋白质的转运通道。TOM复合体能够帮助蛋白质穿过线粒体外膜，也帮助蛋白质进入膜间腔，并帮助进入膜间腔的蛋白质再插入

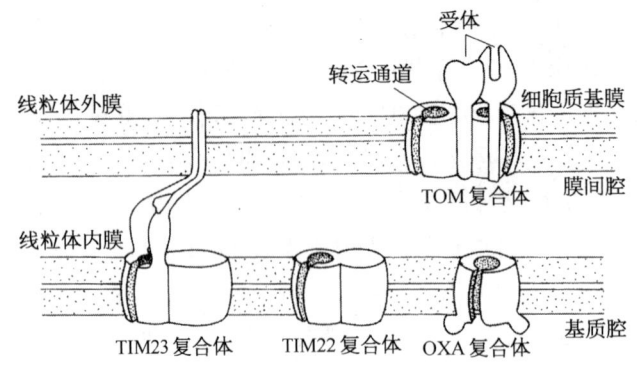

线粒体外膜。而 TIM 复合体(TIM23 和 TIM22)使蛋白质穿过线粒体内膜,TIM23 复合体可帮助蛋白质进入基质腔和线粒体内膜;TIM22 复合体则介导一组多次跨膜蛋白(包括转运 ADP、ATP 和磷酸盐的载体蛋白)插入线粒体内膜。OXA 复合体帮助蛋白质穿过 TOM 和 TIM 输入到线粒体基质腔后再插入线粒体内膜。

图 9-6 线粒体的几种蛋白质转运子
(引自 Alberts 等,2002)

2. 线粒体蛋白质的穿膜运输

(1) 蛋白质到线粒体基质腔的运输:蛋白质在细胞质基质的核糖体上合成后很快会输入到线粒体,N 端信号肽被外膜的 TOM 复合体识别后,通过 TOM 复合体的转运通道进入膜间腔,并立即与内膜的 TIM 复合体结合,通过 TOM 与 TIM23 偶联的开放通道进入线粒体基质腔或进一步插入内膜(图 9-7)。在整体状态下,TOM 和 TIM23 在功能上通常是偶联的,使蛋白质同时穿过线粒体外膜和内膜,通过 TOM/TIM 复合体进入基质腔。

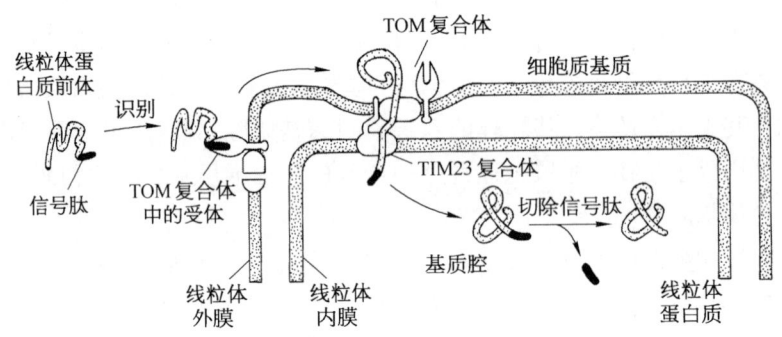

图 9-7 蛋白质从细胞质基质到线粒体基质腔的运输
(引自 Alberts 等,2008)

(2) 单次跨膜蛋白经基质腔定位于内膜:这类蛋白质 N 端信号肽后面紧接着第二信号肽,一旦第一信号肽被基质腔中信号肽酶切除,第二信号肽暴露,即可引导蛋白质从基质腔通过 OXA 复合体进入线粒体内膜(图 9-8a)。由线粒体自己编码的蛋白质也是通过 OXA 复合体从基质腔插入线粒体内膜的。

(3) 单次跨膜蛋白经膜间腔定位于内膜:这些蛋白质的第二信号肽是一段疏水氨基酸,起终止穿膜信号作用,它与 TIM23 复合体结合后停止转运,剩下的肽链从 TOM 复合体拉入膜间腔,结果蛋白质的第二信号肽序列插入线粒体内膜中,成为内膜蛋白质

(图 9-8b)。

(4) 可溶性蛋白定位于膜间腔：有些蛋白质先通过第二种或第三种方式插入线粒体内膜，然后被膜间腔内的信号肽酶切除疏水的第二信号肽，从而成为膜间腔内的可溶性蛋白质(图 9-8c)。

(5) 多次穿膜的膜蛋白经膜间腔定位于内膜：线粒体内膜上的某些蛋白质是多次穿膜的，负责运输三羧酸循环等产生的中间代谢产物，包括 ADP、ATP 和磷酸盐等。这些载体蛋白的 N 端没有可被切除的信号肽，其信号序列位于蛋白质内部。它们穿过线粒体外膜的 TOM 复合体后，通过 TIM22 复合体插入线粒体内膜，TIM22 复合体是专门用来转运多次跨膜蛋白的蛋白质转运子(图 9-8d)。

线粒体蛋白质运输时的特别之处是蛋白质以非折叠状态即伸展的肽链形式穿膜。这些蛋白质合成后通过与其他蛋白质的相互作用而保持非折叠状态。所谓的其他蛋白质中有些属于热休克蛋白 hsp70 家族的伴侣蛋白，还有些是能直接与线粒体蛋白质信号肽结合的蛋白质，能防止线粒体蛋白质在与 TOM 复合体作用前自发折叠或聚集。一旦线粒体蛋白质的信号肽被 TOM 复合体中的受体蛋白识别并结合，这些相互作用蛋白质就脱离，使非折叠的蛋白质进入转运通道而穿过外膜进入线粒体。

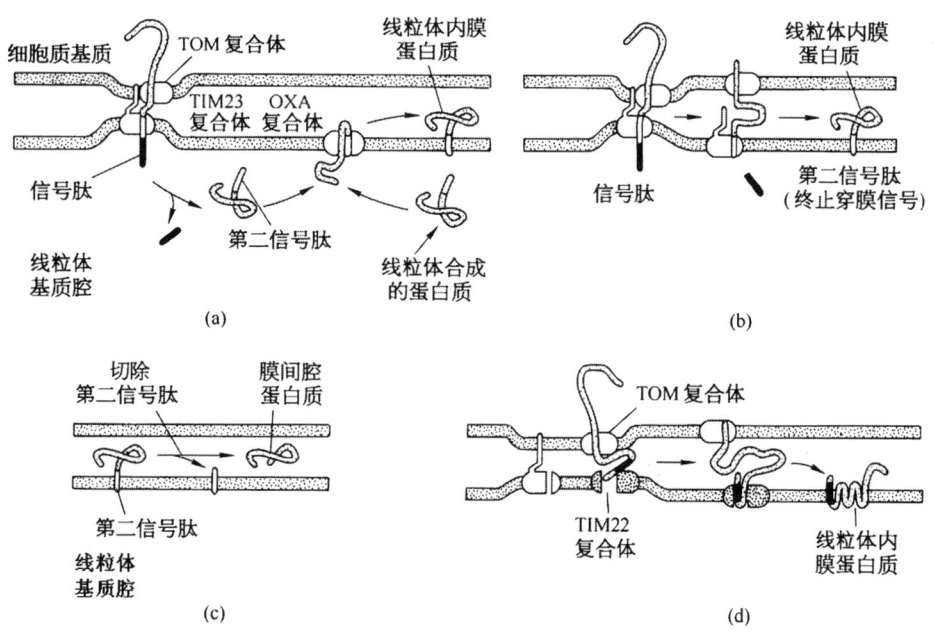

图 9-8　蛋白质到线粒体内膜和膜间腔的运输
(引自 Alberts 等，2002)

3. 线粒体蛋白质穿膜运输需要的能量　在蛋白质输入到线粒体基质腔的过程中有 3 个地方需要能量，分别由 ATP 和线粒体跨内膜电化学 H^+ 梯度提供。第 1 个需要能量的地方在细胞质基质。那里非折叠的线粒体蛋白质与胞质 hsp70 伴侣蛋白一起结合到 TOM 复合体，两者解离时需要能量，这种能量是由 ATP 水解来提供的。线粒体蛋白的信号肽通过外膜 TOM 复合体后即与内膜 TIM23 复合体结合，进一步通过 TIM 复合体是第二个需要能量的地方，这种能量是由跨内膜的电化学 H^+ 梯度提供的。线粒体内膜的电子传递过程释放的能量驱动 H^+ 从线粒体基质腔泵入膜间腔，从而维持了跨内膜的电化学 H^+ 梯度。跨内膜的电化学 H^+ 梯度不仅用来帮助细胞的 ATP 生成，而且用来驱动蛋白质通过 TIM 复合体的转运，但其具体机制还不清楚。当线粒体蛋白质通过 TIM 复合体露出到线粒体基质腔时，基质腔内的线粒体 hsp70 伴侣蛋白就结合到肽链上将其拉入基质腔内。线粒体蛋白质与伴侣蛋白解离也需要由 ATP 水解提供能量，因此线粒体基质腔是第三个需要能量的地方。

二、新生肽链以共翻译转运的形式穿膜运输到内质网腔内或内质网膜上

带有内质网信号肽的蛋白质是在肽链翻译合成过程中同时运输的，一旦信号肽合成即开始穿膜运输。穿膜运输是在核糖体、蛋白质分选信号、信号识别颗粒及其受体、蛋白质转运子等多种大分子和亚细胞结构的协同作用下完成的。

1. 输入内质网蛋白质的分选信号、信号识别颗粒与内质网膜上的转运子　内质网信号肽位于肽链的 N 端，虽然各种内质网蛋白质的信号肽序列可有很大的不同，但它们具有共同的物理特征，即在信号序列的中心有一段连续的 8 个以上的疏水氨基酸。内质网蛋白质在核糖体上合成时，首先合成其 N 端信号肽，一旦信号肽从核糖体露出，即与信号识别颗粒(signal recognition particle, SRP)结合，形成核糖体-信号肽-SRP 复合体，并很快与位于内质网膜上的 SRP 受体结合，使核糖体附着到内质网膜上。

SRP 是由 6 个蛋白质亚基结合在一个小的 7S RNA(约 300 个碱基)分子上组成的核糖核蛋白复合体，它有 3 个结合位点：核糖体结合位点、信号肽结合位点和 SRP 受体结合位点。当 SRP 识别从游离核糖体上合成的信号肽并与之结合形成 SRP 核糖体复合体后，核糖体的 A 位被 SRP 所占据，影响了下一个氨基酰-tRNA 进入，蛋白质合成暂停，核糖体结合到内质网膜上，这时核糖体上的新生肽链穿过内质网膜，同时蛋白质也重新开始继续在附着核糖体上合成并进入内质网腔。

SRP 受体是一种位于内质网膜上的整合蛋白，位于内质网的细胞质基质面，功能是与 SRP-核糖体复合体结合，并把它们引导至内质网膜上的蛋白质转运子处。一旦核糖体与蛋白质转运子结合，SRP 即与 SRP 受体解离。SRP 和 SRP 受体都有 GTP 结合位点，在 GTP 结合和水解过程中，可引起 SRP 和 SRP 受体发生构型变化，从而导致两者解离。SRP 不识别正在合成的无信号肽的其他蛋白质，因此那些游离核糖体也就不能附着到内质网膜上。

内质网的蛋白质转运子叫作 Sec61 复合体，由 3～4 个蛋白质复合体组成，每一个蛋白质复合体又包含 3 个跨膜蛋白，中间形成一个水性孔道，让肽链通过这一孔道穿越内质网膜。Sec61 复合体转运子不仅可以开放中央孔道，而且可以侧向开口。当核糖体与 Sec61 蛋白质转运子结合后，转运子的中央孔与核糖体大亚基的中央通道对齐，生长中的肽链就从孔道中穿入内质网腔(图 9-9)。Sec61 转运子的中央孔是一个动态结构，只有

在核糖体附着时才短暂开放,让肽链穿入到内质网腔中。生长中肽链的信号肽是转运子中央孔开放的触发因素,信号肽从 SRP 释放后即与蛋白质转运子的特殊部位接触,从而开启孔道。

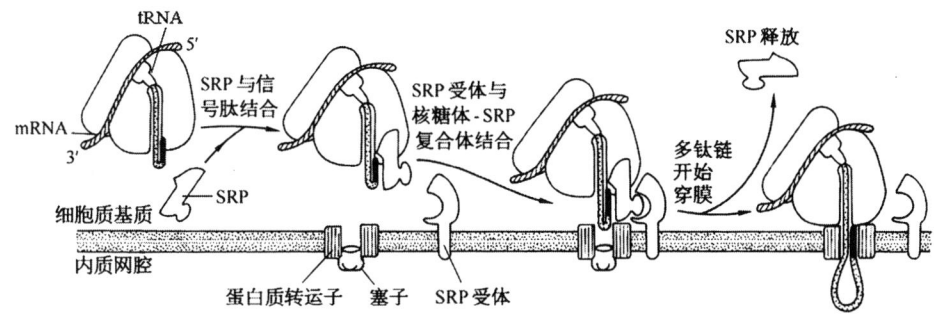

图 9-9　信号识别颗粒引导核糖体及新生肽链附着到内质网膜

(引自 Alberts 等,2008)

2. 新生肽链的穿膜运输　进入内质网的蛋白质有两类:一类是跨膜蛋白,它们穿膜并插入内质网膜中;另一类是可溶性蛋白质,它们穿膜后进入内质网腔。这些蛋白质穿膜进入内质网的机制是类似的。

(1) 可溶性蛋白质到内质网腔的运输:可溶性蛋白质的 N 端信号肽有两种功能,一个是在细胞质基质被 SRP 识别,引导蛋白质到内质网膜;另一个是在内质网膜上被蛋白质转运子识别,作为起始穿膜信号与蛋白质转运子结合,让肽链的其余部分通过转运子中央孔。当肽链 C-末端通过转运子中央孔时,膜上的信号肽酶将信号肽切除,使肽链释放到内质网腔内(图 9-10)。

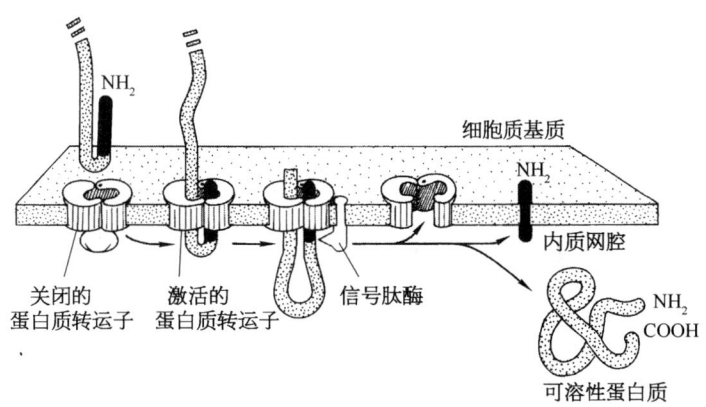

图 9-10　可溶性蛋白质到内质网腔的运输

(引自 Alberts 等,2008)

(2) 跨膜蛋白插入内质网膜的运输:内质网跨膜蛋白的运输过程要比可溶性蛋白质复杂,因为跨膜蛋白要有一段肽链埋在膜脂双层内。跨膜蛋白运输过程的前半部分,即从细胞质基质到内质网膜的运输,与可溶性蛋白质一样,也是由 SRP 识别 ER 信号肽、SRP

受体以及内质网蛋白质转运子协同完成的;运输过程的后半部分随不同跨膜蛋白而异,与其另一些分选信号-穿膜信号的位置和数目有关。大多数跨膜蛋白有起始穿膜信号(start-transfer signal)和终止穿膜信号(stop-transfer signal),它们都是肽链中的疏水氨基酸序列,形成一段疏水核心,位置可以在肽链的 N 端或内部,与转运子结合在内质网膜上。如有一个 N 端穿膜信号(起始穿膜信号)和一个内部穿膜信号(终止穿膜信号),N 端穿膜信号将被膜上的信号肽酶切除,内部穿膜信号不被切除,而是形成跨膜 α 螺旋留在内质网膜上,该蛋白就成为单次穿膜的膜蛋白(图 9-11)。如起始穿膜信号和终止穿膜信号都位于内部,根据信号的数目是 2 个或多个,这些蛋白质成为二次或多次穿膜的膜蛋白(图 9-12)。

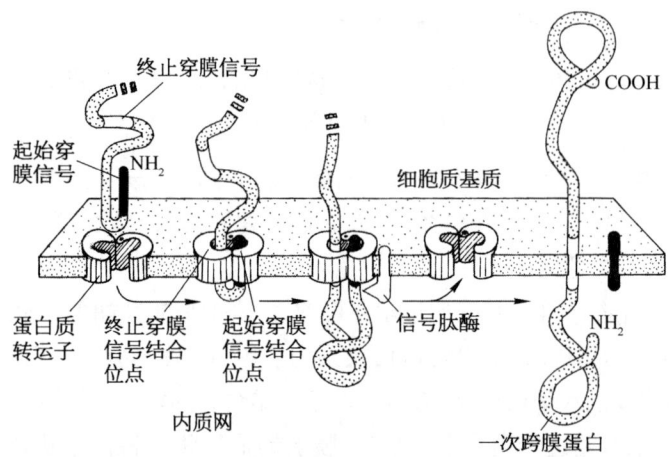

图 9-11　单次跨膜内质网膜蛋白的穿膜运输
(引自 Alberts 等,2008)

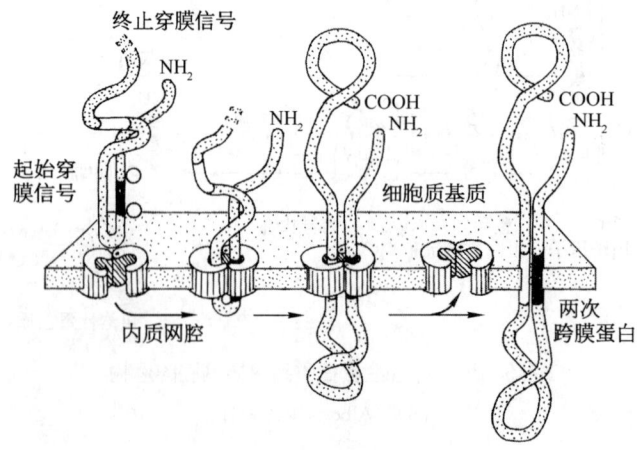

图 9-12　二次跨膜内质网膜蛋白的穿膜运输
(引自 Alberts 等,2008)

内质网膜蛋白可以有两种肽链方位：N 端或是 C 端位于内质网腔(图 9-13)。这一方位决定的依据是肽链上内部穿膜信号两侧的氨基酸电荷状况：富含正电荷氨基酸的区段先于疏水核心序列出现,则肽链 N 端位于细胞质基质,而 C 端位于内质网腔(图 9-13a)。跨膜蛋白的穿膜次数和方位在经小泡运输转至其他细胞器或细胞膜时会一直得到保持,因此跨膜蛋白插入内质网膜的方式决定了小泡运输后续站点的膜蛋白的结构。

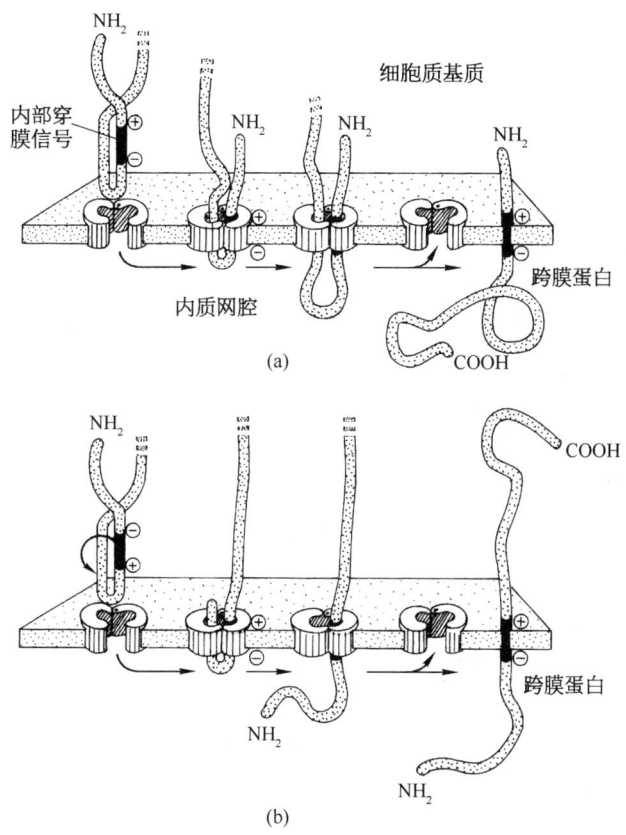

图 9-13　不同方向跨膜蛋白的穿膜运输
(引自 Alberts 等,2008)

第四节　细胞内蛋白质的小泡运输

细胞与外环境之间不断地进行着物质交换,细胞摄取蛋白质等大分子物质,同时分泌自己合成的蛋白质作为重要的功能分子,例如细胞外基质成分、蛋白类激素、酶、细胞因子等。这种大分子的双向运输是细胞生命活动的一个重要组成部分。一方面,细胞通过胞吞途径把细胞外的蛋白质等大分子摄入到细胞内,经内体运送到溶酶体进行消化降解,消化产物进入细胞质基质为细胞利用;另一方面,细胞将自己合成的蛋白质和其他大分子通过生物合成-分泌途径从内质网经高尔基体运送到细胞膜,以胞吐方式分泌到细胞外;同时,生物合成-分泌途径还有一条旁路,即蛋白质从内质网经高尔基体运送到溶酶体,参与溶酶体的形成。

在这两条途径中,不论质膜的胞吞和胞吐,还是胞内各种膜性细胞器(如内质网、高尔基体、溶酶体等)之间的物质运输都是小泡运输。小泡从一种细胞器芽生形成,沿微管位移运输,到达目的区室即靶细胞器,小泡膜与靶细胞器的膜(在本节下文称为"靶膜")融合,蛋白质释放入靶细胞器。小泡运输既实现了蛋白质的靶向运输,也实现了质膜和内膜的更新。小泡的形成、位移、融合和重组是真核细胞区室化的基本特征。

小泡运输最重要的特点是运输小泡具有高度靶向性和被转运物质的高度特异性。被转运物质的高度特异性表现在不同出发地的蛋白质首先被分选、识别并包装入不同的运输小泡。小泡运输的靶向性体现在小泡膜表面带有特异标记,能够被靶细胞器识别,从而使小泡只能与特异的靶细胞器融合。

一、运输小泡是高度特异的,因而小泡运输是高度靶向性的

在小泡运输过程中,首先从出发地细胞器膜或质膜(叫作"供膜")通过芽生方式形成运输小泡,把要运输的可溶性蛋白装在运输小泡内部,同时把要运输的膜蛋白插在运输小泡膜上,然后运输小泡按其特殊的表面标志在细胞内高度有序地定向运输,直到被靶膜表面相应的受体识别,最后运输小泡停靠(docking)到靶膜,小泡膜与靶膜融合(fusion),把小泡内容物输送到靶细胞器或细胞外,也把膜蛋白送到靶膜上。

1. **三种有被小泡的形成** 当小泡从供膜形成时,膜的运动使其向外凸起或向内凹陷,形成伪足或小凹,将需要运输的蛋白质等大分子包围,颈部膜融合后小泡从供膜脱落,这个过程称为小泡芽生(budding)。大多数运输小泡从供膜的衣被区域形成和芽生,这种衣被覆盖在膜的细胞质基质面,由各种衣被蛋白组成,在小泡形成过程和小泡的特异性上起重要作用。首先,衣被蛋白选择性地把一些识别运输物质的膜受体集中到一个特殊的膜片区域,这一区域以后将形成运输小泡的膜,包围特异的运输物质。由衣被蛋白包裹着的运输小泡称有被小泡(coated vesicle),有被小泡的衣被蛋白如果不同,参与的运输途径就不一样。因而,一定程度上,衣被蛋白已经以某种方式决定了小泡运输的目的地。其次,衣被蛋白在小泡芽生时,膜片区域表面装配成篮状网格使膜片变形,膜下陷,称为有被小凹,最终形成小泡。芽生过程一旦完成,运输小泡的衣被蛋白便会消失,以暴露小泡膜表面的特异标记供目的区室靶膜识别。

大多数真核细胞内都含有有被小泡,其类型可能有很多种,目前了解比较清楚的有3种,分别参与不同的运输途径(图9-14)。

(1) 网格蛋白包被小泡(clathrin-coated vesicle):它们是表面包被有网格蛋白的运输小泡,出现在质膜和高尔基体 TGN 膜上,参与胞吞过程、溶酶体形成过程和分泌颗粒形成过程。

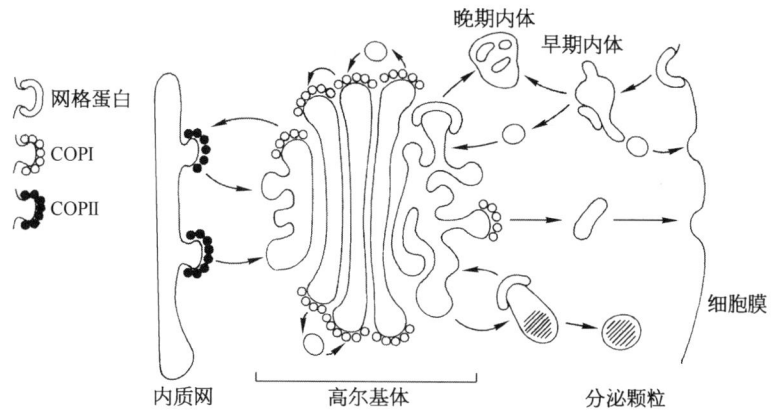

图 9-14 三种类型有被小泡参与不同的运输途径
(引自 Alberts 等,2008)

(2) COP Ⅰ 包被小泡(COP Ⅰ - coated vesicle):它们是表面包被有 COP Ⅰ 衣被蛋白的运输小泡,出现在高尔基体各层膜囊,参与生物合成-分泌途径中从高尔基体到内质网的逆向运输、高尔基体膜囊之间的运输和高尔基体到细胞表面的运输。

(3) COP Ⅱ 包被小泡(COP Ⅱ - coated vesicle):它们是表面包被有 COP Ⅱ 衣被蛋白的运输小泡,出现在糙面内质网,参与蛋白质从糙面内质网到高尔基体的运输。

衣被蛋白可通过衔接蛋白(Adaptor)实现对运输物质的特异选择。当供膜上的膜蛋白(受体)特异结合要运输的蛋白质分子(配体),识别该类受体的衔接蛋白一方面结合膜受体/配体,另一方面结合衣被蛋白,以桥梁作用,特异地选择了有被小泡的运输物质,并帮助有被小泡芽生。

小泡的芽生需要多种蛋白质协同配合,实现膜的运动以及在此过程中衣被蛋白的装配/去装配和与膜的结合/解离。例如在网格蛋白包被小泡芽生时,除网格蛋白外还有衔接蛋白、膜受体和发动蛋白等参与(图 9-15),在 COP Ⅰ、COP Ⅱ 小泡芽生时,主要涉及一类衣被募集 GTP 酶,通过结合 GTP 或 GDP,募集相关蛋白。

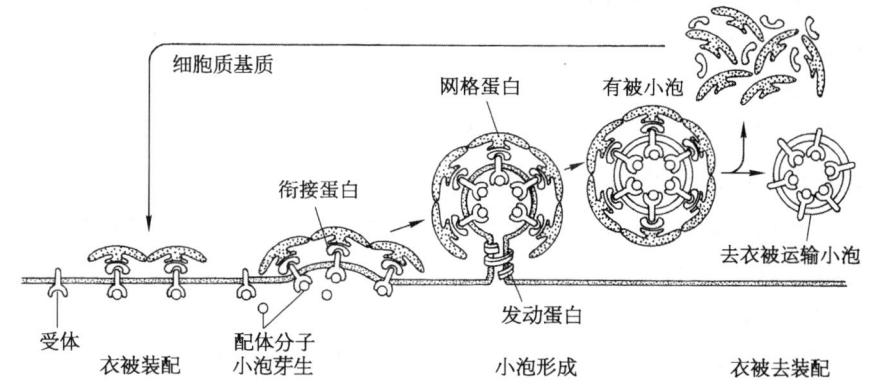

图 9-15 网格蛋白包被小泡的芽生和衔接蛋白的作用
(引自 Alberts 等,2002)

2. 运输小泡的靶向运输 运输小泡在细胞内的运输是高度有序的,虽可通过简单的弥散方式转运,但大部分情况下运输小泡沿着微管或微丝提供的轨道运行。小泡运行的动力和方向决定来自三类马达蛋白:向微管负端移动的动力蛋白(dynein)、向微管正端移动的驱动蛋白(kinesin)和向微丝正端移动的肌球蛋白(myosin)。

每一种运输小泡到达靶细胞器时,对其靶膜有高度选择性和专一性。在运输小泡表面按其来源和运送货物的类型有着不同的标志,而在靶膜上有相应的受体可识别小泡膜表面的标志,最终使小泡到达正确的目的地。小泡卸载正确的货物要经过对靶细胞器膜的识别、停靠和膜融合的过程,这种特异的过程主要是由两类蛋白质来执行:Rab 蛋白引导小泡到达正确的靶膜,保证运输小泡在靶膜上停靠和融合的专一性;SNARE 蛋白介导小泡膜和靶膜的特异融合。

(1) Rab 蛋白与小泡识别和停靠的专一性:Rab 蛋白是一类单体 GTP 酶,它们是 GTP 酶最大的亚家族,有 60 多个成员,在小泡运输的特异性中扮演了中心的角色。Rab 蛋白的 C-末端氨基酸序列有很大差异,它决定了每一种 Rab 蛋白在细胞内的特征性分布。每种 Rab 蛋白与一种或几种生物合成-分泌途径或胞吞途径中的膜包围亚细胞结构相关,每种亚细胞结构的细胞质基质面至少有一种 Rab 蛋白(表 9-2)。

表 9-2 一些 Rab 蛋白的细胞内定位(引自 Alberts 等,2008)

Rab 蛋白	细胞器
Rab1	内质网与高尔基体
Rab2	高尔基体顺面管网
Rab3A	分泌颗粒
Rab4/Rab11	再循环内体
Rab5A	细胞膜、网格蛋白包被小泡、早期内体
Rab5C	早期内体
Rab6	高尔基体中间膜囊和反面膜囊
Rab7	晚期内体
Rab8	早期内体
Rab9	晚期内体、高尔基体反面管网

Rab 蛋白可以作用在运输小泡膜上,也可作用在靶膜上。另外,Rab 蛋白也在膜与细胞质基质之间循环,在细胞质基质中 Rab 与 GTP 和 GDP 交替结合,分别为活性和无活性状态,而只在活性状态下与运输小泡膜或靶膜结合。同时,结合于膜上的活性状态 Rab 才能与相应的 Rab 效应子(Rab effector) 结合和解离,在调节小泡停靠的过程中发挥作用。

不同靶膜上的 Rab 效应子结构不一样,一些效应子是马达蛋白,而其他是拴系蛋白。马达蛋白 Rab 效应子,可驱动运输小泡沿着微丝或微管移动,以到达靶膜的合适部位。拴系蛋白 Rab 效应子可以是一种长丝状蛋白,可与较远处的运输小泡上的 Rab 蛋白结合,将运输小泡拉向靶膜停靠。另一些拴系蛋白 Rab 效应子形成大的蛋白质复合物,连接两个较近的膜,实现小泡膜在靶膜的停靠。尽管 Rab 蛋白与它们的效应子采用不同的方式,但它们都能够把小泡拴系在靶膜上,为两膜融合做准备(图 9-16)。

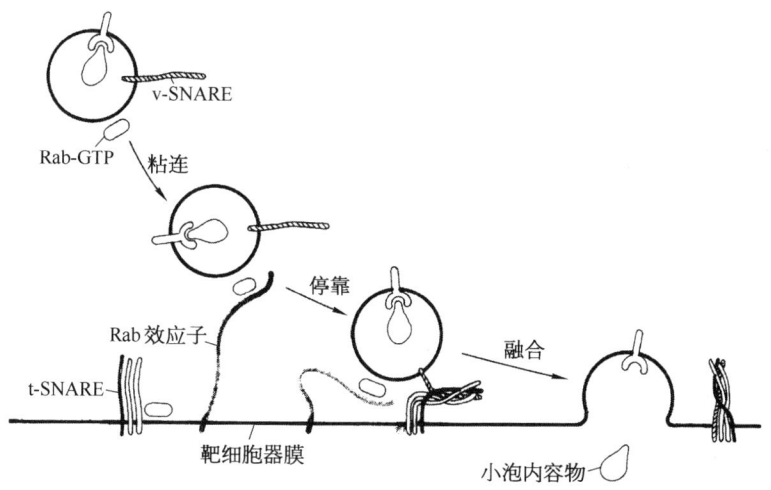

图 9-16 Rab 蛋白介导的运输小泡停靠和 SNARE 介导的膜融合
(引自 Alberts 等,2008)

(2) SNARE 与膜的融合：膜融合可在小泡停靠后立即发生,也可以停留一段时间再发生,例如在受调分泌过程中,要等到胞外信号作用时才触发膜融合。因此,停靠和融合是两个分开的过程,停靠只需要小泡膜与靶膜足够靠近,使突出于脂双层的膜蛋白能相互作用;而融合需要两膜更加靠近,当两个脂双层靠近到 1.5 nm 以内时,脂分子可从一个脂双层流到另一个脂双层,水分则从两膜的亲水表面离开。

SNARE 是一类跨膜蛋白,动物细胞中有 20 多种不同的 SNARE 蛋白,每一种 SNARE 与一种细胞器或细胞区室相联系。每一种 SNARE 都以一对互补的形式存在,其中一个存在于运输小泡膜上,称 v-SNARE(vesicle-SNAP receptor),另一个存在于靶膜上,称 t-SNARE(target-SNAP receptor)。v-SNARE 和 t-SNARE 都有特征性的螺旋形结构域,两者相互作用时一个 SNARE 的螺旋形结构域环绕另一个 SNARE 的螺旋形结构域形成一个稳定的反式复合体,把两层膜锁在一起。SNARE 相互作用的专一性决定了小泡运输的专一性。在小泡芽生过程中,v-SNARE 装配在运输小泡膜中,当运输小泡到达靶膜时即与其中的 t-SNARE 互相结合形成反式复合体,使小泡膜与靶膜融合。结合在一起的 v-SNARE 和 t-SNARE 分开后可再循环使用。Rab 除了介导小泡的停靠,也可帮助 v-SNARE 与 t-SNARE 相配(图 9-16)。

神经组织中的 SNAREs 是某些细菌毒素的靶蛋白,人体如被破伤风杆菌、肉毒杆菌感染,细菌中的神经毒素会特异性地亲和 SNAREs 并使其水解,从而阻断神经细胞中神经递质的小泡运输的膜融合和向突触的释放,阻断了神经递质的突触传递,严重时可危及生命。

二、胞吞途径是从细胞表面经由内体到溶酶体的小泡运输途径

细胞摄入细胞外大分子通过胞吞作用来完成。胞吞时细胞膜下陷形成胞吞小凹,小凹颈部细胞膜融合,把细胞外大分子和颗粒物质装入胞吞小泡。胞吞小泡脱离细胞膜进

一步在细胞内定向运输,使胞吞物质经由内体到达溶酶体被溶酶体酶消化降解,细胞内这条以小泡运输的方式完成的由外向内的运输途径称为胞吞途径(endocytotic pathway)。

根据胞吞物质的状态和大小可把胞吞作用分为吞噬作用和吞饮作用两大类。本节主要介绍吞噬和吞饮的小泡运输过程,尤其是吞饮中特异的受体介导胞吞的小泡运输过程。

1. **吞噬作用中的小泡运输** 吞噬作用是指细胞吞噬大的固体颗粒状物质如细菌、无机尘粒、红细胞或较大的细胞残片等,所形成的胞吞小泡,称吞噬小体或吞噬泡(phagocytic vesicle)。细胞吞噬是一个激发的过程,吞噬细胞表面存在着各种特异性受体,一旦它们被相应配体结合而激活,并将信号传入细胞内启动反应,引发细胞膜伸出伪足,把细胞外大颗粒物质包围起来形成吞噬小体,吞噬活动就开始了。吞噬小体进入细胞后的小泡运输很短,很快与晚期内体或溶酶体融合,形成异噬溶酶体,溶酶体酶把吞噬物质消化分解。这种吞噬作用和小泡运输只在特化的吞噬细胞例如中性粒细胞和单核巨噬细胞中才有。

2. **吞饮作用中的小泡运输** 吞饮作用是指细胞无选择性地吞入液体及水溶性大分子如蛋白质、激素、毒素等,所形成的胞吞小泡,叫胞饮体或胞饮小泡(pinocytic vesicle)。哺乳动物所有的细胞都有吞饮功能。细胞周围环境中某些液体物质达到一定浓度时即引起细胞产生吞饮作用。

吞饮作用一般从细胞膜的网格蛋白包被小凹(clathrin-coated pits)处开始,这种特殊的区域约占整个细胞膜面积的 2%。网格蛋白包被小凹寿命很短,小凹出现后在 1 分钟内会内陷形成网格蛋白包被小泡。在一个培养的成纤维细胞表面,估计每分钟可形成 2 500 个网格蛋白包被小泡。有被小泡的寿命比有被小凹更短,形成后几秒钟内即可脱去衣被,与早期内体(early endosome)融合。内体(endosome)这种细胞内小的、膜包围的不规则的细胞器,是吞饮过程中经由的区室,经过不断成熟的过程最终演变为溶酶体。因而溶酶体的形成除了细胞内高尔基体的参加外,还与吞饮有关(见第五章第四节、第五节)。

3. **受体介导胞吞中的小泡运输** 除了一般进行的非选择性的胞饮作用外,重要生物大分子物质的胞吞往往是特异的膜受体介导的选择性胞吞过程。细胞外大分子作为配体,首先同细胞膜特异的受体结合,质膜芽生的网格蛋白包被小泡运输到早期内体,再经晚期内体到达溶酶体,在那里大分子被降解,此过程称为受体介导的胞吞(receptor-mediated endocytosis)。受体介导的胞吞提供了一种选择性的浓缩机制,成百倍地增加配体的吞入,同时受体介导的胞吞是由受体与配体的识别、结合而激发,因而是细胞的一种特异、高效的摄取细胞外大分子的胞吞方式。

受体介导的胞吞具有很多生物学意义,如各种细胞摄取胆固醇/低密度脂蛋白(low-density lipoproteins, LDL)、转铁蛋白/铁离子;胎儿肠细胞摄取母乳中的分泌抗体;流感病毒和艾滋病的 HIV 病毒的进入细胞等。又如许多细胞外信号分子如表皮生长因子(EGF)也可通过结合其细胞表面的受体进入胞内,与受体一起"内化",成为细胞降低信号强度的重要调控机制。哺乳动物摄取胆固醇的过程是受体介导胞吞最典型的例子,如果这种摄取过程被阻断,胆固醇就会积聚在血液中造成血管的动脉粥样硬化。实际上正是通过对易感动脉粥样硬化病人的研究才首次阐明了受体介导胞吞的机制。

(1) 网格蛋白包被运输小泡的形成和与早期内体的融合：当细胞外大分子配体与质膜上的受体结合，聚集在网格蛋白包被小凹内，并很快由芽生的网格蛋白包被小泡运输，送到早期内体，在此过程中很快脱去衣被，并与早期内体融合。

(2) 早期内体中胞吞的配体和受体的不同去向：当运输小泡与早期内体融合，胞吞进来的受体蛋白在早期内体内部低pH环境中发生构型变化，释放与其结合的配体，受体和配体被处理并循行不同的去向。① 受体与配体解离，受体被回收至细胞膜，而配体被送到溶酶体降解。这是大多数受体-配体复合物的命运，如胆固醇-LDL的受体在早期内体中与LDL解离，受体回到细胞膜再循环利用，LDL送到溶酶体被降解。早期内体表面可伸出管状结构，再芽生出运输小泡把回收的受体送回质膜。② 受体与配体解离，两者都被送到溶酶体降解。许多调节细胞功能的信号物质如表皮生长因子(EGF)及其受体是以这种方式进入细胞的。进入早期内体后EGF与其受体解离，但EGF受体并不回收，而是与EGF一起被送到溶酶体降解。因此细胞表面EGF受体数目减少，从而降低了细胞对EGF作用的敏感性。③ 受体-配体保持结合，一起返回细胞膜，配体把携带的某种分子释放在细胞内。转铁蛋白在血液中运载铁，细胞表面的转铁蛋白受体把转铁蛋白及其结合的铁递送到早期内体，转铁蛋白释放与其结合的铁，但没有铁的转铁蛋白保持与其受体结合，一起被回收到细胞膜。因此，转铁蛋白在细胞外液和早期内体间穿梭，把铁递送给细胞，而其本身不被溶酶体降解。④ 受体-配体保持结合，一起转移至另一侧细胞表面。位于有极性细胞表面的一些受体能把大分子从一个胞外间隙转运至另一个胞外间隙，也就是说，从一侧细胞膜胞吞，从另一侧细胞膜胞吐，称穿胞吞吐(transcytosis)。例如，新生小鼠可通过穿胞吞吐从母乳中获得抗体。肠上皮细胞顶部质膜中的受体与母乳中分泌型抗体结合，经胞吞进入早期内体，受体-抗体复合物保持结合状态并进入从早期内体芽生的运输小泡，最后转运到底侧部质膜，与其融合，受体与抗体解离，受体留在膜上，抗体释放入细胞间隙进入新生小鼠血液中(图9-17)。

(3) 从内体到溶酶体的运输：胞吞物质如何从早期内体到晚期内体并最后到达溶酶体，现在还不十分清楚。比较流行的观点是以下模式。早期内体一边在其管状突起上芽生运输小泡把受体回收到细胞膜，一边沿着微管向细胞内部移动。在移动过程中，早期内体的膜不断内陷、脱落，形成许多内部小泡，早期内体成为多泡体(multivesicular body)

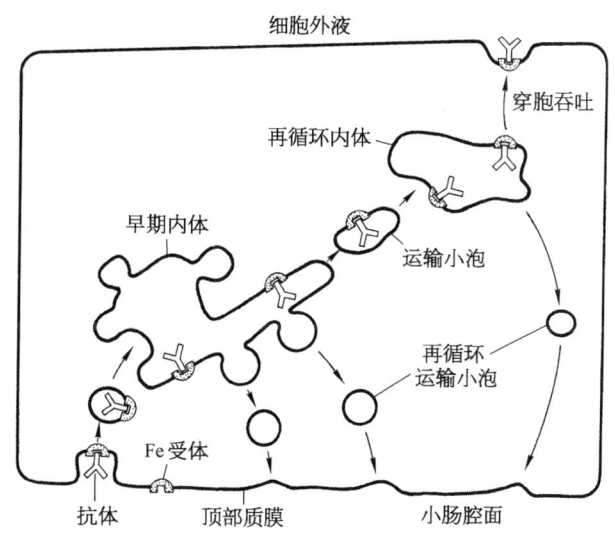

图9-17 穿胞吞吐示意图

(引自Alberts等，2002)

结构，把胞吞的膜蛋白收集到内部小泡的膜上。一旦早期内体作出对受体-配体的处理，就开始接受来自高尔基体的小泡，小泡膜带着溶酶体膜蛋白，小泡内包含着溶酶体酶，这时早期内体成为晚期内体，已经具备消化功能。随着晚期内体内部不断酸化，最终演化成熟为溶酶体(图9-18)，腔内的胞吞物质被酸性水解酶有效降解。由于多泡体把内体上的膜蛋白收集到内部小泡膜上，因而能够在晚期内体或溶酶体腔中将这些膜蛋白完全降解。否则，内体的膜蛋白是无法随着内体演变为溶酶体或与已有的溶酶体融合而得到消化降解的。可见，胞吞途径中形成多泡体是质膜蛋白的彻底降解所需要的。

现以细胞摄取胆固醇为例说明受体介导胞吞的过程(图9-19)。在机体内，胆固醇主要在肝细胞中合成，不溶于水，大多数胆固醇在血液中与磷脂和蛋白质形成低密度脂蛋白(LDL)颗粒进行运输，最终被机体细胞广泛摄取利用。LDL是一种球形颗粒的脂蛋白，直径为22～25 nm，核心是被长链脂肪酸酯化的1 500个胆固醇酯，周围由800个磷脂和500个未被酯化的胆固醇分子包裹，最外面有一个载脂蛋白ApoB90，它能够与特定细胞表面的受体结合。

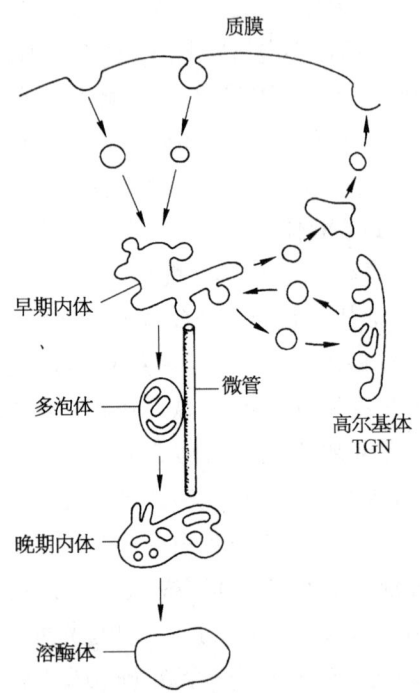

图9-18 从细胞膜到溶酶体的胞吞过程
(引自Alberts等，2008)

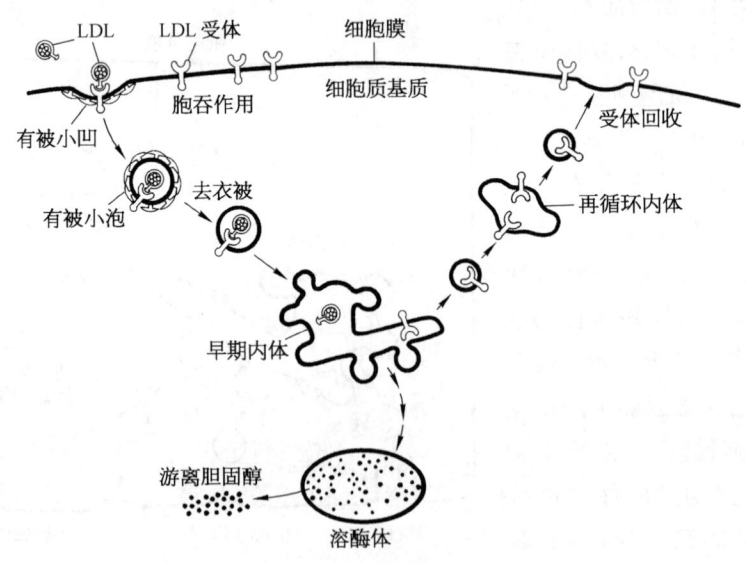

图9-19 LDL的受体介导胞吞过程
(引自Alberts等，2002)

当细胞需要胆固醇时,首先合成 LDL 受体,受体再插入细胞膜并扩散到网格蛋白包被小凹处,其胞外结构域即与 LDL 颗粒结合。LDL 受体的细胞质基质面有一个由 4 个氨基酸(Asn‑Pro‑Val‑Tyr)组成的胞吞信号可直接与衔接蛋白结合,通过衔接蛋白与网格蛋白结合,LDL 颗粒同受体一起装入网格蛋白包被小泡(图 9‑20a)。有被小泡迅速脱去网格蛋白衣被,并与早期内体融合,在早期内体内部的酸性环境下,LDL 颗粒与受体分开,并分隔到两个小囊泡中:含受体的小泡从早期内体芽生,返回到细胞膜,进行受体的再循环;含 LDL 颗粒的小泡则经过晚期内体送达溶酶体,在那里被溶酶体酶水解为游离的胆固醇进入细胞质,供细胞利用。如果细胞内胆固醇的量已过剩,此时胆固醇即可抑制 LDL 受体的合成,细胞对胆固醇的摄取减少或停止。

流行病学调查结果表明,正常人中有 1/500 的个体患有先天性 LDL 基因缺损,导致 LDL 受体数目减少,或受体数目正常但结构异常,包括胞外侧结构域缺陷或胞内侧与衔接蛋白结合部位有缺陷(图 9‑20b)。上述缺陷均造成 LDL 受体介导胞吞的障碍,影响细胞对 LDL 的摄取,造成血中 LDL‑胆固醇升高并沉积于动脉壁,最终发展成为动脉硬化。如果冠状动脉发生硬化,将严重影响心脏的供血,危害生命。

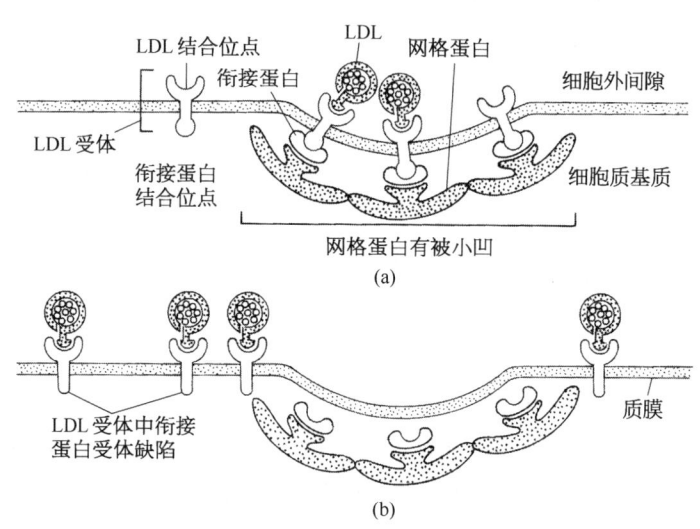

图 9‑20　LDL 受体介导的网格蛋白包被小泡的形成及其缺陷
(a) 正常 LDL 受体;(b) 突变的 LDL 受体
(引自 Alberts 等,2002)

三、生物合成‑分泌途径是从内质网经由高尔基体到细胞外的小泡运输途径

蛋白质在核糖体上合成过程中转移至内质网,新合成的蛋白质除了部分驻留在内质网外,大部分需要继续转运,从内质网到高尔基体、再从高尔基体到细胞表面和细胞外。在这一运输途径中蛋白质经过一系列功能区室,不断进行加工和修饰,同时通过小泡运输

完成转运。转运既包括从一个区室到下一个区室的前向小泡运输,也包括从后一个区室到前一个区室的逆向小泡运输。因此,从内质网到细胞表面包含了许多步骤,不断地选择膜蛋白和可溶性蛋白进行包装和靶向运输,而决定蛋白质小泡运输的特异性和靶向性的仍是蛋白质的分选信号、有被小泡衣被的类型等。

1. 内质网与高尔基体之间的蛋白质小泡运输

(1) 前向小泡运输:作为生物合成-分泌途径的开始,除了内质网驻留蛋白(即留在内质网腔内和膜上的蛋白质),内质网新合成的蛋白质都要先包装到 COP Ⅱ 包被小泡中。内质网非驻留蛋白进入 COP Ⅱ 包被小泡是一个选择性的过程,这些蛋白质有内质网输出信号,并可被相应受体识别而分选进入 COP Ⅱ 包被小泡,小泡从特殊的内质网输出部位(ER exit sites)芽生。但内质网输出信号及其受体的性质目前还不清楚。

内质网驻留蛋白没有输出信号,不能被选择性地输出。它们在内质网中有很高的浓度,彼此相互作用形成复合体,复合体体积大而不能进入运输小泡,因此绝大多数内质网驻留蛋白不会进入分泌途径。但是,一部分内质网驻留蛋白也会慢慢地漏入 COP Ⅱ 包被小泡,被运送到高尔基体,称为逃逸蛋白。

COP Ⅱ 包被小泡从内质网输出部位芽生后,很快脱去衣被,并彼此融合形成管泡状结构,这些管泡状结构在马达蛋白作用下沿着微管从内质网移向高尔基体,最后与高尔基体顺面管网结构融合把蛋白质送到高尔基体。

(2) 逆向小泡运输:在管泡状结构沿着微管向高尔基体的移动过程中以及与 CGN 融合后,不断从管泡状结构和 CGN 芽生 COP Ⅰ 包被小泡,把逃逸的内质网驻留蛋白及相关蛋白运回到内质网,这种回输过程就是逆向小泡运输。蛋白质的逆向小泡运输也是一种选择性的过程,回输蛋白质上存在回输信号(retrieval signal)。回输的膜蛋白 C-末端有 2 个赖氨酸和 2 个其他氨基酸,称为 KKXX 序列,能直接与 COP Ⅰ 衣被蛋白结合被装入 COP Ⅰ 包被小泡回输到内质网;回输的可溶性蛋白 C-末端有 Lys-Asp-Glu-Leu 或相似序列(KDEL),先与 KDEL 受体结合才能与 COP Ⅰ 衣被蛋白作用并装入 COP Ⅰ 包被小泡。KDEL 受体是一种多次跨膜蛋白,它不断地在内质网与高尔基体之间循环,能在高尔基体中把低浓度的逃逸蛋白捉住,并能到有高浓度驻留蛋白的内质网中把它们卸掉。

2. 高尔基体膜囊之间的蛋白质小泡运输 内质网中具有输出信号的蛋白质通过小泡运出到高尔基体。高尔基体的顺面和反面对蛋白质的转运方向非常重要:由顺面进入高尔基体的蛋白质可以继续经过高尔基体被运出,如果是内质网的驻留蛋白,则又返回到内质网;而由反面运出高尔基体的蛋白质有两个去向——溶酶体和细胞质膜。

高尔基体从顺面到反面有多层膜囊,现在还不清楚蛋白质是如何在膜囊之间运输的。长期以来有两种不同的假设,一种假设认为高尔基体膜囊之间是由运输小泡来转运蛋白质等大分子的,称小泡运输模式(vesicular transport model);另一种假设认为高尔基体的物质运输是由膜囊逐渐成熟来实现的,称膜囊成熟模式(cisternal maturation model)。尽管对高尔基体膜囊之间小泡运输的具体细节还有不同看法,但大量形态学证据和体外实验都支持小泡运输模式的观点。但有人认为小泡运输模式和膜囊成熟模式并不是相互排斥的,大分子在高尔基体膜囊之间的运输可能是两种机制的结合,即多数大分子很快地通过小泡运输向前移动,而另一些大分子则慢慢地随着高尔基体自身的更新过程通过膜囊成熟模式而向前移动。

3. 从高尔基体到溶酶体或细胞表面的蛋白质小泡运输　在生物合成-分泌途径中,高尔基体是蛋白质加工和修饰的主要部位,也是蛋白质分选和发送的部位。蛋白质从内质网送到高尔基体,经加工、修饰后在 TGN 部位分选,以确定最终的目的地。它们主要有这样几种去向:① 带有 M-6-P 标志的溶酶体酶被 TGN 中 M-6-P 受体识别,分选进入网格蛋白包被小泡,运送到早期或晚期内体,参与溶酶体的形成;② 带有回输信号的内质网和高尔基体驻留蛋白被 TGN 中相应受体识别,分选进入 COPⅠ包被小泡,回输到原来的高尔基体膜囊或内质网;③ 大部分蛋白质被分选进入运输小泡,从细胞内部运送到细胞表面,运输小泡膜与细胞膜融合后将蛋白质释放到细胞外,称为胞吐作用。这是将细胞合成的肽类激素、消化酶、细胞外基质分泌出细胞的基本途径,也是将未被消化的残渣等物质排出细胞的重要方式。

胞吐作用是与胞吞作用相反的过程,真核细胞的分泌活动几乎都是以胞吐的形式进行的。细胞分泌的途径有两种(图 9-21):一种是分泌蛋白加工之后立即包装入分泌颗粒中,不需要细胞内外因素的调控而不断进行从高尔基体到细胞表面的运输,称为固有分泌途径(constitutive secretory pathway)或持续分泌途径;另一种是将分泌物质装在分泌颗粒中,只有在细胞接到胞外信号如激素的刺激时,分泌颗粒移到细胞膜处,与其融合后再向细胞外间隙释放分泌物,称受调分泌途径(regulated secretary pathway)。固有分泌途径几乎存在于所有的细胞中,但受调分泌途径主要存在于特化的分泌细胞(如内分泌腺体细胞、神经细胞、消化腺细胞等)中,

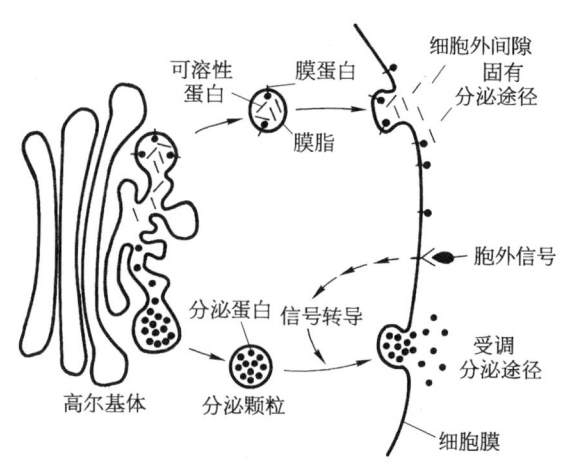

图 9-21　从高尔基体到细胞表面的蛋白质运输
(引自 Alberts 等,2002)

能特异地按需要快速分泌其产物,如分泌激素、神经递质、消化酶等。

(1) 固有分泌途径:在真核细胞中,固有分泌途径是在高尔基体的 TGN 部位把蛋白质等大分子装入运输小泡运送到细胞表面并与细胞膜融合的小泡运输过程,是连续不断工作的,一方面为细胞膜提供新的膜蛋白和膜脂,同时把小泡内容物分泌到细胞外,提供细胞外基质、营养成分或信号分子,扩散到细胞间质或血液。

哺乳动物绝大多数的细胞都有这种固有分泌功能,多数细胞的固有分泌途径是非选择性的,即蛋白质不需要分选信号,从高尔基体到细胞表面的运输是自动进行的;但是在一些有极性的细胞如上皮细胞,细胞膜分成顶部和底侧部,两者由紧密连接隔开,两部分

细胞膜含有不同的膜蛋白和膜脂。在这种有极性的细胞中,有一部分固有分泌途径是有选择性的,细胞常常需要分泌一些产物到顶部细胞膜,另一些产物到底侧部细胞膜,因此细胞必须对这些产物进行分选,装入不同的运输小泡分别送到不同部位。这种选择性的运输需要分选信号,现在已经知道一部分送到底侧部细胞膜的膜蛋白有两种分选信号,一种分选信号是位于膜蛋白胞质面尾部的一个特征性赖氨酸,另一种是同样位于尾部的两个相邻亮氨酸。在高尔基体的 TGN 中它们可被相应受体识别,被选择性地装入有被小泡,送往底侧部细胞膜。

(2) 受调分泌途径:在真核细胞中一些特殊的分泌细胞,除了固有分泌途径外,还存在受调分泌途径。一些可溶性分泌蛋白先贮存在分泌颗粒中,只有在胞外信号(激素、动作电位、钙流等)刺激下,膜受体活化,引起细胞质内 Ca^{2+} 浓度瞬时增高,升高的 Ca^{2+} 浓度启动了胞吐作用,分泌蛋白分泌到细胞外。受调分泌途径最大特点是分泌量大,是固有分泌途径分泌的蛋白量的 200 倍以上,这就使得分泌细胞在受到刺激后可以迅速释放大量的蛋白质。这些分泌蛋白的分选和浓集是有选择性的,需要分选信号,但分选信号的具体性质还不清楚,一般认为可能是信号斑。

刚从高尔基体形成的未成熟分泌颗粒比较大,膜比较疏松地包在分泌蛋白外面,形态上很像 TGN 上膨出的小囊。随着分泌颗粒的成熟,颗粒变小,内容物变得更浓缩,当细胞收到胞外信号时可一下子分泌大量物质。

在细胞分泌过程中,运输小泡或分泌颗粒与细胞膜融合,把大量膜结构加入到细胞膜中,使细胞膜表面积增加。但同时,大量膜结构通过胞吞作用经内体回输到高尔基体 TGN,在那里被重新利用,这一过程称为胞吞-胞吐循环(endocytic-exocytic cycle)。胞吐和胞吞所进行的数量和速度几乎是相等的,这种膜的回输,保证了细胞中各种膜结构成分的稳定分布;同时,通过胞吞作用与胞吐作用使胞内膜和细胞膜不断地得到交换和更新,形成细胞内膜的循环交流。

细胞的各种膜相结构虽然有各自的空间位置,但它们之间的关系极为密切,彼此按一定的方式相互联系,构成一个统一的整体。伴随着蛋白质在细胞内的运输和分泌过程,可看到细胞内的膜流(membrane flow)。由内质网芽生出的小泡,不断转移到高尔基复合体的顺面扁平囊形成新的膜囊。与此同时,在高尔基体的反面膜囊膨大形成分泌泡向细胞表面移动,最后与细胞膜融合。以上过程,高尔基复合体的扁平囊不仅接受来自内质网的内容物,也使扁平囊膜不断更新增添;分泌泡不但自扁平囊带走了分泌物,而且也使扁平囊膜不断消耗,使细胞膜得到不断补充。这种膜流现象表明活细胞是处于活跃的生命运动状态,并与内外环境相互联系,维持着一个活细胞的动态平衡。

本 章 小 结

蛋白质在细胞质基质中合成后,其是否携有分选信号及分选信号的性质可被识别,从而选择性地被送到细胞不同的部位,此过程称蛋白质分选或蛋白质靶向运输。同样,细胞外的蛋白质经胞吞作用进入细胞内部,也经历分选和靶向运输过程。细胞中每一种蛋白质只有到达正确的位置才能行使其功能,参与细胞的生命活动。

分选信号多为特定的氨基酸序列,形成信号肽或信号斑。如核输入输出信号、内质网的定位和驻留信号、线粒体、过氧化物酶体的定位信号等。同时,分选信号也可以经加工修饰而成,如溶酶体酶携带的M-6-P分选信号。

在不同亚细胞区室之间,蛋白质的运输存在三种方式。通过核孔复合体进出核的运输为"门控运输",是一个识别分选信号(核输入、输出受体分别识别核输入、输出信号)的主动运输过程,具有选择性、双向性、耗能的特点,并且受到严格的控制。从细胞质基质到内质网、线粒体、过氧化物酶体三种细胞器的运输为"穿膜运输",需要分选信号、分选信号受体、蛋白质转运子等多种成分的协同完成。从内质网到高尔基体、高尔基体各个区室之间以及由高尔基体到溶酶体、细胞膜或重新运回内质网的运输是由运输小泡介导的,称为"小泡运输"。运输小泡的类型有三类:网格蛋白包被小泡、COPⅠ包被小泡和COPⅡ包被小泡,分别介导不同部位的小泡运输。小泡运输同样是特异的、专一的,并且是受到调控的。细胞通过小泡运输,对激素、消化酶、细胞外基质成分之类的蛋白质进行合成、加工和分泌,这一途径叫作"生物合成-分泌途径",也通过小泡运输将细胞外蛋白质摄入细胞,这一途径叫作"胞吞途径"。

(杨　洁　汤雪明　王毓美)

参 考 文 献

[1] 杨恬.医学细胞生物学:基础、进展和趋势[M].北京:人民卫生出版社,2011.

[2] Alberts B, Bray D, Lewis J, et al. Molecular Biology of the Cell[M]. 4th ed. New York: Garland Science, 2002.

[3] Alberts B, Johnson A, Lewis J, et al. Molecular Biology of the Cell[M]. 5th ed. New York: Garland Science, 2008.

[4] Alberts B, Bray D, Hopkin K, et al. Essential Cell Biology[M]. 3rd ed. New York: Garland Science, 2010.

[5] Lodish H, Berk A, Kaiser CA, et al. Molecular Cell Biology[M]. 6th ed. New York: W. H. Freeman, 2008.

[6] Lewin B, Cassimeris L, Lingappa VR, et al. Cells [M]. Sudbury: Jones & Bartlett Publishers, 2007.

[7] Goodman SR. Medical Cell Biology[M]. 3rd ed. Burlington: Academic Press, 2008.

[8] Karp G. Cell and Molecular Biology[M]. 5th ed. New York: John Wiley & Sons Inc. 2008.

[9] Derby MC, Gleeson PA. New Insights into Membrane Trafficking and Protein Sorting[J]. Int Rev Cytol, 2007, 261: 47-116.

[10] Luini A, Ragnini-Wilson A, Polishchuck RS, et al. Large pleiomorphic traffic intermediates in the secretory pathway[J]. Curr Opin Cell Biol, 2005, 17(4): 353-361.

第十章 细胞通讯与信号转导

生命的一个最重要特征是生命个体表现出对"刺激"的"应答"。从细胞水平而言,细胞的各种行为——包括基本的增殖、分化、死亡以及一些特化的行为如分泌、游走、收缩等,都是由各种"刺激"所引起的应答反应。这些"刺激"就是引起细胞反应的信号。细胞能接收环境中的各种信号,将信号导入细胞内并进行转递,最终导致细胞作出一定的反应,这个过程就是细胞的信号转导(cell signaling)。细胞所能感知的周围环境信号主要有两个方面:一是组成环境的基本参数如 pH、压力、温度等的变化。二是在多细胞生物中来源于其他细胞所分泌的一些因子,如激素、神经递质、生长因子、细胞因子等。此外信号还可通过细胞与细胞间的直接接触,或细胞与细胞外基质间的相互作用来产生。这种细胞之间通过分泌信号分子或直接接触而发生的联系,我们称之为细胞通讯(cell communication)。无论是单细胞生物还是多细胞生物,细胞通讯与细胞信号转导是一种最基本的调控机制,以协调与维持整个机体的基本生命活动过程——包括发育、生长、繁殖、衰老、死亡等。本章主要介绍细胞通讯和信号转导的一些基本知识,以及一些经典的细胞信号转导通路。

第一节 细胞通讯与信号转导的原理

从单细胞生物进化到第一个多细胞生物,大约经过了 25 亿年的时间。多细胞生物进化经历如此长时间的重要原因之一可能是在多细胞生物中需要建立非常精确的细胞通讯与信号转导系统,因为细胞通讯及信号转导是多细胞生物能成为一个高度协调与统一的整体的基础。事实上,多细胞生物机体内相对稳定的内环境正是不同细胞之间通过细胞通讯进行调控的结果。

一、细胞信号转导是细胞通讯中一方细胞接收信号并对信号作出应答的过程

1. **细胞通讯** 细胞通讯是细胞之间的互相联络,发放信号的细胞和接收信号的细胞是通讯的双方,通讯的目的是发放信号的细胞可以指挥对方以协调机体的生理活动。依

据信号发放细胞与接收细胞(本章中称为"靶细胞")之间的相互作用方式,将细胞通讯分为主要的六类。

(1) 旁分泌型(paracrine):信号发放细胞将信号分子分泌于局部组织间隙内,邻近的靶细胞可接受和感知信号。其特点是信号分子可被细胞间质所阻滞或被细胞间质中的酶类降解,因此有效作用范围很小,该类型的信号分子多为生长因子、细胞因子(图 10-1a)。

(2) 自分泌型(autocrine):信号分子由细胞分泌后,可被细胞自身或邻近同一类型的细胞的受体接收。与旁分泌类似,信号分子多为生长因子、细胞因子(图 10-1b)。该类细胞通讯在胚胎早期发育中具有重要意义,可促进同型细胞向同一方向演化。多数肿瘤细胞也可利用自分泌信号促进其生长。

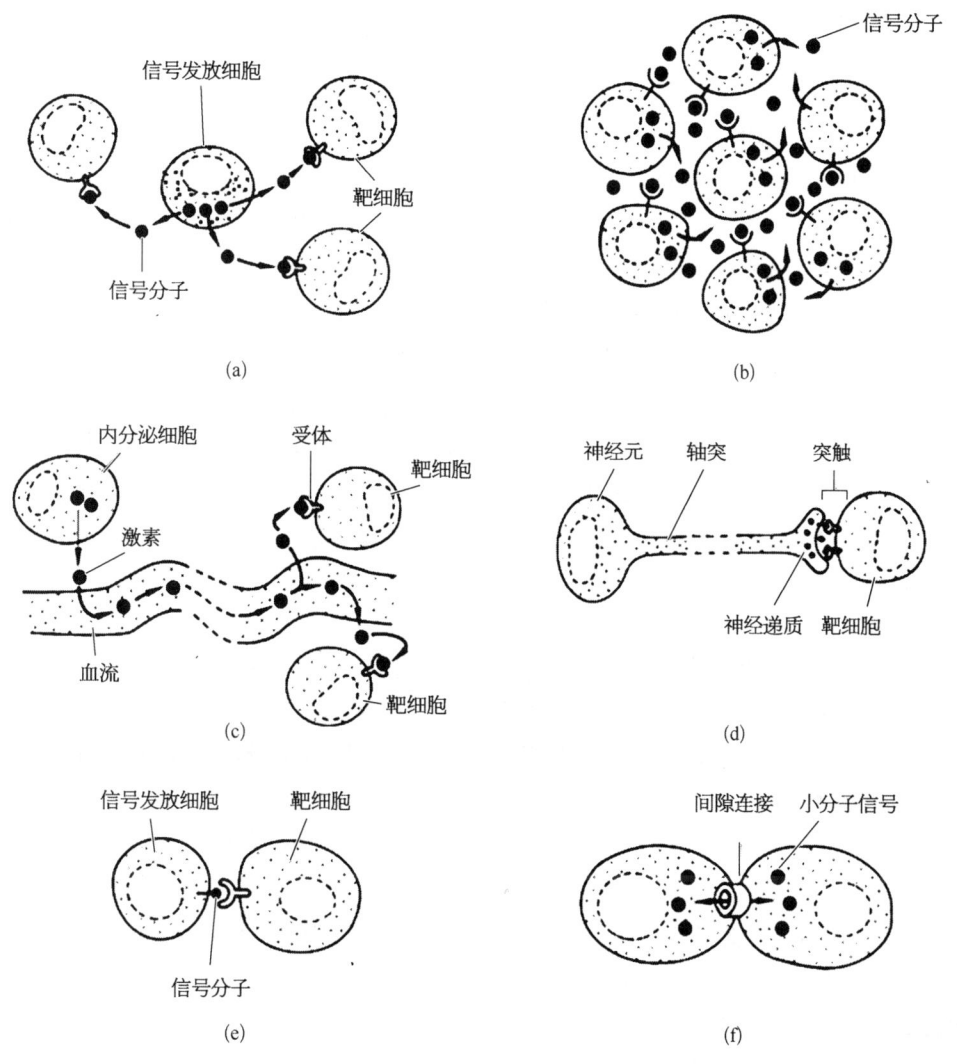

图 10-1 细胞通讯的几种形式
(a) 旁分泌型;(b) 自分泌型;(c) 内分泌型;(d) 突触型;(e) 接触依赖型;(f) 间隙连接型
(改自 Alberts 等,2002)

(3) 内分泌型(endocrine)：信号发放细胞分泌激素作为信号分子，激素进入血液，随循环系统播散于全身各处并作用于相应的靶细胞(图10-1c)。依据化学性质，激素可分为蛋白类和类固醇两大类。因为依赖特化的内分泌组织和器官，这种细胞通讯方式相比旁分泌和自分泌来说，在进化中出现更晚，在胚胎发育中也出现更晚，但是作用更广泛、远程，也受到更多调控。

(4) 突触型(synapse)：信号发放细胞释放神经递质，靶细胞将化学信号转变为电信号并产生新的电信号。见于神经元轴突末端与其靶细胞之间形成的特化的化学突触。神经元轴突末端释放神经递质于突触间隙，靶细胞即突触后神经元或肌细胞，上有神经递质受体可接收信号(图10-1d)。

(5) 接触依赖型(contact-dependent)：信号发放细胞将信号分子表达于细胞膜上，靶细胞将能与信号分子结合的受体分子也表达于细胞膜上，受体对信号分子的感知依赖于细胞之间的直接接触。这种类型的细胞通讯在机体发育和免疫反应中扮演着重要角色(图10-1e)，例如免疫细胞的相互识别。

(6) 间隙连接型(gap junction)：相邻细胞之间的一种连接装置，因形成通道可允许小分子信号通过而成为一种通讯连接(图10-1f)。相邻细胞双方可互为信号发放细胞和靶细胞，通过间隙连接可快速交换信号如Ca^{2+}、cAMP等，以协调细胞群对外来信号的反应，因此在发育过程中的细胞分化调控发挥着重要作用，也对心脏、肝脏等器官中大群细胞对信号的共同应答有重要作用(参见第七章第一节)。

2. **信号分子** 信号分子(signal molecules)主要是指细胞通讯双方中信号发放细胞产生的化学分子。由于信号分子将特异性地与靶细胞的受体结合，所以又常被称作(受体的)配体(ligands)。它们包括细胞分泌的蛋白质如蛋白类和肽类激素、生长因子、细胞因子、细胞外基质和细胞释放的神经递质、类固醇激素等。此外，代谢物和营养物也是常见的信号分子，如某些脂肪酸、核苷酸、氨基酸和维生素A、维生素E等，它们可以同样由体内细胞释放，但是也可以来自环境。

从配体与受体的相互作用考虑，配体分子是否能够进入细胞决定了其受体是位于细胞表面的或是内部的，而这是由配体的理化性质决定的。由于膜的脂双层屏障，亲水的分子无法透过，据此将信号分子分为疏水的、可以透膜(membrane permeable)的和亲水的、不可透膜的两类。前者中最重要的有类固醇激素、甲状腺素、维甲酸、脂肪酸衍生物、一氧化氮气体等，后者则是所有蛋白质，包括蛋白和小肽激素、生长因子和细胞因子等。

需要指出，环境中的理化因素和细胞内部改变可以打破原有细胞生存稳态而成为细胞信号转导的激活因素，如光、射线、接触、温度、营养物浓度、氧浓度、离子浓度等均可成为激活受体的信号，但它们显然并不是常规的所谓"信号分子"。

3. **细胞信号转导** 细胞通讯过程一般包括以下几个步骤：首先由信号发放细胞合成和分泌信号分子，信号分子与靶细胞上的特异性受体结合并激活受体，活化受体把信号转导入靶细胞从而引发靶细胞的应答反应。可见，细胞之所以能够相互通讯，是因为细胞能对外来信号作出应答。这种应答信号并作出自身改变的基础是细胞有一套信号转导系统,包括信号接收、转导和产生效应的装置,主要由一系列蛋白质及其复合物构成。

就信号接收者靶细胞而言,信号转导(cell signaling 或 signal transduction)的过程从受体被信号分子激活开始。其基本模式是:信号分子与受体结合后激活受体,使信号在细胞内经一系列信号转导蛋白的级联传递和小分子信使的播散,引起一系列靶蛋白质的改变,比如激活参与代谢的酶、基因调控蛋白、细胞骨架蛋白等,由此引起多种反应,如代谢活性的变化、基因表达的变化,或者是细胞形状的变化、细胞的运动等。图 10-2 显示了细胞信号转导的基本模式。

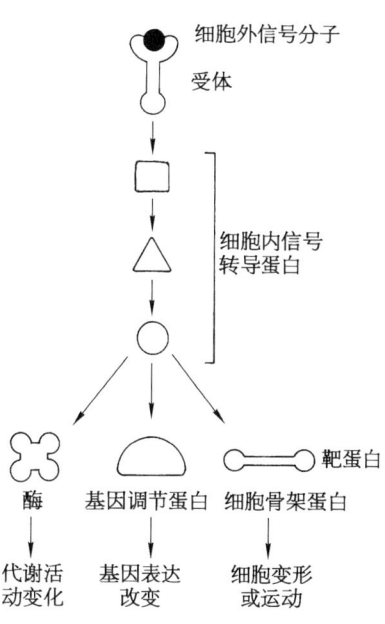

图 10-2 细胞信号转导基本模式图
(引自 Alberts 等,2002)

二、细胞信号转导系统主要由一系列蛋白质及其复合物构成

1. **细胞受体** 受体(receptors)是细胞最重要的信号接收装置,它是位于细胞膜或细胞内的一类特殊蛋白,可特异地识别信号分子,并以很高的亲和力与配体结合,从而启动细胞内的信号转导通路。根据在细胞中的位置,受体可分为表面受体和细胞内受体,它们各自的配体存在亲水抑或疏水的差别(图 10-3)。

表面受体位于细胞膜上,又称为膜受体(membrane receptor),是单次或多次穿膜的膜蛋白。其配体主要是蛋白质或小肽,包括各类生长因子和细胞因子,多种内分泌器官分泌的激素如胰岛素、生长激素、促性腺激素等。

细胞内受体(intracellular receptor)是位于细胞质内或细胞核内的一类蛋白质,其配体是疏水性小分子,包括一部分内分泌器官分泌的激素如类固醇激素(雌激素、雄激素、糖皮质激素、盐皮质激素)、甲状腺素,代谢产物和营养物及其衍生物如维甲酸、维生素 D,以及一些气体如 NO 等可以自由透膜进入细胞的小分子。细胞内受体一旦与配体结合即发生自身的蛋白构象变化而进入细胞核,因此细胞内受体又往往称为核受体(nuclear receptor)。它们入核后立即结合到 DNA 上特定基因的调控序列上,最终引发特定基因的转录,因此,细胞内受体实际上是一类转录因子,即基因转录的调控蛋白(参见第十一章),

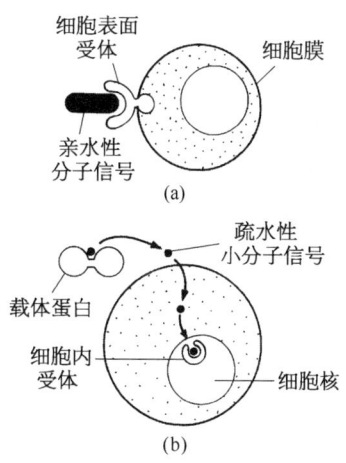

图 10-3 细胞膜受体与细胞内受体
(a) 细胞膜受体;(b) 细胞内受体
(引自 Alberts 等,2002)

它们在调控基因转录时需要多个辅助蛋白组成复合物。像雄激素受体、糖皮质激素受体都是著名的核受体,也是重要的转录因子。这类受体中有些缺乏明确的内源性配体,但是具有转录因子活性,例如过氧化物酶体增殖物激活受体 PPARs 就是这样一类核受体。

膜受体及其相关的信号转导是细胞信号转导研究的重要内容。根据与受体直接偶联的信号蛋白的不同,膜受体可分为三大类。

(1) 离子通道偶联受体:为多亚基组成的受体-离子通道复合体,其实是一种递质门控离子通道(transmitter-gated ion channel),主要存在于神经细胞和其他可兴奋细胞间的突触信号传递。神经递质通过与受体的结合而改变通道蛋白的构型,导致离子通道的开启或关闭,改变细胞膜的离子通透性,把胞外化学信号转换为电信号(图 10-4a)。例如乙酰胆碱受体(参见第八章)。

(2) G 蛋白偶联受体:是一个分布广泛的受体家族,成员均为七次跨膜蛋白。受体激活后,通过异三聚体 GTP 结合蛋白(GTP-binding protein,简称 G 蛋白)把来自受体-配体复合物的信号传递至下游蛋白(图 10-4b)。许多激素、神经递质的受体属于此类。

(3) 酶偶联受体:也是一个分布广泛的受体家族,成员均为单次跨膜蛋白。受体胞内结构域本身具有酶活性,或是受体与酶直接偶联,受体与配体结合后可激发受体本身的酶活性,或者激发受体偶联酶的活性使信号继续往下游传递(图 10-4c)。生长因子和细胞因子的受体多属于此类。

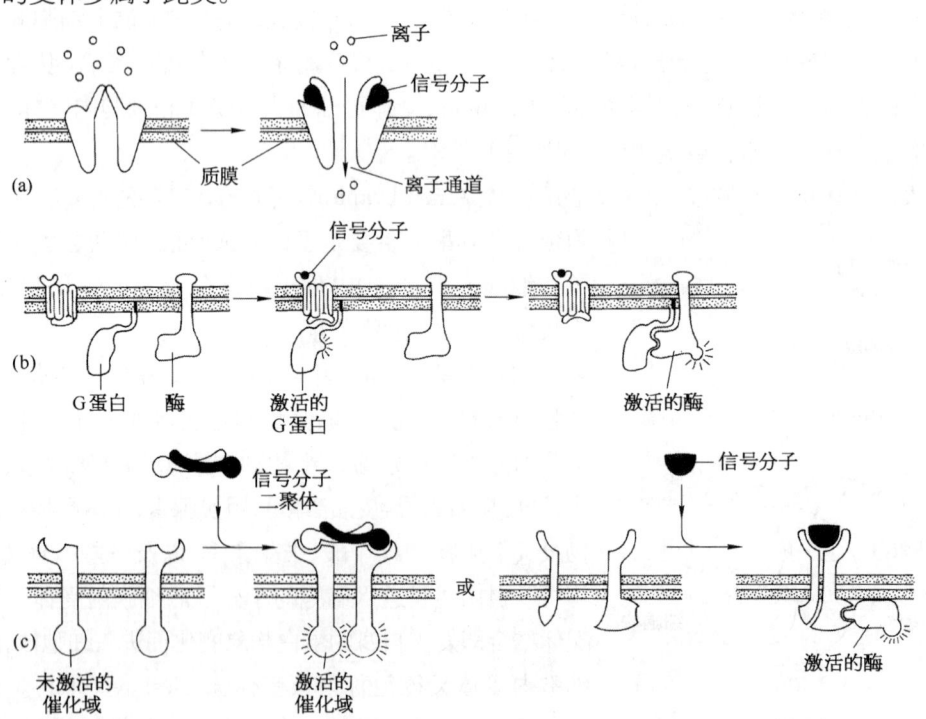

图 10-4 三类细胞膜受体

(a) 离子通道偶联受体;(b) G 蛋白偶联受体;(c) 酶偶联受体

(引自 Alberts 等,2002)

需要说明的是,有些膜受体不能归于上述三类,也同样具有重要的信号转导功能。一些膜受体既不偶联 G 蛋白或酶,也不是离子通道,但却是重要的信号转导通路的起点,例如 Wnt 的受体卷曲蛋白(frizzled)、NF-κB 通路和死亡受体通路中 TNFα 的受体 TNFR 等。还有,黏附分子中的整合素是大多数细胞外基质的受体,整合素与配体的结合也能激发细胞信号转导,对所在细胞的形态和移动产生重要调控(参见第七章第二节)。

2. 细胞内信号转导蛋白 一系列细胞内信号转导蛋白(intracellular signaling proteins)构成了一组信号转导装置,像接力一样依次活化下一个信号转导蛋白或产生下一个信号小分子,使信息从上游往下游传递,构成了从细胞表面到内部细胞质或细胞核的信号转导通路(图 10-5)。

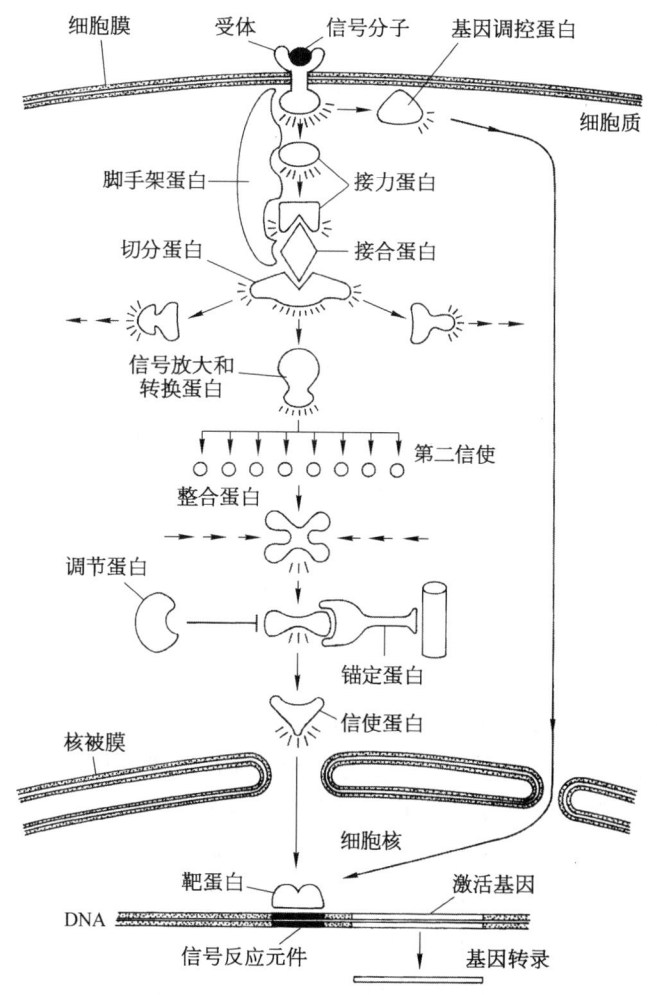

图 10-5 从细胞膜受体到细胞核信号转导中涉及的信号转导蛋白和第二信使
(引自 Alberts 等,2002)

(1) 信号转导蛋白的种类:信号转导蛋白可以分为八类。① 接力蛋白(relay protein)把信号传递至信号转导链上相邻的下游信号蛋白。② 信使蛋白(messenger

protein)把信号从细胞内的一个亚区传递至另一个亚区,如从胞质传递到核。③ 接合蛋白,或称接头蛋白(adaptor protein),通过特定结构偶联上下游的两个信号蛋白,自身无活性。④ 信号放大蛋白(amplifier protein),其功能是放大它所接收的信号。⑤ 信号转换蛋白(transducer protein)把一种信号转换为另一种形式的信号。有时信号放大和转换可由同一蛋白完成。⑥ 切分蛋白(bifurcation protein)接收一条通路的信号输出至多条信号通路。⑦ 整合蛋白(integrator protein)接收多条通路的信号并整合、输出为一条信号通路。⑧ 基因调节蛋白,即被激活的受体活化后直接迁移至核内,结合到DNA上引发基因转录。

(2) 信号转导蛋白的功能:由此可见,信号转导蛋白不是简单的传递者,而是在总体上发挥四方面的作用。① 接力传递,将信息转导入细胞内部。② 扩增放大,使少量细胞外信号分子引发细胞的巨大反应,其机制是生成大量调节性小分子(即第二信使)或激活大量下游的信号转导蛋白。当信号转导链上存在多次信号放大时,常被称为信号级联反应(signaling cascade)。③ 整合信息,接收多条信号通路的信息,整合后下传。④ 播散信息,造成信息流的分支,引发复合效应。

(3) 信号转导蛋白的"分子开关"特性:对多数信号转导蛋白来讲,接收到上游信号后可迅速被活化,并将信号向其下游传递;同时,信号转导蛋白会被迅速灭活,而恢复非活化状态。这是信号转导的最基本特征:信号转导蛋白每经历一次"活化-非活化"的变换,就转导一次信号。具有这种特征的信号转导蛋白称为"分子开关"(molecular switch)。上文八类信号转导蛋白中的第一类往往都是有此特性的分子,实际上这也是多数信号转导蛋白的工作原理。根据其作用机制,这些"分子开关"有两类。

1) 蛋白质修饰-去修饰型。信号蛋白可发生翻译后修饰,并改变自身的活化状态。而大多数蛋白质翻译后修饰都是一个可逆的过程,修饰的蛋白质通过"去修饰"而发生逆转。因此,信号蛋白通过这种修饰与去修饰可实现其分子开关的作用。

迄今人们发现了多达200多种的蛋白质的翻译后修饰。最典型的蛋白质修饰参与信号转导过程的例子就是信号蛋白的磷酸化-去磷酸化修饰。信号转导蛋白是特定蛋白激酶的底物,在激酶作用下被磷酸化活化,实现信号向下游的转导,同时在蛋白磷酸酶作用下很快去磷酸化,恢复非活性状态。该类信号蛋白通过"磷酸化-去磷酸化",实现了"活化-非活化"的转换,使该信号蛋白能够依次接收不同次的信号并向下游传递(图10-6a)。许多信号转导蛋白都具有酶活性,通过与底物作用将其激活或灭活而把信号传递出去。根据其对底物的作用位点,信号转导蛋白的激酶可分为两类,一类是丝氨酸/苏氨酸激酶,可引发底物蛋白上丝氨酸/苏氨酸的磷酸化;另一类是酪氨酸激酶,可引发底物蛋白上酪氨酸的磷酸化。有时候某些激酶兼具两种活性。基因组内大约2%的基因编码蛋白激酶,在一个典型的真核细胞内,有数百种不同的蛋白激酶。

2) G蛋白:G蛋白即GTP结合蛋白(GTP binding protein, G-protein),可以与GTP结合并具有GTP酶活性。静息状态下G蛋白与GDP结合,为非活化形式;接收到上游信号后,GDP被GTP置换,成为活化形式,使信号向下游转导。活化的G蛋白具有

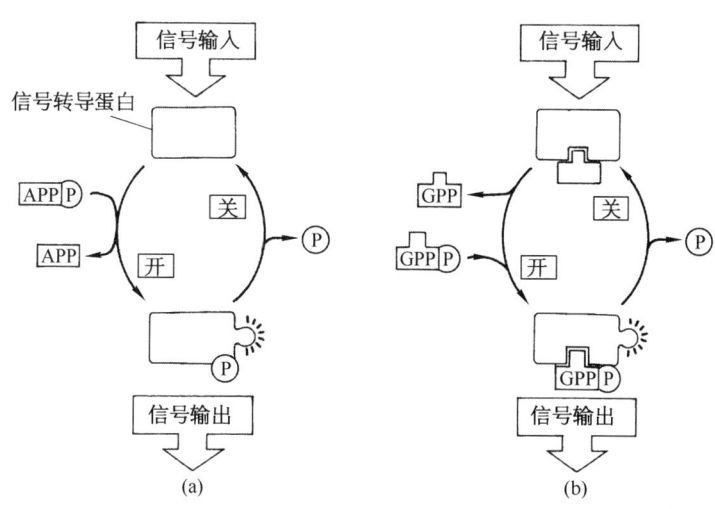

图 10-6 两种类型的作为"分子开关"的细胞内信号转导蛋白
(a) 磷酸化-去磷酸化；(b) G 蛋白
(引自 Alberts 等,2002)(APPP=ATP, APP=ADP; GPPP=GTP, GPP=GDP)

GTP 酶活性,能迅速水解 GTP 为 GDP,使 G 蛋白恢复为非活化形式。因此,G 蛋白通过"结合 GDP-结合 GTP",从而实现了"活化-非活化"的转换,并完成信号向下游的传递(图 10-6b)。

G 蛋白在细胞内广泛存在,可分为两类。一类就是此处所说的作为一种分子开关的 G 蛋白,存在于不同的细胞部位,称为单体 G 蛋白(monomeric GTP-binding proteins),因其分子量较小,又称小 G 蛋白。除参与信号转导外,小 G 蛋白还参与细胞内小泡运输等活动(参见第九章)。另一类是与膜受体偶联的异三聚体 G 蛋白(heterotrimeric GTP binding protein),存在于质膜上(参见上文"膜受体"和本章第二节)。

(4) 信号转导蛋白的相互作用结构域和复合体：许多细胞信号转导蛋白之间通过特定结构域发生直接的相互作用,这些结构域具有相同的结构特征,可以相互识别并发生聚合,因此具有这种结构域的信号蛋白借此就可以形成一个三维的相互作用网络,并由此决定信号传递途径的上下游。常见的此类结构域有 Src 类似物 2(Src homology 2,简称 SH2)结构域、Src 类似物 3(Src homology 3,简称 SH3)结构域、磷酸化酪氨酸结合性(phosphotyrosine-binding,简称 PTB)结构域、Pleckstrin 类似物(Pleckstrin homology,简称 PH)结构域。

信号转导蛋白在相互作用、传递信号时常常形成复合体或模块,其结构基础是各信号转导蛋白结构域之间的相互作用。两个不能直接相互作用的上下游蛋白可以凭借接合蛋白和脚手架蛋白连接到一起,其间同样依赖结构域之间的相互作用(如图 10-5 所示)。例如,在外来信号作用下,受体的胞内段磷酸化,信号蛋白 1 的 SH2 域可识别受体的磷酸化位点并与之发生相互作用；同时在外来信号的作用下,细胞膜磷脂酰肌醇被磷酸化,形成了一个细胞膜胞质面的锚定位点,可被信号蛋白 1 的 PH 域识别并相互作用；信号蛋白

2可被信号蛋白1磷酸化,本身也具有激酶活性,信号蛋白2的某些磷酸化位点可被信号蛋白1的PTB域识别并锚定,另一些磷酸化位点则可被接合蛋白的SH2域识别锚定;接合蛋白的SH3域与信号蛋白3的脯氨酸富集区发生相互作用。由此,来源于受体的信号以信号蛋白1—信号蛋白2—信号蛋白3的顺序在复合体内得到高效、精确的传递。

在复合体内,信号是不能放大的,并且信号也不能在细胞的亚区之间传递。信号的放大和跨区室传递显然需要其他游离型的信号转导蛋白如前述分类中的第二、第四、第五类等以及小分子信使来实现。

3. **小分子信使** 在细胞信号传导链中的某些节点会大量产生一些非蛋白质类的功能性小分子,它们能够与下游的信号转导蛋白结合并调节其活性,使信号继续下传。这一类小分子称为"小分子信使"(small messenger molecules)或"第二信使"(second messenger)(图10-5)。"第二"是相对于细胞外的信号分子而言的。细胞外信号分子由附近或远处的细胞释放,把信号送到本细胞,称为"第一信使";第二信使则在细胞内信号途径的某个节点突然被大量生成,把信号放大和播散到下游。

目前发现的小分子信使包括cAMP、cGMP、三磷酸肌醇(triphosphate inositol,简称IP3)、二酰甘油(diacyl glycerol,简称DG)、Ca^{2+}等。小分子信使的特点是可在短时间内迅速被产生,又可在短时间内迅速被清除,因此在特定的时刻和特定的亚细胞区室内发生陡然的浓度变化,从而同时具有信号的一过性传递和放大的功能。这与信号转导蛋白明显不同,信号转导蛋白是预先存在的,在信号转导过程中主要表现为活性的变化而不是量的变化。

以cAMP为例,在外来信号作用下,腺苷酸环化酶被激活,以ATP为原料,催化生成了大量的cAMP(其浓度在数秒内可迅速增加至几十倍),cAMP可与依赖cAMP的激酶(cAMP-dependent protein kinase,又称蛋白激酶A,简称PKA)结合并激活PKA,这样,信号就由cAMP的上游蛋白传递至下游蛋白,并实现了放大效应。同时,在cAMP磷酸二酯酶(phosphodiesterase,简称PDE)的作用下,cAMP被迅速降解,使腺苷酸环化酶能够对新的上游信号作出及时的反应,也就是cAMP的及时降解保证了信号转导的一过性。

第二信使小分子的产生和功能也体现了信号转导蛋白的功能。例如,腺苷酸环化酶属于信号转导蛋白中的一种转换蛋白,它被上游激活后催化小分子信号cAMP的生成,在完成信号转换的同时,cAMP的大量生成也实现了信号的放大。

4. **靶蛋白** 信号转导中的"靶蛋白"一词定义较为宽泛,既可以指一个环节的直接下游蛋白分子,也可以指细胞信号转导的终末节点分子。如果把细胞信号转导看作一条从细胞表面到内部细胞质或细胞核的信号转导链,我们可以将细胞质和细胞核两个区室中最终受到信号调控的蛋白分子当作终末靶蛋白,它们也是信号转导最终产生生物学功能的效应分子。这些蛋白质可以在性质、结构、定位、功能上各异,但是最主要的是酶蛋白、细胞骨架蛋白和基因调节蛋白三大类(图10-5)。

细胞信号转导链的一个终点在细胞质,往往在数秒或数分钟内通过快速改变细胞骨架蛋白的聚合/解聚来调控细胞的形状、移动和内部运输;同时通过快速改变各种酶的活性而引发广泛多样的效应,例如代谢反应的速率和方向的改变,分泌、收缩等特有功能的改变,细胞增殖、分化和死亡状况的改变等。由于信号转导蛋白中有些成分是基因调控蛋白,信号转导的下游也往往是调控基因的转录因子,核受体更是自身就是转录因子,细胞信号转导链大多有另一个终点——细胞核,其效应是基因表达的改变(参见第十一章)。这些改变既可以是原有表达速率的改变,也可以是表达格局的改变。这些改变导致细胞质产生新的蛋白质或不再合成原来的蛋白质,结果是与细胞质的变化一起最终形成对信号的应答反应。需要注意的是,基因表达过程涉及转录和翻译,并涉及的基因如果本身是编码转录因子的,将会造成继发的基因表达调控,因此,信号转导在细胞核内引起的效应出现得比细胞质中的慢得多,比如至少数十分钟,通常数个或十多个小时。

第二节 一些主要的细胞信号转导途径

本节我们将介绍若干重要的细胞信号转导途径,一方面以此为例理解第一节所叙述的信号转导基本原理,另一方面了解这些信号转导途径的大致节点、上游激活因素和下游效应,从而开始认识细胞信号转导对机体生理功能的调控。

一、G 蛋白偶联受体信号转导途径可引起广泛的细胞效应

G 蛋白偶联受体(G protein coupled receptor),简称 GPCR,具有七个跨膜区的膜蛋白受体,具有极其广泛的配体类型,包括蛋白和小肽激素、氨基酸和脂肪酸衍生物、神经递质等。在机体内脏分布广泛的交感神经递质受体、眼底视网膜的视觉神经受体以及味觉和嗅觉受体等都属于 G 蛋白偶联受体。

1. G 蛋白 G 蛋白可以与 GTP 结合,并具有 GTP 酶活性。G 蛋白分为两类,一类是此处的与膜受体偶联的异三聚体 G 蛋白,另一类为单体 G 蛋白。一般把异三聚体 G 蛋白简称为 G 蛋白,只是要与单体 G 蛋白明确区分时才使用其全称,因此,在下文中如无特别说明,G 蛋白一般是指与细胞表面膜受体偶联的异三聚体 G 蛋白。

提纯的各种 G 蛋白在溶液中分子量为 100 kD 左右,由 α、β、γ 三种亚基组成。α 亚基分子量在 39~46 kD 之间,各种 G 蛋白亚基中,α 亚基差别最大,因此 α 亚基就被用作 G 蛋白的分类依据,往往简写为 Gα。Gα 结构共同的特点是具有一个受体结合位点、靶蛋白结合位点、GTP 结合位点、GTP 酶的活性位点、ADP 核糖基化位点、毒素修饰位点等。到目前为止有多种 α 亚基、β 亚基和 γ 亚基已分离鉴定,理论上它们可组成上千种异三聚体 G 蛋白,因而增加了转导信号的多样性。对 G 蛋白分类主要是根据它们的效应酶(或分子)或细菌毒素敏感性,如能够激活腺苷酸环化酶的 G 蛋白称为 Gs,而对该酶有抑制作用的称为 Gi,另外还有 Gt、Gq 等。依据 α 亚基氨基酸序列的相关性进行分类,细胞中主要存在四种异三聚体 G 蛋白,其分类及介导的生物学效应如表 10-1 所示。

表 10-1　G 蛋白的分类

类　型	家族成员	介导信号亚基	生　物　学　效　应
Ⅰ	G_s	α	激活腺苷酸环化酶和钙离子通道
	G_{olf}	α	激活嗅觉神经元内的腺苷酸环化酶
Ⅱ	G_i	α	抑制腺苷酸环化酶
	G_o	βγ	激活钾离子通道
		βγ	激活钾离子通道和抑制钙离子通道
		α 和 βγ	激活 β 亚型磷脂酶 C
	G_t	α	介导感光色素受体激活 cGMP 磷酸二酯酶
Ⅲ	G_q	α	激活 β 亚型磷脂酶 C
Ⅳ	$G_{12/13}$	α	通过 Rho-GEF 激活 Rho 家族 GTPases

G_s 主要是激活型受体与腺苷酸环化酶之间的偶联蛋白,属于Ⅰ型 G 蛋白。当配体与受体结合后可以通过 G_s 型 G 蛋白激活腺苷酸环化酶,而加速第二信使 cAMP 的产生。

G_i 主要是抑制型受体与腺苷酸环化酶之间的偶联蛋白,属于Ⅱ型 G 蛋白。

同一胞外信号有的能使 cAMP 增加,有的使其减少,这决定于信号所结合的受体类型。例如,肾上腺素有 β 受体和 α 受体两种,前者为激活型受体,可以激活腺苷酸环化酶,使胞内 cAMP 水平升高,后者为抑制型受体,抑制腺苷酸环化酶活性,导致胞内 cAMP 水平下降。与抑制型受体偶联的 G 蛋白称为 G_i 型 G 蛋白。

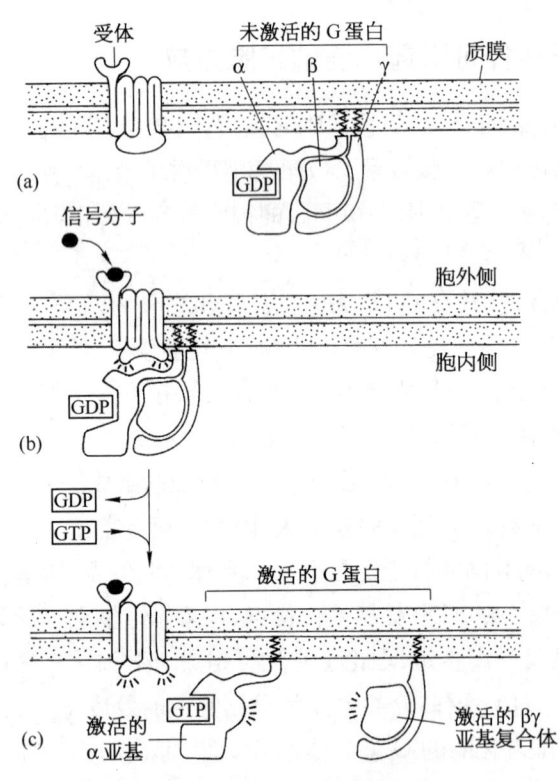

图 10-7　G 蛋白的激活
(引自 Alberts 等,2002)

2. G 蛋白偶联受体信号转导的基本过程

(1) G 蛋白活化后异三聚体解离: G 蛋白处于非活化状态时,三个亚基结合在一起,α 亚基上结合着 GDP,G 蛋白与受体相分离(图 10-7a)。在配体作用下,受体被活化导致构型改变,暴露出与 α 亚基的结合位点,受体与 α 亚基相互作用(图 10-7b)。α 亚基构型改变,释放 GDP,结合 GTP 而被活化,α 亚基从而与 βγ 亚基解离,此时 G 蛋白分解为两个具有活性的亚组分: α 亚基-GTP 及 βγ 亚基。α 亚基的激活来自其构型的变化,βγ 亚基虽无构型变化,但因与 α 亚基的解离暴露出了其活性部位而被激活(图 10-7c)。

(2) G 蛋白激活靶蛋白: 激活的 α 亚基-GTP 以及 βγ 亚基能够分别

激活它们下游的靶蛋白(图 10-8)。激活的 G 蛋白的靶蛋白(下游蛋白)可以是腺苷酸环化酶、磷脂酶、磷酸二酯酶等酶类或离子通道,也就是说,起于 G 蛋白偶联受体的信号转导可以有多种下游途径。

(3) G 蛋白失活,异三聚体重新聚合:G 蛋白激活(即 α 亚基-GTP 与 βγ 亚基分离)维持的时间很短,通常只有十几秒。α 亚基具有 GTP 酶活性,能够在 α 亚基-GTP 复合体形成后迅速水解 GTP 为 GDP,一旦水解反应发生,生成的 α 亚基-GDP 与 βγ 亚基重新聚合为异三聚体,G 蛋白又恢复为非活性状态(图 10-8)。α 亚基的 GTP 酶活性是在 G 蛋白信号转导调节者(regulator of G protein signaling,RGS)的协助下实现的,后者本身亦是 α 亚基的靶蛋白,它能够大大增强 α 亚基的 GTP 酶活性,从而使 G 蛋白的信号传递能够及时终止,以利于 G 蛋白接收下一次的信号。如果没有 RGS 的协同,G 蛋白要维持至数分钟的活化后才能水解 GTP 而失活。

在上述模型中,α 亚基穿梭于受体与靶蛋白之间,起了一个信号转导者的作用,而 α 亚基上结合 GTP 或 GDP 的循环是 G 蛋白激活—失活的关键步骤。GTP 酶在完成此过程中起着重要作用,它不仅保证了信号单向而不可逆的向

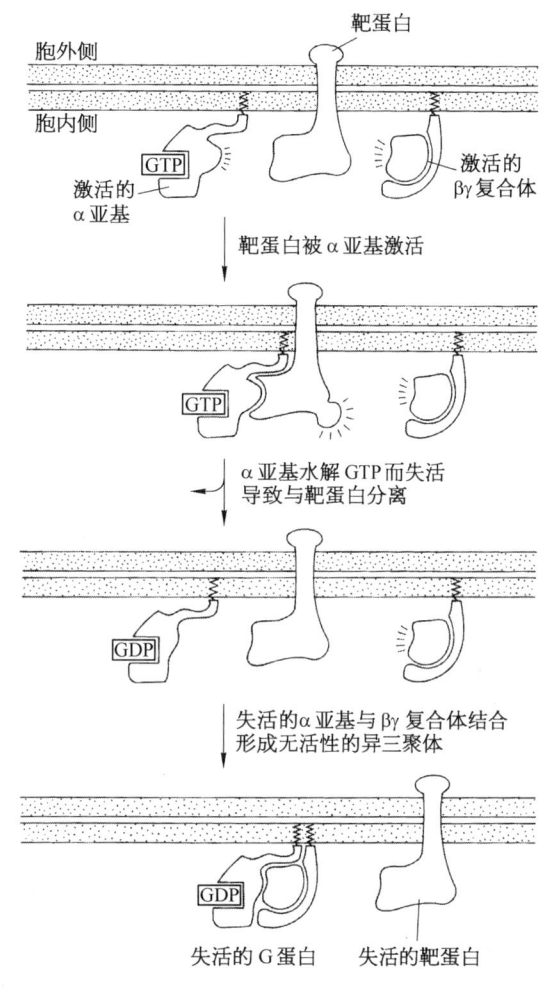

图 10-8　G 蛋白 α 亚基对效应蛋白的活化
(引自 Alberts 等,2002)

下传递,还保证了信号传递的一过性。并且由于一个 G 蛋白可作用于多个靶蛋白,所以还实现了信号的放大。过去认为,βγ 亚基的功能主要是对 G 蛋白功能的调节和修饰,或把 G 蛋白锚定在细胞膜上。现在发现,G 蛋白被受体激活后 βγ 亚基游离出来也可直接激活胞内的效应酶(表 10-1)。

下面我们简要介绍 G 蛋白激活的两条下游途径:与腺苷酸环化酶和磷脂酶 Cβ 相关的信号转导途径。

3. **腺苷酸环化酶-cAMP-PKA 信号转导途径**

(1) 腺苷酸环化酶活化产生的 cAMP 激活 PKA:G 蛋白偶联受体激活后,活化的 G 蛋白激活膜上的腺苷酸环化酶,该酶以 ATP 为原料,短时间内可生成大量的 cAMP。

cAMP 是一种第二信使,其信号的继续传递依赖于蛋白激酶 A(Protein kinase A,简称 PKA)。PKA 是一类依赖于 cAMP 的蛋白激酶(cAMP-dependant protein kinase),由四个亚基组成,包括两个相同的调节亚基和两个相同的催化亚基。cAMP 可与调节亚基结合并导致催化亚基与调节亚基的分离,游离的催化亚基表现出激酶活性,可作用于下游的靶蛋白(图 10-9)。

(2) PKA 激活下游多个靶蛋白:PKA 是一种丝氨酸/苏氨酸激酶,能够引起靶蛋白中丝氨酸/苏氨酸的磷酸化。PKA 的底物非常广泛,因此,该信号途径具有非常广泛的生理学效应,如蛋白质、糖原合成或分解、分泌反应、基因表达的变化等。

(3) cAMP-PKA 调控基因表达:近年对 cAMP-PKA 引发基因表达的信号途径有了较为深入的了解。cAMP 所调节的基因上具有特定的启动子序列称为"cAMP 反应元件"(cAMP response element,简称 CRE),其特异的基因调节蛋白称为 CRE 结合蛋白(CRE-binding protein,简称 CREB)。激活的 PKA 的催化亚基经核孔进入细胞核,引发 CREB 的磷酸化而使之活化,活化后的 CREB 在 CREB 结合蛋白(CREB-

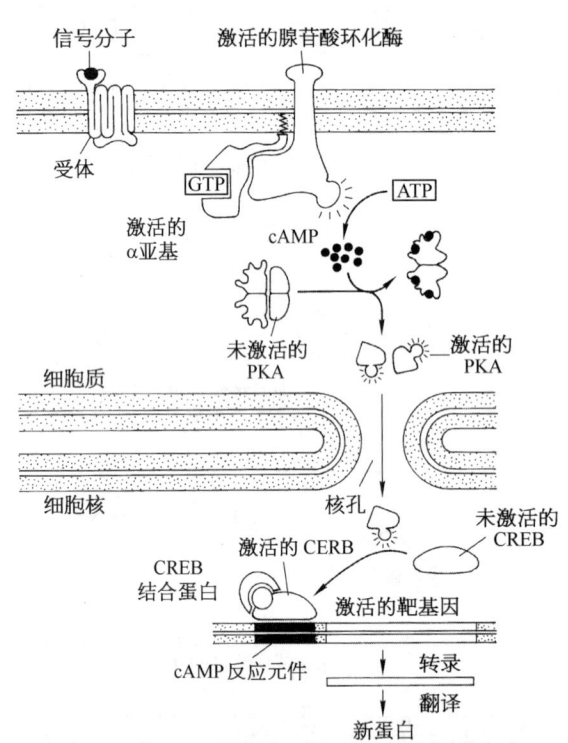

图 10-9 cAMP 水平的升高引起基因转录的过程
(引自 Alberts 等,2002)

binding protein,简称 CBP)的协同下,促进特定基因的转录(图 10-9)。

4. **磷脂酶 Cβ-IP$_3$/DG 信号转导途径** G 蛋白偶联受体激活后,活化的 Gq 型 G 蛋白可激活膜上另一种酶——磷脂酶 Cβ(phospholipid Cβ,PLCβ)。PLCβ 被激活后,可以调节细胞膜肌醇磷脂的代谢。肌醇磷脂主要分布在细胞膜内侧,其总量约占膜磷脂总量的 10%,现已确定的有三种:磷脂酰肌醇(phosphatidylinositol,简称 PI)、磷脂酰肌醇-4-磷酸(phosphatidylinositol-4-phosphate,简称 PIP)、磷脂酰肌醇-4,5-二磷酸(phosphatidylinositol-4,5-biphosphate,简称 PIP$_2$)。其相对含量分别为:PI 占 50%~80%,PIP 占 10%,而 PIP$_2$ 只占 5% 左右。

PLCβ 被激活后以 PIP$_2$ 为原料,生成第二信使三磷酸肌醇(inositol 1,4,5-triphosphate,IP$_3$)和二酰甘油(diacylglycerol,DG),然后分别激发两个信号传递途径即 IP$_3$/Ca^{2+} 和 DG/PKC 通路,因此又把这一信号系统称为"双信使系统"(图 10-10)。IP$_3$ 和 DG 可通过各种途径代谢灭活,作为重新合成的 PIP$_2$ 原料,使信号及时终止,以利于接

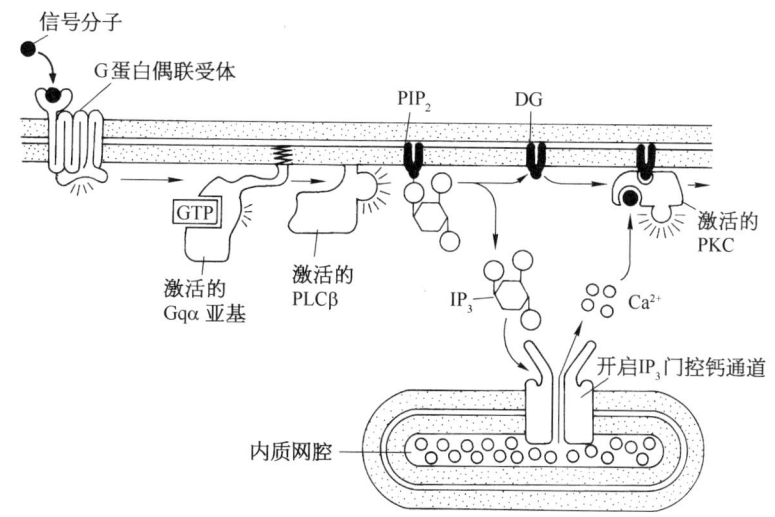

图 10-10 磷脂酰肌醇信号转导途径
(引自 Alberts 等,2002)

收下一次的信号。

(1) IP_3/Ca^{2+} 信号转导途径:IP_3 可以引起细胞内 Ca^{2+} 动员,Ca^{2+} 又是一种细胞内小分子信使。在肌肉细胞,Ca^{2+} 能触发肌肉收缩;在很多分泌细胞包括神经细胞,Ca^{2+} 则触发分泌活动。另外,Ca^{2+} 信号系统还参与调节细胞分裂、细胞凋亡等。

1) Ca^{2+} 作为小分子信使的基础:自由 Ca^{2+} 的分布与转移是形成 Ca^{2+} 信号的基础。我们知道,cAMP 胞内信使可由环化酶活化而升高其浓度,反过来通过磷酸二酯酶能使其逆转而降低,而 Ca^{2+} 这样简单的离子不能轻易地产生或消失。Ca^{2+} 作为细胞信使的基础,主要在细胞外与细胞质之间,或胞内钙库(某些细胞器)与细胞质之间存在巨大的 Ca^{2+} 浓度梯度。静息状态下,细胞质内 Ca^{2+} 浓度非常低,约为 10^{-7} mol/L,而在内质网等钙库及细胞外 Ca^{2+} 浓度则非常高,如胞外 Ca^{2+} 浓度约为 10^{-3} mol/L,内质网内的 Ca^{2+} 浓度亦达到细胞质内的数倍。因此,当一个信号使细胞膜或钙库膜上的钙通道开放时,瞬间 Ca^{2+} 顺浓度梯度从胞外或内质网等钙库进入细胞质时,细胞质内 Ca^{2+} 浓度大幅度增加,我们称之为 Ca^{2+} 动员。由此可见,Ca^{2+} 信使产生与 cAMP、IP_3 等产生不同,不是由于酶反应结果,而是由于其移动的结果。

细胞质内保持低 Ca^{2+} 浓度的机制是,在细胞膜上及胞内钙库膜上普遍存在着 ATP 驱动的 Ca^{2+} 泵,把 Ca^{2+} 不断泵入细胞外或细胞钙库内。在某些可兴奋细胞如神经细胞和肌细胞,细胞膜上存在 Na^+/Ca^{2+} 交换器,可利用电化学梯度驱动 Ca^{2+} 的泵出。另外,细胞内存在大量可以结合游离 Ca^{2+} 的蛋白质(参见第八章)。

2) IP_3 对 Ca^{2+} 的调控:IP_3 引起细胞内 Ca^{2+} 动员的机制是 IP_3 作用于内质网膜上的 Ca^{2+} 通道,该通道蛋白实际上也是 IP_3 受体。IP_3 使 Ca^{2+} 通道开放,使胞内 Ca^{2+} 浓度迅速增高。另外,IP_3 的进一步磷酸化产物 IP_4 也可以引发细胞胞外 Ca^{2+} 的内流。IP_4 引起

的胞外 Ca^{2+} 的跨膜内流,除了协同完成某些生理反应外,另一功能可能是补充由于 IP_3 引起 Ca^{2+} 的释放而造成的内质网钙库的 Ca^{2+} 消耗。由于 IP_3 引起的胞内 Ca^{2+} 浓度的增高,一旦完成其信号作用后,即可通过 Ca^{2+} 泵等机制将其泵至胞外或胞内钙库。

3) Ca^{2+} 对靶蛋白的调控:细胞质内 Ca^{2+} 浓度增加后,Ca^{2+} 能够与多种特定的蛋白质或酶结合,使它们激活,引起广泛的细胞效应,从而起到信号转导的作用。其中特别重要的是钙调素(calmodulin,简称 CaM),激活后发生构型变化,增加了与靶蛋白的亲和力,并进一步调节靶蛋白的活性。CaM 靶蛋白种类很多,包括蛋白磷酸化酶和脱磷酸酶、钙转移酶(如钙泵和电压依赖性钙通道),其他信号转导途径的信号组分如腺苷酸环化酶等,细胞骨架相关蛋白如 Tau 等,转录因子,RNA 结合蛋白,分子伴侣蛋白(热休克蛋白 70、热休克蛋白 90)等。

(2) DG/PKC 信号转导途径

1) DG 激活 PKC:DG 可通过激活蛋白激酶 C(protein kinase C,简称 PKC)向下游转导信号。起初仅知道 PKC 的激酶活性依赖 Ca^{2+} 和磷脂,后来发现 DG 也参与 PKC 活性的调节,其作用是通过提高 PKC 与 Ca^{2+} 的亲和力,使之在 Ca^{2+} 的生理浓度(10^{-7} mol/L)条件下就可以被激活。

2) PKC 激活靶蛋白:PKC 调节的细胞效应极为广泛,既涉及许多细胞的"短期生理效应",如分泌作用、肌肉收缩等,也参与细胞的 DNA 和蛋白质合成、细胞的生长分化等与基因表达相关的"长期效应"。

PKC 参与的细胞反应有:① 对膜离子转运功能的调节——如 PKC 可以激活 Ca^{2+} 泵,因此对细胞 Ca^{2+} 稳态的维持具有重要意义;② 对膜受体功能的调节——如 PKC 可使胰岛素受体的 Ser 和 Thr 残基磷酸化,结果使胰岛素与受体的结合力降低,从而抑制了胰岛素的作用;③ 参与生物活性物质的合成与分泌——PKC 可引发血小板 40 kD 蛋白质的磷酸化,促进 5-羟色胺的释放;④ 对转录过程的调节——在许多类型的细胞中,PKC 的激活常伴随着某些基因转录活性的增强。

二、受体酪氨酸激酶信号途径主要介导生长因子促进细胞存活和增殖的过程

多数生长因子、细胞因子受体均为酶偶联受体(enzyme-linked receptor)。酶偶联受体均为单向一次跨膜蛋白,受体的胞内结构域本身具有酶活性,或是受体与酶直接偶联。受体与配体结合后可激发受体本身的酶活性,或者激发受体偶联酶的活性,使信号继续往下游传递(图 10-11、图 10-12)。与 G 蛋白偶联受体信号转导途径不同,酶偶联受体胞内信号传递的主要特征是级联磷酸化反应,最终调控基因表达和细胞功能。酶偶联受体主要有六大类:受体酪氨酸激酶、酪氨酸激酶偶联受体、受体丝氨酸/苏氨酸激酶、组氨酸激酶偶联受体、受体鸟苷酸环化酶、类受体酪氨酸去磷酸酶。此处我们主要讨论受体酪氨酸激酶信号途径,下文还将简介酪氨酸激酶偶联受体信号途径。

1. **受体特征** 在酶偶联受体中,研究最为清楚的为本身具有酪氨酸激酶活性的受

体,即受体酪氨酸激酶(receptor tyrosine kinase,RTK)。

(1) RTK 家族的亚类:RTK 已发现有 50 多种,它包括许多多肽生长因子受体、胰岛素受体和同源癌基因产物。其共同特点是胞内具有酪氨酸激酶结构域。主要包括以下几类(如图 10-11):① 表皮生长因子受体(EGF-R)家族,除 EGF-R(又称 Erb1)外还有 Erb2、Erb3、Erb4 等同源癌基因产物。② 血小板生长因子受体(PDGF-R)家族,除 PDGF-R 外还有巨噬细胞集落刺激因子 1 受体(MCSF1-R)和干细胞因子(C-Kit)等。③ 胰岛素受体(INS-R)家族,除 INS-R 外还有类胰岛生长因子 1 受体(IGF1-R)和胰岛素相关受体(IR-R)。一般 RTK 为单链结构,以二聚体形式活化,INS-R 家族则以四聚体形式活化。④ 神经生长因子受体(NGF-R)家族,包括 NGF-R(或 TrkA),TrkB 和 TrKC。⑤ 成纤维细胞生长因子受体(FGF-R)家族。⑥ 血管内皮生成因子受体(VEGF-R)家族。⑦ Ephrins 受体(Eph-R)家族。

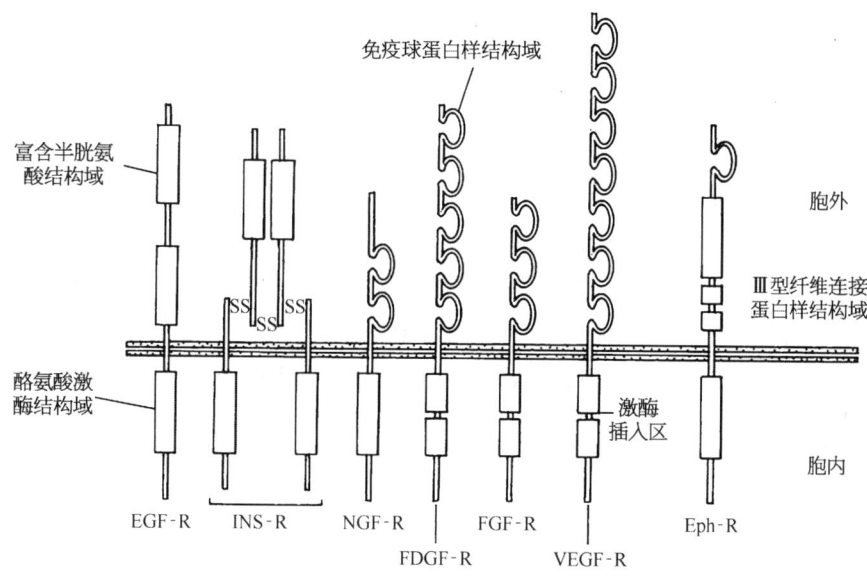

图 10-11 常见的受体酪氨酸激酶结构
(引自 Alberts 等,2008)

(2) RTK 家族的基本结构:RTK 类除胰岛素受体外,其余都是单次跨膜蛋白,其结构的共同特点是整个分子可分成三个结构域,即细胞外的配体结合域、细胞内部具有酪氨酸蛋白激酶活性的结构域和连接这两个区域的跨膜结构域(图 10-11)。

1) 细胞外配体结合域:这个部位是由 RTK 的 N-末端 500~850 个氨基酸组成的亲水性胞外配体结合区域,且经糖链修饰。与其他结构区相比,这部分氨基酸顺序表现出较大的变化即非保守性,这是不同 RTK 与其相应配体特异性结合的结构基础。在该区域中,不同的 RTK 具有不同特点的结构域,如免疫球蛋白样、富含半胱氨酸或亮氨酸的结构域等。

2) 细胞内结构域:这部分在各 RTK 中是保守性较高的。与跨膜区相连的近膜区由 41~50 个氨基酸组成,在一级结构上各类 RTK 之间具有保守性,有被 PKA 和其他丝/苏氨酸蛋白激酶作用的位点,是 RTK 活性和功能的负调节部位。下面一部分为酪氨酸激酶活性位点所在的催化区。这部分的氨基酸组成和结构不仅在各类 RTK 中表现出最高的保守性和同源性,而且与其他类型的蛋白激酶也表现出一定的相似性(图10-12)。

3) 跨膜结构域：是连接受体细胞内、外两部分,镶嵌在细胞膜中的结构。该部分有 22~26 个氨基酸组成的一段保守性的 α 螺旋片段,并具高度的疏水性。在靠近膜内侧C-末端常常是由碱性氨基酸形成簇状结构,而在靠近膜外侧的 N-末端常常是一个脯氨酸,这样的结构形式的构型可能有助于受体在膜上的位移和固着于膜脂上,因为大部分膜蛋白都有类似的结构。

2. RTK 的活化 与 G 蛋白偶联受体信号系统相比较,RTK 信号的跨膜传递的方式更为直接和简单,因为 RTK 本身兼具受体和激酶的活性,被活化的表现是受体二聚化(dimerization)和胞内段的自磷酸化(autophosphorylation)。

当外来配体与 RTK 胞外结构域结合后,可以引起膜上相邻的 RTK 相互靠近形成二聚体乃至寡聚体,促进 RTK 胞内区的相互作用。在某些情况下,虽然没有配体,RTK 仍可二聚化或寡聚化,这种情况下配体的作用是促进 RTK 胞内段的相互作用。无论何种情况,配体的作用都是促进 RTK 胞内段的相互作用,从而使二聚体的胞内段互为对方的激酶底物,引发二聚体或寡聚体的自身磷酸化。在多数情况下,配体自身是二聚体,刚好把两个相邻的 RTK 连为一体,如 PDGF 与其受体的相互作用(图 10-12a)。另有一些特殊情况,如 FGF 首先与细胞外基质或细胞表面的硫酸肝素多糖侧链结合形成 FGF 寡聚体,然后 FGF 与其受体结合,促进受体胞内段的相互作用(图 10-12b)。又如在 Ephrin 介导的细胞相互接触信号传导中,信号发放细胞细胞膜上的 Ephrin 形成一个相对集中的"簇",同样可以使相应配体寡聚化,从而有利于胞内段的相互作用和自身磷酸化(图 10-12c)。

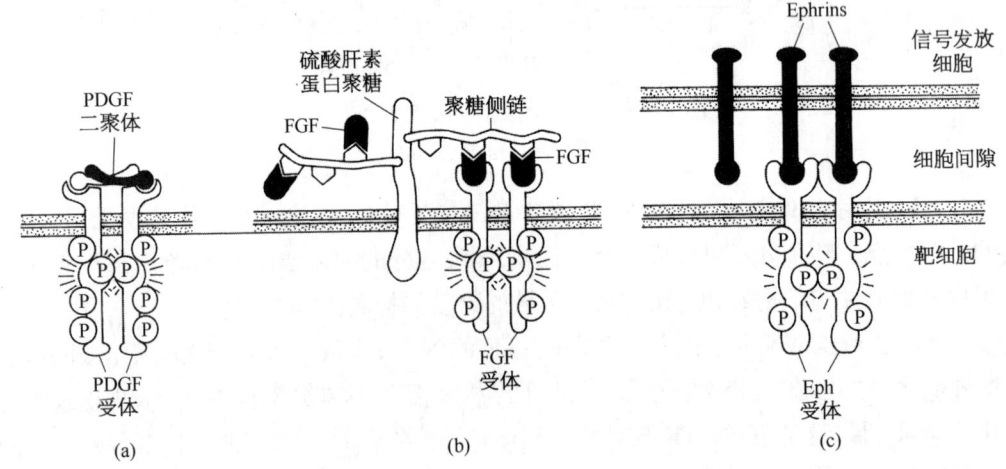

图 10-12　RTK 二聚化过程中的相互磷酸化作用
(a) PDGF 受体；(b) FGF 受体；(c) Ephrins 受体
(引自 Alberts 等,2002)

RTK 的自身磷酸化作用是一个非常普遍的现象,在体外实验中,所有研究过的 RTK 都有多个被磷酸化的酪氨酸残基。EGFR 的自身磷酸化位置多在 C-末端尾部的酪氨酸残基,主要位置是 tyr1173,其次是 1148 和 1068 等位的酪氨酸。但在 INSR 上这些部位却散在于整个受体胞内段。

对于 EGFR 的研究表明,其 tyr1173 自身磷酸化的结果,使原来处于折叠状态的 C-末端伸展,使其底物能接近酶的活性部位,因而使 EGFR 激酶活性进一步增高。所以 tyr1173 自身磷酸化对 EGFR 具有正调节作用。同样的,发现 INSR 在体外实验和在活细胞中用胰岛素处理后,其自身磷酸化的结果对酶活性也常常具有正调节作用。特别有趣的是,在有些情况下 INSR 自身磷酸化的结果导致它的活性不再依赖于胰岛素,似乎使它对胰岛素产生了"记忆"作用。

RTK 的自身磷酸化具有重要的意义,一方面,胞内段激酶域被磷酸化引发了其本身的激酶活性,使自身磷酸化得到一个正反馈的加强;另一方面,胞内段非激酶区酪氨酸残基的磷酸化为一系列下游信号转导蛋白提供了高亲和力的锚定位点。一些信号转导蛋白能够识别这些位点并与之结合,从而形成了一个大的信号转导复合体(图 10-13)。在这个复合体里,有的信号蛋白作为 RTK 的底物被激活,有的则仅仅依靠锚定就可以被激活。锚定的机制涉及细胞特定结构域之间的相互作用,也就是前文提到的如 SH2 域、SH3 域、PTB 域等。由于它们可以互相识别并相互作用,含有这些结构域的蛋白质就容易形成一个复合体。有些信号转导蛋白几乎完全是由 SH2 和 SH3 结构组成的,这类蛋白实际上就是接合蛋白,其作用是连接上下游的信号蛋白。

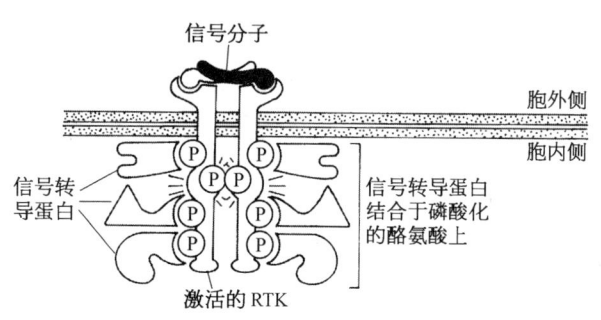

图 10-13 细胞内信号转导蛋白在激活受体酪氨酸激酶上的锚定

(引自 Alberts 等,2002)

信号复合体内的不同信号转导蛋白可启动不同的信号通路。目前已知的下游信号通路有 Ras-MAPK 级联反应信号途径、PI3K-Akt 信号转导途径、PLCg-IP3/DG 信号转导途径等。下面我们简介前两条信号途径。

3. **Ras-MAPK 级联反应信号途径** Ras 是一种单体 G 蛋白,是目前所知最为保守的一族癌基因产物,对细胞生长、增殖、发育分化及癌肿发生起重要作用。与异三聚体 G 蛋白一样,Ras 结合 GTP 时为活性态,结合 GDP 时为非活性态。Ras 作为一种"分子开关",其活性态与非活性态的转换需要两种蛋白质的协助。Ras 可在鸟嘌呤交换因子(guanine exchange factor, GEF)作用下释放 GDP,结合 GTP,从而被激活,但只有较弱的水解 GTP 能力;而在 GTP 酶激活蛋白(GTPase activating protein, GAP)的催化加速下,活化的 Ras 迅速水解 GTP,从而结束其活化状态。因此,对 Ras 来讲,GRF 与

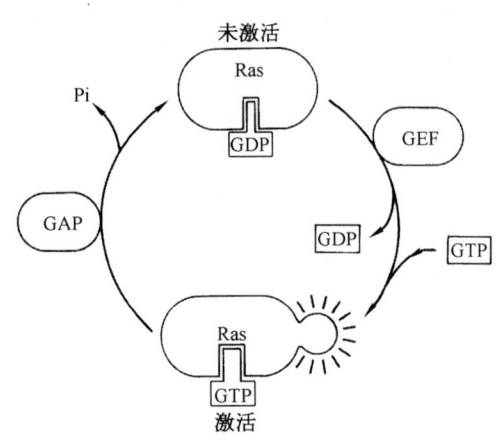

图 10-14　Ras 活性的调节
(引自 Alberts 等,2002)

GAP 分别起着启动和终止其活性的作用(图 10-14)。

(1) Ras 激活：激活的 RTK 把信号传递到 Ras 还需要生长因子受体结合蛋白 2 (growth factor receptor-bound protein2, Grb2)的协助。Grb2 实际上是一种接合蛋白,它含有一个 SH2 和两个 SH3 结构, SH2 可与 RTK 结合,而 SH3 与上述的 GEF 结合,因此,在哺乳动物细胞中,Grb2 的 SH3 域可与 GEF(在哺乳动物称为 Sos)上一段富含脯氨酸的序列结合。在某些情况下,Grb2 不能与 RTK 直接结合,而是通过一种叫 Shc 的接合蛋白与 RTK 间接结合,这样就形成了 RTK-Grb2-Sos(或 RTK-Shc-Grb2-Sos)复合体。最终在 Sos 的作用下,Ras 的 GDP 被置换为 GTP,进入活化状态(图 10-15)。

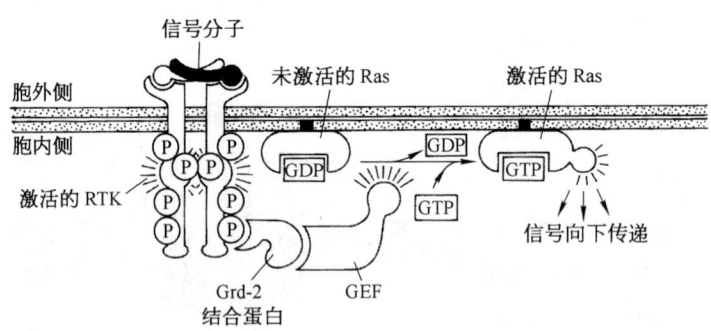

图 10-15　Ras 被受体酪氨酸激酶激活的过程
(引自 Alberts 等,2002)

需要指出的是,除 RTK 外,其他一些信号途径也可以通过 GEF 激活 Ras。例如在脑组织中 Ca^{2+} 可以激活 Ras,又如 DG 也可以激活 Ras,从而把 G 蛋白偶联受体与 Ras 偶联起来。

(2) Ras 介导磷酸化级联反应：Ras 激活以后可以启动多条信号转导通路。其中最重要的一条是有丝分裂原激活的蛋白激酶(mitogen-activated protein kinase, MAPK)磷酸化级联反应。MAPK 也是一类高度保守的癌基因产物,与细胞的增殖、分化有密切的关系。它的激活是在 MAPK 的激酶(MAPK-kinase, MAPKK)作用下完成的,而 MAPKK 的激活还需要 MAPKK 的激酶(MAPKK-kinase, MAPKKK),由此构成一个三级的磷酸化级联反应。最上层的 MAPKKK 由 Ras 直接激活(图 10-16)。

(3) MAPK 激活转录因子和蛋白激酶：MAPK 被激活以后,可激活下游的多种靶蛋白,包括一系列转录因子(transcription factors)和其他蛋白激酶。MAPK 可进入细胞核内直接调节某些转录因子——DNA 复合物的活性，启动一系列即早基因的表达（immediate early gene），这些基因之所以得名是因为在外界信号作用于细胞数分钟后就可以开始转录。对于细胞周期有重要意义的 G_1 cyclin 也属于此类。MAPK 的灭活是在相应的蛋白磷酸酶作用下实现的。

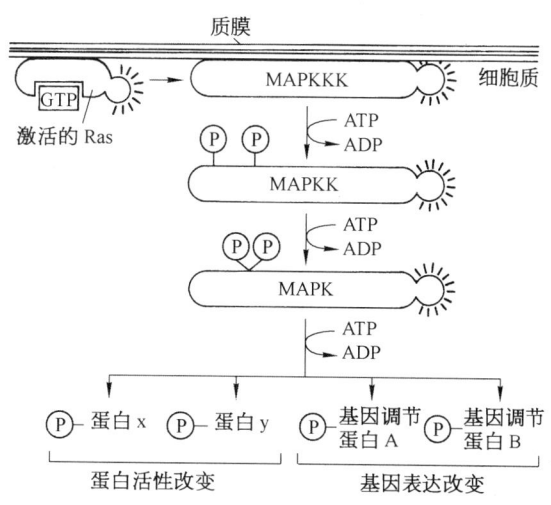

图 10-16　Ras 触发的 MAP 激酶级联反应
(引自 Alberts 等，2002)

MAPK 通过多种途径将转录因子磷酸化：一种是直接作用，另一种则通过一些其他磷酸激酶的作用，比如核糖体 S6 激酶 Rsk（一种丝氨酸/苏氨酸蛋白激酶）。MAPK 或磷酸化的转录因子进入核内调节与生长有关的基因转录。其中一个被激活的基因产物可能是 MAPK 磷酸酶（MKP1），它可以负反馈作用于 MAPK，使其脱磷酸失活，减弱此信号途径产生的反应。

MAPK 激活持续的时间影响细胞的反应。例如在 EGF 作用于神经前体细胞时，MAPK 活性在 5 min 时达到峰值然后迅速下降，随后细胞进入分裂；相反，当神经生长因子（NGF）作用于同样细胞时，MAPK 可保持较高活性达数小时，细胞则停止增殖并走向分化。

需要指出的是，Ras-MAPK 途径是多种生长因子（包括 EGF、PDGF、胰岛素生长因子、神经生长因子）、细胞因子、淋巴细胞抗原受体、G 蛋白偶联受体、整合素等所共有的信号传递通路。其中 MAPK 磷酸化级联反应，还是多种应激原如渗透压、活性氧、病原产物、机械刺激等的共同信号通路，在形成细胞信号转导网络中占有重要位置。只是在不同的刺激因素诱导下，MAPK 上游调节因子、MAPK 家族的不同成员和所调节的转录因子及细胞反应不同。一般而言，生长因子刺激细胞增殖时激活的 MAPK 称为胞外信号反应性激酶（extracellular signal response kinase，简称 ERK），而应激时激活的 MAPK 为 p38 或 c-Jun N-末端激酶（c-Jun N-terminal kinase，简称 JNK）。近来许多证据表明，JNK 还参与了多种类型细胞凋亡的诱导。实际上，MAPK 所涉及的各个层次信号蛋白本身，其调控者或效应者都是多个，从而组成一个十分庞大的信号网络。

4. PI3K-Akt 信号转导途径　RTK 还能够通过其胞内段与磷脂酰肌醇 3-激酶（phosphatidylinositol 3-kinase，简称 PI3K）结合激活 PI3K-Akt 信号转导途径，在细胞凋亡、存活中发挥重要的调节作用。

(1) PI3K：作为一类质膜结合激酶，PI3K 广泛存在于各种细胞中。PI3K 家族包括三种类型，其中 I 型 PI3K 能够被细胞表面受体酪氨酸激酶和 G 蛋白偶联受体传递信号激活，分为 I A 和 I B 两个亚型。 I A 型 PI3K 是由催化亚单位 p110 和调节亚单位 p85 所组成的二聚体蛋白。

(2) PI3K 活化：PI3K 可以通过两种方式激活，一种是通过 Ras 和 p110 直接结合导致 PI3K 的活化，另一种是与具有磷酸化酪氨酸残基的生长因子受体或连接蛋白相互作用，引起二聚体构象改变而被激活。

(3) PI3K 催化生成 PIP3 激活靶蛋白：活化的 PI3K 转化质膜的磷脂酰肌醇（phosphatidylinositol，简称 PI）成为 3,4,5－三磷酸磷脂酰肌醇［phosphatidylinositol(3,4,5)P3，简称 PIP3]。膜上的 PIP3 具有与 PH 结构域结合的特性，从而募集信号蛋白 Akt（又称为 protein kinase B, PKB）到质膜上并同时激活磷脂酰肌醇依赖性激酶 1（phosphoinositide dependent kinase-1，简称 PDK1），促使 PDK1 和一种非典型的丝氨酸/苏氨酸蛋白激酶雷帕霉素靶蛋白（mammalian target of rapamycin，简称 mTOR）磷酸化 Akt，导致 Akt 的活化。活化的 Akt 通过磷酸化作用激活或抑制其下游靶蛋白如 Bad、NF-κB、GSK-3、FKHR 等，进而调节细胞的增殖、分化和凋亡等（图 10-17）。脂磷酸酶 PTEN(phosphatase and tensin homolog deleted on chromosome ten)和 SHIP(SH2 - containing inositol 5 - phosphatase) 通过降解 PIP3 起到负性调节 PI3K-Akt 信号通路的作用。

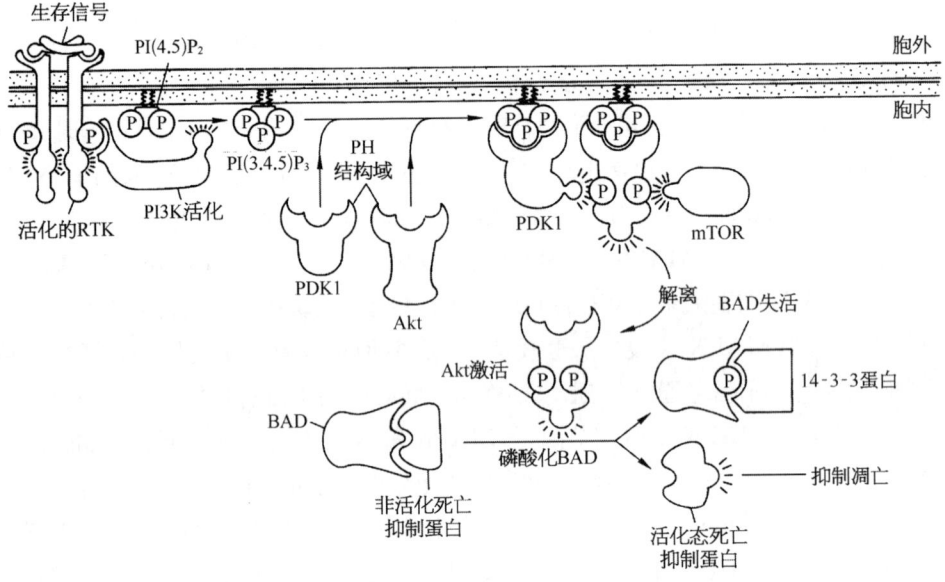

图 10-17　RTK 引发的 PI3K-Akt 信号转导途径
(引自 Alberts 等，2008)

三、酪氨酸激酶偶联受体信号途径主要介导细胞因子调控免疫和造血的过程

酪氨酸激酶偶联受体（tyrosine kinase-linked receptor）对应的配体多为细胞因子（cytokine），所以此类受体又称为细胞因子受体（cytokine receptor）。细胞因子是一类对细胞增殖、分化等多种功能有重要调节作用的可溶性多肽分子，包括白细胞介素（IL）、干扰素（IFN）、集落刺激因子（CSF）、生长激素（GH）等，它们主要在免疫细胞和造血细胞通

讯上起作用。与 RTK 信号途径不同的是,该类受体信号可经过较少的环节直接到达核内,引发特定基因的转录。

1. **受体特征**　受体本身无酶活性,而是与胞质内的 janus 激酶(janus kinase,简称 Jak)相偶联。Jak 是一种酪氨酸激酶,此类受体的功能是通过偶联和激活 Jak 蛋白激酶家族而实现的,受体的名称即来源于此。

2. **受体活化**　此类受体胞内段不含蛋白激酶活性域,但胞内段近膜区有富含脯氨酸的结构,它是与细胞质内 Jak 结合的位点。此类受体常由两个亚基 α、β 组成,α 亚基是特异的配体结合链,但亲和力很低,且无信号转导功能。β 亚基是各种受体共有的信号转导功能组分,不能与配体结合,但形成二聚体后可增强 α 亚基与配体的亲和力,而且 β 亚基有与胞质 Jak 结合的富含脯氨酸的结构域。因此,二聚化和与 Jak 结合是受体活化的表现。

3. **受体偶联的酪氨酸激酶 Jak**　Jak 是胞内一类可溶性胞质酪氨酸蛋白激酶家族,已发现有四个成员,即 Jak1、Jak2、Jak3、Tyk2,分子量为 120～140 kD。当细胞因子结合于受体后,受体二聚化导致与 Jak 结合到受体胞内段上,相邻受体胞内段偶联的 Jak 互为底物引发对方的磷酸化,Jak 因此被活化。

4. **Jak - STAT 信号转导途径**　Jak 被磷酸化而激活后引起受体本身离细胞膜较远区域磷酸化,受体的磷酸化位点进而为下游的信号蛋白提供了锚定位点,其中最重要的是一类 20 世纪 90 年代新发现的信号转导蛋白:信号转导和转录激活者(signal transducer and activator of transcription, STAT)(图 10 - 18)。

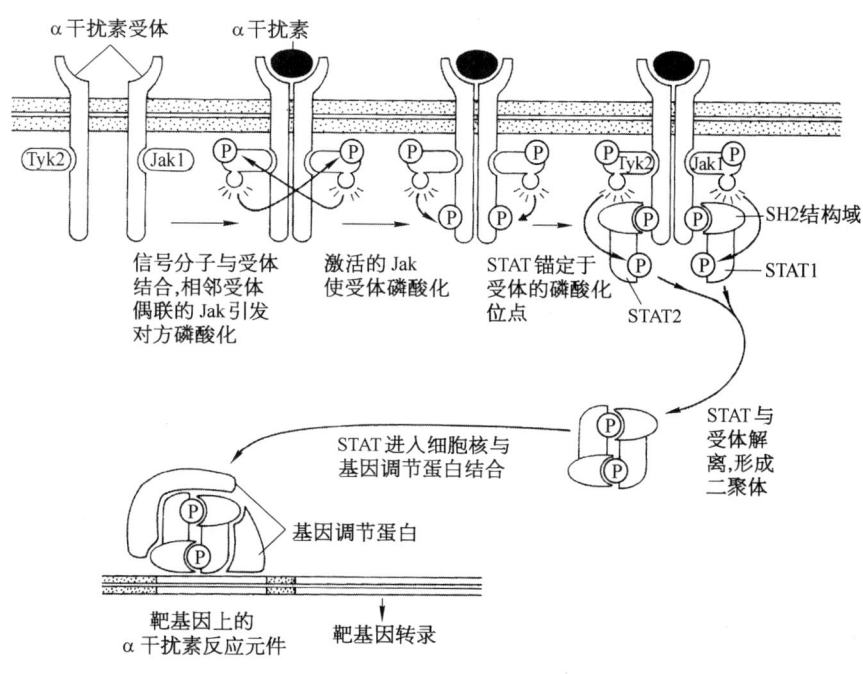

图 10 - 18　α 干扰素激活 Jak - STAT 信号转导途径
(引自 Alberts 等,2002)

从名称上就可看出,STAT 同时起信号转导和转录因子作用,可将细胞因子的信号从受体和 Jak 直接传到核内,调节特定的基因表达。STAT 家族有七个成员,分子量为 85～115 kD。其具有 N-末端保守区、中部 DNA 结合区、SH2 区、SH3 区和非保守的 C-末端。它的多数 DNA 结合区能与有回文结构的 DNA 序列识别与结合,SH2 区介导 STAT 在受体磷酸化位点的锚定。

STAT 锚定于受体后,其 C-末端的 tyr 被 Jak 磷酸化活化。磷酸化的 STAT 可从受体上解离,并通过 SH2 形成 STAT 二聚体,然后穿过核膜结合到特定 DNA 特定序列上调节各种基因表达。这些受 STAT 调控的基因编码的蛋白质具有影响细胞增殖、分化、凋亡和免疫反应等广泛的作用。细胞因子上述信号传导途径称为 Jak-STAT 途径(图 10-18)。不同的受体分别与特定的 Jak 和 STAT 成员组成特异的信号转导途径,传递不同的刺激。JAK-STAT 信号途径会受到长期和短期负性信号调节而终止。

需要指出的是,细胞因子除通过上述途径转导信号外,也可通过 Ras-MAPK 途径。其机制是磷酸化的受体胞内段也可与含 SH2 结构的接合蛋白(如 Shc、Vav、P85 等)结合,从而启动 Ras-MAPK 信号通路。反之,近来发现以 RTK 为受体的生长因子,如 EGF、PDGF 等,也能激活 STAT 家族成员。因此,很可能 Ras-MAPK 途径和 Jak-STAT 途径是生长因子与细胞因子受体的共同信号通路。

四、有些信号转导途径依赖潜在基因调节蛋白的降解改变

细胞上还存在一类受体既不偶联 G 蛋白或酶,本身也无酶活性,其信号转导的特点是在外来信号作用下会引起某个潜在基因调节蛋白(latent gene regulatory protein)的受调水解(regulated proteolysis)的改变。受调水解是在信号调控下蛋白质发生泛素化修饰进而被蛋白酶体降解的过程。这一过程的改变导致潜在的基因调节蛋白含量和亚细胞定位的改变,成为活化的基因调节蛋白,从而调节相应靶基因的表达。这类信号传导通路包括 Wnt、Notch、Hedgehog、NF-κB 等,它们在胚胎发育中扮演着极为重要的角色。剔除小鼠的任何一种此类基因,均会引发小鼠在胚胎期或出生时死亡。下面以 Wnt 信号途径和 TNFα 诱导核因子 κB(nuclear factor κB,简称 NF-κB)信号途径为代表简介此类信号转导。

1. **Wnt 信号途径** Wnt 是一类分泌型糖基化信号蛋白,它的 N-端靠共价键连接了脂肪酸,以增加其与细胞表面结合能力。人们最早发现果蝇中的无翅基因 Wingless(Wg)与小鼠乳腺癌病毒诱导的小鼠乳腺癌中克隆出的一种 Int1 原癌基因为同源基因,于是将两者名称合并后统称为 Wnt 基因。人类细胞中共含有 19 种 Wnt 基因。Wnt 信号途径在动物发育中起到了非常重要的作用。Wnt 的受体是卷曲蛋白(frizzled,简称 Frz),为七次跨膜蛋白,结构类似于 G 蛋白偶联型受体。人类有 10 个 Frz 成员。Frz 胞外 N 端具有富含半胱氨酸的结构域(cysteine rich domain, CRD),能与 Wnt 结合,同时 Wnt 还会与另外一个共同受体(co-receptor)低密度脂蛋白受体相关蛋白(LDL-receptor-related protein, LRP)形成复合物。

β-连环蛋白(β-catenin)是一种多功能的蛋白质,在细胞连接处与钙黏素相互作用,参与形成黏合带。而游离的β-catenin可进入细胞核取代转录抑制因子Groucho,并与具有双向调节功能的T细胞转录因子(T cell factor / lymphoid enhancer factor, TCF/LEF)相互作用,调节靶基因的表达。β-catenin是Wnt信号通路中有调控转录活性的关键成员,也是所谓潜在的基因调节蛋白。在没有Wnt信号时,β-catenin在多个蛋白质组成的一个"β-catenin降解复合体"中受到磷酸化修饰和后继的泛素化修饰,被蛋白酶体降解,导致胞内游离β-catenin的缺乏,使得Wnt调控靶基因不能表达(图10-19a)。当Wnt与Frz和LRP结合后会激活蓬乱蛋白(Dishevelled,Dsh或Dvl),Dsh能破坏β-catenin降解复合体,从而使未磷酸化的β-catenin在细胞质中积累,β-catenin进入细胞核,取代转录抑制因子Groucho与TCF/LEF结合,调节靶基因的表达(图10-19b)。

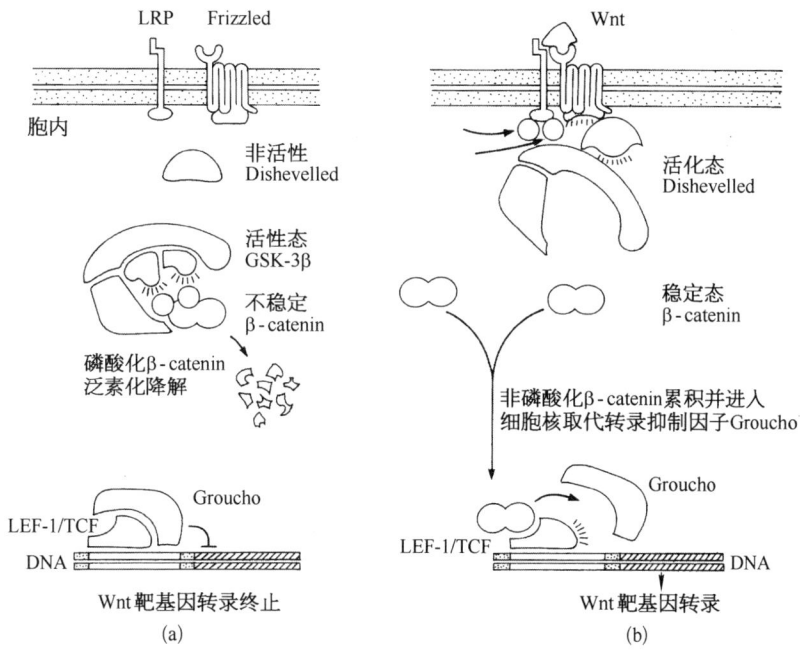

图10-19 Wnt信号途径
(a) 无Wnt信号;(b) 有Wnt信号
(引自Alberts等,2008)

2. NF-κB信号途径　NF-κB得名于它能够与B细胞免疫球蛋白κ轻链基因的增强子κB序列(GGGACTTTCC)特异结合,是最重要的转录因子之一。它调控的靶基因包括免疫相关受体、细胞因子、炎症因子、黏附分子、急性期蛋白等。NF-κB不仅可以调控免疫细胞的激活,T淋巴细胞、B淋巴细胞的发育,还广泛参与机体的应激反应、炎症反应,并与细胞的增殖、分化和凋亡有密切关系。

通常NF-κB是由两个亚基(p50和p65)通过各自的N端同源区结合组成的异二聚体,该二聚体能进入细胞核与特定序列DNA结合,发挥转录因子的作用。在细胞静息状态下，NF-κB 与其天然的抑制因子 I-κB 家族蛋白成员如 I-κBα 结合在一起，表现为所谓"潜在的基因调节蛋白"。I-κB 覆盖了 NF-κB 核定位信号，使 NF-κB 被锚定于胞质。当细胞受到刺激（如感染、抗原和辐射等），I-κB 激酶激活并磷酸化 I-κB 的 Ser32 和 Ser36，磷酸化的 I-κB 与 E3 泛素连接酶结合引起 I-κB 泛素化，然后被蛋白酶体降解，从而使 NF-κB 得到"解放"暴露出自己的核定位信号，随之进入核内与特定基因启动子序列结合，启动基因的转录。

在 NF-κB 介导的信号中，I-κB 的磷酸化、泛素化和水解是引发信号转导的关键因素。造成 I-κBα 磷酸化的是 I-κBα 激酶（I-κBα kinase，简称 IKK），IKK 的上游还有 IKK 的激酶（IKKK）。那么，信号是如何从受体到达 IKKK 的呢？以常见的激活此途径的配体 TNFα 的受体为例，首先要依靠称为 TNF 受体偶联死亡域蛋白（TNF receptor-associated death domain protein，简称 TRADD）和 TNF 受体偶联因子 2（TNF receptor-associated factor2，简称 TRAF2）的两个接合蛋白，通过它们，受体相互作用蛋白激酶（receptor-interacting protein kinase，简称 RIP）被激活，后者进一步激活 IKKK（图 10-20）。需要指出的是，除 TNFα 外，NF-κB 还可被 IL1、细菌脂多糖、紫外辐射等多种刺激因素激活。

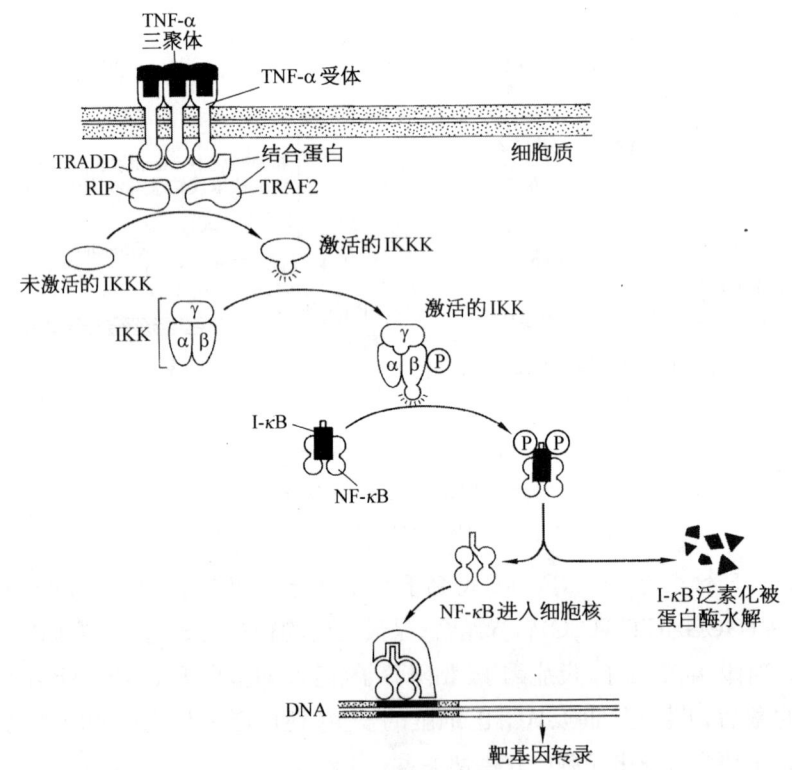

图 10-20　TNFα 激活 NF-κB 的过程
（引自 Alberts 等，2002）

五、细胞内受体作为转录因子直接调控基因表达

细胞内受体调节许多与发育有关的生理过程。前文已述及,此类受体实际上是一类转录因子,游离存在于胞质或胞核内,其配体是疏水性的小分子如类固醇激素、甲状腺素、维甲酸、一氧化氮(NO)等,可自由扩散进入细胞内,其受体在与配体结合后便进入核内,通过构型变化增加与特异 DNA 序列的亲和力,进而引发特定基因的转录,因此大多数细胞内受体又称为核受体。此类受体调节的基因活化常常是分两步进行的。对少数基因转录活性的直接诱导作用称为早期初级反应。由这些基因转录产物进而激活其他基因,称为延缓型次级反应。它是初级反应效应的进一步扩大,可看作是一种正反馈调控(图 10 - 21)。需要指出的是,初级反应也有负反馈调控:一部分初级反应产物可阻遏初级反应基因的进一步转录,从而终止初级反应的继续。

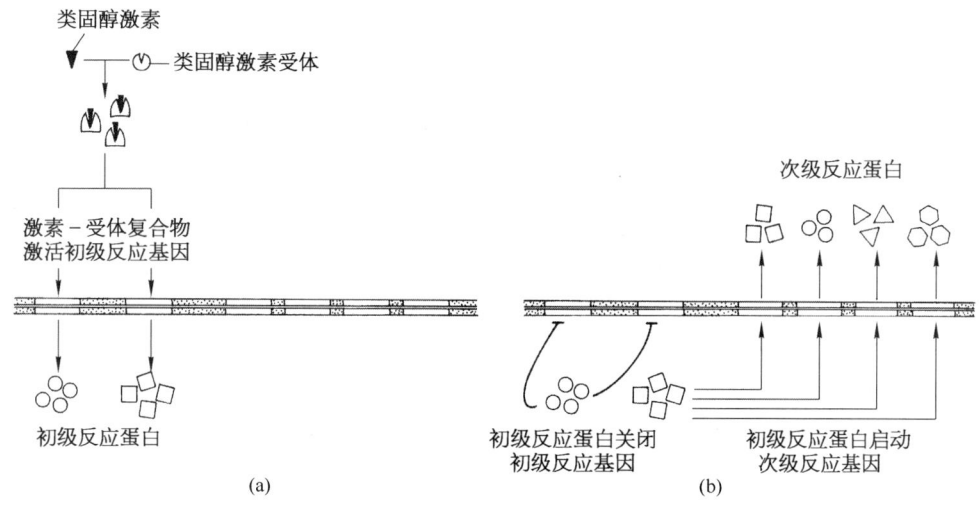

图 10 - 21 核受体触发的细胞反应
(a) 早期初级反应;(b) 延缓型次级反应
(引自 Alberts 等,2002)

有一种特别的细胞内受体是由一种小分子气体 NO 激活的,血管内皮细胞和神经细胞是 NO 的生成细胞。NO 可以快速透过细胞膜,作用于相邻的细胞。NO 的合成是由一氧化氮合酶(nitric oxide synthase,NOS)催化,以 L -精氨酸为底物,以还原型辅酶 Ⅱ (NADPH)作为电子供体完成的。NO 能够使血管平滑肌快速松弛,其机制是,神经末梢释放的乙酰胆碱(Acetylcholine,简称 ACh)作用于血管内皮细胞上的乙酰胆碱受体后,引起胞内 Ca^{2+} 浓度升高,激活一氧化氮合酶,合成释放 NO,NO 扩散进入平滑肌细胞,与胞质鸟苷酸环化酶(GTP - cyclase,GC)活性中心的 Fe^{2+} 结合,改变酶的构象,导致酶活性的增强和 cGMP 合成增多。cGMP 水平升高可降低血管平滑肌中的 Ca^{2+} 离子浓度,引起血管平滑肌的舒张,血管扩张(图 10 - 22)。扩张冠状动脉治疗心绞痛的硝酸甘油正是

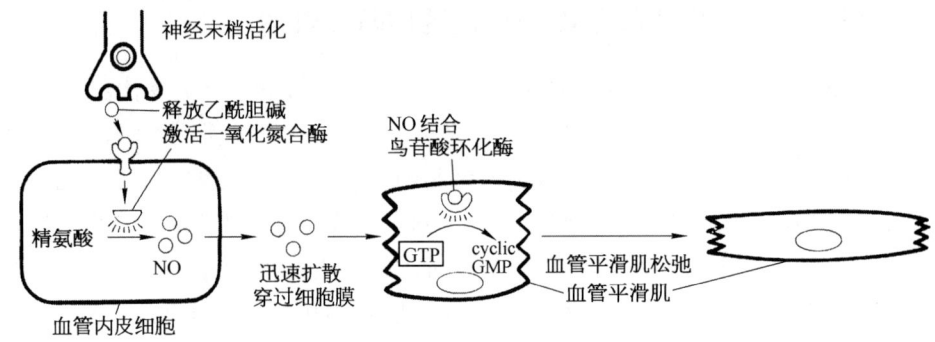

图 10-22　一氧化氮与血管平滑肌松弛
(引自 Alberts 等,2008)

通过这样的信号转导实现疗效的。

第三节　细胞信号转导的特点和调节

一、细胞信号转导有一些重要特性

1. 信号转导的一过性　在细胞信号转导链中,由受体、信号转导蛋白或小分子信使作为信号的载体,来源于细胞外配体的信号沿着信号转导链顺序往下传递,最终到达特定靶蛋白,引发基因转录或特定的细胞反应。我们可以想象,连续不断的配体信号分子应该可以激发连续多次的信号转导。为实现这一过程,细胞信号转导链应该有这样一种特性,即在它的每一个节点,信号的传递应该是一过性的。或者说,在每一个节点,在接收到上游一次的信号并把信号转导至下游以后,该节点的信号应该及时终止,恢复到未接收信号的初始状态,这样才能接收下一次的信号。我们把信号转导的这种特征称为"一过性"。实际上,"一过性"是所有信号传递过程最基本的一个特征。

细胞信号一过性是通过转导链的多节点都实施着"活化-去活化"的可逆性调节来实现的。某些信号转导蛋白类似于"分子开关",它们在接收到上游信号后被活化,从而具有特定的酶活性。如 G 蛋白就可以通过结合 GTP 或结合 GDP 的转换实现"活化-去活化"的调节,同样蛋白磷酸化级联反应中也利用"磷酸化-去磷酸化"实现这种调节。所有的小分子信使则可以在短时间内迅速大量产生,短时间内又迅速清除或灭活,同样实现了这种调节。

2. 信号组合及其对细胞生存的效应　在多细胞机体内,一个细胞实际上处于数百种信号的"轰炸"之下。这些信号分子或是可溶性的,或是结合于细胞外基质,或是结合于邻近细胞的表面,可以形成数百万种不同的组合。一种细胞具有一套特定的受体,可以对特定的信号组合作出反应,或者是分裂增殖,或者是分化,或者是一些特化的行为如收缩或分泌。一般地,细胞生存需要一套特定的信号组合(图10-23)。不同类型的细胞所要求的生存信号组合是不同的,因此不同的细胞就只能定居于机体的特定部位。

3. **不同信号途径的交互作用** 一般在描述细胞信号转导过程时常常用"途径""通路""上下游"等词,强调了信号转导的线性特性。实际上细胞内不同信号转导通路之间可以有侧向甚至网状的联系,这是因为一个特定的信号转导蛋白的上游蛋白可以身处不同的信号通路,自己也可以拥有属于不同信号通路的多个下游蛋白。在这些节点上,不同的信号通路发生交互作用(cross-talk,意指有如电话线路的"串话"),所以最后的效应要比单一通路的线性激活更复杂。不同通路交互作用的节点可以位于受体、信号转导蛋白和转录因子三个层面。例如,信号转导中的许多蛋白激酶可以磷酸化不同信号通路的成员,这使得由单一信号引起的刺激在信号转导过程中多样化,同一信号产生了多种不同的下游反应。Ras-MAPK与Jak-STAT途径的交互作用就有赖于此。干扰素的信号一般是通过Jak-STAT信号途径传导,但这一途径还可以通过磷酸化ERK(一种MAPK)使干扰素信号通过MAPK途径来传导。图10-24显示了G蛋白偶联受体途径与受体酪氨酸激酶途径在下游若干分支通路上某些节点的交互作用。

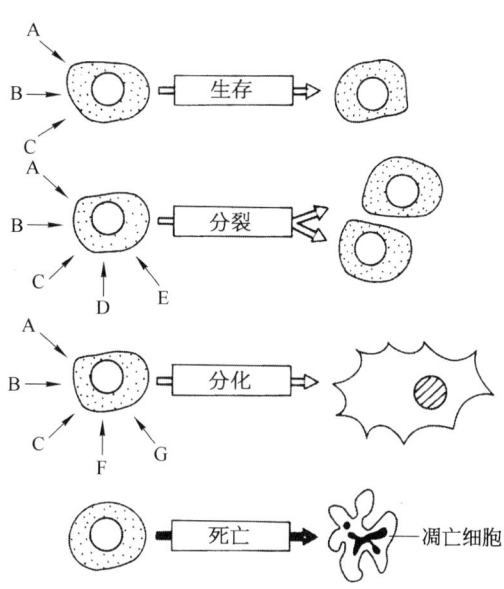

图10-23 细胞在不同信号(组合或撤除)作用下的不同命运
(引自Alberts等,2002)

4. **信号应答反应的组织特异性** 不同类型的细胞对同一信号的反应是不尽相同的,这是由于细胞所具有的受体蛋白亚型,或所触发的信号转导通路不同所致。例如对神经递质

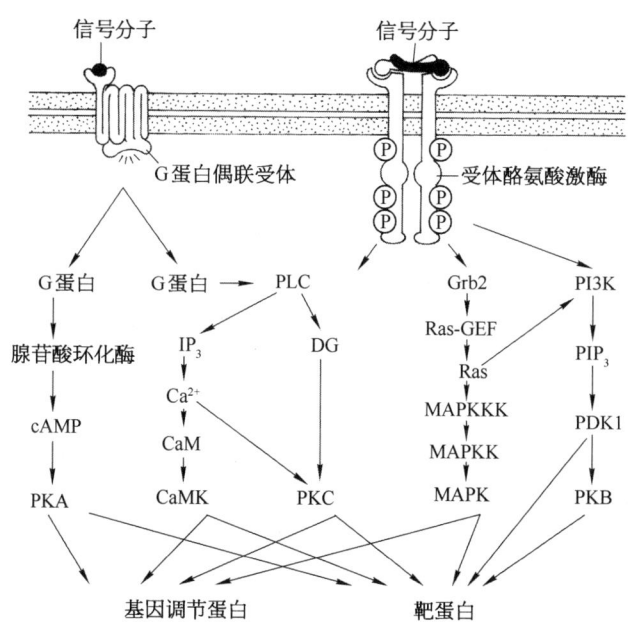

图10-24 G蛋白偶联受体途径与受体酪氨酸激酶途径若干分支之间的交互作用
(引自Alberts等,2002)

乙酰胆碱来说,心肌细胞和骨骼肌细胞具有不同的受体,因此在心肌引发收缩力量和速率的减弱,在骨骼肌则引发其收缩;唾液腺细胞和心肌细胞虽具有相同的受体,但所触发的信号通路不同,因此乙酰胆碱可激发唾液腺细胞的分泌反应(图10-25)。

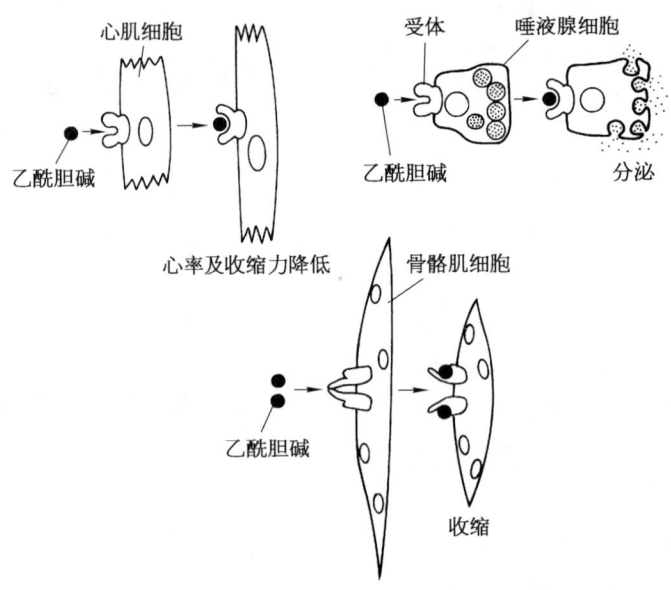

图10-25 乙酰胆碱在不同细胞中引起不同的效应
(引自 Alberts 等,2002)

二、细胞信号转导需要负性调节

细胞信号转导被外来信号所激发,在一定范围内,细胞外信号分子浓度升高会带来相应的应答反应程度的增强。但是,在外来信号持续作用下,细胞信号转导系统并不能一直保持很高的反应性。例如很多细胞在β肾上腺素作用下,细胞内cAMP会迅速显著增高,但是随着作用时间的持续,细胞的反应明显减弱,更长的时间会导致反应的进一步减弱甚至消失。又如在EGF作用下,很多细胞EGF受体蛋白激酶活性会迅速增强,但是随着EGF作用时间的延长,激酶活性又会迅速减弱。这一现象称为细胞对外来信号的适应(adaption),又叫作"失敏"(desensitization)。这一现象的背后是细胞对信号转导的多种负性调控机制。

1. 细胞信号转导的失敏和负性调节 一般认为,失敏的意义在于降低细胞信号系统的"噪声"(noise),使它对水平持续不变的外源信号失去反应性,从而可以对外源信号水平的突然变化作出一个及时的反应。一般情况下,细胞外信号分子的总量是远大于细胞信号系统的负载能力的,因此细胞信号系统往往处在一个负载饱和状态。不难想象,如果没有有效的失敏机制,细胞信号系统很难对外源信号水平的变化作出及时的反应。

细胞信号系统失敏的机制本质上是细胞信号转导的负性调节。广义的负性调节包括所有的终止信号、降低信号强度的作用机制,包括信号"一过性"调节的机制如"分子开关"的关闭、小分子信使的迅速降解等。本处讨论的负性调节是狭义的,指的是除"一过性"调节以外的所有终止、降低信号的过程。"一过性"调节往往是利用"预置"的一些生化反应,如 G 蛋白的 GTP 酶活性、cAMP 磷酸二酯酶、蛋白磷酸化酶等,它们基本上可以随信号转导"即时"性地激活,迅速终止该节点的信号。而狭义的信号负性调节指的是利用一个负反馈的机制终止某节点的信号,在时相上一般较"一过性"调节要晚,有时还涉及新的基因的转录表达,它主要包括受体的失敏、滞留、减量调节以及某些细胞内信号转导蛋白的失活或抑制。例如,某种磷酸化的信号蛋白通过去磷酸化失活,是为"一过性"调节,如果有其他的抑制蛋白与之结合并抑制其活性,是为负性调节。负性调节的意义不仅在于降低信号转导"背景",以利细胞对外界信号变化作出灵敏的反应,而且本身就参与了对整个信号转导强度的调节,以利于细胞对外来信号作出一个适度的、精确的反应。

2. 信号转导负性调节的主要机制　受体的调节是信号转导负性调节的重要方面。膜受体是通过细胞内小泡运输插入质膜的,因此,调控质膜上受体数目可以通过调控其"上膜"和"下膜"来进行。首先,最简单的,激活的受体可以被磷酸化或其他类型翻译后修饰而失活,称为受体失敏(receptor desensitization)(图 10-26a)。其次,受体可以单独或和配体一起通过受体介导胞吞的方式进入细胞质内滞留一段时间,由此暂时减少膜上受体数目,称为受体滞留(receptor sequestration)(图 10-26b)。滞留的受体-配体复合物可在胞质中发生受体与配体的解离,解离后的受体可以滞留在胞质内,也可以重返细胞膜实现再循环,从而恢复膜上受体数目,而某些滞留的受体-配体复合物则一起被导向溶酶体而被降解(图 10-26c)。受体再循环与降解的比例是可以受到机体的调控的。如果有持续不断的受体被降解,或携带受体的运输小泡上膜也减少,甚至于受体基因表达受抑制,最终就会引发细胞膜上受体数目的减少,称为受体的减量调节(receptor down-regulation)。除了受体水平调节以外,负性调节还可以发生在受体激活后信号转导蛋白失活(图 10-26d)以及在转导通路上生成抑制性蛋白(图 10-26e)等。

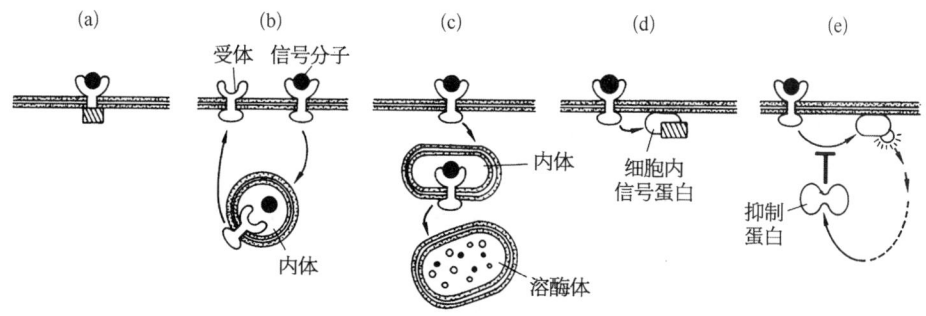

图 10-26　受体负性调节的几种形式

(a) 受体失敏;(b) 受体滞留;(c) 受体减量调节;(d) 信号蛋白活性抑制;(e) 抑制蛋白的生成
(引自 Alberts 等,2002)

细胞通讯和信号转导途径及其调控相关分子的异常与许多人类疾病相关。特别著名的例子是在受体酪氨酸激酶信号途径上，从受体(EGFR)、信号转导蛋白(Ras)到转录因子(c-myc)都有因突变、缺失、扩增引起的基因缺陷，与肿瘤发生和发展密切相关，这些基因也成为癌基因。

由于G蛋白偶联受体信号转导途径的广泛效应，也由于受体(GPCR)的庞大数目和组织特异性、配体特异性，目前世界药物市场上至少有1/3小分子药物是GPCR的激活剂或者拮抗剂。科学家们希望通过了解它们的结构和活性来帮助开发出更有效的药物，激活或关闭特异的信号而不影响其他的细胞过程。也正是因为这个原因，2012年诺贝尔化学奖再次颁给了这一研究领域的科学家。

本 章 小 结

细胞通讯是发放信号的细胞和接收信号的细胞（靶细胞）之间的互相联络，其过程包括信号发放细胞合成和分泌信号分子，信号分子与靶细胞上的特异性受体结合并激活受体，活化受体把信号转导入靶细胞，从而引发靶细胞的应答反应。细胞之所以能够相互通讯，是因为细胞能对外来信号作出应答。这种应答信号并作出自身改变的基础是细胞有一套信号转导系统，包括信号接收、转导和产生效应的装置，主要由一系列蛋白质及其复合物构成。就信号接收者靶细胞而言，信号转导的过程从受体被信号分子激活开始，其基本模式是：信号分子与受体结合后激活受体，使信号在细胞内经一系列信号转导蛋白的级联传递和小分子信使的播散，引起一系列靶蛋白质的改变，比如激活参与代谢的酶、基因调控蛋白、细胞骨架蛋白等，由此引起多种反应，如代谢活性的变化、基因表达的变化，或者是细胞形状的变化、细胞的运动等。

信号分子主要是指细胞通讯双方中信号发放细胞产生的化学分子，由于信号分子特异性地与靶细胞的受体结合，所以又常被称作配体。它包括细胞分泌的蛋白质和释放的神经递质、类固醇等。代谢物和营养物也是常见的信号分子，如某些脂肪酸、核苷酸、氨基酸和维生素A、维生素E等。从配体与受体的相互作用考虑，将信号分子分为疏水的、可以透膜的和亲水的、不可透膜的两类。前者中最重要的有类固醇激素、甲状腺素、维甲酸、脂肪酸衍生物、一氧化氮气体等，后者则是所有蛋白质，包括蛋白和小肽激素、生长因子和细胞因子等。

受体是细胞最重要的信号接收装置，它是位于细胞膜或细胞内的一类特殊蛋白，可特异地识别信号分子，并以很高的亲和力与配体结合，从而启动细胞内的信号转导通路。根据在细胞中的位置，受体可分为表面受体和胞内受体。膜受体可分为离子通道偶联受体、G蛋白偶联受体和酶偶联受体三大类。

本章比较详细地介绍了有广泛生理效应的G蛋白偶联受体信号转导途径和主要介导细胞增殖活动的酶偶联受体信号转导途径，初步介绍了依赖信号分子降解的Wnt和NF-κB信号途径，以及核受体作为转录因子的特性，以期帮助理解细胞通讯和信号转导的原理，并初步认识这些途径在机体生理活动中的作用。最后，细胞信号转导的特性和调控都显示了在多细胞生物体中这一细胞活动的复杂性、精确性和重要性。细胞通讯和信号转导途径的相关分子的异常与许多人类疾病相关,也是药物研发的靶点。

(高 飞 刘俊岭 易 静)

参 考 文 献

[1] Alberts B, Bray D, Lewis J, et al. Molecular Biology of the Cell[M]. 4th ed. New York: Garland Science, 2002.

[2] Alberts B, Johnson A, Lewis J, et al. Molecular Biology of the Cell[M]. 5th ed. New York: Garland Science, 2008.

[3] Lodish H, Berk A, Kaiser CA, et al. Molecular Cell Biology[M]. 6th ed. New York: WH Freeman, 2008.

[4] Alberts B, Bray D, Hopkin K, et al. Essential Cell Biology[M]. 3rd ed. New York: Garland Science, 2010.

[5] Weston CR, Lambright DG, Davis RG. Signal transduction. MAP kinase signaling specificity[J]. Science, 2002, 296(5577): 2345 - 2347.

[6] Neves SR, Ram PT, Iyengar R. G protein pathways[J]. Science, 2002, 296(5573): 1636 - 1639.

[7] Sambrano GR, Chandy G, Chou S, et al. Unraveling the signal-transduction network in B lymphocytes[J]. Nature, 2002, 420(6916): 708 - 710.

[8] Zhang W, Liu HT. MAPK signal pathways in the regulation of cell proliferation in mammalian cells [J]. Cell Research, 2002, 12(1): 9 - 18.

[9] Chang L, Karin M. Mammalian MAP kinase signalling cascades[J]. Nature, 2001, 410(6824): 37 -40.

[10] Weston CR, Lambright DG, Davis RG. Signal transduction: signaling specificity- a complex affair [J]. Science, 2001, 292(5526): 2439 - 2440.

[11] Guss KA, Nelson CE, Hudson A, et al. Control of a genetic regulatory network by a selector gene [J]. Science, 2001, 292(5519): 1164 - 1167.

[12] Noselli S, Perrimon N. Signal transduction. Are there close encounters between signaling pathways? [J]. Science, 2000, 290(5489): 68 - 69.

[13] Katso R, Okkenhaug K, Ahmadi K, et al. Cellular function of phosphoinositide 3 - kinases: implications for development, homeostasis, and cancer[J]. Annu Rev Cell Dev Biol, 2001, 17: 615 -675.

[14] Venkatakrishnan AJ, Deupi X, Lebon G, et al. Molecular signatures of G - protein-coupled receptors[J]. Nature, 2013, 494(7436): 185 - 194.

第十一章 细胞的基因表达调控

生物体的 DNA 编码构建其细胞所需的所有 RNA 和蛋白质。如果要重构生物体,仅有完整的 DNA 序列是不够的,还需要知道 DNA 序列中的各个基因在构建生物体过程中是如何被使用的,以及每一个基因产物在什么条件下被合成以及合成之后行使的功能。本章中我们将讨论这个问题的前半部分:DNA 序列中的基因在构建生物体过程中是如何被使用的,即每一个细胞中基因被选择性表达的规则和机制。基因表达的调控对细胞分化以及在发育过程中形成不同的组织至关重要的,因为含有相同的 DNA 的不同类型细胞通过调控基因表达能够产生不同的 RNA 和蛋白质,从而行使不同的功能。同时,位于既定组织中的每种细胞也需要根据外部和内部条件在各种信号调控下适时地改变自己原有的基因表达状况,以应对细胞内外条件的改变。我们将介绍细菌和真核生物细胞基因表达的主要调控方式。尽管这两类细胞共用一些基因表达调控机制,但是真核细胞染色体结构更加复杂,因而具有一些不同于细菌的独特调控方式。基因表达调控的相关分子如果发生异常,往往与疾病的发生和发展有关。

第一节 基因表达概述

多细胞生物的不同类型细胞含有相同的 DNA。这些不同类型的细胞之所以能够行使不同的功能,是因为它们表达不同组的基因而含有不同的 RNA 和蛋白质。每个细胞如何从其成千上万的基因中选择表达其中的一部分,这一决定对于多细胞生物尤其重要,因为细胞分化正是由于细胞表达不同的基因,从而产生和积累不同组的 RNA 和蛋白质所致。

一、相同 DNA 在不同类型细胞中产生不同蛋白质组

多细胞生物的不同类型细胞中表达一些共同的、被叫作"管家蛋白"(housekeeping protein)的蛋白质。管家蛋白包括染色体结构蛋白、RNA 聚合酶、DNA 聚合酶和修复酶、核糖体蛋白、糖酵解和其他基本代谢过程的酶、细胞骨架的组成性蛋白等。但是,不同类型的细胞还表达一些与其行使功能相关的特殊蛋白。例如在哺乳动物中,血红蛋白只在红细胞的前体即网织红细胞中表达,在其他任何细胞中都检测不到。

研究不同类型细胞中不同的基因表达可以使用检测 mRNA 转录或蛋白质翻译的方法。常用的蛋白检测方法有凝胶电泳(gel electrophoresis)和质谱法(mass spectrometry)。质谱法比凝胶电泳更为灵敏并且可以提供有关蛋白共价修饰的信息(例如磷酸化)。一个典型的已分化的人类细胞在任一时间表达所有约 25 000 个基因中的约 5 000~15 000 个基因。正是每种类型细胞中不同组基因的表达导致了这些已分化细胞在大小、形状、行为和功能上的差别。

多细胞生物体内大多数分化的细胞能够根据细胞外信号改变其基因表达谱(gene expression pattern)。例如,肝脏细胞接触到糖皮质激素(glucocorticoid hormone)后会快速增加几种特定蛋白的表达,这些蛋白的表达会随着糖皮质激素消失而回到正常水平。糖皮质激素是在饥饿或剧烈运动时产生的,肝脏细胞接收到糖皮质激素信号后会增加从氨基酸和其他小分子来源的葡萄糖生成。糖皮质激素诱导肝脏细胞快速生成的蛋白包括酪氨酸氨基转移酶,它可以促进酪氨酸转变为葡萄糖。而其他类型的细胞会对糖皮质激素作出不同反应。例如,脂肪细胞接触到糖皮质激素会降低酪氨酸氨基转移酶表达,其他一些类型的细胞对于糖皮质激素没有反应。这些例子说明不同类型细胞对于相同的细胞外信号通常反应不同,其内在的机制正是基因表达谱不同。

二、从 DNA 到 RNA 再到蛋白质过程中基因表达存在多步调控

如上所述,生物体不同类型细胞的差别取决于这些细胞表达哪些特定基因;细胞在整个生命期中应答信号指令也常常需要改变原有的基因表达谱。那么,基因表达的调控是在什么水平上实现的呢?我们知道从 DNA 到蛋白质过程中有许多步骤,这些步骤原则上都可以被调控。所以,细胞中基因表达的调控可以发生在以下各个水平:① 控制某一特定基因何时转录以及转录的速率(转录调控/transcriptional control);② 控制 RNA 转录物如何被剪接和进行其他加工(RNA 加工调控/ RNA processing control);③ 选择哪些 RNA 从细胞核输出到细胞质(RNA 运输和定位调控/RNA transport and localization control);④ 选择性降解某些 mRNA 分子(mRNA 降解调控/mRNA degradation control);⑤ 选择哪些 mRNA 被核糖体翻译(翻译调控/translational control),或者在蛋白合成后对其选择性激活、失活、降解或定位(翻译后调控/ post-translational control 和蛋白活性调控/protein activity control)(图 11-1)。

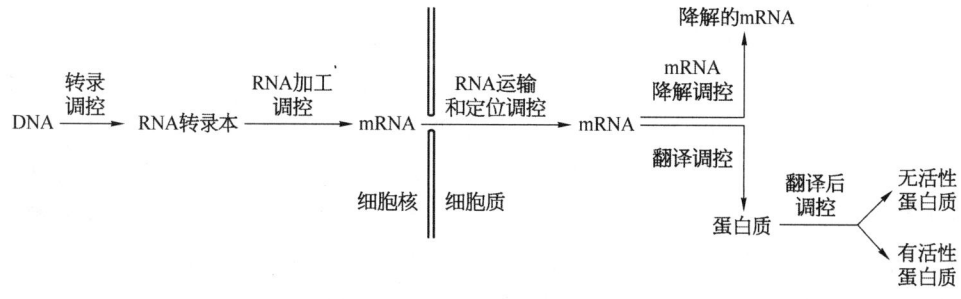

图 11-1 真核基因表达的不同调控步骤

(引自 Alberts 等,2010)

基因表达在上述的任一步骤都可以被调节,本章中我们将讲述从DNA到蛋白质过程中的关键调控点。然而对于大多数基因来说,发生在转录水平的调节是最主要的,因为这样可以避免合成非必需的中间物。

第二节 转录调控

认识到基因可以被开启和关闭是一个概念上的突破,这一概念的产生来源于大肠埃希菌根据培养基组分不同而适应其变化的研究。在大肠埃希菌中发现的很多调控机制同样适用于真核细胞。但是真核生物的基因调控更加复杂,因其DNA组装成为不同结构的染色质,这些包装为基因表达调控产生了新的机会与挑战,下面我们会一一提到。

首先,我们讨论一下在转录水平调控基因表达的蛋白质-转录调控蛋白(transcription regulator)。转录调控蛋白又称基因调节蛋白(gene regulatory protein)或转录因子(transcription factor),它们是因为20世纪50年代细菌遗传学分析而被发现的。转录调控蛋白识别并结合特定的DNA序列,并且开启或者关闭特定的基因。所以,在细胞接收外源和内源信号需要改变自身基因表达谱时,转录调控蛋白激活是一种主要的手段。

一、转录调控蛋白通过结合到调节性DNA序列而控制转录

转录调控通常在转录开始时发生。基因的启动子区域招募RNA聚合酶并将其正确定位从而开始转录。细菌和真核生物基因的启动子都含有转录实际开始的起始位点(initiation site),并在起始位点上游大约50个核苷酸处还有一段序列,其上有RNA聚合酶结合到启动子所需的位点。除了启动子之外,细菌和真核生物几乎所有的基因还含有开启和关闭基因的调节性DNA序列(regulatory DNA sequence),也称基因调控序列(gene regulatory sequence)。

在细菌中,一些调节性DNA序列只有10个核苷酸的长度,仅简单地根据单个信号开启或关闭基因。真核生物中的某些调节性DNA序列很长(一些甚至超过10 000个核苷酸),这些序列可以将多种信号进行信息整合进而决定转录开始的频率。

单凭调节性DNA序列还不能产生作用。这些DNA序列必须首先被转录调控蛋白识别进而结合才能发挥作用。所以,DNA序列与其上结合的蛋白一起才能够充当控制转录的开关。转录调控蛋白之所以能够识别特定的DNA序列,是因为两者的表面特征适配。调控蛋白所结合区域DNA双螺旋的特定表面特征因核苷酸序列不同而不同,因此不同调控蛋白识别不同核苷酸序列。在大多数情况下,调控蛋白插入DNA螺旋的大沟中,从而与碱基对产生一系列分子接触。调控蛋白与碱基形成氢键、离子键和疏水键,这些相互作用力通常并不破坏碱基之间的氢键。尽管单个相互作用很弱,但在调控蛋白和DNA交界处通常有20个左右的相互作用以确保两者相互结合的高度特异性和牢固性。实际上,调控蛋白和DNA的相互作用是生物学已知最牢固和特异的分子相互作用之一。

尽管每一例调控蛋白和DNA的相互作用在细节上是特异的,但是多种基因调节蛋白拥

有共同的数种结构基元(structural motif),通过其中的一种来识别 DNA。这些与 DNA 结合的基元(DNA‑binding motif)包括同源域(homeodomain)、锌指(zinc finger)、亮氨酸拉链(leucine zipper)等,在所有真核生物控制成千上万不同基因表达的转录调控蛋白中都可以找到。在很多情况下,转录调控蛋白以二聚体方式成对结合于 DNA 双螺旋。两个相同蛋白二聚化形成同源二聚体,两个不同蛋白则形成异源二聚体。二聚体可产生两倍的与 DNA 接触的区域,从而大大增加了蛋白与 DNA 相互作用的强度和特异性。因为两个不同蛋白能够以不同组合配对,所以二聚化也使得很多不同 DNA 序列能够被有限数量的调控蛋白识别。

综上所述,转录调控蛋白(即基因调节蛋白或转录因子)识别 DNA 双螺旋中较短的特定序列即调节性 DNA 序列,从而决定细胞中成千上万基因中的哪些基因被转录。大多数转录调控蛋白通过某种结构基元识别 DNA,并以同源二聚体或异源二聚体形式与 DNA 结合。现在已有多种技术可以识别和分离转录调控蛋白及其编码基因、转录调控蛋白识别的序列,以及在整个基因组中确定某个转录调控蛋白的靶基因图谱。例如凝胶阻滞实验(又称为电泳迁移率变动实验,EMSA)可以检测序列特异性转录调控蛋白;DNA 亲和层析技术能够纯化序列特异性转录调控蛋白;DNA 足迹分析可用以确定转录调控蛋白识别的 DNA 序列;进化足迹法可以通过比较基因组学的方法确定调节性 DNA 序列;染色质免疫沉淀法(ChIP)可以确定在活细胞中转录调控蛋白结合的 DNA 序列。

二、原核和真核细胞都使用阻抑蛋白和激活蛋白调控基因转录

基因调控最简单和研究最清楚的例子发生在细菌和感染细菌的病毒中。大肠埃希菌的基因组含有约 $4.6×10^6$ 对核苷酸的单个环状 DNA 分子。这一 DNA 编码大约 4 300 个蛋白,但是在任一时间仅合成其中一部分蛋白。细菌根据环境中存在的食物源调节很多基因的表达。例如,大肠埃希菌中有 5 个基因编码合成色氨酸所需的酶。这 5 个基因在染色体上呈聚簇(cluster)排列,从同一个启动子转录为一个长的 mRNA 分子,最终翻译出 5 个蛋白(图 11‑2)。当环境中有色氨酸存在并进入细菌细胞内,细菌不再需要这些合成色氨酸的酶,所以这些酶基因的表达被关闭。例如,哺乳动物进食大量蛋白质后,其

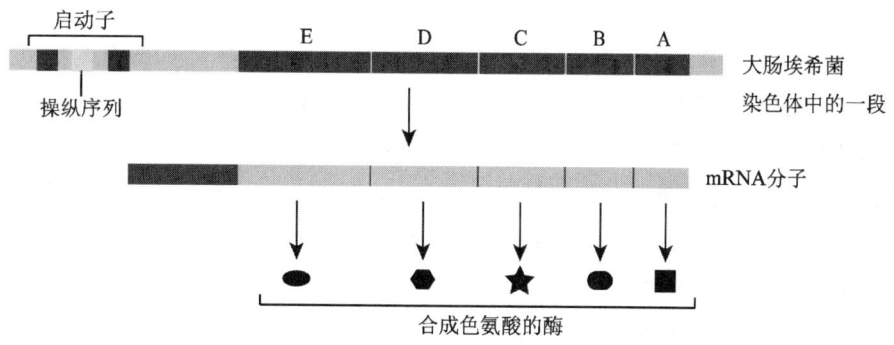

图 11‑2 细菌中一个启动子能够转录一系列基因
(引自 Alberts 等,2010)

肠道内的细菌色氨酸合成酶的表达就会发生这种调控。这5个协同表达的基因组成了一个操纵子(operon)，即转录为一个mRNA的一组基因。操纵子在细菌中常见，但是在真核生物中却不存在，真核生物基因是独立转录和调控的。

在色氨酸操纵子的启动子内有一个15个核苷酸长度的短DNA序列，此序列被称为操纵序列(operator)，可以被转录调控蛋白所识别。当蛋白结合到这段核苷酸序列时，可以阻断RNA聚合酶接近启动子，从而抑制操纵子的转录和色氨酸合成所需酶的产生。这样的转录调控蛋白被称为色氨酸阻抑蛋白(tryptophan repressor)。色氨酸阻抑蛋白是被精妙调控的，只有当它们结合了几个色氨酸分子才能与DNA结合(图11-3)。色氨酸阻抑蛋白是一个别构蛋白，色氨酸结合导致其三维结构轻微改变，从而能够与操纵序列结合。当细胞内游离色氨酸浓度下降，色氨酸阻抑蛋白不再结合色氨酸，所以也不能结合DNA，色氨酸操纵子就发生转录。所以色氨酸阻抑蛋白是一个简单装置，可以根据酶催化反应的终产物的有无相应地关闭或开启这些酶的基因表达。

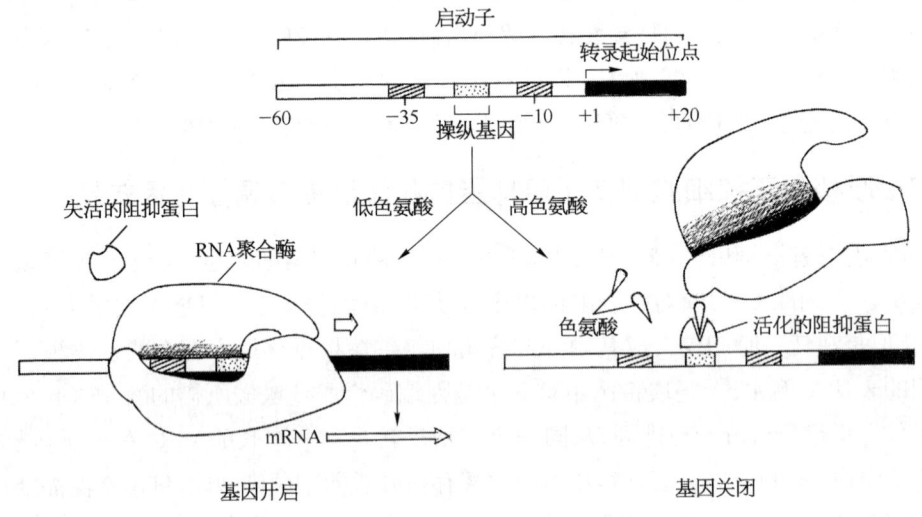

图11-3　阻抑蛋白能够"开启"和"关闭"基因表达
(引自Alberts等，2010)

细菌能够非常快速地对色氨酸浓度作出反应，是因为色氨酸阻抑蛋白本身总是存在于细胞内，其编码基因以较低水平持续转录，所以总有少量色氨酸阻抑蛋白生成。这种不被调节的基因表达方式被称为组成性基因表达(constitutive gene expression)。

顾名思义，色氨酸阻抑蛋白是一种阻抑物(repressor)，当它有活性时关闭或者阻抑基因表达。但另一些细菌的转录调控蛋白起相反作用，它们开启或者激活基因表达。这些激活物(activator)作用于特定启动子上，这些启动子与色氨酸操纵子的启动子相反，它们本身活性较弱，仅能勉强结合和定位RNA聚合酶。但是，激活蛋白可以促进这些弱启动子的活性，即通过结合于附近的DNA序列并与RNA聚合酶接触而帮助转录的开始(图11-4)。在一些情况下，细菌的一种转录调控蛋白可以抑制一种启动子而激活另一种启动子。转录调控蛋白是作为激活蛋白还是阻抑蛋白发挥作用在很大程度上取决于它结合的 DNA 调节序列相对于启动子的位置。

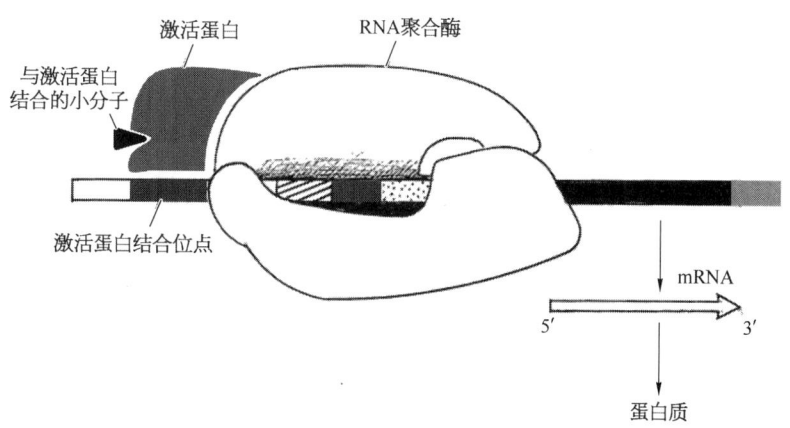

图 11-4 激活蛋白能够调控基因表达
（引自 Alberts 等，2010）

和色氨酸阻抑蛋白类似，激活蛋白通常必须与另一个分子相互作用后才能够结合 DNA。例如细菌激活蛋白 CAP 必须结合环腺苷酸（cAMP）才能结合 DNA。当葡萄糖这一细菌优先利用的碳源缺乏时，细胞内 cAMP 浓度升高，被 CAP 激活的基因随之被开启，结果是 CAP 促进了那些能够分解其他糖类的酶的生成，从而使细菌可以转而代谢葡萄糖以外的碳源。

在很多情况下，一个启动子的活性是被两种不同的转录调控蛋白控制的。例如大肠杆菌的乳糖操纵子（Lac operon）被 Lac 阻抑蛋白和激活蛋白 CAP 共同控制，乳糖操纵子编码运输和分解乳糖的一系列蛋白。没有葡萄糖时，CAP 开启乳糖操纵子，使细菌能利用包括乳糖在内的其他替代性碳源。但是，在没有乳糖时，CAP 诱导乳糖操纵子的表达是很浪费的。所以，Lac 阻抑蛋白在没有乳糖时关闭乳糖操纵子表达。这样的安排使得乳糖操纵子的控制区域可以整合两种不同信号，因而只有在既有乳糖又无葡萄糖这两个条件都符合时，乳糖操纵子才高表达，细菌才能够摄取和利用乳糖。

与原核生物类似，真核生物也同样使用像激活蛋白和阻抑蛋白这样的转录调控蛋白调节其基因转录。此外，真核基因激活蛋白还可以结合被命名为增强子（enhancer）的 DNA 位点，这些 DNA 位点被激活蛋白结合后可以大大增强转录速率。在 1979 年，生物学家惊奇地发现，甚至当激活蛋白在距离启动子成千上万个核苷酸以外的部位结合时，也能够增强转录，并且这些激活蛋白的结合位点在基因的上游和下游都能够发挥作用。这些发现产生了这样的问题：增强子序列及其结合蛋白是如何在如此长距离以外发挥作用的，它们是如何与启动子相互交流的。

人们提出了很多解释这种"远距离作用（action at a distance）"的模型，其中最简单的一个似乎适用于大多数情况。在增强子和启动子之间的 DNA 形成襻环，拉近了增强子与启动子间的距离,使得真核激活蛋白能够直接影响启动子区域发生的事件(图11-5)。这段DNA如同一个系链(tether),使得与增强子结合的调控蛋白即使在成千上万核苷酸之外,也能与启动子附近的蛋白如RNA聚合酶Ⅱ和通用转录因子(general transcription factor)相互作用。通常有另外的蛋白将结合在远端的转录调控蛋白与启动子结合蛋白联系起来,其中最重要的一种是一个大的蛋白复合体,称为中介体(mediator)。而真核转录激活蛋白的一种作用方式是帮助启动子区域的通用转录因子和RNA聚合酶Ⅱ装配在一起。真核转录阻抑蛋白的作用方式则相反:它们通过阻止或破坏通用转录因子和RNA聚合酶Ⅱ装配而减少转录。除了促进或抑制转录起始复合物的装配以外,真核转录调控蛋白还有其他作用机制:它们吸引调节染色质结构的蛋白,从而影响启动子与通用转录因子和RNA聚合酶Ⅱ的可接近性(accessibility),这是我们下面要讨论的内容。

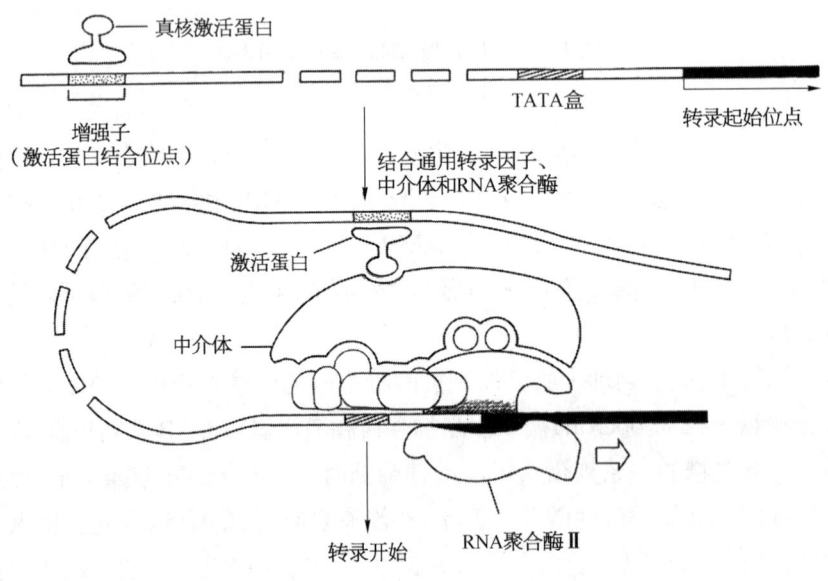

图11-5 真核激活蛋白远距离发挥功能
(引自Alberts等,2010)

三、真核生物中染色质结构参与调控转录的开启与关闭

真核细胞的转录开始必须要考虑到DNA包装成染色体的问题。真核细胞的遗传物质被包装为核小体,然后再进一步被包装成更高级结构。那么转录调控蛋白、通用转录因子和RNA聚合酶是如何接近这样的DNA的呢?核小体如果处于启动子区域就能够抑制转录开始,很可能是因为核小体自身能够阻止启动子上通用转录因子或RNA聚合酶的装配。事实上,在进化中产生这样的染色质包装方式就是为了防止泄漏性(leaky)基因表达,即在没有合适的激活蛋白的情况下开始转录。

在真核生物中,激活蛋白和阻抑蛋白利用染色质结构帮助它们开启和关闭基因。染色质结构可以被改变,例如染色质重建复合体和共价修饰组蛋白的酶都可以改变染色质结构。很多基因激活蛋白通过将染色质重建复合体和共价修饰组蛋白的酶招募到启动子区域而改变染色质结构(图 11 - 6)。例如,很多转录激活蛋白招募组蛋白乙酰转移酶(histone acetylase),这种酶将乙酰基加到组蛋白尾部特定赖氨酸上。这种修饰很可能使得 DNA 具有更大可接近性而改变染色质结构,而且乙酰基本身可以被促进转录的蛋白如通用转录因子识别。同样的,阻抑蛋白以降低转录开始效率的方法调节染色质结构。例如,很多阻抑蛋白能招募组蛋白去乙酰化酶(histone deacetylase),这种酶从组蛋白尾部去除乙酰基,从而逆转乙酰化对于转录开始的正面影响。另一些阻抑蛋白能够形成长段的含有很多基因却无转录活性的染色质。这些非转录活化染色质区域包括在间期染色体上可见的异染色质和雌性哺乳动物的整条 X 染色体。

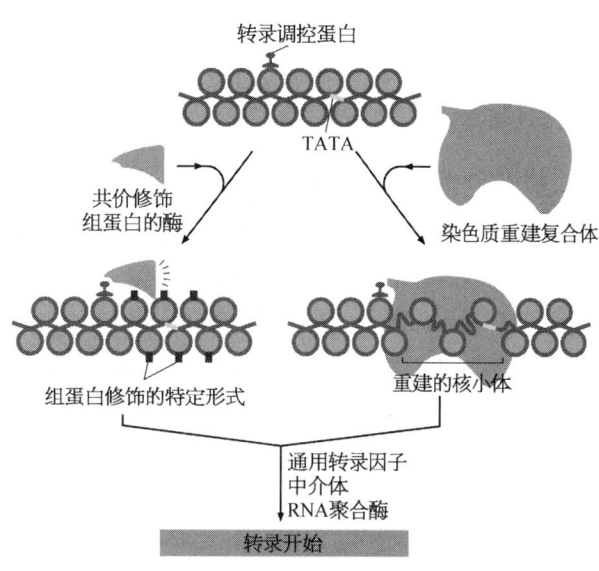

图 11 - 6 真核基因激活蛋白改变局部染色质结构
(引自 Alberts 等,2010)

第三节 RNA 加工、运输、定位、降解调控

原则上,从 DNA 到蛋白质过程中的任一步骤都可以被调控,很多基因可以被多步骤调控。对于大多数基因来说,转录水平的调节是最重要的。但是,转录后调控(post-transcriptional control,图 11 - 1)的重要性也不容忽视。

一、RNA 的构象、加工和运输可以成为调控因素

在细菌和真核生物中都存在着转录衰减现象(transcription attenuation)。例如,新生成的 RNA 形成一种特定结构导致其与 RNA 聚合酶相互作用而终止转录。但当需要这种基因产物时,某种调控蛋白与新生成的 RNA 结合而干扰衰减,使得整个 RNA 分子得以完整转录。

核糖开关(riboswitch)是一种非常经济的基因调控方式,因为它不需要调控蛋白的参与。核糖开关是小段 RNA 序列,它们结合代谢物等小分子后可以改变构象,从而调控基因表达。例如,对于嘌呤合成所需酶类的基因的调控,在细胞内嘌呤水平很低时,核糖开

关上因为没有嘌呤的结合而处于一种促进基因转录的构象,而当嘌呤水平升高时,核糖开关上因为有嘌呤的结合而形成一种阻抑基因转录的构象(图11-7)。这种调控方式在细菌中尤为常见。核糖开关可以感知细胞内关键小分子代谢物而相应调节基因表达,这样,细胞就很容易根据代谢物在细胞内的水平来调控该代谢物的生成速率。

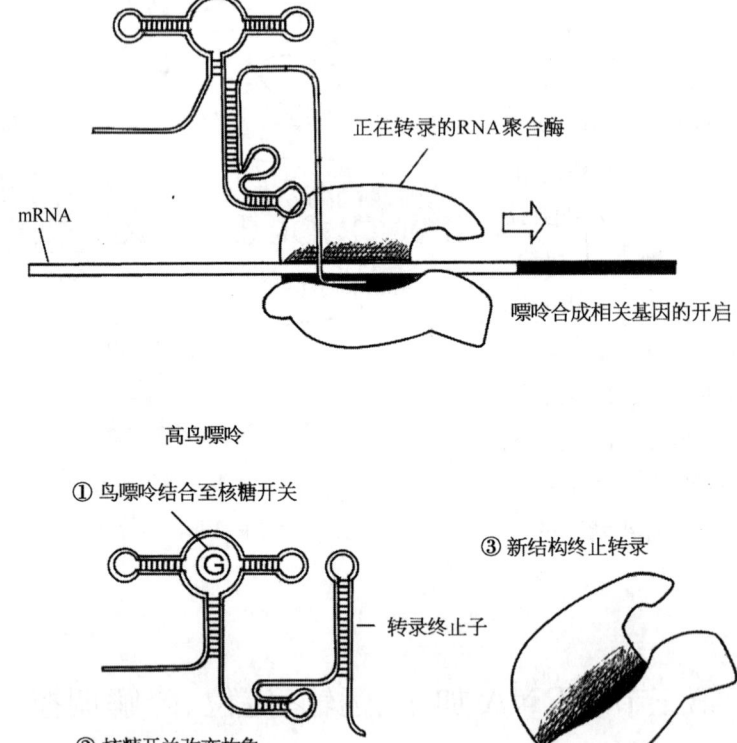

图11-7 细菌中核糖开关控制嘌呤生物合成基因
(引自Alberts等,2010)

RNA剪接(RNA splicing)去除了真核基因mRNA前体的内含子序列。真核细胞能够以不同方式剪接RNA,这样同一个基因可以形成不同的多肽链,这种过程被称为RNA选择性剪接(alternative RNA splicing)。大量动物基因(约40%果蝇基因和75%人类基因)用这种方式产生不同蛋白。RNA选择性剪接可以是组成性的(constitutive)或调节性的(regulated)。组成性RNA选择性剪接的产生往往是因为内含子序列的不严谨(intron sequence ambiguity),即标准的剪接体不能明确区分两个或多个成对的剪接位点,所以随机发生剪接而产生不同的转录本。RNA选择性剪接可以被正调节或负调节,调节分子帮助剪接复合体定位到容易被忽视的剪接位点的方式为正调节,调节分子阻止剪接复合体接近 RNA 的某个特定剪接位点的方式为负调节。

除了在真核 mRNA 分子的 5′端加帽(capping)外,在新合成的转录本 3′端会发生一个 RNA 切割(RNA cleavage)反应和添加聚腺苷酸(poly-A)尾。细胞可以通过控制切割位点而改变最终翻译出来的蛋白质的 C 端。

在一些基因转录后调控中存在 RNA 编辑(RNA editing)现象。RNA 编辑是指 RNA 转录本合成之后改变其核苷酸序列,从而导致其携带编码信息改变。例如在编码锥虫(trypanosome)线粒体蛋白的 RNA 转录本中发现 RNA 编辑,即一个或多个 U 被加入转录本特定区域(或者比较少见的,被去除),导致读码框和序列的改变。灵长类动物比其他哺乳动物含有更高水平的 A 到 I 编辑(A-to-I editing),这种编辑大多发生在 Alu 元件(Alu element)转录的 RNA 中。

一般来说,只有在加工完成之后 RNA 才能够被运输出细胞核。但是 RNA 输出细胞核的过程可以被调控,从而突破这一加工完成才能被运输的限制,例如人 AIDS 病毒 HIV 发生调节性 mRNA 输出现象。简单来说,HIV 病毒编码的 Rev 蛋白结合一个位于病毒内含子的特定 RNA 序列即 Rev 反应元件(Rev responsive element, RRE)。Rev 蛋白与核输出受体 exportin 1 相互作用,能够引领病毒 RNA 通过核孔进入细胞质。这些被引领的病毒 RNA 可以是含有内含子未完成加工的 RNA,这些 RNA 是产生子代病毒必不可少的,Rev 蛋白的这项核输出功能对于 HIV 繁殖和致病性起重要作用。

RNA 被运输出细胞核后可以被调节而定位在细胞质的特定区域。新生成的真核 mRNA 进入细胞质后在核糖体上翻译为多肽链。有些 mRNA 先被定向性地运输到需要其所编码蛋白的细胞内位置然后才开始翻译。这一策略的好处之一是建立细胞质的非对称性,这在发育的很多阶段中都是关键性步骤。mRNA 定位的信号通常位于其 3′非翻译区(untranslated region, UTR),即 RNA 上从翻译终止密码子到 poly-A 尾起始处的区域。

二、RNA 降解和 RNA 干扰可以影响 mRNA 水平

细菌的大多数 mRNA 都非常不稳定,半衰期小于 2 分钟。正是因为 mRNA 快速合成和快速降解,使得细菌能够快速适应环境变化。真核生物的 mRNA 相对较为稳定,半衰期大多为 30 分钟以内。β-球蛋白 mRNA 的半衰期超过 10 小时,而编码如生长因子和基因调节蛋白等合成速率需要快速变化蛋白的 mRNA 的半衰期通常较短。

真核 mRNA 有两种常见的降解机制。这两种机制都是以 mRNA 的聚腺苷酸尾被核酸外切酶逐渐切短开始的,而当聚腺苷酸尾缩短到一个关键的长度(人类细胞中大约是 25 个核苷酸长度)时,这两种机制开始显示不同:一种是去除 5′端帽子后 mRNA 被从 5′端快速降解。另一种是继续从 3′端降解,从聚腺苷酸尾直到编码序列。

几乎所有的 mRNA 都通过这两种机制降解,每种 RNA 的序列特征决定了每一调控步骤的快慢和每种 RNA 的半衰期及蛋白产生的多少。3′非编码区序列对于控制 mRNA

寿命尤其重要,此序列通常具有特定调控蛋白的结合位点,这些蛋白能够影响聚腺苷酸尾的缩短、5′端帽子的去除或3′到5′方向降解的速度。mRNA 的半衰期也会受其翻译效率的影响,聚腺苷酸尾缩短和 5′端帽子去除与 mRNA 翻译机器直接竞争,所以任何影响 mRNA 翻译效率的蛋白质可以反向影响 mRNA 的降解,即增加或降低 mRNA 翻译效率的蛋白质可以减缓或促进 mRNA 降解。

细胞有一种防御机制,能够降解"外来"的特别是双链的 RNA 分子。很多病毒和转座遗传元件(transposable genetic element)在其生命周期中会产生双链 RNA。细胞的这种靶向性 RNA 降解机制被称为 RNA 干扰(RNA interference,RNAi)。

在 RNA 干扰过程中,细胞内的外源双链 RNA 首先吸引含有核酸酶 Dicer 的蛋白复合体。Dicer 将双链 RNA 切割成大约 23 个核苷酸长的短片段,这种短片段被称为小干扰RNA(small interfering RNA,siRNA)。这些短的双链 RNA 被整合入 RNA 诱导沉默复合体(RNA‐induced silencing complex,RISC)中。RISC 释出 siRNA 双链中的一条单链,使用剩下的单链 RNA 寻找互补的外源 RNA 分子(图 11‐8)。这一外源 RNA 分子被快速降解,RISC 接下来自由寻找更多同样的外源 RNA 分子。

RNA 干扰在很多生物体中广泛存在,其中包括单细胞真菌、植物、动物、线虫等,表明这是一种原始机制。在一些生物体如植物中,RNAi 的活性能够通过 RNA 在细胞之间的转移而在组织间传递。这种 RNA 转移使得仅仅少数植物细胞被病毒感染之后整个植物都对病毒产生抗性。从广义上来说,RNA 干扰反应与人类免疫系统的某些方面相似。在这两种情况下,被感染的生物体都产生"攻击性"分子(siRNA 或抗体)使得入侵者失活,从而保护宿主。

目前 RNA 干扰已经成为一个被广泛使用的实验手段,在培养的细胞或者植物、动物体内被用于调节基因表达。同时,

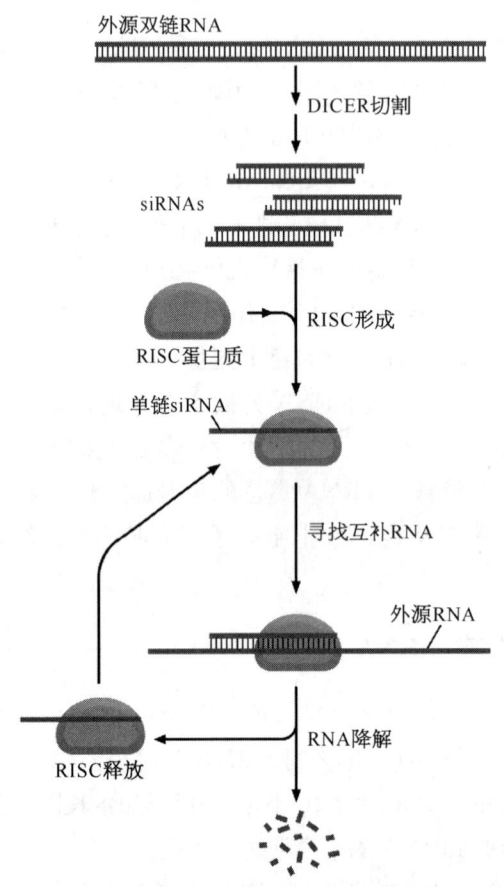

图 11‐8 siRNA 降解外源 RNA
(引自 Alberts 等,2010)

RNA 干扰在治疗人类疾病方面作为一个强有力的新方法显示了巨大潜力。很多人类疾病是由于基因不正常表达所致,所以通过引入互补 siRNA 而关闭这些基因表达在医学上有很大的应用前景。

第四节　翻译和翻译后调控

一、翻译起始受到蛋白因子调控和非翻译区的影响

真核细胞遇到多种应激情况时会降低其整体蛋白合成速率,这些应激情况包括生长因子或营养物的缺乏、病毒感染、温度突然上升等。这些应激情况导致翻译起始因子 eIF2 被激酶磷酸化,从而降低细胞整体蛋白合成速率。翻译起始因子 eIF2 的磷酸化调控细胞整体蛋白合成速率,因此磷酸化 eIF2 水平的调节在哺乳动物中尤为重要。处于不分裂静止状态即 G_0 期的细胞的总蛋白合成速率仅为分裂细胞的 1/5,eIF2 磷酸化状态是其中重要的调控机制。

内部核糖体进入位点(internal ribosome entry site, IRES)是一段特殊的 RNA 序列,一般有几百个核苷酸长,折叠成特定结构可以结合很多负责 mRNA5′端翻译起始的蛋白质。IRES 可以存在于 mRNA 的不同位置。有的情况下甚至两个不同蛋白质编码序列在同一个真核 mRNA 上串联,以常规寻找 5′端帽结构的机制翻译出一个蛋白,通过 IRES 翻译成另一个蛋白。不同的 IRES 需要不同的翻译起始因子,从 IRES 开始翻译时不需要 mRNA 的 5′帽和识别 5′帽的翻译起始因子 eIF4E。一些病毒通过 IRES 翻译其自身 mRNA 而阻止正常宿主 mRNA 从 5′端翻译。这种 IRES 翻译调控机制可以在细胞整体蛋白翻译起始被抑制的情况下选择性地将某些 mRNA 快速翻译。

在 mRNA 的 5′和 3′端通常存在非翻译区(untranslated region, UTR),5′非翻译区是指转录起始位点到翻译起始密码子间的一段 RNA,3′非翻译区指的是从翻译终止密码子到聚腺苷酸尾开始处的 RNA 区域。mRNA 的 5′和 3′非翻译区对于翻译调控非常重要。mRNA 合成之后最常用的调节蛋白产物水平的方式是控制翻译起始步骤。细菌和真核生物调控翻译起始的基本策略一致,但是细节上有所不同。

细菌 mRNA 上有一段富含嘌呤的 6 个核苷酸的保守序列,称为 Shine-Dalgarno 序列,它通常位于距离 AUG 起始密码子上游几个核苷酸处。此序列与核糖体小亚基 16S RNA 相互作用形成碱基配对,从而在核糖体上正确定位 AUG 起始密码子。因为这个相互作用对于翻译起始效率非常重要,细菌细胞通过 RNA 或蛋白分子暴露或阻断 Shine-Dalgarno 序列的机制调控蛋白翻译。

真核 mRNA 上没有 Shine-Dalgarno 序列,选择哪个 AUG 密码子作为翻译起始位点很大程度上取决于其与 mRNA 5′末端帽子的距离,因为 mRNA 5′端帽子是核糖体小亚基与 mRNA 的结合位点,并从此处开始寻找 AUG 起始密码子。有时核糖体小亚基错过了距离 mRNA5′末端最近的第一个 AUG 密码子,而识别的是第二个或第三个 AUG 密码子,这种现象被称为"有泄漏的扫描"(leaky scanning)。这种机制常常被用于产生两个或多个紧密相关但是氨基端不同的蛋白分子,以及产生有或没有氨基端信号序列因而在细

胞内分布不同的同一种蛋白分子。真核生物调控翻译的机制与细菌相似,尽管翻译起始方式不同。例如,翻译阻抑蛋白与mRNA5'端结合可以抑制翻译起始。一些翻译阻抑蛋白识别特定mRNA3'非翻译区核苷酸序列,通过干扰5'末端帽子和3'聚腺苷酸尾交流而减少翻译起始。此项交流是有效翻译起始的一个必须步骤。

二、微小RNA与mRNA结合是真核细胞抑制翻译的重要机制

近期研究表明:非编码RNA(即不翻译产生蛋白质的RNA)在细胞内广泛存在,并且在基因表达调控中发挥重要作用。其中一类非编码RNA被称为微小RNA(microRNA,miRNA),是一类短的调节性RNA,在植物和动物中都存在。真核生物中一个很重要的翻译调控类型依赖于miRNA。miRNA可以与mRNA结合,从而减少蛋白翻译。例如,人类有超过400种不同miRNA,可以调控至少1/3编码蛋白的基因,通过与特定mRNA碱基配对而调控mRNA的稳定性和翻译。

与其他非编码RNA相似,miRNA前体经过特殊加工产生成熟miRNA。成熟miRNA与特定蛋白装配形成一个RNA诱导沉默复合体(RNA-induced silencing complex,RISC)。RISC在细胞质中寻找与其携带的miRNA互补的mRNA(图11-9),一旦目标mRNA与miRNA形成碱基对,目标mRNA立刻被RISC内的核酸酶降解,或者其翻译停止并被运送到细胞质的一个区域被其他核酸酶降解。RISC处理完一个mRNA分子后会被释放,然后自由寻找其他mRNA分子。这样,RISC中的一个miRNA能够除去一个接一个mRNA分子,从而有效阻止此mRNA编码的蛋白被翻译出来。

miRNA的两个特征使得它们成为基因表达调控中非常有用的分子。第一,一个miRNA能够调控一组具有一段相同序列的不同mRNA,这段相同序列通常位于mRNA的5'和3'UTR。人类细胞中一些单个miRNA以这种方式调控上百种不同mRNA。第二,与转录因子相比,编码miRNA的基因在基因组中仅占据很小的空间。尽管我们刚开始理解miRNA的功能,但是很显然miRNA对于调控基因表达起着非常重要的作用。

三、翻译后的修饰以及折叠和降解可以对蛋白质水平、活性和功能进行调控

翻译合成的新多肽链必须经历一系列过程才能够成为有功能的蛋白质。这些过程包括:折叠形成特定的三维构象;经历蛋白质水解,共价修饰和与辅助因子结合;与其他亚基一起正确组装发挥功能;错误折叠或毁坏的蛋白质被降解等。

新生蛋白质通常在分子伴侣(molecular chaperones)的帮助下进行折叠。分子伴侣中常见的一类是热休克蛋白(heat shock protein,Hsp),例如,Hsp70、Hsp60和Hsp90。Hsp70与核糖体上正在翻译的多肽链的疏水区域结合,这样Hsp70可以将新生成的多肽链保持在未折叠或部分折叠的状态直到正确的折叠可以发生为止。Hsp60帮助已离开核糖体部分折叠的蛋白质完成折叠。Hsp90的主要功能是对于信号转导途径中的蛋白质进

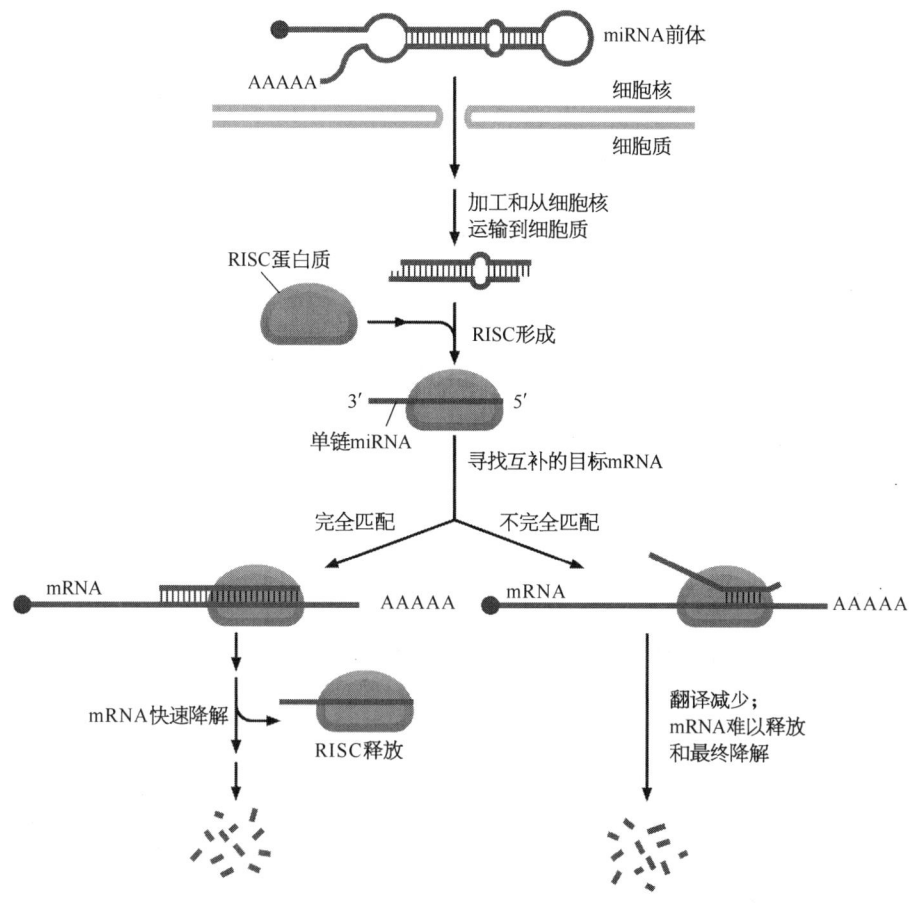

图 11-9 miRNA 降解与其互补的 mRNA
(引自 Alberts 等,2010)

行构象调控,例如信号转导途径中的一些酪氨酸激酶必须与 Hsp90 结合才能够正确地发挥功能。

蛋白质水解是翻译后调控的一种方式。例如,有些酶是以酶原形式被翻译,当需要该酶发挥功能时,蛋白质水解酶除去酶原的一段氨基酸使酶得以活化。蛋白质水解的另一常见效应是参与翻译后蛋白质的细胞内定位调控。

很多新翻译的蛋白质必须要被共价修饰后才能够发挥功能,这就是蛋白质的翻译后修饰(post-translational modification)。磷酸化(phosphorylation)、乙酰化(acetylation)、甲基化(methylation)、泛素化(ubiquitination)和糖基化(glycosylation)是常见的蛋白质翻译后修饰,一个蛋白质可以发生多种翻译后修饰,并且有时这些翻译后修饰相互调控。

细胞内的蛋白质处于合成和降解的动态平衡中,合成和降解的相对速率决定了蛋白质的量。蛋白质降解通常是在细胞内的特定区域内进行的,有的在称为蛋白酶体的大分子装置中进行,有的在溶酶体等降解型细胞器中进行。蛋白酶体在原核和真核细胞中都存在,真核细胞中泛素化修饰是最常见的标记蛋白质进行蛋白酶体降解的方式,泛素化修饰还有非降解性调控蛋白功能的作用(参见第五章)。

第五节 产生特异细胞类型的分子机制

多细胞生物中的一个细胞一旦决定其分化为特定细胞类型的方向,这种细胞命运的选择通常在此后很多代细胞中都得到维持。这意味着一个暂时信号引发的基因表达的变化一定是被细胞"记住"了,这种细胞记忆(cell memory)的现象是产生有序组织和维持稳定分化细胞类型的先决条件。相反的,在细菌和原核生物中基因表达的最简单变化通常仅仅是暂时的,例如色氨酸阻抑蛋白仅在色氨酸存在时关闭细菌色氨酸操纵子的表达,氨基酸一旦从培养基中除去,这些基因立刻恢复表达,后代细胞对于其母代细胞曾处于有色氨酸的环境将没有记忆。此节中我们将讨论多细胞生物中转录调控的一些特征,以及这些机制如何产生和维持特定细胞类型。

一、真核细胞对基因表达进行组合调控

除了能够开启和关闭单个基因外,原核和真核生物都需要协调不同基因的表达。细菌协调一组基因表达的方式是将这些基因形成受同一个启动子控制的一个操纵子。但是真核生物不是用操纵子的方式协调不同基因表达的,而是组合调控一系列基因表达的。组合调控(combinational control)首先表现在同一个蛋白可以协调不同基因的表达。只要不同基因所含的DNA序列能够被同一个转录调控蛋白识别,这些基因就能够统一地被开启或关闭。

人类这种调控的一个例子是糖皮质激素受体蛋白(glucocorticoid receptor protein)。为了结合DNA上的调控位点,这个转录调控蛋白必须先与一分子糖皮质激素形成一个复合物。肝细胞受糖皮质激素刺激会增加很多不同基因的表达,其中包括编码酪氨酸氨基转移酶的基因。这些基因都是通过糖皮质激素和受体复合物结合DNA调控序列而被调控的。当体内糖皮质激素不存在时,这些基因的表达都回到正常水平。

组合调控的概念还体现在成组的调控蛋白协同作用,一起决定一个基因的表达。很多简单的细菌激活蛋白和阻抑蛋白独自发挥功能,开启或关闭基因。但是大多数真核转录调控蛋白是作为调控蛋白组的一部分而起作用的,整个调控蛋白组对于基因的正确表达是必需的。当某一种转录调控蛋白作用于激活或阻抑某些基因组合调控的最后一步时,该蛋白往往是起决定性作用的。真核生物中,一个典型基因被几十个转录调控蛋白控制,其中有激活蛋白也有阻抑蛋白(图11-10)。所有这些调控蛋白的综合影响决定基因表达的最终水平。

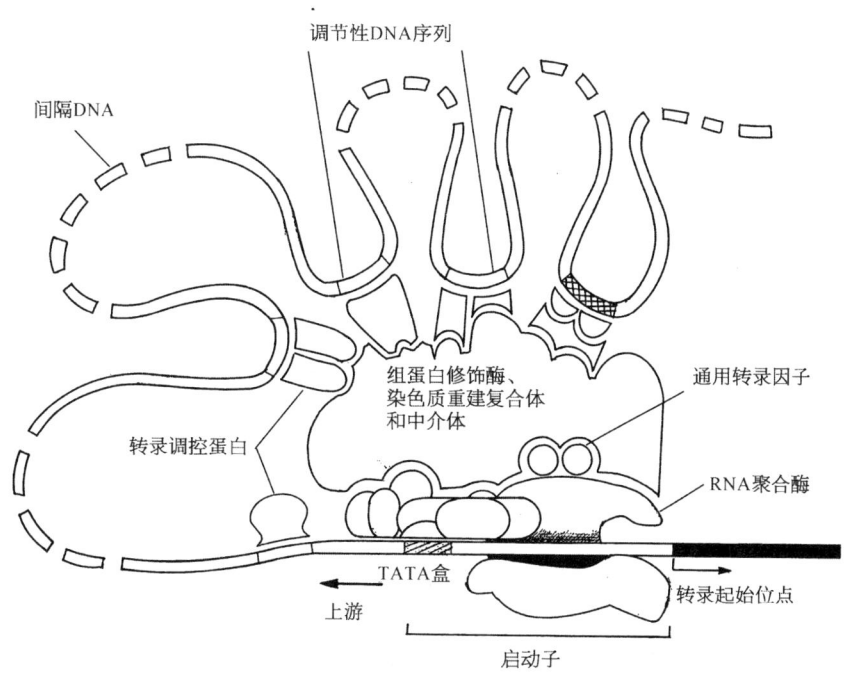

图 11-10 真核细胞中转录调控蛋白组合调控基因表达
（引自 Alberts 等，2010）

二、基因表达的稳定模式能够被传递到子代细胞

不同转录调控蛋白作用的综合导致不同细胞类型的产生，其中机制见图 11-11。如图所示，正是组合调控和共享的 DNA 调控序列提供的机会，使得一个有限的转录调控蛋白组能够控制更大数量基因的表达。

一旦多细胞生物体中的一个细胞分化成为一个特定类型的细胞，这个细胞通常会保持分化状态，其所有子代细胞将保持同样的细胞类型。一些高度特异的细胞一旦分化就不再分裂，例如骨骼肌细胞和神经元。但是很多其他分化的细胞，例如成纤维细胞、平滑肌细胞和肝细胞，会发生多次细胞分裂。所有这些细胞类型在分裂时仅会产生和它们一样的子代细胞，平滑肌细胞不会产生肝细胞，肝细胞不会产生成纤维细胞。这种细胞身份保留的现象表明产生分化细胞的基因表达改变必定被记住并通过随后的细胞分裂被传递到子代细胞中，其中的机制又是什么呢？

细胞有几种方法确保它们的子代细胞记住其细胞类型。一个最简单的方式是通过正反馈环(positive feedback loop)，即关键的转录调控蛋白除了激活其他的细胞类型特异基因外，还激活其自身基因转录(见图 11-12)。另一种维持细胞类型的方法是通过从母细胞到子细胞忠实传递凝缩的染色质结构而完成的。第三种细胞传递基因表达信息到子代的方法是通过 DNA 甲基化(DNA methylation)。在脊椎动物细胞中，DNA 甲基化仅在胞嘧啶碱基发生，胞嘧啶的这种共价修饰通常通过招募阻止基因表达的蛋白而关闭基因。

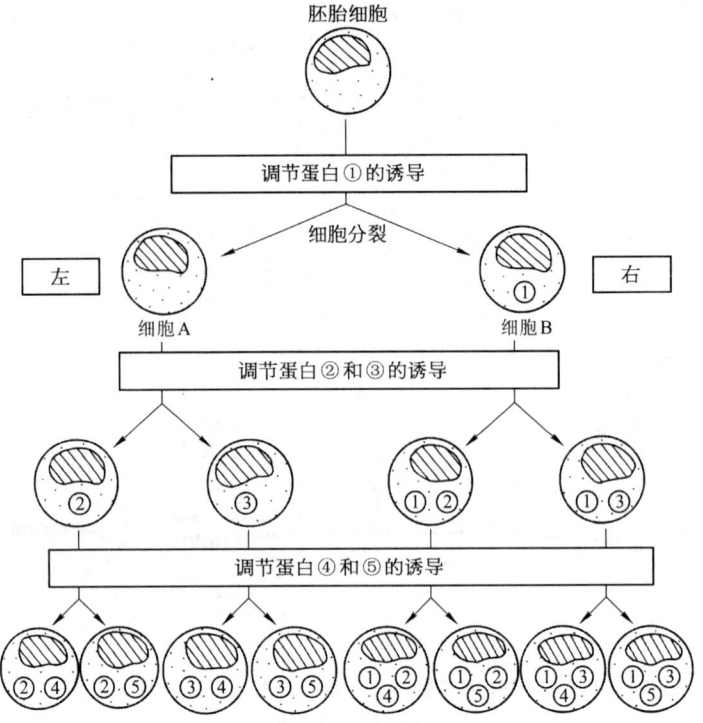

图 11-11　发育过程中转录调控蛋白组合调控能够产生不同细胞类型

(引自 Alberts 等,2010)

DNA 甲基化模式通过一种酶的作用而被传递到子代细胞,这种酶在 DNA 复制后立刻将亲代 DNA 链的甲基化模式复制到子代 DNA 链(见图 11-13)。因为这三种机制,即正反馈环、一定形式的凝缩染色质和 DNA 甲基化,在不改变实际 DNA 核苷酸序列的情况下将信息从亲代传到子代,这些就是所谓表观遗传(epigenetic inheritance)的方式。

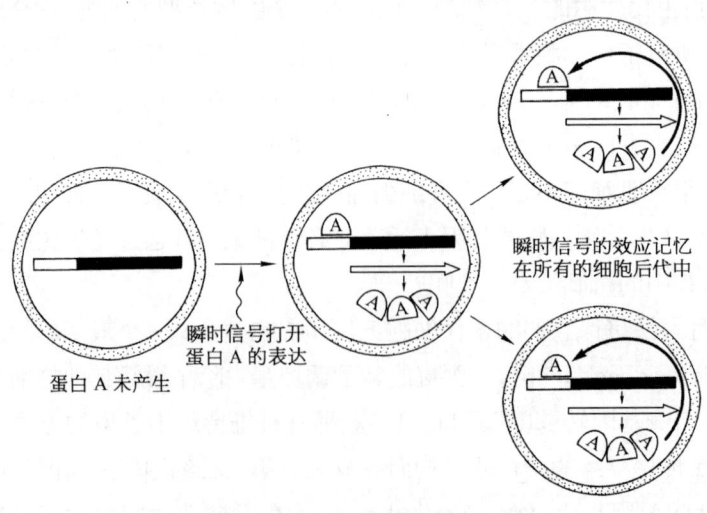

图 11-12　正反馈循环能够产生细胞记忆

(引自 Alberts 等,2010)

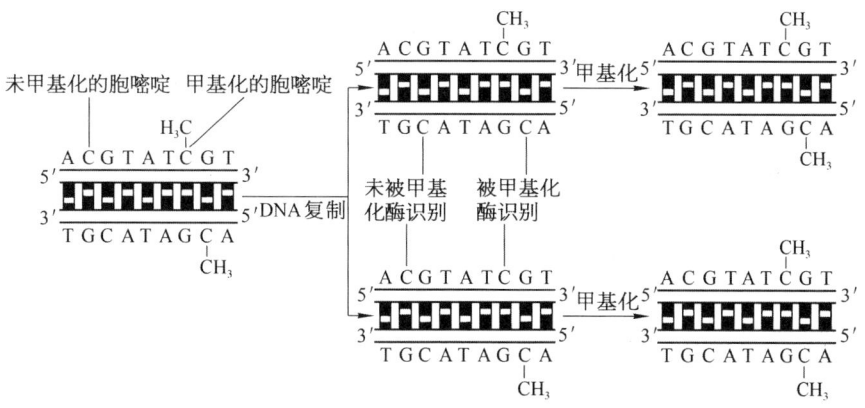

图 11-13 DNA 甲基化模式能够遗传到子代
（引自 Alberts 等，2010）

本 章 小 结

含有相同的 DNA 的不同类型细胞通过调控基因表达能够产生不同的 RNA 和蛋白质,从而行使不同的功能。一种细胞也需要根据外部和内部条件,在外界信号调控下适时地改变原有的基因表达状况。细胞对基因表达的调控包括转录调控、RNA 加工调控、RNA 运输和定位调控、mRNA 降解调控、翻译调控和翻译后调控等。其中,转录调控蛋白通过结合到调节性 DNA 序列而进行的转录调控是最主要的调控点。原核生物中几个协同表达的基因组成一个操纵子,阻抑蛋白和激活蛋白调控操纵子中几个基因的转录。而真核生物基因是独立转录和调控的,增强子和启动子之间的环状 DNA 结构以及中介体可以帮助转录调控蛋白远距离发挥作用。真核生物中,激活蛋白和阻抑蛋白能够利用染色质结构进行转录调控。此后,在转录衰减、核糖开关、包括 RNA 剪接和 RNA 编辑在内的各种 RNA 加工步骤、RNA 从细胞核运输到细胞质的特定区域和 RNA 降解等步骤都可以进行转录后调控。RNA 干扰是在很多生物体中存在的降解外源 RNA 分子的机制,并已经成为一个被广泛使用调节基因表达的实验手段。翻译调控受到翻译起始因子、内部核糖体进入位点、5′和 3′非翻译区、微小 RNA 的影响,其中微小 RNA 的影响之大是以前未曾预见的。翻译后的修饰以及折叠和降解可以对蛋白质水平、活性和功能进行调控。真核生物基因表达的一个特点是组合调控,不仅表现在同一个蛋白可以协调不同基因的表达,而且表现在成组的调控蛋白协同作用,一起决定一个基因的表达。细胞通过正反馈环、一定形式的凝缩染色质和 DNA 甲基化等方式,在不改变实际 DNA 核苷酸序列的情况下将信息从亲代传到子代细胞,从而实现基因表达格局的记忆,保障在发育过程中形成不同类型的细胞群体。

（童雪梅　张　萍）

参 考 文 献

[1] Alberts B, Bray D, Hopkin K, et al. Essential Cell Biology[M]. 3rd ed. New York: Garland Science, 2010.

[2] Alberts B, Johnson A, Lewis J, et al. Molecular Biology of the Cell[M]. 5th ed. New York: Garland Science, 2008.

[3] Lodish H, Berk A, Kaiser CA, et al. Molecular Cell Biology[M]. 6th ed. New York: W. H. Freeman, 2008.

[4] Alberto R, Ignacio E, Mariano A, et al. Alternative splicing: a pivotal step between eukaryotic transcription and translation[J]. Nat Rev Mol Cell Biol, 2013, 14(3): 153-165.

[5] Serganov A, Nudler E. A decade of riboswitches[J]. Cell. 2013 152(1-2): 17-24.

[6] Brodersen P, Voinnet O. Revisiting the principles of microRNA target recognition and mode of action[J]. Nat Rev Mol Cell Biol. 2009 10(2): 141-148.

第四篇

细胞增殖、分化与死亡

第十二章 细 胞 增 殖

生物体的生存和繁衍依赖于细胞增殖(cell proliferation),即一个细胞复制自身成分后分裂成两个子细胞的过程。对于单细胞生物,每次细胞增殖都产生两个新的个体;对于多细胞生物,细胞增殖则是胚胎发育、个体生长、组织更新和创伤修复等生物学活动的基础。

细胞增殖是一个有规律的过程,通常要经过细胞生长、DNA 复制和细胞分裂等几个事件,这些事件按特定顺序依次完成。细胞增殖的规律性是由一套复杂的调控系统决定的,在多细胞生物中各种环境因素以及其他细胞发出的信号均会影响到该调控系统的功能。

本章主要以高等动物细胞为例介绍真核细胞增殖的过程及其调控机制,并简述细胞增殖与医学的关系。

第一节 细 胞 周 期

新的细胞是由已有的细胞增殖产生的,这个过程包含一系列顺序发生的事件,这些事件在每一次细胞增殖时都有规律地、周而复始地发生,因此细胞增殖的过程被称为细胞周期(cell cycle),一个细胞周期包含从上一次细胞分裂结束开始到下一次细胞分裂结束为止所经历的全过程。细胞周期的概念不仅适用于进行有丝分裂的细胞,也适用于进行减数分裂的细胞。

1879 年德国人 Flemming 首次提出将细胞分裂时显著的形态变化命名为有丝分裂(mitosis),该名称来源于希腊语"mitos",意思是"线",因为他发现细胞在一分为二前,细胞核中弥散的染色质会逐渐转变成在光学显微镜下能观察到的"线"状染色体;而把两次细胞分裂之间的阶段称为分裂间期(interphase),并认为细胞在间期是静止的。20 世纪 50 年代以后,由于新技术的应用,发现间期的细胞虽然没有显著的形态变化,但并不是静止的,而是进行着极为复杂的生化变化。如 DNA 是在间期的一段特定时间内合成的,该阶段被命名为 DNA 合成期(DNA synthesis phase),简称 S 期。从上一次细胞分裂结束到 DNA 开始合成前有一个间隙期(first gap),简称 G_1 期(G_1 phase)。从 DNA 合成结束到细胞开始分裂前也有一个间隙期(second gap),简称 G_2 期(G_2 phase)。因此一个典型的真核细胞增殖周期可以划分成 4 个阶段:G_1 期、S 期、G_2 期和 M 期。其中 G_1 期、S 期、G_2 期一起被称为间期,M 期则指细胞分裂(mitosis)阶段(图 12-1)。一个典型的哺乳动物细胞周期大约为 24 小时,其中 S 期约 10~12 小时,M 期约 1 小时。不同物种、不同组织以及机体发育的不同阶段,其细胞周期时间差异很大,从几分钟到几小时甚至几十年不等,如某些动物早期胚胎的细胞周期时间极短,且只有 S 期和 M 期。

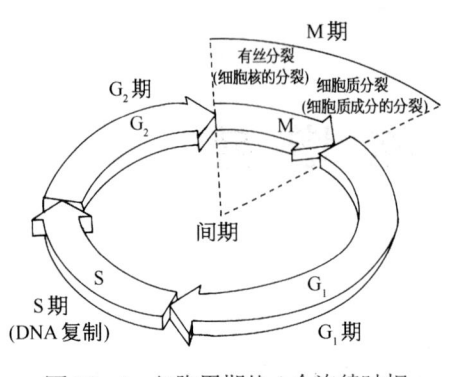

图 12-1 细胞周期的 4 个连续时相
(引自 Alberts 等,2008)

一、细胞周期由四个阶段组成

1. **G_1 期的主要特征** G_1 期细胞要为 DNA 复制作准备,合成许多与此有关的蛋白质,如 DNA 聚合酶等;也负责修复有损伤的 DNA,以防止这些 DNA 被复制。在 G_1 期,细胞生长,细胞膜转运功能增强,摄入营养增多,代谢旺盛,有大量 RNA 和蛋白质合成,细胞质量及体积都比细胞分裂刚结束时增加。对快速分裂的细胞而言,G_1 期细胞是上一轮周期中分裂诞生的子代细胞(daughter cell),简称子细胞,其各种细胞器的数量、形态和功能均恢复到母代细胞的水平,细胞骨架网络也重建,细胞的特定形态恢复。

此时若环境条件不适合增殖,细胞就会退出周期,进入一种特殊的休眠状态,称为 G_0 期。在细胞重新开始增殖之前,此状态可以保持几天甚至几年,如肝细胞,一般只有在肝损伤或手术切除的刺激下才进入增殖周期。若各方面条件合适并有生长和分裂的信号,G_1 期或 G_0 期的细胞会通过 G_1 晚期阶段的一个特定时期,从而进入 S 期,这个特定时期在酵母细胞中称为起始点(start),在哺乳动物细胞中称为限制点(restriction point),简称 R 点。通过这个阶段后,即使刺激细胞生长和分裂的细胞外信号被除去,细胞仍然会开始 DNA 复制。但与 G_1 期细胞相比,G_0 期细胞进入 S 期需要较长时间进行物质代谢的动员和营养补给。

2. **S 期的主要特征** 细胞在 S 期也持续生长,但 S 期最主要的事件是 DNA 复制,最后使遗传物质含量翻一倍,每条染色体都含有两条完全相同的姐妹染色单体。S 期也是组蛋白合成的主要时期,组蛋白合成后迅速地入核,与 DNA 组装成核小体。组蛋白的合成与 DNA 复制同步进行,而且这两个事件的进度还相互联动,相互制约,以保证新合成的组蛋白在数量上适应 DNA 复制的需要。中心体也在 S 期开始复制:中心体中原先的一对中心粒稍分开一段距离,然后在每个中心粒旁边分别开始形成一个新的中心粒。

3. **G_2 期的主要特征** G_2 期是从 DNA 合成结束到 M 期开始前的阶段,此时细胞核内 DNA 的含量已经比 G_1 期增加一倍。这一时期细胞继续生长,并修复损伤和突变的 DNA,还需要为 M 期做准备,合成一些与细胞分裂相关的 RNA 和蛋白质,如合成与染色体凝缩相关的蛋白,而微管蛋白的合成也在 G_2 期达到高峰,为 M 期纺锤体的形成提供了原材料。

4. **M 期的主要特征** 经过间期充分的物质准备后,细胞进入 M 期,即细胞分裂期。在 M 期当中,染色质凝缩成染色体,RNA 合成停止,核膜破裂,纺锤体形成,姐妹染色单体分离,最后亲代细胞分裂成两个子细胞,子细胞获得了完全等量的遗传物质及大致等量的细胞质成分。M 期包含了细胞核分裂(karyokinesis)和细胞质分裂(cytokinesis)两个事件,细胞核分裂即 G_2 期结束后,染色质开始凝缩成染色体、核膜破裂、姐妹染色单体分离,最后形成两个子细胞核的过程,分为前期(prophase)、前中期(prometaphase)、中期(metaphase)、后期(anaphase)和末期(telophase);细胞质分裂从细胞核分裂后期开始,细胞器等细胞质成分被分配到两个子细胞区域,当两个子细胞完全形成时细胞质分裂结束。

二、细胞分裂包含细胞核分裂和细胞质分裂两个核心事件

细胞分裂是细胞周期的最后阶段,也是细胞内部变化最剧烈的时期。细胞分裂包含细胞核分裂和细胞质分裂两事件,大多数细胞的细胞核分裂就是有丝分裂,而生殖细胞的细胞核分裂是减数分裂(meiosis),细胞质分裂从核分裂后期开始,在核分裂结束后也很快结束。

1. **有丝分裂** 一百多年前 Flemming 将出现染色体的阶段命名为"有丝分裂"。有丝分裂实际上指细胞核分裂的过程,在此过程中细胞通过形成纺锤体和染色体,将遗传物质平均分配到两个子细胞核中,根据形态变化分为 5 个阶段:前期、前中期、中期、后期和末期。细胞分裂除了传递遗传物质外,细胞质成分也要分配给下一代,因此还存在一个细胞质分裂阶段。细胞质分裂从有丝分裂末期开始,到两个子细胞完全相互脱离为止。至此细胞完成分裂,由一个细胞变成两个细胞(图 12-2)。

(1) 前期:松散的染色质纤维凝缩形成光镜下线条形的染色体,是前期开始的标志。原先细长且弥散的染色质纤维发生螺旋、折叠,形成短得多、紧密得多的染色体结构,这个过程叫做染色体凝缩(chromosome condensation),标志着一系列细胞分裂事件的开始。使染色体凝缩发生的主要因素是凝缩蛋白(condensin),其他因素还包括 H1 和 H3 组蛋白的磷酸化等。凝缩蛋白是一种由多个蛋白质亚基组合成的环状复合物,具有 ATP 水解酶的活性。当细胞将要进行有丝分裂时,凝缩蛋白中的一些亚基被磷酸化激活,活化的凝缩蛋白结合到染色质中的 DNA 超螺旋环上。在许多凝缩蛋白环状复合物的相互作用下,超螺旋形成了更大的螺旋结构,随之折叠压缩成染色体。伴随着染色体凝缩,构成核仁关键部分的"核仁组织者"襻环退回到各自所属的染色体上,核仁逐渐解聚,然后消失。

此时的每条染色体已经经过 DNA 复制,含有两条相同的姐妹染色单体(chromatid),在姐妹染色单体形成后,有一种叫粘连蛋白(cohesin)的环状蛋白复合物沿着染色单体的长轴排列在两条姐妹染色单体中间,将两者连接起来。随着染色体的凝缩,大多数的粘连蛋白离开了染色体,只在着丝粒处还很丰富。前期时染色体着丝粒外侧附着着一些蛋白质,形成一个圆盘状的结构,能够与纺锤体发出的微管相连,功能与染色体的移动有关,称

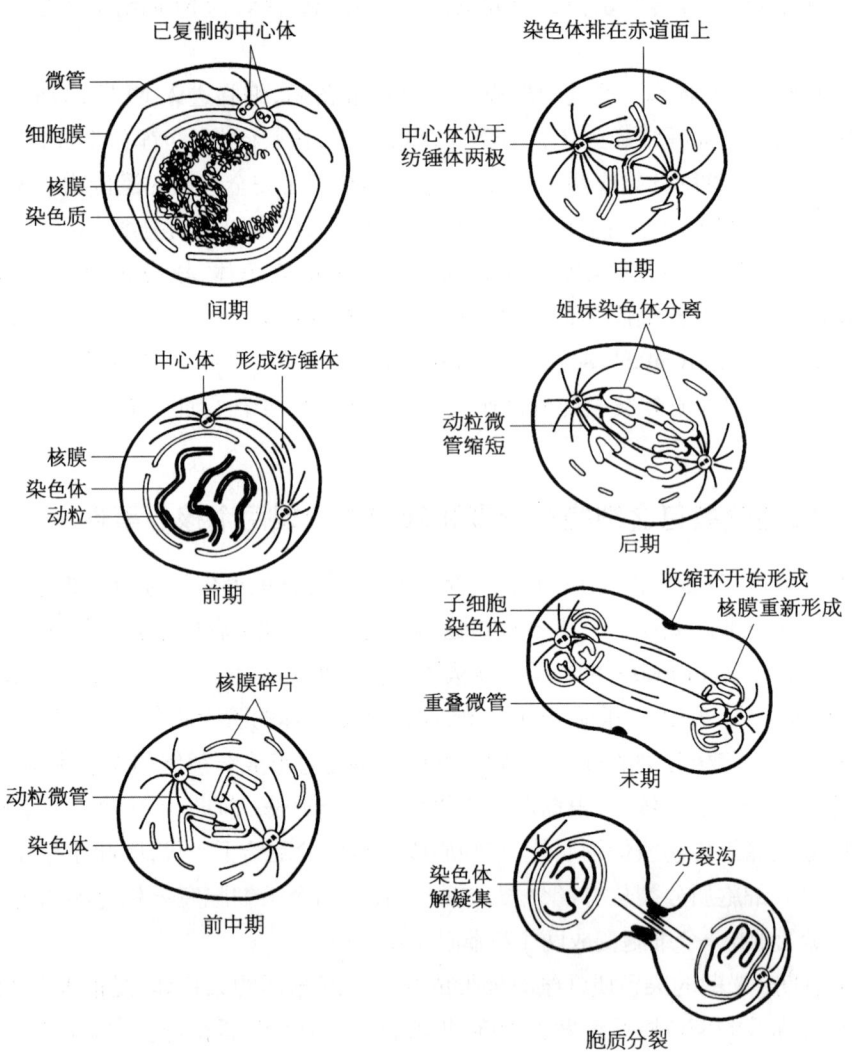

图 12-2 细胞分裂图解
(引自 Alberts 等,2002)

为动粒(kinetochore)。一对姐妹染色单体含有一对动粒,动粒一侧与着丝粒 DNA 相互交织,另一侧则负责与微管相连,因此着丝粒和动粒都是与细胞分裂过程中染色体移动有关的重要结构。

前期时细胞骨架也发生了剧烈的改变。首先是原先的细胞骨架网络解散,由此细胞变圆,失去原来的形态。其次是微管重新装配,用于形成纺锤体。间期的细胞质微管较长、较稳定,到有丝分裂前期时转变成大量较短而不稳定的微管,这种更短更密、更易活动的微管比较适合捕捉姐妹染色单体。前期已经复制好的中心体完全分离成两个,每个中心体周围都有大量呈放射状排列的微管,这样的结构称为星体(aster)。两个星体的出现是纺锤体形成的第一个阶段。随后两个中心体依靠结合在微管上的马达蛋白的驱动而逐渐相互远离,绕着细胞核向细胞的两端移动。最终两个星体以各自的中心体为两极形成了纺锤体。纺锤体(spindle)是细胞分裂期出现的一个特化的亚细胞结构,是一种临时性的梭形的细胞骨架结构,是由微管和其他几百种蛋白质组成,由中心体作为两极,因状如纺锤而得名(图 12-2,12-3)。虽然"纺锤体"一词常被等同于"有丝分裂纺锤体"(mitotic spindle)来用,这一结构实际上在减数分裂中同样存在。纺锤体有两大功能:将复制好的染色体均等地分配到两个子细胞中以及介导细胞质成分的分配。

前期末时由于核纤层蛋白被磷酸化而解聚,核膜开始崩解,逐渐形成小膜泡分散开来。间期时内质网被微管网络限定在细胞核周围,并与外层核膜相连,进入有丝分裂期后由于微管网络重新组装及核膜破裂,内质网与细胞核分离。

前期的主要特征是:染色质凝缩成染色体,核仁消失,原先的细胞骨架网络消失,纺锤体开始形成,核膜开始崩解(图 12-2)。

(2) 前中期:核膜完全破裂标志着前中期的开始。由于核膜消失了,从纺锤体两极发出的微管得以伸入到原先细胞核所在的位置。这些微管的正端不断地伸长和缩短,好像在"搜寻"染色体一样,直到它们碰到染色体着丝粒外侧的动粒。动粒一开始并不是直接与微管的末端接触,而是与其侧面接触,而一旦动粒与微管碰触以后,染色体立即在动粒上的马达蛋白驱动下向该微管负端移动。这种极向运动有利于动粒捕获更多的微管,并建立以微管正端与动粒结合为标志的"稳定"结合。这种单极连接的染色体在纺锤体极附近来回运动,并在另外一个动粒捕捉到来自另一极的微管后迅速向纺锤体中部移动而逐渐建立双极连接。纺锤体就以这种方式不断地"捕获"染色体,最终每条染色单体都与纺锤体微管联系在一起。

已建立"稳定"连接的染色体在移动时需要微管正端相应地加长或缩短。而建立了双极连接的染色体则通过一端微管伸长而另一端协同缩短的方式向着纺锤体中央靠拢,这个过程称为染色体集合(chromosome congression)。

前中期的主要特征是:核膜消失,染色体凝缩程度比前期更高,染色体与纺锤体微管相连并向着纺锤体的中央移动(图 12-2)。

(3) 中期:在纺锤体中央有一个假想的平面,与纺锤体长轴垂直,称为赤道板(equatorial plate)。一旦所有的染色体都集中到了纺锤体赤道板上,就标志着细胞的有丝分裂进入了中期。中期染色体的着丝粒都位于赤道板上,两侧的动粒则分别面向纺锤体的两极。此时每条染色体两侧的微管长度相等,两边的拉力均衡。

染色体凝缩在前期和前中期都不断地进行着,到中期时达到顶点。此时的染色体结构最为紧密,形态呈现为短棒状。

中期纺锤体的形态最典型,可以清楚地看到有 3 种类型的微管组成:① 星体微管(astral microtubule):从中心体向四面八方发散,起到确定分裂极和细胞质分裂平面的作用;② 染色体微管(chromosomal microtubule):又叫动粒微管,连接着中心体和染色体,帮助染色体移动;③ 极间微管(interpolar microtubule):又叫重叠微管,从中心体发出,在纺锤体中部相互重叠,负责维持纺锤体形状(图 12-3)。

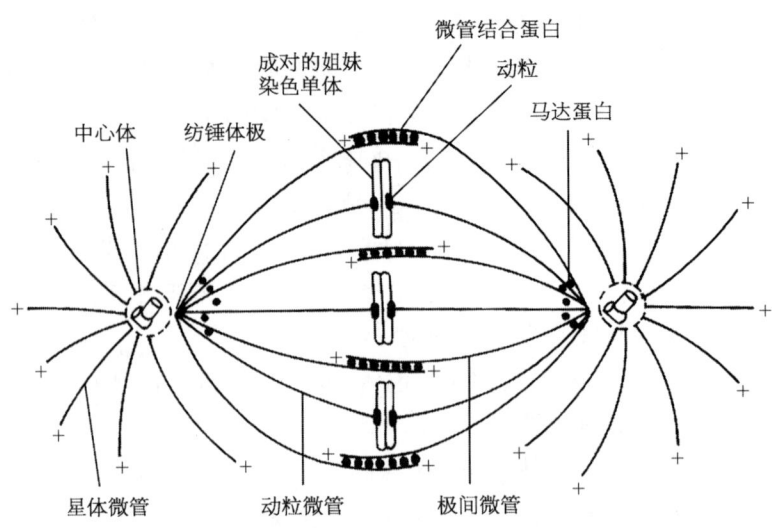

图 12-3 动物细胞中组成纺锤体的 3 类微管
(引自 Alberts 等,2002)

中期的主要特征是:染色体达到最大程度的凝缩,并排列在纺锤体中央的赤道板上(图 12-2)。

(4) 后期:每个染色体的两条姐妹染色单体分开标志着后期的开始。两条姐妹染色单体原先在着丝粒处依靠粘连蛋白相连,两侧动粒微管对染色单体的拉力与粘连蛋白提供的粘合力互相均衡。中期末时环状的粘连蛋白复合物结构被蛋白酶剪切而崩解,使两条姐妹染色单体相连的粘合力消失,两边动粒微管的拉力占上风,于是姐妹染色单体分开,细胞就进入了后期。分离后的姐妹染色单体各自成为一个独立的染色体,也就是子代染色体。

动力蛋白驱动分开的染色单体分别朝两极快速运动,同时动粒微管也不断缩短,姐妹染色单体被各自的动粒微管分别拉向两极。随后相互重叠的极间微管相对滑动形成推力将纺锤体两极向反方向推开,同时极间微管伸长使纺锤体变长。

后期的主要特征是:姐妹染色单体分离,并向纺锤体两极移动,同时纺锤体两极也相互远离(图 12-2)。

(5) 末期:到达两极的染色单体开始解凝缩(de-condensation)标志着细胞进入末期。姐妹染色单体平均分配到细胞两极后开始解凝缩,原来高度螺旋紧缩的结构变得越来越松散,直到在光学显微镜下无法再看清楚。到末期结束时染色体已经回复成染色质纤维,核仁再次出现,基因转录又开始了。

前中期核膜破裂形成的小膜泡在有丝分裂过程中一直分散在纺锤体周围,一些核孔复合体则仍附着在染色体上。末期时核膜碎片先是包围在每条染色体周围,随后核膜融合,重新形成一个完整的细胞核,与此同时核孔复合体与核膜结合,去磷酸化的核纤层蛋白重新组装成核纤层。一旦核膜重建,两个子细胞核形成,核分裂过程就完成了。进入末期后,纺锤体微管解聚,纺锤体的结构逐渐消失(图12-2)。

总之,细胞进入末期后各方面逐渐恢复到有丝分裂之前的状态。因此末期的主要特征是:染色体解凝缩,核仁再次出现,核膜重新装配,两个子细胞核形成,纺锤体结构解散。末期结束也就是有丝分裂过程的结束。但是,只有当细胞质分裂完成后,细胞分裂才结束。

2. 减数分裂 减数分裂是生殖细胞形成过程中特殊的有丝分裂。减数分裂的主要特点是:DNA复制一次,细胞分裂两次,最后产生4个子细胞,每个子细胞所含的染色体数目比亲代细胞减少一半,所以称为减数分裂。减数分裂与有丝分裂的主要区别在于:有丝分裂是DNA复制一次,细胞分裂一次,子细胞仍为二倍体;减数分裂是DNA复制一次,细胞分裂两次,子细胞为单倍体。有丝分裂产生的子细胞遗传物质不变;减数分裂中染色体发生联会、DNA片段交换等变化,使子细胞遗传物质产生多样性。有丝分裂现象发生在体细胞和原始生殖细胞增殖中;而减数分裂现象只发生在成熟生殖细胞产生过程中(图12-4)。因此生殖细胞是单倍体细胞,受精后又恢复为二倍体细胞,通过减数分裂能保持有性繁殖物种每一世代的染色体数目恒定,同时又使生物遗传产生多样性。

减数分裂时细胞连续分裂两次,分别称为减数分裂Ⅰ(meiosis Ⅰ)和减数分裂Ⅱ(meiosis Ⅱ),每次分裂都包括前期、中期、后期和末期,在这两次分裂之间有一个不发生DNA复制的短暂分裂间期(interkinesis)。

减数分裂Ⅰ中细胞变化最复杂的是前期Ⅰ,这一时期根据其染色体的变化又分为细线期、偶线期、粗线期、双线期及终变期,其中最重要的事件是偶线期的联会(synapsis)和粗线期的交叉(chiasma)。细线期时每条同源染色体已经具有两个相同的姐妹染色单体,并初步凝缩成细线状。同源染色体在偶线期两两配对,中间有蛋白质相连,形成含有四条染色单体的四分体(tetrad),称为联会。在粗线期四分体中的非姐妹染色单体间至少有一处发生交叉,即非姐妹染色单体之间彼此交换了DNA片段,因此交叉现象使等位基因在同源染色体间重新组合。双线期联会的两条同源染色体开始分离。终变期染色体凝缩程度最高,核仁消失、核膜解体。减数分裂中期Ⅰ时交叉仍然存在,同源染色体并未完全分开。父本和母本同源染色体分别与来自相反方向的纺锤体微管连接,但是同源染色体与纺锤体哪一极相连是随机的。最后染色体都排列到赤道板上。减数分裂后期Ⅰ时同源染色体分离并被拉向纺锤体两极,而姐妹染色单体仍然由粘连蛋白连接在一起。减数分裂末期Ⅰ染色体部分解旋,核膜重新形成或者不形成,同时进行细胞质分裂,最后形成两个子细胞。经过减数分裂Ⅰ,染色体数目已经减半,这时的每个染色体各含两条相连的姐妹染色单体。

减数分裂Ⅱ的过程比减数分裂Ⅰ简单,姐妹染色单体在这个时期分离。如果核膜在末期Ⅰ时重建了,则进入前期Ⅱ时核膜再次破裂。中期Ⅱ时成对的姐妹染色单体排列到细胞赤道面上,脊椎动物卵母细胞的减数分裂停留在中期Ⅱ,等到受精以后才完成第二次减数分裂。经过这样两次细胞分裂,一个母细胞形成4个子细胞,子细胞的染色体数目是母细胞的一半,最后演化成单倍体的生殖细胞。当精子和卵子结合后受精卵又恢复成二

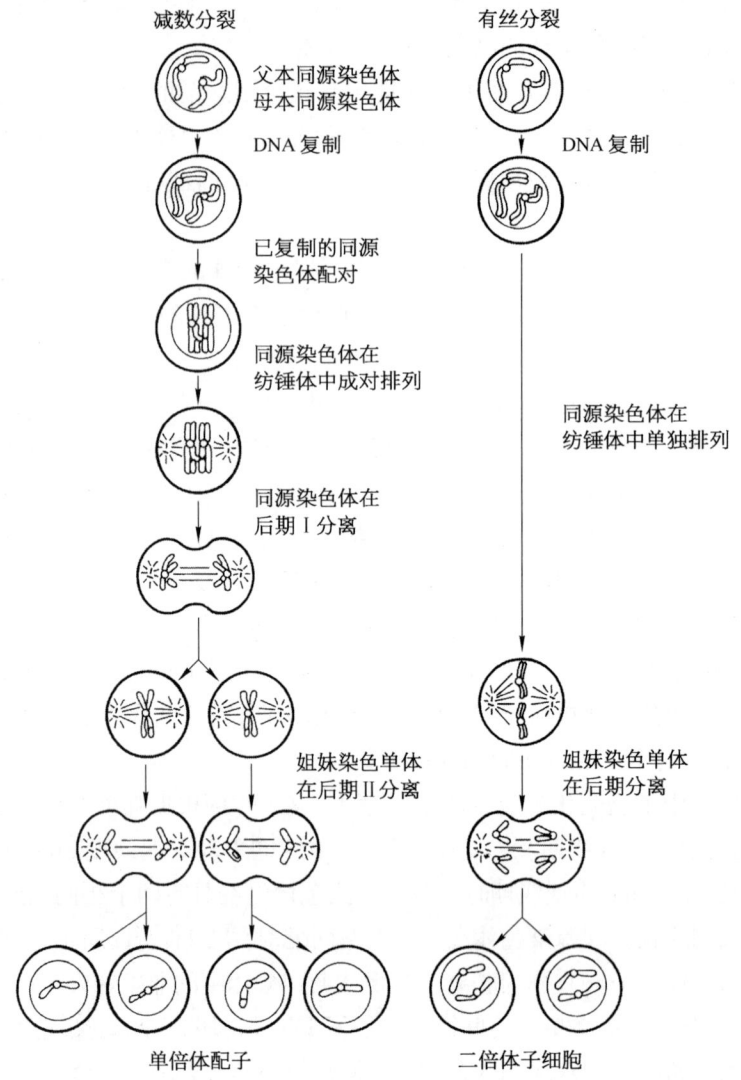

图 12-4 有丝分裂和减数分裂的区别
(引自 Alberts 等,2008)

倍体细胞。

3. **细胞质分裂** 细胞质分裂即指细胞质成分的分裂,通常细胞质分裂总是伴随着细胞核分裂发生的,但是有些细胞如肝细胞、巨核细胞和心肌细胞只有细胞核分裂而没有细胞质分裂过程,从而形成多核细胞。

细胞质分裂不是与细胞核分裂截然分开的,该阶段始见于后期,当末期结束后也很快结束。后期末在细胞赤道板的质膜下方出现一个环形的细胞骨架结构,称为收缩环(contractile ring)。收缩环是由肌动蛋白和肌球蛋白Ⅱ交错排列构成的,两者相互间滑动使收缩环不断向内收缩,从而达到将细胞一分为二的目的。收缩环的形成和定位要依靠特殊微管结构和微丝共同作用。后期当姐妹染色单体分开后,许多成束的微管平行排列在两组分开的子代染色体之间,这些微管束与纺锤体长轴平行并会随着染色体间的距离扩大而伸长,这个特殊结构称为茎干体(stem body)。组成茎干体的微管束逐渐聚拢在一起,形成了一大束平行排列的微管,称为中间体(midbody),中间体将一直保留到细胞质分裂的最后阶段。茎干体和中间体介导了收缩环的形成和定位,使聚集在细胞皮层中的肌动蛋白和肌球蛋白Ⅱ集中到赤道板位置的细胞膜下方组装成收缩环,并确保收缩环在两组子代染色体中间形成。收缩环向内收缩,使细胞赤道板周围出现环形凹陷,称为分裂沟(cleavage furrow)。分裂沟不断变深,细胞形状也由椭圆形逐渐变为哑铃形,直到两个子细胞完全分离(图12-5)。

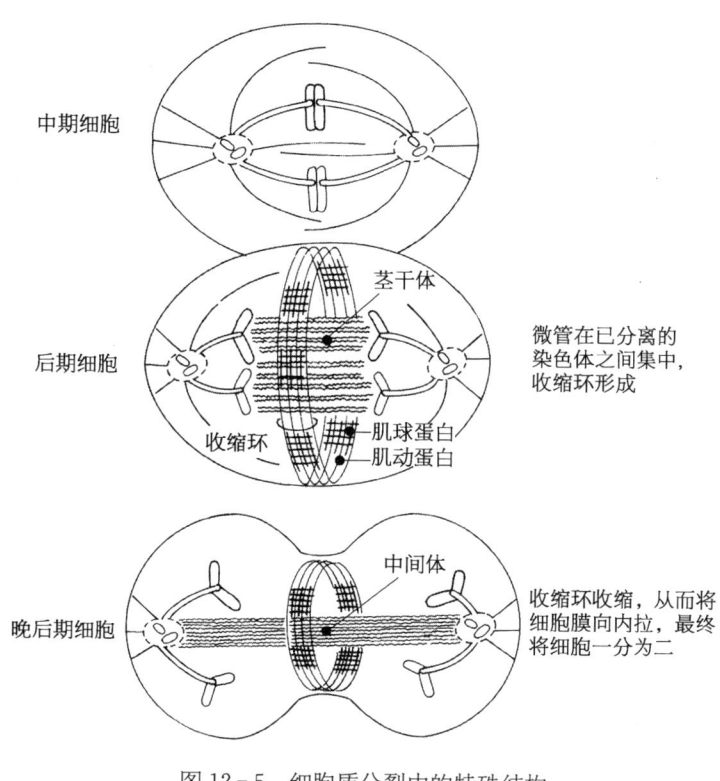

图12-5 细胞质分裂中的特殊结构
(引自 Lewin B 等,2008)

细胞分裂中每个子细胞除了获得一套染色体和一个中心体外还必须继承其他细胞成分,如各种细胞器。当细胞进入有丝分裂后期时,细胞器的体积和数目都已经大致扩增一倍,如线粒体通过生长和分裂使数目增加,而内质网和高尔基体则是体积扩大。有丝分裂阶段线粒体、溶酶体、过氧化物酶体和内质网基本保持完整,由于细胞骨架网络崩解,各种细胞器较为均匀地分散在细胞质中。细胞质分裂阶段,内质网一分为二,与颗粒状的细胞器、各种细胞骨架成分、核糖体和蛋白质等一起被大致均等地分配到两个子细胞中。高尔基体在有丝分裂期就分解成许多小膜泡,分布在纺锤体两极处,到有丝分裂末期时这些小膜泡融合,在两个子细胞区域重建高尔基体。

细胞在有丝分裂之前就已经在细胞质中储备了大量的小膜泡,等到细胞质分裂阶段,这些膜泡就迅速地集中到分裂沟处的细胞膜下方,与细胞膜融合。细胞膜成分得到补充,面积扩大,细胞不断拉长,这样两个子细胞就具备了足量的细胞膜。最终两半细胞连接处的细胞膜断开,细胞一分为二。

细胞质分裂的主要特征是:细胞质成分分配到两个子细胞区域,细胞膜面积扩大并在赤道板位置发生凹陷,最后产生两个独立的子细胞。

第二节 细胞周期的运转和调控

从酵母到人类,所有真核生物的细胞周期基本过程都一样,这个在进化上高度保守的现象是由相似的控制系统调节的。这个系统由一些功能相关的蛋白质组成,能够对细胞内外的各种信号做出反应,通过一系列生化级联反应触发细胞周期事件顺序发生,并且相应地调整细胞周期运转的进程。

一、细胞周期的驱动力是周期蛋白-周期蛋白依赖性激酶复合物

直到 20 世纪 80 年代,人们才发现细胞周期控制系统的核心是一类名为"周期蛋白-周期蛋白依赖性激酶"(cyclin-Cdk)的激酶复合物,其中周期蛋白(cyclin)是调节亚基,周期蛋白依赖性激酶(cyclin-dependent kinase, Cdk)是催化亚基。该复合物是调控细胞周期的关键物质,系统中的其他蛋白质则影响该复合物的活性。Hunt 等人发现有一类蛋白质的含量随细胞周期进程变化而变化,它们往往在细胞周期当中的某个阶段积累,随后又突然降解,在下一个细胞周期中又重复这一周期性的合成与降解,因此被命名为周期蛋白。Hartwell 和 Nurse 等人则发现了一类蛋白激酶能使许多与细胞周期有关的蛋白质磷酸化,从而在细胞周期调控中起了关键作用,而这类蛋白质必须与周期蛋白结合才能发挥激酶活性,因此被称为周期蛋白依赖性激酶。cyclin-Cdk 复合物通过使细胞周期相关蛋白质磷酸化而启动各种细胞周期事件,如凝缩蛋白磷酸化触发染色体凝缩、核纤层蛋白磷酸化造成核膜崩解等。因此 cyclin-Cdk 复合物是推动细胞周期进程的驱动力。Cdk 虽然在周期各个阶段都存在,却只在适当的时相激活,然后失活,而这一"开关"主要由 cyclin 周期性地与 Cdk 结合和分离来控制,从而使得 Cdk 周期性地催化底物蛋白发生磷酸化,造成这些蛋白质的功能在特定时间改变,于是出现了顺序发生的各种细胞周期事件。这些事件在 cyclin-Cdk 复合物的调控下有规律地、周而复始地发生,形成一种周期性过程。

从酵母到人类,每种细胞都有不止一种 cyclin,它们都是功能类似的同源蛋白。在酵母细胞中,一种 Cdk 通过在不同阶段与多种不同的 cyclin 结合来驱动细胞周期进程。而在脊椎动物中,与细胞周期直接相关的 Cdk 有 4 种,分别为 Cdk1、Cdk2、Cdk4 和 Cdk6。相应的 cyclin 也有 4 种,分别为 cyclin A、B、D 和 E,根据与 Cdk 结合并起作用的细胞周期阶段来划分,分别为:① G_1-cyclin,即 cyclin D,在 G_1 期早期与 Cdk4、Cdk6 结合,形成

的复合物简称 G_1-Cdk,能促使细胞由 G_1 期向 S 期转化;② G_1/S-cyclin,即 cyclin E,在 G_1 期中期与 Cdk2 结合,形成的复合物简称 G_1/S-Cdk,能推动细胞由 G_1 期向 S 期转化;③ S-cyclin,即 cyclin A,在细胞刚通过限制点时与 Cdk2 结合,形成的复合物简称 S-Cdk,促使 DNA 在 S 期复制;④ M-cyclin,即 cyclin B,在 G_2 期与 Cdk1 结合,形成的复合物简称 M-Cdk,促进细胞有丝分裂。因此脊椎动物细胞中存在四种 cyclin-Cdk 复合物(表12-1),四种复合物存在和激活的时期不同,功能也各异,由此推动细胞周期事件依次发生(图12-6)。

表 12-1　脊椎动物中的 cyclin 和 Cdk(引自 Alberts 等,2008)

cyclin-Cdk 复合物	cyclin	Cdk
G_1-Cdk	cyclin D	Cdk4,Cdk6
G_1/S-Cdk	cyclin E	Cdk2
S-Cdk	cyclin A	Cdk2
M-Cdk	cyclin B	Cdk1

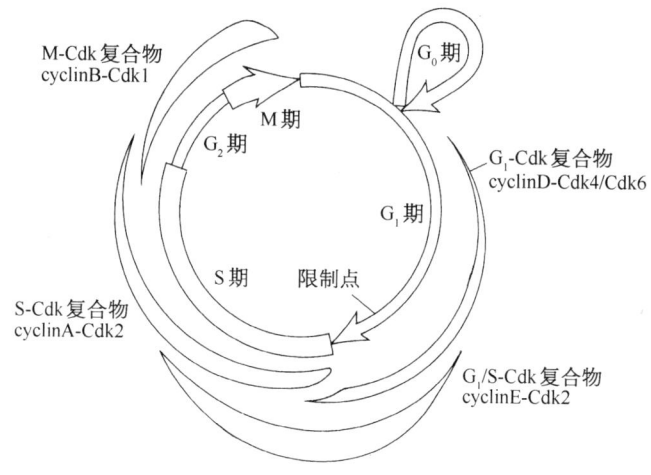

图 12-6　哺乳动物细胞周期中 cyclin-Cdk 复合物的活性变化

(引自 Lodish 等,2008)

显然,如果把细胞比作一辆在细胞周期的环形跑道上行驶的汽车,cyclin-Cdk 这种激酶复合物就是驱动细胞"前进"的"引擎"。这个"引擎"有自己的"加速器"和"制动器",那就是指各种促进或抑制 Cdk 活性的因素。这些因素主要有以下几个:

1. cyclin 的水平及与 Cdk 的结合　与 cyclin 结合是 Cdk 活化的首要因素,一旦结合成复合物后,Cdk 的激酶活性位点就能暴露出来,Cyclin 还能引导 Cdk 到其特异底物处,因此不同的 cyclin-Cdk 复合物能磷酸化各自不同的底物蛋白。Cyclin 的蛋白量会周期性地逐渐累积,由此 cyclin-Cdk 复合物逐渐增多并活化,推动了细胞周期事件顺序发生,当某阶段关键的细胞周期事件完成后,cyclin 会迅速降解,Cdk 就随之立即失活,因此 cyclin 蛋白水平的周期性波动决定了 Cdk 活性的周期性变化。

Cyclin 蛋白水平的升高是渐进的,但下降则是突然的。这种在不同节点的适时降解是通过泛素-蛋白酶体系统实现的,因此泛素连接酶是调控细胞周期的关键因素。有两种泛素连接酶在调控中作用最大,一个叫做 SCF(Skp1-cullin-F-box protein),负责 G_1 期和 S 期 cyclin 降解;另一个称为后期促进复合物(anaphase-promoting complex,或称 cyclosome),简称 APC/C,介导 M 期 cyclin 的降解。

2. Cdk 的磷酸化状态　与 cyclin 结合只是 Cdk 活化的必要条件,Cdk 的完全活化还需要经历一系列磷酸化和去磷酸化的过程。Cdk 的某些氨基酸位点磷酸化后能促进 Cdk 活化,另一些位点磷酸化则抑制 Cdk 活性,后者这种抑制性磷酸化需要由磷酸酶去除,最终 Cdk 得以活化。调节 Cdk 磷酸化和去磷酸化的酶主要是 Cdk 抑制激酶 Wee1、Cdk 激活激酶 CAK(Cdk activating kinase)和负责去除抑制性磷酸化的 Cdc25 磷酸酶。

3. Cdk 的抑制因子　一些蛋白质与 Cdk 单独结合或者与 cyclin-Cdk 复合物结合后会抑制 Cdk 活性,称为周期蛋白依赖性激酶抑制物(cyclin-dependent-kinase inhibitor,CKI)。哺乳动物细胞中的 CKI 有 p16、p21 和 p27 等,它们通过抑制 Cdk 的功能来阻断细胞周期进程,它们也是重要的抑癌基因产物。

CKI 的蛋白水平也受到泛素-蛋白酶体途径降解的调控。前述两种泛素连接酶除了降解 cyclin,也对 CKI 进行适时的降解,当然,CKI 被降解的结果是 Cdk 活性的促进、周期的推进,而 cyclin 被降解的结果虽是其所结合的 Cdk 活性的抑制,但同时也是所在时相的终结和后续时相的开启,因此,同样导致了周期的推进。

二、细胞周期运转依靠几种 cyclin-Cdk 复合物依次活化和失活推动

每种 cyclin-Cdk 复合物都是触发一些特定细胞周期事件的分子开关,它们有规律地活化("开")和失活("关"),从而使其靶蛋白的结构和功能有规律地变化,于是造就了各种细胞周期事件有规律地依次出现。以下将简述这些分子开关是如何推动细胞周期运转的,以及这些分子开关是如何按正确的次序启动和关闭的,从中可见各种 Cdk 的功能和所受到的正、负性调控。

1. 细胞从 G_1 期进入 S 期　多细胞生物体中的细胞能否增殖取决于细胞外的信号分子,这些信号分子往往是该细胞本身或者其他细胞分泌的可溶性蛋白,与细胞表面受体结合后会引发信号转导反应促进细胞增殖等反应,称为促有丝分裂剂(mitogen)。目前已经发现的促有丝分裂剂超过 50 种,如血小板衍生生长因子(PDGF)和表皮生长因子(EGF),两者都是可溶性的多肽。在 G_1 期早期阶段 G_1-Cdk 已经开始形成,但量太少不能发挥作用。此时细胞若没有得到促有丝分裂剂之类的"增殖指令",则会进入休眠状态,即 G_0 期;若细胞得到了这样的促增殖信号,就会触发细胞内一系列信号转导反应(如激活 MAP 激酶途径),使早反应基因(early-response gene)迅速表达,这些基因的产物大多是转录因子,如 c-Myc、c-Fos 和 c-Jun。随后这些产物再诱导 G_1-cyclin(cyclin D)表达,从而提高 G_1-Cdk 活性,进一步使 E2F 活化。

E2F 是一种独特的转录因子,除了能促进 G_1/S-cyclin(cyclin E)、S-cyclin(cyclin

A)及与DNA复制有关的蛋白表达,还能促进自身基因表达,即正反馈表达,但是E2F合成后即被Rb(retinoblastoma,视网膜母细胞瘤,简称Rb)蛋白结合而失去活性。G_1期运行到中间阶段时,G_1-Cdk含量增加并且活化,将Rb蛋白磷酸化,E2F得以与Rb蛋白分开而激活。于是G_1/S-cyclin、S-cyclin和更多的E2F被表达出来,G_1/S-cyclin含量增加则G_1/S-Cdk活化,G_1/S-Cdk也能磷酸化Rb蛋白,结果就产生了大量活化的E2F,又促进生成更多的活化G_1/S-Cdk。由于E2F表达的正反馈机制,G_1/S-Cdk含量和活性在短期内迅速升高,从而推动细胞通过G_1期晚期的限制点进入S期(图12-7)。

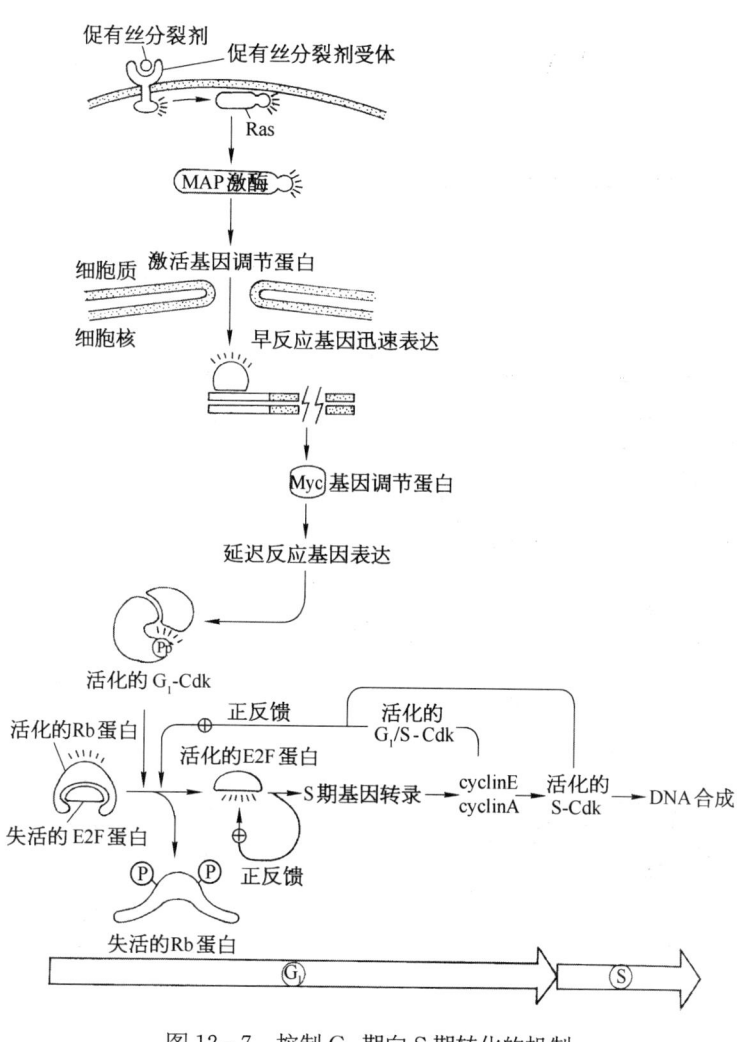

图12-7 控制G_1期向S期转化的机制
(引自Alberts等,2008)

在G_1-Cdk和G_1/S-Cdk的共同作用下细胞通过G_1期晚期的限制点,就能从G_1期过渡到S期,如前文所述这个转化是被一系列越来越强烈的级联反应推动的结果。而细胞在G_1期早期如果没有得到允许增殖的信号,或者虽然得到信号却没有足够的营养来支持,则将无法通过限制点而使G_1期延长,甚至退出增殖周期,成为G_0期细胞。

2. 细胞在S期进行DNA复制 每一个细胞周期当中DNA必须被精确地复制，而且还要确保只能复制一次，以使下代细胞发生有害突变的风险降到最低，这些过程主要由S-Cdk调控。S-Cdk在G_1期末时就在E2F诱导下生成，但是立即被CKI分子结合而失活。当细胞周期跨过限制点准备向S期过渡时，G_1/S-Cdk将CKI磷酸化，使其能够被泛素连接酶SCF识别而通过泛素化途径降解，于是S-Cdk迅速活化，使DNA开始复制，细胞进入S期。

真核细胞的DNA复制是从分散在染色体上不同位置的许多个复制起始点开始的。有一种称为复制起始点识别复合物（origin recognition complex，简称ORC）的蛋白复合物，在整个细胞周期当中始终与复制起始点结合在一起，从上一次分裂的末期到此次分裂的G_1期早期，另外一些蛋白结合到ORC上组装成了更大的复合物，称为前复制复合物（pre-replication complex，简称pre-RC），pre-RC结合在DNA复制起始点上是DNA能够复制的首要因素。在S期刚开始时，已活化的S-Cdk就磷酸化pre-RC，使其中一些蛋白亚基脱落，一些蛋白亚基失活，而其中的解旋酶则被激活。与此同时S-Cdk还以pre-RC为核心，招募DNA聚合酶和其他与复制有关的蛋白质结合到DNA复制起始点上，从而将复制起始点处的DNA双螺旋解开，催化DNA开始合成（图12-8）。另外，S期中组蛋白也受S-Cdk的促进大量合成，由此能确保子细胞得到与母细胞相同的染色体结构。

S-Cdk不仅启动DNA复制，还确保DNA只能复制一次。由于DNA复制起始点上必须有pre-RC结合才能启动

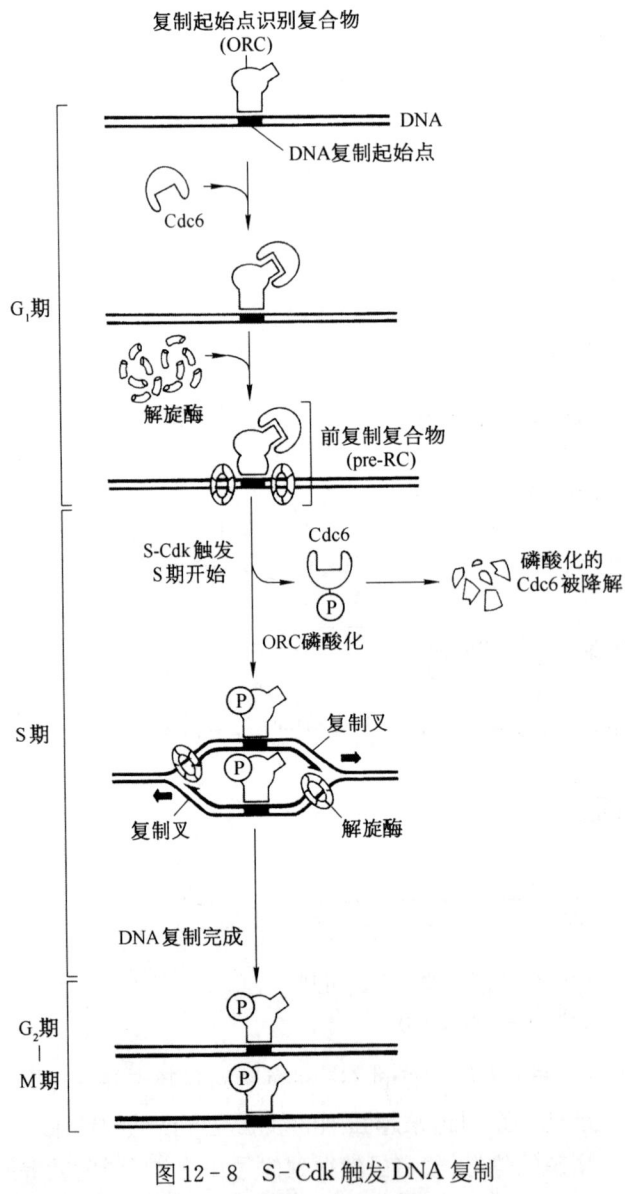

图12-8 S-Cdk触发DNA复制
（引自Alberts等，2002）

复制,因此在 DNA 复制开始后阻止该复合物再次在复制起始点组装是关键。S-Cdk 使 pre-RC 的亚基磷酸化后,有的通过泛素化途径降解,有的失活,有的出核,使得它们无法再组装到一起,同时 M-Cdk 对 pre-RC 也有类似的作用。由于 M-Cdk 的活性能保持到有丝分裂后期,确保了有丝分裂后期姐妹染色单体分开之前 DNA 不会再次复制。当有丝分裂将要结束,细胞中所有的 Cdk 失活,被磷酸化的 pre-RC 蛋白亚基得以去磷酸化,pre-RC 再次在复制起始点处组装起来,DNA 可以开始新一轮的复制(图 12-9)。

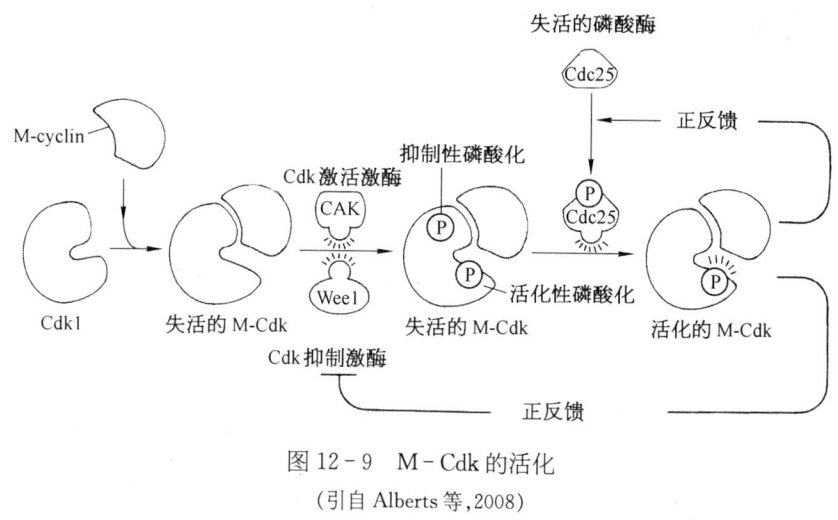

图 12-9　M-Cdk 的活化
(引自 Alberts 等,2008)

3. 细胞进入 M 期　细胞在 S 期完成 DNA 复制后进入 G_2 期,进行 DNA 修复和必要的准备,然后进入 M 期。该阶段细胞内会发生许多形态变化,如染色体凝缩、核膜破裂、高尔基体和内质网重组、纺锤体组装、染色体与纺锤体连接、染色体排列到中期细胞赤道面上、肌动蛋白重排等,这些细胞分裂事件都是由 M-Cdk 触发的。例如在有丝分裂前期 M-Cdk 磷酸化核纤层蛋白,使原先规则排列的核纤层解聚,导致核膜破裂。

M-Cdk 在 S 期末开始形成并逐渐积累,但由于 Cdk1 被其抑制性激酶 Wee1 磷酸化而没有活性,直到 G_2 期末磷酸酶 Cdc25 被激活,Cdc25 去除了 Wee1 造成的抑制性磷酸化,使得 M-Cdk 活化。活化后的 M-Cdk 又激活更多的 Cdc25,同时使 Wee1 失活。这样的正反馈机制能迅速促进细胞中所有的 M-Cdk 活化,使 M-Cdk 活性水平突然升高,从而促进细胞从 G_2 期转化到 M 期(图 12-9)。

4. 细胞从有丝分裂中期进入后期　有丝分裂中期向后期的转化是细胞周期中一个关键的节点,该过程主要由蛋白水解造成,因此是不可逆转的。此阶段促进蛋白水解的泛素连接酶是 APC/C,其必须与 Cdc20 蛋白结合并且经过 M-Cdk 磷酸化后才能活化。未与微管结合的动粒可释放出阻止后期启动的信号,具体而言是一些活化了的蛋白质,它们能与 APC/C 竞争性结合 Cdc20。当中期所有的染色体都与纺锤体微管连接好并排列到赤道板后,阻止后期启动的信号消失,Cdc20可以与APC/C相结合,从而激活后者的泛素连接酶活性。

中期每两条姐妹染色单体在着丝粒处依靠粘连蛋白复合物相连,两侧染色体微管对染色单体的拉力与粘连蛋白提供的粘合力互相均衡。粘连蛋白能被一种叫做分离酶(separase)的蛋白酶分解,但是在后期之前分离酶的活性被分离酶抑制蛋白(securin)抑制。泛素连接酶APC/C在中期末活化,使分离酶抑制蛋白降解,分离酶释放出来,将连接姐妹染色单体的粘连蛋白复合物分解。于是姐妹染色单体之间的凝聚力消失,纺锤体微管的拉力占上风,就将姐妹染色单体向两边拉开并向纺锤体两极移动(图12-10),细胞进入有丝分裂后期。

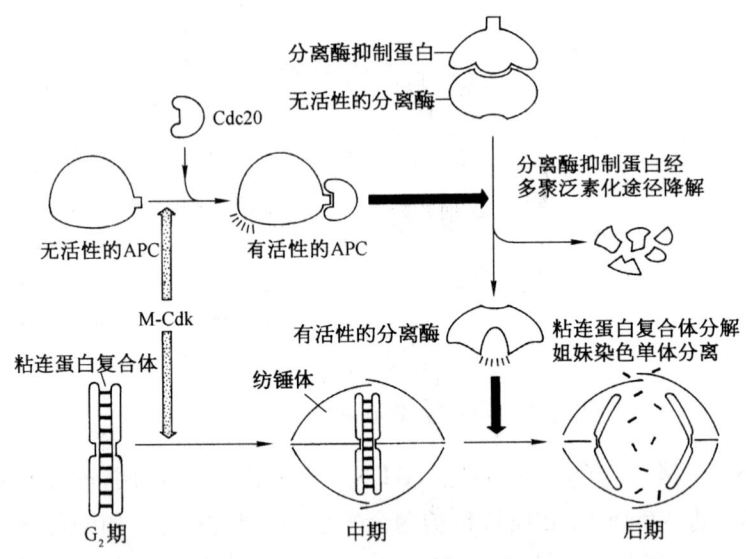

图12-10　APC/C诱导的水解作用触发姐妹染色单体分离
(引自Alberts等,2002)

5. **细胞离开M期**　在后期末姐妹染色单体分离到纺锤体两极期间,APC/C介导M-cyclin多聚泛素化降解,从而使M-Cdk失活。因此,M-Cdk磷酸化激活的APC/C导致M-Cdk自身在后期失活,这是一个对M-Cdk活性的负反馈调节过程。M-Cdk失活后,原先被其磷酸化的蛋白质不再磷酸化,此时磷酸酶的活性也增高,两方面作用下,那些M-Cdk的底物蛋白都恢复到了M期前的状态。因此,细胞分裂早期的形态变化在末期全都逆转回去了,出现了染色体解凝缩,pre-RC开始在复制起始点组装,核膜重建,纺锤体解聚,细胞质分裂等现象,最后产生两个子细胞,细胞离开了M期,一个细胞增殖周期到此结束。

综上所述,细胞周期的运转主要依靠各种cyclin-Cdk复合物有规律地合成和降解、激活和失活,并且这些过程交替进行、环环相扣,而cyclin-Cdk的活性是受到cyclin的含量、Cdk的磷酸化状态、Cdk的抑制因子等因素调节的(图12-11)。

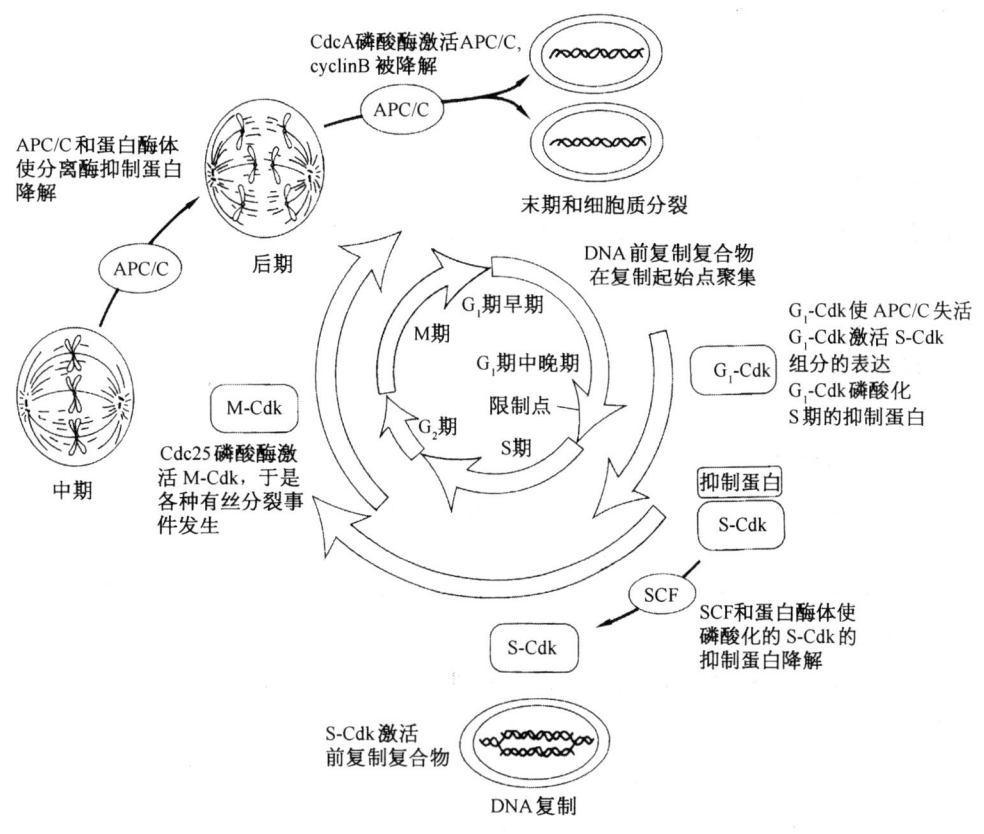

图 12-11　细胞周期运转的基本过程
(引自 Lodish 等,2007)

三、细胞周期检查点通过监控细胞状态阻止细胞周期进程

细胞周期控制系统除了推动细胞周期运行外,还对该过程中各种细胞内外的信号做出反应,来调整周期进程。细胞内有一套复杂的机制在增殖周期的各个关键节点监控细胞内外的状况,一旦发现不利信号就会抑制细胞周期的进程,使周期停滞在该阶段直到问题解决,如果实在无法跨越障碍则会诱导细胞凋亡。该机制的本质是调控细胞周期的信号转导通路,称为检查点(checkpoint)机制。检查点机制的存在是为了确保遗传物质能够完整地传递给子细胞,为此需要保证细胞周期中每个关键环节准确完成后才能进入下一个环节,最终目的是防止子细胞出现突变。因此检查点机制主要针对不利于增殖的因素做出反应,如环境中营养供给不足、没有生长因子、细胞体积太小或者有 DNA 损伤等,信号转导的最终效应为阻止细胞周期进程。

作为信号转导通路,检查点机制也由三部分组成,每一部分都是一些具有特定功能的蛋白质:① 能够感受异常信号的感受器(sensor);② 负责转导信号的转导者(transducer);③ 作用于细胞周期调控系统的效应器(effector)。以 DNA 损伤阻止细胞进入 S 期为例,感受器是 ATM(ataxia telangiectasia mutated,共济失调性毛细血管扩张症突变体)和 ATR(ATM 和 Rad3 相关的)等蛋白激酶,ATM 能识别由药物或离子射线导致的 DNA 双链断裂处并与之结合,ATR 则识别紫外线导致的特异的 DNA 损伤。Chk1、Chk2 等是转导者,它们被 ATM/ATR 磷酸化后激活,进一步使效应器蛋白 p53 和 Cdc25 的蛋白稳定性和功能改变。p53 蛋白稳定并活化能促进 CKI 蛋白 p21 表达,抑制 Cdk 活性;另一方面 Cdc25 蛋白降解,则无法去除 Cdk 的抑制性磷酸化修饰,两条途径的综合效应就是使 cyclin‑Cdk 复合物不能活化,细胞周期阻滞甚至是细胞凋亡。

细胞周期中有 4 个主要的检查点,分别是 G_1/S 期检查点、S 期检查点、G_2/M 期检查点和 M 期检查点。

1. **G_1/S 期检查点** G_1/S 期检查点就是前文所述的酵母细胞中的起始点及哺乳动物细胞中的限制点,除了监测有无生长因子信号、细胞大小是否合适,还能发现受损的 DNA。当 DNA 损伤发生在 G_1 期,则激活 ATM 或 ATR 途径,使细胞阻滞在 G_1 期修复损伤,防止受损的 DNA 发生复制。一旦细胞通过了限制点,即使去除生长因子信号细胞也能进入 S 期。

2. **S 期检查点** S 期检查点监测 DNA 复制过程中发生的损伤以及 DNA 复制有没有完成,该检查点也主要激活 ATM 和 ATR 信号途径。由离子射线、紫外线或药物引起的 DNA 损伤在被修复之前,复制起始点处将不能启动 DNA 复制或者复制暂时停顿,如细胞在 S 期受到离子射线的照射会立即停止 DNA 合成,激活结合在 DNA 上的 DNA 修复蛋白,因此细胞将延迟通过 S 期。

3. **G_2/M 期检查点** G_2/M 期检查点监控已复制好的 DNA 上出现的损伤,也通过激活 ATM 和 ATR 信号途径阻止细胞进入 M 期。另外该检查点还有一个机制能阻止有丝分裂前期提前启动:Chfr 蛋白监测微管和中心体结构是否完整,从而干扰 M‑Cdk 入核,使染色体凝缩等有丝分裂前期事件不能发生,使细胞延迟通过 G_2 期。

4. **M 期检查点** M 期检查点又称为纺锤体组装检查点,负责确保在每对姐妹染色单体都分别与纺锤体两极相连、并排列到赤道板上以后才启动姐妹染色单体的分离。这一环节如果有错误则会使一个子细胞得到一套不完全的染色体,而另一个子细胞得到过多的染色体。该检查点在有丝分裂中期向后期转化阶段把关,使 M 期延迟结束,确保遗传物质均等地传递下去。这是由于未与纺锤体相连的染色体会发出一个信号,抑制 APC/C 的功能,从而防止后期过早启动。

检查点机制在正常情况下确保细胞周期事件有序进行,在紊乱情况下使细胞周期停滞。细胞周期暂时停滞为细胞纠正错误提供了时间,调整后细胞周期进程又继续下去,若错误无法挽回则细胞在此阶段发生凋亡。失去检查点机制的细胞中 DNA 发生基因扩增、重排、点突变的几率增高,从而增加了细胞癌变的可能(图 12‑12)。

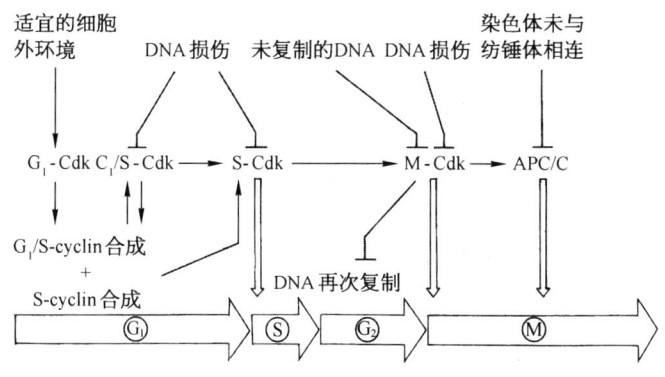

图 12-12 细胞周期检查点的作用
(引自 Alberts 等,2008)

第三节 细胞周期与医学

组织器官中细胞数目的恒定对维持机体正常的生理功能是至关重要的。衰老的细胞消亡后,新的细胞通过增殖补充进来,器官才能保持原来的体积和功能。另一方面细胞如果无节制地增殖也会带来致命的后果,那就是肿瘤的形成。细胞经过长期进化发展出复杂的细胞增殖调控系统,能对细胞内外各种信号作出及时反应,来调整细胞增殖的速度,使细胞严格按照一定的程序生长和分裂。细胞增殖周期的正常运转是维持机体健康的关键,因此,了解细胞周期的规律和调控机制对医学研究及临床治疗有着重要的意义。

一、促进细胞增殖有利于组织再生

机体组织的细胞由于生理或病理因素死亡,就必须产生新的细胞来补充,这就是组织再生。组织再生分为生理性再生和补偿性再生两种类型。人体的一些组织,如血液、消化道黏膜、体表上皮等,常常需要产生新细胞去补充衰老、死亡的细胞,这一过程就是组织的生理性再生,与干细胞的分裂有关。如红细胞的寿命约120天,每人每天约更新 2×10^{11} 个红细胞,这些红细胞是由仅占骨髓细胞 0.25% 的造血干细胞分裂、分化而来的。如果细胞增殖受到抑制会引发相关疾病,如造血干细胞增殖障碍所致的贫血,生殖细胞增殖抑制引起的不育等。一些高度分化的组织,如肝、肾、骨髓,其中的细胞一般情况下不增殖,但组织受到损伤后可恢复增殖能力,这一过程称为补偿性再生。补偿性再生发生时,原处于 G_0 期的细胞重新进入细胞周期开始分裂,同时细胞周期的进程加快,从而在短时间内产生大量的新生细胞。如切除大鼠 70% 的肝脏后,存留的肝细胞在 24 小时后分裂指数可提高近 200 倍。此外,终末分化的神经细胞及肌肉细胞本身无再生能力,不能增殖,这类组织的修复是靠未分化的间质细胞的分裂来完成的。

组织再生的基础是细胞增殖,因此,在相关疾病和创伤的治疗中促进细胞增殖是关键。生长因子作用于 G_1 期细胞后,可通过一系列信号转导反应激活 G_1-Cdk,进而促进 G_1/S-Cdk 和 S-Cdk 的表达和活化,推动细胞从 G_1 期向 S 期转化,促进细胞分裂。生长因子作用于 G_0 期细胞后,可使细胞回到细胞周期进程中来,恢复分裂的能力。因此,生长因子几乎可以改善所有类型的伤口愈合情况,目前红细胞生成素、表皮生长因子、成纤维细胞生长因子等已被广泛用于临床治疗贫血、褥疮、烧伤等,取得了良好的效果。

二、抑制细胞增殖可以治疗肿瘤

增殖过度和细胞周期紊乱是肿瘤细胞的显著特征,如自分泌大量生长因子、没有限制点、染色体运动及分配错误、DNA 复制不完全或有损伤时细胞仍继续增殖等。肿瘤细胞的 G_1 期变长,因此细胞周期时间往往比正常细胞长。肿瘤组织中绝大多数细胞持续增殖,因此虽然细胞的增殖时间较长肿瘤却能迅速增长。癌基因和抑癌基因是调控细胞增殖的两股相反力量,这些基因的产物直接或间接地影响到 cyclin、Cdk 和 DNA 复制相关蛋白等的表达和活性,从而决定细胞周期能否正常运转,不论是哪一方面的基因突变或功能失调都会提高细胞癌变的风险。癌基因(oncogene)在正常情况下是细胞增殖必需的,在发生突变后则会引起细胞恶性转化,编码产物包括生长因子、生长因子受体、相关信号转导蛋白和转录因子,例如 *myc*、*fos*、*ras* 等癌基因编码的蛋白质都是生长因子信号转导途径中的组分或者是促进 cyclin、Cdk 等表达的转录因子。抑癌基因(tumor suppressor gene)的作用是抑制细胞增殖,与癌基因相拮抗,研究较多的抑癌基因有 *p53*、*Rb*、*p21* 等,这些基因编码的蛋白质是正常细胞增殖过程中的负调控因子,往往在细胞周期检查点上起阻止周期进程的作用,因此这类基因的失活也可引起细胞癌变。例如共济失调毛细血管扩张症患者的 p21 蛋白失活,使得 G_1/S 期检查点不能发挥作用,带有损伤 DNA 的细胞持续增殖,因此微量射线都会使患者发生肿瘤。总之,肿瘤细胞中促进增殖的机制过度活化,如 cyclin 过度表达、Cdk 过度活化、癌基因突变;而抑制细胞增殖的机制则失活,如 Rb 蛋白失活、CKI 失活、*ATM* 基因突变、*p53* 基因突变、*p16* 基因缺失等。

对肿瘤细胞周期特点和分子机制的研究为肿瘤的诊断、治疗和新药研制提供了重要的理论依据。在治疗时可根据肿瘤细胞周期比正常细胞周期长的特点决定用药时间,例如食管癌细胞的增殖周期为 250 小时,正常食管上皮细胞的增殖周期为 144 小时,用药时间间隔定为 200 小时,这样既能阻止肿瘤细胞增殖又能让正常细胞有恢复的时间。G_0 期细胞对药物不敏感,但又是肿瘤复发的根源,因此治疗时可先用生长因子诱导 G_0 期细胞进入细胞周期,再使用药物杀灭,可降低肿瘤的复发率。在研制抗肿瘤药物时常以调节细胞周期的蛋白质作为靶点,例如用于治疗乳腺癌的抗肿瘤药物 Herceptin 的作用原理是抑制表皮生长因子受体功能,从而阻止肿瘤细胞的增殖。另外,细胞分裂过程依赖两个细胞骨架结构-纺锤体和收缩环的形成,期间微管蛋白、肌动蛋白发生不断的聚合和解聚,并与相应的微管结合蛋白和微丝结合蛋白相互作用。因此,抑制这些活动的化合物成为一大类抗癌药物,例如长春碱、紫杉醇等。

本 章 小 结

细胞增殖是细胞生命活动的基本特征,是生命繁衍和生长发育的基础。细胞的增殖过程是一个有规律的现象,细胞从上一次分裂结束开始到下一次分裂结束为止所经历的全过程称为一个细胞周期,通常包括细胞生长、DNA 复制和细胞分裂几个事件。真核细胞增殖周期可以划分成 4 个时期:G_1 期、S 期、G_2 期和 M 期。其中 G_1 期、S 期、G_2 期一起被称为间期,是细胞分裂前重要的物质准备阶段,M 期即细胞分裂期。细胞在分裂前必须进行一次 DNA 复制以及合成新的组蛋白,以使染色体数目增加一倍,这些事件发生的阶段即 S 期。在 G_1 期(即 DNA 合成前期)和 G_2 期(即 DNA 合成后期),细胞通过合成蛋白质、储备小膜泡、增加细胞器数量等为细胞分裂作准备。M 期包含了有丝分裂和细胞质分裂两个事件。有丝分裂为细胞核的分裂,分为 5 个阶段:前期、前中期、中期、后期和末期。有丝分裂过程中细胞形态变化剧烈,形成纺锤体等特殊的细胞结构,最终染色体被均等地分配到细胞的两极,形成两个子细胞核。细胞质分裂则完成细胞质成分的分配,开始于有丝分裂后期,到有丝分裂结束后很快结束,最终形成两个子细胞。有丝分裂是真核细胞最常见的细胞核分裂方式,成熟生殖细胞形成时则进行减数分裂。

细胞周期的运转受一套复杂的控制系统调节,其中 cyclin-Cdk 复合物是推动周期进程的核心。该复合物中 cyclin 是周期性合成与降解的调节亚基,Cdk 的激酶活性依赖于 cyclin 而周期性地活化与失活。cyclin-Cdk 复合物接受细胞内外环境的各种信号而周期性地使那些与细胞周期事件相关的蛋白质磷酸化,从而推动细胞周期有规律地演进。细胞周期控制系统中还有检查点机制在增殖周期的各个关键节点监控细胞内外的状况,一旦发现不利于细胞增殖的信号就会抑制细胞周期的进程直到问题解决,以确保遗传物质能够完整地传递给子细胞。由于细胞增殖与人类健康的关系密切,因此掌握其中的规律对医学研究和临床治疗有着重要的意义。

(黄心智　朱学良)

参 考 文 献

[1] 翟中和. 细胞生物学[M]. 北京:高等教育出版社,2007.

[2] 王金发. 细胞生物学[M]. 北京:科学出版社,2003.

[3] 汤雪明. 医学细胞生物学[M]. 北京:科学出版社,2004.

[4] 胡以平. 医学细胞生物学[M]. 北京:高等教育出版社,2009.

[5] 杨抚华. 医学细胞生物学[M]. 北京:科学出版社,2007.

[6] 陈誉华. 医学细胞生物学[M]. 北京:人民卫生出版社,2008.

[7] 杨恬. 医学细胞生物学[M]. 北京:人民卫生出版社,2011.

[8] Alberts B, Bray D, Lewis J, et al. Molecular Biology of the Cell[M]. 4th ed. New York: Garland

Science, 2002.

[9] Lodish H, Berk A, Zipurshy SL, et al. Molecular Cell Biology[M]. 4th ed. New York: W. H. Freeman & Co, 2000.

[10] Alberts B, Johnson A, Lewis J, et al. Molecular Biology of the Cell[M]. 5th ed. New York: Garland Science, 2008.

[11] Lodish H, Berk A, Kaiser CA, et al. Molecular Cell Biology[M]. 6th ed. New York: W. H. Freeman, 2008.

[12] Lewin B, Cassimeris L, Lingappa VR, et al. Cells [M]. Sudbury: Jones & Bartlett Publishers, 2007.

[13] Karp G. Cell and Molecular Biology[M]. 5th ed. New York: John Wiley & Sons Inc, 2008.

第十三章　细　胞　分　化

多细胞生物由许多类型不同的细胞构成,这些不同类型的细胞在结构和生化组成上都存在着明显的差异,而且执行各自不同的功能。以人为例,一个成年人约有 200 种细胞类型,其中平滑肌细胞呈梭形,具收缩、运动之功能;神经细胞具有突起,并以突触与其他细胞发生联系,传导冲动和信息;红细胞呈双面略凹的小圆盘形,无核,具有输送氧和二氧化碳的功能等。不仅如此,这些细胞还都能合成各自特有的蛋白,像红细胞能合成血红蛋白,胰岛细胞合成胰岛素,淋巴细胞合成免疫球蛋白等,以适应其相应的功能。

一个多细胞生物中的每个细胞都有着相同的基因组,它们都起源于同一个细胞——受精卵,通过不断的分裂和变化,同源细胞之间逐渐产生了稳定的差异,通常包含形态结构、生理功能以及生化特征三方面的差异。这种差异的产生过程就称为细胞分化(cell differentiation)。从这个意义上讲,个体发育是通过细胞分化来实现的。在细胞分化的过程中,个体逐渐形成稳定的组织差异,不同类型的细胞分别构成不同的组织、器官和系统。细胞分化除了是胚胎发育的基础外,也是成体发育、组织更新和创伤愈合等生物体活动的基础。

第一节　细胞的分化能力

不同的细胞具有不同的分化能力。细胞分化能力的强弱用分化潜能(differentiation potential)来反映。

一、细胞分化的潜能随分化进程逐渐受限

人们将细胞分化潜能的大小依次分为全能性、多能性和单能性。全能性(totipotency)指可以产生所有细胞类型的能力。在哺乳类的胚胎发育过程中,只有受精卵和早期卵裂球细胞是全能(totipotent)细胞,将它们放入子宫内均可发育成完整胚胎。但是,随着细胞分化进程的进行,从囊胚向原肠胚的发育过程中,细胞在分化潜能上已开始出现一定的局限性,当囊胚形成后,其中的内细胞团细胞具有分化为所有三个胚层的能力,但不能形成滋养外胚层(trophectoderm lineage),即使放回子宫也不能发育成完整胚

胎,而只能与新的囊胚形成嵌合体,参与个体发育,因此,它们属于多能(pluripotent 或 multipotent)细胞,被称为胚胎干细胞(embryonic stem cells, ES cells)。最后,经过器官发生,各种组织、细胞的命运被最终确定,一些细胞仅具有分化形成某一种类型细胞的能力,成为单能(unipotent)细胞。同样,在成体的组织更新过程中,细胞的分化潜能也是逐渐降低的。如造血干细胞在形成各种类型的血细胞过程中,经历的是一系列累进的限制过程。多能的造血干细胞逐渐分化为单能的细胞,细胞分化的潜能或可塑性逐渐地减少。这种逐渐由"全能"变为"多能",最后趋向于"单能"稳定型的分化趋势是细胞分化过程中的一个普遍规律。

二、成体中已分化细胞的分化状态仍可以改变

在高等生物中,细胞的分化一旦确立,其分化状态将十分稳定,也就是说,一个细胞一旦分化为一个稳定的类型后,一般不能再逆转到未分化状态。像哺乳动物的成熟的无核的红细胞是无法再回到前体有核的网织红细胞的。然而有时在一些特殊条件下,已分化细胞可失去已获得的特有的结构和功能,重新获得未分化细胞的特征,或者从一个分化程度较高的状态转入一个分化程度较低的状态,这一过程称为去分化(dedifferentiation)。细胞的去分化可能是因为在特殊因素的刺激下,休眠状态的遗传程序被重新激活的结果。在高等哺乳动物,细胞的去分化是特殊条件下发生的小概率事件,其发生机理有待于进一步深入探讨。有研究表明,转录因子 MSX1(muscle segment homeo box)的异位表达可以诱导哺乳动物骨骼肌肌管的去分化,形成可分裂的单核肌肉前体细胞,更重要的是这些细胞还能产生脂肪细胞、软骨细胞和成骨细胞。对细胞分化机理的深入研究将有助于寻找细胞去分化的方法,从而直接获得能分化为多种细胞的未分化细胞。

此外,一种类型的分化细胞可以转变成另一种类型的分化细胞,这一现象被称为转分化(trans-differentiation),例如,切除蝾螈的肢体,已分化的软骨细胞会溶去基质,分化为间质细胞和神经鞘细胞,最后形成完整的新肢。组织细胞发生转分化的可能机制有两个,一是组织中存在由发育过程遗留下来的本身就具有多向分化能力的细胞;二是组织中原不存在这样的细胞,但在机体需要时,组织细胞的基因组可以进行重新编程(reprogramming),先去分化后再重新分化为另一种类型的分化细胞。

细胞发生转分化和去分化的基础在于细胞核遗传信息的完整性。虽然细胞分化的潜能随分化进程越变越小,但对于绝大多数细胞的细胞核而言,却始终保持着遗传信息的完整性,因而保持着分化的全能性。将蛙囊胚期细胞的核或蝌蚪已经分化的肠上皮细胞的核移植到一个去核的卵细胞中,可发育成蝌蚪甚至成蛙。以后,类似的实验在小鼠中也获得了成功。从而显示,绝大多数细胞在分化过程中,均保持其完整的基因组或染色体组不变。1997 年,6 岁母羊多罗黛乳腺细胞的细胞核被植入另一母羊去核的卵细胞中,成功地克隆了与多罗黛具有完全相同基因组的小羊多利,进一步证明了即使在高等哺乳动物终末分化细胞的核依然具有全能性。除了用核移植的方法可以产生干细胞,近年研究发现一个取自皮肤的成纤维细胞被导入几种蛋白因子后也可以变成多能细胞,进而产生个体

的所有细胞类型,更加确认细胞核的全能性以及在特定条件下经重新编程后发生分化的能力。

第二节 细胞分化与个体发育和组织更新

细胞分化是一个渐进的、长期变化的过程,存在于机体的整个生命过程中,但胚胎期是细胞分化最典型、最重要的时期。没有细胞分化,胚胎将不能发育。在个体出生以后,从幼年到成年的生长发育过程,各种组织中也必须发生细胞分化,如青少年个子长高伴随长骨骨骺端细胞的增殖和分化;性征出现伴随乳腺上皮细胞的增殖和分化等。在完全停止发育的成年人,一些组织和脏器,比如血液、皮肤等依然持续发生着组织的更新,也需要细胞分化。人体在创伤、炎症等状态下的组织修复,同样依赖细胞分化。

一、胚胎发育是受精卵细胞连续分化的结果

虽然种类繁多,但是多细胞动物的胚胎发育依然拥有相似的过程,即从一单个细胞——受精卵开始,经历一个卵裂、桑葚胚、囊胚、原肠胚与器官形成等阶段的发育过程。在胚胎发育的早期,大多数哺乳动物的受精卵经过数次快速的卵裂,形成8～16个细胞的卵裂球,称为桑葚胚(morula)。一般认为,经过卵裂,卵的细胞质被分割成不同的部分,细胞核处于不同的细胞质影响下,从而使各个卵裂球朝不同的方向分化,因此卵裂是胚胎正常发育的基础。随着分裂不断地进行,卵裂球的细胞数量越来越多,细胞也开始出现分化。在卵裂后期胚胎形成一个由单层细胞围成、中间具有腔隙(胚泡腔)的胚泡(blastocyst),也称囊胚。其中,内细胞团(inner cell mass, ICM)位于胚泡腔的一端,以后主要分化发育成胚体;而排列在胚泡腔四周的单层细胞,称滋养层(trophoblast),将来分化发育成绒毛膜,与胚胎的营养有关。在囊胚之后,胚胎细胞进一步分化、发育,并通过复杂的细胞运动,形成具有3个胚层的原肠胚。3个胚层分别为外胚层(ectoderm)、中胚层(mesoderm)和内胚层(endoderm)。其中,外胚层细胞是表皮和神经系统的前体。中胚层细胞将来发育成肌肉、结缔组织以及多种其他组分。内胚层细胞则是消化道、肺、肝等的前体。

胚层的建立是形态发生的结果,而形态发生的基础是细胞分化。三胚层形成后,早期胚胎各器官预定区已经确定,随后,在器官形成阶段,随着三胚层细胞的进一步分化,形成各器官的原基(primordium),并在此基础上,最终形成具有不同形态和功能特征的各种组织和器官。

胚胎发育过程中细胞的分化是一个连续的过程,但人们在研究哺乳动物的胚胎发育过程中发现,如果将来自囊胚内细胞团的细胞分离出来,在体外合适的条件下培养,可以阻止其正常的分化过程,并保持多向分化的潜能和无限增殖的能力。如果将其植入子宫,它们不能形成新的个体,但是如果将其植入另一个囊胚中,这些细胞能够分化成3个胚层

所有类型的细胞,人们因此将这些细胞称为胚胎干细胞(embryonic stem cells),简称 ES 细胞。"干"(stem)意为"树干"和起源,意指干细胞就如同树的枝干,是一群结构和功能未特化的原始细胞。需要说明的是,尽管在人工培养条件下获得的胚胎干细胞仍然保持着内细胞团那样多向分化的能力,但是由于其要适应体外培养的环境和不断的增殖,其基因表达谱与内细胞团的已出现明显的差别。目前,对于干细胞的定义是:存在于人和动物发育各阶段(包括早期胚胎和成熟组织)的一类原始状态的未分化细胞。它们一方面进行自我更新,产生与亲本完全相同的子代细胞,以保持干细胞数量的恒定;另一方面在一定条件下可以进入分化程序,通过不对称分裂产生分化的子代细胞,分化成一种、多种甚至全部的机体细胞类型,最终形成功能特异的组织类型,在机体构建、组织修复和新陈代谢中起重要作用。因此,干细胞是个体发育和组织再生的基础。根据来源的不同,干细胞可主要分为胚胎干细胞和组织干细胞。

二、成体干细胞的分化是组织更新的基础

干细胞有一个很重要的特点就是(干细胞)自我更新(self-renewal),指的是干细胞在长期的细胞增殖过程中,每次细胞分裂后产生的子代细胞中至少有一个(或同时两个)还保持着干细胞的原始状态,这意味着干细胞能够长期进行自我复制。也正因为有此特性,在胚胎发育结束后,机体的成熟组织中依然保留着一群这样类型的细胞,可以在一生中不断进行分化,代替和补充衰老、死亡的细胞,从而使得诸如红细胞、淋巴细胞和粒细胞以及上皮细胞等可在一生中连续得到更新。这些细胞被称为组织干细胞(tissue stem cells)或成体干细胞(adult stem cells),它们是高等生物胚胎发育后能够不断进行组织更新的基础。

组织干细胞与胚胎干细胞具有许多相似的特征,如能够自我更新和多向分化,但两者也有不同之处:首先,胚胎干细胞具有较高的增殖能力;其次,胚胎干细胞具有较高的分化潜能,可产生较组织干细胞更多的特化细胞类型;另外,胚胎干细胞在被移植的机体内形成畸胎瘤,而组织干细胞尚未发现类似现象。胚胎干细胞的增殖和分化构成了个体发育的基础,而组织干细胞的进一步分化则是组织器官修复和再生的有效来源。

在成年机体生命活动期间,产生新的分化细胞方式有两种:① 已存在的细胞通过简单的分裂、增殖,形成相同类型的子代细胞,补充由于衰亡而减少的细胞数量。肝脏的肝细胞以及血管的内皮细胞的分裂增殖就属于这种类型,当肝脏受损,遭到部分切除时,余下的原先不增殖的肝细胞就会快速分裂,以补充损失的部分。当然这种方式的细胞增殖是受到体内细胞数量动态平衡机制的控制,细胞总数维持在适宜的水平。② 通过成体干细胞产生新的分化,更替衰亡的分化细胞。凡是需要不断产生新的分化细胞,而分化细胞本身又不能分裂的组织都需要有干细胞。一般情况下,成体干细胞一次分裂产生两个子细胞,由于各自所面临的环境不同,决定了它们各自不同的命运。其中的一个仍保持亲代干细胞的特性,具有无限增殖的能力,而另一个子细胞则不可逆地发展为分化细胞,并最

终成为终末细胞。

成体干细胞的职能不是执行已分化细胞的功能,而是产生具有分化功能的子细胞。下面就以成体的表皮更新和血细胞的形成为例,介绍这两类干细胞是如何产生分化细胞的。

1. **表皮细胞的更新和分化**　表皮是与外界发生接触最直接、最经常的部位,也是最易受损伤的部位,因此,它的一项中心工作就是自身的修复和更新。

表皮是由大量角质细胞构成的多层结构(图13-1),每层细胞的形态和功能各不相同,最内层是附着于基底膜的基底细胞(basal cells),通常只有这些细胞能够进行分裂。在基底细胞上面是数层较大的棘细胞(prickle cell),这些细胞的表面四周在光镜下可见细细的针尖状结构,那是桥粒,也是角蛋白纤维束锚着的位点。在棘细胞的上面覆盖着一薄层染色较深的颗粒细胞层(granular cell layer),形成一个不透水的屏障。因遗传缺陷无法形成这一屏障的小鼠尽管皮肤的其他方面看上去都正常,但它们在出生后不久便会因水分快速丢失而死亡。颗粒层也是内外表皮的分界标志,其外侧是表皮的最外层,由那些细胞器消失的死细胞构成,这些细胞呈扁平状或鳞片状,充满密集的角质素,通常在光镜下难以确定其边界。鳞状细胞以及外侧的颗粒细胞在质膜的胞质面一侧,有一层薄而结实的外皮蛋白(involucrin)层,使表皮变得更加牢固。

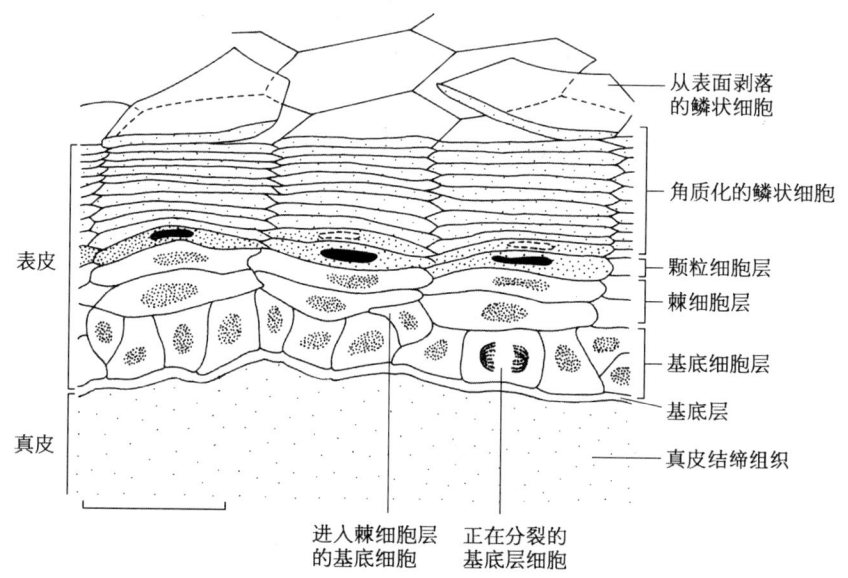

图13-1　构成表皮的各种细胞
(引自Alberts等,2002)

在表皮的更新过程中,随着一些基底细胞的分裂,基底层的细胞数量不断增加,其中一些细胞被挤到棘细胞层,迈出了向外分化的第一步。当它们到达颗粒层后,由于某种蜕变机制,细胞核以及细胞质中的细胞器开始丢失,转变成表层角质化的鳞状细胞,并最终从皮肤表面脱落。人类的一个基底细胞从开始分化到最终的脱落大概需要一个月左右的时间。

伴随这样一个细胞分化的过程,细胞内的一些分子也发生着明显的变化。研究表明,中间丝蛋白角蛋白(keratin)是表皮细胞的分化特征。角蛋白分子在表皮各层细胞中都大量存在,但它们的类型却不尽相同。这些不同类型的角蛋白由一个大的同源基因家族成员编码,而 RNA 水平上选择性的剪接则使这些分子的类型更加丰富。在基底细胞逐渐分化成最外侧鳞状细胞的过程中,细胞内的角蛋白分子也经历了从一种类型向另一种类型的连续变化过程,与此同时,其他的特征性蛋白如外皮蛋白,作为细胞终末分化的标志,也开始被合成。

人的一生中,表皮外层经历了成千上万次的更替,这个过程之所以得以维持,基底细胞群的自我更新是一个必不可少的前提条件。基底层内有一群维持不分化的细胞,即表皮干细胞,它们分裂产生子代细胞,子代细胞中的一部分能像亲代那样维持不分化的状态,另一部分则离开基底层,经历一个分化的过程。观察表明,表皮组织中干细胞特征的维持可能受细胞与基底层的接触调控,一旦失去与基底层的接触,将触发细胞终末分化的开始,而维持接触则有利于保持干细胞的潜能。

将基底层细胞从皮肤中分离出来,在体外加以培养增殖,可形成新的基底细胞和终末分化细胞。但即使在一群似乎完全不分化的基底细胞中,增殖的能力也大相径庭,一些细胞似乎根本不能分裂;一些只能进行有限的几次分裂;而另一些则能分裂足够长的时间,形成大的集落。在这些细胞中,细胞增殖的潜能直接与整合素(integrin)β1 亚基的表达相关。那些整合素表达高的细胞由于增加了细胞外基质的受体,它们能更好地与基膜成分结合,增殖潜能大,它们被认为就是干细胞。这一结果表明,基底细胞并不相同,与基膜接触的并不一定是干细胞,在所有的基底细胞中,只有约 10% 左右的是干细胞。

那些整合素 β1 表达较低的基底细胞也能分裂,只是分裂的次数有限。它们在离开基底层后开始分裂,由于这些细胞正处于从干细胞到分化细胞的过渡时期,它们被称为过渡型扩增细胞(transient amplifying cells),通过这些细胞的分裂,一个干细胞可产生很多的子代分化细胞。

2. **血细胞的更新和分化**　血液中存在各种功能不相同的细胞,它们被分为红细胞和白细胞两大类。红细胞在血管中传递与血红蛋白结合的氧和二氧化碳;白细胞在抗感染方面起作用,有时还能吞噬和消化一些碎片。白细胞通常又被分成 3 大类:粒细胞、单核细胞以及淋巴细胞,粒细胞和单核细胞又统称为髓系细胞,淋巴细胞包括 T 淋巴细胞和 B 淋巴细胞。与红细胞不同的是,白细胞必须穿过毛细血管壁,迁移到组织中进行工作。此外,血液中还含有大量的血小板,这些来自巨核细胞的小细胞特异性地黏附到受损血管壁的内皮细胞上,帮助修补伤口和完成凝血过程。

依据发育阶段的不同,人类造血可分为胚胎造血和出生后造血。胚胎期造血干细胞主要位于胎肝、脐血和胎髓。出生后造血干细胞主要存在于骨髓和动员后的外周血。

(1) 多能造血干细胞逐步定向形成各种血液细胞:所有血液细胞的寿命都很有限,需要在整个生命过程中被不断地更新和补充。新生的血细胞均来源于骨髓中的造血干细胞。

造血干细胞在形成各种类型的血细胞过程中,经历了一系列累进的限制过程。首先是髓系和淋系之间的定向选择,相应地产生两种祖细胞(progenitor cell),一种能够产生大量各种不同类型的髓系细胞,或者是髓系细胞加上 B 淋巴细胞,另一种能够产生大量各种不同类型的淋巴细胞,或者至少是 T 淋巴细胞。然后,再由这种定向的祖细胞朝单能祖细胞演化,并通过单能祖细胞定向产生某一特定类型的终末分化细胞。这一定向过程与一些特殊的基因调节蛋白的表达相关,以满足不同亚类血细胞形成的需要。逐步定向的特点使得造血系统就像是细胞的一个分级树(图 13-2)。

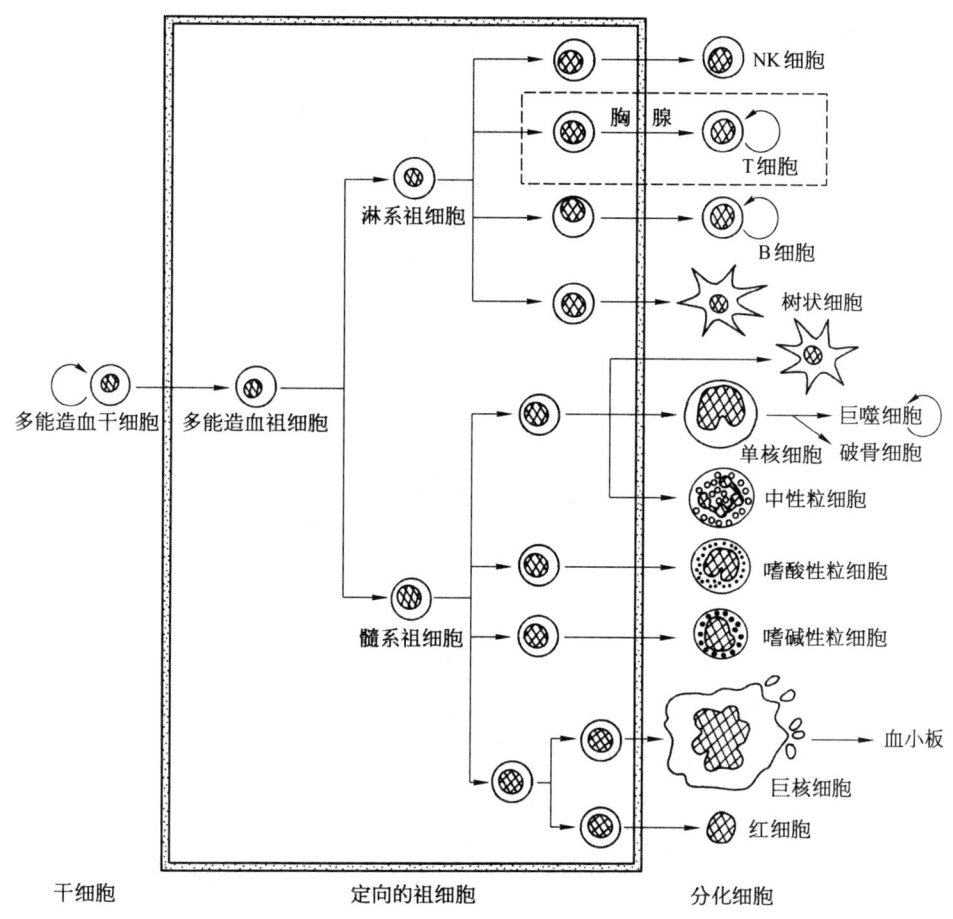

图 13-2 造血干细胞的造血过程
(引自 Alberts 等,2002)

关于"定向(commitment)"的分子涵义目前尚不清楚,但它至少包括两个方面:第一,与分化方向相关的基因开始被打开。第二,通往其他发育途径的基因被关闭。例如,当动物体内 *Pax5* 基因调节蛋白表达缺失后,成熟 B 淋巴细胞的形成受阻。其体内祖细胞虽然可以朝 B 细胞方向有限发育,但却无法最终完成。在合适的条件下,它们可以产生其他类型的血细胞,包括 T 淋巴细胞、巨噬细胞和粒细胞。相反,正常的祖细胞在 Pax5 基因表达后,除了完成 B 淋巴细胞的分化外,不能被诱导朝任何其他方向分化。这是因为 Pax5 蛋白不仅能激活 B 细胞发育所需要的基因,也关闭了其他类型血细胞发育所需要的基因。

将骨髓造血细胞体外培养在骨髓间质细胞上层,模拟骨髓中的环境,可维持造血过程数月甚至数年之久,而且能生成各种类型的髓系细胞。这意味着造血干细胞也需要一种接触信号来维持自己的状态,而这些信号产生于和间质细胞的接触当中。一旦失去这种接触,它们就会失去干细胞的潜能(图 13-3)。研究表明骨髓的造血前体细胞,在质膜上都存在一种跨膜受体 Notch1,而骨髓间质细胞表达的是 North1 的配体,有证据表明,Notch1 的活化有助于维持干细胞或祖细胞的不分化状态。

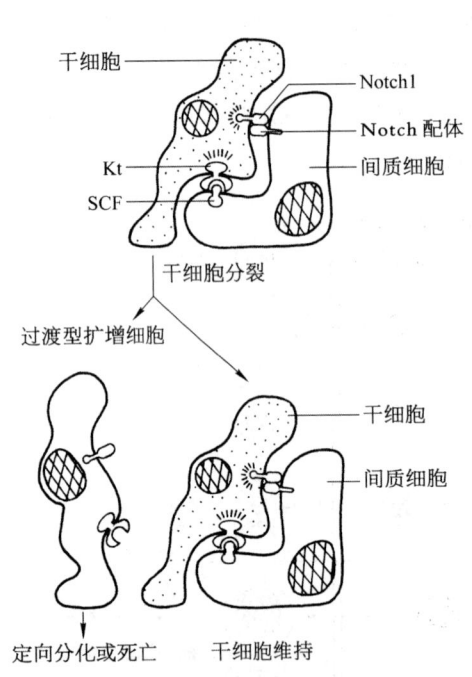

图 13-3　造血干细胞对间质细胞的接触依赖
(引自 Alberts 等,2002)

尽管造血干细胞分裂的不多,但依然可以维持血细胞的高产出。它们主要通过定向祖细胞的细胞分裂,使成为某种特定类型的细胞数量得到增加。定向祖细胞分裂迅速,分裂次数有限,属于过渡性扩增细胞。以这样的方式,一个干细胞的分裂可以产生成千上万个可分化的子细胞。干细胞分裂次数的减少,也相应地减少了复制性衰老和有害突变的风险。

(2) 集落刺激因子调节造血细胞的分化:将分散的骨髓造血细胞培养在半固体培养基中,只要给予特定的信号蛋白,造血细胞就能够在培养条件下存活、扩增和分化。一旦剥夺这些蛋白,细胞就会死去。由于在这样的培养体系中细胞不能迁移,每个前体细胞所产生的子细胞都聚在一起,形成显而易见的集落(colony)。因此,这种培养体系可检验各种信号蛋白对造血细胞分化的影响。这些信号蛋白就被称为集落刺激因子(colony-stimulating factors, CSFs)。CSFs 均为糖蛋白,有的像激素一样随血液循环,有的存在于骨髓中。它们或者作为一个局部的分泌介质,或者作为一种膜结合信号分子,低浓度地(10^{-12} mol)作用于细胞表面特定的受体。它们作用的受体大多为细胞因子受体家族的成员,也有少数跨膜的酪氨酸激酶受体。CSFs 不仅作用于前体细胞,促进产生可分化的子代细胞,也激活终末分化细胞的一些特殊功能,如吞噬、杀死靶细胞。利用基因克隆技术产生的这些蛋白可以明显刺激受试动物的造血过程,现在它们已被广泛用于临床治疗。表 13-1 列出了一些对血液细胞生成有影响的 CSFs。

表 13-1　影响血细胞形成的一些集落刺激因子

因　子	靶　细　胞	生成的细胞	受　体
红细胞生成素	CFC-E	肾脏细胞	细胞因子家族
白介素 3(IL-3)	多能干细胞、大多数前体细胞、许多终末分化细胞	T 淋巴细胞、上皮细胞	细胞因子家族
粒细胞/巨噬细胞集落刺激因子(GM-CSF)	粒细胞/巨噬细胞祖细胞	T 淋巴细胞、内皮细胞、成纤维细胞	细胞因子家族
粒细胞集落刺激因子(G-CSF)	粒细胞/巨噬细胞祖细胞和粒细胞	巨噬细胞、成纤维细胞	细胞因子家族
巨噬细胞集落刺激因子(M-CSF)	粒细胞/巨噬细胞祖细胞和巨噬细胞	成纤维细胞、巨噬细胞、内皮细胞	受体酪氨酸激酶家族
干细胞因子(SCF)	造血干细胞	骨髓中的间质细胞和许多其他细胞	受体酪氨酸激酶家族

　　红细胞是血液中最普通的细胞类型。哺乳动物成熟的红细胞充满了血红蛋白，其中的核、内质网、线粒体和核糖体等细胞器都在发育的过程中消失了，因此，不能再生长和分裂了。要产生更多的红细胞，只能通过干细胞途径。另外，红细胞寿命有限，人的红细胞一般存活 120 天左右，然后在肝脏和脾脏内被巨噬细胞吞噬和消化。新生的红细胞由于表面存在一种蛋白，能和巨噬细胞表面的抑制性受体结合，从而被免于吞噬。红细胞生成素(erythropoietin)以及白介素-3(IL-3)是两种刺激红细胞生成的 CSFs。机体缺氧或红细胞减少可刺激肾脏中的细胞增加红细胞生成素的合成和分泌，1~2 天后，血液中就可看到红细胞的增加。根据时间判断，红细胞生成素一定是作用于那些非常接近成熟红细胞的前体细胞。IL-3 可促进较早的红系祖细胞的生存和增殖。

　　粒细胞和巨噬细胞来源于一个共同的祖细胞——粒细胞/巨噬细胞祖细胞(GM progenitor cell)，专事吞噬作用。粒细胞(嗜中性、嗜酸性、嗜碱性)生成后，在血液循环中仅逗留几小时，随后，从毛细管迁移到结缔组织和其他特定的位置，数天后发生凋亡，被巨噬细胞吞噬。至少已知有 7 种不同的 CSFs 刺激嗜中性粒细胞和巨噬细胞集落的形成。这些 CSFs 由内皮细胞、成纤维细胞、淋巴细胞及巨噬细胞等多种细胞产生，它们以各种不同的组合调节粒细胞、巨噬细胞在体内的产生，使机体快速地对组织中的细菌感染作出反应。

　　在血细胞的形成过程中，CSFs 除了调节细胞的分裂和分化外，也是维持细胞存活的必要条件，在没有 CSFs 存在的培养情况下，细胞将会凋亡。CSFs 完全能通过选择性地调控细胞的生存，来调节各种血细胞的数量，这种细胞生存的调节和细胞增殖的调节一样重要。脊椎动物的造血系统中，凋亡的细胞数量是相当大的，一个成人的身体中每天都有千百万个粒细胞以这种方式死去，其中的绝大多数还没发挥过作用。这种产出、破坏之间无效的循环可能是为了应付一些如感染等突发的事件所作的细胞储备，毕竟和生命相比，细胞的生命代价要小得多。

　　虽然 CSFs 被认为可以促进血细胞集落的产生，但一种 CSFs 对单个造血细胞究竟有何确切的作用目前尚不清楚。培养条件下对单个造血细胞的命运追踪显示，单一的一种

CSF,如 GM-CSF,对造血细胞有着多重效应,它可以调控细胞分裂的速度;可以调节祖细胞在分化前的分裂次数;可以作用在造血过程的较晚的阶段,帮助分化;也可以较早地发挥作用,影响细胞的定向。

第三节 哺乳动物干细胞和祖细胞的特征

如前所述,干细胞的分化在体内是连续的过程,但是人们对干细胞特性的了解在很大程度上只能通过人为中止这一连续的过程、在体外培养和研究这类细胞来获得。当然,相关知识不可避免地受到体外条件的局限而可能未能全面而真实地反映体内干细胞的"本性"。

一、干细胞具有形态和增殖方面的特征

在形态上,干细胞体积较小,核质比较高。在体外条件下多以集落形式生长,对于不同类型的干细胞其具体形态和生长方式又各不相同。

干细胞在增殖方面最突出的特征是群体不对称分裂(populational asymmetry division)。高等动物干细胞通过对称分裂使两个子代细胞获得相同的遗传信息和细胞质物质,以增加细胞数量;通过不对称分裂使两个子代细胞获得不同的发育潜能,其中一个子代细胞因不含维持干细胞状态所必需的信息而走向分化。对于大多数哺乳类动物细胞,自我更新和细胞分化的平衡是在群体意义上实现的,这称为群体不对称分裂,即不是每个干细胞的每一次分裂都遵循不对称分裂的规律,对于单个细胞而言,它的子代可以选择全部发生分化,一半发生分化或者全部实现自我更新。群体不对称分裂使干细胞系统处于一个相对稳定的状态。这对机体保持干细胞数量的基本恒定至关重要。

干细胞在体内和体外不同的环境下表现出的生长行为是不同的。细胞动力学研究表明,体内干细胞可能处于一个相对静止的状态,但体外培养中的干细胞却表现出旺盛的增殖能力。从发生机制来看,干细胞并不直接分化产生终末细胞,而是先形成过渡型扩增细胞。过渡型扩增细胞是介于干细胞和分化细胞之间的过渡类型,不能进行自我更新。组织中快速分裂的是过渡型扩增细胞,如小肠干细胞较其过渡型扩增细胞的分裂速度要慢一倍。组织中较少的干细胞依靠过渡型扩增细胞来产生很多的功能细胞,同时,过渡型扩增细胞拥有新复制的遗传信息,可使细胞受损时差错仅停留在过渡型扩增细胞水平,防止差错信息的扩散,以适应机体生存的需要。

二、干细胞的标记和分化细胞的抗原标记可用于检测和分析

(1) 干细胞的标记:有些干细胞在体内有明确的定位,如哺乳类肌卫星细胞等。在大多数情况下,干细胞的位置并不明确,但许多干细胞都有自身特异的蛋白,一旦发生分化,该蛋白就不再表达,因此可以利用这些特异的蛋白作为分子标记来识别干细胞。ES 细胞

特异表达 Oct-4(octamer-binding protein 4);神经干细胞特异表达骨架蛋白——巢蛋白(nestin);人类造血干细胞表面标志及表面特征为 CD34$^+$、Thy-1$^+$、CD38$^-$、Lin$^-$CD45RO$^+$、HLA-DR$^+$ 等,其中 CD34$^+$ 是使用最多的标志。研究表明,激酶插入片段结构域受体(kinase insert domain receptor,简称 KDR)是区别造血干细胞和造血祖细胞的重要指标。只有 CD34$^+$/KDR$^+$ 细胞能使经过致死剂量照射的受体小鼠存活,而不表达 KDR 的 CD34$^+$/KDR$^-$ 细胞不能再造受体小鼠的血液系统,说明 CD34$^+$ 细胞中只有 CD34$^+$/KDR$^+$ 亚群是造血干细胞,它们在造血组织中只占 CD34$^+$ 细胞的 0.1%～0.5%,而 CD34$^+$/KDR$^-$ 亚群是造血祖细胞;骨髓中的另一种干细胞为骨髓间质干细胞(marrow stromal cells/mesenchymal stem cell, MSC),表达细胞表面抗原如 SH1、SH3、CD29、CD44 等,却不表达造血谱系标记如 CD45、CD14 和 CD34 等表面抗原。表皮干细胞高表达整合素 β1,并且整合素 α6、细胞角蛋白(cytokaratin,CK)CK19 和 CK15 表达阳性,而另一增殖相关标志 10G7 表达阴性。随着表皮干细胞的分化,CK19 和 CK15 表达逐渐减少,CK15 表达量的减少早于 CK19。

(2) 边缘细胞群(side population,简称 SP)现象:不同类型的干细胞具有一个共同的生化特征,即边缘细胞群(side population,简称 SP)现象。最早在对造血干细胞的研究中发现,部分细胞对一种 DNA 特异染料 Hoechst33342 弱染色,在流式细胞分选仪(fluorescence-activated cell sorter,简称 FACS)散点图上表现为一群聚集在边缘的细胞,即 SP。研究表明,SP 现象与 ABCG2/BCRP1 的表达密切相关,ABCG2/BCRP1 属于 ABC 运输蛋白超家族成员,被认为能将胞内的 Hoechst33342 染料泵至胞外,使得细胞表现为 Hoechst33342 弱染色。现在,SP 已成为多种干细胞系(包括胚胎干细胞、肌肉干细胞、骨髓间充质干细胞或称骨髓基质干细胞、上皮干细胞、神经干细胞等)的共同特征。

(3) 细胞分化抗原作为分化各阶段的表面标志:目前对于细胞分化状态改变的检测指标主要有 3 个,即形态变化、组织特异的基因表达和生理功能分析。

对于有特殊形态的终末细胞如神经元和肌细胞,分化状态的改变伴随着明显的形态变化。这是最初步最直观的一个指标,然而,有时细胞的形态改变并不一定典型,单凭形态观察很难判断,要确定是否真的发生分化必须寻找其他更加可靠的证据。

细胞分化最本质的变化,即是否表达了组织特异的蛋白质。将来自正常雄性小鼠的骨髓基质干细胞移植到肌营养不良的雌性模型小鼠体内,结果发现骨髓干细胞在受体小鼠的肌肉组织中分化成了肌细胞,表现为表达肌细胞特异蛋白的多核肌细胞带有 Y 染色体的标记。血液细胞在分化过程中,其细胞表面的蛋白也相应发生改变。这些与分化有关的蛋白称为分化抗原。应用聚类分析,可将来自不同实验室单克隆抗体识别的同一种分化抗原归为一个分化群,简称 CD(cluster of differentiation)。不同的分化抗原可作为血液细胞分化各个阶段的表面标志。例如,随着粒系成熟,CD33 表达减少,CD13 表达增加。

我们还可以进一步通过检测动物的某种生理指标来确定细胞是否分化。将正常小鼠的胰岛干细胞,移植到 I 型糖尿病小鼠体内后,不但检测到了胰岛素基因的表达,产生的胰岛素还能释放入血液并使受体血糖降低为正常水平,这说明胰岛干细胞在体内分化成为有功能的细胞。从临床治疗的角度来看,生理功能的实现是比特异基因表达更具实践意义的一个指标。

三、体内的祖细胞与干细胞相似而又不同

在机体内,除了干细胞外,还存在另一类未完全特化的原始细胞,被称为祖细胞(progenitor cells)。和干细胞一样,祖细胞也有分化成特定细胞类型的能力,但是,与干细胞不同的是,它们本身表现得更为特化(表13-2)。祖细胞作为机体的修复系统仅发现于成体,它们不仅为机体补充特定的细胞,也对血液、皮肤以及肠道组织起着维持作用,大多数祖细胞被描述为具有单能性或多能性。但是,祖细胞被认为比干细胞分化得更远,它们处于干细胞和完全分化细胞的中间,它们所拥有的潜能取决于产生它们的干细胞类型,也取决于它们所处的微环境。利用已发现的标记物,人们已经证明祖细胞能够在全身移动,并向需要它们的组织迁移。大多数祖细胞在它们所位于的组织中处于休眠状态或者没有活性,但当组织受到损伤后,祖细胞会被激活。生长因子或细胞因子是两类触发祖细胞朝受损组织运动的物质,与此同时,它们开始朝靶细胞方向分化。在细胞因子、生长因子和促增殖的刺激因子作用下,它们快速分裂,使组织得以复原。由于祖细胞和干细胞拥有很多相同的特性,因此关于祖细胞的确切定义目前还存在着争论。很多被称为成体干细胞的细胞由于其无限自我更新的能力和可塑性还没有得到很好地证明,因此,将其定义为祖细胞似乎更加合适。

表13-2 祖细胞与干细胞的一些区别

区别点	干细胞	祖细胞
体内的自我更新能力	无限	有限
体外的自我更新能力	无限	有限
潜能	多能性	单能性,有时多能性
自我更新的维持	是	否

第四节 细胞分化的调控

当一个细胞分裂以后,两个子细胞各自获得了一套与亲代细胞一样的基因组,但那些子细胞依然常常有不同的特殊命运,那么,基因组相同的两个细胞是如何出现差别的呢?胚胎的发育过程,细胞面临着很多的选择,每一次细胞的选择是如何作出的?以及前一次的选择又是如何影响后面选项的呢?

一、细胞分化是基因差异性表达的结果

人们曾经推测,细胞分化或者细胞之所以不同是由于细胞在发育过程中遗传物质的

选择性丢失、DNA重排等原因所造成的。但是,至今尚未找到广泛的证据,而终末分化细胞的核在移植到去核后的卵细胞中仍然具有分化的全能性,表明分化过程中绝大多数的细胞均保持其完整的基因组和染色体不变。现代分子生物学的证据表明,细胞分化的主要特征是新的、特异性蛋白的合成,从而导致细胞在生化、结构和功能方面发生变化、出现差异。

1. **不同类型细胞的奢侈基因表达**　把同一生物体中那些不同的细胞放在一起作个比较,可以发现,它们的很多过程和大多数的蛋白质都是一样的,这些共同的蛋白质包括染色体的结构蛋白、核糖体蛋白、细胞周期蛋白和多种酶蛋白等,它们是维持细胞最低限度的功能所不可缺少的。为此,将编码该类蛋白的基因称为管家基因,管家基因不参与细胞分化的定向,对细胞分化只有协助作用。不同的细胞之间,除了那些相同的蛋白外,还有一些不相同的蛋白,它们各自只存在于某种类型的细胞中,如表皮细胞的角质蛋白、红细胞中的血红蛋白等。这些蛋白和分化细胞的特殊性状密切相关,但却不是细胞基本生命活动必不可少的,为此,将编码此类蛋白的基因称为奢侈基因(luxury gene),这是与各种分化细胞的特殊性状有直接关系的基因群。实验证明,细胞分化是奢侈基因按一定时空顺序表达的结果。

哺乳动物骨骼肌细胞是一种高度特化的大细胞,它们的分化经历三个阶段:首先是体节中部分间充质细胞获得决定,发育为成肌细胞(myoblast);第二,由许多成肌细胞融合而成多核的合胞体;最终分化为骨骼肌细胞。成熟的肌细胞含有大量其他细胞不具备的特征性蛋白,如肌动蛋白、肌球蛋白、原肌球蛋白和肌钙蛋白等。人们在体外诱导成纤维细胞定向分化为肌细胞的实验中发现,用5-氮胞苷(5-azacytidine)刺激之后,细胞中MyoD、Myf5、myogenin和Mrf4等一些肌源蛋白(myogenic proteins)被诱导表达。进一步研究发现,这些蛋白实质上是一些基因表达调节蛋白,即转录因子,结合于许多肌特异基因的DNA调节序列上,激发肌分化的整个过程(图13-4)。过表达这些基因也可诱导成纤维细胞分化为肌细胞。在这些蛋白中,*MyoD*和*Myf5*是形成成肌细胞所需要的。一旦外部信号使一部分细胞选择性地表达了这两种蛋白,细胞的分化方向便被决定了。两者缺失后小鼠成肌细胞缺失,当然也不存在骨骼肌细胞,出生后就死亡了;另一种myogenin基因调节蛋白是成肌细胞分化为骨骼肌细胞所必需的,该蛋白的表达受*MyoD*和*Myf5*的诱导,缺失后的小鼠有成肌细胞但没有成熟的骨骼肌细胞。由此看来,细胞分化应该是基因按一定规律表达的结果,这种在个体发育进程中不同的基因按照一定的时空顺序被激活的现象,称为基因的差异表达(differential expression of genes)。

成纤维细胞中在引入肌源蛋白*MyoD*后会向肌细胞方向的分化,但是,并不是所有的细胞在引入*MyoD*后都会发生类似的分化。那么,为什么一些细胞会而另外一些细胞不

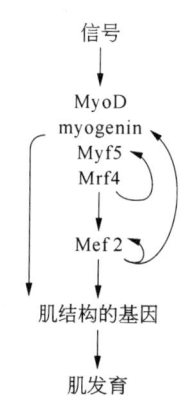

图13-4　肌源调节蛋白在肌发育中的作用

(引自Alberts等,2002)

会呢？一种合理的解释是在成纤维细胞等细胞中已经积累了一定量的基因调节蛋白，它们能够和肌源蛋白协同打开那些肌特异基因。另外一些细胞由于没有积累所有需要的基因调控蛋白，因此也就无法被转化。换言之，决定肌分化的是基因调节蛋白的一种特定的组合，而不是单个基因调节蛋白。例如，$MyoD$ 在调节骨骼肌特异基因表达时，既与促进转录活性的组蛋白乙酰基转移酶作用，又可与抑制转录活性的组蛋白去乙酰基转移酶作用。如果细胞中只有组蛋白去乙酰基转移酶表达，那么，即使 $MyoD$ 存在，靶基因也不表达。一旦组蛋白去乙酰基转移酶在钙/钙调蛋白依赖的蛋白激酶途径或其他信号途径的作用下，从核转移至胞质，就可解除对肌分化的抑制。另外，还有一种 Id(Inhibitor of DNA binding)蛋白，也可与 $MyoD$ 结合，使 $MyoD$ 不能和另一种调节蛋白 E2A 蛋白形成复合物，从而抑制 $MyoD$ 与肌细胞特异性基因启动子的结合，使成肌细胞滞留在决定状态而不向肌细胞分化。

2. **多种细胞类型的产生机制**　每一种类型的细胞都有特定的基因调节蛋白的调控，以保证只表达适合于该细胞类型的那些基因。一个基因可以受许多调节蛋白的调控，同样，一种调节蛋白也可调控许多不同的基因。在这些基因调节蛋白中，有些为转录激活因子，有些为转录抑制因子，它们通过一定的组合，形成一系列的调节模块，依次结合到调节序列上，在正确的时间和空间，表达正确的基因模式，这就是组合调控(combinational control)的机制(参见第十一章)。在这种组合调控中，某个基因调节蛋白更像是语言中的文字，它们经过精心选择和组合，在不同的上下文中具有不同的涵义，传递出特定的信息。

基因组合调控模式中，一个新调节蛋白加入后所产生的效应取决于该细胞过去的经历。在发育过程中，一个细胞积累的一系列基因调节蛋白也许一开始并没有改变基因的表达，但当组合所需要的最后一个成员加入后，调节的信息得以完成，基因表达发生改变。上述成纤维细胞转变为肌细胞的过程就属于这种情况，这也是细胞先有决定后出现分化的原因。组合调控可以使为数不多的基因调节蛋白产生众多的细胞类型。基因表达的不同造就了众多的细胞类型，许多特化的细胞可以将自己的特征维持很长的时间并传递给子代细胞，这意味着，与这些特征形成有关的基因调节模式一旦建立，一定是稳定的，也是可以遗传的。基因调节模式的遗传方式各不相同，DNA 的甲基化修饰是其中的一种(详见第十一章)。

此外，细胞还通过正反馈环激活调控蛋白自身转录、形成特定染色质结构等方式，维持所建立的基因表达模式，从而造成稳定的细胞群体。这些维持所建立的基因表达模式的机制被称作细胞记忆(cell memory)(参见第十一章)。

二、细胞质成分可影响细胞分化过程中基因组的选择性表达

细胞分化过程中细胞核基因组有选择地表达与细胞质中的一些因素有着十分的密切的关系。Robertis 和 Gurdon(1977)将经过培养的爪蟾肾细胞核注入蝾螈的卵母细胞内，并测定胞内蛋白质的合成，结果发现，肾细胞核没有表达原先在肾细胞中的那些基因，相反，在卵母细胞胞质的影响下，表达了另外的一些基因，结果合成了正常卵细胞中的那些

蛋白质。显然,在此过程中,卵母细胞胞质中的成分直接或间接地作用到了基因组,使得肾细胞核内特定的基因被选择性地表达了,这种现象亦称"胞质记忆"(cytoplasmic memory)。

虽然高等动物的体细胞核通常具有全部的遗传信息,但其在体细胞的细胞质中并不能形成一个完整的个体,只有将其移植到卵细胞或受精卵的胞质中,才可以重建胚胎发育的过程,这不仅显示动物细胞分化的复杂性,也说明了卵细胞的胞质对细胞分化的重要作用。供体核在这样的胞质中可能被重新编程,清除了原先细胞分化的记忆,重新获得了分化的潜能。据此,目前,在动物水平上建立了体细胞的核移植技术,即将体细胞核通过显微注射移入去核的卵细胞,此时体细胞核会与卵质作用发生,重新编程后进入全能状态。待胚胎发育至囊胚期就可从中分离出与供体的基因型完全相同的 ES 细胞。克隆羊多利就是采用这样的核移植技术产生的。

在体细胞核移植到卵细胞或受精卵的胞质的时候,胞质成分中需要什么关键因子才能启动核的重新编程,这是一个令研究者着迷的问题。2006 年日本科学家首先报导,2007 年末美国科学家也报导,把 4 种转录因子引入小鼠成纤维细胞,可以直接诱导人成纤维细胞成为几乎与胚胎干细胞完全一样的多能干细胞,这些细胞被称为"诱导性多能干细胞"(induced pluripotent stem cells, iPS cells)。这些重大研究成果揭示了细胞质成分中激活体细胞核重新编程的关键因子是若干转录因子的组合。日本科学家山中伸弥小组所用的因子是 $Oct3/4$、$Sox2$、$c-Myc$ 和 $Klf4$,而美国 Thomson 小组与之稍有不同,是 $Oct4$、$Sox2$、$Nanog$ 和 $Lin28$。iPS 细胞的形成是细胞一个去分化的过程,这个过程仅仅通过基因导入的方法使体细胞内的 4 个基因重新打开便得以完成,而且导入的基因存在着不止一种的组合,这无疑是一个极好的例证,证明基因组合调控机制在细胞分化或去分化过程中的重要作用。

细胞质对于细胞分化以及分化过程中基因组的选择性表达是如此的重要,以至于一次不对称的分裂会造成两个子细胞的不同。在此过程中,一些重要的分子在分裂时被不均等地分配到两个子细胞中,直接或间接地改变所在子细胞基因表达的格局,从而决定这个细胞的命运。不对称的分裂在发育的初期、受精卵发生卵裂时非常普遍。在发育的较晚阶段,诸如神经细胞的发生时也会出现不对称的分裂。

三、细胞外的环境因素可调节核内特定基因的表达

除了细胞质这样的内环境因素外,来自细胞外的因素也可调节细胞核内特定基因的表达,使细胞合成组织特定的蛋白,最终引发干细胞分化状态的改变。因此,暴露于不同的环境是造成细胞不同的另一个最常见的因素。实际上,这些环境因素中最主要是周围细胞分泌的生长因子、细胞因子和其他信号分子,它们通过细胞信号转导,改变了受调控细胞(靶细胞)的内部环境,根本的改变就在于基因表达谱。

1. **来自相邻细胞的影响**　在一个胚胎中对细胞最重要的环境影响是来自相邻细胞的信号。这些信号可以起到诱导作用,也可以产生抑制作用。

(1) 细胞间的诱导：在环境信号作用的方式当中，一种极为常见的情况是，来自群外细胞的一个信号使一群最初有着相同发育潜能的细胞进入不同的发育途径，出现性状上的差异，这种过程被称为诱导式的相互作用（inductive interaction）（图 13-5）。

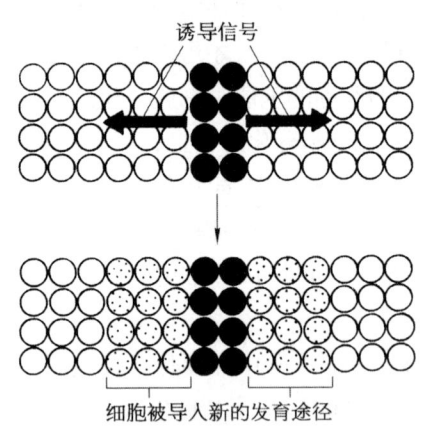

图 13-5　细胞间诱导式的相互作用
（引自 Alberts 等，2002）

通常，这样的信号有时间和空间上的限制，往往只有靠近信号源的部分细胞能够被诱导。被诱导的细胞数量取决于信号的量及分布。一些诱导信号作用的范围很小，仅通过细胞相互接触实施作用，另一些则能长距离地传递。

诱导现象在动物胚胎发育的过程中是普遍存在的。如脊索可诱导其上方外胚层细胞分化形成神经管，神经管前部形成脑的部位向两侧长出视环，视环再诱导紧邻的外胚层细胞分化为晶状体，晶状体和视环诱导外表的上皮分化成透明的角膜。诱导是由一些化合物所引起的。

动物发育中大多数已知的诱导都是由少数高度保守的信号蛋白实施的，它们被反复地用于不同的场合。大多数诱导的最终结果是靶细胞的一些基因被打开，另一些基因被关闭。不同的信号分子能激活不同的基因调节蛋白。当然，这种激活的效果还取决于细胞中已存在的其他基因调节蛋白，体现了细胞对以往信号的记忆，也取决于细胞同时接受到的其他信号。结果，不同类型的细胞由于胞内不同的基因调节蛋白产生的组合调控不同，通常会对同一种信号刺激产生不同的反应。

大多数影响胚胎发育的信号蛋白在细胞外都存在着能够抑制其作用的拮抗分子。这些拮抗分子一般能够和信号分子本身或其受体相结合，从而阻止细胞与这些信号分子的相互作用。发育中大量的决定实际上很多是受各种拮抗分子调节的。蛙胚中的神经系统起源于一群细胞，该群细胞既能分化为神经中枢也能分化为上皮组织。分化发育时，一个诱导组织释放一种 chordin 蛋白，该蛋白没有自己的受体，但却能抑制 BMP/TGFβ 信号蛋白。BMP/TGFβ 家族的信号蛋白广泛存在于神经上皮部位，作用是诱导上皮的发育。因此，对神经组织的诱导作用实际上是 chordin 蛋白发挥抑制效应的结果。

(2) 细胞间的侧向抑制：把发育中的蛙胚置于含成体蛙心碎片的培养液中时，胚胎就不能产生正常的心脏。同样，用成体蛙脑碎片培养蛙胚，也不能产生正常的脑。这说明已分化的细胞可以产生抑制邻近细胞朝相同方向分化的物质，以使发育的器官间相互区别而避免重复发生。这种现象称为侧向抑制（lateral inhibition）。图 13-6 是 Notch 信号通路介导细胞的侧向抑制。所有的细胞均表达跨膜蛋白 Notch 和它的配体蛋白 Delta。当群体中的某些细胞获得某种优势，Delta 基因被诱导表达，并通过 Delta 与 Notch 的相互作用，使邻侧细胞膜上的 Notch 活性提高，结果，Notch 蛋白的胞内片段水解断裂、入核，与 DNA 结合蛋白 Su(H) 结合成复合物，激活该细胞 E(spl) 基因的表达。E(spl) 所编码的蛋白可特异性地结合到 ac 基因上游的启动子位置,抑制该基因表达,并进一步抑制 Delta 基因的表达,从而减弱了通过 Delta 向邻近细胞发出的抑制信号。于是,在这样反复的相互作用中,最先获得强势的细胞最终脱颖而出,成为一个或一群与众不同的细胞。

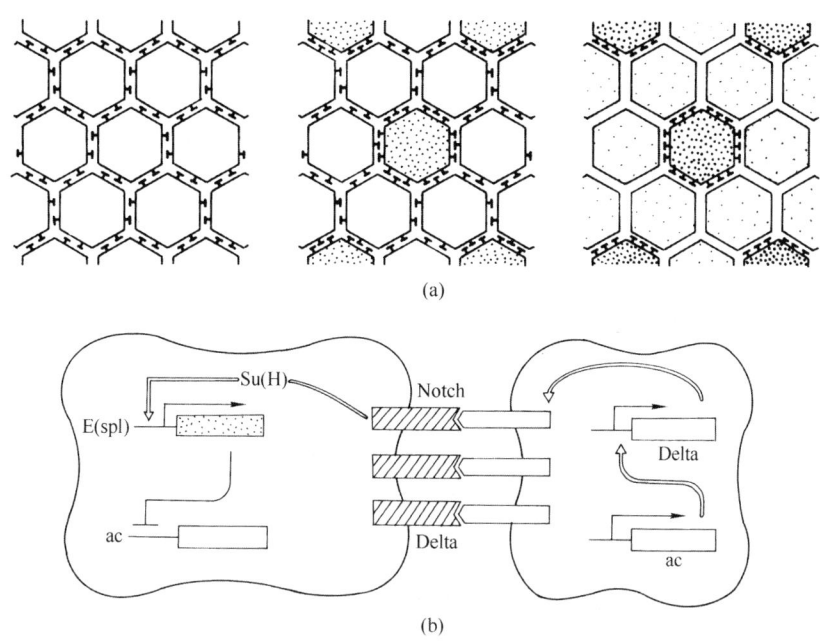

图 13-6　细胞间的侧向抑制
(引自 Alberts 等,2002)

2. 信号分子的梯度效应　在很多情况下,信号分子对细胞的影响存在所谓的梯度效应。当信号分子从一个源头向外扩散时,往往形成一个信号的浓度梯度,使得距源头远近不同的细胞面临不同浓度信号分子的作用,产生不同的反应。以这种方式对细胞施加某种影响的信号分子被称为成形素(morphogen)。

信号分子浓度梯度调节的分子机理,被认为是由于不同浓度的信号分子结合的受体数目不同,从而对细胞产生不同强度的诱导效应。例如不同浓度的活化素(activin)可诱导爪蟾早期胚胎细胞产生不同的反应。活化素是 TGFβ 家族的一个成员,爪蟾囊胚期的每个细胞表面均表达有活化素的受体,受体与活化素的结合表现出不同的浓度阈值。活化素浓度低时,仅有少量的受体与之发生耦联,结果细胞内 *Xbra* 基因的表达升高;当活化素浓度升高时,细胞表面与之耦联的受体数量也随之增加,在达到一定的阈值后,细胞内的 *Xgsc* 基因表达升高,而 *Xbra* 基因的表达被下调,细胞也因此产生不同的诱导反应。

3. 激素对细胞分化的调节　胚胎发育早期,相邻细胞间的相互作用可诱导细胞的分化,这是一种短距离的作用。发育晚期,细胞分化还受到激素的调节。由于激素由血液循环输送到不同的部位,因此,是一种远距离的作用。

根据化学性质,激素可分为蛋白质(多肽)和类固醇(甾类)两类,它们以不同的方式作用于不同的细胞。促肾上腺素和促甲状腺素都属于多肽类激素,它们的受体分布在靶细胞的表面。当与受体结合后,它们激活位于膜上的腺苷酸环化酶,提高胞内 cAMP 的水平,从而激活相应的激酶,使靶蛋白发生磷酸化而产生效应。由于甾类激素是脂溶性的,它可扩散进入细胞,与位于胞内的受体结合形成复合物,进入核内,选择性地激活靶基因的转录。若给未成熟的小鸡逐日注射甾类雌激素,4 天后,原先覆盖着输卵管的一层未分化的上皮细胞被诱导分化成管状腺细胞,并开始合成卵白蛋白。到第 10 天,上皮细胞分化成杯状细胞。此时若停止注射雌激素,卵白蛋白的合成便停止,胞内卵白蛋白的 mRNA 水平出现下降。一旦重新注射激素,卵白蛋白的 mRNA 在 1 小时内即可重新产生,卵白蛋白的合成也得以重新开始。

第五节　细胞分化与疾病及其治疗

干细胞及细胞分化是一个飞速发展的研究领域,涉及细胞生物学、遗传学和临床医学等多门学科,有望成为治疗多种疾病的新手段,随着人们对细胞分化及发育机制的不断认识、对基因调控过程的全面了解,以及干细胞技术的不断发展,干细胞及其分化的研究必将为人类的生命健康带来福音。

一、细胞分化与肿瘤发生和治疗相关

在多数情况下,终末分化的细胞不再具有增殖能力,但是肿瘤细胞在不同程度上缺乏成熟的形态和完整的功能,丧失某些终末分化细胞的性状,并对正常的分化调节机制缺乏反应,因此有人认为肿瘤本身是一种分化障碍,是细胞分化过程中的一种异常表现,这一见解对于理解肿瘤细胞起源和本质特征有着重要意义。

1. **分化异常与肿瘤发生**　和正常体细胞相比,肿瘤细胞的许多生物学行为,包括增殖过程、代谢规律、形态学特征等都有非常明显的变化,而且这些差异是可以在细胞水平遗传的。肿瘤细胞除了具有其来源细胞的部分特性外,主要表现出低分化和高增殖的细胞特征。大量证据表明,肿瘤起源于一些未分化或微分化的干细胞。在正常的组织更新过程中,放射线、化学致癌物等可作用于任何能合成 DNA 的正常细胞,而受累细胞所处的分化状态可能决定了肿瘤细胞的恶性程度。一般认为,受累细胞分化程度越低,所产生的肿瘤恶性程度越高;反之,受累细胞分化程度越高,所产生肿瘤的恶性程度越低。

在细胞分化异常方面,白血病无疑是最典型的例子。它们是多能造血干细胞在某一阶段的分化发育受阻的结果。其中,某些特异性的细胞遗传学异常,如染色体易位、缺失、倒位等导致了一些分化相关基因的异常,对白细胞的发生发展起到了极其重要的作用。

急性早幼粒白血病(acute promyelocytic leukemia, APL)是一种急性髓系白血病,由具有早幼粒形态特征的肿瘤细胞在体内克隆性的扩增引起。APL 患者各器官中早幼粒细胞的集聚是髓系细胞分化受阻的结果。APL 病患者中 90% 存在着 17 号染色体上视黄酸受体 α(retinoid acid receptor α, RARα)基因和 15 号染色体早幼粒细胞白血病

(promyelocytic leukemia, PML)基因的交互易位,即 t(15;17),形成 PML/RARα 融合基因。

视黄酸是一种可以直接透过质膜的小分子信号分子,在脊椎动物的胚胎发育、细胞分化以及维持机体正常生理状态等过程中起着重要的作用。RARα 是一种视黄酸受体,作为转录因子,它调控靶基因表达,促进粒细胞分化。生理情况下,当视黄酸缺乏时,RARα/RXR 异二聚体与一些共抑制因子(corepressors)形成复合物,再结合组蛋白去乙酰化酶(histone deacetylase,HDAC),使核小体组蛋白去乙酰化,从而抑制基因转录。当生理浓度的视黄酸存在时,视黄酸与 RARα 结合,改变其构象,导致共抑制因子复合物从 RARα 上解离,同时使共激活因子复合物与 RARα 结合,激活转录。早幼粒白血病细胞中 PML/RARα 融合基因的形成取消了正常 RARα 基因编码的视黄酸受体对视黄酸的反应。

t(15;17)易位的另一个同时受累的基因为 *PML*,该基因编码的是一种与核基质相关的磷酸化蛋白。正常细胞中,*PML* 在核中与多种蛋白结合,形成核体(nuclear bodies,NB),通过募集多种重要的核内调节蛋白而影响细胞分化和成熟。*PML* 具有转录抑制和转录活化双重效应,近来的研究表明,*PML* 与抑癌基因相似,具有抑制细胞生长和诱导细胞凋亡等多重作用。当 *PML* 和 RARα 因染色体易位而发生融合后,由于 PML/RARα 融合蛋白不仅彼此间可以形成同二聚体,还可以和 *PML*、*RXR* 形成异二聚体,抑制或干扰野生型 *RARα* 和 *PML* 的正常功能,阻断粒细胞的分化(图 13-7)。

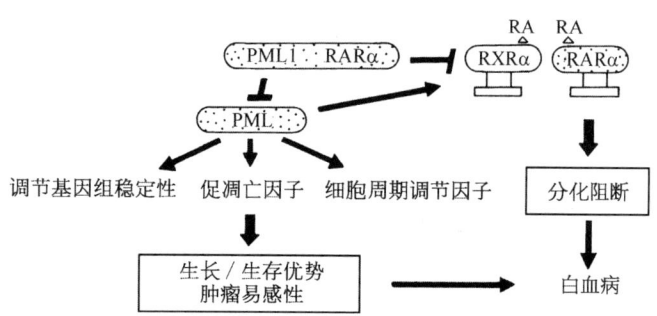

图 13-7　PML/RARα 融合蛋白的作用
(引自 Pandolfi 等,2001)

2. 诱导分化与肿瘤治疗　既然分化障碍是肿瘤细胞的成因之一,那么,能否通过诱导使肿瘤细胞朝正常的方向分化,从而达到治疗甚至治愈肿瘤的目的呢?在肿瘤组织中,尽管那些未分化或微分化的原始细胞占优势,但也存在着一定比例的部分分化,乃至完全分化的子代细胞,这提示了肿瘤并非一成不变,在一定条件下也能分化成正常细胞或接近正常细胞。1987 年,我国首先报道了应用全反式视黄酸(ATRA)治疗 APL 获得成功,为该种肿瘤的治疗提供了新的途径和理论。

研究发现,ATRA 与 PML/RARα 的亲和力与其同野生型 RARα 的亲和力相近,但是,ATRA 与 PML/RARα 结合后可特异性地引起 PML/RARα 降解,与这一降解同时发生的是野生型 *PML* 的亚细胞定位恢复正常。如果说 PML/RARα 阻抑了细胞的正常分化途径,那么 ATRA 处理后,这一阻抑被去除,野生型 RARα 以及 *PML* 的两条通路重新得到贯通。

大量的事实表明,不同类型的白血病和实体瘤均有特异的基因异常,若能针对这些基因筛选或设计出相应的药物,就有可能像 ATRA 治疗 APL 那样,实现"一把钥匙开一把锁"的特异靶向治疗。虽然,ATRA 能够成功诱导 APL 细胞的分化,但在临床治疗上却难以克服视黄酸耐药等障碍。为此,人们正试图挖掘更多更新的诱导分化剂,将诱导分化的治疗成果进一步扩展。

二、干细胞及其分化细胞可被用于治疗

再生医学(regenerative medicine)是近年来发展起来的一门新兴学科,以研究人体组织器官自身构建、更新和修复潜能,并使用多种修复手段使器官或组织功能得以改善或修复为主要目的。细胞治疗和组织工程是其中的主要策略。干细胞生物学的理论技术对再生医学的发展功不可没。利用干细胞及其分化细胞对受损细胞进行替代治疗,是干细胞在临床上最重要的应用,它是把细胞克隆技术、iPS 细胞技术和人类干细胞体外培养、诱导分化结合起来的一种新型临床治疗路线(图 13-8)。目前,干细胞在临床治疗上的应用主要集中于再生医学领域的组织工程和细胞治疗。

1. **细胞治疗** 细胞治疗(cell therapy)是指将正常或遗传信息改造过的人体细胞直接移植或输入病人体内,以达到替代受损细胞治愈疾病的目的。目前,最常见、最成功的干细胞治疗是临床上广泛使用的造血干细胞移植,通过收集骨髓或外周血中的干细胞输入病人体内来治疗血液疾病。近年来,胚胎干细胞和其他组织干细胞的替代治疗也已在动物实验中取得成功。将视黄酸处理的小鼠类胚体植入手术损伤的大鼠脊索中 5 周可分化为星形胶质细胞、少突胶质细胞和神经元,并且神经元迁移了 8 mm。功能实验表明,受体小鼠的后肢持重及运动协调能力得到了很大程度的改善。

为了避免因异体移植造成的免疫排斥,可以对干细胞进行 MHC 基因改造或用体细胞核移植来建立与患者组织相容的干细胞系。另外,将某些功能基因导入干细胞系,待基因稳定表达后进行移植,可达到治疗某些基因缺陷疾病的目的,这也就是所谓的基因治疗。例如胰岛素的蛋白及基因构成情况已明确,将小鼠的 ES 细胞进行遗传信息改造,使其特异表达胰岛素,然后移入

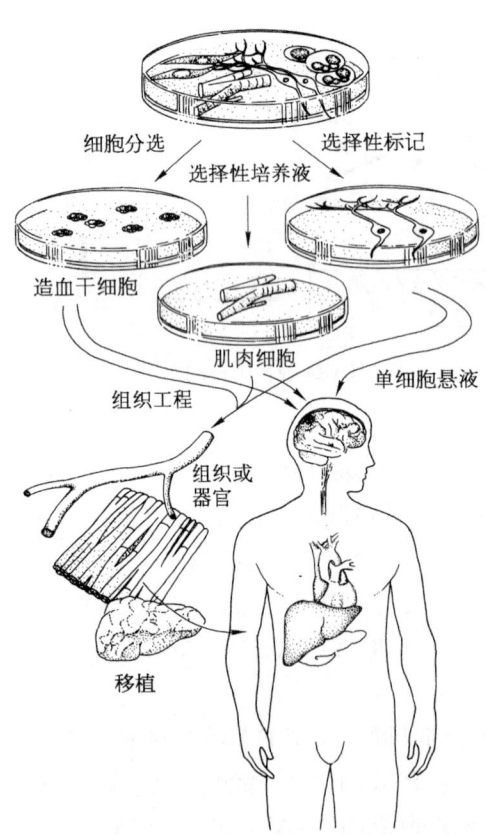

图 13-8 干细胞临床应用前景
(引自 Donovan, 2001)

糖尿病模型小鼠的脾脏,结果可使受移植小鼠的血糖达到正常水平。基因治疗可以是体内的和离体的,分别构成体内基因治疗和回体基因治疗。体内基因治疗直接把遗传物质导入人体,难以接近靶组织,故转移效率低。而回体基因治疗通过在体外将基因导入细胞,引起细胞的遗传信息改变后再将其移入活体组织。回体基因治疗中细胞是基因的载体,基因是细胞遗传信息改造的靶标。干细胞由于在体外经遗传信息改造后能稳定增殖传代并保持正常分化能力,使得后代均带有目的基因,成为基因治疗的理想载体。提取患者自身的组织干细胞经体外培养或定向诱导后再移回患者体内,则可有效地避免免疫排斥,这是组织干细胞特有的优点之一。

除造血干细胞外,神经干细胞、骨髓间质干细胞、肌肉干细胞、胰腺干细胞等均可在相应领域对神经系统疾病、骨和软骨疾病、肌营养不良、糖尿病、肝炎甚至癌症等令人棘手的疾病治疗上发挥重要作用。细胞治疗与基因治疗相辅相成。

2. 组织工程 组织工程(tissue engineering)是指通过细胞和生物相容的材料在体外构建组织器官以替代人体受损或失去的组织器官的治疗方法。现在组织工程领域的专家利用细胞和合成聚合物制造替代器官已完全可行。传统的组织工程需要将组织特异的细胞种植在生物材料的支架上,让其在体外培养条件下稳定地生长扩增,从而构建新的组织器官。干细胞的应用使组织工程领域获得重要的突破,干细胞可以在待构建的组织中通过定向分化源源不断地产生组织特定的细胞,可在体内长期发挥作用。如果这些干细胞是经遗传信息改造的或经体细胞核移植获得的,则还能克服组织排斥的问题,此外,由干细胞介导的组织移植其自我修复能力远超过传统的组织移植。

3. 获得干细胞的主要方法

(1) ES 细胞的建系和体外培养:哺乳动物 ES 细胞来源于囊胚期的内细胞团,由于内细胞团细胞很容易分化,因此建系中最重要的是寻找适合 ES 细胞体外增殖且又能抑制其分化的培养系统。1988 年,在对白血病的研究中发现了一种能诱导白血病细胞分化的因子,称为白血病抑制因子(leukemia inhibitory factor, LIF)。将 LIF 用于 ES 细胞培养,发现它有抑制 ES 细胞分化的作用,之后 LIF 广泛用于 ES 细胞培养。1998 年 Thomson J. A 等在参考小鼠 ES 细胞系的基础上建立了第一株人的 ES 细胞系,他们将内细胞团细胞种植于鼠胚成纤维细胞的滋养层上,在体外传代 32 代仍未分化。人 ES 细胞系的建立不仅需要添加 LIF,还需要滋养层细胞的作用。

(2) 组织干细胞的分离和扩增:理论上,每种组织器官均存在组织干细胞。对于有明确定位的干细胞,可以取干细胞聚集区的组织进行体外培养或直接用于研究。有些干细胞具有独特的生长方式,如骨髓中存在两种干细胞,即造血干细胞和骨髓基质干细胞,在骨髓的体外培养中,造血干细胞呈悬浮集落生长,而骨髓基质干细胞则贴壁生长,通过换液很容易把两者分开。对于有分子标记的干细胞如外周血干细胞具有表面特异抗原,人们常利用带有标记的抗体与之结合,然后用分选设备进行分选和培养,用于治疗血液病或做进一步研究。此外还可利用条件培养基筛选,例如神经干细胞需要在低血清及 FGF、TGF 等多种因子存在时才能生长,而大部分细胞是对血清依赖的,长期的培养结果使大部分其他细胞死亡而神经干细胞得到了纯化和扩增。

虽然人们找到了多种分离干细胞的方法,但到目前为止,能够分离扩增并加以研究的只占其中一小部分,许多组织干细胞甚至连特异标记都未找到。这些问题的解决需要在分子水平上对干细胞有更深层次的了解,今后的基础研究工作将主要集中在研究干细胞保持多能性和增殖状态的机制和寻找细胞分化的促进因子。

(3) 体细胞核移植(somatic cell nuclear transfer):1997年,英国Roslin研究所应用体细胞核移植技术培养了第一只克隆羊——多利。体细胞核移植用于形成一个克隆动物个体的技术叫作生殖性克隆(reproductive cloning),由此引发体细胞核移植用于细胞移植治疗疾病的设想,相应技术叫作治疗性克隆(therapeutic cloning),其技术路线主要包括:将患者的体细胞核通过显微注射移入去核卵细胞,此时体细胞核会与卵质发生作用而进行重新编程,进入全能状态。待胚胎发育至囊胚期就可从中分离出与供体的基因型完全相同的ES细胞。这些ES细胞可被诱导分化,产生包括生殖细胞在内的与病人基因型相同的所有细胞类型。这些分化细胞将用于移植回患者体内进行细胞替代治疗,这种组织类型匹配的移植将避免在众多疾病移植治疗中出现的免疫排斥,目前已在动物水平上建立了经治疗性克隆产生的ES细胞系,但是尚未获得相当的人类ES细胞系(图13-9)。

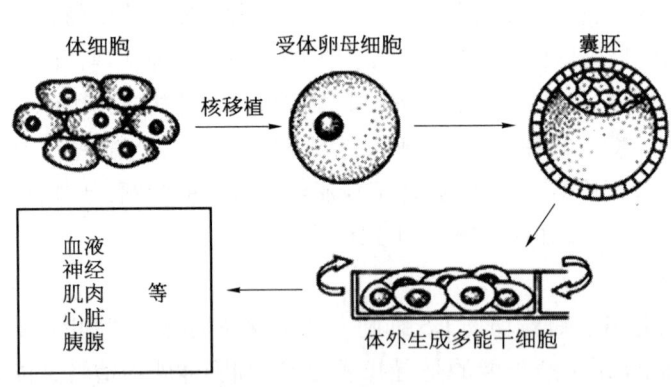

图13-9 治疗性克隆的技术路线
(引自 M. Azim Surani, 2001)

(4) 诱导性多能干细胞:2006年日本的山中率先报道了诱导性多能干细胞(iPS细胞)的研究。他们把 $Oct3/4$、$Sox2$、$c\text{-}Myc$ 和 $Klf4$ 这4种转录因子克隆入病毒载体,然后引入小鼠成纤维细胞,结果发现那些细胞发生了转化,产生的iPS细胞在形态、基因和蛋白表达、表观遗传修饰状态、细胞倍增能力、类胚体和畸形瘤生成能力、分化能力等都与胚胎干细胞极为相似。随后,他们进一步得到了更接近于胚胎干细胞的多能干细胞,把这些细胞注入小鼠囊胚中再植入体内后甚至可孕育出完全由iPS细胞发育而成的仔鼠。很快,美国的几家实验室也陆续发表了相似的研究结果。2007年末,美国的James Thomson实验室和山中实验室几乎同时报道,利用iPS技术同样可以诱导人成纤维细胞成为几乎与胚胎干细胞完全一样的多能干细胞,所不同的是,日本实验室依然采用逆转录病毒引入以上4种基因,而Thompson实验室则以慢病毒载体引入 $Oct4$、$Sox2$、$Nanog$ 和 $Lin28$ 这4种基因组合。

iPS细胞可在适当诱导条件下定向分化,如变成血细胞,再用于治疗疾病。哈佛大学一家实验室发现利用病毒将三种在细胞发育过程中起重要作用的转录因子引入小鼠胰腺外分泌细胞,可以直接使其转变成与β细胞极为相似的细胞,并且可以分泌胰岛素、有效降低血糖。这表明利用诱导重新编程技术可以直接获得某一特定组织细胞,而不必先经过诱导多能干细胞这一步。

iPS细胞技术显然是近年干细胞研究所取得的最为突出的成果。山中伸弥因为首创iPS细胞的概念和技术,与在20世纪60年代使用核移植技术获得蝌蚪的英国人John Bertrand Gurdon爵士同获2012年诺贝尔生理医学奖。与经典的胚胎干细胞技术和体细胞核移植技术不同,iPS技术不使用胚胎细胞或卵细胞,因此没有伦理学的问题。利用iPS技术可以用病人自己的体细胞制备专用的干细胞,所以不会有免疫排斥的问题。然而,iPS的研究还有许多技术难题有待解决。例如,采用的病毒转染系统可将所转入的基因随机插进宿主的基因组中,从而存在着激活致癌基因或抑制抑癌基因的可能性。另外,$c-Myc$基因是一个原癌基因,以此基因诱导的iPS细胞构建出的嵌合体小鼠有20%发生了肿瘤。因此存在很大的致瘤风险,显然不可能应用于临床。可以预见,在今后相当长的一段时间内,胚胎干细胞技术、体细胞核移植技术和iPS细胞技术尚不能进入临床应用阶段,需要继续研究和发展。

本 章 小 结

由一个受精卵发育成一个个体是通过细胞分裂和细胞分化来实现的。所谓细胞分化就是一个同源细胞通过分裂逐渐产生结构和功能上稳定性差异的过程。细胞分化是一个渐进的、长期变化的过程,存在于机体的整个生命过程中,对胚胎发育和成体组织更新特别重要。细胞分化能力的强弱被称为分化潜能。在个体的发育过程中,细胞的分化均经历一个由"全能"变为"多能",最后趋向于"单能"稳定型的一系列累进的分化限制过程。虽然细胞分化的潜能随分化进程越变越小,但对于绝大多数细胞的细胞核而言,却可始终保持着遗传信息的完整性和分化的全能性。这也是一些细胞能够在分化之后发生去分化或转分化的基础。

动物细胞表型的差异是分化的结果,是由于在个体发育进程中不同的基因按照一定的时空顺序被激活,形成基因的差异表达,从而导致特异性蛋白的合成。细胞分化的基因表达的调控是多水平的。在细胞分化过程中细胞核的基因组有选择地表达取决于细胞内外的因素。细胞质对细胞的分化有着重要作用,胞外由相邻细胞本身或其所释放的信号分子所构建的环境可对细胞的分化起到诱导或抑制的作用。

干细胞是存在于人和动物发育各阶段(包括早期胚胎和成熟组织)的一类原始状态的未分化细胞,具有自我更新和多向分化的能力。根据来源和分化潜能的不同,干细胞可主要分为胚胎性干细胞和组织干细胞(成体干细胞)。干细胞在机体构建、组织修复和新陈代谢中起重要作用。目前干细胞相关研究和技术正在对再生医学领域的组织工程和细胞治疗产生积极的影响。

(孙岳平　丁小燕)

参 考 文 献

[1] 翟中和,王喜忠,丁明孝. 细胞生物学[M]. 北京:高等教育出版社,2000.

[2] 汤雪明. 医学细胞生物学[M]. 北京:科学出版社,2004.

[3] Alberts B, Bray D, Lewis J, et al. Molecular Biology of the Cell[M]. 4th Ed. New York: Garland Science, 2002.

[4] Lodish H, Berk A, Zipurshy SL, et al. Molecular Cell Biology[M]. 4th Ed. New York: W. H. Freeman & Co, 2000.

[5] Alberts B, Johnson A, Lewis J, et al. Molecular Biology of the Cell[M]. 5th Ed. New York: Garland Science, 2008.

[6] Goodman SR, Medical Cell Biology[M]. 3rd Ed. Academic Press, 2008.

[7] Melnick A, Licht JD. Deconstructing a Disease: RARα, Its Fusion Partners, and Their Roles in the Pathogenesis of Acute Promyelocytic Leukemia[J]. Blood, 1999, 93(10): 3167-3215.

[8] Weissman I, Anderson DJ, Gage F. Stem and progenitor cells origins, phenotypes, Lineage commitments, and transdifferentiations. Annu. Rev. Cell Dev[J]. Biol, 2001, 17: 387-403.

[9] Metzger RJ, Krasnow MA. Genetic control of branching morphogenesis[J]. Science, 1999, 284(5420): 1635-1639.

[10] Teleman AA, Strigini M, Cohen SM. Shaping morphogen gradients[J]. Cell, 2001, 105(5): 559-562.

[11] Pandolfi PP. Oncogenes and tumor suppressors in the molecular pathogenesis of acute promyelocytic leukemia[J]. Human Molecular Genetics, 2001, 10(7): 769-775.

[12] Wade PA. Switching off methylated DNA[J]. Nat Genet, 2005, 37(3): 212-213.

[13] Niemann H, Tian XC, King WA, et al. Epigenetic reprogramming in embryonic and foetal development upon somatic cell nuclear transfer cloning[J]. Reproduction, 2008, 135(2): 151-163.

[14] Surani MA, Hayashi K, Hajkova P. Genetic and epigenetic regulators of pluripotency[J]. Cell, 2007, 128(4): 747-762.

[15] Okita K, Yamanaka S. Intracellular signaling pathways regulating pluripotency of embryonic stem cells[J]. Curr Stem Cell Res Ther, 2006, 1(1): 103-111.

[16] Yamanaka S. Induced Pluripotent Stem Cells: Past, Present, and Future[J]. Cell Stem Cell, 2012, 10(6): 678-684.

第十四章 细 胞 死 亡

如同有机体既有生也有死一样,细胞死亡(cell death)是生物界普遍存在的现象,无疑是机体死亡的基础。更重要的是,与细胞增殖、细胞分化一样,细胞死亡是细胞最基本的一种生物学行为。在各种重要的人体生理活动中,细胞死亡都与细胞增殖、细胞分化伴随发生。从受精卵发育到一个成熟的个体,从幼年到成年,首先是特定的细胞群不断增殖、分化的结果,细胞增殖使得细胞群体数目不断增加,细胞分化使得该细胞群具有特定的生物学功能,随着分化程度的加深,细胞增殖能力逐渐减弱,分化至终末阶段的细胞或者说分化成熟的细胞则完全失去了增殖能力。那么,分化成熟的细胞的去向是什么呢?这正是细胞群体调节的另一个重要方面——细胞衰老和细胞死亡。

多细胞生物的个体发育、组织更新、组织功能和形态的维持及生存均依赖于细胞分裂增殖和细胞死亡之间的平衡,一旦这种平衡被打破,就会发生胚胎发育异常、退行性疾病及肿瘤等。

第一节 细胞死亡的类型

在发育、组织更新等生理活动中伴随的正常的细胞死亡是一种细胞"自杀",即细胞激活其内部死亡程序并以一种可调控的方式结束自己的生命。这种细胞死亡被细胞内外一系列相关的分子所调控,并具有典型的形态学和生物化学改变,这种细胞死亡方式称为细胞凋亡(apoptosis)。细胞凋亡也可以在许多病理状态下发生,如缺血、缺氧、炎症、辐射、高温、毒物、药物等都可以造成组织细胞凋亡。但是,病理状态下的细胞死亡更多地以其他形式出现,其中最常见的是细胞坏死(necrosis)。在经典的概念中,细胞坏死是指细胞的生命活动被外力强行终止,细胞经历一系列破坏性变化,特别是细胞膜、细胞核及细胞器的进行性肿胀和破坏,最终细胞崩解消亡的过程。细胞坏死与各种创伤、炎症及某些缺血性疾病如心肌梗死有密切的关系,至今仍是病理学研究的重要内容。

细胞死亡的形式多种多样,在过去对细胞死亡研究的 150 多年来,其分类主要是基于形态学的特征;在最近的 30 年,由于对细胞死亡这一领域的分子机制的研究取得了长足进展,对其分类主要着重于死亡是属于程序性的"自杀"还是意外的"他杀"。但是,最近几年对细胞死亡的类型又进行了细分,其根据是形态与机制并存。本节也将采用这种方式介绍几种常见的细胞死亡类型,如细胞凋亡、细胞坏死、自噬性细胞死亡、细胞有丝分裂灾难、失巢凋亡、细胞侵入性死亡等细胞死亡形式。不过,鉴于细胞凋亡是机制了解最清楚,在生物体生命活动中发生最频繁和广泛,而且功能最重要的细胞死亡形式,本章第二节将详细介绍细胞凋亡这一正常发育和组织更新中存在的最主要的主动的细胞死亡形式。

一、非程序性细胞死亡是一种被动的细胞死亡形式

非程序性细胞死亡即坏死(necrosis),是指细胞在受到强烈理化或生物因素作用后引起被动的细胞死亡,不能被细胞信号转导的抑制剂所阻断。在形态学上,坏死往往是一个变化比较剧烈的过程,表现为细胞膜、细胞核及细胞器的进行性破坏,最后细胞崩解消亡,细胞内容物及促炎症因子外释,趋化炎症细胞的浸润并引发组织的炎症反应,以去除有害因素和坏死细胞并进行组织重建。

引起细胞坏死的原因有物理性、化学性、生物性等因素,常见的包括病原体、电离辐射、组织缺血缺氧等损伤和应激因素。细菌毒素除直接引起细胞坏死外,还可通过免疫反应(如补体)激活自然杀伤细胞和巨噬细胞或释放细胞因子引起细胞坏死,以减少病原的入侵。在病理条件下,如组织缺血、缺氧等,细胞不适当地分泌细胞因子也引起细胞坏死。最为常见的是组织器官局部缺血,引起氧、糖和其他营养物质消耗,诱导内皮细胞和周围组织细胞坏死。近年来认为,坏死性细胞死亡不仅发生在病理条件下,也发生在一些生理条件下。如在小肠上皮细胞的自我更新中,上皮细胞凋亡和坏死都引起细胞丢失。

坏死细胞的形态学特征有:细胞膜的变化——细胞肿胀,细胞膜溶解或通透性增加,其完整性丧失;细胞质的变化——细胞器完整性受损,全细胞裂解,细胞内容物外溢,核糖体逐渐减少,嗜碱性减弱,胞质与酸性伊红的结合能力增强而呈嗜酸性;细胞核的变化——核固缩、核碎裂、核溶解,细胞核DNA降解成随机的大小片段;间质的改变——坏死的细胞和崩解的间质融合成一片模糊的颗粒状、无结构的红染物质(HE染色下)。在生化特性方面,坏死过程无胱冬肽酶(详见下文)激活,不依赖ATP,DNA电泳条带呈涂片(smear)状。由于在坏死过程中溶酶体破裂,细胞内容物和溶酶体酶释放,可引起局部炎症细胞浸润。

坏死细胞一般使用的检测试剂是锥虫蓝(trypan blue),又称台盼蓝。原理是:健康的正常细胞能够排斥锥虫蓝;而死亡的细胞,膜的完整性丧失,通透性增加,细胞可被锥虫蓝染成蓝色。在显微镜下可以通过观察细胞是否被染色来判断。

二、程序性细胞死亡是细胞主动结束其生命活动的过程

程序性细胞死亡是细胞主动结束生命的死亡过程,其分类方式大致有两种,基于死亡机制的分类和基于形态学的分类。基于机制的分类分为:胱冬肽酶依赖的程序性细胞死亡和非依赖的程序性细胞死亡,前者就是典型的细胞凋亡,后者包括自噬性细胞死亡、细胞有丝分裂灾难、失巢凋亡、细胞侵入性死亡等。基于形态学的分类分为Ⅰ类、Ⅱ类和Ⅲ

类程序性细胞死亡。

1. 基于机制的程序性细胞死亡分类

(1) 细胞凋亡(apoptosis)：1972 年 Kerr JFR 从形态学的角度描述了生理情况下的细胞死亡,命名为凋亡。细胞凋亡是一个变化较为温和的过程,其形态学特征是：染色质凝集、边缘化；细胞皱缩,细胞膜内侧的磷脂酰丝氨酸外翻,细胞出泡形成凋亡小体(详见本章第二节)。

胱冬肽酶是细胞凋亡过程所依赖的一类自杀性蛋白水解酶家族,由这些蛋白酶构成的级联反应是凋亡过程的核心。胱冬肽酶(cysteine-containing aspartate-specific proteases, caspase)是一组半胱氨酸蛋白酶(protease),其活性位点是半胱氨酸(cysteine),裂解靶蛋白位点是天冬氨酸残基后的肽键(aspartate-specific),即是具有专一性切割蛋白质分子中的天冬氨酸残基后的肽键活性的半胱氨酸蛋白酶系,所以称为胱冬肽酶。

(2) 程序性坏死(programmed necrosis)：也称坏死性凋亡(Necroptosis)。程序性坏死与凋亡是由死亡受体介导的两种不同的细胞死亡方式,程序性坏死通常在凋亡被抑制的情况下发生,具有坏死细胞的形态学特征。程序性坏死属于胱冬肽酶非依赖性细胞死亡模式,不需要胱冬肽酶活化,也不需线粒体释放细胞色素 C。

程序性坏死与凋亡两者之间存在密切的联系。一般情况下,细胞在胱冬肽酶活性被抑制而不能发生凋亡的情况下会启动程序性坏死。不过,两者都受细胞内信号因子的周密调节,受体相互作用蛋白 1(receptor-interacting protein 1, RIP1)和受体相互作用蛋白 3(receptor-interacting protein3, RIP3)是其关键的调控因子,其相互作用是启动程序性坏死的关键。当 RIP 激酶激活后,RIP1 和 RIP3 发生磷酸化,胱冬肽酶受到抑制,细胞发生程序性坏死；相反,当胱冬肽酶活性未受到抑制时,胱冬肽酶发生活化并使 RIP1 和 RIP3 解聚,程序性坏死被中止,细胞进入经典的胱冬肽酶依赖的凋亡信号通路。程序性坏死在炎症性病变、缺血性心脑血管病、神经退行性疾病等多种疾病的发生发展及肿瘤细胞的耐药方面具有重要意义。

(3) 自噬性细胞死亡(autophagic cell death)：1966 年 De duve C 和 Wattiaux R 在发现溶酶体的同时发现了细胞的自噬现象。1977 年 Mortimore GE 和 Schworer CM 发现肝细胞在处于饥饿状态时,自噬对维持其自身稳态发挥了至关重要的作用。自噬细胞形态学上最主要的特征是：细胞内出现大量的泡状结构,即双层膜自噬泡,自噬泡内为细胞器和(或)其他胞质组分。调控自噬的细胞转导信号有很多,其中相对清楚的是 PI3K 和 mTOR 信号途径。细胞自噬是一种重要的防御和保护机制,细胞可以通过自噬,清除和降解受损、变性、衰老和失去功能的细胞、细胞器及生物大分子,但持续的、过量的自噬会导致程序性细胞死亡。

(4) 细胞有丝分裂灾难(mitotic catastrophe)：1989 年 Lisa Molz 等发现在酵母的一种对热敏感的突变株中,细胞分裂时染色体分离发生异常。一些研究者便把这种在 DNA 发生损害时细胞无法进行完全的分裂而导致四倍体或多倍体的现象称为细胞有丝分裂灾难。细胞有丝分裂灾难的形态学特点的描述并不是很完全,但主要是巨细胞的形成,内有多个小核,染色质凝集。DNA发生损害时,如果细胞不能有效地阻断其细胞周期的进行,可导致染色体的异常分离,这些非正常分裂的细胞在下一轮有丝分裂中会继续导致多倍体细胞的形成,从而最终成为癌变的基础。而细胞有丝分裂灾难作为一种死亡机制可以使得这种非正常分裂的细胞通过凋亡或坏死走向死亡,但是具体通过哪些途径死亡目前还不清楚。

(5) 一些非经典的或实验性的程序性细胞死亡类型：失巢凋亡(anoikis)是一种特殊的细胞程序死亡,是由于细胞与细胞外基质或相邻细胞脱离接触而诱发的。正常上皮细胞具有黏附依赖性,失去细胞间接触或细胞与基质接触将导致细胞程序性死亡。失巢凋亡作为一种特殊的程序化细胞死亡形式,在机体发育、组织自身平衡、疾病发生和肿瘤转移中起重要作用。失巢凋亡的特点有：胱冬肽酶激活,缺乏β1整合素的参与,EGFR表达下调,ERK1(extracellular-regulated kinase 1)信号途径的抑制,Bcl-2家族成员前凋亡蛋白BIM过表达等。

细胞侵入性死亡(entosis)是2007年首次报道的一种细胞死亡新形式,参与上皮细胞的死亡和腺体腔的形成。在侵入性死亡过程中,细胞通过钙黏素介导的细胞间连接作用,经内化过程侵入临近的宿主细胞空泡内,被溶胞体酶系降解而导致死亡。细胞侵入性死亡可由细胞与胞外基质失去接触而诱发,但凋亡执行者胱冬肽酶的激活并不是必需的,这也是其区别于失巢凋亡的特点。细胞侵入性死亡可能在抑制肿瘤细胞的增殖中发挥作用。

PARP诱导的死亡(parthanatos)是一种多聚ADP核糖聚合酶-1(PARP-1)依赖性细胞死亡,为了与其他形式的细胞死亡进行区分,将这种由PARP-1激活导致的细胞死亡(thanatos：希腊神话中死亡的象征)命名为parthanatos。parthanatos具有明显的生化特征,如PARP-1的快速激活、早期PAR的积累、线粒体通透性的改变、早期凋亡诱导因子(apoptosis inducing factor, AIF)由线粒体向细胞核的迁移、细胞内NAD和ATP的消耗、胱冬肽酶激活、细胞萎缩、核固缩和膜裂解等。parthanatos与凋亡和坏死有一些相同的细胞学和形态学特征,但也存在明显的区别。与凋亡相比,parthanatos不能形成凋亡小体和小片段的DNA片段;与坏死相比,parthanatos不能诱导细胞膨胀和细胞溶解;与自噬相比,parthanatos没有自噬泡结构和溶酶体的降解作用;与程序性坏死相比,parthanatos没有RIP1的激活等反应。

细胞焦亡(pyroptosis)是近年来发现并证实的一种新的程序性细胞死亡方式,其特征为依赖于胱冬肽酶-1,并伴有大量促炎症因子的释放。细胞焦亡的形态学特征、发生及调控机制等均不同于凋亡、坏死等其他细胞死亡方式。研究表明,细胞焦亡广泛参与感染性疾病、神经系统相关疾病和动脉粥样硬化性疾病等的发生发展,并发挥重要作用。

2. **基于形态学的程序性细胞死亡分类**　1990年Clarke PGH等补充了细胞死亡的分类,将程序性细胞死亡分为Ⅰ类、Ⅱ类和Ⅲ类程序性细胞死亡,至今仍被采用。

Ⅰ类程序性细胞死亡即凋亡,形态学特征如前所述,这类死亡一般没有溶酶体的参与,而且细胞死后会被吞噬细胞所吞噬。

Ⅱ类程序性细胞死亡即自噬性细胞死亡,其主要的形态学特征是自噬泡的形成,自噬泡和溶酶体融合后被后者消化,而细胞残骸会被吞噬细胞所吞噬。

Ⅲ类程序性细胞死亡即坏死样细胞死亡,其主要的形态学特征是各种细胞器的肿胀、胞膜的破坏等。

第二节 细胞凋亡

一、细胞凋亡的概念突显了细胞死亡方式的主动性和可控性

在20世纪50年代以前,细胞死亡的研究基本上是病理情况下的细胞坏死。20世纪50年代,发育生物学家提出,在动物的胚胎发育过程中,一些过渡性组织如鼠趾间连接的消失,实际上是一种生理性的程序性细胞死亡(programmed cell death,简称PCD),也就是说,胚胎内各种过渡细胞的死亡是一种基因调控下的、依据一定时空顺序发生的死亡。由此细胞死亡的概念由病理性死亡扩展到了生理性死亡。

1965年澳大利亚科学家发现,结扎鼠门静脉后,电镜观察到肝实质组织中有一些散在的死亡细胞,这些细胞的溶酶体并未被破坏,显然不同于细胞坏死。这些细胞体积收缩,染色质凝集,从其周围的组织中脱落并被吞噬,机体无炎症反应。同年,英国的病理学家Kerr等在研究肝供血与肝组织结构时,发现了一种新型的肝细胞死亡类型。这种情况下肝细胞的死亡与缺血性坏死不同,首先是没有炎症发生,其次是这些死亡细胞的核染色质浓缩、致密,胞内含有增多的圆形小体,有些小体中还含有浓缩的染色质,Kerr将其命名为"固缩性坏死"。进一步的研究表明,缺血性坏死的肝细胞内溶酶体等细胞器已发生破裂而导致溶酶体内的各种酶弥散分布于细胞质,而固缩性坏死的细胞内溶酶体仍保持完整的膜性结构。同时发现这种固缩性坏死的细胞亦存于正常的肝组织中。后来Kerr通过电镜观察发现,那些结构完整的圆形小体可包含膜性结构完整的细胞碎片、细胞器及浓缩的染色质等,它们可由肝细胞收缩或出芽(budding)产生。

随着其他研究者的加盟,人们将固缩性坏死与程序性细胞死亡的概念结合起来后认识到,固缩性坏死和经典的坏死具有完全不同的死亡形式,其特征是一种受细胞自身调控的主动过程,它可以同时存在于生理与病理情况。特别地,生理性胚胎程序性细胞死亡也是这种形式,并且在正常胚胎形成过程中扮演了重要角色,对正常组织与肿瘤的发生和发展也具有巨大的意义。所以,他们认为以"固缩性坏死"来描述在生理状况下细胞的主动死亡不合适。于是,Kerr JFR等三位科学家于1972年首次提出了细胞凋亡(apoptosis)的概念,宣告了对细胞凋亡的真正探索的开始。在此之前,关于胚胎发育生物学、免疫系统的研究,肝细胞死亡的研究都为这一概念的提出奠定了基础。Kerr等人强调细胞凋亡在调控组织体积大小及细胞群数目方面,具有同细胞分裂相反的作用。在希腊语中"apo"

的意思是脱离,"ptosis"的意思为落下,将这两个词组合为"apoptosis"用来描述与秋叶落下和花儿凋谢类似的细胞死亡现象,突出了这种死亡方式的主动性和可控性。到20世纪90年代,细胞凋亡的研究获得了里程碑式的重大进展,证明细胞凋亡是基因调控的主动过程,典型的细胞凋亡过程涉及一系列胱冬肽酶的水解、活化和信号传递过程,并具有特征性的形态学改变。

在很多情况下,细胞凋亡亦称为程序性细胞死亡(programmed cell death, PCD)。前文已经提到,PCD的概念早于细胞凋亡。但不同的人对PCD概念的解释有所不同。发育生物学家使用PCD来描述在多细胞生物的发育过程中,正常生理信号诱导的,以时空上可以预料的方式失去细胞的现象,如哺乳动物指(趾)间细胞的丢失、蝌蚪尾巴脱落成蛙等。而免疫学家用PCD来描述依赖于新的基因表达而引起的任何细胞死亡,与刺激物的性质无关,如γ射线、特异性抗体和糖皮质激素等引起的细胞死亡。实际上发育生物学家和免疫学家对PCD的看法有一点是共同的,即PCD需要新的基因表达和蛋白质合成。

由于大多数PCD呈现细胞凋亡的形态学特征,所以不少研究人员认为PCD和细胞凋亡可以互用,可以等同。但是严格说来,两者不是指的同一现象。其关联性可以这样来分析:"细胞凋亡"侧重于对细胞死亡过程中一系列特征性的形态学和生物化学变化的描述,而"程序性细胞死亡"则是对细胞在发育过程中对一定生理刺激做出反应、遵循特定的程序结束自身生命的过程这一功能上的描述;"程序性细胞死亡"强调的是生理性的,特别是发育过程中的,"细胞凋亡"则既可以是生理性的也可以是病理性的;"程序性细胞死亡"多采取凋亡的形式,而凋亡则并不都是"程序性细胞死亡"。近年来在讨论生理性的死亡时,人们习惯于将PCD与细胞凋亡互换使用。但需要注意的是,现有的细胞凋亡研究,绝大部分是使用细胞在进行体外培养和凋亡诱导,这实际上与体内生理性的PCD有很大的差别。

二、细胞凋亡是进化上的普遍现象

细胞凋亡现象普遍存在于秀丽隐杆线虫等低等动物到两栖类动物、鸟类、哺乳动物等高等动植物中。

细胞凋亡现象在秀丽隐杆线虫中研究得最为详细。秀丽隐杆线虫是体长仅1 mm左右的圆形线虫,虫体透明,染色体组为6对,约3 000个基因,是研究细胞凋亡的良好材料。很多细胞凋亡的机制最初都是通过秀丽隐杆线虫得出的。

在两栖类动物中,人们熟悉的蝌蚪变成青蛙时尾部的消失就是通过细胞凋亡来实现的。鸟类翅膀的形成也是细胞凋亡的结果:在胚胎发育过程中,指/趾间的细胞通过凋亡而死亡,从而形成具有一定形状的翅或爪。

哺乳类动物的肢体发育与之相似:鼠胚和人胚肢体原基末端在早期时呈蹼状,在胚胎发育过程中,指/趾间的细胞通过凋亡而死亡,这才形成了彼此分开的指/趾。

人体在出生后的发育以及生理状态下组织更新和损伤条件下的组织修复都高度依赖细胞凋亡。

研究发现控制细胞凋亡的基因在各种生物中也是高度保守的,提示这一细胞活动对于生物体的形成和生命活动不可或缺。一些基因如 *ced-3*、*ced-4*、*ced-9*、*elg-1* 编码的蛋白质分子参与调控线虫的细胞凋亡,*ced-1*、*ced-2*、*ced-5*、*ced-6*、*ced-7*、*ced-10*、*ced-11* 还参与调节对凋亡细胞的吞噬。在哺乳动物中发现了大量细胞凋亡相关基因如 *Bcl-2* 等,这些基因和线虫调控凋亡的基因是高度同源的,说明和细胞分裂一样,细胞凋亡也是生物进化过程一种高度保守的行为。

三、细胞凋亡的生物学意义体现在个体发育、组织更新、损伤修复等过程中

同细胞分裂一样,细胞凋亡是细胞最基本的一种生物学行为,是机体成为一个高度统一整体、能够完成各种特定功能的基础,因而贯穿于生物体全部生命活动中。正因为如此,细胞凋亡这种细胞死亡形式是生物学的研究热点。一旦调控细胞凋亡的信号途径遭破坏,导致细胞凋亡调节失控或错误,无论原因是遗传性的还是获得性的,无论是来自细胞外的激素还是某种病毒,都可引起生物体的发育异常、功能紊乱和一系列疾病。细胞凋亡贯穿于多细胞生物体全部的生命活动当中,是生物个体正常发育、维持成体组织结构自我稳定、衰老和损失应答不可缺少的部分。

1. 细胞凋亡与胚胎和成体发育　从低等动物到高等动物的发育,细胞凋亡在个体发育中都扮演着重要角色。最早的证据来自线虫的研究结果。线虫在其发育过程中共产生 1 090 个细胞,却有 131 个细胞经凋亡而被清除。在这些发生凋亡的细胞中,部分是进化过程中的蜕变细胞、组织和器官,部分是在胚胎发育过程中某一特定阶段发挥作用的细胞群。

人是由受精卵发育而成的,受精卵分裂逐步形成大量的功能不同的细胞,发育成大脑、躯干、四肢等。细胞凋亡与胚胎发育、组织发生、组织分化和修复等过程紧密相关。在发育过程中,细胞不但要恰当地诞生,而且也要恰当地死亡。为适应器官发生和组织构建的需要,机体中的细胞会在某些特定的时刻发生凋亡。人在胚胎阶段是有尾巴的,正因为组成尾巴的细胞恰当地死亡,才使得我们在出生后没有尾巴。在胚胎和成体发育过程中,通过细胞凋亡可达到下列目的。

(1) 除去对机体不再需要的细胞。如哺乳动物的生殖道发生胚在第 5~6 周时为无性别时期,同时具有雌雄两套管道,可发育为雌性生殖道的苗勒管(Mullerian ducts)和雄性生殖管道的中肾管;随着个体进一步发育,雌性淘汰中肾管,而雄性淘汰苗勒管,实现性别分化,这个淘汰过程实际上就是相应细胞凋亡的过程。蝌蚪变为青蛙时,尾巴内的细胞便开始死亡,导致不再为青蛙所需要的尾自然消失,这种尾的消失是细胞凋亡的结果(图14-1)。在哺乳动物胚胎指、爪的发育过程中,各个指/趾之间不是分离的,而是连接在一起,整个指、爪呈连续的蹼形,然后

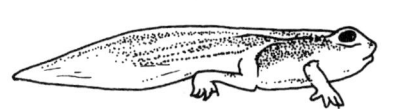

图 14-1　在蝌蚪至青蛙的变态发育过程中
细胞凋亡导致尾消失

(引自 Alberts 等,2002)

指/趾之间连接部分的细胞通过凋亡而消失,于是就形成了指/趾间隙,各个指/趾得以分离。

(2) 除去器官形成所需要清除的细胞。以消化管的发育为例,消化管的形成是在消化管上皮细胞的增生与自然凋亡的动态平衡中进行的,可以说没有凋亡就没有消化管的发育。

在胎鼠发育过程中肠上皮近游离面和食管上皮各层均有大量凋亡小体出现,说明细胞凋亡在消化管上皮发生中起着重要作用。在胚胎发育至人胚第7~8周以及鼠胚第13~14天时,肠上皮细胞大量分裂增生,上皮变为复层,肠腔变小或"闭塞";随后复层上皮内的细胞间出现次级腔,并渐与原发腔相连通并融合,肠腔扩大,是肠绒毛形成的基础,原发腔和次级腔的扩大,肠绒毛的形成以及复层上皮向单层上皮的转变中均依赖于细胞凋亡。

(3) 除去多余的、发育不正常的细胞。在发育中和成体组织中,凋亡细胞的数量惊人。如正在发育的脊椎动物神经系统中,一半以上的神经细胞在形成后不久发生凋亡。这种细胞死亡有助于神经细胞数目与它们接触的靶细胞数目相匹配(图14-2)。而人脑在发育过程中有95%的细胞凋亡。

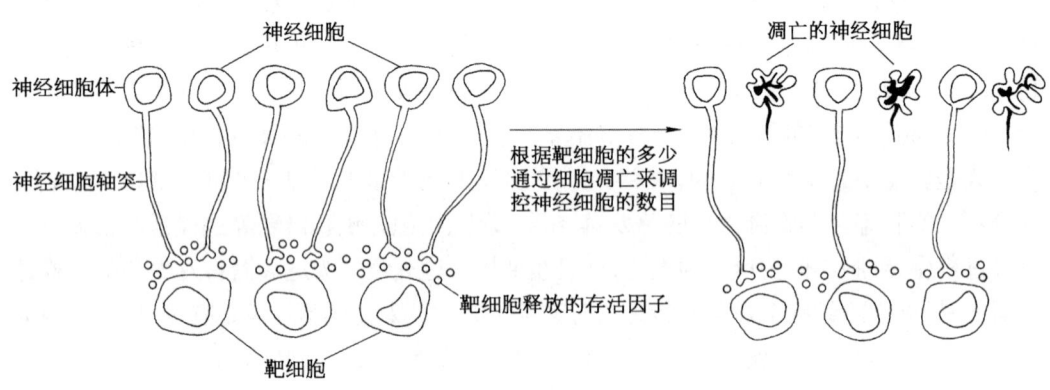

图14-2 细胞凋亡对发育中神经细胞数目的调节
(引自 Alberts 等,2008)

不难想象,如果发育过程中细胞凋亡过程发生异常,个体就不能正常发育,要么无法存活,要么发生畸形。在消化管发育过程中的细胞凋亡一旦失常,即发生畸形。例如,先天性肠狭窄或肠闭锁,就是由于应该凋亡的细胞没有凋亡而造成的;而不应该凋亡的细胞出现凋亡,则可造成如气管食管瘘这样的畸形。

2. 细胞凋亡与组织更新、自我稳定和衰老　在成年机体中,细胞随着生命过程的进行会不断地衰老、磨损、畸变,因而丧失功能。这些无用、衰老的细胞不仅是机体的负担,还可能变为有害细胞,对机体造成威胁。机体通常通过细胞凋亡清除受损和衰老的细胞,同时通过细胞增殖和分化代之以新生的细胞,从而维持器官中细胞总体数量和各种细胞比例的稳定以及功能的正常进行,这些被称为组织的自我稳定(homeostasis),如皮肤细胞、血细胞包括免疫细胞、肠上皮细胞的定期更新。除非组织或器官处于增大或萎缩过程,细胞诞生和死亡通常都处于一个动态平衡阶段。一个成年人体内每天都有上万亿细胞诞生,同时又有上万亿细胞"程序性死亡";成体每小时在骨髓中凋亡的造血细胞和在肠腔中凋亡的上皮细胞可多达百万;皮肤的角质层的形成,也是建立在细胞凋亡基础上的。

以血液组织为例。人体内每天有 10^{11} 数量级的血细胞通过细胞凋亡被清除。一旦正常的细胞凋亡过程被破坏,将引发一系列疾病,包括癌症、感染性疾病、自身免疫性疾病等。

血细胞是存在于血液中的细胞,能随血液的流动遍及全身。对哺乳动物来说,血细胞主要含下列三个部分——红细胞:主要的功能是运送氧;白细胞:主要扮演了免疫的角色,当病菌侵入人体时,白细胞能穿过毛细血管壁集中到病菌入侵部位,将病菌包围、吞噬,并激活抗体和淋巴因子分泌;血小板:在止血中起着重要作用。血细胞约占血液容积的 45%。在机体的生命过程中,血细胞不断地新陈代谢。每天都有一部分衰老的血细胞被破坏,同时又有一部分新生的血细胞进入血液循环。用同位素标记法测定,红细胞的平均寿命约 120 天,有粒白细胞和血小板的寿命更短,生存期限一般不超过 10 天。淋巴细胞的生存期长短不等,从几个小时到几年。

此外,细胞凋亡机制也是机体用于清除体内癌变的或被微生物感染的细胞的重要手段。衰老细胞基因组非常不稳定,发生转化和癌变的概率很大。通过细胞凋亡,可以及时清除衰老细胞,降低机体癌变的危险。如果该死亡的细胞没有死亡,就可以导致畸变的细胞恶性增长,形成肿瘤。但是,某些老年性神经退化性疾病,如帕金森病(Parkinson disease)、阿尔兹海默病(Alzheimer disease)等,则又可能是由不适当的或过度的神经细胞凋亡引起的。

3. **细胞凋亡与免疫** 细胞凋亡对免疫系统具有重要的意义。除了因为免疫细胞也可以作为血液细胞的成分而被更新外,更因为淋巴细胞发育分化成熟过程中,始终伴随着细胞凋亡,需要利用凋亡来进行克隆的选择。淋巴细胞通过阳性选择保留具有识别外来抗原与自身 MHC 分子复合物的细胞,通过阴性选择去除识别自身抗原的 T 淋巴细胞,阴性选择的主要机制就是识别自身抗原的 T 淋巴细胞克隆通过细胞凋亡而清除,就形成了自身抗原的耐受。另外,T 淋巴细胞在受到入侵的抗原刺激被激活并诱导出一系列免疫应答反应过程中,参与反应的淋巴细胞和靶细胞在一定条件下均可发生凋亡。免疫活性细胞,特别是淋巴因子激活的杀伤细胞(lymphokine-activated killer, LAK)在攻击肿瘤细胞、病毒感染细胞时,可有效诱导靶细胞发生凋亡。而分化成熟的淋巴细胞,包括其他成熟的白细胞,也通过细胞凋亡严格地实现新旧交替。受获得性免疫缺陷综合征病毒的攻击时淋巴细胞大批凋亡,会破坏人体的免疫能力,导致获得性免疫缺陷综合征发作。

4. **细胞凋亡与损伤和应激应答** 机体和组织细胞常常面对各种恶性外部刺激如电离辐射、紫外线、毒物等,细胞也常常面对各种内部损伤和应激因素,例如内质网应激、

DNA 复制和分配错误、端粒缩短、活性氧水平升高等，导致细胞损伤尤其是 DNA 损伤的发生和积累。DNA 损伤应答是细胞内一种非常保守的抵御损伤并调整细胞自身反应的机制，由多条信号传导通路构成的网络来监测和传递损伤信号，并形成一个应答机制，包括细胞周期检验点和其他信号转导和基因表达调控反应。

DNA 损伤应答机制重要而复杂，生物主要通过 DNA 损伤修复和细胞凋亡来保护其正常的生理功能和稳定的遗传性状。在生物的生命周期中，DNA 的复制、细胞的分裂或基因组受到损伤，均可能导致 DNA 的碱基序列出现差错，甚至是染色体结构或数量发生异常。要维持基因组的稳定性，就需要对这些错误进行识别、修复，必要时还要通过凋亡清除包含严重差错的细胞。因为此监控、修复机制对生物体极端重要，所以在生物进化的过程中，这一系统的成员和功能具有高度保守性。在受到一定的 DNA 损伤刺激时，细胞必然要在死亡与生存之间作出选择。一般情况下，弱的 DNA 损伤刺激会引起 $p53$ 激活，促进细胞周期蛋白的依赖性激酶抑制蛋白的基因转录，引起细胞周期停滞，从而促进细胞对损伤 DNA 进行修复；而在强刺激、强损伤下，细胞则会激活 $p53$ 转录促凋亡基因，从而引起细胞凋亡，移除损伤细胞，保护机体。

在组织细胞受损伤后，修复过程有炎症参与，有肉芽组织和瘢痕组织的形成。肉芽组织来自围绕损伤部位的结缔组织成分，并含有小血管、炎性细胞、成纤维细胞、成肌纤维细胞等。当伤口愈合和瘢痕形成时，细胞成分显著减少，包括成肌纤维细胞的消失。研究显示，细胞凋亡在组织损伤后由肉芽组织转为瘢痕组织时也起到了非常重要的作用。

肿瘤治疗中采用的放射线（放疗）和药物（化疗）治疗对于肿瘤细胞都造成应激和损伤，肿瘤细胞可以形成对这些因素的不敏感或抵抗，表现为凋亡不发生或发生不多。因此，任何敏化细胞对凋亡信号反应性的因素都可以成为肿瘤治疗的辅助手段。

四、细胞凋亡具有独特的形态学和生物化学特征

1. **细胞凋亡的形态学特征**　形态学观察细胞凋亡的变化是多阶段的。首先出现的是细胞体积缩小，细胞的皱缩，连接消失，与周围的细胞脱离。然后是细胞质密度增加，线粒体膜电位降低或消失，线粒体膜通透性增大，释放细胞色素 c 到胞质。由于核纤层和细胞骨架的解体，染色质高度紧缩并围绕于核周边（称为边聚）或形成新月形结构，核膜核仁破碎，DNA 降解成为 180~200 bp 的片段，浓缩的核还常常裂解为几个大的碎片，分散于细胞的不同部位。随后胞膜有小泡状形成，膜脂双层内侧磷脂酰丝氨酸外翻到膜表面，胞膜结构仍然完整，通过细胞膜内陷或发泡、出芽等方式，最终可将凋亡细胞遗骸分割包裹为几个凋亡小体，这些凋亡小体的细胞膜保持完整，其中可含有完整的细胞器如线粒体、核碎片等。凋亡小体可迅速被周围专职或非专职吞噬细胞吞噬，进行吞噬的一般是巨噬细胞，有时是上皮细胞或血管内皮细胞。由于在这一过程中始终没有细胞内容物的释放，因此不会引发组织间隙的炎症（图 14-3）。

根据对凋亡细胞核和染色质变化的认识，可以采用很多简易的方法检测细胞凋亡，如

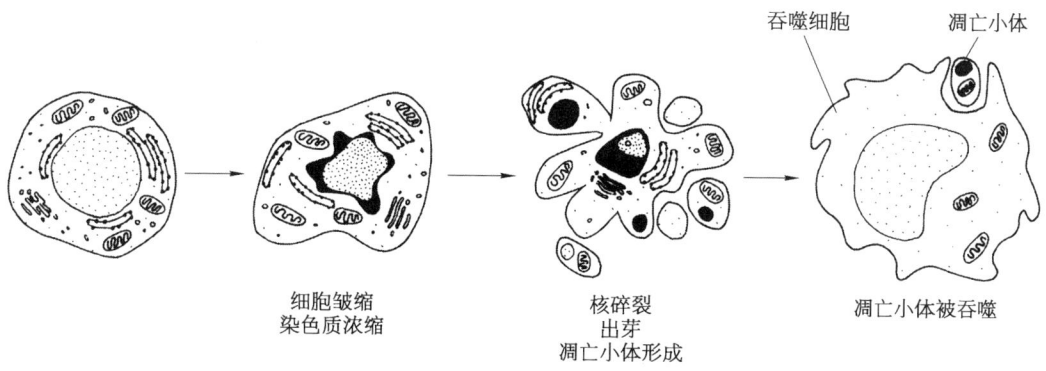

图 14-3 细胞凋亡形态学变化模式图

HE 染色、甲基绿-派诺宁染色、吉姆萨(Giemsa)染色在普通光镜下观察,用荧光 DNA 染料如吖啶橙、Hoechst33258 染色在荧光显微镜下观察,或用电子显微镜观察典型的细胞核形态和凋亡小体。流式细胞可检测磷脂酰丝氨酸外翻到质膜表面。

2. 细胞凋亡的生物化学特征

(1) 胱冬肽酶活化:细胞凋亡的过程实际上是胱冬肽酶不可逆水解底物的级联放大反应过程。前文已述及了胱冬肽酶名词的来源和某些特点,在这里我们将详细阐述胱冬肽酶在凋亡过程中的特点、级联反应特性、上游和下游酶的组成、底物及其检测。

1) 胱冬肽酶的分类:到目前为止,至少已有 14 种胱冬肽酶被发现,分子间的同源性很高,结构相似。它们根据功能可分为两类,其中参与细胞凋亡的成员包括胱冬肽酶-2、胱冬肽酶-3、胱冬肽酶-6、胱冬肽酶-7、胱冬肽酶-8、胱冬肽酶-9、胱冬肽酶-10。

2) 胱冬肽酶家族的一般特征:新合成的蛋白酶是以无活性的胱冬肽酶原的形式存在,在 Asp-X 键处被其他蛋白质切割成亚基后才组装成四聚体活性酶(两个大亚基,两个小亚基),具有被上游激活或自身活化和活化其他胱冬肽酶的能力。

3) 上下游胱冬肽酶及其活化的级联反应:诱导凋亡的胱冬肽酶分成启动者(initiator)和效应者(effector)两大类,分别在上游和下游发挥作用。

胱冬肽酶的活化是多步水解的过程。在胱冬肽酶酶原的 N-端前肽和大亚基之间的特定位点被水解去除 N-端前肽;在大小亚基之间切割释放大小亚基;由大亚基和小亚基组成异源二聚体,再由两个二聚体形成有活性的四聚体(图 14-4a)。活化可以有同源活化和异源活化,这两种活化方式密切相关,一般来说后者是前者的结果。发生同源活化的胱冬肽酶又被称为启动胱冬肽酶或上游胱冬肽酶,包括胱冬肽酶-8、胱冬肽酶-9、胱冬肽酶-10。同源活化是细胞凋亡过程中最早发生的胱冬肽酶水解活化事件,启动活化后即开启细胞内的死亡程序,通过异源活化方式水解下游胱冬肽酶将凋亡信号放大,同时将死亡信号向下传递。异源活化即由一种胱冬肽酶活化另一种,被异源活化的胱冬肽酶又称为执行胱冬肽酶(executioner caspase)或效应胱冬肽酶或下游胱冬肽酶,包括胱冬肽酶-3、胱冬肽酶-6、胱冬肽酶-7。

胱冬肽酶的蛋白切割和活化形式出现,可以通过蛋白电泳观察到条带或酶细胞化学反应产物读出,是细胞凋亡的常用检测指标。

活化的胱冬肽酶除了激活自身和下游多个胱冬肽酶而构成级联反应外,最末端的胱冬肽酶还直接作用于细胞内的某些靶蛋白而介导各种凋亡事件。如作用于核纤层蛋白而将核纤层降解,水解凋亡抑制蛋白而发挥正反馈效应(图14-4b)。

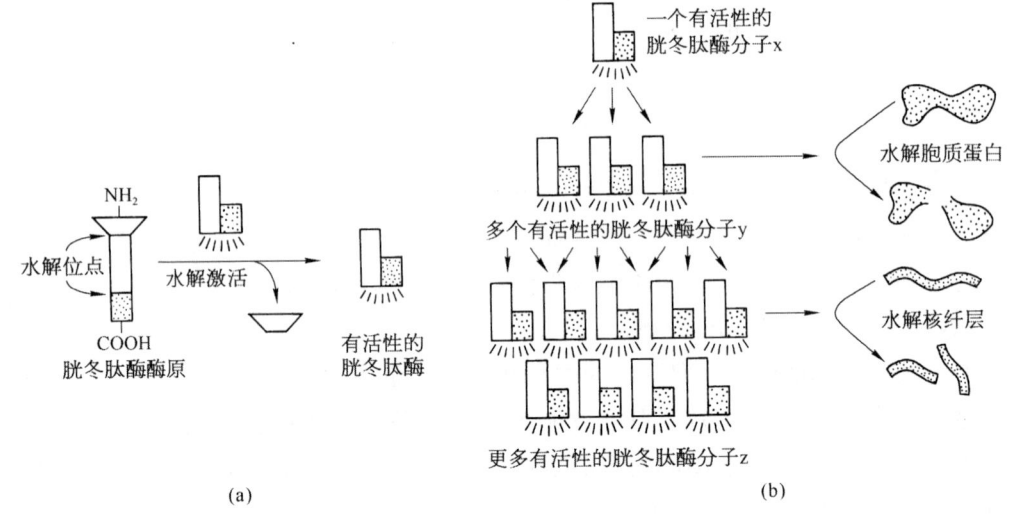

图14-4 细胞凋亡过程中的胱冬肽酶级联反应
(a) 胱冬肽酶原的水解激活;(b) 胱冬肽酶级联反应
(引自 Alberts 等,2002)

4) 胱冬肽酶的作用:效应胱冬肽酶的底物也就是靶蛋白种类很多。以核纤层蛋白为例:核纤层蛋白(lamina)在维持核膜的完整性和间期染色质形成中起重要作用,是核骨架的重要结构蛋白。凋亡过程中核纤层蛋白 A、B、C 三种都被切割,核纤层蛋白的水解导致核纤层的解体,是染色质凝聚包装成凋亡小体所必需的。

胱冬肽酶在细胞凋亡发生中的作用主要有:① 灭活细胞凋亡抑制物:正常细胞为避免凋亡发生有一系列凋亡抑制物在各个环节发挥作用,比如核酸内切酶抑制剂在静态时与核酸内切酶结合并抑制核酸内切酶的活性。胱冬肽酶可灭活、降解特定的核酸内切酶抑制剂,使核酸内切酶被释放,并作用于核 DNA,引起 DNA 的特征性降解。胱冬肽酶还可通过裂解灭活 Bcl-2 蛋白,来解除其抑制细胞凋亡发生的作用。② 直接破坏或裂解细胞结构:效应胱冬肽酶可裂解核纤层蛋白而引起核纤层的崩解,并导致染色质的浓缩。同时,胱冬肽酶可识别并裂解几种参与细胞骨架调节的蛋白质,造成细胞形状出泡、失去贴附等变化。

人们习惯上把凋亡过程划分为诱导期和效应期,胱冬肽酶的激活就是效应期的标志。虽然诱发凋亡的信号及其途径千差万别,但是凋亡执行者总是由胱冬肽酶来担任,只不过参加的成员有所不同。因此凋亡细胞具有相同的形态学及生化特征。

(2) DNA 的片段化降解：细胞染色体 DNA 的片段化降解是细胞凋亡的明显特征之一。这种降解非常特异并有规律，所产生的不同长度 DNA 片段为 180~200 bp 的整倍数，而这正好是缠绕组蛋白八聚体的 DNA 长度，提示染色体 DNA 恰好在核小体连接处被切断。实验证明，这种 DNA 的降解是一种特异的内源性核酸内切酶被激活并作用的结果，该酶在核小体连接处切断染色体 DNA，形成与 180~200 bp 成整倍数的 DNA 片段，表现在 DNA 凝胶电泳时形成了特征性的"梯状(ladder)"条带(图14-5b)。而细胞坏死时 DNA 随机降解为大小不等的碎片，因此在电泳时呈现"涂片(smear)"式分布，这可用来检测分析细胞死亡类型(图 14-5c)。另外，这些含有不完整 DNA 倍体的凋亡细胞也可用流式细胞技术检测到比 G_1 期细胞的 DNA 含量更低的细胞群，叫作"亚 G_1 峰"。

3. ATP 的消耗　细胞凋亡的一个重要特征是需要消耗 ATP，而细胞坏死时则不需要消耗 ATP。在某些促凋亡信号作用下，当细胞内 ATP 的储备不足以发动细胞凋亡时，常常转化为细胞坏死。

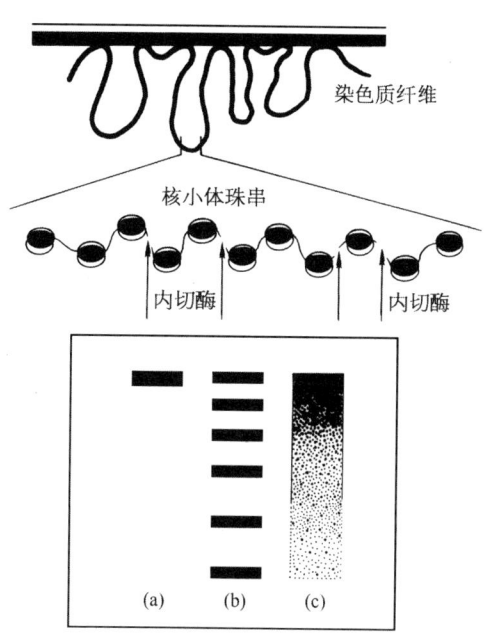

图 14-5　细胞凋亡时 DNA 的降解示意图
(a) 正常细胞 DNA 电泳图；(b) 凋亡细胞特征性"ladder"DNA 电泳图；(c) 坏死细胞"smear"状 DNA 电泳图

第三节　细胞凋亡的调控信号

细胞凋亡是单一性与多样性的统一。其单一性表现为几乎所有凋亡细胞的形态与生化改变都是一致的。但是在不同环境、不同细胞或不同刺激的情况下，细胞从触发凋亡信号到信号转导过程又是不同的，因而细胞凋亡也具有多样性。凋亡的单一性使人们清楚地认识到凋亡是多细胞生命体的一种普遍现象；而多样性使人们认识到凋亡的发生机制是非常复杂的并受到精确的调控，对这一机制的深入认识将是人为地调控细胞凋亡过程得以实现的基础。

每个细胞都携带像胱冬肽酶这样可以摧毁自己的"定时炸弹"，因此细胞必须小心监控凋亡的诱发因素，只在确实接收死亡信号时才启动凋亡，以避免不必要的死亡。细胞中的 Bcl-2 家族蛋白可以调控凋亡信号通路，其中的某些成员扮演促进凋亡的角色，另一些成员包括 Bcl-2 自己则扮演抑制凋亡的角色。那些促进细胞存活和增殖的生长因子信号也是天然的凋亡抑制因素。对凋亡通路的抑制还不只是为了避免死亡,也是细胞存活和生长所需要的。那么,剥夺生长因子这样的促进细胞存活和增殖的因素,对细胞也就是发出了促进凋亡的信号。

诱导细胞凋亡信号可来源于细胞内或细胞外:细胞内部的信号可能来自细胞的谱系特征、不同状态的生理学行为乃至 DNA 是否受损;来自细胞外的信号可以是其他细胞分泌释放的信号分子,也可以是结合在细胞表面的大分子物质经相互作用而传递。凋亡信号激发的凋亡程序一旦开始,细胞凋亡将不可逆地发生。细胞凋亡发生的信号转导途径可分为细胞外和细胞内两大类。第一类即死亡受体通路;第二类首先是指线粒体通路,其次常见的是内质网通路,最后是较不清楚的溶酶体通路。

一、死亡受体介导的细胞凋亡受细胞外信号调控

此类信号包括肿瘤坏死因子 α(TNFα)、Fas ligand(简称 FasL)等,称为死亡信号。其中 TNFα 是可溶性蛋白,主要由免疫细胞所分泌;FasL 则是免疫细胞表面膜蛋白。死亡信号诱导凋亡通路的起点是细胞膜上的特定受体,这些受体被叫作死亡受体(death receptor),即 TNFα 受体和 Fas 等。Fas 是一种跨膜蛋白,和 TNFα 受体都属于肿瘤坏死因子 TNF 受体超家族成员。FasL 与 Fas 结合、TNFα 与 TNFα 受体结合可以激活死亡受体,启动凋亡信号的转导,引起细胞凋亡。该家族成员的共同特点是:胞内段都有转导细胞死亡信号所必需的一段高度同源的氨基酸序列,称作"死亡域"(death domain)。受体与配体结合后,通过跨膜信号转导把死亡信号转导入细胞内死亡域,通过一系列接合蛋白(adaptor),募集起始胱冬肽酶酶原-8 或(和)胱冬肽酶酶原-10,形成死亡诱导信号复合物(death-inducing signaling complex,简称 DISC)。起始胱冬肽酶一旦在 DISC 中被激活,就会激活下游的效应胱冬肽酶,触发胱冬肽酶级联反应,并诱导凋亡(图 14-6a)。

TNFα 受体的死亡域在静息状态下与一个抑制蛋白结合。在 TNFα 受体与相应配体结合后,抑制蛋白被释放,由此暴露的死亡域可被 TNF 受体偶联死亡蛋白(TNF receptor-associated death domain protein,简称 TRADD)识别,并引起受体结合蛋白(receptor-interacting protein,简称 RIP)、TNF 受体偶联因子 2(TNF receptor-associated factor2,简称 TRAF2)和 FADD 相互作用并形成 DISC,进而引发胱冬肽酶酶原-8 的水解及胱冬肽酶级联反应。

可以想象,死亡受体激活所诱导的细胞凋亡可以发生在免疫细胞的阴性选择和杀伤中。但是,其他细胞包括肿瘤细胞也都可以被这条途径诱导凋亡。

二、线粒体介导的凋亡通路被看作细胞内信号途径,却可被细胞内外多种因素激活

激活这一途径的信号十分广泛,包括辐射、损伤、毒物、某些药物如氧化砷(As_2O_3)等

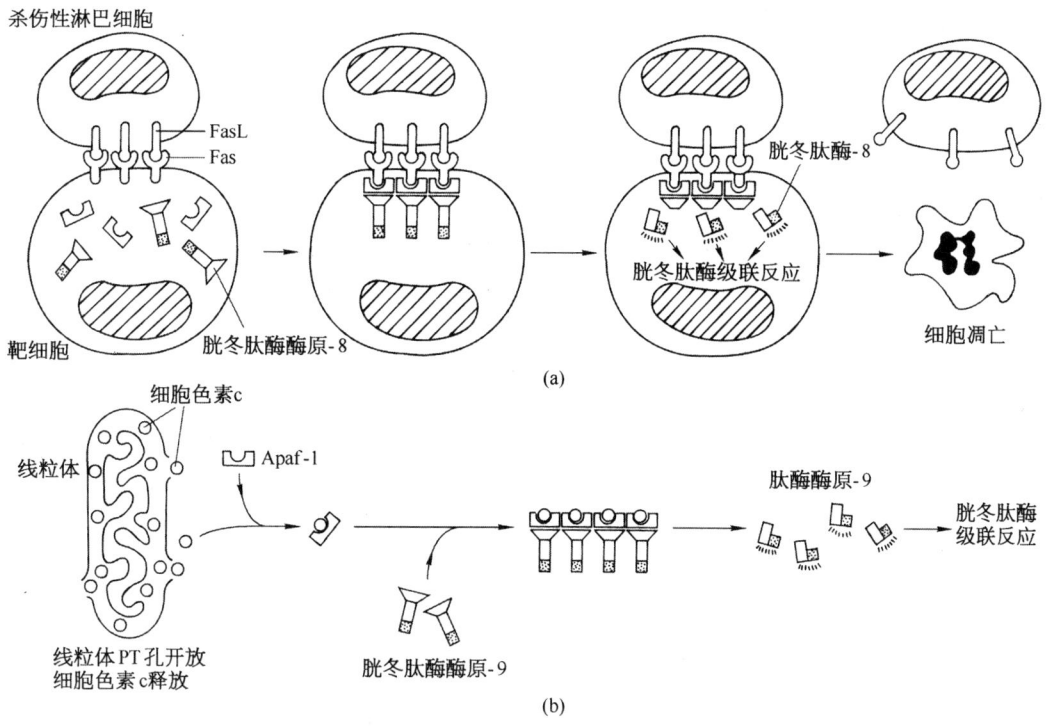

图 14-6　经典的两种细胞凋亡途径
(引自 Alberts 等,2002)

外部因素,也包括细胞内活性氧浓度升高、钙离子超载等内部因素。这些信号往往通过各种机制引发线粒体这一细胞器的结构变化,导致线粒体通透性转换孔(permeability transition pore,简称 PTP 或 PT 孔)的不可逆开放,使得线粒体内细胞色素 c 释放到细胞质。释放到细胞质的细胞色素 c 与细胞质中的凋亡激活因子-1(apoptosis-activating factor,简称 Apaf1)及 dATP 结合,并进一步与胱冬肽酶-9 前体结合,引起胱冬肽酶-9 前体的水解,生成活化的胱冬肽酶-9,进而触发胱冬肽酶级联反应。这一途径常称为"线粒体途径"。需要指出的是,线粒体还可以通过 PT 孔释放其他一些因子到胞质,如凋亡诱导因子(apoptosis inducing factor,简称 AIF)、Smac 等,促进凋亡的发生(图 14-6b,图 14-7)。如果细胞内有大量内源性的胱冬肽酶抑制物,细胞色素 c 的释放就不能介导胱冬肽酶依赖型凋亡,细胞色素 c 在线粒体中的消失可直接导致电子传递中断,ATP 合成减少,最后导致细胞坏死。

前述死亡受体途径最后也可以通过线粒体途径诱导凋亡。死亡信号激活的胱冬肽酶-8 可以通过一些 Bcl-2 家族蛋白如 Bid、Bax 等,引发线粒体 PT 孔的开放。目前倾向于认为线粒体是凋亡的"中心执行者",各种促凋亡信号都可以通过各种机制引发线粒体途径的激活(图 14-7)。线粒体 PT 孔的不可逆开放常常作为凋亡发生的指标。

PT 孔是横跨在线粒体内外膜之间的高电导性非选择性通道,以前也称作巨型通道

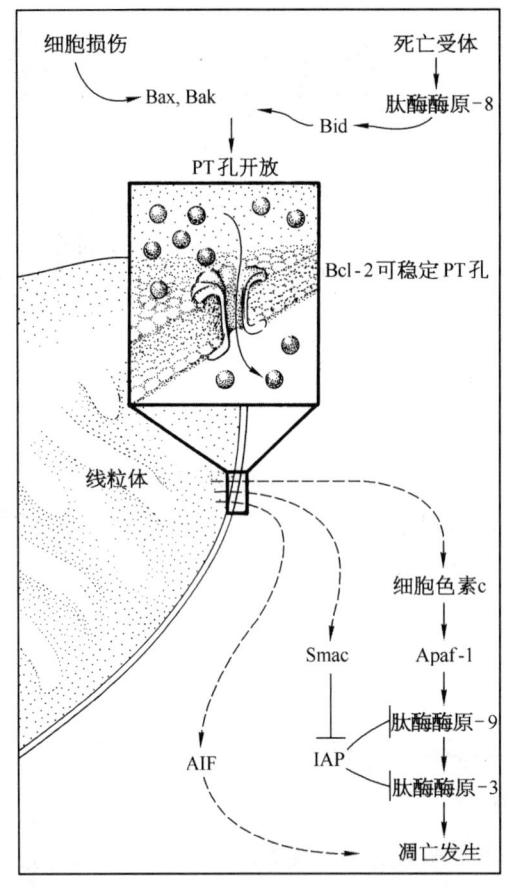

图 14-7　线粒体在细胞凋亡过程中的作用示意图
（引自 Finkel 等,2001）

(mega channel),它主要由电压依赖性阴离子通道（voltage-dependent anion channel, VDAC）、腺嘌呤核苷酸转位酶（adenine nucleotide translocase, ANT）和环孢菌素 A 受体 D（cyclophilin－D, CyP-D）组成。ANT 位于线粒体内膜, VDAC 位于线粒体外膜, CyP－D 位于线粒体内室, ANT 和 VDAC 刚好位于线粒体内外膜对应接触位点上, 三者构成一个稳定的复合体结构, 同时还结合己糖激酶、肌酸激酶和其他一些蛋白质。生理条件下,PT 孔仅允许小分子物质通过, 呈现可逆性的开关交替状态, 其功能可能是作为线粒体和细胞质之间物质交换的一个孔道。

PT 孔的稳定性受到多种因素的调控, 其中 Bcl-2 家族蛋白对 PT 孔稳定性的调节与凋亡发生密切相关。多数 Bcl-2 家族蛋白的 C-末端含有一个疏水性的结构域, 可引导 Bcl-2 家族蛋白插入到某些细胞器的脂双层中。在无死亡信号刺激时, 大部分抗凋亡成员 Bcl-2、Bcl-XL、Bcl-w 等因含有这种结构域而定位于线粒体膜, 并起着稳定线粒体 PT 孔的作用, 大部分促凋亡成员如 Bid、Bax 则以非活性的形式位于细胞质中。在凋亡诱导过程中, 促凋亡蛋白在某些酶的作用下发生构型变化, 从细胞质中移位于线粒体外膜, 并与抗凋亡蛋白相互作用, 引起抗凋亡蛋白对凋亡抑制活性的丧失, 引发 PT 孔的不可逆开放, 使得细胞色素 c 释放, 而让细胞走向凋亡。

线粒体呼吸链氧化磷酸化过程中产生的活性氧在凋亡诱导中也扮演着重要角色。需要指出的是, 在凋亡晚期会有大量的活性氧生成, 这往往是呼吸链彻底崩溃的结果。如果活性氧生成速度超过一定阈值, 细胞还很容易被导向坏死。

三、内质网也可以介导细胞凋亡

内质网是细胞内蛋白质合成、修饰和折叠的主要场所, 同时也是胞内 Ca^{2+} 的主要储存库。内质网与细胞凋亡的联系表现在两个方面: 一是内质网对 Ca^{2+} 的调控, 二是胱冬肽酶在内质网上的激活。

Ca^{2+} 是真核细胞内重要的信号转导因子, 它的稳态平衡在细胞正常生理活动中起着举足轻重的作用。因此,作为细胞内重要的钙库,内质网对胞质中 Ca^{2+} 浓度的精确调控可以影响细胞凋亡的发生。大量研究表明,很多细胞在凋亡早期会出现胞质内 Ca^{2+} 浓度迅速持续的升高,这种浓度升高来源于细胞外 Ca^{2+} 的内流及胞内钙库(如内质网)的钙释放。相对高浓度的 Ca^{2+} 一方面可以激活胞质中的钙依赖性蛋白酶(如 calpain),另一方面可以作用于线粒体并影响其通透性改变,进而促进凋亡。位于内质网上的抑凋亡蛋白 Bcl-2 也可以调节内质网腔中的游离 Ca^{2+} 浓度,使胞质中的 Ca^{2+} 维持在合适的中等浓度水平,从而起到抑制凋亡的作用。

当新合成的蛋白质 N-末端糖基化、二硫键形成以及蛋白质由内质网向高尔基体转运等过程受阻时,非折叠或错误折叠的新合成的蛋白质在内质网中大量堆积,或者是 Ca^{2+} 稳态平衡的打破,都会损伤内质网的正常生理功能,称为内质网应激。内质网应激引起的凋亡也是通过激活胱冬肽酶来实现的。胱冬肽酶-12 的前体(procaspase-12)定位于内质网膜,是介导内质网应激凋亡的关键分子。它在 Ca^{2+} 等作用于内质网的应激因子的影响下可以被激活,参与由内质网途径引起的凋亡,而在线粒体途径或死亡受体途径中起作用的刺激因子则不能引起胱冬肽酶-12 的激活。同时,Ca^{2+} 依赖性的蛋白酶 calpain 以及胞质中的胱冬肽酶-7 能够激活内质网上的胱冬肽酶-12 前体,激活后的胱冬肽酶-12 被转运到胞质中与胱冬肽酶-9 介导的凋亡过程相结合,完成凋亡反应。

内质网介导的细胞凋亡是不同于死亡受体与线粒体介导的凋亡途径。内质网应激相关的细胞凋亡与糖尿病、神经退行性变、肿瘤的发生和发展相关。

四、溶酶体与细胞凋亡关系复杂

一直以来溶酶体被认为在细胞死亡中的作用仅仅是消化内吞的凋亡小体或介导自噬,或通过释放大量非特异性的水解酶参与坏死。然而,越来越多的研究表明,在凋亡过程中,溶酶体释放蛋白水解酶可以激活胱冬肽酶入胞质,从而引起一系列信号通路的改变——这种现象被称为"溶酶体通路介导的细胞凋亡"。

溶酶体内的蛋白水解酶究竟是如何参与到细胞凋亡的调控过程呢?这涉及两个方面的问题:这些蛋白水解酶如何从溶酶体中释放到胞质内的,特异性的细胞凋亡过程如何由包含有非特异性水解酶的溶酶体来完成。一种可能性是溶酶体组织蛋白酶(cathepsin)选择性地从溶酶体转移至胞质,这种转移机制目前尚不清楚。此外,从溶酶体中的酸性环境转至胞质的中性环境,这种 pH 的变化对组织蛋白酶的活性会不会有影响以及有哪些影响,这都是尚待探讨的问题。另一种可能性是溶酶体膜的破裂程度与胁迫因子间存在着某种数量级上的关系。也就是说,当溶酶体受到低强度的胁迫时,就释放有限种类的水解酶到胞质中,参与凋亡,当受到高强度的胁迫时,溶酶体膜破裂,水解酶全部释放,引起细胞坏死。释放的溶酶体酶可与凋亡相关因子共同作用于线粒体,促进凋亡。这些水解酶又是怎样作用于线粒体?纯化的溶酶体组织蛋白酶 B 只能引起少量的细胞色素 c 释放,与胞内溶物一起作用于线粒体时则可产生大量细胞色素 c,表明有胞质中存在一种或多种因子参与溶酶体酶及线粒体之间的作用。总之,溶酶体并非通过某单一的途径引起凋亡,而是通过胱冬肽酶以及 Bcl-2 家族蛋白调控的多种分子途径引起。

第四节 细胞凋亡与疾病

  细胞凋亡与细胞增殖都是机体的正常生理过程,它们之间需要维持一种动态平衡,因此,细胞死亡,尤其是细胞凋亡,与细胞增殖同等重要。当某些细胞不能通过凋亡予以清除时,机体的生、死动态平衡就会失调,并导致疾病的发生。

一、细胞凋亡的抑制与肿瘤发生和肿瘤发展有关,诱导凋亡可用于肿瘤治疗

  肿瘤的发生和发展就是由于细胞增殖失控、分化受阻和细胞凋亡失调造成的。实际上,肿瘤的形成原因之一是细胞抑癌基因突变阻止了细胞凋亡,使得应该让细胞死亡的"程序"封闭了,导致细胞无限制地生长和分裂,获得"永生不死"的能力。调控凋亡的基因有两类:抑制凋亡、启动或促进凋亡。与肿瘤细胞凋亡有关的基因主要有 $Bcl-2$ 基因家族、$p53$、$c-myc$ 和 $apo-1$ 等,如果我们能操控这些基因,加速癌细胞的凋亡,将有助于肿瘤治疗。

  实际上,目前发现许多传统的肿瘤治疗方法如化学治疗和放射疗法的作用机制均涉及细胞凋亡。肿瘤细胞对药物和治疗的抵抗常常表现为凋亡不易发生。目前已发现可诱导细胞凋亡的化疗药物有:① 以 DNA 为靶点的药物:包括顺铂、环磷酰胺、氮芥、丝裂霉素、氟尿嘧啶、阿糖胞苷;② 以拓扑异构酶为靶点的药物:如多柔比星、依托泊苷(VP-16)、替尼泊苷(Vm-26)、羟喜树碱 11;③ 以 RNA 为靶点的药物:如羟基脲、巯嘌呤;④ 以微管为靶点的药物:如长春碱、紫杉醇、秋水仙碱。许多有抗肿瘤作用的中药也被证明有促进细胞凋亡等作用,如刺五加皂苷、人参皂苷、莪术提取物榄香烯等。

  以诱发细胞凋亡为目的的抗体疗法和细胞因子疗法有些也已运用于临床。用受体拮抗剂治疗乳腺癌及作用于 Fas 抗原为目标的单克隆抗体治疗试验,自身免疫病中反复投用自身抗体等就是以受体为作用目标诱导细胞凋亡的治疗方法。

  近年来对急性早幼粒细胞白血病(APL)治疗有较大进展,是与三氧化二砷诱导凋亡疗法在治疗上取得成功分不开的。2000 年美国食品与药物管理局(FDA)批准三氧化二砷为临床用药。三氧化二砷是传统中药砒霜中的主要成分,20 世纪 70 年代首先被我国医生应用于急性早幼粒细胞白血病(M3 型)的患者,之后又拓展到经视黄酸(又称维甲酸)治疗复发的 M3 型病例上,其完全缓解率达 90%以上。在此基础上,上海第二医科大学的研究人员首次揭示了三氧化二砷诱导细胞凋亡是治疗早幼粒白血病(APL)的原因。最近该小组又揭示了其中的分子机制是三氧化二砷直接与 PML 端的"锌指"结构中的半胱氨酸结合,诱导蛋白质发生构象变化和被降解,融合蛋白 PML-RAR 的降解最终导致白血病细胞走向分化和凋亡。

二、细胞凋亡过度可能导致免疫性疾病

前已述及机体免疫与细胞凋亡有关,机体某些细胞类型,如角膜上皮细胞和睾丸滋养细胞在生理状况下有大量 FasL 表达,可以杀伤携带有 Fas 分子的免疫细胞,从而保证这些组织器官的"免疫豁免"。某些组织如肝脏和卵巢等也有 Fas 表达,这有利于组织细胞的持续更新。许多恶性度高的癌细胞中,有大量 FasL 表达,这可能是肿瘤细胞用来杀伤免疫细胞、逃避免疫攻击的一个机制。但是,凋亡细胞及其所携带的抗原在被吞噬细胞吞噬处理后,在一定条件下可以加强或降低特异性免疫反应的强度,表现为免疫激活或免疫耐受。因此,细胞凋亡对免疫反应是一把"双刃剑"。而细胞凋亡的过度可能导致某些自身免疫性疾病的发生。

某些结缔组织病如系统性红斑狼疮(SLE)和细胞凋亡过度以及机体处理凋亡细胞能力下降有关。Graves 病(GD)是一种伴甲状腺激素(TH)分泌增多的甲状腺非破坏性器官特异性自身免疫病,是引起甲状腺功能亢进的主要原因。细胞免疫和体液免疫皆参与了 GD 的发病过程。有证据表明,细胞凋亡过度与 Graves 病发病相关。

Ⅰ型糖尿病是一种 T 细胞介导的自身免疫性疾病,表现为胰岛 B 细胞的选择性破坏。当 90% B 细胞遭自身 T 细胞免疫攻击后,胰岛素的分泌量绝对不足时,就导致高血糖出现。而 B 细胞的破坏与细胞过度凋亡密切相关。

人类免疫缺陷病毒 1 型(HIV-1)感染可使被感染者体内 CD4 细胞数量减少,最终导致获得性免疫缺陷综合征(艾滋病)。现已知细胞凋亡是 HIV-1 诱导细胞死亡的一个重要机制。HIV 可直接诱导细胞凋亡,如 HIV-1 除了通过使细胞周期停止在 G_2 期而诱导细胞凋亡外,还可以通过直接作用于线粒体而诱导细胞凋亡。

三、细胞凋亡发生于缺血性心血管病变、神经退行性病变等疾病

心血管疾病与细胞凋亡相关的研究有较多报道。心肌细胞凋亡是急性心肌梗死引起细胞损伤的主要方式,坏死则是继凋亡后成为梗死区细胞逐渐丧失的主要原因,是陈旧性心肌梗死中细胞死亡的主要形式。在急性心肌梗死的心肌细胞中,同时也有 *Fas* 基因和 *Bcl-2* 基因表达增加。

阿尔茨海默病是一种神经退行性疾病,大脑的神经元丢失是其最基本的病理改变。研究表明,老年斑的核心组成 β 淀粉样蛋白(amyloid protein β,简称 Aβ)的水平与该病严重程度明显相关,而 Aβ 毒性作用的基本特征是神经元凋亡。

增强细胞对凋亡的耐受性可能有助于治疗神经退行性变性疾病,如用神经营养因子可使神经退行性疾病患者的神经元存活或避免损失功能。阿尔茨海默病患者脑中胱冬肽酶活性增高,且有 DNA 片段等凋亡特征,据此有人设想以抑制胱冬肽酶等手段来治疗阿尔茨海默病。可以预期,随着对细胞凋亡的深入理解,许多疾病的治疗都将有新的突破。

本 章 小 结

细胞凋亡是指细胞在一定的生理或病理条件下,遵循自身程序,通过启动内部死亡信号通路,以一种可调控的方式自己结束生命的过程。凋亡细胞具有特征性的形态学和生物化学表现,主要是胱冬肽酶活化级联反应、细胞核固缩、染色质边集、DNA规则性断裂等。凋亡细胞最后脱落,或裂解为若干凋亡小体而被其他细胞吞噬。细胞凋亡是机体调节细胞数目的一种形式,也是胚胎和成体发育、组织更新自稳、损伤应答、免疫反应等生理活动必需的,普遍地存在于各种细胞中。细胞凋亡受到严格调控,正常细胞的胱冬肽酶处于非活化的酶原状态。凋亡程序一旦开始,胱冬肽酶被活化,随后引发凋亡蛋白酶级联反应,发生不可逆的凋亡。诱发细胞凋亡的主要途径是死亡受体途径、线粒体途径和内质网途径。细胞是通过凋亡抑制分子和凋亡诱导因子的平衡来精确地调节细胞凋亡的。凋亡发生过度或不足都与多种人类疾病相关,包括肿瘤、免疫性疾病、神经退行性疾病等。

其他程序性的细胞死亡形式包括程序性坏死、自噬性细胞死亡等。

(王 英 易 静)

参 考 文 献

[1] Kerr JF, Wyllie AH, Curne AR, et al. Apoptosis: A basic biological phenomenon with wide ranger implication in tissue kineties[J]. Br J Cancer, 1972, 26(4): 239-257.

[2] Lodish H, Berk A, Zipurshy SL, et al. Molecular Cell Biology[M]. 4th ed. New York: W H Freeman and company, 2000.

[3] Dell Angelica EC, Mullins C, Caplan S, et al. Lysosome-related organelles[J]. FASEB J, 2000, 14(10): 1265-1278.

[4] Hengartner MO. The biochemistry of apoptosis[J]. Nature, 2000, 407(6805): 770-776.

[5] Alberts B, Johnson A, Lewis J, et al. Molecular Biology of the Cell[M]. 5th ed. New York: Garland Science, 2002.

[6] Breckenridge DG, Germain M, Shore GC, et al. Regulation of apoptosis by endoplasmic reticulum pathways[J]. Oncogene, 2003, 22(53): 8608-8618.

[7] Cirman T, Oresi K, Masovec GD, et al. Selective disruption of lysosomes in HeLa cels trigers apoptosis mediated by cleavage of Bid by multiple papain like lysosomal Cathepsins[J]. J Biol Chem, 2004, 279(5): 3578-3587.

[8] Goodman SR. Medical Cell Biology[M]. 3rd ed. Burlington: Academic Press, 2008.

[9] Qu X, Zou Z, Sun Q, et al. Autophagy gene dependent clearance of apoptotic cells during embryonic development[J]. Cell, 2007, 128(5): 931-946.

[10] Alberts B, Johnson A, Lewis J, et al. Molecular Biology of the Cell[M]. 5th ed. New York: Garland Science, 2008.

[11] Lodish H, Berk A, Kaiser CA, et al. Molecular Cell Biology[M]. 6th ed. New York: W H Freeman and company, 2008.

[12] 易静,汤雪明. 医学细胞生物学[M]. 北京:科学出版社,2009.

[13] 杨恬. 医学细胞生物学:基础、进展和趋势[M]. 北京:人民卫生出版社,2011.

[14] Shore GC, Papa FR, Oakes SA. Signaling cell death from the endoplasmic reticulum stress response[J]. Curr Opin Cell Biol, 2011, 23(2):143-149.

[15] Wang SY, Yu QJ, Zhang RD, et al. Core signaling pathways of survival/death in autophagy-related cancer networks[J]. Int J Biochem Cell Biol, 2011, 43(9):1263-1266.

[16] Galluzzi L, Vitale I, Kroemer G, et al. Molecular definitions of cell death subroutines: recommendations of the Nomenclature Committee on Cell Death 2012[J]. Cell Death Differ, 2012, 19(1):107-120.

[17] Lieberman AP, Puertollano R, Raben N, et al. Autophagy in lysosomal storage disorders[J]. Autophagy, 2012, 8(5):719-730.

索 引

3′,5′-环鸟苷酸(guanosine 3′,5′- monophosphate, cGMP) 18
3′,5′-环腺苷酸(adenosine 3′,5′- cyclic monophosphate, cAMP) 18
α螺旋(α- helix) 21
β折叠(β- pleated sheet) 21
DNA 复制(DNA replication) 87
DNA 修复(DNA repair) 92
G 蛋白偶联受体(G protein coupled receptor) 279
mRNA 25,108
$Na^+ - K^+$ 泵(sodium-potassium pump) 141,230
RNA 干扰(RNA interference,RNAi) 312
rRNA 26,109
tRNA 26,109

A

癌细胞(cancer cell) 11
氨基酸(amino acid) 17

B

半保留复制(semiconservative replication) 88
半桥粒(hemidesmosome) 193
胞质溶胶(cytosol) 29
鞭毛(flagella) 155

C

糙面内质网(rough endoplasmic reticulum, RER) 115
层粘连蛋白(laminin) 208
常染色质(euchromatin) 72,84
程序性坏死(programmed necrosis) 371

程序性细胞死亡(programmed cell death, PCD) 374
穿膜运输(transmembrane transport) 246

D

单纯扩散(simple diffusion) 221
单糖(monosaccharide) 15
蛋白聚糖(proteoglycan) 209
蛋白酶体(proteasome) 113
蛋白质(protein) 20
蛋白质分选(protein sorting) 127,243
蛋白质分选信号(protein sorting signal) 243
蛋白质糖基化(protein glycosylation) 118
蛋白质折叠(protein folding) 119
递质门控通道(transmitter-gated channel) 235
电化学梯度(electrochemical gradient) 223
电压门控通道(voltage-gated channel) 235
电子传递链(electron-transport chain) 139,142
电子显微镜(electron microscope) 39
动粒(kinetochore) 325
端粒(telomeres) 76
多肽链(polypeptide chain) 20
多糖(polysaccharide) 19

F

翻译后修饰(post-translational modifications) 23
泛素(ubiquitin) 113
泛素-蛋白酶体系统(ubiquitin-proteasome system) 113
泛素化(ubiquitination) 113
纺锤体(spindle) 327
纺锤体微管(spindle microtubules) 154
非编码RNA(non-coding RNA) 96
非组蛋白(nonhistone protein) 77
分化潜能(differentiation potential) 345
分子开关(molecular switch) 276
复制叉(replication fork) 88
复制起始点(replication origins) 76,88

G

钙黏素(cadherin) 197

干细胞(stem cell) 12
(干细胞)自我更新(self-renewal) 348
高尔基体(Golgi apparatus) 123
共翻译转运(co-translational translocation) 247
构建单元(building blocks) 15
固有分泌途径(constitutive secretary pathway) 267
光面内质网(smooth endoplasmic reticulum, SER) 116
胱冬肽酶(cysteine-containing aspartate-specific proteases, caspase) 371,379
过氧化物酶体(peroxisome) 135

H

核被膜(nuclear envelope) 67
核苷酸(nucleotide) 18
核孔(nuclear pores) 68
核孔复合体(nuclear pore complex, NPC) 69
核膜(nuclear membrane) 67
核仁(nucleolus) 31,98
核仁组织者(nucleolus organizer) 99
核受体(nuclear receptor) 273
核酸(nucleic acid) 23
核糖核酸(ribonucleic acid, RNA) 23
核糖开关(riboswitch) 309
核糖体(ribosome) 107
核糖体核糖核酸(ribosome ribonucleic acid, rRNA) 25
核纤层(nuclear lamina) 70
核小体(nucleosome) 78
核型(karyotype) 73
后随链(lagging strand) 89
呼吸链(respiratory chain) 139
化学渗透偶联(chemiosmotic coupling) 140
坏死(necrosis) 370
坏死性凋亡(Necroptosis) 371

J

肌动蛋白(actin) 156
基粒(elementary particle) 140
基膜(basal lamina) 211
基因(gene) 74

基因表达(gene expression)　74

基因的差异表达(differential expression of genes)　357

基因调节蛋白(gen regulatory protein)　304

基因组(genome)　75

激光扫描共聚焦显微镜(laser scanning confocal microscope, LSCM)　38

间隙连接(gap junction)　194

检查点(checkpoint)　339

减数分裂(meiosis)　325

胶原(collagen)　204

角蛋白(keratin)　161

紧密连接(tight junction)　189

L

离子通道(ion channel)　234

流式细胞术(flow cytometry)　48

M

马达蛋白(motor protein)　152

锚定连接(anchoring junction)　191

酶偶联受体(enzyme-linked receptor)　284

门控运输(gated transport)　246

密码子(codon)　108

免疫球蛋白超家族黏附分子[immunoglobin (Ig) superfamily cell adhesion molecules, IgCAM]　200

免疫细胞化学技术(immunocytochemistry)　44

膜结合核糖体(membrane-bound ribosome)　108

膜受体(membrane receptor)　273

膜运输蛋白(membrane transport proteins)　222

膜脂(membrane lipids)　170

N

内含子(intron)　74

内体(endosome)　262

内质网(endoplasmic reticulum, ER)　115

内质网应激(endoplasmic reticulum stress, ER stress)　121

黏合斑(adhesion plaque)　192

黏合带(adhesion belt)　191

O

偶联转运体(co-transporter)　225

P

胚胎干细胞(embryonic stem cells, ES cells)　346,348
配体(ligands)　272

Q

前导链(leading strand)　89
桥粒(desmosome)　192
去分化(dedifferentiation)　346
全能性(totipotency)　345

R

染色体(chromosome)　30,72
染色质(chromatin)　30,72
溶酶体(lysosome)　129

S

三酰甘油(triacylglycerol)　20
上皮-间质转变(epithelial-mesenchymal transition, EMT)　199,216
奢侈基因(luxury gene)　357
生殖细胞(germ cell)　10
失巢凋亡(anoikis)　214
受调分泌途径(regulated secretary pathway)　267
受体介导的胞吞(receptor-mediated endocytosis)　262
受体酪氨酸激酶(receptor tyrosine kinase, RTK)　285
双螺旋结构(double helix structure)　24
水孔蛋白(aquaporin, AQP)　240
水通道(water channel)　234
死亡受体(death receptor)　382

T

肽(peptide)　20
糖胺聚糖(glycosaminoglycan, GAG)　208
糖原(glycogen)　19
体细胞(somatic cell)　10
通道蛋白(channel proteins)　234
通透性转换孔(permeability transition pore, 简称PTP或PT孔)　383
吞噬作用(phagocytosis)　132

吞饮作用(pinocytosis) 132
脱氧核糖核酸(deoxyribonucleic acid, DNA) 23

W

外显子(exon) 74
微管(microtubule) 151
微管蛋白(tubulin) 151
微管组织中心(microtubule organizing center, MTOC) 153
微绒毛(microvilli) 159
微丝(microfilament) 156
微小 RNA(microRNA, miRNA) 97,314
未折叠蛋白反应(unfolded protein response, UPR) 121

X

细胞(cell) 3
细胞凋亡(apoptosis) 369
细胞分化(cell differentiation) 345
细胞骨架(cytoskeleton) 29,150
细胞核(nucleus) 30,67
细胞核分裂(karyokinesis) 325
细胞化学技术(cytochemistry) 43
细胞记忆(cell memory) 316
细胞连接(cell junction) 188
细胞内受体(intracellular receptor) 273
细胞内信号转导蛋白(intracellular signaling proteins) 275
细胞黏附(cell adhesion) 188
细胞黏附分子(cell adhesion molecule) 196
细胞培养(cell culture) 60
细胞器(organelles) 28
细胞生物学(cell biology) 3
细胞通讯(cell communication) 270
细胞外基质(extracellular matrix) 188
细胞增殖(cell proliferation) 323
细胞质(cytoplasm) 27
细胞质分裂(cytokinesis) 325
细胞质基质(cytoplasmic matrix) 29
细胞质微管(cytoplasmic microtubules) 154
细胞治疗(cell therapy) 12

细胞周期(cell cycle) 323
纤毛(cilia) 155
纤粘连蛋白(fibronectin) 207
限制点(restriction point) 324
线粒体 DNA(mtDNA) 148
线粒体(mitochondria) 138
"小分子信使"(small messenger molecules) 278
小干扰 RNA(small interfering RNA) 97
小泡运输(vesicular transport) 246
信号斑(signal patch) 244
信号分子(signal molecules) 272
信号识别颗粒(signal recognition particle, SRP) 254
信号肽(signal peptide) 244
信号转导(cell signaling 或 signal transduction) 273
信使核糖核酸(messenger RNA, mRNA) 25
选择素(selectin) 199

Y

氧化磷酸化(oxidative phosphorylation) 141
乙酰胆碱受体(acetylcholine receptor) 238
异染色质(heterochromatin) 72,84
异体吞噬泡(heterophagic vacuole) 131
易化扩散(facilitated diffusion) 223
游离核糖体(free ribosome) 107
有被小泡(coated vesicle) 258
有丝分裂(mitosis) 323
原核细胞(prokaryocyte) 8

Z

真核细胞(eukaryocyte) 9
整合膜蛋白(integral membrane protein) 175
整合素(integrin) 202
脂筏(lipid raft) 182
脂肪酸(fatty acid) 16
脂双层(lipid bilayer) 168
脂质(lipid) 20
质膜(plasma membrane) 26,168
质子动力势(proton-motive force) 141

中间丝(intermediate filament)　161

中心粒(centrioles)　154

中心体(centrosome)　154

周期蛋白(cyclin)　332

周期蛋白依赖性激酶(cyclin-dependent kinase, Cdk)　332

周期蛋白依赖性激酶抑制物(cyclin-dependent-kinase inhibitor, CKI)　334

周围膜蛋白(peripheral membrane protein)　175

转录(transcription)　94

转录调控蛋白(transcription regulator)　304

转录因子(transcription factor)　304

转运核糖核酸(transfer ribonucleic acid, tRNA)　25

转运体(transporters)　224

着丝粒(centromere)　76

自体吞噬(autophagy)　133

自体吞噬泡(autophagic vacuole)　131

组成性基因表达(constitutive gene expression)　306

组蛋白(histone)　77

组蛋白修饰(histone modification)　82

组合调控(combinational control)　316

组织干细胞(tissue stem cells)或成体干细胞(adult stem cells)　348

组织工程(tissue engineering)　12

祖细胞(progenitor cells)　356